Karl Friedrich Schinkel
Reisen nach Italien

Herausgegeben
von Gottfried Riemann

Karl Friedrich
Schinkel

Reisen nach Italien

Tagebücher
Briefe
Zeichnungen
Aquarelle

Rütten & Loening
Berlin

3. Auflage 1988

Einbandgestaltung Heinz Unzner
Typographie Manfred Damaszynski
Lichtsatz INTERDRUCK Graphischer Großbetrieb
Leipzig – III/18/97
Druck und Binden Karl-Marx-Werk, Graphischer Großbetrieb
Pößneck V 15/30
Printed in the German Democratic Republic
Lizenznummer 220. 415/17/88
Bestellnummer 618 141 7
02900

ISBN 3-352-00197-9

Erste Reise 1803-1805

1 Johann Carl Rösler: Schinkel 1803 in Rom

Dresden

Rüstkammer in Dresden. Prächtige türkische und persische Reitequipagen, über gute hölzerne Pferde gehängt. Alte Ritterequipagen aller Gattungen, über Modelle gehängt, die Turniere vorstellen. Harnische aller Art aus dem Mittelalter, auch chinesische, persische und türkische. Waffen alter und neuer Zeit von der schönsten Arbeit, eine besonders schöne Sammlung von Pistolen von eingelegter Elfenbeinarbeit. Merkwürdige feine Eisenarbeit, vorzüglich ein Paar Sporen und Steigebügel von durchbrochener Arbeit mit erstaunlicher Genauigkeit und geschmackvoller Wahl der Verzierung.

Bildergalerie. Raffaels Jungfrau mit dem Kinde. Aus seiner ersten Zeit ein kleines Bild, viele Personen zu Fuß und Pferde vorstellend, die zur Jungfrau wallfahrten. Leonardo da Vinci, ein mit unendlichem Fleiß gemaltes Porträt eines Kardinals, in schwarzem Atlas und Pelzwerk gekleidet, der Bart halb grau, halb rot, die Hände, die Stickereien, das Gold der Ketten, Knöpfe, Dolche pp., die Draperie durchaus vollkommen. Correggios »Nacht« mit göttlicher Beleuchtung vom Christkinde aus. Tizians Venus, auf einem weißen Gewande liegend, ganz licht und fast ohne allen Schatten mit erstaunlicher Kunst in der Haltung gemalt. Hannibal Carracci, göttlicher Körper eines Apolls, sehr dunkele Schatten. Guidos Magdalene, in der Höhle mit einem Buche liegend. Dosso Dossis einzelne Figuren mit herrlichen Gewändern. Albrecht Dürers Bilder mit unendlichem Fleiß. Holbeins Porträts und die

Jungfrau in einer Gruppe von mehreren; wahre Natur.

Antikensalon. Römisches Kolumbarium. Ägyptische Mumien mit ihren Decken von einem Alter von 4000 Jahren. Etruskische Gefäße. Sarkophage mit Bas- und Hautreliefs von der schönsten Arbeit. 2 Gruppen freier Natur, wo ein Faun ein Mädchen greift. Schöne Gewandfiguren aus Herculanum. Ein unvergleichlich schöner Faun mit 7 Kopien, in einer Werkstätte zu Herculanum gefunden. Schöner Venuskörper. Vorzüglicher Jupiterkopf. Statuen des Neptun und Silen von großer Schönheit. 2 Aren von vortrefflicher Komposition und Arbeit, die eine war im Tempel des Apollon zu Delphi, schönster griechischer Arbeit. Die andere hat Nischen für Hausgötter, oben stand eine Rauchpfanne darauf.

2 Prunkharnisch in der Dresdener Rüstkammer

Stadt. Große Elbbrücke von schöner Konstruktion in einer vortrefflichen Gegend, sie ist die einzige Kommunikation der Alt- und Neustadt, daher voller Leben. Man überschaut hier die beiden Teile der Stadt, den Dom mit seiner schönen Kuppel, die mit erstaunlicher Pracht in einem schlecht französischen Geschmack aufgeführte katholische Kirche, den ganzen Lauf des

Kleines Portal an der ersten lutherischen Kirche, aus Sandstein, korinthischer Ordnung von großem Reichtum, herrlicher Arbeit und vorzüglich mannigfaltiger, schön erfundener Arabesken. Kapitäle und Corniche sind sehr reich und schön komponiert und profiliert.

3 Dresden aus der Ferne

Stroms zu beiden Seiten bis zu den Gebirgen, die rundumher die Aussicht beschließen.

Katholische Kirche. Das Innere hat viel Großes. Das ganze Werk von geschnittenen Sandsteinen, der Fußboden von Marmor. Schöne Altarblätter von Mengs. Vortreffliche Musik, sonntags, wenn die Messe gelesen wird, führt die kurfürstliche Kapelle große Sachen auf.

Zwinger. Weites Gebäude aus Quadern, umschließt einen großen, viereckten öffentlichen Platz. Voll erstaunlicher Muschel- und Blumenpracht im schlechtesten Stil.

Altes Tor mit langen, hohen unterirdischen Gewölben, aus denen man auf die Wälle kommt, wo sonst vielleicht die Zitadelle stand, ein weites halbzerfallenes Gemäuer mit katakombenähnlichen Gewölben, ein schauerlicher Aufenthalt.

Plauer Grund. Tharandt.

Reise von Dresden über Teplitz nach Prag

Durch den sogenannten Großen Garten, eine weite, im großen französischen Stil gepflanzte Anlage, in dessen Mitte ein originelles Schloß aus Quadersteinen auf einem Platz steht, an dem 9 kleine Pavillons aus großen Laubwänden blicken, führt der Weg 5 Meilen bergan. Zur Seite hat man die Aussicht aufs Elbtal, in dem die ragenden Massen des Königsteins und Liliensteins dominieren. Auf der Höhe des Geiersberges, die man in der 5. Meile erreicht, ist der Eintritt ins kaiserliche Erbland bei einem Flekken Ebersdorf in einer traurigen Felsengegend, die wegen der hohen Lage ein ewiger Winter beherrscht. Hinter diesem Ort sinkt das Land, was langsam sich erhob, plötzlich in ein tiefes Tal, das jenseits, von der Kette des Böhmischen Gebirges amphitheatralisch umschlossen, mit unzähligen Dörfern und Flecken prangt. Erhaben ist auf dem Rande dieses Abhanges der Anblick der unendlichen Menge von Bergkuppen und hinter denselben der Ebene von Böhmen, die wie ein Meer den Horizont schließt. Man fährt den Abhang des Geiersberges mit Gefahr über seine nackten Granitmassen hinunter, die, je näher der Tiefe, mehr mit fruchtbaren Waldpartien wechseln.

Kloster Mariaschein. Am Fuß gelangt man durch üppige Felder nach Mariaschein, einem schönen Kloster, das seine Kapellen und Türme im Schatten reicher Linden und blühender Obstbäume versteckt.

4 »Im Plauer Grunde bei Dresden«

Teplitz. 2 Stunden von hier liegt Teplitz im schönsten Tal am Rande des Gebirgs, dessen felsichter Fuß die Stadt umzieht und die Aussicht auf die Abhänge des Geiersberges und seiner Kette, die mit dem Erzgebirg sich eint, beschränkt. Vortreffliche Lage und Kunst in der Anlage der Promenaden und der Badeanstalten machen Teplitz zu einem angenehmen Badeort.

Über die höchsten Kuppen der Gebirgskette führt von Teplitz der Weg nach Prag, der hier viele weite und frappante Aussichten in die Tiefe gewährt, nachher aber durch ein ebenes, fruchtbares Land ohne Abwechselung bis Prag führt. Dörfer und Städtchen auf diesem Wege sind uninteressant und haben eine kahle Lage.

5 Blick auf das böhmische Gebirge

Prag

Selten gibt ein Ort ein so reiches Bild einer gotischen Stadt als Prag. Auf 2 Seiten der Moldau breitet es seine gieblichten Häusermassen, die, von unzähligen Kuppeln und spitzigen gotischen Türmen beschaut, ein reiches Tal bedecken. Auf einer Seite lehnt sich die Stadt an den Abhang, dessen Höhe das Schloß und ein herrlicher gotischer Dom krönt, der mit einigen Stiftskirchen und schönen Gartenanlagen auf dem Berge ein großes Bild macht.

Große Brücke. Eine vortreffliche Brücke von 24 Bogen verbindet beide Teile der Stadt. An jedem Ende der Brücke geht man durch ein gotisches Turmtor aus Sandstein in die Gassen,

6 Ansicht von Prag vom Laurenziberg

Heilige in kolossalem Maßstab in Bronze und Stein zieren zu beiden Seiten die Brücke. Die Aussicht von dieser Brücke auf das Amphitheater der an den Berg sich türmenden Stadt, auf das Tal der Moldau und ihre Inseln, die mit schöner Pflanzung prangen, ist vortrefflich.

Dom auf der Burg. Ein gotisches Gebäude ersten Ranges; von einer außerordentlichen Kühnheit. Die Fensterreihe, die den oberen Teil der Kirche so durchbricht, daß die Pfeiler zwischen den Fenstern nur eine schmale Säule bilden, verursachte, daß man diesen von außen Streben geben mußte, damit sie imstande waren, den Druck des Kirchengewölbes zu ertragen. Diese Streben sind leichte Bogen, mit reichen Türmchen und Spitzen verziert, die je zwei überein-

7 Der Veitsdom in Prag

8 »Ansicht auf die Kleine Seite von Prag«

ander wie Brücken gegen die Pfeiler der Kirche liegen und einen Eindruck von Leichtigkeit, Kühnheit und Reichtum geben, der unübertrefflich ist, hinzu kommt die vortreffliche Sandsteinarbeit, in der die ganze Kirche erbaut ist, und dessen schöne Farbe. Der vordere Teil der Kirche ist sehr unvollendet, von zwei projektierten Türmen, die mittelst 5 hohen Brücken, wovon eine sie untereinander und 4 sie mit der Kirche verbinden sollten, ist nur einer zur Hälfte mit einer Brücke, die von ihm auf die Kirche geht, vollendet. Man bemerkt am Äußeren der Kirche ein Gemälde von Mosaik im ältesten gotischen Stil.

Die unvollendete Giebelwand hinter den Türmen ist mit einem neueren, großen Gemälde, welches den ganzen Giebel deckt, geziert und welches in dieser Umgebung einen wunderbaren Eindruck macht. Das Innere ist erhaben und erstaunlich reich.

Marktkirche. Schöner einfacher gotischer Stil von hohem Alter, die Fenster, durch welche das Licht fällt, sind über den Öffnungen der Seitennefen, und zwar rund gewölbt, dahingegen diese Spitzbogen haben.

Jesuitenkirche an der Brücke in der Altstadt. Schönes Gebäude im einfachen italienischen Stil, innerhalb mit marmornen Pilastern, Nischen, Statuen, einer gewölbten, schön gemalten Decke geziert.

Große Kirche an der Kleinen Seite. Reich im italienischen Geschmack, mehr chargiert als die vorige, enthält schöne Gemälde.

Das Barfüßerstift auf dem Burgberge. Ein Hof mit Arkaden, in denen Altäre und kleine Kapellen liegen, umschließt ein kleines Tempelhaus im schönsten römischen Stil von korinthischer Ordnung mit Basreliefs, Nischen und Statuen, Arabesken in den Gesimsen, Türverdachungen, Konsolen, so reich verziert, daß von der glatten Wand fast nichts zu sehn ist, und dennoch ist dem Ganzen die Hauptform geblieben. Gewächse, Blumen in Vasen und Lindenalleen umgeben die Kapelle.

Die Bildergalerie im Palast der Landstände
Der Palast der Landstände auf dem Berge de

9 »Auf den Wällen von Prag auf der Kleinen Seite«

Burg ist ein weites, reiches Gebäude, das Vestibül ist von erstaunlichem Umfang und Höhe. Die Galerie enthält einige schöne Bilder von Albrecht Dürer und aus der römischen Schule.

Palast der Grafen Wallenstein. Ein großes Gebäude auf der Kleinen Seite der Stadt mit einem kleinen, sehr angenehm eingerichteten Garten, in welchem eine offene Halle, die aus dem Palast in den Garten führt, mit ihren hohen, von gekuppelten Säulen getragenen Arkaden ınd ihren Freskogemälden an der gewölbten 'ecke einen imposanten Anblick gewährt.

Die Burg. Ein neues Gebäude, was mehrere fe umschließt, in denen man zum Teil Spuren vormaligen Burg bemerkt. Das Portal, welin einen Hof führt, der an der Seite des ßplatzes mit einem eisernen, reichen Gitter lossen ist, prangt mit kolossalen Statuen. ht über den ersten offenen Hof durch ein ölbtes Portal in der Fassade des Schlosin den zweiten, von diesem in den dritauf dem der majestätische Dom beim Eintritt einen frappanten Eindruck macht. Auf diesem Hof, dem Dome nahe, ist eine Statue equestre von Bronze, die erste Königin von Prag geharnischt vorstellend, wie sie mit ihren langen Schuhspitzen und dem Speer nach einer Sage einen Menschen mordet.

Auf dem Platze der Burg findet man mehrere Paläste, deren Portale von Marmor sind, die Aus-

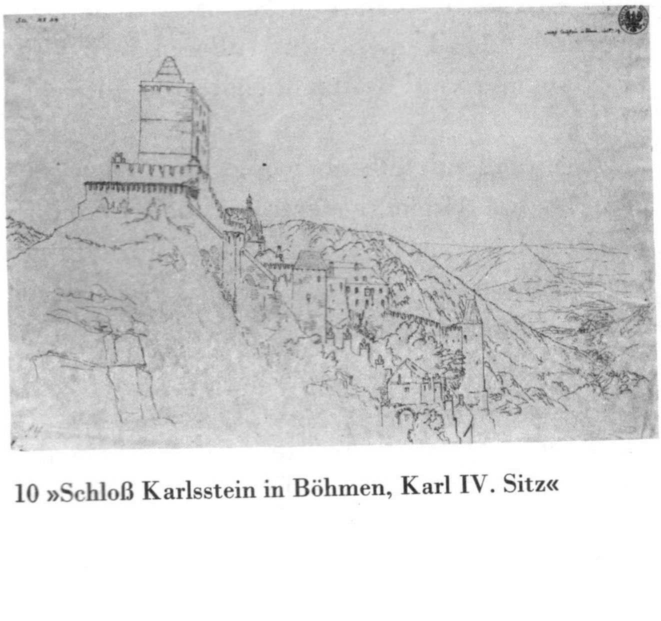

10 »Schloß Karlsstein in Böhmen, Karl IV. Sitz«

sicht, die man von hier auf die unten am Fuße des Berges sich breitende Stadt und den Lauf der Moldau zwischen dem entfernten Gebirge hat, ist unendlich reich und anziehend.

Theater. Das Schauspiel, welches immer sehr besucht ist, ist mittelmäßig, die Musik schlecht.

Promenaden. In der Stadt ist die Hauptpromenade auf der Brücke, auch die Allee, welche in einer Straße dem Theater nahe liegt, wird besucht. Am angenehmsten sind die auf den Inseln der Moldau.

Reise von Prag nach Wien

Durch hüglichtes fruchtbares Land führt der Weg angenehm, doch ohne vorzügliche Abwechselung, man sieht mehrere hübsche Städtchen als: Böhmisch-Brod, Kolin, Cschaslau, Deutsch-Brod, Iglau, ein ansehnlicher Ort mit einem gutgebauten Markt, auf dem eine Kirche mit 2 Türmen prangt, deren gewölbte Decke schön gemalt ist. Die Häuser, deren Dächer durch maskierte Wände versteckt sind, haben ein italienisches Ansehn. Auf der Grenze von Mähren ist die Gegend bergichter, abwechselnder.

Znaim. Bis Wien ist die Stadt Znaim der merkwürdigste Ort. Gut gebaut, mit einer alten Mauer und Türmen umgeben. Eine uralte gotische Kirche liegt an einer Seite der Stadt hart an einem Felsenabhang, man sieht von hier in ein enges, tiefes Tal, in welchem ein Fluß in seiner ganzen Breite über einen Abhang stürzt. Die felsichten Abhänge tragen Türme und Ruinen eines festen Schlosses. Die Kirche hat neben sich, ebenfalls am Abhang, eine kleinere Kapelle, die noch älter ist als sie und die mit ihren Strebepfeilern, welche tief an den Felsen heruntergeführt sind, einen malerischen Effekt macht. Die

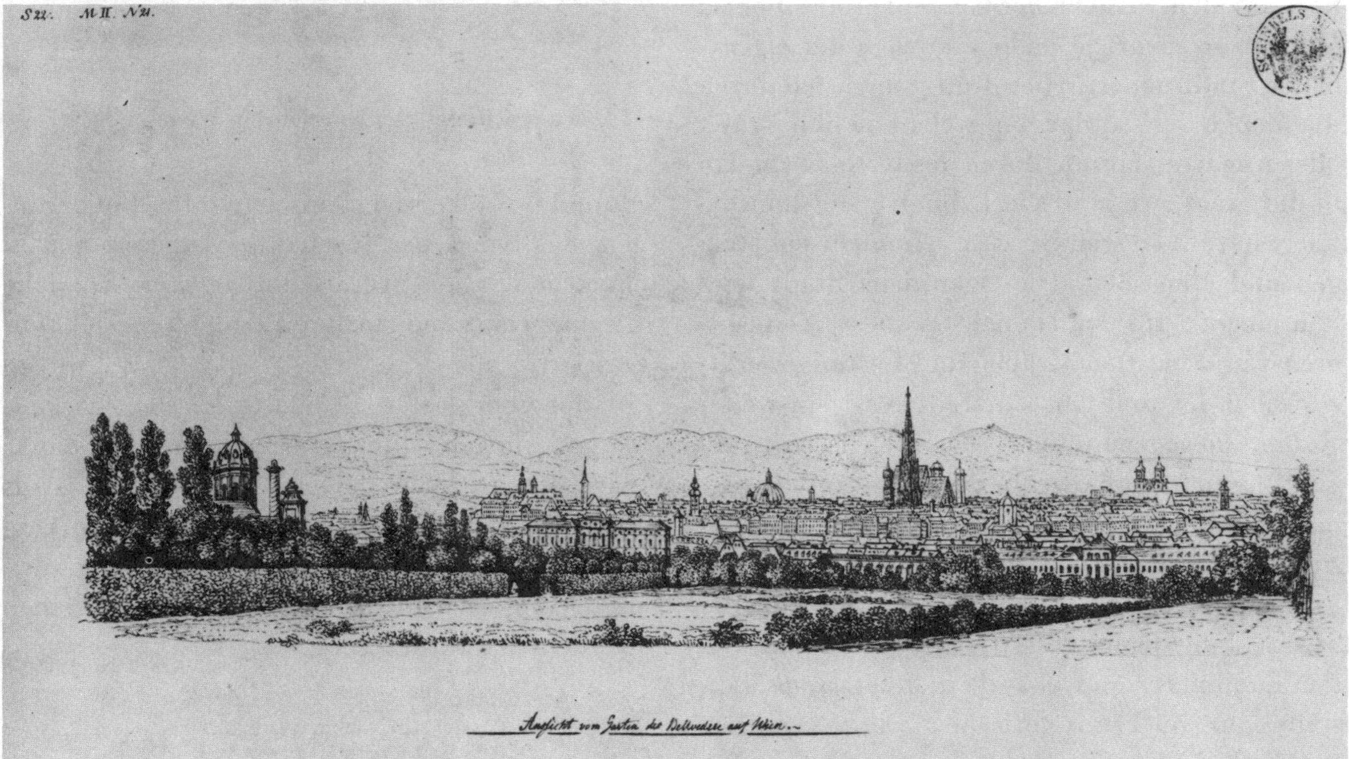

11 »Aussicht vom Garten des Belvedere auf Wien«

große Kirche ist von schöner Struktur, allenthalben sieht man von außen Spuren von Freskogemälden und uralten Basreliefs. Ein Knochenhaus befindet sich an der Kirche, wo man Schädel und Gebeine wie eine Mauer aufgebaut sieht.

Stockerau. 2 Stationen vor Wien. Hier hat man den vortrefflichsten Anblick der Donaugebirge und ihr unendlich üppiges Tal. Baumformen von solcher Vollendung als die des Rindviehs, was in ihrem Schatten hohen Rasen weidet.

Wien

Über viele Arme der Donau, welche die fruchtbarsten Inseln umschließt, und durch die schönsten Pflanzungen führt der Weg zur Barriere der Leopoldsvorstadt, rechts erblickt man die schönen Alleen des Augartens, links die des Praters, beide Hauptvergnügungsplätze der Wiener. Auf allen Straßen herrscht ein großes Leben, und um so mehr, je mehr man sich der eigentlichen Stadt nähert. Hier drängt man sich durch die Menge der Equipagen, welche in den Prater oder Augarten fahren, durch das Rote-Turm-Tor in die Stadt, wo man die Lebhaftigkeit konzentriert hat, die engen Straßen wimmeln von Wagen und Menschen. Die eigentliche Stadt wird von einem Arm der Donau auf dieser Seite begrenzt und hat tiefe Gräben und Festungswerke. Zwischen ihr und den Vorstädten ist ein weiter Raum, die sogenannten Glacis, welche, mit jungen Bäumen bepflanzt, in der Folge zur Promenade geschickter sein werden, als sie es jetzt sind, da sie zu wenig Schatten geben.

Dom St. Stephan. Die Krone der Stadt ist der St.-Stephans-Dom, dessen Turm schon von weitem dominiert, ein Gebäude in kolossalem Maßstabe vom reichsten gotischen Stil, vortrefflich ist das Innere, dessen Architektur mit dem Äußeren sehr harmoniert. Siehe Zeichnung.

Unteren Jesuiten. Die Kirche ist aus dem 16. Jahrhundert, halb gotisch in ihrem Verhältnis und Gewölbe und römisch in ihren Verzierungen, das Schiff des Hochaltars ist ganz neu in einem modernen Stil erbaut, der eine ärmliche Eleganz trägt und stark mit dem alten Teil kontrastiert.

12 Innenansicht des Stephansdoms in Wien

Kapuzinerkloster. Eine alte Kirche, die viele Veränderungen erlitt und im Innern nichts Merkwürdiges hat. In ihrem Gewölbe ist aber die Gruft der Kaiserfamilie, man sieht unter vielen prächtigen Sarkophagen, deren Ornamente überladen sind, einige uralte einfache Formen, die einen schönen Charakter tragen.

Rückblick aus Wien

Brief an Valentin Rose

Wien, den 22. Juni 1803

Wertester Herr Cousin.

Auch ohne die gütige Erlaubnis würde ich es mir zur Pflicht machen, Ihnen von dem Nachricht zu geben, was mich meine Reise erfahren läßt, nicht allein, mich des schönen Genusses der Mitteilung zu erfreuen, sondern um so viel mehr versichert zu sein, mich in Ihrem Andenken zu erhalten. Sie werden es erkennen, wie großen Wert ich dieser Erhaltung geben muß, auch wenn Sie das Gefühl der Dankbarkeit nur in geringem Maße bei mir voraussetzen.

13 Ruine der Burg Tharandt bei Dresden

Unendlich genußreich war meine Reise bis Wien, und dennoch bleibt mit Recht noch immer die Hoffnung aufs Schönere. Dresdens Schönheiten fesselten mich, unter beständiger Anschauung, 14 Tage; seine unendlichen Schätze sind bekannt genug. Die Galerie und die Antiken, welche ich in jeder müßigen Stunde besuchte, waren mir das Interessanteste. Die herrlichen Umgebungen der Stadt ließen mich auf kleinen Exkursionen manche frohe Stunde genießen. Eine der genußreichsten war die kleine Fußreise durch den Plauer Grund nach Tharandt. Der Plauer Grund, dieses allgemein geliebte Tal, wird dennoch von dem, in welchem Tharandt liegt, bei weitem übertroffen; die Gebirge sind höher, üppiger bewachsen; das Tal ist geräumiger und durch mannigfaltige Seitentäler abwechselnder. Im tiefen Grunde liegt die kleine Stadt mit dem Bade; in der Mitte des Tals erhebt sich ein steiler Hügel, auf dem man die Kirche des Orts und die Ruinen des alten Schlosses erblickt, das der Sage nach römischen Ursprungs sein soll.

Von Dresden nach Teplitz war meine Reise voll abwechselnder und mir neuer Gegenstände. Der weitbekannte Königsstein, der seine Felsmassen drohend über die Fluten der Elbe erhebt und das ganze Tal beherrscht, und sein Nachbar, der Lilienstein, auf der anderen Seite der Elbe, machen den wunderbarsten Eindruck. Der Weg führt von hier auf die Kette, welche das Erzgebirg mit dem Böhmischen vereint. Durch vier Meilen steigt unaufhörlich der Weg und gewährt den Rückblick auf das reiche Elbtal; bei der vierten, nachdem das Klima allmählich rauher und die Gegend wilder ward, erreicht man die Höhe des Geiersberges. Ein tiefer Winter beherrscht fast unaufhörlich diese Flur. In den Furchen eines steinichten Ackers lag der Schnee in Haufen; Baum und Pflanze war trocken; an den Abhängen bestellten Ackerer mit Mühe das ärmliche Feld, das sie dem Felsen abgewannen, die ganze Landschaft war wüst und traurig. Ungeachtet des Mantels, in den ich mich fest gehüllt hielt, erreichte ich, von Kälte starr, den Flecken Ebersdorf, wo ein Schlagbaum und ein doppelter Adler den Eintritt in das Kaiserliche deutete. Während ich mich mit meinem Freund auf der Bank am warmen Ofen des Zollhauses labte, visierte man die Pässe und durchsuchte die Gepäcke. Ein steiler Abhang läßt hinter diesem Ort die Aussicht auf ein reiches Tal genießen, das an entgegengesetzter Seite sich bald

14 Böhmische Gebirgskette in der Abenddämmerung

wieder erhebt und zum weiten Gebirg anwächst, wo kegelförmige Bergkuppen in unzähliger Menge ein weites Theater bilden. Mit Gefahr glitt der Wagen über nackten Granit den Abhang hinunter, bald tiefe Gründe zur Seite, bald eng von Felsmauern umschlossen.

Das Klima milderte sich, die Pflanzung ward üppiger, je mehr ich mich dem Tale näherte; am Fuß des Bergs erreicht man das schöne Kloster Mariaschein, das seine Kapellen und Türmchen hinter hohen Linden und blühenden Obstbäumen versteckt. Zwei Stunden von hier liegt Teplitz, am Fuß jenes Gebirgs, das ich von der Höhe des Geiersberges sah. Die Gegend ist überaus reizend. Die Gebirge, welche es rings umschließen, deren Gipfel zerfallene Schlösser krönen, die Fruchtbarkeit des Tals, die vortrefflichen Promenaden im Garten, die ein paar kleine Seen umziehn, die schönen Badegebäude, deren Einrichtung so bequem als elegant ist, machen Teplitz zu einem der angenehmsten Sommeraufenthalte.

Über die höchsten Spitzen des Gebirges windet sich der Weg nach Prag, reich an Aussichten auf fruchtbare Täler und rauhe Gebirgsgegenden. Sobald diese Kette durchschritten ist, fährt man in einer fruchtbaren, meeresgleichen Ebene bis Prag. Der Rückblick aufs Gebirg ist das Interessanteste. Die böhmische Sprache brachte mich und meinen Freund um manches Mittagsbrot auf dieser Fahrt, weil es unmöglich war, uns den Leuten zu verständigen.

Einen herrlichen Anblick gewährt Prag von den Höhen, die das reiche Tal der Moldau umschließen. Zu beiden Seiten des Flusses breitet es seine bunten Häusermassen, die von unzähligen Kuppeln und spitzen Türmen überstiegen werden. An der rechten Seite lehnt es sich amphi-

15 »Böhmisches Gebirg«

theatralisch an den Abhang, dessen Höhe die Kaiserburg und ein vortrefflicher gotischer Dom krönen. Eine kolossale, mit Statuen reich verzierte Brücke verbindet beide Teile der Stadt. Unaufhörliches Getümmel herrscht auf dieser Brücke, von der man auf beide Teile der Stadt und auf den Lauf des Flusses mit seinen schön bepflanzten Inseln und felsichten Ufern eine reizende Aussicht genießt. Die erstaunliche Pracht, die selbst in den geringsten Kirchen herrscht, wo Gemälde, Gold, Silber und Marmor verschwendet sind, die Prozessionen auf den Straßen, die Menge der geputzten Heiligenbilder an allen Ecken und in den Fenstern der Häuser, die abends durch bunte Lampen illuminiert sind, der beständige Gesang der Vorübergehenden vor diesen Bildern, dies alles machte einen seltsamen Eindruck auf uns, die wir vom Zeremoniell der Kirche so wenig wissen. Viele hundert Stufen steigt man in verschiedenen Straßen bis zur Höhe des Burgbergs, von dem man eine herrliche Übersicht der Stadt hat. Der schöne gotische Dom im Hofplatz der Burg hat mich häufig ge-

16 Ansicht des Hradschin und der Kleinseite von Prag

17 Im Chor des Veitsdoms

reizt, mit Mühe und Schweiß die Stufen des Berges zu ersteigen.

Auf einer Chaussee fährt man von Prag nach Wien durch ein fruchtbares Hügelland, das im ganzen einförmig und nicht vorzüglich reich an interessanten Aussichten ist, bis man zwei Stationen vor Wien die Donau erblickt mit ihren Gebirgsabhängen, von deren Höhen Schlösser mit ihren Türmen dominieren. Das Tal prangt in der üppigsten Vegetation; Bäume und Kräuter sind in einer Fülle, daß es dem Brandenburger schwer wird, ihre Gattungen zu erkennen. In gleicher Fülle sieht man das Vieh in dem hohen Grase der Weide. Kuh und Stier sind kolossal zu nennen.

Nur stückweise übersieht man Wien von dieser Seite; es macht deswegen keinen vorzüglich imposanten Eindruck. Um so schöner ist dagegen die Einfahrt über die Brücken der vielen Arme, die die Donau bildet und welche, nach Ungarn zu in eine große Wasserfläche vereint, ein herrliches Bild machen. Eine Stunde fährt man in schönen Pflanzungen, die mit Sommerhäusern abwechseln, bis zur Barriere, wo man aufs schärfste visitiert und examiniert wird; selbst die Schreibtafel wird untersucht und der Körper betastet. Durch die Leopoldsvorstadt geht der

18 »Altgotische Kapelle zu Schöngrabern in Österreich auf dem Wege von Prag nach Wien«

19 Ansicht von Wien, im Vordergrund die »Spinnerin am Kreuz«

S22. M II. N26.

Weg in die Stadt. In dieser Vorstadt sieht man rechts die schönen Alleen des Augartens und links des Praters, der der Hauptvergnügungsplatz der Wiener ist. Staub und Getümmel herrscht auf allen Straßen und vermehrt sich, je näher man der Stadt kommt, wo das Fahren von 50 bis 100 Wagen in einer Straße, dicht hintereinander, gar nicht aufhört, wenn das Wetter irgend erträglich ist. Die Stadt selbst ist das Zentrum des Tumults. Von allen Merkwürdigkeiten Wiens ausführlich zu sprechen wäre ein unendliches Werk; ich bin so frei, Ihnen wenigstens das aufzuführen, was ich sah.

Die Hauptschönheit der Stadt ist das unendlich reiche und kühne gotische Werk der St.-Stephans-Kirche, die ich täglich besuchte und deren Turm ich zweimal erstieg; das Werk gleicht dem Straßburger Münster, der Ihnen bekannt ist.

Die reiche kaiserliche Bildergalerie und die an Meisterwerken noch schätzenswertere des Fürsten Liechtenstein – das Antiken- und Gemmenkabinett – die Bibliothek in einem prächtig dekorierten Saal der Burg – das physische Kunst- und Naturalienkabinett ebendaselbst, welches seines Arrangements wegen merkwürdig ist; da jedem der freie Zutritt erlaubt ist, sich hier zu belehren, so hat man die ausgestopften Vögel und vierfüßigen Tiere in mehrere große Säle plaziert, welche nach dem Vaterlande jeder Tiergattung und Gegenständen der Natur, als Bäume, Pflanzen, Berge, Gebäude etc., sehr sinnlich dekoriert sind, zwischen welchen diese Tiere umherzugehen scheinen und wirklich einen seltsamen Eindruck machen – das Zeughaus, dessen Waffen so zusammengestellt sind, daß sie Säulen und andere architektonische Verzierungen bilden – die überaus schönen chirurgischen Präparate aus Wachs – das sogenannte Müllerische Kunstkabinett, in welchem man in verschiedenen Sälen eine Sammlung von Statuen aus Marmor, Wachs und Gips, durch Thermolampen erhellt, sieht – die fünf Theater der Stadt, unter denen sich die beiden Burgtheater durch schönes italienisches Spiel und Musik und das des Schikaneder durch schöne Darstellung in den Dekorationen und des Theaterpomps auszeichnen. Ich sah im letzteren eine Schlacht in der Oper »Richard Löwenherz«, wo sich 50 geharnischte Ritter auf Pferden und viele hundert zu Fuß mit solcher Freiheit umhertummelten, daß die Täuschung aufs höchste stieg. Die Pferde, welche dazu gehalten werden, sind erstaunlich abgerichtet. In der Oper »Palmyra« sah ich einen Helden auf einem wirklichen Kamel über das Theater ziehn.

Das benachbarte Schloß Schönbrunn mit seinem vortrefflichen Garten und dem berühmten Zwinger, in welchem ich Elefanten, Tiger, Leoparden, Bären, Kamele etc. sah, die botanischen vortrefflichen Gärten hierselbst. Das Schloß Laxenburg, der Sommeraufenthalt des Kaisers,

20 Franzensburg und chinesischer Pavillon im Park von Laxenburg

21 »Bergschloß Liechtenstein«

zwei Stationen von Wien, mit herrlichen Gartenanlagen. Die Stadt Baden am Gebirg mit ihren Schwefelbädern und die Felsengegend von hier nach dem Wallfahrtsort Heiligenkreuz und dem uralten zerfallenen Schlosse Liechtenstein in der schönen Gegend des Brühls, eines tiefen Bergtals. Das Schloß Dornbach bei Wien. Diese und unzählig viel andere Gegenstände haben mich einige 20 Tage in beständiger Beschäftigung erhalten.

Ich habe nun für mich und meinen Freund einen Wagen gedungen, der uns am 24. dieses Monats über Graz nach Triest führen wird. Unendlich interessant ist mir diese Fahrt; in blauer Ferne sehe ich schon die Gebirge sich türmen, über welche uns der Wagen tragen soll. Die plötzliche Veränderung des Klimas, des Landes und seiner Bewohner hinter diesem Gebirg spannt meine Erwartung aufs höchste. Sie erlauben mir, mich Ihnen hierüber mitzuteilen, wenn Sie nicht Langeweile bei der Länge meiner Briefe finden.

Überaus gern erführe ich etwas von Ihnen und Ihrer lieben Familie; Herr Steinmeyer, der seinem Sohn oft schreibt, kann mir auf Ihre gütige Nachricht davon berichten. Ich bitte, mich Ihrer lieben Frau, Kindern und allen, die sich meiner erinnern, aufs beste zu empfehlen und nicht zu vergessen, wertester Cousin, Ihren

aufrichtigen Schinkel.

Grüßen Sie gefälligst meine Schwestern, und wäre es möglich, so wünschte ich gern etwas von ihnen zu wissen.

Reise von Wien nach Triest

6 Meilen Ebene, fruchtbar, reich an schönen Dörfern, rechts die Aussicht aufs Gebirg.

Theresienfeld. Ein niedliches Dorf, neu gebaut, von entsetzlicher Länge, jedes Haus ist auf beiden Seiten durch den Garten vom anderen getrennt.

Wienerisch Neustadt, ein hübsches Städtchen mit einem gotischen Markt und einem alten Schlosse, in welchem eine Militärakademie errichtet ist.

Schottwien. Auf der Grenze von Österreich und Steiermark in einem engen, von senkrechten Wänden eingeschlossenen Felstal. So kahl und nackt die Felsmassen sind, so fruchtbar ist die kleine Talfläche. Die üppigen Nußbäume in den Kornfeldern machen gegen die Sandsteinfelsen einen herrlichen Kontrast. Auf einem überhängenden Fels steht das zerfallene Schloß der Stadt. Am Anfang und am Ende ist die Stadt mit einer Mauer verschlossen, die von der Felswand der einen Seite zu der anderen geht. Die Mur durchströmt die Stadt.

Semmering. Vom Tor an steigt man den Semmering hinan, einen waldichten Berg, dessen Spitze mit Schnee bedeckt ist. Der Weg geht nicht über den Gipfel, ist aber doch, ungeachtet der guten Chaussee, mit vieler Mühe zu passieren. Wo er die höchste Höhe erreicht hat, steht die Grenzsäule von Steiermark.

Gebirg von Steiermark. Das enge Murtal, von den entsetzlich hohen Gebirgen Steiermarks umschlossen, gibt abwechselnd schauerliche, große und angenehme Situationen. Die Fruchtbarkeit des Tals veranlaßte die Menge der Dörfer und Städtchen und Schlösser an dem Abhang. Die Bauerhäuser sind von Blöcken konstruiert und haben ein überaus malerisches Ansehn, die Galerien unter dem Dach sind allemal reich mit Holzschnitzwerk verziert.

Graz. Ehrenhausen, Coinowitz, Cilli. Franz. Popetsch. Laibach. Planina. Triest.

22 »Bei Schottwien auf der Grenze von Österreich und Steiermark«

23 »Aussicht bei einem Dorfe vor Graz auf die Schneegebirge von Steiermark«

24 »Aussicht bei Cilli auf den Leubel und die Gebirge von Kärnten«

Der Eintritt in Italiens schöne Gefilde kann dem Teutschen nicht frappanter sein als bei Triest. Auf einem Weg von 12 bis 14 Stunden wechselt plötzlich Klima, Gegend, Bauart, Sprache und Charakter der Nation. Die Gebirge [der] Steiermark und Kärntens, welche man auf dem Weg von Wien durchstreift, bieten abwechselnd große, rauhe und angenehme Szenen. Dichte Tannenwälder, dunkle enge Flußtäler, Rauheit des Klimas, erzeugt durch die Höhe der Gegend, charakterisieren die deutsche Gegend.

14 Stunden von Triest steigt man aus dem letzten Tal deutschen Charakters beim Städtchen Planina in die Höhe und bleibt bis Triest auf der Oberfläche des Gebirgs, das gleichsam den Damm des Meeres macht. Nicht Wüstres ist denkbar als der Anblick dieser Gegend, welche von der schrecklichsten Revolution der Natur zerrüttet scheint. Ein Tonschiefer, mit weißem Marmor gemischt, streckt seine verwitterten nackten Spitzen auf einer Fläche von 5 bis 6 Quadratmeilen an jedem Ort hervor. Meilenweite Felder sind mit Felsblöcken bedeckt und lassen nicht eine Handbreit Boden herausblicken. Die weiße Farbe, welche die ganze Gegend trägt, gibt ihr das Ansehen von Schnee oder Gletscher. Selten sieht man Gesträuch, welches dem Felsen ein spärliches Fleckchen abgewann. Oft erblickt man tiefe Grotten senkrecht in den Boden hinab, auf deren Grund das Regenwasser mit der Zeit ein wenig Erde häufte. Dies gibt das Getreidefeld der Gegend, man klimmt mit Gefahr die steilen Massen hinunter, bestellt mit Mühe das bißchen Land, schafft Gewinn von wenigen Quadratfußen heraus. Das zeugt von der Größe des Mangels. 6 größere Höhlen an verschiedenen Orten dieser Gegend, die meilenweit in das Innere der Felsen führen, und unzählige kleinere, die man allenthalben am Weg und an den Bergen erblickt, welche sich von dieser Gebirgsfläche noch zu erstaunlicher Höhe erheben, unterirdische Ströme, plötzlich steigende und trocknende Seen, Mer-

kur-Bergwerke, sind in diesem wunderbaren Raum gedrängt und machen ihn unbeschreiblich interessant. Das Terrain, welches gegen das Meer hin steigt, erlaubt keine Aussicht auf den Ufer-Hintergrund. Der Horizont schließt sich mit den steinichten Feldern, wodurch die Gegend etwas überaus Nacktes und Wildes erhält. Was den Eindruck dieses Wüsten vermehrt, ist die Unsicherheit auf den Straßen. Von der Seite der Türkei und Istriens ziehen sich Zigeuner und Mamelucken zu ganzen Banden ins Land, und täglich hört man von Räubereien und Mordtaten. Man wählt gewöhnlich zur Reise auf entlegnen Straßen, die durch Wald führen, solche Tage, an denen in der Gegend ein Fest oder ein Markt ist, damit man durch die Lebhaftigkeit der Straße gesichert ist.

Die Sonne neigte sich stark dem Untergang, als ich dem Abhang des Gebirgs nahte. Ich hatte bisher keine Begriffe von dem Eindruck einer solchen Naturszene. Aus dieser Steinwüste blickte ich plötzlich in die weite Fläche des Adriatischen Meers, das viel tausend Fuße unter mir die steilen Vorgebirge mit seiner vom Abend glänzenden Flut umzog. Weinberge legten sich an das Gebirg, die Abhänge bildeten, viele hundert Landhäuser mit schön berankten Lauben prangten hell aus dem Grün oder versteckten sich in den Tälern.

Triest

Ganz in der Tiefe, am Fuß des Gebirgs breitet sich Triest auf einer schmalen Landzunge aus und streckt kühn einen ausgeschwungenen Damm mit einem Fort in das Meer, der den Hafen schützt. Viele hundert Schiffe liegen um die Stadt und segeln gleich Punkten auf der weiten Fläche des Meers. Über Triest zieht sich ein großer Busen ins Land, entgegengesetzt vom

25 »In einem Dorfe vor Graz«

26 »Aussicht von den Vorgebirgen des Adriatischen Meers auf Triest und seinen Hafen«

fernen Gebirge Istriens begrenzt, über dem sich der Horizont des Meers mit seiner reinen Linie breitet und den Blick ins Unendliche lockt. Lange verweilte ich bei dem großen Anblick dieser mir neuen Welt, bis sich die Sonne ins Meer tauchte. Dann näherte ich mich auf der steilen Straße, die künstlich hin und her am Abhang in die Tiefe führt, der Stadt, die bei der einbrechenden Finsternis erleuchtet aus der Tiefe herauf ein zauberisches Bild machte, während die glatte Fläche des Meers noch den matten Schein des Abends trug und gegen die dunklen Formen der steilen Vorgebirge einen unbeschreiblich schönen Kontrast machte.

Es war Mitternacht, als ich die Tore erreichte, so lange hatte der Wagen auf dem beschwerlichen Wege durch die Weinberge von den Höhen des Gebirgs bis in die Tiefe der Stadt zugebracht. Das nächtliche Leben Italiens, erzeugt durch die Hitze des Tags, stellte sich in seinem ganzen Umfang dar, alles ist in voller Bewegung. An allen Ecken scheinen erleuchtete Trinkgelage, gepfropft mit Nationen aller Art, welche der Handel zusammenführt. Alles jubelte beim Wein, und unbehinderte Freiheit herrschte.

Durch die ganze Stadt schreit das Geräusch lärmender Freude, Zanks und rauher Schiffsmannschaft. Das Theater ist erst um Mitternacht beendigt, die Promenade nur dann besucht. Die Lebhaftigkeit der südlichen Nation zeigt sich bei jeder Handlung und ist dem Teutschen neu und frappant.

Am andern Morgen machte ich einen Spaziergang in der Stadt. Der große Kanal, welcher

27 »Aussicht von der Zitadelle in Triest auf den Hafen und das Adriatische Meer«

sich vom Hafen in die Hauptstraße zieht und gepfropft voller Schiffe ist, gewährt einen herrlichen Anblick, besonders wenn man vom Hafen hineinsieht. Der Wald von Mastbäumen, der mit artigen Häusern zu beiden Seiten kontrastiert. Im Hintergrund die Kirche von St. Peter, auf welche der Kanal in grader Richtung zuläuft, über ihr die Gebirge mit den Landhäusern und Weinbergen machen ein reiches Bild. Der Weg am Hafen ist vorzüglich reich an abwechselnden Szenen, ein beständiges Gewühl von Schiffsvolk aus allen Häfen Italiens, der Levante und Griechenlands und des übrigen Europas, Rußlands, Ostindiens und Westindiens macht ein buntes Bild der Beschäftigkeit, und müßte von Zeit zu Zeit der Handel Triests den selbst von Venedig übersteigen. Die großen Schiffe, welche gereiht im Hafen liegen, durch deren Menge man oft nur selten sparsam ins weite Meer hinausblickt, werden etwas Erhabenes. Hinzu häufen die schönen Vorgebirge, welche den Golf umschließen, eine unnennbare Menge von Schönheit.

Vom Kastell, welches auf einer felsichten Erhöhung an der Seite der Altstadt liegt, die sich an diese Erhöhung amphitheatralisch baut, genießt man eine herrliche Übersicht der Stadt, des Hafens und des ganzen Golfos.

Eine alte sarazenische Kirche liegt auf dem Kastell am Abhang, merkwürdig durch Bruchstücke antiker römischer Basreliefs und architektonischer Verzierungen, die man an verschiedenen Orten eingemauert hat. Die Überreste eines römischen Tors korinthischer Ordnung findet man auf dem Wege zum Kastell, sie sind unbedeutend.

Aquileja und die Höhlen von Prediama

Mein fester Entschluß, beim Eintritt in Triest seine merkwürdige Gegend genau zu untersuchen, verlockte mich zu manchen kleinen Reisen, die überaus reichhaltig für mich waren. Ich fing mit einer Reise an ins Land, das ich schon fleißig von Wien her durchstreifte.

Mein Weg führte mich über die Steinwüste, welche ich oben erwähnte, an den Anfang des Gebirgs, nach Aquileja, unweit des Meeres, ehemals die Hauptstadt des Landes zur Zeit der Römer. Nachdem es Attila zerstörte, sank es tief und tiefer, und jetzt wird man schwer den Ort erkennen, dessen Lage mit Palästen und Tempeln prangte, an Pracht und Stil den Römern glich. Ein elender Ort steht jetzt an der Stelle der Stadt, in dem es den Fremden schwer wird, ein Unterkommen zu finden. Weingärten umziehn die wenigen Reste ehemaliger Pracht, eine schöne sarazenische Kirche, auf dem Platz eines alten Tempels erbaut, prangt mit den Bruchstücken römischer Architektur. Die Sarazenen bedienten sich gewöhnlich der Überbleibsel zur Verzierung ihrer Gebäude. Im Innern sieht man eine Menge alter marmorner Monumente von der schönsten Arbeit; die 50 korinthischen Säulen der Kirche sind aus mehreren alten Tempeln zusammengebracht worden.

Durch schönes italienisches Weinland ging von hier der Weg ins Land zurück über Gradisca nach Gorizia, einer bedeutenden Stadt mit einem Schloß auf einem Berg in der Mitte. Rings um die Stadt ziehn sich entsetzlich hohe Felsen. Ich sah eine Seidenfabrik eine Stunde von hier, die in einem Tale am Wege liegt, in der eine vortreffliche Spinnmaschine war und ein Mechanismus von der sinnreichsten Erfindung und gewiß umfassender Wirkung mich sehr interessierte.

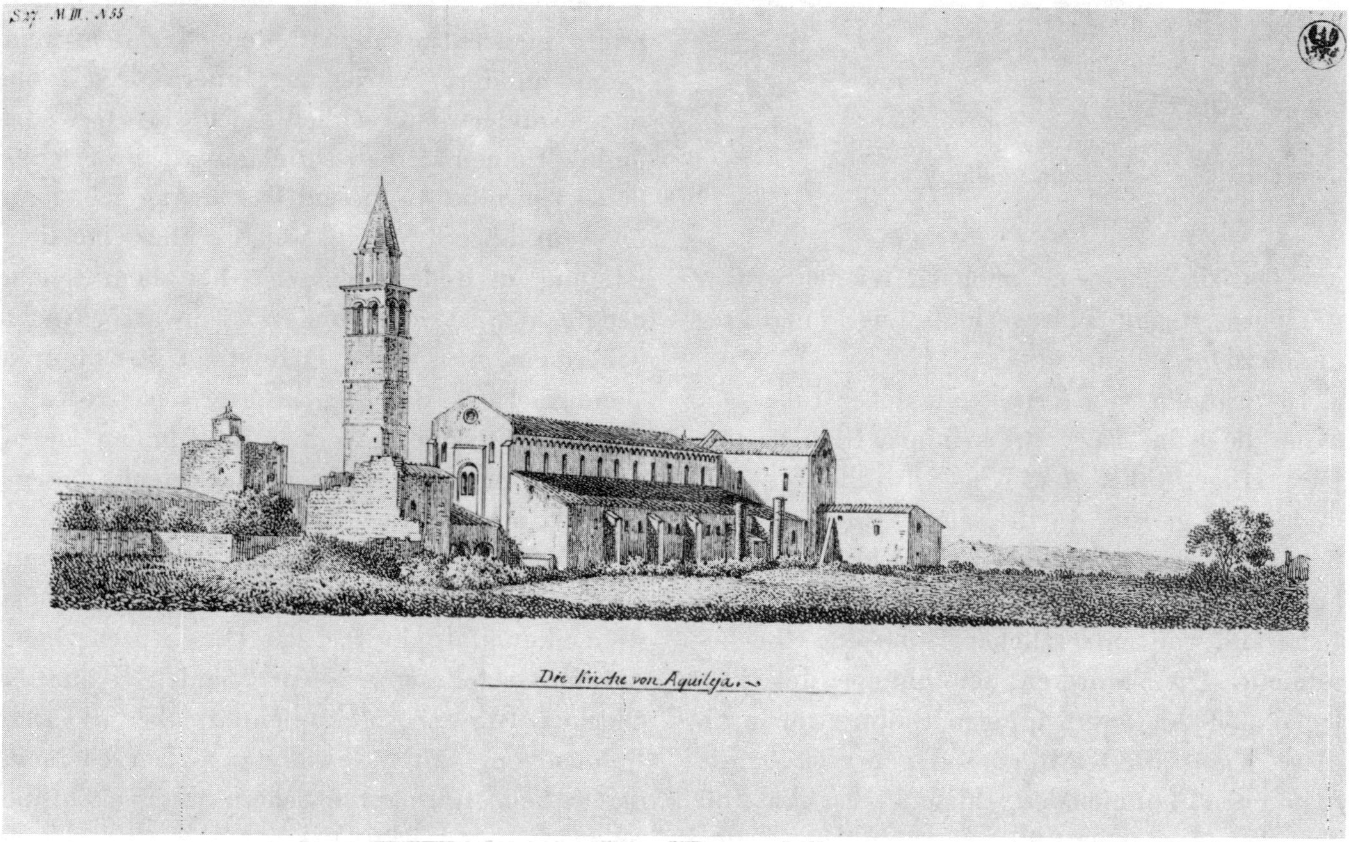

28 »Die Kirche von Aquileja«

29 »Inneres der Kirche von Aquileja«

Von Gorizia näherte ich mich der Wiener Straße, um das seltsame Felsenschloß Lueg oder Prediama zu besuchen.

10 Stunden von Triest, an der Straße von Wien, liegt das Tal von Prediama. Über fruchtbare Hügel führt der Weg abwechselnd steil und sanft geneigt in die Tiefe. Ein beträchtliches Gebirgswasser begleitet ihn bis zum westlichen Winkel des Tals, wo eine senkrechte Felswand von entsetzlicher Höhe dasselbe beschließt. Die sanfteren Seitenhänge des Tals legen sich mit ihren üppigen Baumgruppen an diese Wand, die, glatt vom Regen gespült, die bläulichen Flammen des Schiefers weist. Am Fuß der Felswand dringt der Bach in eine flache gewölbte Grotte und verschwindet brausend unter der hängenden Steinmasse. Sein trübes Bergwasser wird 4 Stunden von hier beim Städtchen Wippach wiedergesehn, wo es, silberhell geläutert, aus einer ähnlichen Grotte mit gleichem Geräusche hervorströmt, nachdem es den Lauf unter der doppelten Kette des Gebirgs gemacht hat. In beträchtlicher Höhe über der Grotte, welche den Bach verschlingt, zeigt sich durch die Spalten des Felsens das dunkle Gewölbe einer zweiten, zu welcher man über einen hölzernen Steg gelangt, der hart an der Wand aus einem Garten hineinführt, der sich am sanfteren Seitenabhang hinaufzieht.

Mit Fackeln, die gewöhnlich von 6 oder 8 Männern getragen werden, tritt man den Weg in diese Grotte an, die 2 Stunden weit in das Innere der Erde führt. Trocken und eben ist anfangs der Weg, während das wunderbare Gewölbe bald gegen den Boden sich neigt, bald weit in die Höhe emporsteigt und tausend breite und schmale Spalten und Nebenhöhlen bildet. Die wunderbarsten Gestalten von Tropfstein hängen von der hohen Wölbung herunter oder bilden bunte Figuren auf dem Boden. Nachdem man einige hundert Schritt im Innern der Höhle fortgewandert ist, schließt sich das Gewölbe und läßt einen kleinen Durchgang in ein zweites hohes Gewölbe. In diesem Durchgang geht man über ein hölzernes Steg, welches über eine tiefe Öffnung im Boden gelegt ist, bei allem Schein der Fackeln ist der Grund von schwarzer Nacht beherrscht, aus seiner Tiefe steigt das dumpfe Gemurmel des Bachs, der unter der Grotte in den Felsen drang und seinen Lauf in den Tiefen der Erde fortsetzt. Man tritt nach dem schauerlichen Übergang des unterirdischen Flusses in den zweiten großen Raum der Höhle, der mit noch weit sonderbareren Gestalten von Tropfstein mannigfalticht wechselt. Die abenteuerliche Zusammenstellung gotischer Säulen, Kanzeln, Glocken, Statuen, Monumenten, über die sich Fahnen vom bunten Gewölbe zu neigen scheinen, macht beim frappanten Schein der Fackeln die schauerlichste Wirkung.

Eine Seitengrotte führt zum sogenannten

30 »Das Schloß Prediama oder Lueg, zwölf Stunden von Triest« (aus der Ferne)

See, einem Wasser in der Tiefe des Felsens, das mit jenem unterirdischen Strom keinen Zusammenhang hat. Jetzt fängt der Pfad an, schlüpfrichter zu werden, und man hat Mühe, sich vor dem Falle zu sichern. Das Gewölbe der Grotte schließt sich auch zum 2. Mal und läßt einen weit kleineren und niedrigeren Durchgang als den ersten. Auf dem Bauch windet man sich durch diese Öffnung, das Feuer der Fackeln vor dem Erlöschen wohl bewahrend. Hat man diesen beschwerlichen Weg gemacht, so befindet man sich in einer entsetzlich hohen, schiefen Felsspalte, deren Boden mit einer Menge ungleicher Felsblöcke bedeckt ist, die von der Decke gestürzt scheinen und nur einen gefährlichen Übergang verstatten. Der Weg führt der Tiefe zu und wird überaus schlüpfrig, die Massen des Tropfsteines haben hier eine fast weiße Farbe und glänzen bei ihrer Nässe im Feuerschein, beständig tropfendes Wasser durchnäßt die Kleider, empfindliche Kälte und ängstliche Luft umgibt den Wanderer.

Zum letzten Mal schließt sich dann das hohe Gewölbe des von der Oberwelt weit geschiedenen Orts und verstattet nicht, tiefer in das Innere der Natur zu dringen. Ein brausender Wind entsteigt aus einer Spalte dem Boden und mehret das Schauerliche der Szene. Mit der Kohle der Fackel schreibet man den Namen an die letzte

Wand des Felsens und kehrt dann über die schlüpfrichten Pfade durch die engen und niedrigen Tore, über die Brücke des unterirdischen Stroms zum Tageslicht zurück, das den Wandrer nach der Reise durch das nächtliche Reich

31 In der Höhle von Prediama

mild und freundlich begrüßt. Nichts ist wohltätiger als der Glanz des Lichts, wenn man um eine Ecke des ersten Gewölbes sich wendet; im lieblichsten Grün strahlt der Tag durch das Laub, welches die Öffnungen der Grotte umzieht, und breitet mit der Farbe desselben das sanfteste Zauberlicht im weiten Raum der Höhle. Beim Übergang des schmalen Stegs in den Garten erblickt man unter sich den Strom, der mit dem Wandrer hier vom Tageslicht schied und seinen Weg durch die Tiefen der Erde begleitete.

Hoch über dem Ausgang der eben durchwanderten Grotte wölbt der Fels eine dritte, die weiteste von allen, und steigt dann ungeteilt bis zum Gipfel senkrecht hinan, wo er vom Grün üppiger Buchen bekrönt wird. Das Gewölbe dieser Grotte bildet von Anfang eine weite, auf einer Seite sich neigende Nische, in deren hinterer Wand drei dunkele Öffnungen das Innere eines tieferen Raumes deuten.

Die wildeste Kühnheit war's, die dem Menschen hieß, sich in diesem Raume niederzulassen. Nichts ist abenteuerlicher als der Anblick eines aus turmähnlichen Gebäuden sonderbar gruppierten Schlosses, welches, unter das finstere Gewölbe dieser Grotte eingebaut, seines hohen Dachs nicht bedurfte, da die dunkele Höhle ihre Massen weit über dasselbe hinausstreckt. Langsam nähert man sich dem Gebäude auf einem steilen Pfad durch den Garten. Und langt endlich an der hohen Felsenwand bei einer Zugbrücke an, die über einen spaltenartigen Abgrund führt, der die sanfteren Seitenhänge des Tals von der steilen Felswand trennt. Man geht über die Brücke in ein Tor, das von dem Wappen der Familie Cobenzl gekrönt ist, die seit 300 Jahren im Besitz des Schlosses und der Gegend ist. Von ihr stammt das jetzige Gebäude. Vordem war dieser Ort der Schlupfwinkel berüchtigter Räuber, die den inneren Raum der Höhle meilenweit verfolgten und an verschiedenen Orten der umliegenden Gegend Auswege fanden, die ihren Unternehmungen vorteilhaft waren. Diese Auswege, deren Anfang man im Innern dieser Höhle bemerkt, sind jetzt vermauert, weil sie auch späterhin der Sitz der Mörder und Diebe waren, die noch jetzt nicht selten in dieser Gegend schweifen. Schon zu den Zeiten der Kreuzzüge besaß der berüchtigte Räuber diese Höhle, den man Erasmus Lueger nannte; von ihm entstammt der Name Lueg, der sich bis jetzt erhielt. Seine Wohnung war in der Höhle selbst, man langte durch Zugbrücken, die von einem Abhang auf den anderen führten, durch die äußeren Gewölbe der

Nische zur Öffnung des innern Raums, der mit einer Mauer versperrt war, in welcher nur die Tür und das Fenster eines Wohnzimmers Platz hatten. Der Kochherd war links beim Eintritt in die Tür und erhielt durch selbige das Licht.

32 »Das Schloß Prediama oder Lueg, zwölf Stunden von Triest«

Rechts war das Wohnzimmer. Eine Felsentreppe von 30 Stufen führte hinauf in die Tiefe der Höhle, wo ein Brunnen das immer frische Wasser reichte. Ein Paar andere Treppen gingen seitwärts, die eine zu einem Balkon, der in einem Seitenspalte der großen Höhle angebracht war, die andere in ein oberes Zimmer, vielleicht für das Gesinde des Hauses.

Späterhin baute man in die äußere Wölbung das Schloß, dessen Massen die Höhle unterhalb ausfüllen, oberhalb aber vom Bogen des Felsengewölbes weit überstiegen werden, so daß man über dem Dache die 3 dunklen Öffnungen in dem innern Raum der Höhle bemerkt. Die Mauern steigen mit den Massen des Felsens in einer senkrechten Ebene empor und scheinen fast über dem Abgrund zu hängen. Der Name Prediama entstand nach diesem Bau; er sagt in der krainschen Sprache soviel als »vor dem Loche«. Die Teile des Schlosses sind aus zufälligen Bedürfnissen entstanden und wie es die Form der Felsenabsätze erlaubte, die es zum Fundamente fand. Die Zimmer sind gänzlich ohne Prunk, abenteuerlich wechseln Wände und Gewölbe von Felsen und künstlicher Konstruktion ab, Treppen, in den Fels gehauen, führen in mehreren Richtungen in die höhern Etagen, über Brücken und winkelichte Korridore, und von dort über das Dach zu den Öffnungen der innern Höhle, in welcher man die deutlichen Spuren der alten Einrichtung Erasmus Luegers findet. Der Brunnen ist noch im besten Stande und reicht den Schloßbewohnern noch jetzt das Wasser. Der gefällige Amtmann Franz Woita, welcher vom jetzigen Besitzer, dem kaiserlichen Minister Graf Cobenzl, auf diese Besitzung gesetzt ist, bewohnt das Schloß und macht sich's zur Pflicht, jeden Fremden nicht allein bei der Besichtigung der Merkwürdigkeiten auf alle Weise zu unterstützen, sondern ihn auch aufs freundschaftlichste zu bewirten.

Die Höhle teilt sich in mehrere Arme, deren einige Zusammenhang mit der unteren haben mögen, zwei davon gehen bis zum Städtchen Wippach, 4 Stunden weit, unter die doppelte Gebirgskette fort, beide sind hier und dort vermauert. Weit in diese Höhle zu dringen ist beschwerlich und lohnt nicht der Mühe. Sie wird bei weitem enger als die untere und bietet keine Abwechslung.

Das Bergwerk von Idria und die Höhle von Corgnale

Von Prediama besuchte ich das bekannte Quecksilberbergwerk Idria, welches eine oder eine halbe Tagereise von hier ist. Durch immer höheres Gebirg geht der Weg. Idria liegt in einem Kessel von enormer Tiefe, rings umschlossen von waldichten und felsichten Bergen. Ein blauer Tonschiefer ist die Hauptgebirgsart. Dies [in] seiner erstaunlichen Ergiebigkeit merkwürdige Bergwerk hat seine Schachte ganz in der Tiefe des Tals und geht 150 Klafter tief unter die niedrigste Fläche des Tals. Seit 250 Jahren arbeitet man schon, und noch wird der Ertrag von Jahr zu Jahr vermehrt. Ich lief mit meinem Freund, in Bergmannstracht gekleidet, ein, sehr bequem ist die Einfahrt. Alle Gänge sind mit Steinstufen versehen, zur Seite findet man von Zeit zu Zeit Kapellen mit Heiligenbildern zum Gottesdienst der unterirdischen Arbeiter. Das gediegene Quecksilber trieft an allen Orten aus dem Schiefer und sammelt sich oft auf dem Boden zu kleinen Seen; dennoch haben die Bergleute das Metall im Erz lieber, weil beim Herausschaffen vom Gediegenen zuviel verlorengeht. Eine entsetzliche Hitze und ein schlechter Geruch herrschen vorzüglich jetzt, je weiter man der Tiefe kommt, welches vorzüglich von einem großen Brand herrührt, der im Herbst 1802 dort ausbrach und eine Menge von Gängen gänzlich zertrümmerte; er war zugleich mit Erdstößen begleitet. Man konnte ihn anfangs durch Verstopfen auf keine Weise dämpfen, bis man endlich das Wasser, welches eine Überschwemmung der Flüsse in den Tälern der Gegend gehäuft hatte, in den Schacht leitete. Jetzt ist man beschäftigt, dasselbe wieder auszupumpen, man glaubt, daß man 6 Jahr nötig habe, um das Bergwerk wieder rein in vorigen Zustand bringen zu können. Die Ursache des Brandes ist unbekannt; auch mir ist noch nicht ganz sicher, ob er vollkommen gelöscht ist; denn als ich in der Tiefe zu den verschütteten Gängen kam, fühlte ich die enorme Hitze selbst, die, mit einem Dampf begleitet, stoßweise aus dem Innern der Erde steigt. Die Hüttenwerke sind nach spanischer Art eingerichtet und bei ihrer einfachen Anlage sehr vorteilhaft. Das Erz wird in einen gewölbten Raum gepackt, unter welchem ein anderer Raum befind-

33 Das Tal von Idria

lich ist, in dem die Heizung liegt. Aus dem Raum des Erzes geht ein Kanal in mehrere Kühlkammern, durch welche das in Dämpfe verwandelte Metall zieht und sich dort auf dem Boden niederläßt, wo man dann ganze Seen von Quecksilber fließen sieht. Der Brand im Schacht ist dem Hüttenwerk sehr vorwitzig beigestanden und hat im Innern der Erde viel Quecksilber rein erzeugt, von welchem aber beim Herausschaffen viel verlorengeht. Doch wird dadurch so viel gewonnen, daß jetzt 1 Mann soviel erzielt als sonst 6 Arbeiter. 700 Fuß ließ ich mich mit meinem Freund im Kasten des Bergwerks heraufwinden. Eine Menge schöner Stufen, welche man hier erhalten kann, werde ich, wenn es möglich ist, mit heimbringen.

Von Idria ging mein Weg auf einer wüsten, von Räubern immer gefährlichen Straße nach Zirknitz, der kroatischen Grenze nahe. Der merkwürdige See unweit des Marktfleckens Zirknitz macht im Sommer den Anblick eines flachen Wiesentals zwischen schönen Waldgebirgen. Ich sah ihn zur Hälfte nur mit Wasser erfüllt. Im Grunde des Sees ist Felsboden mit alle Höhen umfassenden, unzähligen tiefen Grotten, die eine Menge von Spalten haben, welche in einen unter diesem Felsenlager befindlichen Raum führen, der das Wasser des Sees im Sommer verschlingt und der, wenn beim heftigen Gewitter die Gebirgsströme durch Kanäle an anderen Orten denselben erfüllen, das Wasser brausend aus den Spalten dieser Grotte auf die Fläche des Tals treibt. Das schon gewendete Heu ward in diesem Jahr vom plötzlich austretenden Wasser weggeschwemmt, zum großen Verlust der Landleute. Reiner kann kein Wasser gefunden werden als das dieses Sees. Beim Umherfahren auf einem Kahn erkannte ich an Stellen, wo man mich versicherte, der See sei bis 20 Klafter tief, den Grund und alle Gegenstände auf demselben deutlich. Wer hier fährt, wird zum Baden auf eine so unwiderstehliche Art eingeladen, daß selten jemand den See besucht, ohne von seinen Silberwellen umfangen zu werden. Der heitere Tag und die liebliche [fehlendes Wort] erhöhten mir den Genuß. Eine Stunde blieb ich mit meinem Freund in den schönen Wellen des Sees, dessen Grund an der Badestelle so rein und glatt wie ein geschliffener Marmorboden ist, und trat gestärkt meine Rückreise nach Triest über den Ort Corgnale an.

Dieser Ort, welcher auf der Steinwüste von Triest liegt, ist durch eine ungeheure Höhle berühmt, die alle Eigenschaften der Höhle von Prediama, nur in höherm Grade, besitzt. Das Sonderbare ist der Eingang. Obgleich man nämlich auf der Höhe des Gebirges ist, so glaubt man auf einer weiten Fläche zu sein, weil man vom Abhang des Meeres mehrere Stunden entfernt ist. Auf diesem Felde nun steigt man senkrecht hinunter in den Raum der Höhle, die dann unter dem Felde sich meilenweit ausbreitet. Vor 10 Jahren stieg der König von Neapel hinein, zu dem Ende ließ man es sich viel kosten, hölzerne Treppen bis auf eine halbe Stunde weit,

34 »Die große Höhle bei Corniale, drei Stunden von Triest«

35 »Das Schloß Duino am Golfo von Triest«

wo es nötig war, in die Tiefe zu machen. Jetzt sind diese Treppen durch die Nässe verfault und machen den Gang in der Höhle sehr gefährlich. Ich war mit meiner Gesellschaft bis eine halbe Stunde weit hineingeklimmt, wo die Grotte ein entsetzlich hohes Gewölbe bildet, dessen obere Wölbung durch keinen Fackelschein zu erkennen war. Hier ward ich durch einen ebenso tief senkrecht in den Boden gehenden Abgrund verhindert weiterzugehn. Der Schuß einer Pistole machte hier die Wirkung eines schmetternden Donners.

Bei meiner Rückkehr nach Triest, welches von den Höhen dieser Seite wieder ein neues, schönes Bild macht, hatte ich eine große Arbeit, meine Reiseskizzen in Ordnung zu bringen. Die Bekanntschaft mit einem sehr gefälligen jungen Kaufmann, ein halber Landsmann aus Bayreuth, ward mir auf einer zweiten, höchst interessanten Reise, an der er teilnahm, sehr nützlich.

Istrische Reise, Pola

Wir mieteten eine Barke von 3 Segel, um die Merkwürdigkeiten von ganz Istrien, die vorzüglich nur an der Küste liegen, zu sehn. Wir hatten das Glück, einen guten Patron der Barke zu finden, welches für einen Besucher Istriens selten ist. Man macht diese Reise gewöhnlich zu Wasser, weil man ohne starke Militärbegleitung im Innern des Landes unmöglich reisen kann. Die Einwohner und die ehemaligen venetianischen Soldaten, welche jetzt [unleserliches Wort] sind, seitdem der Kaiser diese Länder besetzt hat, und sich ins Innere des Lands gezogen haben, formieren große Räuberbanden, vor denen man kaum an der Küste sicher ist. Will man sich mehrere Stunden von den Städten entfernen, so geht man in Begleitung von Militär. Diese Kerle haben ein furchtbares Ansehn. Sie reiten auf kleinen Pferden, tragen braune Mäntel und von derselben Farbe Mützen, jeder hat eine Flinte auf dem Rücken, die von einer merkwürdigen langen Form ist, mehrere Pistolen im Gürtel und einen Hieber zur Seite. Die Schnauzbärte sind in Flechten gedreht und hangen zu beiden

36 Felsküste bei Pirano

Seiten oft bis auf die Brust; ebenso sind die Haare in mehrere herunterhangende Striemen geflochten. Die Weiber tragen sich an Farbe den Männern gleich und sind sehr wild wie diese, sie gehn gewöhnlich zu Fuß in den Truppen zwischen den Männern, die zu Pferde sitzen, oder reiten auf Esel. An allen Orten sieht man diese Banden zu 10 und 12 und mehr durchs Land, auch in die Städte ziehen. Das kaiserliche Militär hat bis jetzt noch keine Order, etwas Reelles gegen sie zu unternehmen, es verfährt nur auf wirkliche Tatsachen.

Mit gutem Wind segelten wir um Mitternacht von Triest, die Küste Istriens nicht gar fern zur Linken behaltend. Capo d'Istria, den Hauptort,

37 Die Bucht von Pola

und Pirano passierten wir, weil wir uns vorgenommen hatten, sie auf dem Rückweg, wo man gewöhnlich wegen schlechten Windes an mehreren Orten bleiben muß, mitzunehmen. Das Land ist felsicht, hat dennoch keine sehr hohen Ufer. Viele Felseninseln ragen aus dem Meer hervor und machen den Weg für größere Schiffe unsicher, alles ist mit kurzem Gesträuch bewachsen. Die Städtchen am Strande des Meers, deren man eine große Menge beim Vorbeifahren sieht, haben fast alle gleichen Charakter und große oder kleine Häfen. Umago, St. Lorenzo, Città Nuova waren die vorzüglichsten.

Parenzo ist ein beträchtlicher Ort; hier kamen wir am Abend nach einer Fahrt von Nacht und Tag an. Ein gefälliger Mann, Signor Rossi, an den wir von Triest aus adressiert waren, nahm uns freundschaftlich auf und wies uns die Merkwürdigkeiten der Stadt. In jedem Ort dieser Küste sieht man Spuren der ehemaligen römischen Kolonien. In Parenzo stehn die Überreste eines Dianentempels, die auf die schrecklichste Art entheiligt sind. Es sind dies Untermauer und zwei Säulen korinthischer Ordnung, die an der Hinterfront eines Hauses, dem Meeresufer nahe, Gelegenheit geben, eine Kommodität hineinzubauen. Am Hafen von Parenzo stehn mehrere Monumente römischer Arbeit, die sehr zertrümmert sind und deren Schrift nicht mehr zu lesen ist. Die Wohnhäuser sind von hohem Alter, meist sarazenischen Ursprungs, von einer sehr soliden und akkuraten Konstruktion aus Quadersteinen, mit artigen Verzierungen jener Zeit. Eine Kirche dieser Zeit ist aus dem 5. Jahrhundert, ihrer alten mosivischen Arbeit wegen merkwürdig.

Von Parenzo fuhren wir nach Rovigno oder Enviago, dem volkreichsten Ort Istriens, mit einem schönen Hafen. Es herrscht hier viel Leben und Handlung. Die Bauart ist, wie überhaupt in Istrien, der von Parenzo gleich. Auf einem Felsen, der von der Stadt aus ins Meer sich streckt, steht der Hauptdom der Stadt und macht mit seinem hohen Turm, der nach dem Bilde des St.-Markus-Turms in Venedig gebaut scheint, eine herrliche Wirkung.

In der Nacht fuhren wir von hier ab und erreichten am Morgen den Hauptbestimmungsort unserer Reise, Pola, an der letzten Spitze Istriens. Der Weg zu dieser, ihrer vielen Altertümer wegen merkwürdigen Stadt führt durch unzählige Klippen, die aus dem Meer emporragen. Man fährt in den von der Natur durch Inseln und Landzungen gebildeten großen Hafen ein und wird bald von Ruinen links und rechts auf den Inseln überrascht. Aber bald erblickt man die Stadt selbst mit dem Kastell und der Anhöhe im Hintergrund des Hafens und zur Seite das große römische Amphitheater, welches eine prächtige Wirkung macht. Beim Aussteigen aus der Barke war das Meer mit einem Nebel bedeckt, der hier sehr häufig ist, die Luft ist überaus ungesund, das Militär, welches hier lag, ist deshalb weggenommen, weil in einem Monat von einer Compagnie 50 Männer starben. Es ist jetzt nur eine Besatzung von 8 bis 12 Mann, die alle 5 Tage von anderen Orten umwechseln. Die Population ist überhaupt nur reichlich 5 bis 700 Einwohner. Vom Gouverneur, einem wahren Venetianer, mußten wir um die Erlaubnis bitten, zeichnen zu dürfen.

Darauf machten wir uns in Begleitung eines Soldaten auf den Weg zum großen Amphitheater. Die Reste dieses Gebäudes, welches aus 3 Etagen besteht und im Ovale nach dem gewöhnlichen Plan aller Amphitheater gebaut ist, sind sehr vollständig; es hat in den beiden untern Etagen 144 Bogen, in der obern 72 viereckte Öffnungen, ist in seinem großen Durchmesser etwa 500 Fuß lang und im kleinen 450 breit. Man sieht im Innern die Spuren der Sitze, die zum Teil im Felsen, an den es sich lehnt, gehauen sind. Die Arena oder Kampfplatz ist auch deutlich zu erkennen. Auf dem Wege zum Amphitheater, wel-

38 »Veduta dell' Amphiteatro e della Città di Pola«

39 »Porta Aurea in Pola«

ches eine halbe Stunde vor der Stadt liegt, ertrugen wir eine entsetzliche Hitze, die hier schon fast unerträglich ist; mehreren Truppen bewaffneter Eingeborenen begegneten wir auf der Straße, die nur von den Soldaten einige Furcht haben. Wir gingen durch die sogenannte Porta Aurea in die Stadt zurück; ein herrliches altes Tor im schönsten römischen Stil. Nahe an dem Hauptplatz der Stadt steht der Tempel von korinthischer Ordnung im schönsten Verhältnis, der dem Augustus und der Stadt Rom gewidmet war. Man sieht 6 Säulen, die eine Vorhalle bilden und ein Giebelfeld von reicher Architektur unterstützen; im Innern ist ein Stall für Esel und anderes Hausvieh angelegt. Merkwürdig ist noch der sogenannte Rolandsturm, la Torre d'Orlando, auf einer Landzunge des Forts. Woher der Name entstanden ist, kann ich nicht begreifen, da die Ruine aus der römischen Zeit zu sein scheint. In der Stadt sind mehrere schöne sarazenische Kirchen.

Nichts ist unangenehmer als der Mangel der Wirtshäuser in allen Städten, der uns fast verhungern ließ. An ihrer Stelle findet man aber Kaffeehäuser an allen Ecken, wo man freilich nur Kaffee, Schokolade und Limonade trinkt. Die Liebe der Einwohner, sich in diesen Häusern umherzutreiben, ist entsetzlich und gibt ein Bild des faulen Lebens, welches durch ganz Italien und diese Kolonien herrscht.

Auf unserm Rückwege nach Triest besuchten wir Pirano, welches wir vorbeigesegelt haben, es hat einen schönen Dom auf einem senkrecht am Meer stehenden Felsen. Große Untergemäuer mit Bogen, welche von der Fläche des Meers bis an den Gipfel des Felsens geführt sind und das Fundament und den Platz um den Dom befestigen, machen einen erhabenen Anblick. Am Abend kamen wir im Hafen von Triest zurück, mußten aber die Nacht auf der Barke bleiben, weil die Sanität schon geschlossen war, die unsere Passaporti nachsieht, um sich zu überzeugen, daß wir nicht aus der Levante kommen, in welchem Fall wir 40 Tage Quarantäne halten müßten.

In einem kleinen Batello segelten wir einige Tage darauf nach Capodistria. Der Wind war bei der Abfahrt sehr günstig. Wir sahen einen prächtigen Marktplatz, der mit Überbleibseln römischer Architektur und sarazenischen Gebäuden prangte, der Ort ist klein, hat aber einige 50 Kirchen und viele Klöster. Bei der Rückreise war der Wind entsetzlich ungünstig; er trieb das kleine Batello ins weite Meer. Wir fürchteten, es könne die sogenannte Bora entstehn, ein Nordwind, der hier großen Schaden stiftet. Die Wellen schlugen häufig in das kleine Fahrzeug, und unser Schiffer, der allein dasselbe dirigierte, schien der Sache nicht sehr kundig zu sein. Er war überdies ein Genueser und sprach ein so schlechtes Italienisch, daß wir ihn selten verstanden und uns verständlich machen konnten. Mit so kleinen Fahrzeugen bleibt man gewöhnlich ganz der Küste nahe. Er hatte die Tollkühnheit, uns über die ganze Breite des Golfo im stürmischen Wetter

40 »Chiesa vecchia sarazenica in Pola«

41 »Il Duomo di Pirano in Istria«

zu fahren. Wir waren, mehrere Stunden vom Land entfernt, in einer größten Gefahr, umgeworfen zu werden, er behielt aus Eigensinn sein Segel gespannt, wodurch dies Fahrzeug so schief getrieben wurde, daß es auf einer Seite Wasser schöpfte. Der Wind schlug uns von der östlichen Küste des Golfos an die westliche, beim Dorfe Contovell ließen wir ihn landen und machten den Weg von 3 Stunden bis Triest zu Fuß, um der Gefahr aus dem Wege zu gehn. Jetzt sitzen wir in Triest in unendlicher Arbeit, unsere Reiseskizzen in Ordnung zu bringen. Und dann nach Venedig zu kommen, wohin wir am 8. August abzugehn glauben.

Venedig

Es war Mitternacht, als ich in die Barke stieg; die Menge des Gepäcks und der Passagiere machten den Platz unbequem. Die Nacht, abwechselnd stürmisch und still, war jedesmal der Fahrt zuwider; gänzlicher Mangel an Schutz gegen die unerträglichen Stiche der Sonne ließen den folgenden Tag unangenehm vorübergehn. Bei Anbruch der Nacht zogen Gewitter herauf, ein Regen drohte uns zu durchweichen, der Sturm wuchs, und der Schiffer beschloß, das Unwetter auf offner See mit ausgeworfenem Anker abzuwarten. Es zog ohne Regen vorüber, doch konnte man erst gegen Mitternacht weitersegeln.

Am Abend des 2., peinlich durchlebten Tags stiegen endlich die Türme Venedigs aus den Wellen des Meers. Man fährt zwischen einzelnen Inseln in die Lagunen der Stadt, welche nichts von ihrem Boden blicken lassen. Sie scheinen Gebäude, in den Wogen des Meers gebaut, größtenteils Klöster mit ihren Kirchen und Türmen. Im Hintergrund erblickt man den durch unzählige Brücken zusammenhängenden Teil der Stadt. Bei der Annäherung machen die Paläste an der Ripetta di Schiavoni, überstiegen von dem Turm des St.-Markus-Platzes, einen großen Eindruck. Links ragen Kupoln der schönen Kirche St. Maria della Salute. Vor allem prangt mit seiner abenteuerlichen Architektur der Dogenpalast.

Man langt bei der Sanität an, wo man auf eine unverzeihliche Weise aufgehalten wird. Nachdem man die Passaporten in Ordnung gebracht und die Erlaubnis erhalten hat, sich visitieren zu lassen, fährt man auf einer Gondel eine Strecke ins Wasser, wo man plötzlich von einer Menge kleiner Batelli umringt ist, die von habsüchtigen Visitatoren wimmeln. Drei oder viere fallen sogleich über die Sachen her, und man muß auf ihre Manipulationen achthaben, wenn man seine Sachen liebhat. Alles wird durchsucht und das geringste Verdächtige weggeschleppt oder durch langen Streit, wobei nur die größte Grobheit und Dreistigkeit etwas ausrichten kann, wiedererhalten. Man fährt, wenn man aus den Klauen dieser Raubtiere entronnen ist, in die Kanäle der Stadt. Gondeln mit ihren schwarzbehängten Dächern und blinkenden Schnäbeln fliegen auf allen Seiten pfeilschnell hierhin und dorthin, ohne sich beim Begegnen oder Biegen um eine Ecke im geringsten zu berühren.

Unzählige Paläste, mehrenteils altitalienischen Stils, prangen mit ihren Marmormauern von der herrlichsten Konstruktion, mit ihren verzierten Säulen, Arkaden und Cornichen. Der Stil ihrer Architektur liegt zwischen dem Sarazenischen, Gotischen und Römischen und hat daher etwas überaus Abenteuerliches, welches noch dadurch vermehrt wird, daß alles das Ansehn der Unbewohntheit hat. Die Fenster sind größtenteils zerschlagen oder alt und kleinscheibig, die Gesimse zerfallen, das Innere schwarzgeräuchert, die unteren Etagen durch nachmalige Veränderungen außer Symmetrie gebracht und verunstaltet. Selten steht ein Palast gut erhalten und prangt mit neuerer Architektur des Sansovino oder Palladio.

Mein erster Gang vom Wirtshause war auf den St.-Markus-Platz. Die erstaunlich engen Gassen,

42 Segelschiffe und Bootsleute im Hafen

wo oft mit Mühen einer dem anderen ausbeugt, gepfropft mit den Budiken aller Art, die in den unteren Etagen der Häuser großteils untereinanderstehn. Die Menge der Bettler von der ekelhaftesten Art, mit Gebrechen und Schäden, die man nicht ohne Abscheu betrachten kann, deren beständiges Winseln und Beten dem Vorübergehenden [die] Not des verfallenen Staates klagen. Das unerträgliche Geschrei der Fruchthöker, die an allen Ecken mit größter Anstrengung in den unangenehmsten Tönen ihre Waren ausbieten und sich darin einer den andern zu übertreffen suchen. Dies alles läßt einen widrigen Eindruck nach. Von dem engen Platz dieses schmutzigen Schauspiels trat ich plötzlich in den weiten, in der ganzen Welt gepriesenen Markusplatz.

43 Die Piazzetta in Venedig

Pracht, Schönheit, Größe wirken gleich stark bei dem ersten Überblick. Von 3 Seiten ist die schön gepflasterte Ebene des Platzes mit Arkadengebäuden einer schönen und zum Teil reichen Architektur umschlossen. Die 4. Seite begrenzt die Kirche von St. Markus mit ihren Kuppeln, große[n] Bogen und der Menge kleiner Säulen und Verzierungen. Die Gebäude, welche ihn umschließen, sind in einem herrlichen Stil, vorzüglich das, worinnen die Polizei, die Bibliothek und die Staatsgefängnisse sind, mit einer Architektur von Sansovino geschmückt, mit Figuren und Ornamenten der schönsten Erfindung, reich, ohne aus dem einfachen Plan des Ganzen zu treten. Die andere Seite ist einfacher, mit Arkadenreihen von schönem Verhältnis, ohne viele Ornamente. Im Hintergrund steht die abenteuerliche Kirche St. Markus mit ihren vielen Bogengewölben, Säulen und Kupoln, vor ihr 3 Segelstangen mit Flaggen und rechts der Turm, der die Symmetrie durch seine Lage stört. Hinter ihm erblickt man den sarazenischen Dogenpalast mit seinem künstlichen Mauerwerk und seinen reichen Arkaden in den unteren Geschossen, ein abenteuerliches Gebäude. Nähert man sich der Kirche, so blickt man rechts zwischen ihr und dem Turm neben dem Palast des Dogen vorbei auf das Wasser der Lagunen, wo die Isola di St. Giorgio Maggiore mit der schönen Kuppelkirche von Palladio hinter 2 Säulen am Wasser, wovon eine einen Löwen, die andere den heiligen Markus trägt, eine schöne und reiche Aussicht bildet. Das Innere der Markuskirche ist erhabener als das Äußere und bei weitem einfacher. Das Untere von schönem scharfeckichtem Marmor brauner Farbe, das Obere in den Kupoln von Mosaikfiguren auf goldenem Grunde. Mehrere Nebenkuppeln prangen mit bronzenen und marmornen Statuen und Basreliefs.

Der Platz von St. Markus ist die einzige Promenade der Venezianer, daher immer voll von Menschen, vorzüglich am Abend bis nach Mitternacht, und auch alsdann noch fangen Bälle in den verschiedenen Casinen an, Kaffeehäuser sind überall, und gepfropft voller Menschen. Vormittags sieht man an verschiedenen Orten Haufen Volks versammelt, welches durch die sogenannten Philosophen mit Geschichten unterhalten wird. Man ist auf den oft sehr gut sprechenden Erzähler sehr aufmerksam. Am Abend nehmen Gaukelbuden ihren Platz ein, die nicht weniger frequentiert werden. Man sieht hier von kleinen Figuren eine Posse aufführen, wobei nur das Gedächtnis des hinter den Gehängen sprechenden Gauklers zu bewundern ist und oft die Veränderungen seiner Stimme bei der Sprache der verschiedenen Figuren.

Höchst merkwürdig ist das Innere des Dogenpalasts. Der Hof, zwar unsymmetrisch, hat allenthalben Partien der schönsten Architektur. Vorzüglich schön ist die Treppe von Marmor, die von außen in das zweite Geschoß führt. Die Stufen sind an ihrer Steigung mit abwechselnden Verzierungen geziert. Die Arabesken in den Pilastern, welche die Arkaden des Hofs tragen, sind von erstaunlicher Abwechslung und schöner Erfindung. Die Markuskirche, welche den Hof auf einer Seite begrenzt, ist an ihrem Seitengiebel reich mit antiken Statuen geschmückt, wovon einige griechischen Ursprungs sein sollen. Es kann die Architektur nichts Prächtigeres hervorbringen als die Menge der großen Versammlungssäle im Palast. Die Wände derselben prangen von der Decke bis zum Boden mit den Gemälden der großen Meister Tizian, Tintoretto, Guido Reni, Palma pp., die architektonisch eingefugt sind. Die Decken sind von reicher vergoldeter Bildhauerarbeit, untermischt mit den Gemälden derselben Meister. Vorzüglich zeichnen sich ein Bild von Tintoretto, »Das Jüngste Gericht«, welches eine ganze Wand des größten Versammlungssaals einnimmt, und ein Christus mit einigen anderen Figuren von Albrecht Dürer, von der höchsten Ausführung und Vollkommenheit, in einem kleineren Saal aus.

Unzählige schöne Kirchen zieren die verschiedenen Teile der Stadt, mehrere derselben sind, in einem einfachen sarazenischen Stil, alt, innerhalb neu dekoriert und mit Gemälden großer Meister geschmückt. In der Kirche [fehlendes Wort] findet man in einer Nebenkapelle herrliche Basreliefs in weißem Marmor um den Altar an der Wand, von denen einige vom Sansovino, dem Architekten der Kapelle, selbst gearbeitet sein sollen, reicher Arbeit und feinster Ausführung, welche mit den in schönsten Marmorarbeiten ausgelegten Wände[n] der Kirche und der durch Gold und Malerei reich geschmückte[n] Decke eine überaus reiche Wirkung macht.

In dem Nonnenkloster St. Pietà hört man häufige Kirchenmusik von der herrlichsten Exekution, wobei alle Instrumente von den Nonnen gespielt werden, auch das Ganze durch eine Nonne dirigiert wird. Ein enges Gitter auf einem Chor versteckt die spielenden Mädchen vor den Zuschauern.

Die Theatergebäude in Venedig sind von keiner Bedeutung, und die Truppe, welche ich in der Opera buffa fand, war mittelmäßig. Das neue Theater für die Opera seria hat ein schönes Vestibule von verschiedenen Marmorarten.

Nirgends sind die Paläste so gehäuft als auf dem Wege, den man in einer Gondel im Großen Kanal macht. Auf jeder Seite erblickt man die herrlichsten Paläste sarazenischer und moderner Architektur sich aus dem Wasser erheben. Die große Brücke Ponte Rialto, welche mit einem großen einzigen Bogen über diesen Kanal führt, macht beim Durchschiffen einen großen Eindruck. Es führt in ihrer Mitte ein Gang mit Stufen hinüber, zu beiden Seiten stehn Budiken in Arkadengewölben, und hinter diesen an den Außenseiten führet an jeder Seite noch ein Weg hinüber. Dicht an dieser Brücke am Wasser steht der ehemalige Palast der Dogen, ein schönes modernes Gebäude, was innerhalb mit Antiken und Gemälden geziert ist.

Es ist sehr auffallend, in der ganzen großen Stadt keinen Wagen zu sehn, da übrigens in den engen Gassen eine große Lebhaftigkeit herrscht. Der Verfall des venezianischen Handels muß jedem Fremden beim Anblick der Stadt auffallen. Verarmtheit und Reduktion zeigen sich überall und lassen einen übeln Eindruck nach. Dessenungeachtet herrscht im Ton des Umgangs noch immer die alte Grandezza, die jetzt um so reizendere Wirkung macht. Die Venezianer zeichnen sich vorzüglich darin aus, aus der Nacht Tag zu machen. Die größte Zeit des Tags schläft man, und auch öffentliche Geschäfte nehmen zum Abend ihren Anfang.

Drei oberitalienische Städte: Padua, Ferrara, Bologna

Von Venedig fährt man durch die Lagunen in den Kanal, welcher die Brenta heißt, nach Padova, besser aber mit einem Wagen, welches allemal schneller geht. Die Seiten dieses Kanal[s], an dem der Fahrweg hinführt, sind mit fruchtbaren Weingärten besetzt, in denen oft schöne Landhäuser und Paläste liegen. Aber auch diese tragen, wie die in der Stadt, den Charakter der Verfallenheit.

Padova ist eine große Stadt, die mit schönen Gebäuden, vorzüglich Kirchen, prangt, unter denen sich 2 Dome, die Kirche St. Antonio und St. Giustina, an Größe auszeichnen. In den Ecken sind einige schöne Kapellen von Marmor sarazenischen Stils mit reichen Basreliefs. Die zweite ist von Palladios Architektur. Das Innere hat zwar viel Großes, ist aber kalt und uninteressant. Die Details unausgeführt und schwer profiliert. In der Kirche der Augustiner ist vom Guido Reni ein Johannes in der Wüste von bewunderungswürdiger Schönheit. Im Palaste der alten Familie Foscari steht eine Kapelle, die von oben bis unten mit den Gemälden des alten Maler[s] Giotto in Fresko geziert ist. Giotto war einer der ersten Maler der wiederauflebenden Kunst im Mittelalter. Er lebte im 13. Jahrhundert, sein Lehrer war der griechische Maler Gaddi, der ihn, die Schafe hütend, auf dem Felde fand, wie er seine Böcke zeichnete.

Die Universität, die ehemals so berühmt war und die ersten Männer Italiens, Dante, Ariost, Tasso pp., herbeirief, ist jetzt bei weitem unbedeutender. Auf einem großen Platz der Stadt sieht man 80 Statuen berühmter Männer in einem Kreise stehn. Der Botanische Garten in Padova, welcher für den besten in Italien gehalten wird, hat eine angenehme Lage und ist in der schönsten Ordnung.

Das Rathaus ist wegen eines Saals von ungeheurer Tiefe und Länge merkwürdig, dessen Decke vom runden Bohlendach gebildet wird und in ihrer Konstruktion sehr merkwürdig ist. Die Sparren ruhen auf keinen durchgehenden Balken, sondern stehn nur auf den Ringmauern, auf die [sich] wiederum im ganzen obern Stockwerk, welches der Saal allein einnimmt, eine Verbindung durch Scheidewände erstreckt. Der Verband des Eisens im Dache tut für die Haltbarkeit am mehrsten.

Padova hat, so wie die folgenden Städte des alten Etrurien, die Einrichtung der Arkadengänge vor den Häusern, so daß man auch bei schlechtem Wetter trocken von einem Ort zum andern kommen kann. Diese Einrichtung soll sich von den alten Etruriern schreiben.

Der Weg von Padova über Montefalese nach Ferrara geht durch fruchtbares Marschland. Nahe bei Montefalese sieht man kleines Gebirg von schöner Form. Drei herrliche Schlösser an der Straße machen hier ein vortreffliches Bild. Das erste liegt ganz in der Ebene in einer großen französischen Gartenanlage und ist von neuerer Architektur. Die beiden andern, wovon das erste dem Venezianer Dolfino gehört und von sarazenischer Architektur ist, liegt hinter vielen schön bewachsenen Dämmen in reichen Baumgruppen und hat die Gebirge hinter sich. Seine Architektur ist höchst einfach und dabei abenteuerlich, macht einen überaus schönen Effekt. Das zweite, dem padovanischen Hause Salvadajo gehörig, liegt auf einem isolierten pyramidalischen Berg. Eine Treppe führt von dem Fuße des Bergs in Absätzen bis zum Portikus des Schlosses, das mit einer Kuppel gekrönt ist. Die Gebirge formieren hinter demselben abwechselnde schöne Linien und übersteigen die Höhe, auf welcher das Schloß liegt, bei weitem. Ich sah es im Schein des Abends, ein zarter Regen überzog das Ganze mit einem vom Abendrot gefärbten Nebelton und gab der Landschaft etwas überaus Zauberisches. Weingärten und fruchtbares Marschland begleitet den Reisenden bis Ferrara und Bologna.

Ferrara ist eine weite menschenleere Stadt. Auf dem Markt steht ein schöner gotischer Dom. Seine 3 Frontons an dem Giebel des Haupteingangs sind von einer Menge auf vielen Säulchen ruhender Arkadenreihen unterstützt. Das Portal selbst hat ein noch reicheres kleineres, mit vielen Basreliefs geschmücktes Fronton. Das Innere ist nur wenig geschmückt und kalt restauriert. Um den Platz stehn noch einige andere, halb gotisch, halb sarazenische Gebäude. Mehrere schöne Paläste, die sehr einzeln zwischen den übrigen unbedeutenden Häusern zerstreut stehn, zieren hin und wieder die Stadt. Die Burg unweit des Markts in sarazenischem Stil ist von schöner Konstruktion aus gebrannten Ziegeln erbaut. Ein schöner gemauerter Graben umgibt sie.

Die Gegend von Ferrara nach Bologna ist dieselbe wie von Padua nach Ferrara, voll fruchtbarer Weingärten. Auf dem ganzen Wege sieht man die zisalpinische Kokarde und französisches Militär, was auch in den Städten dominiert.

Bologna liegt noch in der Ebene, am Fuße schön bebauter Hügel, die Vorgebirge der Apenninen. Zypressen, Oliven, Kastanien, in schönen Gruppen um malerische Klöster und Landhäuser gepflanzt, zieren diese Höhen und setzen den Geist in eine angenehme Stimmung. Die Aussicht von oben auf die weite, mit Kuppeln, Türmen und Palästen geschmückte Stadt und in die weite Ebene, die bei hellem Wetter von der Fläche des Adriatischen Meers begrenzt wird, ist höchst reizend. Tausend Landhäuser, Dörfer, Städte in üppigen bepflanzten Feldern blinken mit ihren Türmen aus dieser Ebene. Am Horizont erblickt man den Dom von Ferrara, gegen Norden die hohen Gebäude von Modena.

Ein prächtiger Dom ziert den Markt, er ist von der akkuratesten Arbeit aus Mauerziegeln erbaut, von einer erstaunlichen Länge. Im Äußeren ist er bei weitem nicht vollendet, an der Vorderseite angefangen mit Marmor bekleidet zu werden. Das Portal hat schöne Verzierungen. Das Innere ist von schönen gotischen Formen. Die Wände haben vermutlich mit Malereien verziert werden sollen. Es sind einige schöne Monumente und Altargemälde hier, das herrliche Dominicus-Grab von Andrea Capua.

Die Galerie im Palast [fehlendes Wort] enthält eine Menge schöner Gemälde, besonders ein Kabinett mit Gemälden der ersten Schule des Mittelalters. Die Galerie im Palast San Pieri ist zwar weniger groß als die erstere, übertrifft jene aber in dem Maße der Meisterstücke. »Der heilige Petrus« von Guido Reni ist das Hauptbild der Sammlung. In allen Kirchen findet man Gemälde großer Meister. Merkwürdig sind die Metallstatue des Herkules und des Papstes Sixtus auf dem Markt der Stadt. Zwei nebeneinander stehende Türme, wovon der eine klein und dick, der andre schmal und entsetzlich hoch ist, dabei auf einer Seite an 12 Fuß überhängt, machen einen sonderbaren Kontrast, schiefer Turm.

In einem Tal zwischen nahen Hügeln ist ein unterirdisches Bad, welches von Marius stammen soll. Es ist schier unglaublich, da die Konstruktion sehr neu ist und das Ganze zu wohl erhalten scheint.

Über Florenz und Siena nach Rom

Von Bologna nach Florenz fährt man über die Kette der Apenninen, die höchst malerische Ansichten bieten. Noch lange sieht man beim Hinansteigen über die kleineren Berge die weite Ebene von Bologna, die sich bis an das Adriatische Meer erstreckt. Je mehr man sich Florenz nähert, je abwechselnder wird die Gegend. Paläste, von Zypressen und Piniengruppen umgeben, krönen die Gipfel der Berge, ein schönes Tal aus den Villen und Städten bietet die reichsten Aussichten. Die Zahl der Landhäuser nimmt immer mehr zu, schöne Gärten an den Abhängen der Berge, reiche Weinpflanzungen in den Tälern künden die Nähe von Florenz. Endlich erscheint

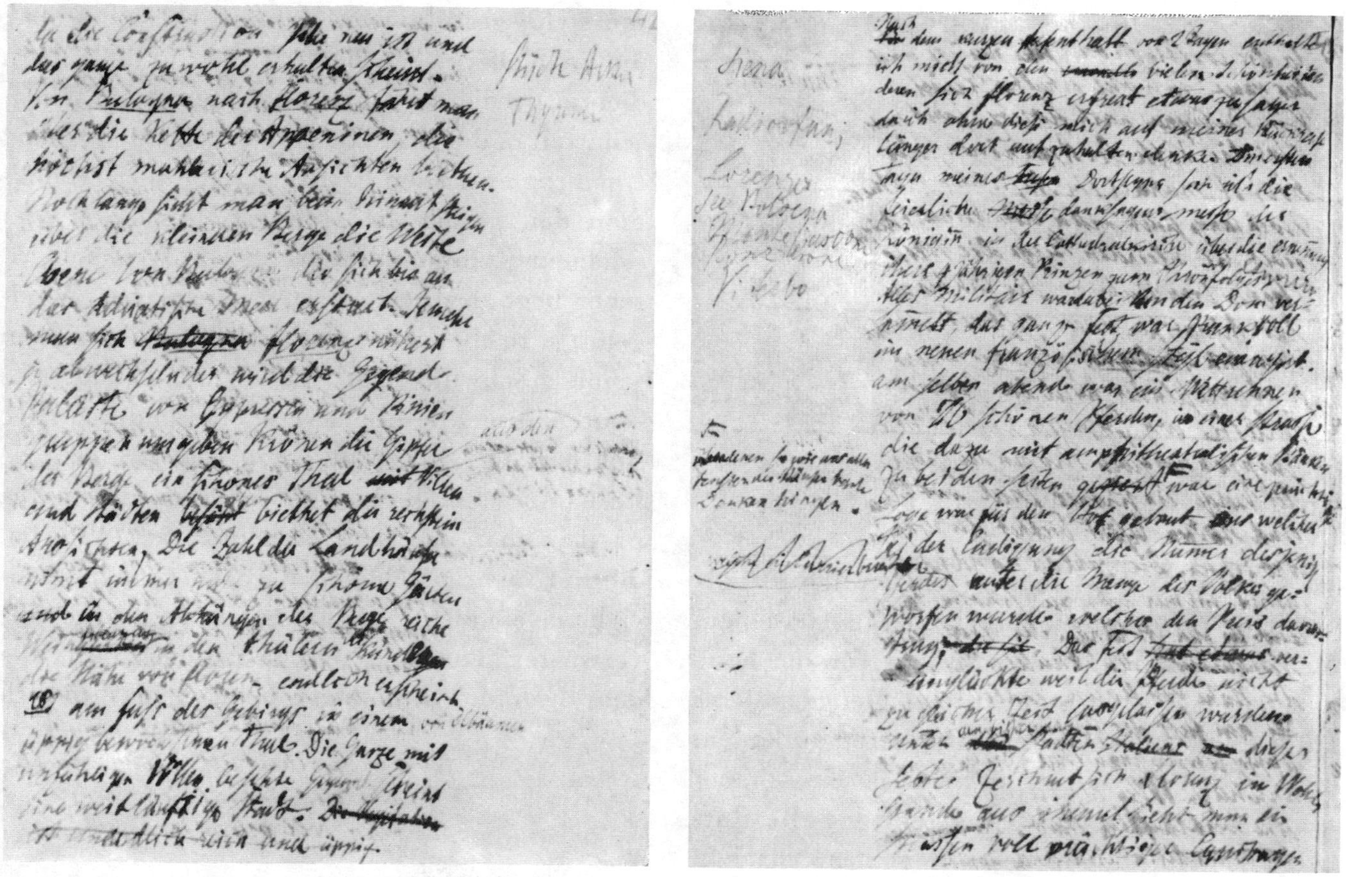

44 Zwei Tagebuchseiten: Auf dem Wege nach Florenz

es am Fuß des Gebirgs in einem von Ölbäumen üppig bewachsenen Tal. Die ganze, mit unzähligen Villen besetzte Gegend scheint eine weitläuftige Stadt. Die Vegetation ist unendlich reich und üppig.

Nach dem kurzen Aufenthalt von 2 Tagen enthalte ich mich, von den vielen Schönheiten, deren sich Florenz erfreut, etwas zu sagen, da ich ohnedies mich auf meiner Rückreise länger dort aufzuhalten denke. Am ersten Tage meines Dortseins sah ich die feierliche Danksagungsmesse der Königin in der Kathedralkirche über die Ernennung ihres vierjährigen Prinzen zum Thronfolger von Etrurien. Alles Militär war dabei um den Dom versammelt, das ganze Fest war prunkvoll im neuen französischen Stil arrangiert. Am selben Abend war ein Wettrennen von 16 schönen Pferden in einer Straße, die dazu mit amphitheatralischen Bänken zu beiden Seiten geziert war, über denen, so wie aus allen Fenstern der Häuser, bunte Decken hingen. Eine prächtige Loge war für den Hof gebaut, aus welcher bei der Endigung die Nummer desjenigen Pferdes unter die Menge des Volkes geworfen wurde, welches den Preis davontrug. Das Fest verunglückte, weil die Pferde nicht zu gleicher Zeit losgelassen wurden.

Unter den bisher besuchten Städten dieser Seite zeichnet sich Florenz im Wohlstand aus, immer sieht man die Straßen voll prächtiger Equipagen und geschäftigen Volks. Die Promenaden um die Stadt sind höchst angenehm und im besten Stand gehalten.

Von Florenz geht der Weg bis Siena über das apenninische Gebirg fort. Siena liegt auf der Höhe des Gebirgs, von fruchtbaren Wein-, Oliven- und Orangenhügeln umgeben. Ein prächtiger gotisch-sarazenischer Dom, aus abwechselnden Schichten schwarzen und weißen Marmors erbaut, ziert die Stadt. Diese Bauart macht einen sonderbar bunten Eindruck. Das Innere ist von gleichem bunten Stil. Der Fußboden von musi-

45 Ansicht von Radicofani

vischer Arbeit, Szenen der Heiligen Schrift vorstellend. Die achteckichte Kanzel aus weißem Marmor ist mit reichen Basreliefs von der herrlichsten Arbeit geschmückt, eine Menge anderer antiker und moderner Statuen zieren außerdem diesen Dom. Der Markt in Siena ist ein schöner weiter Platz. An einer Seite steht das alte Rathaus der Stadt, welches mit seinen Türmen, Arkaden und sonderbaren Gesimsen einen malerischen Anblick gewährt.

Von Siena steigt man höher ins Gebirg, das an allen Seiten, vorzüglich bei Auf- und Untergang der Sonne, die herrlichsten Bilder zeigt. Endlich erreicht man auf der höchsten Spitze Radicofani, ein altes zerfallenes Kastell auf einem nackt hervorragenden Fels. Die Luft ist kalt und stürmisch auf dieser Höhe. Ich erreichte diesen Platz am frühen Morgen und sah in die enormen Tiefen der Täler, den ganzen Wolkenhimmel unter mir, der ein unendliches schneegetürmtes Meer erschien. Die ganze Gegend trägt Spuren ehemaliger Vulkane, an verschiedenen Orten sieht man Dampf in den Bergen entsteigen, die Luft ist ungesund.

St. Lorenzo Nuovo liegt etwas tiefer an einem mit den üppigsten Baumgruppen und kleinen Wasserfällen reich geschmückten Felsental und gibt ein Bild in dem Geiste des Caspar Poussin. Wenige Miglien von hier liegt St. Lorenzo Vecchio in demselben üppig bewachsenen Tal, eine völlig zerstörte Stadt; vom Kastell auf einem Felsen stehn große Reste. Mehrere Felsengewölbe, die zu Kellern, geheimen Wegen und Gräbern dienten, machten unter dem dunklen Eichenschatten in der Stille beim anbrechenden Abend einen romantischen Eindruck. Von hier erblickt man den großen See [von] Bolseno, der von schönem Gebirg umschlossen ist. Weit malerischer liegt der See unweit Ronciglione. Waldgebirge, reiche Ebene und Felsen ziehen sich in schön geschwungenen Linien um ihn her, alte Spuren ausgebrannter Krater sind in diesem See sichtbar. Die Berge dampfen und machen die Luft unbeschreiblich ungesund. Vor diesem See passiert man die beträchtliche Stadt Viterbo, die mit mehren schönen Kirchen prangt. Ronciglione, ein kleiner Ort, vom letzten Kriege sehr verwüstet, hat eine sehr schädliche Luft, die dem Fremden besonders beim Schlaf tödlich

46 Platz mit Brunnen in Viterbo

nachteilig wird. Ich brachte eine Nacht in einem elenden Wirtshause unter beständiger Anstrengung zu, den durch die langen Reisestrapazen eindringlichen Schlaf zurückzuhalten.

Bei Ronciglione ist ein tiefes Felsental, an dessen Abhang ein Teil der Stadt schwebt. Man sieht in der Tiefe die Spuren einer uralten Stadt, deren Gebäude größtenteils in den Felsen gehauen waren. Tiefe Katakomben, zum Teil künstlich ausgemauert, zum Teil in rohen Fels gearbeitet, bilden jetzt Höhlen und dunkle bewachsene Schlupfwinkel; ein reißender Bach stürzt durch die Tiefe des Tals.

Die Nacht war schon angebrochen, als ich hinabstieg. Man hatte in einer der Höhlen ein großes Feuer gemacht, über dem ein Kessel wirbelnden Dampf aus der Höhle blies. Der Anblick war überaus frappant, in der wüsten abgelegenen Gegend, unter Ruinen, Felsen, reißenden Wassern ein Feuer, das in der Finsternis alle Gegenstände sonderbarer machte, wirkte höchst romantisch auf mich und rief die Szenen des Oberon und des Macbeths Dämonentänze vor die Wirklichkeit.

Die Gegend von hier wird nach und nach wilder und wüster. Die größten Strecken Land liegen unbebaut. Man erblickt ein ärmliches Haus, die Wege sind schlecht unterhalten, die Nachlässigkeit der Regierung ist überall sichtbar.

Plötzlich fährt wie ein Blitzstrahl der Anblick des ersten Tempels der Welt, des Doms von St. Peter, der hinter den Hügeln zuerst sich zeigt, in das Herz, und dann breitet sich in der reichen Ebene nach und nach auf seinen 7 Hügeln das weite Rom mit seinen unzähligen Schätzen unter dem Staunenden aus. Tausendmal versuchte man auszusprechen, was der Geist auf diesem Fleck empfand, und häufte fruchtlos leere Töne. Weise ist's zu schweigen, denn über das Erhabenste klingt jedes Wort gemein.

47 »Aus der wüsten Campagna romana«

Römische Briefe

An Heinrich Graf von Reuß-Schleiz-Köstritz

Fünf glückliche Monde waren durchwandert, Östreichs waldiges Gebirg überstiegen, von Triests grottenreichen Steinwüsten des Meers unendliche Fläche zum ersten Mal erblickt. Istriens felsichte Küsten umschifft, des alten Polas Schätze, das liebliche Italien und seine glänzenden Städte bewundert, als mir ein stiller Abend die thronende Herrscherin in der Welt auf ihren 7 Hügeln zeigte. Tausendmal versuchte man auszusprechen, was der Geist auf diesem Fleck empfand, und häufte fruchtlos leere Töne, nur zu schweigen ist gewiß das weiseste, denn über das Erhabenste klingt jedes Wort gemein.

Häuslich habe ich mich sonach niedergelassen über den hohen Werken der Kunst. Mein Fenster beherrscht von der Höhe des Monte Pincio den westlichen Teil der Stadt. Viel tausend Paläste, von Kuppeln, Türmen überstiegen, breiten sich unter mir aus. Die Ferne schließt St. Peter [und] der Vatikan, in flacher Linie zieht sich hinter ihm der Mons Janiculus, vom Pinienhain der Villa Pamfili gekrönt. Fast aus meiner Tür trete ich auf die ungeheure Treppe der Kirche St. Trinità del Monte, die von dem Gipfel bis in den an dem Fuße des Hügels hängenden Piazza d'Espagna führt. Monte Pincio, ehemals Collis Hortulorum, trug die Gärten Lucullis, in welchen Schwelgerei die raffiniertesten Genüsse häufte. Jetzt lebt der größte Teil der fremden Künstler hier, frugal und ärmlich oft, und genießt den Vorzug der gesunden Luft.

Die Ruhe, welche nach und nach ins bestürmte Gemüt zurückkehrt, gibt der Erinnerung an das Versprechen Raum, was ich zur Hälfte erst erfüllt. Es ist mein erster großer Wunsch, den Rest in Rom zu vollenden. Könnte ich so glücklich sein, durch wenig Zeilen Ihrer Hand,

48 »Porträt aus dem Fenster meiner Wohnung in Rom, San Pietro in der Ferne«

49 Gruppe von Spielern, im Hintergrund Sta. Trinità de Monti und die Spanische Treppe

die niemand werter sind als mir, das, was Sie vor allem am sehnlichsten begehrten, zu erfahren, so würde ich um so froher und sicher ans Werk mich machen. Vielleicht erführe ich von Ihrer erlauchten Familie zugleich ein teures Wort, wodurch die frohe Zeit von Köstritz mir von neuem lebte. Und wenn mein Andenken noch nicht ganz erlosch, so hoffe ich bald auf dieses werte Blatt.

Ist's mir erlaubt, so sage ich bald ein Wort von meiner Wanderung mehr, was Sie vorzüglich interessieren kann, wie ich den Cassas so oft auf Lügen ertappt und wie sein Talent erlöscht, wenn man die Natur gesehn. Von Triests und Italiens wunderbarem Land, Venedigs sarazenischen Palästen, der Apenninen reicher Landschaft und tausend gleichen Objekten. Meine Skizzen mehren sich und gewähren mir bei ihrer Durchsicht manche frohen Augenblicke der Rückerinnerung.

Nie werde ich aufhören, Herr Graf, Ihre Zuneigung gegen mich aufs höchste zu schätzen und zu erkennen

als Ihr ergebener [Schinkel].

P.S.: Bis ich Antwort aus Deutschland erhielt, vergingen ziemlich 2 Monat.

An einen unbekannten Empfänger in Köstritz

Das wundervolle langersehnte Rom umfängt mich endlich mit allen seinen Schätzen, jeder Schritt bezeigt Merkwürdiges. Der Andrang der Erscheinungen ist unendlich, und restlos schwärmen die Gedanken durch die verschiedenen Zeiten, deren Spuren bunt gemischt hier liegen. Der Aufenthalt in Rom gewinnt im Maße seiner Dauer, sobald der erste Sturm des erschöpften Geistes gedämpft und [unleserliches Wort] die Genüsse sanfter werden.

Das ferne Vaterland vermehrt den Eindruck, den man hier von jedem Gegenstand empfängt. Das Fremde steht im Geist beständig mit dem Heimischen im Vergleich. Durch diese Tätigkeit der Seele wird manch froher Genuß vergangener Zeit dem Gemüt vorgeführt. So leb ich oft noch in der frohen Zeit von Köstritz, wo ich mich des Glücks Ihres Umgangs erfreute. Möchte doch bald ein solcher Zeitraum wiederkehren.

Von Ihrem Herrn Bruder höre ich nichts, wiewohl mir feierlichst exakte Briefe versprochen wurden. Vielleicht wird es Ihnen leichter, ihm sein Versprechen vorzuhalten.

Ich bitte Sie, mich der Familie Seiner Durchlaucht aufs beste zu empfehlen und mein vielleicht erloschenes Andenken ein wenig wieder anzufachen. Unendlich werden Sie mich durch diese Güte verbinden.

Wäre es möglich, so wünschte ich wohl, daß Seine Erlaucht die rückständigen 22 Friedrichsdor nach Berlin an Herrn Steinmeyer in der Friedrichstraße No. 99 schickte, welcher meine Reisegelder besorgt. Er würde sodann in meinem Namen einen Schein darüber ausfertigen.

Je eher dies geschehn kann, je angenehmer ist es mir, da man auf der Reise das Geld wohl nötig hat. Ihre gütige Erinnerung könnte dazu wohl etwas beitragen. Lassen Sie mich des Glücks genießen, von sich etwas hören zu lassen. Sie würden jedesmal dadurch mit wahrer Freude erfüllen Ihren

aufrichtigen Freund.

An einen unbekannten Empfänger in Berlin

Werter Freund,

ich müßte beschämt vor Ihnen stehn, wenn mein Gewissen nicht rein und meine unverzeihliche Nachlässigkeit nur scheinbar wäre. Ich könnte Ihnen Bände schicken, wenn ich in der Manier unserer Romanenschreiber alle Umstände von dem Momente unserer Trennung zusammenhäufen wollte, wie eine schöne, in jeder Hinsicht interessante Reise durch Gauner und Schurken verdorben ward. Ärger über die infamsten Betrügereien der mich Umgebenden, die ich in jedem Moment von neuem wahrnahm, machten mich unfähig, das tausendfache Schönste mit Teilnahme zu genießen. Die dicke, immer nur hindernde Maschine von einem Bedienten (den Sie aus Venedig kannten) war mit einem abscheulichen Kerl von Vetturin, der uns fuhr, vollkommen vertraut und einverstanden, alles zu unserm Schaden aufzuschreiben. Genug, um Sie nicht und mich aufs neue mit höchst unangenehmen Details zu belästigen.

Fieberkrank kam ich in Rom an, durchrann in den ersten 3 Tagen mit größter Anstrengung alles Sehenswürdige, aber dann abgespannt und ermattet, lag ich lange danieder. Das Schöne und das Unangenehme, durch tausend neue Kleinigkeiten vermehrt, taumelte in meinem Geist durcheinander und versetzte mich in einen Zustand gänzlicher Untauglichkeit zu irgend etwas Vernünftigem.

Eine Reise in die hohen Apenninen, auf den Gran Sasso d'Italia, wo ich im Schnee des Gebirgs wieder einmal teutsche kräftige Luft atmete, stellte mich wieder her, ich kehrte mit frohem Geist in das an Schätzen für mich von neuem unendlich reiche Rom zurück, wo ich mit wahrer Freude den werten Brief empfing, der mir von Ihrem Schicksal Nachricht gab.

50 »Ansicht des Kapitols vom Campo Vaccino aus«

51 »Meierei im Pinienhain der Villa Borghese bei Rom«

Deshalb hier dies Motiv, welches Ihr vielleicht erzürntes Gemüt über einen undankbaren Menschen besänftigen und den Frieden zwischen uns herstellen kann. Sie immer künftig zu bergen, folgt hierbei eine Ansicht der schönen Ruinen des Friedenstempels auf dem Forum von Rom. Mag immer ein Witzling sagen, es sind nur Ruinen eines Friedenstempels, die ich schicke, ich antworte ihm dies: daß sich kein Volk der Welt schämen dürfte, in den Überbleibseln dieses Denkmals den Frieden zu feiern, denn schwerlich wird es ein Bauwerk neuerer Zeit finden, was schöner und ehrwürdiger ist. Der Regenbogen deutet auf die Hoffnung von Sonnenschein und Frieden. Das kleine Türmchen, was Sie im Hintergrund des Bildes links erblicken, ist das Kapitol.

Daß Sie mit Ihrer Gesundheit nicht zufrieden sein können, tut mir unendlich leid, und ich wünsche von ganzem Herzen, bald eine bessere Nachricht [zu] haben.

An Valentin Rose

Der Beifall, den Ihr werter Brief über meine wenigen Reisebemerkungen gibt, macht mich hoffen, daß auch der Fortgang derselben Ihnen wenigstens nicht zuwider sein werde. Ich bitte nur das Flüchtige zu übersehn. das eine Menge von Umständen entschuldigen könne.

Bis jetzt war ich selten in Ruhe, soeben kehre ich von einer Reise auf die hohen Apenninen zurück, die mir höchst interessante Sachen darbot. Ich bestieg den Terminillo und sah auf seinem schneebedeckten Gipfel den Gran Sasso d'Italia, den größten Fels von Italien, die höchste Spitze des apenninischen Gebirgs, der jener erste Berg nicht viel nachgibt. Beide sind bei weitem höher als unser Brocken. Der Wasserfall Caduta di Marmora bei Terni, nächst dem [von]

52 »Die Engelsbrücke, Engelsburg und Peterskirche in Rom«

Schaffhausen der größte in Europa, und einige antike Bauwerke der Römer haben mir unendliches Vergnügen gemacht. Nächstens werde ich ein Wort mehr von dieser Reise sagen.

Rom beschäftigt mich so, daß ich die Zeit meines Aufenthaltes um das Zehnfache verlängert wünschte. Ich spreche kein Wort von der Stadt, weil ich nicht weiß den Anfang zu finden, und hätte ich diesen, so fürchte ich das Ende zu erreichen. Überdas sind seine Vorzüge weltbekannt und klingen in Worten weder neu noch wichtig genug, es muß gesehn sein. Meine Wohnung ist auf dem gesündesten Teil der Stadt, beherrscht von der Höhe des Monte Pincio.

Empfehlen Sie mich Ihrer lieben Frau und Familie, auch wer sich sonst meiner erinnert, und lassen Sie meine Hoffnung auf ein wertes Blatt Ihrer Hand bald in Erfüllung gehn.

Mit größter Hochachtung

[Schinkel]

An Gottfried Steinmeyer sen.

Unendlich wert ist mir die gütige Erinnerung, welche Sie mir in dem letzten Briefe an Ihren Herrn Sohn machen. Sie zeigen mir, daß mein Andenken bei Ihnen noch nicht erloschen sei, und ich müßte beschämt vor Ihnen stehn, wenn mein langes Stillschweigen nicht einige Gründe hätte. In einer Lage, wo mit jeder Stunde neue Schönheiten erscheinen, die Zeit noch einmal so schnell fließt, kommt man selten zu sich. Es erscheint plötzlich der Posttag, und der Brief ist nicht geschrieben. Man tröstet sich auf den kommenden, und der kommende ist ebenso plötzlich da. Oft stören kleinere Hindernisse das Geschäft, was man gerne und aus Liebe und Pflicht tut. Ich hoffe Verzeihung von Ihrer mir bekannten Güte und daß Sie den Fehltritt nicht übeldeuten werden. Übrigens, denke ich, wird Ihr Herr Sohn in seinen Briefen meinen ausdrücklichen Gruß nie vergessen haben.

Es geht uns so wohl in diesem Labyrinth von Schönheiten, daß, wenn das verzweifelte Geld nicht in der Welt wäre, wir gerne noch ein wenig länger blieben. Bei der blühendsten Gesundheit, der wir uns jetzt erfreuen, sehn wir an jedem Tage Neues, und wieviel tausend Sachen werden uns doch ungesehn zurückbleiben. Das Karneval, welches jetzt in den Straßen von Rom tobt, ist uns ein überaus lustiges Schauspiel. Unzählige Masken von der allerkomischsten Art, gemischt mit vielen hundert Karossen, drängen sich in den Straßen umher und treiben ein entsetzliches Lärmen. Das Fest jedes Tags schließt ein Wettrennen von 12 bis 20 Pferden in der Hauptstraße Roms, il Corso. Ich detailliere die mannigfaltigen Merkwürdigkeiten dieses Festes [nicht], um nicht Worte Ihres Herrn Sohns zu wiederholen, der sich eine große Freude macht, Ihnen mehr davon zu schreiben.

53 »Das Kapitol in Rom«

Nichts wünsche ich mehr, als daß Sie sich durchaus wohl befinden und sich meiner so gütig erinnern mögen, als Sie bisher taten. Empfehlen Sie mich Ihrer lieben Frau Gemahlin wie Tochter und allen, die sich meiner erinnern. Es wird Ihnen dafür stets dankbar bleiben

Ihr ergebener [Schinkel].

Sollte von Graf Reuß nichts angekommen sein, so haben Sie die Güte, einliegenden Brief mit der Post zu senden.

54 »Ansicht des Quirinalpalasts und eines Teils von Rom, aus dem Fenster der Wohnung eines Freundes gezeichnet«

An einen unbekannten Empfänger in Berlin

Die gütige Aufnahme meiner Briefe beglückte mich schon in der Hoffnung, mich in Ihrem Gedächtnis zu erhalten, aber was soll ich Ihnen von der Freude sagen, die mir das werte Blatt Ihrer Hand selbst machte. Ich lese in diesem schönen Geschenk die Anerkennung der Freude, die mir dadurch bereitet wird, und dies macht mir es um so werter.

Es berechtigt mich zu glauben, daß Sie ohne den Prunk der Worte von der aufrichtigsten Teilnahme versichert sind, die ich an allem dem nehme, was Sie in dieser Zeit betroffen hat, und wie alle meine Wünsche auf das Ziel gerichtet sind, welches Sie sich setzten und dessen Erreichung Ihnen ein ungerechtes Schicksal nur schon zu lange vorenthielt.

Eine Reise in die hohen Apenninen ließ mich den werten Brief fast einen Monat später empfangen. Der Gipfel des Terminills, von dessen Schneegipfel man eine unendliche Aussicht beherrscht, und der Sturz des Velino-Stromes bei Terni, nach dem Schaffhausener der größte in Europa, tausend andere Schönheiten dieses herrlichen Landes hielten mich einen Monat gefesselt.

Rom, das mir seit 5 Monat zur Heimat geworden ist, zeigt täglich neue Seiten seiner unendlichen Schätze.

Das Fest des Karnevals, welches jetzt durch alle Gassen tobt, ist für jeden Fremden neu und frappant. Tausende von Masken, originell und komisch, wie nur der Italiener sein kann, winden sich in wogenden Massen durch Tausende von Karossen in der Hauptstraße Roms, dem Corso, der eine starke Stunde lang zu beiden Seiten mit den prächtigsten Palästen prangt, die aus jedem Fenster reiche Teppiche hängen lassen und dem Ganzen den festlichsten Charakter geben. Jeder spielt öffentlich seine Rolle, und mehrenteils vollkommen gut. Zu Fuß oder zu Wagen macht jeder geltend, was selbst den Misanthrop mit sich fortreißt. Ganze Wagen sieht man gepfropft mit bestimmten Charakteren, die Sucht, sich zu maskieren, geht bis zum Bettler, den man häufig, so gut er kann, mit komischer Maske erblickt. Die römischen Prinzen zeichnen sich vorzüglich dabei aus, und unter allen Borghese [2 unleserliche Wörter], der an Pracht in seiner Equipage die Könige übertrifft. Die Großen treiben öffentlich in ihren Masken Narrheiten wie die Geringen, und unumschränkt tobt die Satire und der Witz. Das Fest jedes Tags schließt mit einem Wettlauf von 20 Pferden in eben der Straße il Corso.

Das römische Karneval ist noch ein Volksfest im wahren Sinn des Wortes, denn jedermann nimmt den größten Anteil daran, nur sonderbar ist der Anfang und das Ende. Um die Unordnung zu vermeiden, die so leicht und so oft vorkommt, fängt man am Morgen des ersten Tags an, die Missetäter zu fangen und mit schwerer Strafe zu sühnen. Dies geschieht am Platz von Porta del Popolo, dem Eingang in den Corso. Nach dem Karneval fastet man 40 Tage unter Büßung der Sünden bis Ostern.

55 Römische Karnevalsfiguren

56 Campagnalandschaft mit Monte Cavo und den Albanerbergen

Der Winter ist unvermerkt vorübergegangen. Am Neujahrsfest war ich auf der Höhe des Monte Cavo, ein hohes Gebirg an der Ebene des Meers, wo man eine unendliche Aussicht beherrscht. Ein Kloster auf der Spitze, dem Ruinen eines vorzüglich verehrten Jupitertempels zur Gründung dienten, barg uns eine Nacht. Das Wetter war mild wie unser Mai, in der Ebene blühten die Veilchen und alle Blumen der Wiese. Schrecklich ist der Gedanke, weit von diesem Lande zu sein.

Ich schließe, um nicht in ein unendliches Labyrinth [Schluß fehlt].

An Carl Gotthard Graß

Bester Freund,

Sie erhalten hierbei 2 Briefe von Herrn Unger und Herrn Professor Kiesewetter. Unger hat mir, wie ich vermutete, geschrieben, das heißt nicht bestimmt. Auch ohne dies zwingen mich andere Umstände, jetzt Rom zu verlassen, und

[ich] bereite mich dazu. Quast, Levezow und Kiesewetter, die mir von Ihrem Wohlsein und den lustigen Partien auf Ischia Nachricht brachten, empfehlen sich aufs beste. Sie haben heute Rom verlassen, um nach Paris zu gehen, wo ich sie zu finden hoffe. Der Architekt Moser aus Berlin, von dem ich Ihnen schon in Sizilien erzählte, ist aus Paris angekommen und freut sich, Ihre Bekanntschaft zu machen. Ich denke, daß er bald nach Neapel gehn wird, wo Sie ihn sehn und [sich], wie ich hoffe, in seiner Gesellschaft gewiß nicht langweilen werden.

Koch, von den ihm bekannten flüchtigen Skizzen unserer sizilianischen Reise eingenommen, hat mir eine Menge Künstler ins Haus geführt,

57 Blick auf den Nemisee

welche sie ansehn und kopieren, als Wallis, Giuntotardi, mehrere Franzosen pp., welche mich gegen meinen Willen und meine Bestimmung mehr als Landschaftsmaler als Architekt beurteilen.

Steinmeyer grüßt Sie. Ich bedaure, mich mit Ihnen in diesem Augenblick nicht länger unterhalten zu können, da meine Abreise den letzten römischen Posttag mir ziemlich sauer macht. Empfehlen Sie uns bei Herrn Berger [?] und Familie bestens und vergessen Sie nicht

Ihren Freund.

Meine Adresse wird jetzt nach Paris gehn und post[e] restante. Die griechischen Vasen, welche Sie für mich und Steinmeyer in dem Kasten besitzen, schicken Sie, wenn es recht bald möglich ist, an Moser und bitten ihn, es mit seinen Sachen nach Berlin zu besorgen.

Reise auf den Terminillo und zum Wasserfall von Terni

Es war Mittag, als ich die Porta Salaria verließ, um auf der kleineren Straße den Weg ins Sabinerland zu nehmen. Noch mächtig genug

58 Der Wasserfall von Terni

ließ die herbstliche Sonne mich schwitzen in der schattenleeren Ebene Roms. Rechts unter den Villen, welche die Stadt umgeben, erhebt Mons Sacra den kahlen Gipfel, um das Andenken an die frühste Zeit der Republik zu wecken. Hier söhnte der Senat durch das Gleichnis von den Gliedern des Körpers sich mit dem unzufriedenen Volk aus und führte es in die Stadt zurück.

59 »Ponte d'Augusto vicino a Narni«

Der größte Teil der Ponte Salario, welche über den Teverone weiter in die Ebene führt, ist antik, an ihrer Seite erhebt sich ein Turm aus dem Mittelalter, der mit der Brücke und den Umgebungen eine malerische Ansicht gewährt. Die Ebene, unterbrochen durch die Krümmungen der Tiber und des Teverone, wird durch die schönen Formen des apenninischen Gebirgs begrenzt. Dem Sabinerlande nah, ragt, gesondert von der Kette, der alte Soracte hervor, jetzt Sant' Oreste genannt, welche[r] den Wanderer durch die ganze Ebene begleitet. Seine Form zeigt den ehmaligen Vulkan. Die Römer hielten auf seinem Gipfel dem Apollo einen großen Tempel heilig, von dem sich keine Spur erhielt. Der Weg in der Ebene war durch die Überschwemmungen der Tiber, die bei dem zerronnenen Herbstschnee im Gebirg oft plötzlich steigt und großen Schaden tut, zur tiefen Lache geworden.

Es ward Nacht, ehe sich der Wagen durch den sumpfichten Grund bis an den Fuß des Sabinergebirgs arbeitete. Ein elendes Wirtshaus, einsam in der weiten Ebene, barg mich gegen den Tramontan (Nordwind), der bei einbrechender Nacht empfindlich kalt über den Schneegipfeln des Gebirgs wehete und in dieser Zeit um so schädlicher ist, da die Sonne während des Tags ihre ganze Kraft walten läßt. Mit dem ersten Graun des Morgen, als noch das weite Sumpfland die schädlichen Nebel hauchte, verließ ich den elenden Aufenthalt, der ohne die Gesellschaft meiner Reisegefährten durch unzählige [unleserliches Wort] unerträglich geworden war, und setzte den Weg ins Gebirg fort, das anfangs nackt und steil sich anhebt, aber dann an Mannigfaltigkeit bei jedem Schritt wächst. Das innere Gebirg prangt mit schöner Waldung, Eichen wechseln mit Kastanien und Pappeln. Große Felspartien unterbrechen die weiten Haine, die sich in die Täler hinabziehn und unter dem

Gewölbe des Laubes rauschende Gebirgsströme bergen. Über ihnen schauen von den Gipfeln die Ortschaften des Sabinerlandes. Die Reste einer alten Heerstraße und weitgespannter Brücken, die man häufig erblickt, vermehren die Abwechslung des Wegs.

Es war Mittag, als ich Osteria Nuova, ein einzelnes Wirtshaus, erreichte. Unter den weitragenden Ästen einer Eiche hatte sich vor demselben eine fröhliche Gesellschaft gelagert, die aus einem nahen Örtchen gewandert war, um im Freien ihr Mittagsmahl zu halten. Der größte Teil, paarweis junge Liebende, machte den Zirkel traulich, und mit der Würze des unbeschränkten Frohsinns genoß man. Nichts war einladender, um so mehr, da der rauhe Morgen des Gebirgs den Körper nach einer Erquickung schmachten ließ. Bei dem Eintritt in das Wirtshaus, um für mich und meine Gefährten ein ähnliches Mahl zu bereiten, erblickte ich die Konstruktionen eines alten Werks, das unter dem Hause unfehlbar von größrer Ausdehnung sein mußte. Bei weiterer Nachfrage wies man uns einen Keller von kolossalem Bau, ein Werk der ältesten Kunst. Ungeheure Steine, von denen 3 durch ihre Größe von 18 Fußen und ihre Dicke von 6 Fußen sich auszeichneten, waren ohne Mörtel, nur durch die genaueste Bearbeitung zusammengefügt, einen gewölbten viereckten Raum bildend, welcher an 3 Seiten Nischen, an der vierten den Ausweg in einen kleinen Gang hatte, durch welchen man auf das Feld kam. In der Mitte des viereckten Raumes war innerlich ein Brunnen angelegt, auf dessen Grunde sich der alte Boden des Gebäudes befindet, welcher ehemals um soviel tiefer in die Erde ging und ein Paviment von ebenso großen Quadersteinen hatte, als man in seinen Wänden sieht. Es scheint, daß dies Werk die Bestimmung eines Nymphaions hatte, welches in der Tiefe ein heiliges Wasser und in den Nischen die Statuen von Nymphen umschloß. Nachdem unsere Wißbegierde über jeden kleinen Umstand dieses uns höchst interessanten Gegenstandes gesättigt war, schritten wir zum Mahl, das uns nun um so schöner schmeckte. Die lustige Gesellschaft war vor einem plötzlichen Regen ins Haus geflüchtet und genoß gemeinschaftlich mit uns auf dem weiten Hausflur. Ungeachtet des heftigen Regens, der mit einem kalten Nord unaufhörlich stürmte, mußten wir uns auf den Weg machen, wenn wir am Abend Rieti erreichen wollten. Wir schieden ungern von den guten Leuten, die wir durch ihre Barmherzigkeit, welche den Be-

60 Brücke vor dem Stadttor von Rieti

61 »Ansicht von Luniano am Fuß des Terminillo«

wohnern des Sabinergebirgs eigen ist, sehr liebgewonnen hatten.

Das Feld um Osteria Nuova zeigt einige unförmliche Ruinen, die den Platz einer alten Stadt bezeichnen. Von Schritt zu Schritt wird das Gebirg rauher; nach einer Stunde befinden wir uns auf einer Höhe, von der man über nähere Kuppen den Gipfel des Terminillo, die höchste Spitze des Gebirgs, erblickte. Abwechselnde Sonnenblicke und schneebringende Wolken veränderten plötzlich das Spiel der Farben dieses Gebirgshaupts.

Es neigte sich die Sonne, als wir die Ebene von Rieti erreichten, welche auf der Höhe des Gebirgs wie das Wasser eines stillen Sees sich ausbreitet und rings vom höheren Gebirg umschlossen ist. In diese Ebene hinab senkt sich der Abhang des Terminillo, aus dessen weiter Kette der grüne Velino entspringt und die Ebene durchwandert, um sich von ihr hinunter in die Tiefe von Terni zu stürzen. Ehe die Römer das große Werk der Abteilung dieses Flusses unter-

62 »Alte Kirche, im frühen Mittelalterstil gebaut, zu Civita Ducale in den Apenninen«

nahmen, war die Ebene ein ungangbarer Sumpf, der weitumher die Luft verpestete und jede Näherung unmöglich machte. Unterhöhlt durch das gesammelte Gebirgswasser, welches von keiner Seite einen Abfluß fand, sank die faulende Masse in sich zusammen und durchfraß den Boden des inneren Gebirgs in grundloser Tiefe. Die Römer gruben an der westlichen Seite einen Kanal, sprengten ungeheure Felsen, welche die Ebene umgaben, und bahnten dem Wasser einen Weg, sich in die Tiefe des flachen Landes bei Terni zu stürzen, wo es sich mit dem Wasser der Nera vereinte. Aus diesem Kanal, der nach und nach das Wasser des ganzen Sumpfes in sich sog, entstand der Strom Velino. Der Sumpf ward festes Land, trug Städte und erscheint jetzt ein freundliches Weinland, in welches die Kranken Roms ziehn, um der reinen Gebirgsluft wohltätigen Einfluß zu genießen.

Am südlichen Eintritt ins Tal breitet sich Rieti, bei den Römern Reate, aus. Auf nahen Hügeln sieht man Klöster in düstern Zypressenhainen, von dem Schneegipfel des Terminillo hoch überragt [?]. Der rote Abendglanz auf dem Schnee dieser Höhe war vor unserm Eintritt in die Stadt vom unnennbaren Zauber. Ein freundliches Privathaus nahm uns auf, wir fanden alle Erquickung, die nach meiner Reise so wohltat. Ein halb flammendes Kaminfeuer versammelte uns um sich im traulichsten Zirkel und ließ uns überlegen, wie die Zeit für das Merkwürdige der Gegend zu nützen sei.

Die frohe Erwartung verscheuchte früh den Schlaf, mit dem ersten Lichte des Morgens wanderten wir dem Ursprung des Velino entgegen. Sobald man die Hügel erstiegen, führt der einsame Weg durch Gruppen schöner Eichen, die ihr dunkles Grün mit dem blasseren Ölbaum mischen, der üppig hier gedeihet. Durch die Felder begleitete uns der Velino, dessen grüne Wellen in der Tiefe des Tals die sonderbarste Täuschung machen. Die Kette des Terminills türmt in langen Linien vor uns sich spitzig himmelan, auf einem Abhang ihres Fußes schwebt Civita Ducale, der erste Ort des neapolitanischen Reichs. Umstarrt von den Massen des rauhen Gebirgs, braust reißend unter ihr der Fluß, der von den Höhen sich ergießt und dessen Lauf man nur mühsam aus der Ferne verfolgt. Die Stadt ist alt, von sehr solidem Bau aus Stein, den ringsumher die Felsenwände zeigen. Viele schöne Kirchen sarazenischen Stils ragen mit hohen Giebeln hervor. Auf einem weiten Platz in der Mitte strömt helles Wasser aus einem alten reichverzierten Brunnen.

Die Mädchen des Orts versammeln sich hier in schönen Gruppen. Vom Kopf hängt ihnen ein Schleier über den Rücken herab, ihr Kleid ist mit verzierter Kante eingefaßt, die Ärmel des Hemds sind sehr grazios mit Schleifen bunten Bandes aufgezogen. Das Wassergefäß, welches

63 »Donna della Montagna di Terminillo«

sie auf dem Kopfe tragen, ist im Stil der schönsten alten Form, das Ganze hat den patriarchalischen Charakter. Leider fanden wir in der Stadt kein gastfreies Haus, weil wir in Begleitung eines Eigentümers von Rieti kamen. Die Bürger beider Orte leben seit des letzten Kriegs in unversöhnbarem Haß. Die Neapolitaner raubten unter dem Vorwand, daß die Bürger Rietis die Partei der Franzosen nähmen, einst alle Habseligkeit der Stadt Rieti, und vorzüglich zeichneten sich dabei die Bewohner von Civita Ducale aus.

Ermüdet und ohne Erquickung mußten wir den Rückweg nach Rieti antreten. Ein schöner mondheller Abend hielt uns für die Beschwerde schadlos. Das Licht des Mondes in dieser großen Natur ist von erstaunlicher Wirkung. Der Schnee auf den Höhen, das blinkende Wasser in den Tiefen, die gigantischen Bergformen, die ringsumher die Aussicht schließen, die Wachtfeuer der Winzer in der Ebene, welche in langen Linien den Rauch bald gradauf, bald flachan über den Boden fortwirbeln, die einsamen Ortschaften, welche an den Abhängen schweben – alles in dem matten Licht des Mondes –, gibt der Einbildungskraft unendlichen Raum.

Ein einsames Franziskanerkloster, welches nahe am Wege auf der Höhe sich unter dunkelen Zypressen birgt, lud uns auf einen Augenblick zu Ruhe ein. Die armen Brüder hätten gern uns eine Erfrischung gereicht, wenn die Not sie selbst nicht schmachten ließ. Sie leben von den Almosen der benachbarten Landleute. Ein Glas frischen Wassers, gemischt mit jungem Wein des Jahrs, auf einer Bank in dem schwarzen Schatten der Zypressen, die selten des Mondes Strahl durchdrang, tat uns sehr wohl. Ein gutes Mahl, welches wir gegen Mitternacht in Rieti fanden, schloß den Genuß des Tags und stärkte uns zur Reise auf den Terminill.

Bei Aufgang der Sonne standen die Esel gesattelt, welche uns über die steilen Gebirgspfade auf den Gipfel des Terminillo tragen sollten.

64 »Kloster bei Rieti«

Von Rom nach Neapel

Itinerarium

Velletri. Lage auf der Höhe. Ansicht auf die Gebirge und Paluden. Kabinett des Kardinal Borgia, reich an ägyptischen Antiken. Weg durch die Paluden; alte Monumente an der Heerstraße.

Terracina. Das Meer, Felsenküste, schöne Vegetation. Große Gebäude. Grenze des neapolitanischen Reichs.

Fondi. Gebirg, fruchtbare Täler.

Itri. Malerische Lage auf einem Felsen.

Gaeta. Lage auf einem weit ins Meer hingestreckten Fels, der sich an einen andern Berg anschließt.

Mola Castellone. Schöne Aussicht auf Gaeta, auf andere Vorgebirge und die Kette von Neapel.

65 Villa am Meer

Zerstreute Inseln am Meereshorizont, Orangengärten um die Stadt, Schneegebirg hinter ihr. Ruinen von Wasserleitungen und anderen Gebäuden auf der Ebene am Meer. Überfahrt über den Fluß Garigliano. Schöne Gebirgsformen ringsumher, Felseninsel Ischia im Meer.

Capua. Schöne Vegetation. Ebene.

Neapel. Festtag. Gedränge des Volks auf den Gassen. Abendpromenade am Meer, Molo, Hafen. Leuchtturm, Aussicht auf den Vesuv, Portici, Küsten von Salerno, Insel Capri. Die Stadt an der Küste, die verschiedenen Kastells. Schöne Promenade am Meer. Toro Farnese. Grotte des Posilipo. Spazierfahrt ans Meer, schöne Formen der Felseninseln, im Hintergrund Ischia. Castel San Elmo. Kloster, eine der schönsten Aussichten der Welt. Die ganze Stadt am Fuß des Kastellbergs, die versch[iedenen] Molos, Forts, Posilipo, Ischia, Vesuv, Gebirge von Kalabrien. Wohnung des Priors. Spaziergang auf den Posilipo. Grabmal Virgils über dem Eingang der Grotte. Schöne Lage, Aussicht auf die Stadt und den Vesuv. Bildergalerie von Villa [fehlendes Wort], schöner Raffael; andere große Meisterwerke. Schlechte Galerie auf Capo di Monte. – Theater von San Carlo, schlechte alte Einrichtung, nachlässige, schlechte Ausführung des ganzen Baus.

Kirchen: Der Dom mit altgotischer Fassade. San Paolo, am Eingang 2 große antike korinthische Säulen mit ihrem Gebälk. 2 Basen. 2 Statuen von einem Tempel des Apoll, der drauf vom Tiberio dem Kastor und Pollux geweiht ward. Vesuv. Portici-Museum, schöne Sammlung alter Freskogemälde. Entzifferung alter Manuskripte aus einer Bibliothek von Herculanum.

Besteigung des Vesuv mit Maultieren. Verschiedene Lavafelder. Wüster, grauser Charakter der Gegend. Der Eremit, Frühstück, Lacrima. Porträt Lucians Buonaparte und seiner Frau in der Klause mit Kohle an der Wand. Mühseliger Weg durch die Lava und Aschefelder zum Krater. Schrecklicher Widerhall stürzender Steine im Krater. Dampf aus den Felsspalten; schreckliche Hitze unter dem Erdboden. Kristallisationen, gediegener Schwefel, glänzende Schlacken. Schnel-

66 Aussicht vom Aschenkegel des Vesuv auf den Golf von Neapel in der Morgendämmerung

ler Zurückmarsch von dem Abgang des Kraterkegels durch die tiefe Asche. Grenzenlose Aussicht auf Neapel, die Küsten und Inseln.

Herculanum. Besichtigung des alten Theaters von Herculanum. Meersturm bei Neapel. Beobachtung aus der Loge meiner Wohnung. Castel Nuovo, alte sarazenische Türme, alter Triumphbogen aus der Zeit.

Briefe aus Neapel

An Heinrich Graf von Reuß–Schleiz–Köstritz

Von einem Freunde erhielt ich am zweiten Tage meines Aufenthalts in Neapel aus Rom die mir unendlich werten, langersehnten Schreiben. Die Hoffnung war fast aufgegeben, jetzt, da sie in Erfüllung ging, fand sich ein neues Mißgeschick. Das Datum aus dem November des verflossenen Jahrs, wiewohl mir teures Zeichen der Aufmerksamkeit, die Sie meinen Briefen schenkten, setzte mich in nicht geringe Bekümmernis über die Meinung, die Sie bei den angenehmsten Forderungen von meinem langen Schweigen hegen müssen. Ohne mein Verschulden bleibt leider nun mein Vorsatz [unleserliches Wort]. Die schöne Zeit verstrich, ohne Zögerung gebietet mir mein Los, bis ich das Vaterland erreiche, an jedem Ort noch flüchtig zu genießen. Die Freude einer nahen, schönen Arbeit hat das Schicksal mir vernichtet, möge es nun jetzt mit diesem Blatte günstig zu Ihnen kehren und es in einer Stunde Ihnen reichen, wo Sie, auch des Verdachts geringsten Anfall von sich scheuchend, nicht mir, nur dem Geschicke zürnen.

Es ist nicht selten, daß man in Mailand Briefe des Auslands untersucht und ihren Fortgang durch Vergessenheit verzögert, auch könnte der Brief im Kaffeehaus, das ich höchst selten sah, schon einige Zeit gewartet haben, um so mehr, da man hier jeden nur durch Zu-, nicht durch den Vaternamen kennt und oft dadurch Verwirrung stiftet. Das Blatt, auf dem die Forderungen stehn, soll mir zur Seite bleiben, damit

67 Küstenlandschaft am Golf von Neapel

ich bei der ersten Ruhe dasselbe nutzen könne. Auch die Hoffnung, Sie bei meiner Wiederkehr zu sehen, scheint vernichtet, da ich erfahre, daß die Bestimmung Sie so bald aus dem väterlichen Haus entfernt. Wohl wünschte ich hierüber etwas Näheres und hoffe es, da ich versichert bin, daß Sie es wissen, wieviel ich teil an Ihrem Schicksale nehme. Mein Weg, der, unbestimmt in Zeit, sich durch Italiens und Frankreichs größte Städte zieht, erlaubt nicht bestimmt, den Ort zu nennen, in welchem ich auf Briefe warten könnte. Am sichersten gelangen sie durch Herrn Steinmeyer in Berlin zu mir.

Im letzten Monat dieses Jahrs gedenke ich mit ungestörter Ruhe in Berlin die schönen Bilder dieser glücklichen Zeit zu ordnen, die jetzt wie Traumgestalten ineinanderweben.

Capuas Land, dessen Milde den starken Hannibal bezähmte, daß er des Ruhms vergaß, das lange Kriegsglück wollusttrunken scheuchte, dies genieße ich in ganzer Fülle jetzt, hier wohnt Italien mit allen oft genannten Attributen.

Das Glück will mir beim Finden meiner Wohnung wohl; auf dieser Reise, auch in Neapel, hat es mich begünstigt. Die Loge vor dem Zimmer, was ich bewohne, ragt weit hinaus ins Meer, daß, wenn es stürmt, ich hier ein kaltes Bad genieße. Ist warmer Sonnenschein, so gibt ein vorgestrecktes Dach, von kleinen Säulchen unterstützt, mir süße Kühlung, und ich blicke ins weite Meer, an dessen Küste rechts der Vesuv den Feuerschlund erhebt, indessen harmlos ihn am Fuß die Orte Portici, Resina, weißen Pünktchen gleich, umziehn. Die lange hochgetürmte Küste von Salerno und Sorrent zieht hinter ihm sich in den Horizont des Meers, aus dessen Mitte kühn die Felseninsel Capri steigt. Rechts lehnt die Stadt am Vorgebirg und streckt einen

Damm und Kastell ins Meer. So mißlich im Politischen es um die Reise nach Sizilien steht, so habe ich doch die Hoffnung noch nicht aufgegeben. Noch träume ich weiter hinaus, aber ist auch dies gesehn und der Weg geht flüchtig zurück durch Capuas Fluren und wird endlich Rom das letzte Lebewohl gesagt, dann – doch ich verscheuche die Gedanken der Zukunft, damit das Glück der Gegenwart walte.

Ich hoffe, daß Sie die Reise ins erste Land Europens nicht aufgegeben haben, wohin die Liebe zur Kunst und Wissenschaft wohl niemand mehr als Sie unwiderstehlicher lockt. Da wünschte ich nichts mehr, als Ihnen mündlich gegen manches Vorurteil und manche falschen Ansichten dieses Landes und seiner Bewohner einige Worte zu sagen, die Sie vielleicht mir einmal danken würden. Es sind Kleinigkeiten, die allein dem Genuß sowie der Auffassung sehr oft den größten Eintrag tun, wie mich das Beispiel unzählig vieler Reisender belehrt. Die gütige Einladung in Ihrem Brief erlaubt mir, nächstens mehr davon zu sprechen, woran mich jetzt der Überlauf von Schiffern, die mir ihr Fahrzeug für die Reise im Lande der Zyklopen bieten, und Unterhändler verschiedener Art verhindern.

Ich schmeichle mir, Ihre Zuneigung fernerhin zu haben und daß Sie gütigst mir dieselbe bei den erlauchten Eltern zu erhalten trachten, und verlasse Sie jetzt in dieser Hoffnung als, Herr Graf,

Ihr aufrichtigster [Schinkel].

An Heinrich Graf von Reuß-Schleiz-Köstritz

Wahrhaftig, es ist Ihnen meisterlich geglückt, das Mittel zu finden, einen Unschuldigen wegen eines Verdachts so hart als möglich zu strafen. Sie kommen ihm nach dem vermeinten Fehltritt zuerst mit Güte entgegen. Ja, wäre mein Herz nicht rein, ich würde es nicht gewagt haben,

68 »Ansicht von Neapel, Castel San Elmo auf der Höhe«

die Feder anzusetzen, um die einzige Entschuldigung zu sagen. Der Brief war geschrieben; gleichviel, wenn er nur einen Ihres mir unvergeßlichen Hauses träfe, und hernach schrieb der Zufall die Zahl hinter dem Namen. Aber gegen mich war einmal das Geschick verschworen. Wie sehr ich ein so schmeichelhaftes Geschenk erkenne, glaube ich Ihnen zu versichern nicht nötig zu haben, da eben Ihre Güte mir ein Zeichen Ihres Zutrauens ist. Ich beneide Sie nicht wenig um das Glück Ihrer italienischen Reise.

Der ganze Himmel, den ich bald genossen, liegt noch vor Ihnen, und der Hoffnung süße Träume erfüllen Sie. Doch einen gewissen Teil der Freude kann leicht die Ausführung verderben. Vorgefaßtes Vorurteil, dann falsche Einbildungen und Behandlung des Volks – dies ist das Schicksal vieler Reisenden, und ich weiß an mir, wie weh es tut, nur einen Augenblick [unleserliches Wort] diesen schönen Teils des Lebens den vollen Genuß zu entbehren. Fast alles das, wovon die ganze Welt erfüllt ist, was jeder weiß zu nennen, wird Ihnen die Erwartung häufig täuschen, vielleicht weil unsre Phantasie, zu hoch gespannt, zu kühne Bilder schaffte; dann aber treffen Sie auf Dinge, die, vorher Ihnen unbekannt, den künsten Schwung der Phantasie ereilen, und diese sind's, die Sie am meisten reizen. Mit jedem Teil der Zeit, die wir dem schönen Lande widmen, wächst der Genuß, und jeder Schritt, den wir nach Süden tun, vermehrt sein Reich, und wenn man dann das Land, das nur Italien heißen sollte, Neapel und Sizilien, betritt, dann erbleicht die Phantasie, und üppig schwelgt die Seele im mächtigen Andrang der vielen Wunder. Gern sagte ich ein Wort von manchem Gegenstand, das Sie vielleicht mit Nutzen beachten könnten, ehe Sie das Werk beginnen; doch nur mündlich ist solches möglich, weil eine Schrift wohl Bände fordern würde. Ich scheide jetzt von Ihnen, das Fahrzeug wartet, das mir Siziliens Schätze zeigen wird; bin ich zurückgekehrt, so hoffe ich Ihnen manches mitzuteilen, worin ich Mittel finde, mich Ihrem Gedächtnis länger zu erhalten. Vielleicht bin ich so glücklich, von Ihnen bald einige Zeilen zu lesen. Sie werden versichert sein, daß Sie niemanden mehr damit beschenken als

Ihren ganz Ihnen ergebenen [Schinkel].

69 »Stadt Amalfi am Golf von Salerno«

An Valentin Rose

Das Ziel der Reise liegt nahe vor mir, der Gedanke an die Verlassung so vieler Schönheiten bangt nirgends mehr als in dem Lande, das man mit Recht für das schönste Europens hält. Seit mehreren Wochen genieße ich die Milde dieses glücklichen Teils der Erde, die selbst den starken Hannibal bezähmte, daß er des Ruhms ver-

70 »Castello dell' Uovo bei Neapel«

gaß, des langen Kriegs Glück wollusttrunken scheuchte. Wäre es nur möglich, Sie auf eine Stunde den Anblick aus meiner Wohnung genießen zu lassen. Die Loge vor dem Zimmer ragt weit hinaus ins Meer, daß, wenn es stürmt, ich hier ein kaltes Bad genieße.

Gehe ich in das Gewühl der Stadt, so bietet sich ein neues Schauspiel dar, das man in jedem andern Ort vergeblich sucht. Paris und London müssen weit in dem Tumult der Gassen den Rang Neapel lassen. Denken Sie sich in dem Raum, der kaum so groß als der, auf dem Berlin gebaut, die Anzahl von fast einer Million Menschen, von dem der größte Teil sein ganzes Geschäft auf der Straße treibt, dort schläft, der jede Handlung durch die höchste Lebhaftigkeit und beständigen Frohsinn bezeichnet, dem das öffentliche Leben einen Nationalcharakter gibt, der sich in jeder Bewegung zeigt, in einem Grade, daß, sobald man eingeweiht, in weiter Entfernung das Gespräch zweier Menschen am Gestikus und der Miene bald errät. Ein schneller Fassungsgeist leuchtet aus jeder Unternehmung, Gefühl fürs Schöne zeigt sich auf allen Gassen. Nicht selten sieht man in einem Kreis von Lazzari den aufmerksamen Ohren von einem Volkssänger Gesänge Tassos oder Dantes klingen, oft sammelt abends eine gut gespielte Zither ein weites Auditorium von allen Klassen, die oft durch Bravo den Künstler ermuntern, ihnen das Vergnügen zu verlängern. An öffentlicher Pracht vielleicht nicht weniger erhält Neapel unter allen Städten den ersten Platz. Man sieht abends an Feiertagen auf den Promenaden des Corso mehr als 2000 Karossen im reichsten Geschmack, von 2 bis 8 Pferden und mit Bedienten überladen.

Die Landpartien, die man von Neapel nach allen Richtungen auf einem klassischen Boden unter beständiger Einwirkung der schönsten Natur macht, sind so belehrend als angenehm. Vorgestern kam ich von einer kleinen Reise auf die Insel Capri, die vor dem Golfo 30 Miglien von Neapel ihre enormen Felswände aus dem Meer erhebt. 3 Tage lebte ich unbeschreiblich glücklich in diesem lieblichen Aufenthalt, hoch in der ätherisch reinen Luft, umgeben von Orangenwäl-

71 Die Felsküste von Capri

dern, mit einem der unverdorbensten Völkchen der Welt. Die Aussichten von der Felsenhöhe auf die Küsten von Salerno und Kalabrien, auf den Vesuv und das daran gereihte Neapel mit seinen Vorgebirgen, mit Hintergrund der Kette der Apenninen, [sind] grenzenlos und bezaubernd. Die Anzahl der mir ganz fremden Pflanzen, die ich auf der Insel, besonders auf der Höhe von Anacapri, fand, ist erstaunlich; mehrere davon pflückte ich, um sie, wenn es möglich ist, zu konservieren [und] nach Berlin zu schaffen. Anacapri ist ein Teil der Insel, der an Höhe den andern weit übertrifft, eine ungeheure senkrechte Felswand trennt ihn von der andern Insel, welche man vermittelst einer in Fels gehaunen Treppe, die aus der alten griechischen Zeit stammen soll, sehr mühsam erklimmt. Man steigt viele hundert in den Felsen gehauene Stufen zu

72 Auf Capri

diesem Lande hinan, welches, auf das lieblichste angebaut, unter dem Grün von Orangen und Wein mit den niedlichsten und reinlichsten Wohnungen der Landleute prangt.

Überrascht steht man oben auf einer schönen fruchtbaren Ebene, in denen die lieblichsten Häuschen, die von schöner Form und Reinlichkeit alles übertreffen, was ich von ländlichen Anlagen jemals sah. Diese Wohnungen bestehn nur aus einer Küche und wenigen Zimmern zum Schlafen. Das übrige ist auf Pfeilern überwölbter Raum und Lauben voll Wein, der über Säulenstellungen fortgerankt ist. Man putzt der Wirklichkeit wegen jedes Jahr die Häuschen weiß ab.

73 »Bauernhaus auf Anacapri«

Das Völkchen dieses Weinlandes ist wirklich das einfachste in Europa, es hat weder Richter noch Soldaten, weil alles in der größten Einigkeit lebt. Der beschwerliche Aufgang auf der langen Felsentreppe scheidet es von aller übrigen Welt ab und schützt seine einfachen Sitten gegen die Einwirkung fremder Nationen, daher sie auch diese verabscheuen und für Betrüger halten.

Hier wohnt ein Völkchen, das vollkommen die Sitte der Unverdorbenheit trägt, was immer aus wenigen Familien, aber unvermischt mit andern sich erhält. Es gibt alte Leute hier, die nie die Felsentreppe hinuntertraten, die nie Neapel selbst, kein Schiff in der Nähe, nur von der Höhe des unermeßlichen Felsens hinab sahn. Einfachheit, Biederkeit und Eintracht scheinen hier unzertrennlich vereint, und ich werde nie diesen Aufenthalt unter diesen Leuten vergessen.

Gern benutzte ich Ihre gütige Einladung, mich Ihnen länger mitzuteilen. Die Besteigung des Vesuvs, das Tal von Solfatara, die Bäder von Puozzoli, Ischia, tausend anderes lassen den Stoff wohl niemals fehlen, doch die Zeit verhindert dies Vergnügen. Der Überlauf von Kapitänen, die mir Fahrzeug nach Sizilien bieten, wohin ich in dieser Woche zu gehn denke, und dieser und andre Umstände nehmen so viel davon, daß ich so ökonomisch als möglich umgehn muß.

Ich bitte, meiner nicht zu vergessen, mich Ihrer lieben Frau und Familie, wie meiner Schwester und allen, die sich meiner erinnern, zu empfehlen und bald nun das Glück einiger Zeilen zu gönnen

Ihrem [Schinkel].

Bruchstücke aus dem Journal eines Reisenden über die Konstruktion der Wohngebäude Neapels

Der innerste Busen des schönen Golfs, den fruchtbare Gestade vertraut umziehn, dessen Mündung liebliche Inseln, halb verschließend, mit Felsendämmen gegen die Wut des hohen Meers schützen, lockte Griechen in seine Mitte. Die thessalische Parthenope gründete den Ort, der nach und nach mächtig anwuchs, auf einem schmalen Gestade, wo er sich zurück an eine felsichte Höhe lehnt. Der Raum, höchst spärlich der glücklichen Lage vergönnt, wo im Gewinn der Handlung die geschäftige Menge sich mehrte, gebot, die Wohnungen eng beieinander zu bauen und hoch hinauf zu türmen. So entstand Neapel.

Das heutige Neapel zählt auf dem Raum, der dem Berlins kaum gleicht, mehr als 400000 Seelen. Wiewohl außer der Straße Toledo, der Gegend um den königlichen Palast und der Promenade der Chiajas der Stadt die breiten Straßen gänzlich fehlen, wo würde diese Population dem Raume dennoch nicht proportioniert sein, wenn nicht ein großer Teil derselben in seinen Bedürfnissen aufs höchste eingeschränkt wäre. Die untere Volksklasse Neapels, die Lazzaroni, denen das Obdach zwar nicht gänzlich fehlt, machen doch nur beim schönsten Wetter Gebrauch davon.

Der Lazzaron, den sein Geschäft ins Meer zum Fischfang führt und zur Arbeit an den Hafen, findet seine Küche an jeder Straßenecke, sehnt bei Nacht sich nicht zu Haus, wo er in einem Raum unbequemlich mit Weib und Kind, Vetter und vielleicht Großeltern [sich] beisammenfindet. Die Nacht, die mild vorübergeht, läßt ihn am Ort, wo er sich befindet, ruhn, sei's auf der eignen Fischerbarke, auf einer der Stufen [der] Kirchen oder an der Seite jeder Straße. So geschieht es, daß ihm die Einrichtung seiner Wohnung nicht sehr am Herzen liegt.

Ein einziges Zimmer, dessen Meubles in einem Paar hölzernen Schemeln und einem großen [unleserliches Wort] bestehn, auf dem die ganze Familie, soviel sich ihrer zu Haus befinden, ruht, ist alles, was man sieht.

Diese Wohnungen, die größtenteils in den Vorstädten liegen, haben unmittelbar von der Straße den Eintritt ins Zimmer, haben weder Kamin noch Küchenfeuerung, weil die Erwärmung der Zimmer nicht nötig ist und nicht im Hause gekocht, sondern alles mit barem Gelde auf den Straßenküchen erkauft wird. Aber selbst der höhern Klasse der Einwohner ist eine Nachlässigkeit in ihren Wohnungen, in die sie das schöne Klima so leicht verfallen läßt, so eigen, daß man recht behaupten kann, es sei von allen großen Städten Italiens Neapel diejenige, in welcher die Architektur der Wohnhäuser am wenigsten solide betrieben wird.

Das gewöhnliche Material für das Aufführen der Wände in den Wohnhäusern Neapels ist ein weicher Tuff, welcher häufig in der ganzen Gegend gebrochen wird, ein vulkanisches Produkt von gelbgrauer Farbe, der frisch gebrochen sehr weich ist, zwar nachher an der Luft mehr erhärtet, aber niemals ein vorzüglich hartes Steinmaterial wird, bleibt von schlechter Beschaffenheit. Als roher Bruchstein verbindet man ihn mit dem Kalk, der reichlich mit Pozzolanerde vermischt wird. Das schlechte Material dieses Steins verlangt bei der Höhe der Gebäude im Innern der Stadt, die man selten unter 5, häufig aber bis 8 Geschosse findet, sehr starke Mauern, welche im Vergleich anderer Städte hier auffallend und um so nötiger sind, da im entgegengesetzten Fall nicht nur das schlechte Material, sondern auch die sehr lose Konstruktion der Decken, die keineswegs wie bei uns die Umschließungswände miteinander verbinden, dem Gebäude die Haltbarkeit durchaus nehmen würde. Das Bindungsmittel in diesen Wänden macht vermöge der Pozzolane den besten Bestandteil aus.

Die Pozzolane ist ein Sand, der aus zerschmettertem Bimsstein und poröser Lava bei Ausbrüchen des Vesuvs und anderer Vulkane entstanden zu sein scheint. Es hat dieses Produkt diesen Namen von der Stadt Pozzuoli, eine Miglie von Neapel, erhalten, weil es in der Gegend vorzüglich gefunden wird. Es hat dieses Material in der Vermischung von Kalk und Diarit nicht allein unter allem Baubindungsmittel die größte Dichtigkeit, sondern erlangt bei Bauten in dem Wasser des Meers mit der Zeit eine fast unzerstörbare Festigkeit. Sie beruht auf der Vermischung mit dem Kalke und Säure. In der Umgegend von Neapel gibt es Pozzolane von grüner, gelber, brauner und schwarzer Farbe, die mehrenteils eine kleine Beimischung von Kies haben.

Man findet bei alten Gemäuern den Tuff verwittert und das Bindungsmaterial unzerstört. Die Römer, unter den Kaisern schon, bedienten sich besonders bei ihrem opus reticulatum des Tuffs, und wo man diese Arbeit in alten Mauern antrifft, sieht man fast immer nur das rautenförmige Netz des Mörtels, zwischen welchem der Tuff herausgewittert ist.

Die große Leichtigkeit dieses Steins läßt ihn bei den sogenannten Gußgewölben sehr anwendbar sein, in dieser Art man findet ihn häufig in antiken Gebäuden. Die Gewölbe unter den Sitzstufen des Coliseums, die größten Gewölbe in den Ruinen der Bäder zu Rom, in den alten Landhäusern um Rom und an der Küste von Bajä sind von dieser Arbeit. Aber auch noch jetzt ist diese leichte Art zu wölben, wobei die Akkuratesse nicht in Betrag kommt und die Nachlässigkeit in dem vortrefflichen Bindungsmittel eine große Unterstützung hat, eine beliebte Art der Konstruktion in und um Neapel. Auf eine leichte Lehre aus zusammengefügten Brettern nach der beabsichtigten Wölbung gießt man eine Masse kleiner Tuffsteine mit einer guten Mischung von Kalk und Pozzolan und läßt dies gehörig trocknen, wodurch man dann nach Wegnahme der Bretterlagen eine massive Decke erhält.

Die Wohnungen der Landleute auf den Küsten von Neapel wie den Inseln Capri, Ischia, Procida sind ganz in dieser Art gebaut, und dies Gewölbe vertritt zugleich die Stelle des Dachs. Man [?] sieht daher über die Mauern des Gebäudes eine kuppelartige Erhöhung, welche die aus demselben Material bestehende weißgraue Farbe der Mauer hat. In Neapel sind die Kellergewölbe der Gebäude in dem flachen Teil der Stadt in dieser Art gewölbt, dahingegen der größte Teil von Gebäuden, am felsigen Abhang sich lehnend, seine Keller in den Felsen gehauen hat.

Eben dies schlechte Material des Tuffs verhindert, die architektonische Arbeit akkurat zu machen, und ist der Grund, warum an den Gebäuden Neapels aufwendliche architektonische Teile im Äußern wegbleiben. Selten sieht man Fensterumfassungen, Gürtungen, Verdachungen, ja selbst die Hauptcorniche fehlt den meisten Wohngebäuden Neapels, und wenn man diese Teile findet, so sind sie von einer festen Steinart, die es freilich um Neapel genug gibt. Der beste und größte ist ein grauweißer Stein, welcher bei Caserta, 22 Meilen von Neapel, gebrochen wird, der ein sehr schönes Korn hat und sehr gute Politur nimmt. Aus diesem Stein ist [der] größere Teil des königlichen Palasts von Caserta erbaut und mehrere architektonische Teile der öffentlichen Gebäude Neapels. Außer diesem gibt es den Peperino, der eine ziemliche Festigkeit hat, von grobem Korn und dunkelgrauer Farbe.

Wie sehr dieser Mangel dieses Tuffs an den gewöhnlichen Gebäuden auch selbst unter dem schönen Himmel schadet, erscheint beim ersten Anblick klar. Das Wasser, welches besonders in der Regenzeit des Winters unaufhörlich von oben an den Wänden der Gebäude herabläuft, zerfrißt die Oberkanten, die Ecken der Fenster und Türen und dringt in die Zimmer ein, besonders da die Fenster, die ohnedies nicht am dichtesten gearbeitet sind, fast ganz allgemein bis auf den Boden hinunter gehn und einen Balkon haben. Dies Eindringen des Wassers in die Zimmer ist daher ein allgemeiner Übelstand in ganz Neapel, an den man sich aber so gewöhnt hat, daß niemals viel draus gemacht wird.

Der Fußboden in den Zimmern ist deshalb bei den Gebäuden Neapels nicht dasjenige, worauf man viel Dekoration verwendet. Er besteht aus einem Estrich, der sehr natürlich bei jener Nässe und bei der sehr losen Deckenverbindung berstet, wo man ihn alsdann nachlässig wieder ausgegossen läßt. Selbst in den ersten Palästen Neapels findet man bei der reichsten Auszierung der Zimmer den Fußboden von dieser Art – im Winter belegt man ihn in den bessern Häusern mit einem Teppich –, in der man besonders denen [von] Venetien und überhaupt den Arbeiten des obern Italiens bei weitem nachsteht. In Venedig findet man so Arten von Böden bis zu größter Vollkommenheit und als eine bunte Mosaik behandelt. Dies ist in Neapel keineswegs der Fall.

Die gewöhnliche Konstruktion des neapolitanischen Lastrico-Gußbodens, wenn er, wie selten, gut gemacht wird, ist folgende: Man mischt zerstückelten Bimsstein und gebrannten Tuff, 2 Materiale, die häufig um Neapel gefunden werden, welche als kleine Steine, die zu dieser Arbeit immer unter der Größe einer Nuß bleiben müssen, die Lapillo oder, nach der dortigen Aussprache, Rapillo genannt werden, mit Kalk, der, seit 8 Tagen gelöscht und gut zergangen, die Konsistenz einer dicken Milch erhält. Man reibt diesen Rapillo wiederholentlich, mit diesem Kalk anfrischend, bis die Steine zu der Feinheit des Sands zerrieben. Während 24 Stunden läßt man diese Masse ruhn, nach welchem man sie von neuem reibt, während welcher Zeit man bemerkt, daß die Masse sich erhitzt und gärt. Man reibt sie dann zum drittenmal, ebenfalls wieder mit Kalkmilch angefeuchtet. Ist die Masse zu trocken geworden, gärt sie nach und hat nicht genug Kohäsion in sich, so muß sie zum 4. [Male] gerieben werden, nachdem man sie wieder ruhn ließ. Dies ist die Komposition, der man sich für den Lastrico nach folgender Art bedient: Man verstopft zuförderst die Fugen und Öffnungen der Bretterlage, welche über das Gebälk gelegt wird und den Lastrico tragen soll, mit trocknen Farnkräutern und mit einem dichten Teig von Kalk, dann breitet man eine Lage trockner kleiner Steine, gut gebrannt, die nicht über 2 Zoll stark sein muß, über diesen gießt man die gut geriebene Masse des Rapillo in der Dicke von 5 Zoll mit einemmal, diese Dicke schwindet nach dem Festschlagen desselben bis auf 4 und $^1/_2$ Zoll. Ungefähr nach 24 Stunden erst fängt man an zu schlagen, damit die Masse eine gewisse Haltbarkeit erhielt, um auf ihr gehn zu können. Man bedient sich sodann starker und platter Schläger von Holz. Immer auf dieselbe Art schlagend, machen die Arbeiter die Breite des Raums in Richtung des Schlags und gehn die Breite nach und nach bis zur entgegengesetzten [Seite] und so zurück. Dann mit schwächeren Schlägen übergehn sie das Ganze, die Schläge kreuzweis machend. Jedesmal wenn der Raum einmal durchgeschlagen ist, läßt man ihn einen Tag stehn und wiederholt die Arbeit in diesen Zwischenräumen, bis der Arbeiter an dem Schlag fühlt, daß die Masse Festigkeit genug bekommen hat und durchaus nicht mehr nachgibt, welches gewöhnlich beim 4. Mal der Fall ist.

Ist der Lastrico wie in den Häusern Neapels und der umliegenden Gegend statt des Dachs die Bedachung des Hauses und also der Witterung ausgesetzt, so gibt man der komponierten Masse, die 1. Lage der Steine nicht gerechnet, die Dicke von 7 bis 8 Zoll. Um nun das Bersten dieses Estrichs zu verhüten, so bedeckt man gleich nach der Arbeit den ganzen Boden mit einer Lage von 6 Zoll dicker Erde, um die Einwirkung der Luft abzuhalten, bis das Ganze gehörig verbunden und nach und nach getrocknet ist. Bei der guten Jahreszeit in Neapel hat der Boden 2 Monat zum Trocknen nötig. Ist die Arbeit zu Ende des Herbst angefangen, so läßt man die Bedeckung bis zum kommenden Frühjahr drauf. Ist dieser Lastrico sorgsam gemacht, so wird er mit der Zeit so hart, daß man aus den Stücken sehr alten Lastricos Stufen zu Treppen, Einfassungen von Fenstern, Sohlbänke und so weiter von vieler Dauerhaftigkeit arbeiten kann. In Ermanglung solcher sehr alten und sehr verhärteten Stücken aus Lastrico macht man manchmal für diesen Behuf Lastrico, den man um so länger, vielleicht 4 bis 5 Monat, trocknen läßt. Die Schwere eines trocknen Lastrico von Neapel ist nicht größer als die des Eichenholzes. Da dieser Lastrico aber gewöhnlich schlecht gemacht und, wie oben gesagt, besonders durch das lose Balkenwerk dem Bersten sehr ausgesetzt ist, so gewährt er immer einen schlechten Anblick, vorzüglich da sich in gewöhnlichen Häusern der Eigentümer kein Gewissen draus macht, um die Kosten zu sparen, beim Reißen desselben von neuem eine Mischung dieser Komposition vom Maurer machen zu lassen und auf diese Weise die Fehler auszubessern, die entstandenen Ritzen selbst mit geschmolzenem Pech auszugießen, wodurch oft wider Willen ein Fußboden das Ansehn eines schwarzgeäderten Marmors erhält.

Fast mit den Fußboden harmonierend sind die Decken der Zimmer, welche, ihrer lockeren, schlechten Verbindung zufolge, leicht sich senken und keine vorzüglichen Dekorationen zulassen. Das Holz, welches hierzu gebraucht wird, ist in Neapel sparsam, das ist der erste Grund dieses Fehlers. In den Apenninen, vorzüglich von der Provinz Abruzzo, hat man einige Gehölze von Tannen, Ulmen, Eichen und Kastanien, deren man sich, so wie der großen kalabresischen Ölbäume, die im Vergleich aller übrigen in Italien kolossal sind, zum Bauen bedient. Aber nicht allein, daß diese Holzungen durch ein faules Forstwesen nicht unterhalten werden und ihrer daher immer weniger werden, sondern auch die beschwerliche Anfuhr macht das Holz zu einem teuern Bauartikel in Neapel. Demnach spart man, wenn es möglich ist.

Es möchte selbst dies ein Grund sein, welcher den des schönen Klimas überwiegt, daß man über den Häusern Neapels kein Dach sieht und man sich mit dem Estrich begnügt, der über die oberste Deckenverbindung gegossen wird. Warum sollte man sonst in vielen Städten Kalabriens, Apuliens und Siziliens, welche südlicher als Neapel liegen, diese Bauart nicht ebenso gemein finden, die Neapel mit der umliegenden Gegend fast ausschließlich allein eigen ist.

Man legt daher über einen Raum, für den man in Deutschland vielleicht 6 bis 7 Balken nötig glaubt, einen einzigen. Über diesem und die Umschließungen [wird] ein Netz von sehr leichtem lattenartigtem Holz gebunden, über dem sich die Bretterlage streckt, die den Lastrico trägt. In besseren Häusern wird das Holz, welches mit seiner ganzen Konstruktion im Zimmer zu sehn ist und ein Kassettennetz bildet, gut und akkurat gearbeitet und durch Malerei und Schnitzwerk verziert. Ist aber in Gebäuden von weniger solider Ausführung dies Holz krumm oder sehr roh bearbeitet, so bedient man sich zuweilen einer Leinwand, die man über die ganze Decke spannt und dadurch den Übelstand versteckt.

Und ungeachtet der schönen Vorbilder in Herculaneum und Pompeji findet man denn diese Decken gewöhnlich in einem schlechten Geschmack gemalt. In den oberen Etagen wendet man überdies nicht viel darauf, weil das Durchregnen sehr allgemein ist, nicht weil der Lastrico auf der Plattform des Gebäudes, wenn er gut gemacht wäre, das Regenwetter nicht abhalten sollte, sondern weil die Arbeit nachlässig betrieben wird und die lose Balkenlage das Reißen desselben unvermeidlich macht. Die Plattform hat eine Balustrade umher, welche gewöhnlich mit vielen Einschnitten durchlöchert ist, wodurch das Regenwasser, welches sich auf der Plattform, die einigen Fall hat, sammelt [und] abgeführt wird. Selten sind einmal diese Furchen mit Bleiröhren versehn, die das Wasser im Gebäude abwärts hinunterfließen lassen, sondern größtenteils läuft es längs der Mauern herab und zerstört auf diese Art.

Es ist zu bewundern, daß man [in] einem Lande, welches von Erdstößen so häufig leidet, bis jetzt so wenig Achtsamkeit auf die Verhinderung des Schadens in den Gebäuden gehabt hat. Der größte Teil der neapolitanischen Wohngebäude ist von der Art, daß ein geringer Stoß sie fast unbewohnbar machen muß. Die kleinen Gebäude von Neapel mit der Bedachung des Gußgewölbes sind wohl unfehlbar die gefährlichsten.

Erst nach dem großen Erdbeben im Jahr 1783, welches die schönsten Gegenden Kalabriens zerstörte, fing man an, von der Regierung aus Baugesetze vorzuschreiben, welche freilich den Verwüstungen in ihrer größten Heftigkeit keinen Widerstand leisten können, wo ganze Städte und Landschaften verschwinden, größere Seen entstehen, wo Berge waren, und sich kleine Vulkane emporheben, aber bei den so häufigen kleinen Stößen einen unbedingten Nutzen haben. Man suchte für die kleinen Städte Kalabriens, die zum Teil eine unvorteilhafte Lage hatten, eine bessere, zwar nicht in Hinsicht auf größere Sicherheit beim Erdbeben, weil dies unmöglich bei den unzähligen Verschiedenheiten der Ereignisse einer solchen Revolution ist, aber wenigstens hat dann jede einigen Verkehr. Es darf jetzt kein Gebäude über 2 Stockwerk haben, damit das Schwanken vermindert werde.

Der Stein ist aus mehrerer Rücksicht ein unvermeidliches Baumaterial dieser Gegenden, teils weil es das häufigste und wohlfeilste ist und besonders ein gutes Mittel gegen die Hitze, die in hölzernen Häusern unerträglich werden würde. Aber man hat verordnet, daß jedes Wohngebäude [eine] hölzerne Decke und ein Skelett von Holz an allen Wänden im Innern erhalte, welche bei den Stößen das Zusammenstürzen der Mauern verhindere. Es ist zu vermuten, daß die letzten schrecklichen Ereignisse in Neapel das Raffinement in dieser Art noch höher treiben werden. Die Verbannung der sehr hoch getürmten Häuser und die Verbreiterung der Straßen werden ein Hauptnutzen sein, der den unglücklichen Einwohnern bei der Flucht in dem eintretenden Unglück zur Rettung dienen könnte.

Nach Sizilien

Itinerarium

8. Mai. Abfahrt von Neapel. Ansicht der Stadt vom Meer aus. Der Hafen, die verschiedenen Kastelle am Meer und auf der Höhe. Kriegsschiffe auf der Reede. Schöne Ansicht der äußersten Spitze des Posilips mit der Insel Nisida, den Scoglio di Virgilio und Ischia im Hintergrund. Die Küsten von Sorrent. Capri von der Ost- und Südseite mit schönen Felspartien. Übersicht des ganzen Golfo von Neapel zwischen dem Vorgebirg von Massa und der Insel Capri. Fernere Fahrt mit günstigem Winde. Schwindung der Küsten.

9. Mai. Morgens nur Himmel und Wasser. In der Ferne zeigt sich nach und nach der Stromboli und die Liparischen Inseln. Schöne For-

74 »Meerenge bei Messina. Scylla und Charybdis«

men der verschiedenen Felsinseln am Horizont des Meers. Der rauchende Strombolo in der Nähe, mit der hinuntergleitenden Asche, angebauter Teil des Bergs. Figliuolo di Strombolo – ein zackichter Fels im Meer. Küsten von Sizilien in der Ferne.

10. Mai. Annäherung bei wenigem Winde. Der rauchende Ätna an der obern Hälfte ganz in Schnee gehüllt; Morgeneffekt auf dem glänzenden Schnee und den schönen Gebirgsformen umher. Liebliches Küstenland von Sizilien. Küste von Kalabrien von großen Formen. Faro von Messina. Einfahrt in die Meerenge zwischen Kalabrien und Sizilien. Meerstrudel Charybdis. Der Fels Scylla an der kalabrischen Küste mit einer Stadt am Meer. Widriger Wind. Schwierige Passage durch die Strudel; Nacht mit Sturm; brausende Wogen des Strudels, in dem das Schiff viermal zurückgetrieben wird. Ankunft in dem Hafen von Messina.

11. Mai. Ansicht von Messina vom Wasser aus. Üppige Vegetation der Gebirge mit schönen Landhäusern. Ruinen längst dem Hafen vom königlichen Schloß, das vom Erdbeben völlig zertrümmert ward. Festung im Meer. Gebirge der kalabrischen Küste; Lage von Reggio. Abendpromenade am Meer. Schöner Sonnenuntergang. Kleine Häuschen, von den vor dem Erdbeben flüchtenden Einwohnern gebaut, eng zusammen stehend, Grund vieler Liebeshändel und Heirat, mit einer das Ganze bedeckenden hohen Weinlaube. Palmen, Orangen, indische Feigen als Gartenzaun, Liebliche Gebirgsformen mit üppigem Grün. Besuch bei Herrn Chapeaurouge und dem alten Chevalier Don Silvestro Gustarelli. Frohe Stimmung durch die Einwirkung einer fremdartigen, über alles lieblichen Natur.

12. [Mai.] Morgenpromenade; 3 Wachteljäger, die den Weg auf Hügel zeigen, von denen wir eine vortreffliche Übersicht der Stadt und der Meerenge genossen; die kalabrischen Küsten in voller Pracht des Morgens. Theater, schlechtes Stück.

13. [Mai.] Morgenpromenade, mit Aussicht ins Gebirg, auf einem langen Hügel, auf welchem eine Zypressenallee in ein Kloster führt; im Hintergrund die Stadt mit dem Meer und den Vorgebirgen. Freundlicher Landmann, der Mandeln und Blumen pflückt. Lustige Gesellschaft bei Herrn Chapeaurouge zu Mittag.

14. [Mai.] Zeichnen der verschiedenen Kirchen der Stadt und Besichtigung derselben. Zurüstung zur Reise.

15. [Mai.] Abfahrt von Messina. Straße an der Meeresküste; Wachttürme auf vorspringenden Inseln am Meer. Mittags in einem schlechten Wirtshause am Gestade. Ansicht des Ätna. Große Gebirgsformen vor Taormina. Dorf mit vielen Palmbäumen am Gestade; Felsenabhang am Meer, Felsblöcke und umschlossene Buchten, Häfen bildend. Aufgang zum Theater von Taormina auf der Höhe eines ungeheuern Felsens, auf dem ehemals die Stadt Taurominium lag, halb in Fels gehaun. Herrlichste Aussicht, die ich

75 »Stadt Taormina auf der hohen Meeresküste«

jemals hatte, auf den Ätna und die Stadt Taormina unter einem mächtigen Fels, den eine kleine Stadt krönt. Abhang ins Meer. Unermeßliche Ferne der flachen Meerufer bei Catania und Syrakus. Schöne Vegetation ringsum. Indische Feigen am Felsen. Besichtigung anderer Antiquitäten in Taormina und Heruntergang ans Meer ins Wirtshaus.

16. [Mai.] Aufgang zum Ätna. Schöne Ansichten der Küsten von Taormina und der Täler des Ätna. Morgeneffekt an der Schneespitze des Kraters. Große Vegetation rings um den Fuß des Bergs. Giarre. Beschwerliche Straße zu den großen Kastanien in der untern Region des Gebirgs; Castagna di cento cavalli. Rückkehr zur Hauptstraße auf den Gipfel. Nacht in dem Stalle des Dorfes Petara.

17. [Mai.] Hinaufgang zum Ätna. Mittagsmahl in Nicoloso. Monte Rosso von roter Farbe, Aschenfeld, schwarz, ohne Vegetation. Lavaströme. Kloster St. Nicolo. Verschiedene kleine Vulkane. Waldregion des Bergs. Schöne Eichen und Kastanien; Lavaströme. Ankunft in der Ziegenhöhle hinter der Casa della Neve. Nachtessen in der Höhle, Feuer zum Wärmen. Die Bäume fingen hier erst an auszuschlagen, da unten schon alles in vollem Laube stand. Um Mitternacht bei Mondschein Aufgang zum Gipfel.

18. [Mai.] Gräßliche Formen der hervorgefluteten Lava im Mondschein. Die Vegetation hört auf. Mühsame Ersteigung des Bergs; 4 Stunden

76 »Campo della Neve sul Monte Gibello«

bis zum Schnee, der in großen Feldern die Schultern des Bergs umzieht. Frühmahl am Fels im Schnee, dem Monte Rosso nahe; große Kälte, Sturm. Aufgang zum Torre del Filosofo. Aufgang der Sonne; majestätischer Anblick; Übersicht der ganzen Insel; Kalabrien, die Liparischen Inseln; Afrika. Aufgang zum Krater, der, mit Rauch und Nebel umhüllt, keine Annäherung verstattet. Rückgang nach der Ziegenhöhle; von da nach Nicoloso und am Abend in Catania. Gastwirt, der uns in Nicoloso erwartete und in sein Haus führt fürs Abendessen.

19. [Mai.] Catania. Besichtigung der Kirchen. Prächtiges Benediktinerkloster; Orgel, welche alle Instrumente und viel Stimmen von Singvögeln nachahmt. Garten des Prinzen Biscari in der Stadt; ausländische Gewächse; Lava, welche von dem ehemaligen Terrain übrigblieb und einem Löwenkerker gleich dekoriert ist. – Kabinett des Prinzen Biscari; schönes Arrangement der antiken Statuen, Fragmente, Vasen, Naturalien. – Bäder unter der Erde auf dem Platz des Doms; helles Wasser in der Tiefe. Theater und Odeon, sehr mit Gebäuden und Lava bedeckt.

20. [Mai.] Commendatore von Rechberg, Abate Ferrara, Judica. – Ritt auf ein nahes Städtchen. Prozession im Pastoralkostüm: rote Hüte, weißes Kleid, Hirtenstab. Lavafelder. Kabinett Gioeni, große Ordnung mit schöner Einrichtung. – Spaziergang am Hafen.

21. [Mai.] Bibliothek und Münzkabinett der Universität. Baron von Stackelberg.

22. [Mai.] Promenade in der Stadt. Besuche der oben genannten Personen.

23. [Mai.] Orgel der Benediktiner. Theater. Maria Theresia.

24. [Mai.] Mehrere Kabinette, das Kabinett des Benediktinerklosters. Orgel daselbst. Theater, in der Loge der Maria Theresia, Frau des Cavaliere Abatelli.

25. [Mai.] Basreliefs im Benediktinerkloster. Abendkonzert beim Cavaliere Abatelli.

26. [Mai.] Abendpromenade über Lavaströme ans Meer; schöne Ansicht der Stadt mit dem Monte Gibello.

27. [Mai.] Abzug aus Catania. Ebene. Fluß, der in der Fähre passiert wird. – Sumpf und eingetretenes Meer in die Landstraße. Kleines Vorgebirg, mit Oliven üppig bewachsen. Felspartien mit eingehauenen Wohnungen. Liebliches Tal mit der Aussicht auf das ins Meer sich streckende Augusta. Üppige Vegetation; große Pappeln, Orangenhaine und Granatbäume umziehn einzelne Villen. Felsebene. Schöne Fernen. Antike Monumente an der Straße. Felsenhöhlen. Ansicht von Siracusa auf einer Insel in der Bucht des Meers. Festungswerke. Gründe der Häuser der antiken Stadt, in den Fels gehauen. Höhlen und Wohnungen im Fels, aus denen Dampf von dem Herd steigt. Tanz der Mädchen mit dem Tamburin vor den Höhlen und Felswohnungen. Orangenpflanzung vor dem Eingang in die Stadt. Alter Tempel vor dem Tor. Ankunft ins Wirtshaus von Syracusa.

28. [Mai.] Minerventempel – die jetzige Domkirche; schöne altdorische Ordnung. Quell Arethusa in einem Winkel, der Waschort der Syrakusanerinnen. Bekanntschaft des Marchese Gargallo del Castel Lentini und des Kanonikus Logoteta. Nachmittag Spazierfahrt zum alten Theater, welches ganz in den Fels gehauen ist; schöne, malerische Ansicht desselben, im Hintergrund das Meer, die Stadt, die reiche Campagna von Syrakus und ferne Gebirge. Mauern, Wasserleitung und Mühle, malerisch mit Baumgruppen, im Theater. Türkensklaven aus Algier, welche im Theater arbeiten. Grotte über dem Theater, architektonisch ausgehaun. Aus dem Innern rauscht ein Quell hervor. Nebengemächer im Felsen. Weg zwischen Grabstätten, in den Fels gearbeitet. Ohr des Dionysius am steilen Felsabhang; Schallverstärkung. Effekt eines Schusses. Dem Ohr nahe große Grotten der Latomien; Felspfeiler im Wasser, im Innern. Seiler; Wohnungen, wodurch die Höhle, schwarzgeräuchert, sehr malerisch ist. Vor der Höhle Felsblöcke mit üppigster Vegetation, auf einer Felssäule die Ruinen eines Turms.

29. [Mai.] Cavaliere Landolini. Wasserfahrt mit ihm zu den Kapuzinern vor dem alten Teil der Stadt, der Gradina hieß. – Merkwürdiger Felsengarten des Klosters. Schlechte Achtung gegen die Bibliothek. Meerküste mit Petrifikationen. Die merkwürdigen Katakomben von Syrakus unter einer alten Kirche. Hauptstraßen, Rotunden, rings mit den Familiengräbern umgeben. Ungeheure Ausdehnung dieses Werks, das in den Fels unterirdisch ausgehaun ist. Besichtigung des Amphitheaters von Syrakus in dem Teil der alten Stadt, der Neapolis hieß. Nachmittags Fahrt über die Meerbucht, die durch die heutige Stadt oder das alte Ortygia vom offenen Meer geschieden wird, zum Fluß Anapus. Papierpflanze. Rückweg, Säulen des Jupitertempels auf der Höhe.

30. [Mai.] Ritt mit dem Cavaliere Landolini nach dem alten Epipolae, Ruinen der ehemaligen Festung. Unterirdischer Gang. Aussicht auf den Ätna; vor ihm Augusta. Aussicht auf die Ebene von Syrakus und seine Lage. Rückweg. Niedliche Anlage eines Engländers an dem Abhang des Bergs für eine Villa; Grotte, Wasserbehälter; Ruinen eines bischöflichen Schlosses über ihr. Gegen Abend Spaziergang ins alte Theater und am Hafen.

31. [Mai.] Festtag. Früh Ausgang ins alte Theater. Zeichnung daselbst. Fest in der Stadt. Prozession mit dem Erzbischof und ganzen Militär. Nachmittag Zeichnung der von Landolini gefundenen schönen Venus und Aesculapius (Venus Kallipygia, Schöngehinterte; Erzählung von der Entstehung). Abends Feuerwerk und Festerleuchtung im Minerventempel (Dom).

1. Juni. Abreise aus Syrakus. Selbe Straße nach Catania. Bemerkung alter Grabmäler mit altdorischer Säulenordnung im Fels des alten Gradinas. Bad im Meer. Türkische Schiffe. Mittagsessen unter einem Baum auf der Straße von Lentini. Abends Carlentini auf der Höhe. Ansicht von den üppigen Bergschluchten um Lentini auf den großen See und die entfernten Gebirge der Insel im Abendglanz. Zeichnung der Gegend. Hinuntergang in die Stadt; Höhlen in dem Fels, Ruinen auf dem Abhang. Ort, wo Gorgias geboren ist. Rathaus, wo uns der Monsignore

Beneventano Vasen mit schöner griechischer Zeichnung weist, die in Lentini gefunden wurden. Gang mit ihm zu einem altgriechischen Grabmal, einer Katakombe ähnlich. Münzsammlung bei ihm.

2. [Juni.] Abgang aus Lentini. Kornland, manchmal schöngelaubte Täler. Entsetzliche Hitze. Mittagessen in Palagonia. Schöne Hausfrau. Wein des Landolini, der uns zu Mittag gut schmeckt. Abends Ankunft in Caltagirone, hoch auf dem Berg. Schöne Beleuchtung und Aufgang zur Stadt. Wirtshaus auf dem Markt, der mit schönen Gebäuden umgeben ist. Viel Volk und Leben. Schöne Frau im Kaffeehaus, wo wir Eis aßen.

3. [Juni.] Mittelmäßige Gegend hinter Caltagirone. Schöne Täler mit Pinien am Wege. Die blühende Aloe in großer Menge. Mittags in Piazza. Schöne Alleen, Baumgruppen, Pinien um die Stadt. Stadt mit schöner malerischer Architektur. Weg nach Castro Giovanni. Ansicht der Stadt auf dem hohen Fels. Mühsamer Weg durch die Felsen in die Stadt. Aussicht auf die Gebirge der ganzen Insel, aus denen der Monte Gibello hervorragt im Abendglanz. Fest und Erleuchtung in der Stadt. Schlechtes Wirtszimmer.

4. [Juni.] Besichtigung der Stadt auf den Felsenbergen. Kirchen. Hinuntergang am Abhang auf der gefährlichen Straße. Einsiedlei am Abhang des Wegs. Große Aussicht von der Tiefe auf den Fels der Stadt. Fernere Reise durch nackte Felsen und Berge, durch Täler, die unbebaut liegen. Afrikanische Hitze zwischen den schattenlosen Gebirgen. Große Gebirge von Marienglas. Mittags in einem schattenreichen Tal an einem Flüßchen. Brunnen, an dem das Vieh getränkt wird. Mittagsessen unter einem Nußbaum. Abends Ankunft in Caltanisetta. Sonderbarer Fels mit einem Kloster im Tal.

5. [Juni.] Mittelmäßige Gegend. Mittags in Canigatti, ein am brennenden Fels der Sonne ausgesetztes unbehagliches Städtchen. Abends Ansicht des Meers. Der Ort Favara mit einem sarazenischen Kastell. Abends Ankunft in Girgenti auf der Höhe der Meergebirge.

77 »Landhaus bei Syrakus«

78 Reisende auf dem Weg zwischen Syrakus und Lentini

6. [Juni.] Gang in den Dom mit dem Avvocato Lobresti. Besichtigung des Basreliefs am Sarkophag, den Tod des Hippolyt vorstellend, von mittelmäßigem Stil. Madonna von Guido. Schallverstärkung in der Kirche; wenn an der Nische des Hochaltars leise gesprochen wird, so schallt es laut am Hauptportal. Alte reichverzierte Dachkonstruktion. – Nachmittags Ritt mit Lobresti zu den Tempeln. Tempel der Juno Lucina oder Venus. Spuren des Brandes drin. Tempel der Concordia, schön erhalten, restauriert. Tempel des Herkules, sehr zertrümmert. Diese drei Tempel stehn an einem Abhang, der von der alten Stadtmauer gekrönt wird. In der

79 »Hauptansicht der Tempel von Agrigent«

Tiefe des Tals sieht man den Fluß Akragas, der einen Teil der Stadt durchfloß, im Hintergrund das Meer. – Alte Gräber an der Mauer auf dem Wege von einem Tempel zum andern. Kolossale Überbleibsel des Tempels des olympischen Jupiters von eigentümlicher Form. Jede Säule 16 Palmen im Durchmesser. Stücke der beiden großen Basreliefs an den Frontons, das eine die Zerstörung Trojas vorstellend, das andere den Gigantenkrieg. Die Türen wahrscheinlich auf den langen Seiten. Grabmal des Theron. Tempel des Aesculapius in der Tiefe. Tempel der Venus. Eine Kirche in der Höhe der Stadt. Andere Überreste von Tempeln. Alter dorischer Tempel in der Stadt. Konstruktion der Tempel. Einschnitt, um die Steine aufzuziehn. Abends Lärm in der Stadt wegen der Barbareskenflotte, die sich der Küste näherte.

7. [Juni.] Religionsfeste mit Trommeln und Feuerwerk. Prinzeß Belvedere. Altgriechische Vasen. Nachmittags Gang zu den Tempeln. Abends Besichtigung der Lobrestischen Pläne vom Tempel des Jupiter.

8. [Juni.] Bekanntschaft des Kanonikus Raimondi. Seine alten Vasen.

9. [Juni.] Abreise aus Girgenti. Der Hafen am Meer, an dem man antike Zisternen sieht. Bad im Meer. Schöne Achate im Meersand. Ort Monte Reale, wo in der vergangenen Nacht 9 Personen von den gelandeten Barbaresken geraubt und aufs Meer fortgeführt wurden. Die Barbareskenschiffe an der Küste. Gefährliche Passage der Wege wegen der Barbaresken. Weg am Meer. Sumpfland. Abends in Sciacca. Bäder und Schwefelquellen von Sciacca.

10. [Juni.] Reise über flaches Land. [Unleserliches Wort] dann Wald, bis abends in Castel Vetrano. Kanonikus Acapidone. Wohnung im Kloster vor der Stadt. Freundschaft der Familie Acapidone. Kirchen der Stadt. Altgotische Arbeit in einer Kirche. Figuren aus gebranntem Ton von kolossaler Größe. – Rüstkammer im Schloß der Familie Monteleone.

80 Sizilianische Küste bei Alcamo

11. [Juni.] Ritt zu den ungeheuren Ruinen der alten Tempel und Stadtmauern von Selinunto am Meer. Korporal im Wartturm am Meer. Bad im Meer.

12. [Juni.] Abreise nach Marsala, alte Stadt Lilybaeum, jetzt neu und schöne Ruinen. Meerstraße, schöne Gärten; viel Palmen. Die Insel Pantalaria und andere im Meer. Schöne Ansicht dieser Inseln. Das Gebirg von Trapani, sonst Eryx, mit der Gegend im prächtigsten Abendeffekt: schönste Naturszene auf der ganzen Reise. Salinen der Stadt Trapani im Meer. Schlechtes Wirtshaus.

13. [Juni.] Ritt auf den Eryx. Stadt St. Giuliano, entvölkert. Altes sarazenisches Kastell auf dem Platz eines Venustempels. Gefangene. Schöne Aussicht auf die Vorgebirge der Zyklopen. Das Grab des Anchises am Meeresgestade. Felsblöcke im Meer, die der Zyklop dem Odysseus nachwarf. Vorhaus an der Hauptkirche von San Giuliano. Rückgang in die Stadt Trapani. Kir-

chen der Stadt. Festungswerke. Aussicht auf die Stadt vom Dome aus.

14. [Juni.] Hafen. Leuchtturm. Spaziergang.

15. [Juni.] Weitere Reise durchs Land. Schöner Rückblick auf Trapani und den Berg Eryx und auf die Inseln im Meere. Wüstes Land. Räuber, die in der Ferne vorbeiziehn. Tempel von Segest. Schöne Aussicht von den Tempelstufen. Abends Ankunft in Alcamo. Prächtige Lage der Stadt. Übersicht des Golfo von Castellammare. Die Gebirge, welche sich ins Meer ziehn, und die Reichtümer der Ebene.

16. [Juni.] Reise durch das schönste und fruchtbarste Land Sizilien, zwischen dem Gebirge von Alcamo und Palermo. Am Golfo von Castellammare; alle Pflanzen im üppigsten Wuchs, der Ölbaum vorzüglich. Zu Mittag in Partinico, ein Städtchen unter einem steilen Felsabhang mit der Aussicht auf die ganze vortreffliche Ebene und die Bucht des Meers mit ihren von beiden Seiten umschließenden Gebirgen. Die Vegetation zwischen dem Gebirg [und] der Stadt ist unbeschreiblich; die roten Blumen des hoch emporstrebenden Oleanders und schöne Pappeln untermengt gibt der Gegend etwas Feenartiges. Bald geht auf enger Gebirgsstraße der Weg in rauhere Abhänge, die kahl von Pflanzung emporstrotzen. Das Tal wird eng und öffnet sich endlich mit der unbeschreiblich schönen Ebene von Palermo, über welche der Horizont des Meeres sich hoch emporzieht. Der Ort Monte Reale liegt am Ausgang des engen Tales, am Abhang des Gebirgs gelehnt, und prangt mit einem Dom von ausgezeichnet schöner sarazenischer Architektur. Vor-

81 »Panorama von Palermo«

züglich merkwürdig ist das Innere dieses Tempels, das unversehrt im echten sarazenischen Stil geblieben ist. Säulen, aus antiken Gebäuden zusammengetragen, mit Bogen überwölbt, tragen die Dachkonstruktion, die reich und kostbar ist. Die Wände prangen mit Goldmosaik, auf der Figuren stehn. Ein Portikus an einer Seite der Kirche ist von vorzüglich delikatem Verhältnis. Der Eingang von Palermo höchst elegant, aber alle Architektur ohne Geschmack. Schöne Straße Toledo. Dom. Andere sarazenische Gebäude. Wirtshaus am Stadthafen.

17. bis 27. [Juni.] Schön gebaute Straßen. Herr Conradi. Spaziergang an der Marine. Schöne Vorgebirge der Stadt. Monte Pellegrino. Vorrichtungen zum Rosalienfeste. Die heilige Rosalia liegt auf der Höhe des Pellegrino in der Kapelle begraben. Menge der Karossen auf der Promenade. Garten, den man Flora nennt, eine neue Anlage am Meer, mit Eleganz und Pracht. Die Architektur eines dorischen Gartensaals vom Architekten du Fournier ist nicht übel. Spaziergang ans Gebirg zum Bach, Mare dolce genannt; Trümmer einer alten Naumachie. Höhlen im Fels. Schöne Aussicht. Malerische Gartenhäuser, Weinlauben und Wasserbehälter für die Springbrunnen. Alte sarazenische Brücke. Besichtigung des sarazenischen Doms von schöner äußerer Architektur, innerhalb neu und gewöhnlich dekoriert. Der Kanonikus Rosario Gregorio, als Schriftsteller sehr bekannt in der Entzifferung sarazenischer oder koptischer Inschriften und Münzen, weist uns die Grabmäler der alten Könige, welche Sarkophagi unter Tempelhäusern von Porphyr darstellen. Die Personen fand man wohl konserviert in den Grabmälern und verwahrt jetzt beim Schatz des Doms die Kleinodien, Ringe, Stoffe, Diademe, welche sie trugen, welche von hoher Vollkommenheit der Fabrikwaren jener Zeit schließen lassen.

82 »Altmaurischer Palast des Prinzen Butera auf der Bagaria bei Palermo«

Andere Kirchen sind in einer überladenen Mosaik schlecht dekoriert. Dem Rathaus, welches sarazenischer Architektur ist, gegenüber ist eine kleine Kirche eines Nonnenklosters, welche inwendig sehr wohlerhaltene sarazenische Konstruktion und Gold- und Figurenmosaik hat. In der Nähe steht auf einem engen Platz ein schöner Brunnen mit vielen Figuren und Tierköpfen, ein eisernes Gitter umgibt ihn im Zirkel. Der Platz der Theater ist merkwürdig, weil er von den 2 Hauptstraßen Palermos in rechten Winkeln durchschnitten wird. Die Kapelle im königlichen Palast ist das älteste Monument sarazenischen Stils in Sizilien. Der sarazenische Palast Zisa vor der Stadt unter schönen Villen; auf seiner Plattform ist eine der herrlichsten Ansichten der Gegend um Palermo. Man übersieht die ganze Stadt, über ihr das Meer, die Gebirge, die sich von beiden Seiten ins Meer ziehn und hinten ein weites Amphitheater bilden. – Das Kapuzinerkloster in der Nähe des Palasts prangt mit einem Garten voll schöner Zypressen und Ahorn. Hier ist ein antikes Gewölb, in dem die Toten, aufgetrocknet in Nischen stehend, konserviert werden. Abate Meli, erster Dichter der sizilianischen Sprache.

Fahrt nach der Bagaria. Vortreffliche Lage der verschiedenen Landhäuser. Villa Palagonia mit Ungeheuern. Herrliche Aussicht auf die Meerbucht von Palermo und den Monte Pellegrino. Villa del Principe di Valguarnera mit einem Belvedere auf einem isolierten Fels; unermeßliche Aussicht auf die schöne Küste von Cefalu; prächtige Gebirge. Mente [?] ist Ebene mit üppigen Ölwäldern. Villa del Principe di Butera, sarazenischen Stils; im Garten liegt ein Gebäude, welches Nachahmung des Klosters de la Trappe genannt wird; man sieht verschiedene Gemächer mit Mönchen und anderen Figuren, die gut aus Wachs gemacht sind und verschiedene Klostergeschichten darstellen. Auf dem Wege sieht man unter schönen Oleandern und blühenden Aloestauden auch Ölbäume, Pappeln und indische Feigen, wechselt sarazenisches Gebäude und eine Brücke in diesem Stil. Abends bei der Rückfahrt lag eine Nacht von Wolken in dem Tal von Palermo; ein Dampf aus dem Felde machte den Anblick feierlich. Das Kloster San Martino, [unleserliches Wort] am Gebirge von Monreale, ist eines der prächtigsten und reichsten im Staate. Eine vorzüglich schöne Treppe mit mehreren reichverzierten Vestibüls zeichnet sich aus. Ein Museum ist hier, reich an griechischen Vasen. Durch einen Brief von Monsignore della Monarchia, bei dem wir wenige Tage vorher zu Mittag eingeladen wurden, um über Tempel von Girgenti, die er inspiziert und bearbeiten will, zu beratschlagen und unsere Meinung zu geben, ließ uns bei den Mönchen von S. Martino ein vortreffliches Mittagsmahl und freundliche Aufnahme genießen. Der Weg geht durch hohes Gebirg und ist, bis auf die Aussicht auf die Ebene von Palermo, immer eingeschlossen.

Anstalten zum Rosalienfeste. Der Triumphwagen auf einer Art von Barke hält dekoriert fertig.

Seefahrt von Neapel nach Messina

Messina, den 14. Mai 1804

Mit günstigem Ost verließ ich am 8. Mai den Hafen Neapels, als noch des Vesuvs zwiegespalteter Gipfel die frühe Sonne barg. Ein braver Kapitän und eine lustige Schiffsgesellschaft sicherten mir die Entschädigung für das Ungemach der Seefahrt. Wir hatten uns, mein alter Reisegefährte und ich, mit zweien Freunde[n] aus Rom verbunden, die ganze Reise durch Sizilien zusammen zu machen, um durch gegenseitige Mitteilung soviel Nutzen als Vergnügen zu haben.

Mittags flog das Schiff durch die Enge von Capris Felswänden und dem Vorgebirg von Massa; der Abend brachte uns die schöne Übersicht der Küste von Salerno und des Golfo di Napoli, den die dämmernden Vorgebirge der Stadt am Horizont beschlossen, verschönert durch den Sonnenuntergang, den wir traulich auf dem Verdeck in aller Muße genossen. Mit dem Grau des Morgens war jede Aussicht aufs Land verloren; nur Himmel und unendliche Flut. Später stiegen am Horizont die Liparischen Inseln empor, zunächst der Stromboli, dem wir mittags nahe vorbeisegelten. Sein dampfendes Haupt warf zuckend Asche in die Luft, und Felsen, die sich aus des Kraters Rande lösten, rollten rauchend über die herabgeglittene Asche ins Meer. Östlich zieht ein sanftes Ufer herauf, ein wohlbebautes Ländchen, dessen Bewohner, den drohenden Gipfel nicht fürchtend, zufrieden des Weinbaus und des Fischfangs pflegen.

Am Abend dämmerte die Küste Siziliens. Langsam näherten wir uns; das frühe Tagslicht zeigte uns deutlicher das gigantische Ufer Kalabriens und die mit sanfterem Gebirg sich vor ihm breitende Insel, gekrönt vom glänzenden Schneehaupt des Ätna; in grader Säule stieg aus seinem Gipfel der Dampf in die Höhe und bildete hoch über ihm Wölkchen, die bald im reinen Äther verschwanden. Es neigte sich der Tag, als wir die Enge von Messina oder den Faro erreichten.

Das Bild Homers stand lebhaft vor meiner Seele; ich sah den irrenden Odysseus, wie er der brausenden Charybdis wich, um an dem starrenden Felsen der Scylla die werten Genossen zu verlieren, um sein und der übrigen Leben zu retten. Noch immer braust Charybdis dunkelwogend, doch ist sie dem großen Schiff im Sturme nur gefährlich. Der Fels von Scylla ragt wie das entstürzte Haupt des jähen kalabrischen Gebirgs aus der Flut und wölbt die dunklen Grotten, in denen uns Homer das raubende Ungeheuer malt. Ein Kastell und Städtchen gleiches Namens hangen an seinem Abhang. Die Küste Kalabriens ist groß und fürchterlich, sanfter und freundlich zieht mit milderer Natur das sikulische Land hinan, bis zum hohen Gipfel des Ätna. Die Nacht brach ein, gewitterhaft umwölkte sich der Himmel, und Sturm erhub sich in der Enge. Viermal trieb das Schiff zurück in die

83 »Die Küste von Kalabrien mit dem Felsen von Scylla«

84 Schiff im Sturm an der kalabrischen Küste

strudelnde Flut der Charybdis. Der Hauptmann, der, des übertriebenen Preises wegen, den Dienst des Lotsen ausschlug, hatte seine ganze Gegenwart nötig, der Strandung zu entgehn. Mit der Mitternacht liefen wir in den Hafen Messinas.

Kein Ort erlitt mehr durch die Revolutionen der Natur als Messina; in jedem Jahrhundert vom Erdbeben zertrümmert, trägt es den ganzen Charakter seines Schicksals. Am Hafen steht die lange Reihe der Ruinen ehemaliger Paläste, und durch die ganze Stadt herrscht ein beständiger Bau. Ein großer Teil der Einwohner zog nach der letzten Verwüstung aus dem Tor und ließ auf einer Ebene sich in niedrigen Hütten nieder, die jetzt eine Vorstadt bilden. Eng zusammengebaut, gab es Gelegenheit zu manchem Liebes-

85 »Ansicht von Messina und der gegenüberliegenden Küste von Kalabrien«

handel und Heirat. Die Vertraulichkeit der verschiedenen Familien wuchs von Jahr zu Jahr, und hierin liegt der Grund der größeren Fruchtbarkeit der Weiber mehr als in dem Schrecken des Erdbebens, dem man sie gewöhnlich zuschreibt. Diese kleinen Wohnungen haben den echt patriarchalischen Charakter. Man lebt, wie in der frühen Zeit der Menschheit, als eine große Familie beisammen. Die Vegetation um Messina ist außerordentlich. Die indische Feige, deren Blätter nicht selten 2 bis 3 Fuß lang emporstreben, und die mächtige Aloestaude, deren Blüte wie ein Baum in die Luft ragt, umzäunen die Gärten des Landmanns, aus denen oft über Orangen die hohe Palme blickt. Mit schöner Waldung prangend, erhebt sich das Gebirg hinter der Stadt und bietet bezaubernde Punkte für die Übersicht der Meerenge. Von unglaublicher Schönheit ist das Spiel der Farben in der Riesenküste Kalabriens hinter der blauen Ebne des Meeres. Von der bekannten Fata Morgana in der Enge von Messina, deren Ursach die Naturforscher verschieden erklären, sah ich nur eine schwache Wirkung: an einem gewitterschweren Abend nach einem heißen Tage sah man ein sonderbares Wellen und Schimmern der Luft, das eine Art von Strömen aus der Küste Kalabriens zu der Siziliens vermuten ließ. Figuren bildeten sich nicht, wie man sie mannigmal mit allen Farben und Formen vorübereilen sieht.

Taormina

Catania, 24. Mai 1804

Wiewohl man uns riet, durch die Teile Vall' Demone und Valle di Noto bewaffnete Garden gegen Straßenräuber zu nehmen, so unterließen wir es doch, da wir mit dem Campieri, der uns die Maultiere zum Ritt durch die ganze Insel vermietete, und seinen Brüdern ein Geschwader von 6 Personen bildeten. – Der Weg bis Taormina, das alte Taurominium, verläßt die Küste nicht, die durch herrliche Vorgebirge beständig Abwechslung gewährt.

Unfern Reggio in der Enge lagen 3 große Schiffe der Barbareskenflotte, die uns auf dem ganzen Wege zur Seite blieben und den Küstenweg gefährlich machten. Die afrikanischen Seeräuber beunruhigen in jedem Jahr das Gestade der Insel; von Zeit zu Zeit landend, führen sie arme Küstenbewohner und Reisende zur Sklaverei. Es ist zu bewundern, daß nicht mehr gegen diese Einbrüche getan wird.

Der Abend kam, als wir das Gebirg von Taormina erreichten. Die Gigantenformen dieser Gegend veranlaßten die Vermutung, dies sei der Ort,

86 »Hafen des Ulysses bei Taormina«

an dem Odysseus das Abenteuer mit dem Zyklopen bestand. Eine von ungeheuren Felsblökken umschlossene Bucht wird noch jetzt der Hafen des Uliß genannt. Wir verließen die Maultiere und stiegen auf ein Vorgebirg, das sich gegen das Meer zu mit einer senkrechten Felswand endigt, aus deren kleinsten Spalten die indische Feige üppig hervorsproßt. Auf dem Gipfel ragen die Trümmer des alten Theaters von Taurominium hervor. Mächtiger als jemals ergriff mich der Eintritt in dies Theater: ich sah vor mir das Proszenium, über ihm und durch seine Öffnungen eine unendliche Ferne. Rechts stürzen sich wilde Gebirge hinab, an ihrem Fuß liegt unter Orangen und Palmen Taormina, ein Weg windet sich an der Felswand empor zum Kastell auf dem Gipfel. Mit einem Kloster steigt ein langer Hügel aus der Stadt hinab ins Meer, das wir tief unter uns dumpf rauschen hörten.

87 »Aussicht vom antiken Theater in Taormina über die Küste von Calabria und den Monte Gibello oder Ätna«

Im Hintergrund hebt sich der Ätna in seiner ganzen Majestät empor und streckt sich weit hinaus in die Ebene Catanias, das Meer beschließt den Horizont.

Es ward uns schwer, den bezaubernden Ort zu verlassen; welchen Eindruck mußte das Schauspiel auf einem Theater bei solchen Dekorationen machen. Durch die Stadt führte uns der Weg auf einem Felspfad hinab zum Meer, ins Wirtshaus des Örtchens Giardini, wohin wir die Tiere geschickt hatten.

Auf dem Ätna

Zur Ersparung der Zeit beschlossen wir, von hier am folgenden Morgen die Reise auf den Ätna, der von den Sizilianern Monte Gibello genannt wird, zu beginnen und dann auf Catania hinabzusteigen. Durch fruchtbare Ebene führt der Weg durch mehrere Ortschaften langsam hinauf. Mittags erreichten wir die ersten Lavaströme beim Städtchen Giarre, die, von hohem Alter, mit üppigem Grün bewachsen sind. Die Häuser des Örtchens, aus der Lava erbaut, haben ein schwarzes trauriges Ansehn. Bald sahn wir die Waldregion des Bergs vor uns, durch die sich dunkle Lavaströme verwüstend stürzten und hin und wieder nur grüne Inseln stehnließen. Spät am Nachmittag sahn wir die großen Kastanien am Ende der untern Region des Bergs. Sie machten uns nicht den Eindruck, den wir uns davon versprachen, da sie hohl und verstümmelt erscheinen. Der größte Baum, den man Castagna di cento cavalli nennt, weil in seiner Höhlung 100 Pferde Platz haben, besteht jetzt aus 5 Stücken der äußern Rinde eines Stamms, die im Kreise umherstehn und ein Laubgewölbe über sich bilden; am Boden bemerkt man, daß sie ehemals einen Stamm formten. Der Stall eines schlechten Dorfs gab uns das Nachtquartier.

Über meilenweite Felder von Asche und ungeheure Lavaschlacken setzten wir am folgenden Morgen unsern Weg zum Gipfel fort. Nachmittags erreichten wir die Region des Waldes, ein seltsamer Kontrast aus der schwarzen formlosen Wüste der Lava, dessen schattenleere Ebne der glühende Sonnenstrahl erhitzt, zu dem grünen Gewölbe des schönen Eichenhains in der Höhe des reinen, erfrischenden Äthers. Es schlug die Nachtigall aus jedem Wipfel, der Kuckuck rief aus der Tiefe des Walds, und aller Zauber des lieblichsten Frühlings umgab uns. Der Weg, der sich steiler und einsamer in die Höhe windet, führte uns nach und nach dem Winter entgegen. Bald keimten nur die Bäume, und bald standen sie unbelaubt. Eisluft strich empfindlich vom Gipfel her, dessen glänzender Schnee durch die Zweige des Waldes leuchtete. Die Sonne war entwichen, als wir den Ausgang der Waldregion

88 »Eine kleine Kapelle, aus Lava erbaut, bei Giarre auf dem Ätna«

erreichten. Hier wölbt ein alter Lavastrom die Ziegenhöhle (grotta delle capre), der Zufluchtsort der Ziegenhirten, die in der einsamen Gegend hier zu übernachten pflegen. Unsere Tiere gingen im Walde umher und suchten sparsame Kräuter, indes der Bergführer mit dem Campieri beschäftigt war, ein helles Feuer in der Grotte anzuzünden. Des Laubes reichlichen Abfall häuften sie unter dem Fels zum Nachtlager und schritten dann, Fleisch zur Nachtkost zu rösten. Die erwärmte Höhle und das weiche Lager des Laubes schenkten uns sanfte Ruhe.

Noch vor Mitternacht weckte uns die Stimme

89 »In der Waldregion des Ätna gezeichnet«

des Führers auf den Weg zum Gipfel des Bergs, den wir mit Aufgang der Sonne zu erreichen wünschten. Der Mond schien hell in die rauhe Gegend. Es verloren sich nach und nach die Bäume, die Schlacken hervorgefluteter Lava türmten sich mächtiger empor und ließen nur mit Vorsicht sich erklimmen. Tiefe Stille herrschte ringsum, nur in langen Pausen rief der Wolf aus unteren Wäldern herauf, der Gedanke an die Unterwelt der Alten drängt sich in dieser schwarzen, nächtlichen Wüste des gefürchteten Gebirgs unwiderstehlich auf. Nach einer Anstrengung mehrerer Stunden erreichten wir die Felder des Schnees. Ein Felsblock, dessen Höhlung uns gegen den heftigen Sturm, der mit schneidender Kälte andrang, schützte, lud zur Ruhe uns ein, und wir erfrischten die Kräfte durch Wein und kalter Küche und arbeiteten dann weiter hinauf zum Kegel des Kraters. Die Sonne stieg empor, als wir die wenigen Trümmer des sogenannten Turms des Empedokles erreichten, den Ort, an dem man gewöhnlich dies Schauspiel erwartet.

Ich trachte nicht, die Empfindungen darzustellen, die das Gemüt an diesem Platz ergreifen, indem ich unnütz sprechen würde. Nur dies Wort: ich glaubte, die ganze Erde unter mir mit einem Blick zu fassen, die Entfernungen erschienen so

90 »Aussicht vom Gipfel des Ätna mit dem Aufgang der Sonne am fernen Horizont des Meers«

gering, die Breite des Meers bis zu den Küsten Afrikas, die Ausdehnung des südlichen Kalabriens, die Insel selbst, alles lag so überschaulich unter mir, daß ich mich selbst fast außer dem Verhältnis größer glaubte.

Es zogen Nebel herbei, und heftiger Hagel nötigte uns zum Aufbruch, wenn wir, noch ehe sich mehr die Wolken um den Gipfel häuften, den Krater sehn wollten. Über alles beschwerlich ist der Weg zum Rande. Der Kegel ist steil und mit einer glatten Schneerinde umgeben, die bei jedem Schritte fallen macht. Die Annäherung war höchst empfindlich, ein Wind trieb den Schwefeldampf auf alle Seiten, es glückte uns nur auf wenige Minuten, die beiden Vertiefungen des Kraters zu übersehn. Ich habe den des Vesuv bei weitem größer und imposanter gefunden. Der Ätna, der 36 kleinere Vulkane um sich zählt, bleibt oft bei Eruptionen am Gipfel vollkommen ruhig, da beim Vesuv jedesmal die Eruption mit einem heftigen Feuer des Kraters begleitet ist. Durch beschwerliche Wege stiegen wir, manchen merkwürdigen Ort des Bergs betrachtend, hinab und erreichten gegen Mittag die Höhle der Ziegen wieder, die den ermüdeten Gliedern wieder eine Stunde süßer Ruhe schenkte. Dann bestiegen wir die Tiere und eilten durch die verschiedenen Regionen des Bergs auf Lavaströmen bis zu den Toren Catanias, die wir bei später Nacht erreichten.

Syrakus und Umgebung

Siracusa, 31. Mai 1804

Neun Tage ließ uns sizilianische Gastfreundschaft in Catania unter vortrefflichen Menschen froh genießen. Ein Bekannter aus Rom, der Baron von Rechberg, Commendator der Bayerisch-Russischen Zunge des Malteserordens, die jetzt in Catania den Sitz hat, dieser gefällige Mann widmete uns fast seine ganze Zeit. Catania ist nach der schrecklichen Verwüstung des vorigen Jahrhunderts ganz neu und prächtig aufgebaut, zählt mehrere antike Gebäude und Kabinette von großer Auswahl antiker Gegenstände. Die umliegende Gegend ist nicht reizend, da der schreckliche Ausbruch alle Felder mit Lava überschwemmte. – Unfern Catania waren die Tunesen gelandet und hatten unter anderen Personen reisende Kapuziner gefangen, in deren Kleidung sie sich steckten und unerkannt viel Unfug trieben. Man riet uns Vorsicht auf dem Weg nach Syrakus, der immer an der Küste bleibt. So begannen wir den Weg nicht ohne Furcht vor See- und Straßenräubern. Indes erreichten wir nach einem wenig interessanten Wege am Abend die Stadt, die ehemals allein Athen den Rang streitig machte. Ungeachtet sie wohl jetzt kaum den 20. Teil des alten Um-

91 An der sizilianischen Küste zwischen Taormina und Catania

fangs hat, so bleibt ihr Eindruck auf der Insel in der weitgeschwungenen Meerbucht immer noch imposant. Wir ritten über den Teil der alten Stadt, den man Gradina nannte, hier sieht man Grundpläne alter Gebäude in den Fels gehauen, dann hinab zwischen Orangengärten in die Stadt. Viele Festungswerke und Brücken von sehr solidem Bau aus gehauenem Stein lassen ein elegantes Innere vermuten; aber getäuscht empfängt ein enges unreinliches Örtchen den Wanderer und weckt tiefes Bedauern von der verwandelten Zeit. Von den vielen Merkwürdigkeiten der Stadt und meinem Reisefortgang nächstens mehr.

Der oft gesungene Quell der schönen Arethusa, welcher häufig unsere Einbildungskraft beschäftigt hatte, lockte uns zuerst am Morgen nach der Ankunft. Man führte uns in einen abgelegenen Teil der Stadt, wo schlechte Baracken einen Raum umschließen, den zwei aus dem Boden hervorrieselnde Wasser füllen und von dort ins Meer einen Abfluß haben. Es wimmelte im Wasser von alten, schmutzigen, halbnackten Waschweibern, welche die heiligen Quellen durch den Schmutz der Kleider aus ganz Syrakus entweihten. Getäuscht auf das unangenehmste, verließen wir plötzlich den Ort, der uns das schöne Bild der Phantasie verdarb. – Auf dem Rückwege trafen wir den Marchese Gargallo und den Kanonikus Logoteta, zwei schätzenswerte Gelehrte, an die wir Briefe hatten. Sie empfingen uns mit vorzüglicher Artigkeit, wir sahn in ihrer Gesellschaft den schönen dorischen Minerventempel in der Stadt, der jetzt zum Dom geweiht ist.

Am Nachmittag fuhren wir in ihren Karossen mit ihnen zum alten Theater in den Teil der ehemaligen Stadt, der Gradina hieß. Ganz in Fels gehauen, machen die runden Linien seiner Sitzstufen, die sich an den Abhang lehnen, in der schönen fruchtbaren Gegend einen vorzüglich gefälligen Eindruck. Eine Wasserleitung, die man im Mittelalter mitten durch das Theater baute, deren zertrümmerte Wände das Wasser über die weiten Stufen hinabschütten und in kleinen Kaskaden in die Tiefe der Scena rieseln lassen, erhebt das Malerische dieses herrlichen Denkmals. – Gefangene Algierer und Tunesen, Männer von schöner, starker Bildung und dunkelbrauner Farbe, welche schwere Ketten trugen, arbeite-

92 »Ansicht des in Felsen gehauenen Theaters von Syracusa, im Hintergrunde die Stadt am Meer«

ten im Theater, um die hineingestürzte Erde völlig wegzuräumen. Zwei bei dieser Arbeit gefundene griechische Inschriften an den Abteilungen der Stufen geben den hiesigen Antiquaren viel Stoff zu Untersuchungen. Sie scheinen die Sitze zweier Priesterinnen zu unterscheiden. Über dem Theater sieht man ein Nymphäum und mehrere Grabmäler in den Fels gehauen.

Nicht fern von hier steigt man in das berühmte Ohr des Dionysius, eine in den Fels gearbeitete Grotte, die oben fast in Form eines gotischen Bogens gewölbt ist und nach einer Schlangenlinie sich in die Tiefe des Felsens windet. Die Schallverstärkung in dieser Grotte ist außerordentlich. Wir zerrissen am Eingang ein Blatt Papier; der Schall davon tönte wie das Zerspalten eines starken Bretts zurück. Nahe bei diesem Werk sieht man die alten Steinbrüche oder La-

93 »Eingang zum Ohr des Dionysius bei Syracusa«

tomien der Stadt, die miglienweit in den Felsen fortgeführt sind. Die Decke wird durch Felssäulen unterstützt, die man hin und wieder stehn ließ. Das unterirdische Wasser, welches hie und da den Boden dieser Höhlen ausfüllt; der üppige Bewuchs von Feigen und Eppich am Eingang, durch den der Tag hineinstrahlt; die malerischen Wohnungen der Seiler im Innern des Werks, welche den feuchten Ort für das Verfertigen der Waren geschickt finden, aus deren Herd der Dampf die Gewölbe der Höhle schwarz räuchert; das Hausvieh, welches zerstreut in der Höhle umhersteht, machten beim Eintritt in diese kleine Unterwelt einen höchst abenteuerlichen Eindruck.

Sehr befriedigend kehrten wir am Abend zur Stadt zurück, wo uns der Cavaliere Landolini, an den wir ebenfalls Briefe hatten, erwartete. Er erhielt vom Könige die Aufsicht über die syrakusanischen Altertümer und betreibt die Auffindung derselben. Die überaus große Gefälligkeit dieses Mannes ließ uns vieles genießen, was anderen Reisenden entgeht. In seiner Gesellschaft fuhren wir am andern Morgen in einer Barke über den Busen der Stadt zum Kapuzinerkloster, welches einen merkwürdigen Garten in dem Grunde eingestürzter Latomien hat. Aus der Ebene steigt man zu demselben hinab und geht wie in einem engen Tal zwischen senkrecht behauenen Felswänden umher. Die Vegetation in diesem bei seiner Tiefe feuchten, aber durch die bei hoher Sonne glühenden Felswände mächtig erhitzten Ort ist nicht zu beschreiben. – In dem Gewölbe des Klosters bewahrt man die Leichname der gestorbenen Brüder, getrocknet in Nischen stehend, auf.

94 »Latomien, alte Steinbrüche bei Syracusa«

Der Weg von hier zu den merkwürdigen Katakomben ließ uns das Gestade des Meers passieren, das, wie beinahe die ganze Südostküste der Insel, aus großen Versteinerungen aller Art zusammengesetzt ist. – In einer kleinen sarazenischen Kirche steigt man in das ungeheure Werk der Katakomben hinab, die, unterirdisch in den harten Stein gehauen, eine Stadt mit Straßen, Tempeln und Hallen bilden, in denen man ohne Leitung vergeblich den Weg suchen würde. In den Familiengräbern, wo man bis 40 aneinandergereihete Totenkasten findet, trifft man häufig Knochen und Vasen. An einigen Orten fällt durch die Kuppeln der Tempel, welche in der Mitte eine Öffnung haben, die auf die Oberfläche führt, das Tageslicht in dieses schauerliche nächtliche Werk hinab. – Nicht fern von hier, dem Teatro näher, sieht man große Spuren eines alten Amphitheaters. Nachmittags machten wir eine andere Fahrt zu Wasser zum bekannten Fluß Anapus, der seine Mündung in der Bucht von Syrakus findet. Sein Ufer ist der einzige Ort Europens, welcher die Papyruspflanze trägt, die mit ihrer großen Krone fast den ganzen Fluß beschattet. Der Landolini fand nach den Beschreibungen der alten Schriftsteller die Kunst, aus dieser Pflanze das Papier herzustellen, und hat es zu großer Vollkommenheit darin gebracht. Am folgenden Morgen ward in seiner Gesellschaft ein Ritt zu den Ruinen der alten Festung Epipole, fern von der Stadt, gemacht. Sie liegen auf mehreren Anhöhen, von denen man auf die Halbinsel Syrakus in dem großen Busen und zurück auf den Ätna hinter den weiten Schwingungen des Meers eine reiche vortreffliche Aussicht genießt.

Bei unserer Rückkunft in die Stadt war großes Kirchenfest mit einer Prozession, in welcher der Erzbischof unter dem Baldachin in Begleitung des Gouverneurs und mehrerer Vornehmen der Stadt sowie der ganzen Geistlichkeit durch die Straßen zog. Abends sah man die schöne Erleuchtung des Doms und Feuerwerk, wovon die

95 »Ruinen der Festung Epipole bei Syracusa«

Sizilianer vorzügliche Freunde sind. Jeder trägt hierzu das Seine bei und kann die Zeit nicht erwarten, ehe er dem Publikum seine Präparate zeigen kann, daher man schon Raketen und Schwärmer werfen sieht, wenn die Sonne noch am Himmel steht. Ein unbegrenzter Lärm begleitet jedesmal ein solches Fest, und besonders legt der Feuerwerkskünstler keine Ehre ein, wenn sein Werk nicht mit einem allgemeinen Brand, der einer vulkanischen Eruption gleicht, und mit tausend Schüssen endigt, wobei ungewohnte Ohren Gefahr laufen, taub zu werden. Am kommenden Morgen war unsere Abreise bestimmt; wir verließen ungern den Ort, in welchem wir soviel Freundschaft als Genuß aller Art gefunden hatten.

Durch das Innere Siziliens

Agrigentum, den 10. Juni [1804]

Der gute Landolini war früh bei unserer Abreise im Wirtshause und packte uns zur Erquickung auf der Reise ein Fäßchen des vortrefflichsten alten Syrakuserweins aus seinem Keller auf den Maulesel.

Der Weg führte an der Küste hin über den weißen Felsboden, der in einiger Entfernung von der Stadt einen gänzlichen Mangel an Bäumen und Schatten hat. Die Hitze wuchs bei jedem Schritt, und sowenig ratsam es war, sich an der Küste zu verweilen, da die Barbaresken sich niemals fernhielten, lockte uns doch ein schöner Meergrund unwiderstehlich zum Bad. Ohne die Stärkung, welche die kühle Woge des Meers uns gab, würden wir von der Hitze unendlich gelitten haben, um so mehr, da sich jetzt der Weg in das Inland zog und jeden Schatten absichtlich zu meiden schien. Bald raubten uns enge Täler die kühle Meerluft, welche die Küsten erträglicher macht. Durch wüstes Land, welches alle Spuren von Erdbeben und vulkanischen Ereignissen trägt, zogen wir den ganzen Tag, ohne einen Ort zu finden. Mit dem Untergang der Sonne erreichten wir eine Anhöhe, von der wir das üppige Tal von Lentini, dem alten Leontium, übersahn. Die Stadt liegt zwischen baumreichen Hügeln, welche von Ruinen gekrönt werden, hinter denselben breitet sich in einer weiten Ebene der See gleichen Namens aus, den rechts der Ätna und am Horizont die kahlen Gebirge des Inlandes übersteigen. Der Monsignore Beneventano wies uns noch am Abend die Höhle, in welcher der griechische Redner Gorgias geboren ward, einige außerordentlich schöne griechische Vasen, die kürzlich gefunden wurden, und ein Familiengrabmal, in Fels gehauen.

Wir verließen am Morgen Lentini. Die Hitze wuchs, je tiefer wir ins Land kamen, und die Gegend ward öder. Ortschaften, welche wir selten in der Ferne erblickten, hatten eine kühne Lage auf den höchsten Gipfeln des Gebirgs. Mit dem Verschwinden der Sonne ritten wir einen steilen Felspfad hinauf zu der beträchtlichen

96 Ansicht einer ländlichen Wohnung in Sizilien

Stadt Caltagirone. Durch gebirgichte Straßen, die das Reiten gefährlich machen, gelangten wir zum Markt, auf dem ein großer Tumult handelnder Menschen herrscht; ringsumher stehn mehrere alte Gebäude, die eine vortreffliche Architektur haben; unter ihnen zeichnet sich das Rathaus, welches einen Peripteros korinthischer Ordnung vom angenehmsten Verhältnis bildet, aus. – Sobald wir die Tiere verlassen hatten, eilten wir ins Kaffeehaus, wo wir aus den Händen eines der schönsten Weiber Gefrorenes empfingen, welches unsere lechzenden Zungen erquickte.

Der Ritt während eines ganzen Tags durch windstille Täler, deren Wände den senkrechten Strahl der Sonne einsaugen und mit doppelter Kraft wieder aushauchen, wo kein wirtbares Dach zur Stärkung ladet, ja selten nur eine Höhle oder ein Baum den Schatten beut, der dann erst mächtigen Schlangen, Nattern und Skorpionen streitig gemacht werden muß, alles dies tat auf unsere Natur eine sehr verderbliche Wirkung. Durch die Hitze ermattet, waren wir nicht fähig zu genießen, die beständige Erhitzung, die Anstrengung beim Reiten und der Mangel an Ruhe zog verschiedene körperliche Unannehmlichkeiten nach sich. Wir machten den Vorschlag, nachts zu reisen, wogegen sich aber unser Campieri, bestärkt durch das Zeugnis vernünftiger Einwohner, widersetzte. Wir wurden überzeugt, wie groß die Gefahr sowohl vor Räubern als vor schlechter Luft in engen Tälern sei, daß wir bei der Finsternis um so weniger vom Lande sehn würden und überdies den Vorteil verlören, den ein Landesgesetz dem Reisenden macht: wird er nämlich beraubt, wenn die Sonne noch am Himmel steht, so ist der Gubernatore der nächsten Stadt verpflichtet, den Verlust bis 100 Unzen, das sind etwa 400 Taler, wiederzuerstatten, wodurch diese Herren wachsam erhalten werden. Wir ergaben uns also den Umständen.

Der folgende Tag war nicht so unangenehm als die beiden vorhergehenden. Der Weg ging durch

97 »Festung Castro Giovanni im Mittelpunkte von Sizilien«

schattenreiche Täler, in denen die blühende Aloe in unzähliger Menge stand. Der Blütenstamm dieser Pflanze, welcher die Dicke eines Menschen und 30 bis 40 Fuß Höhe erhält, wird von den Einwohnern zu Balken und anderem Bauholz verbraucht. Im Ort Piazza, der von schönen Piniengruppen und Kastanien umzogen ist, speisten wir zu Mittag. Nachmittags ward unser Weg öder, und die Hitze stieg zu enormem Grade. Wir passierten einige heftig stinkende Sümpfe in den Tiefen der Täler.

Bald waren wir dem Mittelpunkt der Insel nahe. Eine glühende Abendbeleuchtung ließ uns auf einer Anhöhe ein Theater überschaun, welches die schauerlichste Wirkung machte: ein ungeheurer Fels erhebt sich aus einer Ebene, um die sich gigantische Gebirge stürzen. Auf seinem Gipfel trägt er die hohen Mauern der Festung Castro Giovanni, welche der Nabel Siziliens (l'ombelico della Sicilia) vom Volke genannt wird. Sie sollte unser Nachtquartier werden, wir eilten, aber die Finsternis brach ein, als unsere Tiere anfingen, die gefährliche Straße zum Gipfel zu besteigen. Zerrissene Felsblöcke, welche zerstreut im Wege lagen, ließen sie bei jedem Schritte stürzen. Zur einen Seite drohte ein Abgrund, zur anderen ein starrender Fels, der sich über den Pfad bog. – Es gesellten sich aus Furcht vor Straßenräubern, wie es gebräuchlich ist, mehrere Einwohner der Stadt zu uns, die ins Feld geritten waren, um in Gesellschaft zu gehn. Sie waren des Wegs besser kundig als unser Campieri und leiteten uns vorsichtig hinauf bis zu den Toren der Stadt, die wir um Mitternacht erreichten. Auch hier fanden wir ein großes Kirchenfest und nach der gewöhnlichen Art der Sizilianer auch Feuerwerk, welches uns schon beim Hinaufsteigen aus der Tiefe manche abenteuerliche Erscheinung sehn ließ.

Der Ort, welcher von der Poststraße entfernt liegt und wegen der Höhe selten besucht wird, hat gänzlichen Mangel an Wirtshäusern. Mit vieler Mühe erhielten wir das breite, schmutzige Ehebett eines armen Bürgers, der sich bequemte, mit seiner ganzen Familie für diese Nacht im Kuhstall zu ruhn. Ein jeder von uns nahm den vierten Teil des Bettes ein, um seine matten Glieder auszustrecken. Was wir aber vom Ungeziefer und anderen Unbequemlichkeiten litten, ist ohne Beschreibung begreiflich. – Am Morgen machten wir einen Gang durch die Stadt, die bei ihrer hohen Lage fremdartige Ansichten der Tiefe gewährt. Zum letzten Male erblickten wir über dem Gebirgsland der Insel, was sich, Wellen gleich, unter uns breitete, den mächtigen Ätna in seiner Majestät, von dem wir nun vielleicht auf immer Abschied nahmen. Alles, was wir um und auf ihm genossen hatten, erschien noch einmal lebhaft wieder vor unserer Seele und begleitete diesen Augenblick mit einer wehmütigen Empfindung.

Die Sonne glühete heute stärker als jemals,

98 Castro Giovanni mit dem Ätna

unser Weg führte einen ähnlichen, höchst gefährlichen Pfad den hohen Felsen wieder hinab, auf dem wir zu Fuße die Tiere hinunterleiten mußten. – Nackte Felsen umziehn bald die Sandebnen, die den vollkommenen Charakter afrikanischer Wüsten tragen. Es war ein Gedanke, der uns naheging, daß in diesen Tälern einst des Landbaus höchster Sitz war. Hier ward die gütige Göttin Ceres geboren und ihrer Verehrung zuerst ein Fest geweiht. Immer höher wuchs die Glut der Sonne. Gegen Mittag zogen wir durch ein Tal, in dessen Mitte ein langsam schleichender Fluß versiegte. Es war ringsum auch von keinem grünen Gräschen nur die geringste Spur, die Wände des Gebirgs glänzten von ungeheuren Spiegelflächen kristallisierten Marienglases, welche die Wirkung ebenso vieler Brennspiegel auf uns taten. Ohne die wenigen Orangen, welche der vorsichtige Campieri eingepackt hatte, wären wir hier vielleicht verschmachtet. Entkräftet erreichten wir endlich eine Höhe, auf der uns zum ersten Male nach langer Duldung ein fächelndes Lüftchen des Meeres erquickte, selbst war es noch durch Vorgebirge unserem Auge entzogen. Bald empfing uns ein schöner grasreicher Platz, über welchen Feigen und mächtige Nußbäume lieblichen Schatten ausgossen. Eine Quelle, die, aus der Grotte eines niedrigen Felsens hervorsprudelnd, einen Teich bildet, tränkte die Herde schwarzer Büffel, welche 5 Treiber zu Pferd, mit Lanzen bewaffnet, in beständigem Schimpf und Kampf erhielt. Das Wasser rieselt von da in mehreren Becken, die im dunklen Schatten des Laubes die Wäscherinnen aus benachbarten Orten versammelten. Die Szene war voll malerischer Wirkung und ward durch unsere reisende Gesellschaft vermehrt, die, im Schatten des Nußbaums gelagert, ein frugales Mahl einnahm, während die bepackten Maultiere zerstreut duftende Kräuter suchten.

Am Abend erreichten wir bei guter Zeit den beträchtlichen Ort Caltanisetta, wo wir im Wirtshaus willkommene Aufnahme fanden. In den Tälern um die Stadt erblickt man seltsame, schmale, ganz isolierte Felswände hin und wieder, die durch Kunst ihre Form erhalten zu haben scheinen. Auch in dieser Stadt war Fest, Prozession und Feuerwerk zur Ehre irgendeines Heiligen.

Griechische Tempel: Agrigent, Selinunt, Segest

Immer südlicher führte am kommen[den] Tag durch mittelmäßige Gegenden unsere Straße. Mittags hatten wir in einem der unbehaglichsten Orte, Canicatti, der am nackten Fels ohne Schutz gegen den glühenden Sonnenstrahl schmachtet, ein schlechtes Mittagsessen wie gewöhnlich, das mit riechendem Öl sehr unreinlich bereitet wird.

Nicht fern hinter diesem Ort begrüßten wir zum erstenmal wieder die blaue Ebene des Meers am Horizont hinter fernen Vorgebirgen und erreichten mit dem Untergang der Sonne das alte Agrigentum, jetzt Girgenti, auf der Höhe derselben. Auf das stufenweis gegen das Meer hinabsteigende Land, in welchem aus den schönen Hainen der Mandelbäume die Ruinen von Tempeln und Denkmälern der alten Stadt emporragen, genießt man hier eine vortreffliche Aussicht. – Die Rekommandation an den Advokaten Lobresti, dem die Aufsicht der Altertümer übertragen ist, ward uns sehr nützlich, er ist ein Mann, der mit Fleiß Einsicht und Gelehrsamkeit verbindet und den Fremden mit Gefälligkeit überhäuft. – Wir wurden von ihm am folgenden Morgen in den Dom geführt, in welchem man einen berühmten antiken Sarkophag bewahrt, auf dem in vier Basreliefs der Tod des Hippolyt dargestellt ist. Die Arbeit ist aber nicht im besten Stil. – Eine sonderbare Schallverstärkung macht die Architektur dieses Doms merkwürdig: Wenn nämlich jemand auf dem Gesims über dem Hochaltar steht, welches den Anfang des Gewölbes der Kirche bezeichnet, und spricht leise gegen die das Gebäude schlie-

99 »Tempel der Concordia zu Agrigent, im Hintergrunde das Meer«

ßende Nische des Gewölbes, so hört man am entgegengesetzten Teil der Kirche durch die ganze Länge von 400 bis 500 Fußen sehr kräftig jedes Wort und kann hier auf eben die Art jenem Sprechenden eine verständliche Antwort geben. – Die Stadt hat außer seiner [!] Lage an sich nichts Merkwürdiges und ist schlecht gebaut.

Nachmittags ritten wir in Lobrestis Gesellschaft hinunter zu den schönen Tempeln des alten Agrigents, die gereiht an einem Felsabhang des Tals stehn und eine unbeschreiblich malerische Ansicht geben. Sie sind vom edelsten Stil und vollkommen gut erhalten oder, wo es nötig war, restauriert und ausgegraben. Der berühmte Tempel des olympischen Jupiters, dessen Ruinen bis jetzt wie ein bewachsener Fels zusammengestürzt lagen, ist so weit seit einem Jahr aufgegraben worden, daß man alle Stücke gefunden hat, die zur Versinnlichung seines ehemaligen Zustands nötig sind. Er war vielleicht der größte Tempel der ganzen Griechenzeit. In jeden Säulenkanal kann sich bequem ein Mensch stellen, ein Stück des Gesimses mit Architrav, Triglyph und Kranz hat die Höhe eines bei uns gewöhnlichen drei Etagen hohen Hauses. Noch mehr zeugen die Stücke der beiden Basreliefs, welche die Giebelfelder des Tempels zierten, von dem kolossalen Maßstab. Die Köpfe der menschlichen Figuren haben vier Fuß Höhe, folglich waren die ganzen Figuren in der Höhe der Kolosse des Monte Cavallo in Rom. Das eine dieser Basreliefs stellte die Zerstörung Trojas, das andere den Kampf Jupiters mit den Giganten vor.

Mehrere andere Ruinen von Grabmälern und Monumenten, die zerstreut unter den Ölbäumen, Mandeln und Palmen stehn, machen die Gegend reizend. – Die größte Menge altgriechischer Vasen, die gewöhnlich falsch hetrurische genannt werden, gräbt man in den Umgebungen Girgentis aus. Wir sahn davon eine vortrefflich ausgesuchte Sammlung beim Monsignore Raimondi. – Wir verweilten einige genußreiche Tage in Girgenti. Am Abend vor der Abreise stürmte man in der Stadt und zündete die Wachtfeuer auf den Bergen an, weil sich eine Barbareskenflotte nahete und, wie einige meinten, in der Nähe schon gelandet habe.

Unser Weg am anderen Tage war höchst gefährlich an der Küste. Der Hafen der Stadt liegt etwas fern. Wir badeten uns unter den Kanonen des Kastells, welches ihn beschützt, auf einem vorzüglichen Meergrund, der aus einem weißen Sand, in welchen eine unendliche Menge schönfarbiger Achate gemischt sind, besteht. In der Nähe des Städtchens Monreale hatte ein algierisches Fahrzeug in einer Felsbucht gelandet. Man erzählte uns, daß in der Nacht 20 Personen aus der Stadt in die Barbarei geschleppt wurden. Wir hatten kaum 1000 Schritt bei dem Fahrzeug vorbeizureiten, es war dies keine der behaglichsten Lagen. Durch wüstes Sumpfland, durchschnitten von nackten Felsmauern, zogen wir, bis der Abend kam, an der Küste; eine Menge von Schlangen nisteten in den Sümpfen, und von Zeit zu Zeit erhob sich ein Adler.

Im Orte Sciacca, der berühmte Schwefelquellen hat, übernachteten wir und reisten über flaches Land und durch Mandelhaine, deren Frucht und Schatten uns erquickte, nach Castel Vetrano, wo wir durch eine Empfehlung an den Kanonikus Acapidone eine schöne Wohnung in einem Kapuzinerkloster nahe vor dem Tor der Stadt erhielten, von dem wir eine vortreffliche Aussicht genossen.

100 »Klostergebäude in der Gegend von Mazara in Sizilien«

7 Miglien von Castel Vetrano liegen die ungeheuren Ruinen der alten Stadt Selinunto am Meer in einer wüsten Sandgegend, wohin wir einen Spazierritt am folgenden Tage machten. Die Stücke von 3 kolossalen Tempeln, von Stadtmauern und Toren liegen wie Felsblöcke übereinandergestürzt, eine Folge entsetzlicher Erdbeben. Es wimmelt unter diesen Steinmassen von Schlangen und weit ekelhafteren Molchen, die ungeachtet ihrer dicken, gedunsenen Form eine große Gewandtheit und Schnelligkeit besitzen, die uns bei jedem Schritt erschreckte. Das Land umher haucht giftige Nebel aus, die wahrscheinlich der Fortpflanzung dieser Tiere zuträglich ist [!].

Wir bestiegen einen nahe gelegenen Wachtturm am Meer, von dem wir eine Barke aus Trapani, von einem afrikanischen Fahrzeug verfolgt, unter die Kanonen des Turms flüchten sahn. Von Castel Vetrano bis Marsala am Meer ist das Land Ebne, die keine Merkwürdigkeit zeigt. Hinter Marsala, dem alten Lilybaeum, von dem mehrere Ruinen stehn, sieht man die Gebirge verschiedener Inseln im Meer, unter denen Pantelleria die wichtigste ist. Die Küste bei Marsala ist überaus fruchtbar und besonders reich an schönen Dattelpalmen. Durch freundliche Gärten führt von hier der Weg zum uralten Berge Eryx. Die Sonne senkte sich ins Meer, als wir demselben nahe kamen. Die Beleuchtung des Abendlichts auf dieses in Form und Farbe einzigen Gebirgs war bezaubernd und in ihrer Art das Schönste und Magischste, was wir auf der ganzen Reise gesehn hatten. Am Fuß des Gebirgs zieht sich auf einer Landzunge Trapani ins Meer, umgeben von ungeheuren Meersalzgruben. Die schönen vorgenannten Felsinseln im Meer machen hinter den Kuppeln der Stadt eine schöne Wirkung, und die lange Bogenreihe einer vom Gebirg in die Stadt führenden Wasserleitung erhöht den edlen Charakter dieser Landschaft.

Wir ritten am kommenden Morgen auf das Gebirg des Eryx, jetzt San Giuliano von dem Städtchen genannt, welches seinen Gipfel krönt.

101 »Ansicht von Trapani in Sizilien, im Hintergrunde der Mons Eryx«

Die gesunde Luft dieser Höhe gibt den Einwohnern ein auffallend frisches Ansehn, das man gewöhnlich in warmen Ländern vermißt. Dennoch ist die Stadt wegen der hohen Lage auf einem unfruchtbaren Gebirg, welches die Zufuhr unendlich schwer macht, fast entvölkert, eine Menge von Häusern steht ganz leer. Die höchste Spitze des Gebirgs nahm ehemals ein vor allen berühmter Venustempel ein, jetzt sieht man an jenem Fleck ein sarazenisches Kastell, in dessen Wände die beiden einzig übriggebliebenen Säulen des Tempels horizontal vermauert wurden. Die Aussicht von diesem Punkt ist bei weitem das Interessanteste. Man überschaut einen großen Teil Siziliens, das weite Meer mit den Inseln, die ganze Lage Trapanis und das Vorgebirge Cofano, welches kühn zwischen zween Buchten heraustritt. An diesem Vorgebirg war's, wo Odysseus zum Zyklopen kam. Man zeigt in demselben noch die großen Höhlen, die dem Zyklopenvolk zu Wohnungen dienten, und die Felsblöcke im Meer, die Polyphemos dem Odysseus nachwarf. Alles umher ist klassischer Boden. Auf dem Gebirg Eryx selbst kämpfte Herkules mit den Giganten, am Fuße desselben zeigt man den Ort, wo Äneas seinen Vater begrub. Die mächtigen Formen des Landes vermehren die seltsame Stimmung, in welche die Sage den Geist bei der Durchwanderung versetzt.

Die Stadt Trapani hat einen guten Hafen und handelt stark mit dem Seesalz, was in ihrer Gegend gewonnen wird, auch schickt sie jährlich eine Menge Korallenfischer aus, die gewöhnlich von den Afrikanern viel leiden. Die Festungswerke der Stadt sind aus Mangel an Soldaten kaum zum zehnten Teil besetzt.

Wir verließen von neuem die Meerküste, um den Tempel von Segest zu sehn, der eine halbe Tagereise von Trapani im Innern des Landes liegt. Seine Umgebungen sind wüst und kahl,

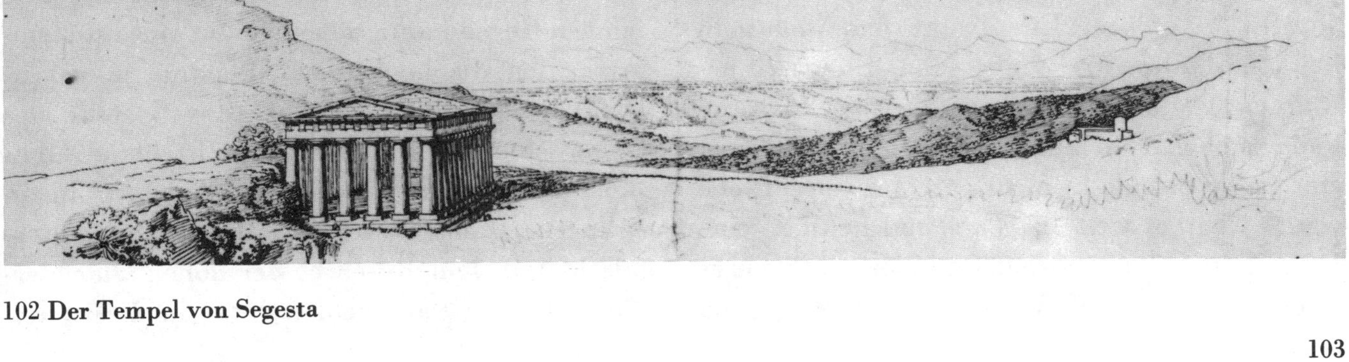

102 Der Tempel von Segesta

doch hat man beim Hinaustreten aus seiner Vorhalle eine vortreffliche Aussicht auf die ferne Ebene von Alcamo, welche sich um den Meerbusen von Castellammare schwingt und von den Gebirgen Palerms begrenzt wird. Die Architektur des Tempels ist nicht vom schönsten Stil. – Als wir durch Kornfelder von dem Hügel des

103 »Ansicht des Tals von Partenico in Sizilien«

Tempels hinabstiegen, rief plötzlich unser Campieri: »Räuber!« Auf einen Wink schwangen wir uns von den Tieren ins Korn, die Gepäcke wurden in größter Eil abgeworfen, und man ließ die Maulesel frei umhergehn. Einige 20 bewaffnete Reiter erschienen hinter einer Felsecke und verschwanden hinter einer andern. Wir lagen eine halbe Stunde in nicht geringer Furcht, ehe wir es wagten, weiterzugehn, und nahmen eine Instruktion von unserem Campieri über unser Benehmen an, wenn wir ihnen noch begegnen sollten. Ist es Nacht, so muß man sich auf Diskretion ergeben, am Tage hingegen pflegt der Führer mit ihnen zu handeln, und man wird auf eine gewisse Summe einig, gegen welche die Gesellschaft ohne Tätlichkeit weiterziehn kann. Wir durchstrichen vulkanisches Land von üppiger Vegetation, die Täler leuchteten vom roten Oleander, unter deren Schatten eine Menge giftiger, ganz himmelblauer Vipern schlüpften.

Am Abend erreichten wir Alcamo in einer reichen Gegend am großen Golfo von Castellammare, den die höchsten Vorgebirge umgeben. Die Ebene, welche sich um das Gestade des Golfo schmiegt, ist ein wahres Feenland. Man zieht durch einen ewigen Garten von Palmen, Orangen, Mandeln, Feigen, Aloe, Wein, untermischt mit dem Rosenrot der hohen Oleanderblüte. Hinter Partinico, welches in diesen reizenden Gefilden einst die reizendste der Weiber, Laïs, gebar, windet sich der Weg ins hohe Gebirg, das nach und nach einen rohen Schweizercharakter erhält. Auf einer langen schattenleeren Bergstraße leidet man sehr von der hohen Sonne. In tiefen Gründen rauschen Bergströme zur Seite, und hoch an den Gipfeln hängt die Einsiedlerhütte, die der Sonnenglut, dem Sturm und wütenden Blitzen gleich ausgesetzt ist. Aber plötzlich öffnet sich wieder das Tal, und unter dem blauen Horizont des Meers erscheint die reiche Ebne von Palermo, in der sich die glänzende Stadt vor der dunkeln Bläue des Meers emporhebt.

Palermo und Monreale

Der Ort Monreale, der beim Hinuntersteigen aus dem Gebirg in die Ebene eine vortreffliche Lage am Bergabhang hat, prangt mit einem der schönsten und wohlerhaltensten sarazenischen Dome, in welchem die vortrefflichsten architektonischen Verhältnisse sind. Wie durch elysäische Gefilde geht von hier der Weg auf einem schöngebauten Wege bis an die Tore Palermos. Die vortrefflichsten Villen prangen in der Ebene und an den Abhängen des Gebirgs in unbeschreiblicher Üppigkeit der Gewächse und kündigen den Wohlstand der Stadt an. Wir ritten die prächtige Straße Toledo hinauf, wo wir von dem Leben der Stadt einen großen Eindruck erhielten.

Außer den großen Überresten griechischer Baukunst wird Siziliens Architektur durch die Werke der Sarazenen und viel neuere Anlagen merkwürdig. Besonders sind letztere in Hinsicht der schönen Raumbenutzung oft höchst interessant. Man sieht Landhäuser, die am Abhang der Gebirge so vorteilhaft gelegt sind, daß bei der freisten und luftigsten Aussicht der oberen Etagen die unteren oft weit in den Felsen ausgehöhlt sind und dort kühle Zimmer zum Speisen, Baden [enthalten]. Leider wird auch diese Anlage [für] unser rauhes Klima unanwendbar. Es ist überhaupt kein Zweifel, daß diese Länder den Reisenden mehr in malerischer und naturhistorischer Hinsicht interessieren, als daß er daraus fremde und allgemein anwendbare Gegenstände eines raffinierten Kunstbetriebes, wie aus Frankreich und England, in sein Vaterland übertragen könnte. Aber nichtsdestoweniger kann man sagen, daß Sizilien in der Baukunst uninteressant sei. Das uralte Herkommen ist noch nicht erloschen; man hält hier viel auf solide Aufführung der Gebäude, und die vielen großen Städte Siziliens zeigen eine Menge schöner Werke.

Ich würde Palermo auch ohne die vortreffliche Lage in einem Tal am Meer, das von den

104 »Ansicht der Kathedralkirche von Palermo«

105 »Ansicht von Palermo aus einem Kapuzinerkloster«

schönsten Vorgebirgen umschlossen ist und bei dem glücklichsten Klima eine unendliche Menge schöner Gewächse in großer Üppigkeit hervorbringt, für die schönste Stadt Italiens halten.

Rückblicke auf Sizilien

Drei Briefe

An Sophie und Charlotte Schinkel

Nach einer Reise durch manche Mühen und Gefahren und erlangter herrlicher Genüsse schreibe ich Euch zum ersten Mal von einer langen Wanderung, teils weil die zu flüchtige Zeit mir jedesmal, gefüllt zum Übermaß, entwich und ich versichert war, daß unser Freund Schumann Euch aus meinen eingeschickten Tagebüchern gewissenhaft Nachricht gab, teils weil ich Euch, bis die gefährlichen Zeiten vorübergingen, nicht wegen meiner in Sorge setzen wollte. Jetzt, da das weiteste Ziel meiner Reise mir im Rücken liegt und die größten Gefahren glücklich überstanden sind, macht es mich glücklich, mit Euch, liebe Schwestern, einige Worte zu wechseln.

Von Neapels herrlichen Gefilden, vom Fuß des drohenden Vesuv schiffte ich 4 Tage durch die Flut des Meers dem heißen Afrika entgegen. In der fabelreichen Enge von Messina entkam ich dem Untergang im heftigen Strudel der Charybdis, an der Scylla starrendem Fels, den die Brandung der hohen kalabrischen Küsten schäumend bespritzt. Ich genoß auf Messinas grausam zerrüttetem Boden die Einwirkung der herrlichsten Natur, wo die indische Feige, die Dattelpalme, die Orange und die hochblühende Aloe die Hütte des Landmanns umgibt. Des mächtigen Ätna dampfendes Haupt, gegen dessen Verwüstung der Vesuv wie Kinderspiel erscheint, nahm mich bei Nacht in einer Höhle auf und zeigte mir mit dem Licht der kommenden Sonne die Küste Afrikas. Durch tunesische Korsaren, die an den Küsten raubten, und durch die Horden der Straßenräuber des Inlands ging mein Pfad durch die Insel zum längst entweihten Ort des alten, oft gepriesenen Syrakus. Von dort durch vielerlei Felsentäler ins Innere, afrikanisch glühend vom versengenden Strahl der Sonne, die kein Gräschen verschont, kehrte ich von neuem zur Küste zurück, wo eine südliche grüne Vegetation die schönen Tempel Agrigents umkränzt. Über Trapanis Gebirg des alten Eryx, auf dem der Herkules mit den Giganten kämpfte, an dessen Fuß Äneas den Vater Anchises begrub, wo Uliß das Abenteuer mit den Zyklopen bestand, litt ich abermals in brennenden Tälern des Inlands, um den herrlichen Tempel Segests. Dann führte gegen das Meer durch die lieblichsten Täler der

Insel der Pfad zum reichen Palermo, das unter dem Grün der Orangenwälder, der indischen Gewächse und des hochsprossenden Oleander, der mit dem Rosenrot seiner Blüten ganze Täler bezieht, zum lieblichen Aufenthalt wird. Ein glücklicher Wind und ein wohlwollendes Schicksal trug mich aus seinem Hafen in 4 Tagen durch die immer kreuzenden Korsaren zum Hafen Neapels zurück.

Zufriedener und froher fand ich mich nie als nach dieser Wanderung, die mir die werteste unter allen bleibt. Vortreffliche Menschen und ein herrliches Land hatten mir die angenehme Zeit bis zum höchsten Wunsch erfüllt und lassen mir die angenehmsten Empfindungen für mein ganzes Leben zurück. Nach wenigen Wochen kehrte ich aus Neapel zu dem alten, mir unschätzlichen Rom zurück. Hier lebe ich noch 2 Monat in angenehmer Muße, um die Menge der Eindrücke in meinem Geist zu ordnen, und kehre dann über Paris ins Vaterland zurück, wo ich dann Euch gesund und wohl treffen werde und wo meiner andere Freuden Eures Umgangs erwarten. Gern hörte ich mannigmal ein Wort von Euch. Ihr könnt Euch leicht vorstellen, wie schätzbar es mir ist, und ich bitte Euch also recht dringend darum.

Grüße allen, die sich meiner in der Gegend erinnern, und seid versichert, liebe Schwestern, daß niemand öfter an Euch denkt als Euer

treuer Bruder.

An Valentin Rose

Werter Cousin.

Die glückliche Vollendung meiner Reise eile ich Ihnen anzuzeigen. Ein wohlwollendes Schicksal begleitete mich von Palermo nach Neapel durch die kreuzenden Korsaren Afrikas, die ohne Hindernis auf die unbegreiflichste Weise das Meer von Tunis bis Genova beunruhigen. Täglich hört man in Sizilien sowie in Neapel den Unfug, den sie mit allen Schiffen treiben, und daß sogar die der mit ihnen übereingekommenen Mächte nicht verschont bleiben. Tausende von Unglücklichen wurden während meines Aufenthalts in ihren Händen zur Sklaverei geführt und büßten entweder ihre Freiheit oder ihr Vermögen ein.

Mit welchen frohen Augen ich den Hafen Neapels wiedersah, können Sie leicht glauben; aber ungeachtet dieses Mißgeschicks bleibt mir diese Zeit die werteste und unvergeßlichste auf meiner ganzen Wanderung. Vortreffliche Menschen und das schönste Land erfüllten sie bis zum höchsten Wunsche und lassen Eindrücke zurück, die nun in mein ganzes künftiges Leben angenehme Blumen streuen werden. Neapel verließ ich wenige

106 »Aussicht vom Altan meiner Wohnung in Palermo. Der kleine Stadthafen, in der Ferne Monte Pellegrino«

Zeit nach meiner Ankunft, um unter des alten und unerschöpflichen Roms Schätzen in froher Muße einige Zeit zu weilen und die mannigfachen Eindrücke meiner Seele zu ordnen. Bis jetzt fehlte mir die Zeit, den Fortgang meiner Reise von Syrakus durch die brennenden Täler des Inlands, über die schönen Tempel von Agrigent an der südlichsten Küste der Insel, zum Gebirge Trapani, dem alten Eryx, wo Herkules mit den Giganten kämpfte, Äneas den Vater Anchises begrub und Odysseus das Abenteuer mit den Zyklopen bestand, zu den schönen Tälern des reichen Palermo in Ordnung zu setzen; es erfolgt mit dem nächsten.

Die Summe von etwa 100 Talern, welche ich in meinem letzten Brief von Ihrer gütigen Besorgung erwartete, denke ich in Rom bis Ende

Augusts zu treffen, wo nicht, so hoffe ich sie gewiß in Genova bis zum 15. September zu finden. Von dort werde ich nach einer Reise von höchstens 3 bis 4 Wochen in Paris eintreffen, wo ich dann durch Ihre guten Besorgungen den Rest meines Geldes von der Seehandlung zu finden hoffe. Wiewohl es nicht wahrscheinlich ist, daß ich alles brauche, so sind doch Umstände noch mehr, die mich in die größte Verlegenheit setzen würden, wenn ich es nicht fände. Ich mache noch einmal diese Angelegenheit recht dringend, obwohl ich bis jetzt noch nicht weiß, wie ich Ihnen für die viele Bemühung, welche Sie davon haben, dankbar werden soll, doch hoffe ich dazu die Gelegenheit zu finden. Ich wiederhole aus einer Vorsicht noch einmal, daß Herr Steinmeyer, der die Direktoren der Königlichen Banco genau kennt, vielleicht gütigst für Besorgung und Überschickung des Geldes hilfreiche Hand leisten könnte. Ich bitte, mich Ihrer lieben Frau Gemahlin [?] und allen, die sich meiner erinnern [?], zu empfehlen und nicht zu vergessen.

An einen unbekannten Empfänger in Berlin

Es liegt mir zuviel daran, in dem Gedächtnis Euer Hochwohlgeboren eine Stelle zu behalten, als daß ich eine Gelegenheit vorbeigehn ließe, die diesem Zwecke vielleicht die Hand reicht. Herr v. Quast, mit dem ich schon in Rom gar viel schöne Genüsse teilte und den ich in Paris wiederfinde, verspricht mir die Ausrichtung meiner Empfehlungen, ich erbat mir, ihn um so mehr beim Wort zu halten, einige Zeilen aufsetzen zu dürfen, die er selbst einhändigen möchte, um meiner Absicht mehr Gewicht zu verschaffen.

Schon nach der Umwanderung Siziliens machte mich die Einwirkung einer so hohen Natur und unzähliger Schönheiten dieses Landes glauben, durch eine Mitteilung derselben das Mittel gefunden zu haben, mich Ihrem Gedächtnis auf eine Art vorführen zu dürfen, welche durch den Gegenstand selbst entschuldigt würde und vielleicht einiges Interesse gewähren würde. Aber das Unglück hatte gewollt, daß dieser Brief, nebst vielen andern, aus Palermo datiert, verlorenging, ja nicht einmal bis Rom gelangte, wohin ich ihn der Sicherheit wegen zuerst adressierte. Ich vermute, daß er in die Hände von einem kreuzenden afrikanischen Korsaren, die alle Küsten des südlichen Italiens unsicher machen, gefallen ist.

Die Haupteindrücke, welche das romantische Sizilien auf mich machte, hatte ich in einiger Kürze nach der Ordnung, wie ich sie empfing, diesem Blatte anvertraut:

Meine Ankunft nach einer 5-Tage-Seereise zwischen Neapel und der Enge von Messina, wo das Schiff mit den Wellen der strudelnden Charybdis kämpfte und an dem hohlen Fels der Scylla zu scheitern Gefahr lief. Den Genuß der milden Natur des schönen sizilischen Landes um Messina und die Aussicht auf das jenseits der Enge sich gewaltig türmende Kalabrien. Dann die Reise über die Ruinen des alten Theaters von Taormina, aus denen man die größte Aussicht vielleicht in Europa auf die Ebene von Syrakus und den sich daraus erhebenden Ätna [hat], der aus seinem weißen Haupt die unaufhörliche Säule des Dampfs windet. Dazu [die] Besteigung dieses Gebirgs selbst, den Aufgang der Sonne auf seinem Gipfel und die unbegrenzte Aussicht über die ganze Breite des Mittelländischen Meeres mit seinen Inseln bis zu den Küsten Afrikas. Dann der Gang über die Lavafelder hinab nach dem übel bedrohten Catania und von dort nach der Stadt, die ehemals Athen den Rang streitig machte, Syrakus, jetzt kaum der 20. Teil des alten, auf einer Landzunge in der Meeresbucht. Der Zug durch die glühenden Täler des inneren Landes zur Küste zurück, bei Agrigent, dessen herrliche Tempel unter dem Grün der Agaven, Palmen und Gewächse Indiens prangen. Von dort über des ganz verlassenen Selinunts ungeheure Tempel, die beständig ein giftiger Nebel umhüllt, nach Trapani, an dessen Vorgebirg Eryx der Äneas den Vater begrub und dessen Höhlen ehemals die Zyklopen bewohnten, mit denen hier Odysseus das Abenteuer begann. Der Gipfel dieses alten Gebirgs war der Kampfplatz Jupiters mit den Giganten, und nachmals trug er den überall verehrten Venustempel, von dem nur 2 Säulen, die in den Mauern eines auf diesem Fleck erbauten sarazenischen Kastells horizontal gemauert [sind], die letzte Spur bezeugen. Von hier beschrieb ich die Wanderung durch dies glückliche Tal

107 »Aussicht vom Palaste des Prinzen Valguarnera auf einen Teil der Bagaria bei Palermo und den Golf von Cefalu«

von Alcamo, das sich in schönen Linien zwischen den Gebirgen um den Golfo von Castellammare windet. Unter den Palmen, Orangen und den hochblühenden Aloe, dem purpurnen Oleander dieses Tals ward einst Laïs geboren. Dann den Eintritt in die fruchtbarste Ebene der Insel, in welcher sich, von den schönsten Vorgebirgen amphitheatralisch umschlossen, das reiche Palermo breitet.

Paris, vorzüglich in dem Standpunkte, worin es jetzt war, gewährt mir die Zeit wohl, aber nicht die Ruhe des Geistes, diese mir immer unvergeßlichen Szenen mit derselben Wärme zu zeichnen, als es mir vielleicht nach eben vollendetem Genuß in Palermo gelungen ist, und ich ziehe es vor, wenn mir das Glück zuteil wird, mich Ihnen bei meiner baldigen Rückkunft in Berlin vorstellen zu dürfen, hierdurch ein Mittel zu erhalten, was meinem Gespräche einiges Interesse geben kann.

So außerordentlich Paris in aller Art ist, so ist es doch nicht imstande, mich wie Italien einzunehmen, und ich denke aus mehreren Gründen meine Rückkunft in Berlin zu beschleunigen, bis wohin ich von jetzt etwa $2^1/_2$ Monat rechne.

Erlauben Sie mir, Herr Geheimer Rat, nur die Bitte hinzuzufügen, mich Ihrer Frau Gemahlin zu empfehlen, und die Versicherung meiner unumschränkten Hochachtung, welche nie erlöschen kann, Euer Hochwohlgeboren,

bei Ihrem [Schinkel].

Briefe von der Rückreise über Florenz, Pisa, Genua

An Johann Georg Moser

Wertester Freund.

Noch ehe ich einen Blick in Genuas Schätze werfe, erinnert mich das gegebene Wort an seine Erfüllung, in der ich für die Entbehrung eines Ihnen werten Umgangs, wenn nicht Entschädigung, doch einigen Ersatz zu finden hoffe. Und von meiner aufrichtigen Zuneigung versichert, werden Sie mir glauben, daß ich mich glücklich preise, hier ein Mittel zu haben, sich widrige Umstände, die mir die Zeit nach meiner Ankunft zu verderben drohte, auf das angenehmste zu vernichten.

Denken Sie, nach einer Fahrt von 4 Tagen an Genuas Küsten, die uns Unwetter und Korsaren höchst beschwerlich machten, sollten wir befürchten, im Angesicht der Stadt auf unserem kleinen Fahrzeug bei einem drohenden wolkenschwarzen Himmel eine Nacht zu dauern, weil es unmöglich schien, vor Schluß der Sanität den Hafen zu erreichen. Wir wählten, was uns vorteilhafter schien, mit unsern Reisegefährten, zwei Genuesen, mehrere Meilen von Genua ans Land zu steigen und zu Fuß in die Stadt zu gehn.

In dem Albergo delle Quattro Natione fanden wir die erwünschte Aufnahme und begrüßten dort nach so langer Beschwerde die schönen reinen Betten in der Hoffnung, am anbrechenden Morgen unser Gepäck aus der Barke zu schaffen und uns auf einige Tage hier vollkommen einzuwohnen. Wir kommen am Morgen zum Molo, und wir erfahren, es sei die Nachricht da, daß in Livorno das gelbe Fieber wüte, und man habe unsere Barke zur Quarantäne geschickt. Ich darf Ihnen nicht sagen, wie unangenehm diese Lage ist, im Schmutz der Reise sich unbestimmte Zeit umherzutreiben und zu scheuen, sich dem honetten Mann zu zeigen. Mit vieler Geduld habe ich mich dem Stubenarrest ergeben, den mir eine Unterhaltung mit Ihnen, werter Freund, nicht [nur] mildert, sondern höchst angenehm macht.

Eben da ich anfangen will, Ihnen in der Ordnung meine Reise hinzureichen, und Steinmeyer mich mit den Verfluchungen seines Zustands zu beunruhigen aufgehört hat, indem er 10 Tabaksproben, die ihm der Lohnbediente zusammengeschleppt, mit sehr bedeutungsvollen Mienen in irdenen Pfeifen durchprobiert, bemerkt er beim Aufundniedergehn durch die Fuge einer verschloßnen Tür unsers Zimmers ein Kabinett, in welchem ein Mädchen von kleiner niedlicher Figur im Hemdchen ihre Toilette macht.

Er verbarg mir anfangs seine Entdeckung, doch entging mir seine Unruhe und das Zittern des zurückgehaltenen Atems nicht, wenn er sich mit dem Kopf an die Ritze der Tür legte, jetzt, wo das Mädchen ausgekleidet und seine Begierde aufs höchste gereizt. Da mich das Gesicht nicht vorzüglich anzog, sagte ich ihm, daß er versuchen solle, die Türe zu öffnen. Ein Mädchen allein in einem Gasthaus schien mir nichts als eine Coquin[e]. Meine Meinung erzürnte ihn nicht wenig, da seine Phantasie kühne Bilder schuf. Als er sich wieder zur Tür neigte, trat ein ältlicher Herr ins Zimmer, der sich auf das Kanapee setzte und mit vielen Händedrücken ein Gespräch anknüpfte. Bald rückten beide näher zusammen, man küßte und drückte sich, und in wenigen Minuten sahn wir vor unsern Augen den ganzen Sturm der Begierden austoben. Steinmeyer wollte vergehn; an allen Gliedern zitternd, lief er halb unsinnig im Zimmer umher, ich las ihm ein gräßliches Kapitel über die Ruhe und Bezähmung, das Edelste der Menschen, über unsere Wohnung. Er klagte, nur keine Kleider zu haben und sich gefällig produzieren zu können. In diesem Tumult trat Herr Philipp ins Zimmer, dem wir unsere Briefe geschickt und das Unglück unserer Barke geklagt hatten. Er konnte uns zwar wenig Tröstendes sagen, aber erbot sich mit aller Artigkeit, uns Wäsche zu leihen und in jeder Rücksicht zu unterstützen. Dies Intermezzo dämpfte Steinmeyers aufbrausende Begierde einigermaßen und verwandelte sie in kalten Ärger, weil er bemerkte, daß der Herr sich noch nicht trennen konnte, und auf einen zweiten Genuß während des Besuchs von Herrn Philipp eifersüchtig argwöhnte.

Indes kam der Mittag heran, das Diner und eine Promenade in der Stadt zerstreuten die Eindrücke jenes Auftritts und schenken mir Ruhe am Abend für ein kleines Aufreihen meiner Begebenheiten, seit ich Rom verließ.

Ich kann die Stimmung nicht wehmütig nennen, es war Stumpfheit und Betäubung, die mich über die Ponte Molle führt und mit der ich endlich von der Höhe der Kuppel von St. Peter das letzte Lebewohl sagte. Sei's, daß ich für das Zartere nicht gestimmt war oder daß tausend durchkreuzende Gedanken die Gefühle unterdrückten, bis Mittag war unsere Gesellschaft höchst einsilbig, jeden schienen mannigfaltige Eindrücke mit sich selbst zu beschäftigen, und ich suchte in dieser zum tiefen Schweigen führenden Stimmung bei jedem ein gewisses romantisches Gefühl, was mir Erinnerungen häufig stimmen. Aber ich war getäuscht: du Chaud (der größere unserer beiden Offiziere) unterbrach sehr prosaisch die Stille, indem er die Besorgnis eines von der Florentinerin erhaltenen Trippers äußerte, die er am Abend vor der Abreise [unleserliches Wort] genossen, und nachdem er sich

108 Blick auf Rom, im Vordergrund Ponte Molle

auf diese Art einmal frei geäußert, flossen von seinen Lippen Ströme närrischer Einfälle.

Bei unsern Zechen überließ ich ihm die Bezahlung. Er betrieb dies Geschäft eigentlich con amore, indem er jedesmal in einer verschiedenen Manier mit aller möglichen Dreistigkeit einen guten Teil der Rechnung strich und dann unter Schimpf und Fluch des Wirts das Haus verlassen mußte. Seine Unternehmung allenthalben ging dahin, auf die Franzosen zu schimpfen und den Leuten zu sagen, sie müßten nicht glauben, daß er einer dieser Birbanten sei. Wie er diese Maske ausführte und was die Italiener dazu für Gesichter schnitten, können Sie sich denken. In der Dogana von Radicofani geriet er in Gefahr, wegen einer Kiste Neapolitaner Darmsaiten, die er in seinem Koffer versteckt hatte, als Contrebandier entdeckt zu werden. Als der Visitator nach der Kiste griff, wirft jener durch einen heimlichen Stoß den Kofferdeckel zu und klemmt diesem so erbärmlich die Hand, daß ihm die Lust weiteren Nachsuchens verging und jener in aller Eile, als sei die Visitation zu Ende, seinen Koffer zuschloß. Sobald wir das Florentinische erreichten, fing er an, den Florentiner Dialekt zu sprechen, das c vor a und o wie ein deutsches ch sehr hart zu pronuncieren, was besonders bei dem Worte »cazzo«-»chazzo« sehr närrisch klang, womit er jedes uns begegnende Mädchen begrüßte. Er entschuldigte die eintönige Wiederholung dieses Worts, womit er uns vielleicht ennuyiere: es sei nicht Zeit, den rasch vorbeieilenden Mädchen eine verständliche Phrase zu sagen.

In Florenz sahn wir das Sehenswerte mit unsern Reisegefährten, die in ihren Uniformen die Augen der Gaffer auf sich zogen und sich ein besonderes Vergnügen machten [und] die Leibgarden des kleinen Königs, mit denen sie sich auf dem Caffè ins Gespräch einließen, nicht wenig mitnahmen.

Du Chaud, der einen Tag länger als sein Kamerad in Florenz blieb, ward so cordial mit uns, daß er uns bei seinem Abschied nicht nur eine Menge Adressen aufschrieb, um ihn und andere zu finden, sondern uns auch seine geheimsten Liebesbriefchen und seine Schreibtafel lesen ließ.

Mit Hackerts Empfehlungsbriefen ist es uns so unglücklich als möglich gegangen. Wir erfuhren bei unsrer Ankunft, daß er beschäftigt sei, sein Logis zu ändern, und als wir in der alten und neuen Wohnung anfragen wollten, sagte man uns, daß er, der Unruhe dieses Geschäfts zu entgehn, während einer ganzen Woche aufs Land gezogen sei. Wir mußten also die Briefe den Händen seines Dieners zur Besorgung anvertrauen, ohne Nutzen davon zu ziehn.

Einen gewissen Matuszewski, den ich in Berlin und Sie vielleicht in Paris gekannt haben, traf ich zufällig in Florenz. Er geht nach Rom, um sich im Porträtieren zu vervollkommnen, wodurch er seinen Unterhalt zu gründen denkt.

Gern möchte ich über die schöne Fresko des Andrea del Sarto im Vorhof der Kirche dell' Annunziata etwas sagen, wenn es sich der Mühe verlohnte, über Kunstwerke in ihrer Abwesenheit zu sprechen. Ich führe nur an, daß ich bei Betrachtung derselben und so vieler vorzüglicher Kunstwerke der Architektur aller Paläste und Hallen meine Zeit in Florenz sehr befriedigt verlebt habe.

In Begleitung zweier Damen ging ich über Pisa nach Livorno. Die Damen waren nicht unangenehm, doch auch nicht so reizend, sich um ihre weitere Gunst zu bemühn. In einem Tag habe ich die Schönheiten Pisas vollkommen genossen. Über den Turm kann ich mich nicht zu Ihrer Meinung erklären, es scheint alles an demselben absichtlich zu sein. Was mich besonders darin bestärkt, sind gewisse eiserne Bänder a, welche über den Säulchen b angelegt sind, die auf der hängenden Seite stehn und die dort fehlen, wo die Säulchen c nach dem Turm die Neigung haben, wo sie schon durch das Ge-

109 »Die Kathedralkirche, der Schiefe Turm, das Camposanto und das Battisterium in Pisa«

wölbe, was auf hier drückt, vom Hineinfallen geschützt sind, hingegen bei der anderen Seite durch eben das Gewölbe f noch mehr hinausgedrängt werden. [Dazu seitlich 2 Skizzen.]

Sollte also der Turm einmal gerade gestanden haben, so müßte allenthalben dieselbe Konstruktion geherrscht haben.

Über Livorno weiß ich Ihnen nichts zu sagen, was Sie nur im geringsten interessieren könnte. Die Fahrt in einer Barchetta von hier nach Genua war, die Gefahr der Stürme und der Korsaren und das Unangenehme der ersten Nacht, die wir in der Barke zubrachten, welche in der Mündung eines Flusses vor Anker ging, abgerechnet, unstreitig interessanter, als wenn sie zu Land gemacht wäre, und trug ohnedies für unsere Kassen ein vorteilhaftes Gewand.

Wir verließen die Küste um eine Miglie weit, wodurch wir die schönste Aussicht derselben genossen, die uns auf den Charakter der Gegend besser schließen ließ, als wenn wir auf der Küste am Abhang nur geringe Stücke übersehn hätten. Wir landeten in den Hauptorten, wo wir in passablen Wirtshäusern Nachtquartiere hielten, in Lerici, in Levanto, Porto Venere, und hatten Gelegenheit, den ganzen schönen Golfo von Spezia vom Eingang bis zum Ausgang zu durchstreifen, der gewiß eine der schönsten Seepartien Italiens ausmacht.

Was am 4. Tage unsrer Fahrt die Fortsetzung machte, habe ich Ihnen in der Einleitung gesagt, und eben da ich schließe und ins Bett steigen will, tritt ein Beamter ins Zimmer, der uns beide morgen vor die Sanität fordert. Was daraus werden wird, weiß ich nicht. Sollten wir selbst zur Quarantäne verdammt werden, so müßte das ganze Wirtshaus der Vier Nationen mit uns gehn, was wir unstreitig schon angesteckt hätten.

An Valentin Rose

Genova, den 6. 10. 1804

Seit 5 Tagen lebe ich in Genua unter höchst unangenehmen Umständen, und leider mußte es in Genua, einem so herrlichen und interessanten Ort, sein. Ich ging mit einer kleinen Barke von Livorno an der schönen Küste bis Genua. Am 4. Tage der Fahrt erreichten wir den Golfo des letzteren, aber es schien zu spät, um vor Schluß der Sanität den Hafen zu erreichen. Um also der Unbequemlichkeit, eine Nacht auf der Barke zu schlafen, überhoben zu sein, stieg ich mit meinem Reisegefährten mehrere Miglien vor Genua ans Land und ging in die Stadt, um im Wirtshaus zu schlafen.

Als wir am Morgen zum Hafen gehn, um unsere Koffer und Kisten aus der Barke zu schaffen, erfahren wir, daß die Nachricht aus Livorno da sei, es herrsche das gelbe Fieber dort, und man habe unsere Barke in die Quarantäne geschickt. Welch ein Glück, daß wir früher ausgestiegen waren, aber die Lage ist die unangenehmste von der Welt, wir hatten nicht ein Hemd oder ein anderes Kleid, um zu wechseln, und mußten, da man uns von einem halben Tag zum andern auf die Freilassung der Barke vertröstete, in dem Schmutz der Reise umhergehn. Auf unser Wort, daß wir nichts von dieser Krankheit in Livorno erfahren hatten, traute man in der Sanität nicht, sondern hatte einen Kurier dorthin abgeschickt, der sich genau informieren sollte. Auf die Rückkunft desselben haben wir nun 4 Tage gewartet, als es uns unmöglich schien, länger in den alten Kleidern zu dauern, in denen wir uns scheuen mußten, vor honetten Leuten sehen zu lassen, weder von den Rekommendationen noch von den Schönheiten der Stadt Genuß hatten und uns genötigt sahen, neu zu equipieren. Sie wissen wohl, daß auch dies sein Unangenehmes für die Folge hat. Da heute die Post geht und der Ausgang der Sache noch immer zweifelhaft zu bleiben fürchtet, so sage ich nur ein paar Worte über meine Reise.

Sie werden glauben, daß mir der Abschied von Rom schwer ward, als ich von der Höhe der Kuppel von St. Peter und der weiten Stadt mit allen ihren Schätzen, unter denen ich ein glückliches Jahr umhergewandelt war, das letzte Lebewohl sagte. Und doch mildert die gütige Natur diese Szenen durch tausend durchkreuzende Ge-

110 Blick auf die Peterskirche in Rom

danken für die Zukunft, die sich zu gleicher Zeit so freiwillig dem Geiste bieten. In einem Wechsel solcher Stimmung ging mein Weg in Gesellschaft zweier französischer Offiziere, die ihren guten Humor mir zu gelegener Zeit geltend zu machen wußten, nach Florenz.

Das viele Schöne dieser Stadt ist wohl imstande, den Geist zu zerstreuen und ihn von einer eingewohnten Neigung wieder für das allgemeine Interesse zu verschaffen, so ging es mir. Rom war freilich nicht vergessen, so wie es nie sein wird, aber seine Entbehrung störte nicht mehr im Genuß anderer Gegenstände, und ich habe 6 sehr befriedigende Tage hier verweilt, dann über Pisa meinen Weg nach Livorno genommen. Pisas Dom, seinen Schiefen Turm, sein Camposanto mit der Stufenleiter der ältesten Malerei des Mittelalters konnte ich unmöglich ungesehen lassen.

Bei Livorno schiffte ich ein, um die herrlichen Küsten zu genießen, die auf einem Landwege nur mit Gefahr und Schwierigkeiten und dem Aufwand vieler Kosten zu passieren sind und nicht den Genuß gewähren. Die Barke, die mich trug, verließ die Küste nur eine italienische Miglie weit und ging jeden Abend in einem ihrer Hauptorte vor Anker, wo ich die Nacht in einem guten Wirtshause zubringen konnte. Der Golfo von Spezia, den ich ganz durchkreuzte, ist gewiß eine der herrlichsten Seepartien Italiens. Sturm und eine beständige Furcht vor englischen und afrikanischen Korsaren, die uns mannigmal jagten, verdarben freilich manchen Genuß, welcher Ruhe gefordert hätte, doch würde ich jedem raten, bei günstigen Umständen diesen Weg jedem andern vorzuziehen, um nach Genua zu kommen.

Meine Ereignisse, seit ich Genua betrat, habe ich Ihnen zu Anfang mitgeteilt, und ich schließe mit dem Wunsche Ihres Wohlseins und mit der Versicherung des aufrichtigen Danks, wozu Sie seit so lange schon verpflichteten

Ihren ergeb[enen] Schinkel.

An Valentin Rose

Mailand, [26. Oktober 1804]

Endlich bin ich freigelassen, meinen Weg nach Paris fortzusetzen, nachdem ich auf meine Sachen in der Genueser Quarantäne 26 Tage gewartet hatte. Wiewohl nun Genua, mehr als mancher andre Ort vielleicht, diese Zeit angenehm zubringen ließ, so war es doch gegen meinen Willen und gegen den Wohlstand meiner Kasse, die bei diesem Zufall sehr erschöpft wurde.

Außer dem Verlust der Zeit, den hierdurch mein Aufenthalt in Paris leidet, sehe ich mich in die Verlegenheit gesetzt, das gütige Anerbieten anzunehmen, womit Sie mich, wenn es möglich wäre, mehr noch verbinden würden. Wenn ich auf den Vorschuß von etwa 200 Talern in Paris hoffen dürfte, so würde ich wenigstens beruhigt sein, den dortigen Aufenthalt mit mehr Nutzen genießen zu können, den mir ein zu flüchtiges Überschauen fast verloren macht. Wieviel ich von Ihrer Güte hiermit fordre, weiß ich sehr wohl, da ich Ihnen zur Sicherheit nur mein Wort und zum Dank bis jetzt nur meinen Willen entgegenstellen kann, um aber soviel größer weiß ich dadurch die Schuld, welche ich auf mich bürde, und um so dringender wird mir die Pflicht für die Entladung derselben.

Mein Aufenthalt in Genua war, die Unannehmlichkeiten abgerechnet, so genußreich, als ich ihn von diesem Ort erwartete. Die fast einzige Lage dieser Stadt an dem Abhang der Gebirge, die sie am Fuß amphitheatralisch umzieht, der große Hafen, geschützt durch schöne Dämme, aus denen an der Spitze eines felsichten Vorgebirgs sich ein kühner Pharos erhebt, macht sie an Schönheit Neapel und Palermo gleich. Man hat Promenaden auf den Festungswällen am Meer längs der ganzen Stadt und auf nahen Hügeln, die von den Genuesern sehr geliebt werden und durch die vorzügliche Schönheit der Genueserinnen, die den Römerinnen nichts nachgeben, einen noch höhern Reiz gewinnen. Zu meinem Mißvergnügen fängt das Wetter schon an regnicht zu werden, es hat mir die Reise von Genua nach Mailand verdorben. Das wüste Gebirg Bocchetta macht die Straße sehr beschwerlich, ich war während der ganzen Passage in Regenwolken gehüllt, die ihre unerschöpflichen Quellen auch über mich ergossen, als ich in die Ebene von Pavia hinabstieg, um mir den Genuß vom Eintritt in Mailand zu rauben [?]. Aber ich muß mich geduldig trösten, denn immer weiter führt mich mein Weg nach Norden, und was ist da vom Himmel zu erwarten.

Ich lasse den Posttag nicht vorbeigehn und erspare mir, ein vollständiges Bild von Genua und Mailand mit den Notizen zu verbinden, die ich, wenn Sie erlauben, Ihnen von der ganzen Route nach Paris mache. Jetzt erlauben Sie mir, Ihnen wegen obiger Bitte vorzuschlagen, die Übersendung des Geldes mit Herrn Steinmeyer abzureden, der seinem Sohn vermutlich auch nach Paris etwas sendet oder gesendet hat, unter derselben Adresse werde ich das von Ihnen mir bestimmte Geld ebenfalls erhalten können.

Ich bitte jetzt tausendmal um Verzeihung, und unter den aufrichtigsten Wünschen für das Wohlsein Ihrer lieben Familie empfehle ich mich Ihrer Gewogenheit als

[Schinkel].

111 »Innere Ansicht des Querschiffs des Doms von Milano«

Briefe über italienische Architektur

An Johann Friedrich Unger

Auf einer Reise durch das feste Land Italiens und seine Inseln fand ich Gelegenheit, eine Menge interessante Werke der Architektur zu sammeln, die bis jetzt weder betrachtet noch benutzt worden. Man bemühte sich bisher, entweder die Monumente griechischer oder römischer Zeit oder die Gebäude aus den Zeiten der wiederauflebenden Künste zu Tausenden zu bearbeiten. Letzteres war für den ästhetischen Wert der Architektur von wenig Nutzen, da unstreitig mit Bramante der beste Stil der Architektur aufhörte, und gerade die Periode nach ihm vorzüglich bringt Unheil [?]. Ich habe daher auf diese Gegenstände um so weniger meine Betrachtung zu richten, da sie mir vorher bekannt waren und zum Ideal, das ich mir vorgesetzt und dessen Prinzipien ich zur Zeit vielleicht zu einem Ganzen füge, wenig näher führen.

Eine Menge Anlagen aus früher Mittelalterzeit, selbst aus der der Sarazenen, woran Sizilien vorzüglich reich ist, tragen das wahre Gepräge philosophischen Kunstsinns und Charakterfülle. Andere, neue Werke, die in unbekannten Winkeln des ganzen Landes von Italien stehn, sind durch glückliche Auffassung der Idee und besonders durch die vorteilhafte Benutzung der Umgebungen der Natur, ohne alle Rücksicht der oft aufgestellten Kunstregeln des Palladio, charakteristischer als der größte Teil dessen, was bei uns produziert wird. Durch das Interesse, was mir die Nachforschung dieser Gegenstände mehr und mehr einflößt, ward ich aufgemuntert, die gesammelten Ideen als Fragmente zu bearbeiten, die eine Einleitung zu jenem obenerwähnten Werkchen werden könnten. Ich setze mir dabei vor, Gegenstände von ausgezeichneter Art zu wählen, die den wahren Charakter ihres Landes und ihrer Bestimmung tragen. Ich nehme mir diesem Zweck zufolge die Freiheit, einzelne Teile, welche an einem wirklich vorgefundenen Gegenstande gemein und ohne Charakter stehn, gegen andere, an demselben Ort gefundene, bessere zu vertauschen, um dadurch an dem einen Gegenstande das Interesse zu vermehren. Freunde und Studierende der Architektur, welche in diesen Fragmenten nicht das Gewöhnliche, nach den Regelbüchern Schmeckende treffen, sollten bei jedem Gegenstande ein oder 2 elegante und auf das akkurateste gezeichnete Blätter finden, die, wenigstens 18 Zoll lang und 9 bis 12 Zoll hoch, zur Verdeutlichung der gezeichneten seltenen Details, Verzierungen, Ansichten ganzer Anlagen und Plätze, geometrisch und perspektivisch, mit Andeutung ihrer Umgebung des Landes, den zureichenden Maßstab geben. Der Text würd für jedes Fragment, welches ein Heft macht, 2 bis 3 Bogen stark, und dazu [würden] 2 Kupferplatten erscheinen.

112 Die Kirche S. Lorenzo fuori della mura in Rom

Euer Wohlgeboren lege ich dies Projekt zur Ausführung vor. Es würde mich freuen, wenn es unter der Anordnung eines Mannes ginge, dessen

Verdienste so anerkannt sind, und in einem Orte, den ich selbst nach kurzem wieder zum Aufenthalt wähle. Eine Antwort würde mich in Rom bis in die Mitte Augusts treffen und mich vielleicht dann bestimmen, meinen Aufenthalt in Italien zu verlängern.

Euer Wohlgeboren versichere ich meiner vollkommenen Hochachtung als E. W. verehrungsvoller

[Schinkel].

An David Gilly

Wieviel mir daran liegen muß, um dem Gedächtnis Ew. Hochwohlgeb[oren] nie [?] fremd zu erhalten, davon werde ich Sie zu überzeugen nicht nötig haben, wenn Sie in mir das Gefühl der Hochachtung und des Danks, wozu ich seit so langer Zeit auf immer für Sie verpflichtet worden bin, nicht erloschen meinen. Ja, ich schmeichle mir sogar, daß Ihnen von dem Fortgang eines Ihrer Schüler, wenn Sie mir das Glück dieses Namens erlauben, einige Worte zu hören wenigstens nicht lästig sein wird. Dies ist's, warum ich einen Zeitpunkt gewählt, der für mich das weiteste Interesse bietet, welches ich dem Blatt mitzugeben wüßte, womit ich mich Ihrem Gedächtnis aufs unveränderte [?] vorführen möchte.

Nachdem ich die Grenzen Italiens von der nordöstlichsten Spitze, von Istrien und Venedig, bis zur südlichsten, dem letzten Ufer Siziliens, und von dort bis zur nordwestlichsten, Genova, durchstrichen habe, genieße ich die ganze Übersicht dessen, wohin meine Bemerkungen gerichtet waren, und erkenne bei der Vergleichung die Verschiedenheit und die Beziehungen dieses Landes mit dem Vaterlande näher, woraus der Nutzen für die Folge meiner Arbeiten entspringen muß, den ich mir von der Unternehmung meiner Reise versprach. Sie erlauben mir wohl, in der Reihe, in welcher ich die merkwürdigsten Eindrücke erhielt, Ihnen meine Bemerkungen mitteilen zu dürfen, die Ihnen vielleicht eine Idee geben können, welchen Nutzen die Architektur aus diesem Lande fürs Vaterland ziehen kann.

Der Eintritt zeigte sogleich, außer dem Klima, einen Grund der Hauptverschiedenheit seiner Architektur: sein Mangel an Holz und sein Überfluß an allen Steinarten lassen häufig dort Gewölbe entwerfen, wo wir Balken legen, und veranlassen andere Konstruktion der Mauer und andre des Daches. Es ist sehr natürlich, daß eben deshalb die Italiener im Holzbau weit hinter uns stehn, weil sie weniger darauf achten und weniger damit umgehn. In dem Bau aus Quaderstein, welchen sie vorzüglich im Mittelalter vervollkommneten und jetzt mehr und mehr vernachlässigen, haben sie Werke, die wir mit Bewunderung betrachten müssen, aber leider wenig Anwendung bei uns davon zu machen ist.

Von Triest umschiffte ich die Küsten Istriens bis zu seiner letzten Spitze, dem seiner Altertümer wegen berühmten Pola. Auf dieser Reise sah ich den größten Teil seiner Städte, die an dem Gestade des Meeres Häfen bilden, welche den ehemaligen Handel Venedigs unterstützten. Die Bauart dieser Städte kann ein Architekt nicht ohne Freude sehn, das herrliche Material verschiedener Marmorarten, die aus demselben Boden gebrochen werden, der die Städte trägt, gab auch den geringeren Gebäuden eine Dauer, die sie in ihrer ersten Gründung im 11. zum 15. Jahrhundert bis auf unsere Zeiten erhielt, wodurch man die anschaulichsten Begriffe des damaligen Kunstbetriebs erhält und zugleich bedauert, daß die Liebe zur Solidität und akkuraten Ausführung durch Modesucht und Schein verdrängt worden ist.

Nicht allein die vortreffliche Zusammenfügung der Quadersteine beim geringsten Wohnhause, deren Fuge oft schwer zu erkennen ist, sondern die ganze Anordnung des Details gab ihm die Dauer, welche kaum der sparsamsten Reparaturen bedurfte. Man meidet alles, was dem Einfluß von Zeit und Wetter vorzüglich ausgesetzt war. Die scharfen Ecken an Fenstern, Türen und sogar an den Enden des Gebäudes, in den Gesimsen pp. sind auf so verschiedene und sinnreiche Art abgerundet, ohne dadurch dem Gebäude in Hinsicht des Ansehns die Bestimmtheit zu rauben. Man verband die sämtlichen Mauern des Gebäudes in den unteren Stockwerken mit Gewölben von sinnreicher Konstruktion; in den oberen vermied man gewöhnlich, die Balkenlage in die Mauer zu legen, um durch das Faulen der Hölzer in der Natur der Solidität der Mauer nicht zu schaden, und zog eine andere Vorrichtung vor, die bei der Leichtigkeit ihrer Fußböden wohl vorteilhaft sein konnte. Es wurden da, wo die Decke der Etage liegen sollte, mehrere starke Konsolsteine in die Zimmer hinausgestreckt, auf denen dann ringsumher Gewölbe gelegt wurden, die den Boden halten, so daß jedes Zimmer seine abgesonderte Balkenlage erhielt, die bei Schadhaftigkeit um so leichter auszubessern war. Ein gewöhnliches Zimmer hat nicht mehr als 3 Balken, durch welche lattenähnliche Hölzer in der Zwischenweite eines Fußes gesteckt sind, auf denen Fliesensteine oder Holztafeln mit Kalkfugen gedeckt wurden.

Ob die niedrigen Dächer aus einem gewissen Herkommen oder wegen Holzersparung oder auch, weil das Klima sie nicht anders verlangt, entstanden, ist mir nicht möglich genau zu entscheiden. Obgleich diesen Gegenden der starke Schnee fehlt, der bei uns am meisten für das hohe [Dach] spricht, so haben sie doch manche Monate lang einen so heftigen Regen, daß wir uns in dieser Hinsicht kaum mit ihnen vergleichen können; und dann finde ich, daß sie gegen denselben in der Art ihrer Dachdeckung bei weitem vorsichtiger zu Werke gehen als wir. In der Zeichnung sehn Sie ungefähr die gewöhnliche Art derselben. Die großen Spannwerke (a, b, c) liegen bis 28 Fuß auseinander; über denselben liegen die Hölzer (d), welche die Latten tragen, auf denen in Kalk Fliesen gelegt sind, über welche dann wieder in Kalk die Ziegel mit ihrem Holzstil gesetzt werden. Sehr eigen ist's, *was ich mehr einer Art von Nachlässigkeit als Unwissenheit zuschreibe*, daß die gewöhnliche Verbindung von Balken, das Aufkämmen, Einsetzen der Sparren pp., nicht durch künstliche Fugen, wie bei uns, sondern durch die Kraft von Nägeln und Bändern geschieht. Das Äußere ihrer Häuser bedarf bei ihrer vortrefflichen Konstruktion und dem schönen Material keinen Überzug, das Innere aber empfängt wegen Nässe der Mauern helle Farbe und wieder Rauheit von einem Muster vorzüglichen Kalks, der sehr leicht die Härte von Marmor und seine Politur annimmt und ein beneidenswertes Material ist. Die Treppen der Häuser sind fast ohne Ausnahme von Steinkonstruktion und häufig sehr künstlich.

Die Bauart dieses Landes gewährt, wie Sie aus dem flüchtigen Überblick sehn, den Vorteil mehrerer Feuersicherheit; große Feuersbrunst ist ein fast in ganz Italien jetzt nicht gekanntes Unglück.

Durch diese Reise einigermaßen vorbereitet, kam ich nach Venedig. Die Architektur dieser Stadt erweckt Erstaunen, man sieht hier, was der größte Überfluß an Geld unter Leitung sinnreicher Köpfe hervorbringen konnte. Zu diesem Eindruck kommt der des Altertums, welches fast jedem Gebäude dieser Stadt das Interesse vermehrt. Aber der Stil dieser Architektur fällt ganz außer der Sphäre unseres Wirkungskreises. Die Kirchen und Paläste haben darin Fassaden, die vom künstlichen Getäfel vieler Marmorarten glänzen, deren große Vestibüle und Säle durch eine Reihe feiner Arkadenstellungen auf kühnen Säulchen erleuchtet werden, die in Friesen und Cornichen das feinste Schnitzwerk in hartem Stein enthalten, deren innere Gewölbe mit großen Fresken gemalt und oft von musivischen Arbeiten prangen. [Sie] sind weit mehr gemacht, unsere Theaterszenen zu dekorieren, als in unseren Bauwerken ihre Anwendung zu finden, da uns die Natur dazu die Mittel nicht verlieh. Doch läßt sich für die schöne Architektur mancher Nutzen aus diesem Stil ziehn, den man gewöhnlich den sarazenischen nannte, weil er durch die Vermischung morgenländischer und antiker Architektur in der Zeit der Völkerwanderung entstand.

Man findet in der Anordnung dieser Gebäude eine außerordentliche Vorsicht, [in] jedem Detail, in dem zugleich neben seiner Schönheit eine gewisse Zweckmäßigkeit und Unschädlichkeit gegen die übrigen verband, die bei uns gar wohl ihre Anwendungen findet.

Padova, das mit vielen schönen Gebäuden, besonders im Stil Palladios, prangt, macht auf Venedig wenig Eindruck, weil uns Stil und die Konstruktion weit bekannter ist. Man baut hier mit Mauerziegeln und ungleich gebrochenem Stein, der dann eine Kalktünche erhält, welche ihm das Ansehn unserer Gebäude gibt. Interessanter werden wieder Ferrara und Bologna; sie haben etwas für uns sehr Anwendbares, was ebensosehr der Solidität unserer Gebäude als ihrer Schönheit Vorteil bringen würde: das ist der Bau mit gebrannten Ziegeln, den man hier in manchen Kirchen und Palästen in der höchsten Vollkommenheit sieht. Die Masse, aus der dies Material gebrannt ist, begünstigt durch ihre vorzügliche Güte die Arbeit. Man erstaunt aber über die Akkuratesse in der Ausführung. Die äußeren Fassaden, welche keine fehlerhafte Arbeit unter einem Kalküberzug zu verstecken haben, zeigen die glatteste Ebene, durchschnitten mit den gleichsten horizontalen Fugen, die der feine Kalk vollkommen ausfüllt und fast unsichtbar macht, bekränzt durch die reichsten Cornichen, die, aus demselben Material wie zu dem anderen Schmuck des Gebäudes aufs künstlichste gebaut, alle einen Eindruck von Solidität und Einfachheit geben, der auf keine andere Art bei uns erreichbar wird. Man gibt sich freilich mehr Mühe, die Form der Steine fleißiger zu machen, sie wohl noch zu schleifen, ja allen Verzierungen Formen zu machen und [sie] sorgfältig zu brennen, als bei uns, und erhöht dadurch die Kosten; aber gegen den Aufwand und die geringe Dauer unserer betünchten Wände mit der Menge elender Stuckverzierungen würden sich diese sicher in ein vorteilhaftes Verhältnis bringen lassen.

Die schönen Paläste in Florenz haben einen unserm Klima ganz entgegengesetzten Charakter. Man sieht aus hartem Stein hier Paläste aus der Zeit Bramantes und Michelangelo, die über 30 Fuß hohe Etagen haben und deren Dekken fast durchaus gewölbt sind. Diese Vorsicht war nötig, wenn man die würdigsten der Freskomalereien, die der Luxus jener Zeit in jedem Palaste forderte, für die Nachwelt erhalten wollte. Derselbe Fall ist's mit den römischen Palästen, die alle zu bekannt sind, als daß man noch viel drüber sagen könnte; doch möchte ich Ihnen über die Art der Ausführung etwas mitteilen.

Man baut in Rom vorzüglich mit Mauerstein und mit Travertin. Die Mauersteine sind von guter Qualität, aber sehr teuer; die Puzzolanerde ist für den Bauenden das Kostbarste. Man bringt sie auf Eseln in kleinen Säcken zur Stadt, eine Art, die durch die Umstände der Sache erfordert wird. Die Puzzolangruben sind nämlich so schmale und lange Höhlen, im Gebirge hineingearbeitet, daß ein Wagen nicht hineingehn kann, sondern daß die Esel sich mit den Säcken genau durchwinden. Die Einrichtung, diese Höhlen so schmal anzulegen, ist von alters her Gebrauch, und der hat hier noch immer großen Wert, sei's auch schlechter. Wie kostbar, beschwerlich und langweilig also die Herbeischaffung dieses Materials gehn muß, können Sie leicht denken. Da man nun also einmal um ganz Rom zu dieser Arbeit Esel oder Maulesel hält, so verrichten diese auch die Herbeischaffung der Mauerziegeln, des Kalks und anderer Materia-

113 Ruinen auf dem Palatin

lien, ohne Wagen, auf eine ebenso beschwerliche, kostbare und langweilige Manier. Bei dem Aufwande vieler Menschen arbeitet man doch in Rom langsam und überaus kostbar.

Der größte Teil der Denkmäler alter Baukunst bietet nichts Neues für den Architekten, weil man von Jugend auf mit ihnen bekannt wird. Der Anblick dieser Werke in der Natur hat etwas Überraschendes, was nicht sowohl von ihrer Größe als von der malerischen Zusammenstellung herkommt. Die Größe dieser Werke fällt nicht auf, weil wir Werke gotischer und neuerer Baukunst haben, die in dieser Rücksicht mehr Wirkung tun; überdies steht der größte Teil der Ruinen Roms sehr eng beieinander, ist mit einer Menge Gebäude umringt und erlaubt, die Aussicht vom Kapitol aufs Forum abgerechnet, keine vorzügliche Übersicht. Es ist ein Vergnügen, zu sehn, wieviel auch die Alten auf die Vervollkommnung [?] des Baus mit Mauerziegeln verwendet haben. Der größte Teil ihrer Gebäude, die Portiken und großen Arkaden der Amphitheater [und] einige andere Teile abgerechnet, bestand aus dem Bau mit Mauerziegeln. Das Innere der Mauern errichteten sie, mit einem außerordentlichen Aufwand von Kalk, unregelmäßig; indem sie das Äußere im akkuratesten Stil aufführten, füllten sie mit Steinstükken, mit Kalk gemischt, das Innere. Sie führten ungeheure Werke in diesem Bau aus, wovon die großen, überwölbten Korridore in den Bädern zeugen, die oft mit einem Tonnengewölbe im Halbkreis von 70 bis hundert Fuß Breite gewölbt waren. Von eben der Art sieht man Nischen in diesen Werken, deren Kappe nicht einmal aus regelmäßiger Konstruktion besteht, sondern aus der reinen Masse von Kalk und Mauerziegelstücken, die, über ein untergespanntes Brettgestell, welches genau die Form der Nischenkappe hat, hingegossen und getrocknet, ein festes Stück bildeten; indes ist dies nicht leicht ohne jene Puzzolane zu wagen.

Je weiter nach Süden, je mehr weicht die Architektur von der unsern. In Neapel und Sizilien kennt man die Ziegeldächer fast gar nicht. Man wölbt das ganze Haus oben flach zu und gießt einen sehr festen Guß aus Puzzolan und Gips drüber. Auch in Rücksicht der Distribution ist die Architektur dieser Länder weiter von der unserigen entfernt. Das, was wir gewöhnlich bei Wohnhäusern Platzverschwendung nennen, wird immer stärker, je südlicher die Länder sind. Offene Hallen, von Pfeilern und Arkaden getragen, und weite Korridore, die auf allen Seiten zu breiten Altanen oder Weinlauben führen, nehmen den größten Teil eines Hauses ein. Bei der geringen Zeit, die man in diesen Ländern in dem Zimmer zubringt, dient der Raum zum Verkehr jeder Arbeit [3 unleserliche Wörter], und die durchstreichende Luft kühlt.

Bei meiner Rückreise über Neapel, Rom, Florenz, Livorno, Genova und Mailand, Turin nach Frankreich hatte ich Gelegenheit, die vorzüglichsten Theater dieser Städte schnell hintereinander zu sehn und zu vergleichen. Und es ist gewiß keins, an dem man nicht etwas aussetzen könnte. Das wegen seiner Größe berühmte Theater San Carlo in Neapel tadle ich außer einer Menge andrer Mängel eben seiner Größe wegen; man sollte meiner Meinung nach nie so große Theater bauen. Auch wenn die Theorie des Schalls hinlänglich aufs reine gebracht wäre, was bis jetzt noch nicht geschehn ist, halte ich's für unmöglich, einen so großen Raum durch eine bloße Form für die vollkommen gute Aufführung einer Musik geschickt zu machen. Ich weiß wenigstens von diesen Theatern, daß auf einem vom Theater entfernten Platz von Musik unendlich viel verlorengeht und die Sprache auch im Rezitativ gänzlich unverständlich wird.

Die Konstruktion des Theaters selbst, welches durch seine unbegreiflich nachlässige Zimmerarbeit merkwürdig wird und jetzt große Reparaturen veranlaßte, weil man befürchtete, daß der Plafond einstürzen würde, ist gleicherweise schlecht in seiner Einrichtung der Szene, die nicht nur unbequem, sondern für die Spielenden durch die nachlässige Behandlung der Maschinerie höchst gefährlich ist. So sind die Contrepoids, die eine große Menge sind, welche bei uns von Eisen gegossen sind und in Kanälen an der Mauer herabfallen, in diesem Theater offene Holzkasten, mit Steinen angefüllt, die über den Köpfen der hinter den Kulissen sich verbergenden Schauspieler schweben und aus denen bei zu schnellem Herabziehn oft Steine fallen oder die bei ihrer losen Arbeit oft auseinanderlassen und, ihre ganze Steinmasse hinabschüttend, eine Menge Menschen beschädigen oder gar auch töten. In dem großen Theater von Mailand bemerkte ich an gegenüberliegender Stelle des Parterre denselben Verstärkungshall, der in unserm neuen Berliner Theater bemerkt wird.

Italien enthält noch einige Werke gotischer und sarazenischer oder spätmittelalterlicher Baukunst, die bisher zu wenig betrachtet und geschätzt wurden und in denen ein Charakter liegt, der Ehrfurcht für das Zeitalter ihrer Entstehung erregt. Sie zeigen uns deutlich, daß Sorgfalt und Fleiß jedem Werke den höchsten Grad, verbunden mit einem unverdrängten Gesetz der Wahrheit, der Anwendung erhielt. Hierher gehören die Dome von Mailand, Florenz, Pisa, Orvieto, Siena, Palermo, Monreale, die alten Paläste Venedigs, Genovens, Palerms, die leider mehr oder weniger nach und nach verändert wurden und zum Teil nicht mehr vollkommen in ihrer originellen Form dastehn. Aber ich möchte es eine Schärfung des Gewissens nennen, die man bei dem Besteigen des Mailänder Doms empfindet, der leider noch nicht vollendet ist. Man mag hier in den entferntesten Winkel der Dachkonstruktion geraten, so erblickt man vollendete, geschmückte Architektur. Man mag den Dom von oben herab sehn oder von unten herauf, die Ausführung ist gleich gepflegt, es ist da kein

114 »Äußeres des Doms von Milano«

Teil, der, weil er dem Auge gewöhnlich versteckt ist, nachlässig behandelt ist, keine Vermissung desselben Stilgesetzes, das in den Hauptansichten herrscht.

Die Art der Dachdeckung ist, von oben herab gesehen, in demselben Stil, mit derselben Mühe, mit den Verzierungen derselben Gattung wie die Wände der Kirche außerhalb und innerhalb und wie die Gewölbe unter der Erde. Der Architekt ließ denselben Geist bis in das geringste Detail gehn; alles ist in einer unzertrennbaren Harmonie, und man könnte sagen, wenn ein Ziegel nach einem andern Gesetze läge, als er liegt, so würde das ganze Werk eine andere Gestalt annehmen müssen, um wieder mit ihm in Zusammenhang zu treten. Bei dieser Vollendung ist das Material eins: das ist Marmor aus Carrara und etwa das wenige Eisen zu seiner Verbindung; weder Holz noch anderer Stein ist in dem ganzen Werk zu finden. Wenn wir vergleichen, was wir selbst bei den importantesten Werken durch Blendwerk und Übertünchung verstecken, was wir oft in den Plänen vergessen und was anders, als wir glaubten, in der Ausführung hervorgeht, was wir auf die zufälligen Talente der Handwerker ankommen lassen und, [das] Übelste, was die Verunglückung der Fabrikation unsres Materials den Werken für Eintrag tut, dann ist es unmöglich, daß wir bei der Betrachtung eines Werkes dieser Art ohne Hochachtung gegen den Charakter jener Zeit bleiben können. Ich wenigstens muß gestehn, daß mir die Erinnerung in der Folge für die Art der Bearbeitung der mir anvertrauten Aufgaben als höheres Muster (ich rede hier nicht vom Stil) die Werke dieser Zeit vorführen soll, die mit den Werken der Griechen (den Stil ausgenommen) alles gemein haben und im Umfang dieselben bei weitem übertreffen. Aber es ist genug, Herr Geheimrat, Sie Ihrer Zeit nicht weiter zu berauben. So flüchtig auch die Bemerkungen sind, die ich in Hinsicht meiner Bestimmung über das Land machte, so haben sie mehr Raum erfordert, als ich glaubte nötig zu haben, um mich, ohne lästig zu werden, Ihrem Gedächtnis vorführen zu können. Ich schließe daher nun mit der Bitte, mir Ihre Gewogenheit zu schenken, und mit der Versicherung, daß niemand dadurch mehr verpflichtet werden kann als, Herr Geheimer Rat,

Ihr gehorsamer [Schinkel].

Mit Herrn Moser habe ich noch 4 Wochen sehr froh unter dem Genuß der Schönheiten Roms verlebt; seit ich Rom verließ, habe ich keine weitere Nachricht von ihm.

An David Gilly

Geschmeichelt durch das werte Blatt, welches ich als Zeichen einer geneigten Aufnahme meines flüchtigen Aufsatzes nehme, kann ich nicht unterlassen, Sie zugleich von meiner Freude und von der aufrichtigen Anerkennung einer so gütigen Aufmerksamkeit zu versichern und zugleich mich zu verpflichten, über die darin getanen Äußerungen einige Worte für meine Rechtfertigung zu sagen und die darin enthaltenen Fragen, wieweit es mir möglich ist, zu beantworten. Die Vergessenheit, den Ort und Datum hinzuzufügen, entstand aus der geringen Kenntnis, die ich vom französischen Kalender habe; ich schickte nach einem dergleichen Kalender, und mit diesem Geschäft rückte die Zeit der Post heran, wo ich denn in der Eile einen Brief (an dessen Besorgung ich seit meiner Verlassung Italiens durch mancherlei Umstände gehindert wurde und der mir so am Herzen lag) fortzuschicken [hatte und] vergaß, das hinzuzufügen, was nicht zum Wesentlichsten des Inhalts beitragen konnte.

Ich hätte in meinem Briefe nicht von Ihrem unvergeßlichen Sohn geredet: Diese Äußerung ist mir wirklich nahegegangen, weil ich dabei die beste Absicht von der Welt hatte, indem ich dies wirklich absichtlich vermied. Eine Erinnerung an den Verlust eines so teuren Gegenstandes kann nicht ohne Schmerz in uns erregt werden; so habe ich denn nach dem, was meine Empfindung mir darüber sagte, mir für jeden Fall zum Gesetz gemacht, zu vermeiden, wo es bei mir steht, diese Erinnerungen zu wecken. Ich

115 Idealkomposition des Mailänder Doms auf der Höhe von Triest

wünsche nicht und zweifle so gern an der Möglichkeit, daß ich durch dieses Benehmen bei Ihnen, Herr Geheimrat, die Meinung erreicht habe, als hätte ich vergessen, was mir der Selige war; daß, wenn das Geringste in mir aufkeimt und einigen Fortgang findet, ich seine Vorteile nur dem lehrreichen Umgang mit ihm folgern darf; daß für jedes Glück, was mir bis jetzt in meiner Laufbahn begegnete und was in Zukunft vielleicht noch meiner wartet, nur von ihm her der erste Samen fiel; daß ein unauslöschliches Dankgefühl immer in meinem Herzen leben und mich an den Schöpfer dessen, was ich bin, erinnern wird. Ja selbst das Verhältnis, in welchem ich stand, da ich nicht allein in jenem teuren Umgang täglich die nützlichste Belehrung empfing, sondern mir schmeicheln kann, als Freund sogar behandelt worden zu sein, dies Verhältnis kann dem, der es kannte, wie Sie, Herr Geheimrat, wenn mir auch nur der geringste Grad von Gefühl zugetraut wird, die ganze Nähe der Wirkung eines so unersetzlichen Verlustes in mir außer Zweifel setzen, und wieviel mehr, wenn ich mir schmeicheln darf, etwas mehr davon zu besitzen. Ich würde, wenn nicht gewissermaßen die Aufforderung dazu vorhanden gewesen wäre, selbst diese Worte vermieden haben, Empfindungen zu versichern, für die im Ausdruck Worte nicht hinreichen und die ich gern im Innersten verschließe, wo sie tiefer und rührender das Herz ergreifen.

Die Ehre, welche Sie mir durch die Aufnahme meiner hin und wieder notierten Reisebemerkungen in dem Journal der Baukunst machen, wird mir ein neuer Antrieb sein, mich dessen einmal würdig zu machen; doch wünschte ich aus mehreren Gründen nicht, die zu flüchtigen Bemerkungen öffentlich bekannt zu sehn, die Sie mit gütiger Nachsicht einer Aufnahme würdigten. Wenn mir das Glück freisteht, mich darin öffentlich zu produzieren, so möchte ich gern Gegenstand und Behandlung des Gegenstandes so wählen, wie es für diesen Zweck meiner Meinung entspricht; besonders da es das erste ist, was ich von mir gedruckt sehe, so wünschte ich wenigstens mir selbst darin die beste Anmutung machen zu dürfen.

Was die Bohlendächer betrifft, so wage ich kaum eine Bemerkung darüber zu sagen, da das, was man darüber bemerken kann, hauptsächlich in Paris ist, wovon ich Ihnen, Herr Geheimer Rat, gewiß nichts Neues sagen könnte. In Italien sieht man bis jetzt fast nichts von dieser Art; das Rathaus in Padova, wovon ich in meinem Briefe sprach, ausgenommen, das aber vielleicht aus der Zeit des Philibert de l'Orme oder früher ist. Wiewohl es nicht vorzüglich in seiner Konstruktion ist, so kann ich, wenn Sie wünschen, aus einer Skizze sehr leicht eine Zeichnung davon zusammenbringen. Es fehlt mir noch die Gelegenheit, genaue Kunde vom Ourcq-Kanal-Bau einzuziehen; es soll aber wegen der Zahlungen nicht, soviel ich jetzt hörte, gearbeitet werden. Ebenso scheint es mit dem Brückenbau am Jardin des Plantes, mit der Reparatur des Panthéons und dem Dach der Halle aux Bleds zu gehen. Diese [unleserliches Wort] drei Unternehmungen liegen jetzt vollkommen danieder [?]; an der Herstellung des letzten zweifle ich fast ganz.

Umstände und ein wirklicher Mangel an Genuß im Verhältnis des darauf Verwendeten, eine gewisse Untätigkeit bei beständiger Beschäftigung (eine Folge des wenigen Selbstwirkens, man läßt hier mehr auf sich wirken, als man aus sich wirkt): dies alles bestimmt mich zur schleunigsten Rückkehr ins Vaterland, wo ich mich nach einer in vollkommener Ruhe neu unternommenen Arbeit von einiger Bedeutung sehne, das, welches ich während einer zweijährigen Reise entbehren mußte.

Die Gefahr in Italien ist nicht so groß, als man sich entfernt von dem Unglück einbildet, und deshalb fürchte ich für Moser, der bei seinem Verstande sich gewiß zu schützen weiß, nicht; ich selbst habe der Entstehung des Übels in Livorno beigewohnt und war zugegen in Genova, den Fortgang während eines Monats zu bemerken. Ich hoffe, mündlich darüber Ihnen manche Bemerkung sagen zu dürfen, die die Sache in ein anderes Licht setzt.

Mit größter Hochachtung versichere ich noch einmal die aufrichtigste Anerkennung Ihrer Zuneigung und die beständige Ergebenheit Ihres

[Schinkel].

Dürfte ich Herrn Levezow zu grüßen bitten. Ich habe keine Nachricht, ob er die wenigen Zeilen aus Palermo erhalten hat, in denen ich ihm die dringendsten Empfehlungen für Ew. Hochwohlgeboren sandte.

Briefe von der Rückreise über Paris

An Christian Graf von Haugwitz

Hochgeborner Herr Graf, insonders hochzuverehrender Herr Staats- und Kabinettsminister.

Vor vielen preise ich mich glücklich, daß mir das Schicksal die Mittel bot, durch das, was mir die Arbeit brachte, den heißen Wunsch zu befriedigen, von dessen Erfüllung ich von früher Jugend an für das, wozu ich mich bestimmte, soviel Belehrung als Vergnügen hoffte. Zur Hälfte ist der Wunsch jetzt erfüllt. Seit einem Jahr beglückt mich der Genuß Italiens; er lockte mich an, auch entferntere Teile, Istrien, Sizilien, zu besuchen, vor allen reich an Schätzen, doch weniger besucht, da manche Schwierigkeit den Weg versperrt, und leider überstieg das Unternehmen meine Kräfte. Ich sehe, daß ich für das, was ich an jenem Ort genoß, an einem anderen entbehren muß, wo die Entbehrung mir vielleicht empfindlicher in jeder Hinsicht wäre.

Mit einer kühnen Bitte trete ich vor E[uer] Exz[ellenz], zu der mich die bekannte Güte und mein Geschick bewegt. Durch die Vermittelung, durch ein Wort vielleicht, was E[uer] Exz[ellenz] mir gütigst gewährten, geschähe es, daß eine Unterstützung, die mir der Staat verliehe, den Aufenthalt in Frankreich, wenn auch nur um ein halbes Jahr, fristete. So würde ich um so eher durch diese Schuld, nicht nur um mehreres verpflichtet als in dem größten Feld des Dargebotenen, die Mittel finden, dem Staate mit dem, was ich vermag, nach aller meiner Kraft zu nützen. Die Lage, worin sich diese Bitte erzeugte, läßt mich, wo nicht Gewährung, doch Verzeihung hoffen. In dieser Hoffnung sehe [ich] der Entscheidung entgegen und unterwerfe mich mit innigem Vertrauen Ew. Exzellenz weiser Bestimmung als Ew. Exz[ellenz]

[Schinkel].

Sollte mir das Glück einer Antwort zuteil werden, so wird meine Adresse durch meinen Vormund, den Apotheker Rose, Assessor im Collegio Medico in der Spandauer Straße, dem Heilgeist-Spital gegenüber, nach Paris besorgt werden, wo ich in 2 bis $2^1/_2$ Monat zu sein hoffe.

An Christian Graf von Haugwitz

Den gütigen Brief nebst dem Wechsel auf 60 Zechinen erhielt ich mit wahrer Überraschung, weil ich nicht die Absicht hatte, E[uer] Exz[ellenz] mit der Übersendung eher zu Last zu fallen, als mein Geld in Ihren Händen sei, und so durfte mir dann diese Güte nicht willkommener sein als gerade zu dieser Zeit, die für meine Vorhaben allein günstig ist. Ich wünsche, daß das Schicksal meinem Trachten die Hand reiche, ein Mittel zu finden, wodurch ich E[uer] Exz[ellenz] von meiner Erkenntlichkeit überzeuge.

Mit größter Hochachtung bleibe ich Ew. Exz[ellenz]

untert[änigster] Schuldner [Schinkel].

An Valentin Rose

[Paris, Dezember 1804]

Ich empfange den mir zugesandten Brief mit wirklicher Rührung. Ich sehe nicht allein eine gewagte Bitte darin so pünktlich gewährt, sondern ich sehe diese Bitte auch in [einer] Art erfüllet, die mir von neuem den ganzen Umfang eines vortrefflichen Herzens und zugleich alle meine dadraus geketteten Verpflichtungen zeigt. Nehmen Sie wenigstens vorläufig den Dank von mir, an dessen Aufrichtigkeit, hoffe ich, Sie nicht zweifeln werden, bis ich imstande sein werde, durch andere Mittel eine schwer auf mich gebürdete Last abzulegen. Ich lasse den Posttag nicht vorübergehn, Ihnen nur mit einigen Worten von dem richtigen Empfang des Wechsels von 800 Franken Anleihe durch Herrn Ruh und von meinen Ereignissen zu benachrichtigen.

Seit 10 Tagen werde ich von dem Tumult der Stadt umtobt, in welcher sich unter allen Städten der Erde der größte Kreislauf menschlichen Wirkens windet, erhöht durch den Zeitpunkt, der ein Fest herbeiführte, wovon die Welt ein gleiches bis jetzt nur eins aus früherer Geschichte kannte. Die Lage war die vorteilhafteste für einen günstigen Eindruck, den ich von dieser so oft erwähnten Stadt fassen konnte, und ich muß gestehn, daß ich bis jetzt von einem Staunen zum anderen so unwillkürlich umhergeworfen wurde, daß ich noch nicht die Zeit gefunden habe, mit ruhiger Besinnung die unzähligen Einwirkungen zu untersuchen. Ich halte es für unnütz, Ihnen eine detaillierte Beschreibung des Krönungsfestes zu geben, weil Sie unablässig in den Zeitungen umständlich genug davon unterrichtet werden, und die kleinen, zufälligen Ereignisse, welche bei dergleichen Vorgängen unausbleiblich sind, erspare ich aus mehreren Gründen auf eine mündliche Erzählung.

Ebensowenig wage ich es, von den Merkwürdigkeiten dieser Stadt ein Bild zu entwerfen, teils weil ich durch die Menge derselben, von denen sich der größte Teil zugleich darbietet, bis jetzt verhindert bin, von jedem einzelnen die richtigste Idee zu fassen, teils weil eben diese Menge mir droht, ein Ende zu finden, wenn ich nicht Bände anfüllen will, wozu ich weder jemals die zureichenden Kenntnisse erlangen noch die Lust haben kann, nach denselben zu streben, indem viele Hunderte sich darin zur Genüge für die öffentliche Bekanntmachung gezeigt haben. Ich führe Ihnen nur eine meiner Lieblingsempfindungen an, die mir dieser Ort gewährt und welche meinem Aufenthalt mehr Dauer gibt, der sonst vielleicht bei seiner kurzen Bestimmung noch kürzer werden würde: das ist der ruhige Genuß, wenn man aus den rauschenden Freuden des Palais-Royal, der Boulevards, der Theater, der Gärten, fast aller Straßen in die geheiligten Säle der Kunst des vortrefflichsten Museums tritt. Obgleich das praktische Studium hier durchaus verbannt sein muß, da der freie Zutritt diese Säle zur Promenade und zum Rendezvous der höheren und niederen Pariser Welt macht, so kann dies dem Freunde der Kunst nicht hindern, hier ein ebenso nützliches Studium des Geiste[s] bei der Betrachtung der größten Meisterwerke aus allen Zeitaltern zu finden und einen überaus großen Genuß daraus zu ziehn.

Meine Reise von Mailand über Turin, den Schnee auf dem Gipfel des Mont Cenis, der einer der höchsten Punkte dieses Alpenarms ist, von dort über Chambéry, Lyon nach Paris hat mir in Hinsicht der Naturmerkwürdigkeiten und mancher artigen Bekanntschaft unter meinen Reisegesellschaftern sehr viel Freude gemacht. Der Zug des Papstes, der uns immer auf dem Fuße nachfolgte, verhinderte einen längeren Aufenthalt als 3 Tage in Lyon, weil die Pferde der ganzen Route bis auf 40 Lieus zu beiden Seiten in Requisition gesetzt waren und selbst die öffentlichen Fuhrwerke, als die Diligenzen, mit welchen wir gingen, bedroht wurden, in ihrem Fortgang gehindert zu werden. Indes kamen wir glücklich ohne Aufenthalt, mehrere Tage früher als der Papst, in Paris an.

Ich erspare mir jetzt, Ihnen ein mehreres von dieser Reise zu sagen, weil ich den Posttag nicht ungenützt vorbeilassen möchte und die Zeit mir bis hier zu schnell entging, um etwas ausführlichere Details aufgesetzt haben zu können.

Nun füge ich noch einmal aus Vorsicht die Bitte hinzu, die ich [in] einem Briefe, aus Mailand datiert, der vielleicht verlorengegangen sein kann, an Sie zu tun wagte: daß ich nämlich genötigt bin, von Ihrem gütigen Anerbieten Gebrauch zu machen, wodurch ich, wenn es möglich wäre, noch mehr für Sie verpflichtet werden würde, und Sie ersuche, mir etwa 200 Rtl. zu leihen, welches ich für Paris und meine Rückreise gebrauchen möchte. Herr Steinmeyer, der für Sie oft Geld hierher besorgt, würde von Ihnen mir Bestimmtes mit besorgen können.

Ich muß noch einmal mit der Versicherung des größten Danks um Ihre Verzeihung bitten und dem Wunsch des höchsten Wohlganges für Sie und Ihre liebe Familie, die ich in $2^1/_2$ Monat gesund und wohl wiederzusehn hoffe. Wenn Sie die Güte haben, mich ihr zu empfehlen, so vermehren Sie die Beruhigung, wertester Cousin,

Ihres ergebenen [Schinkel].

Zweite Reise
1824

116 Franz Louis Catel: Schinkel 1824 in Neapel

Wittenberg, Halle, die Provinz Sachsen

Den 29. Juni

Schönes Wetter. Begegnung Rauchs zwischen Treuenbrietzen und Kropstädt. Veränderung des Reiseplans, statt über Magdeburg, über Halle; der Fuhrmann, aus Halle, will dort frische Pferde nehmen, uns von da in 2 Tagen nach Kassel bringen. Lustige Unterhaltung im Wagen, meistens französisch wegen Brandt. Abends 11 Uhr in Wittenberg; gutes Abendessen für uns Hungernde. Trefflicher Schlaf bis 4 Uhr morgens.

Den 30. Juni

Nach der Toilette Besichtigung von Luthers Monument, welches eine schöne Wirkung macht. Der Baldachin, in Eisen gegossen, fast zu leicht gehalten, steht rücksichtlich der Ausführung und Reinheit des Gusses der Bronze an der Statue nicht nach. Der grünliche Anstrich des Eisens ist sehr schön getroffen gegen die rötliche Farbe des Granits. An der Statue, welche mit zu vielen kleinen Falten überladen ist, könnte der Stil der Falten auch besser sein, sie sind alle zu gleichmäßig rundlich, haben keine dezidierte Linie und Fläche. Der Kopf recht schön im Charakter und gut ausgeführt. Das ganze Monument dem Platze angemessen, von angenehmer Wirkung.

Um 5 Uhr setzen wir den Weg fort. Die Elbe hat weite Überschwemmungen gemacht, wir fahren auf den Dämmen, welche mit ihren Brükken nur so eben aus dem Wasser hervorragen. Ein heiterer Morgen macht den Anblick der großen Wasserflächen, aus welchen Bäume und auch Gebäude hervorsehen, sehr heiter und zugleich fremdartig. Wir fahren bald durchs Wasser, welches über die Achsen geht, und hören, daß aus Dresden Nachricht von höherem Steigen eingelaufen, wodurch großer Schaden erwachsen kann. Die Besitzer der Wiesen arbeiten an Notdämmen, um ihre Heuernte zu retten. Wir passieren nahe bei Raguhn, einem kleinen Städtchen, nochmals tiefes Wasser. Mittagessen in Raguhn. Ein Hammelbraten war von der Art, daß M. Brandt ausrief: »C'est la première fois de ma vie que je mange le rôti d'un bouc.« Die Sache hat auch später noch viel Anlaß zum Spaß gegeben. Wir halten uns in diesem Lande an vortrefflichem Bier, schöner Butter und schönem Brot, die Wirtsleute verlangen überall fast nichts für ihre Ware. Wegen der Überschwemmungen wurde der Weg bis Halle etwas lang durch notwendige Umwege, wir kamen erst halb zehn Uhr in Halle an. Vor dem Abendessen zeigte ich meinen Reisegesellschaftern im Zwielicht einen Teil der Stadt und die malerischen Kirchengebäude, welche sie sehr entzückten. Unser Zimmer geht auf den Markt. Wir können den Türmer oben auf der Brücke sehn, die von einem Turm der alten Marktkirche zum andern führt, er bläst auf einer Posaune recht schön einen Choral in die Nacht hinein und zieht sich dann in sein einsames, schwacherleuchtetes Zimmer zurück.

Wir speisen gut zu Nacht und gehn schlafen. Das starke Bier von Halle und die hochgetürmten Federbetten machen die Nacht für mich etwas heiß.

Den 1. Juli

Ich stehe, der Hitze zu entgehn, um 3 Uhr auf, mache meine Toilette recht langsam und gemächlich und befinde mich vortrefflich; alle körperlichen Funktionen sind im besten Gange. Nach dem Kaffee wird bis 5 Uhr die Stadt und das Innere der Marktkirche besehn. Man ist sehr erbaut von dem Malerischen der verschiedenen Winkel der Stadt, ich selbst sehe neue vortreffliche Ansichten auf Standpunkten, die ich bis dahin nicht gekannt hatte, besonders eine, wo das Wasser rauschend aus den Mühlen hervorbricht; darüber die Trümmer der Moritzburg, die Moritzburgkirche mit ihren runden Giebeln und darunter viele heimliche Gartenanlagen mit Lauben und dicken Fliederbüschen auf und an den alten Mauern herum.

Das Äußere der andern Moritzkirche, deren Architektur mit schönen Skulpturen bedeckt ist, und das Innere der Marktkirche, in einem ganz eigentümlichen neueren Mittelalterstil sehr harmonisch durchgeführt und erhalten, mit sehr kühnen und künstlichen Konstruktionen, wird mit Vergnügen bemerkt. Bei der Abfahrt macht uns der Fuhrmann die Surprise, daß er uns verläßt und einem andern, jüngeren überweist, welcher frische Pferde vor den Wagen spannt. Wir sind mit dem zweiten sehr zufrieden.

Der Weg durch die fruchtbarste Gegend ist angenehm, das Wetter schön; wir frühstücken in Seeburg, welches mit seinem Schloß am See schön liegt. Zu Mittag sind wir in Eisleben, sehn Luthers Haus, bei welchem in einem neuen Gebäude eine Schule vom Könige gestiftet worden. Im oberen Saale des Hauses sind einige alte Bilder und sonstige Gegenstände in Beziehung auf die Reformation zusammengestellt.

Nachmittags geht der Weg, immer im angenehmsten Lande, fort über Sangerhausen nach Roßla, wo wir die Nacht bleiben. Die Gebirge der Unstrut, besonders der Kyffhäuser, nimmt sich herrlich aus; wir sehn die Gegend in schöner Beleuchtung mit einem anziehenden Regenschauer, welcher auch uns im Wagen auf eine Stunde heimsucht. Der Abend ist wieder schön. Unser Wirtshaus ist neu gebaut, wir gehn durch einen großen, ganz weißen Tanzsaal zu unseren Zimmern. Das Abendbrot ist gut. Wir legen uns früh zu Bett.

Den 2. Juli, freitags

Ich denke an die Reise nach Stettin, die Ihr heut antretet, und wünsche innigst alles Glück, mit Sehnsucht erwarte ich Euere Nachrichten.

117 Die Ruine der Moritzburg in Halle

Das Wetter wird regnicht; wir genießen wenig von der schönen Gegend. Die Gebirgswege fangen an, schlecht zu werden, wir bleiben zum Frühstück in Nordhausen, einem angenehmen Städtchen, dem Geburtsort der Eckartstein. Hinter der Stadt hätten wir die Ansicht des Brockens haben können, aber das Regenwetter verhinderte alles. In einem schlechten, unreinlichen Wirtshause in Wilfingerode, einem Dorfe, sind wir zu Mittag. Es ist nichts da zu haben, und im Hause ist es unreinlich. Meine Reisegesellschafter finden aber doch etwas zu speisen heraus, weiche Eier, deren M[onsieur] Brandt eine gute Quantität zu sich nimmt, dabei sehr spaßhaft des gestrigen Bouc erwähnt: »Ce fameux bouc! avez-vous vu, comme j'ai travaillé, il ne fallait pas se donner du temps à y réfléchir, il fallait se dépêcher, pour ne pas le faire revenir, bah! c'est fini, c'est bon!«

Das Wetter bleibt bis Abend schlecht, wir haben entsetzliche Wege zu machen, der Lehm des Schiefergebirgs hängt dick um die Wagenräder; schon tritt das Zwielicht ein, und der Ort Heiligenstadt will sich immer nicht zeigen. Die Menschen rechnen hier jede Stunde Wegs doppelt so groß als bei uns. Endlich kommt eine Chaussee, und wir sind sehr glücklich, wenigstens sicherer gelangen zu können, aber die Freude ist kurz, die Chaussee hört bald wieder auf. Noch eine Stunde ziehn wir auf schlechter Bergstraße hinunter, bis endlich eine Chaussee kurz vor dem Ort uns sehr erfreute und fatiguierte Leute ins Wirtshaus bringt. Die Wirtschaft ist auf altertümliche Art eingerichtet, man befindet sich aber wohl dabei. Der Regen dauert die Nacht hindurch fort, und am andern Morgen ist er gleichfalls hinderlich, die schönen Kirchen der Stadt zu sehn, welche nur aus der Ferne im Hinausfahren unsere Sehnsucht rege machen.

Kassel und Westfalen

Den 3. Juli, Sonnabend

Ich wünsche, daß Ihr besseres Wetter nach Stettin haben mögt, uns geht es schlecht, indes gegen 10 Uhr blickt die Sonne mannigmal durch. Wir fahren in einem fruchtbaren schönen Lande. Herrliche Täler, Gebirge mit Buchenwäldern, Flüsse in der Tiefe, die mit angenehmem Laubwerk eingefaßt sind, wechseln ab. In der Gegend von Witzenhausen, der ersten hessischen Stadt, gibt es schöne Weingärten, an Sandsteinfelsen malerisch hinaufgebaut, mit Treppen, Grotteneingängen und kleinen Lusthäusern. Im Ort frühstücken wir gut und setzen unter wechselndem Wetter in den angenehmsten Umgebungen den Weg nach Kassel fort, wo wir um halb 8 Uhr eintreffen. Nachdem unser Kutscher abgelohnt ist, wird eine Abendpromenade durch die Stadt gemacht. Der schöne Wilhelmsplatz erfreut die Reisenden sehr mit seiner herrlichen Lage am Abhang gegen die reiche Aue. Ein gutes Abendessen im Wirtshause Zum Kronprinzen stärkt uns, und ich gehe mit dem Gedanken zu Bett, Euch glücklich in Stettin angekommen zu wissen.

Den 4. Juli, sonntags

Um 5 Uhr aus dem Bett, geht es nach Wilhelmshöhe, wo uns das zweifelhafte Wetter doch einige helle, sehr schöne Momente für die weite herrliche Aussicht vom Oktogon hinab gewährt. Die Reisenden sind über das kolossale Werk ganz erstaunt; alles wird wohl genossen, dann das Museum der Stadt besehn. Hier finde ich viele der herrlichen Antiken, die aus Paris zurückgekommen sind, wieder, welche Bouillon so schön gegeben hat. Sie sind aber schlecht beleuchtet und aufgestellt, das Lokal ist nicht übel. Neben dem Museum am Platz ist ein neueres Schloß im Bau begriffen. Ein herrliches Material von rotem Stein ist zu moderner kleinlicher Architektur verwendet. Die ungeheuren Mauern eines angefangenen Palasts sind seit der jetzigen Regierung unbeendet liegengeblieben. Die Anlage scheint von guter Architektur.

Indem wir nach dem Wirtshause zurückkommen, hören wir, daß ein Kutscher, den wir gestern für die Reise nach Köln gemietet, nicht fahren will, weil ihm der Akkord zu gering erschienen ist, ein zweiter macht größere Bedingungen, die wir nicht annehmen können. Wir verhandeln daher mit unserem alten hallischen Kutscher, welcher für die Bedingungen des ersten fahren will, sich später aber wieder anders besinnt. Indem ich dies schreibe, erwarten wir nun mit Ungeduld einen vierten, welcher uns heute noch nach Arolsen bringen soll. Ob dieser kommen wird, weiß Gott.

Brandt ist glücklich über das, was er gesehen, vorzüglich über die vielen alten Bekannten aus Paris, die Antiken. Er hatte geglaubt, daß diese Werke sämtlich aus Italien nach Paris geschleppt worden waren, und die franz[ösische] Regierung hatte dies auch nie anders wissen lassen, um nicht bei der franz[ösischen] Nation räuberisch zu erscheinen, denn für die Wegführung der Schätze aus Rom hatte man die Entschuldigung darin gefunden, daß der Sohn Napoleons König von Rom war, also Rom und Paris ganz eins und dasselbe Reich.

Der Fuhrmann kommt endlich, ein Kerl von liederlichem armseligen Ansehn, indes ist keine Wahl mehr, wir müssen mit ihm fort. Es regnet heftig, und der Mensch, halb trunken, fährt uns mit kleinen schlechten Pferden, welche, wie er, die Nacht auf der Reise waren und nicht geschlafen hatten, toll genug, halb schlafend, in die Nacht hinein, bis wir über schlechte Wege neben Abgründen glücklich genug um 11 Uhr nach Arolsen kommen. Hier wird gut zu Abend gegessen, ein gutes Nachtlager stärkt uns nach den Fatiguen der bösen Nachtfahrt. Das schöne weiche Lammfell über das Wirtshausbett gedeckt und in den Staubmantel gehüllt, ist man fast überall wie zu Hause, nur fehlen leider die geliebten Hausgenossen. Die Reisegefährten bleiben sich immer noch ganz in ihrem Benehmen gleich, lustig und dienstfertig.

Den 5. Juli, montags

Der bekannte Weg über Bredelar nach Brilon ist weit besser geworden, und ein Unglück, wie wir es im Jahr 16 dort haben konnten, ist jetzt nicht mehr möglich. Kanstein auf seinem Felsen sehn wir im Vorbeifahren. Die Lage, welche uns damals unfreundlich und mehr schauerlich schien, ist durch schöne Wiesen am Fuß der Berge freundlich, besonders wenn die Sonne daraufscheint.

Das alte Stadtbergen nimmt sich auf seiner Höhe herrlich aus, und höchst abenteuerlich der große Felsklotz von Bruchhausen. Auf der Höhe von Brilon ist es eiskalt; gestern hatte man im Wirtshaus noch eingeheizt. Beim Mittagsessen fanden wir wieder einige gebildete Leute niederen Standes aus der Gegend, die uns Nachrichten über die Gegend mitteilen konnten. Sie sprachen über die reichen adligen Sonderlinge des Landes, welche Millionen besitzen, Güter in allen übrigen Gegenden der Welt haben und sich begnügen, oft in gemieteten Häusern kleiner Städte des kölnischen Sauerlandes zu wohnen, ihre Ökonomie selbst auf schlechte Weise zu treiben, ihr Vieh in eigener Person zu verkaufen und die größte Zeit mit Prozeßgeschäften auszufüllen.

Eines Heidentempels unter der Kirche von Stadtbergen ward auch erwähnt, von dem man noch in rohen Mauern den Umfang sieht. Der Weg weiter nach Meschede ist gleichfalls weit besser geworden. In diesem Orte logierten wir im selben Hause, was wir 1816 bewohnten; den sonderbaren Wirt sahn wir aber nicht, und die Frau war sehr alt geworden.

Den 6. Juli, dienstags

Über Arnsberg ging der Weg weiter. Dieser Ort hatte bei schöner Vormittagsbeleuchtung eine weit heiterere Ansicht, als mir davon in Erinnerung geblieben war. Die Neustadt ist während der Zeit gebaut worden, eine mir im Projekt bekannte hübsche Kirche ist auch in dieser Neustadt fertig geworden. Bei schönem Wetter erreichten wir auf der herrlichsten Chaussee der Welt, nachdem wir auf der Straße in einem Posthause, einzeln gelegen, gut zu Mittag gegessen hatten, den freundlichen Ort Hagen. Nach einer

118 Kutsche in dichtem Wald

Abendpromenade wird vortrefflich an der Table d'hôte zu Abend gegessen. Leute aus der Gegend erzählen, daß bei den Predigerwahlen hier wunderliche Dinge vorgehn. Da jeder Konfirmierte der Stadt ein Wahlrecht hat, so entstehn Bataillen, die oft sehr ernsthaft werden. Herr Hofprediger Ehrenberg in Berlin war Prediger hier, und einer von den seltenen, die ohne Kampf einstimmig gewählt wurden, wozu außer Verdienst auch noch nach der hiesigen Weise erkaufte Stimmen beigetragen haben. Es stand wieder eine neue Wahl bevor, die sehr stürmisch werden sollte, sie war schon einmal gemacht und ungültig erklärt, weil man vergessen hatte, einer einzigen wahlfähigen Dienstmagd den Wahlzettel zu schicken, der auch sie zur Wahl einladen mußte.

Den 7. Juli, mittwochs

Nach einer guten Nacht fahren wir mit unseren elenden müden Pferden und dem liederlichen Kerl von Kutscher, der seinen von uns erworbenen Verdienst unterwegs schon verzehrt, weiter durch schöne, reich angebaute, mit Fabrikarbeiten angefüllte Berggegenden. Wir sehen wieder den Ort Schwelm und essen in Lennep zu Mittag, alle die Städtchen der Gegend zeigen Reichtum und Wohlhabenheit. Die Häuser sind nett und mit hübschen Gärtchen umgeben. Soeben schreibe ich in einem Wirtshause 4 Stunden vor Köln auf der Höhe des Sauerlandes, wo man aus den oberen Fenstern Köln in der weiten Ebene liegen sieht und hinter der Stadt unabsehbare Weite bis nach Flandern hinein. Wir sehnen uns, endlich von unserm ekelhaften Fuhrmann befreit zu werden.

Rheinreise von Köln bis Heidelberg

Abends. Wir sind glücklich in Köln angekommen, logieren im brillanten Hotel »Zum kaiserlichen Hof«, wo wir sogleich mit zahlreicher Gesellschaft an der Table d'hôte zusammentreffen, ich empfange schon Briefe meiner Geschäftsmänner und werde morgen wohl gleich die Arbeiten anfangen können. Beim Überfahren über die neue große Schiffbrücke von Deutz nach Köln fing es an zu regnen, nachdem den ganzen Tag hindurch schönes Wetter gewesen war. Der schöne Anblick der alten Stadt hinter dem breiten Strom entzückt die Reisegenossen sehr.

Den 8. Juli, Donnerstag

Köln. Besichtigung des Doms mit dem Regierungsrat Frank und Bauinspektor Ahlert. Gefahr

119 »Köln am Rhein, von dem Turm der St.-Kuniberts-Kirche gesehn«

120 »Köln am Rhein« (Ausschnitt)

an allen Punkten des Gebäudes pp. Der Brief vom 12. aus Köln an Susanne enthält das Hauptsächlichste von dem Kölner Aufenthalte bis zum 12. nachmittags 4 Uhr.

Den 12. Juli

Köln. Nachmittags wurden die Berichte an den Herrn Minister, der Brief an Susanne und ein Brief an Herrn Eytelwein auf die Post gebracht, dann noch ein Versuch gemacht, Eberhard de Groote zu treffen; dies gelingt, er war allein zu Haus, seine Familie besucht im Sommer eines der Güter. Er ist wohl, sieht noch immer hübsch aus, erkundigte sich sehr nach Dir und nach seiner Marie, die ich ihm sehr groß geworden schilderte. Nachher wurde noch der neueingerichtete große Konzert- und Karnevalsaal im alten Kaufhause besehn, von 70 Fuß Breite, 120 Fuß Länge, noch etwas roh dekoriert, aber durch die Größe imposant. Der Musikverein des Landes bringt jährlich über 500 Sänger und Instrumentisten zusammen, die von Lüttich, Aachen, Amsterdam pp. kommen und dann freundschaftlich in der Stadt einquartiert werden. Diese gastfreundschaftliche Einrichtung erzeugt die angenehmsten Verhältnisse und Bekanntschaften und hat für die Ausführung etwas Großartiges, nirgend anderswo kommt ein solches Orchester zusammen. Der Bürgermeister Steinberg in Köln, welcher mich hierher sowie in manche Kirche sehr freundschaftlich begleitete, gab mir die Notizen hierüber und zugleich gedruckte Beschreibungen von dem außer Rom und Venedig nirgend so glänzenden Karneval zu Köln. Nachdem wir noch einige Kirchen besehn und uns schön im Badeschiff auf dem Rhein lauwarm gebadet hatten, gingen wir beim herrlichsten Abendhimmel, vor welchem die Spitzen der alten Stadt wie Silhouetten standen, auf der großen Rheinbrücke zurück; der volle Mond ging über dem Siebengebirge auf. Wir legten uns früh zu Bette, weil morgen früh die Reise weitergehen sollte.

Den 13. Juli

Um 7 Uhr werden alle unsere Sachen auf die Post geschafft, der gute Bauinspektor Ahlert ist überall behilflich und voller Sorgfalt um mich. Vergessen habe ich noch, daß wir in Köln am 4. Tage Herrn Lieversberg besuchten und seine schönen Bilder sahen, er ist immer noch ein heiterer, komischer alter Mann. Seine Hausgenossin sahen wir nicht. Um 8 ging die Schnellpost nach Koblenz ab, und wir befanden uns mit artiger Gesellschaft zusammen. Um 10 Uhr ging's durch Bonn; um 1 Uhr ward zu Remagen zu Mittag gespeist. Eine Tafel mit 30 Couverts stand, mit schönem Dessert, Früchten, Wein und Speisen aller Art serviert, da, eine halbe Stunde ist nur Zeit. Damen, Herrn, eine ganze englische Familie in ihren bestaubten Reisekleidern setzen sich um den Tisch und verzehren aufs hurtigste nach Gefallen, was da ist, und dann geht es weiter. In Koblenz um 6 Uhr schon angekommen, gewannen wir Zeit, ins Schloß zu gehn, um die Freskomalereien der Corneliusschen Schüler im großen Saal für die Assisen zu sehen. Die jungen Maler, Stürmer und Stilke, führen eine große Komposition vom Jüngsten Gericht nach ihrer Erfindung aus, welche viel Farbenwirkung machen wird, und wenngleich in Zeichnung und Stil manches zu erinnern sein würde, so ist doch das Ganze über meine Erwartung und besonders im Technischen sehr bedeutend vorgerückt. Eine halbe Stunde hier bei den Künstlern und eine halbe Stunde fürs Abendessen war unser Aufenthalt in Koblenz. Wir kannten die herrliche Gegend, welche durch die enormen Festungswerke, die in der ganzen Gegend verteilt sind, besonders aber den Ehrenbreitstein krönen und ihm das wüste Ansehn nehmen, das er früher hatte, sehr verschönert ist. Bei einem prächtigen Abend und einer wunderschönen Mondnacht ging es nun durch die berühmte Rheingegend. Leider waren von hier aus unsere Plätze in der Schnellpost nicht mehr so bequem, weil die in Koblenz eingeschriebenen Reisenden vorgehn. Brandt und Waagen erhielten ihren Platz im hinteren Kabriolett, welches entsetzlich schwankt und, da man rücklings fährt, fast seekrank macht; ich zog vor, einen Platz in einer Beichaise zu nehmen, welches, wenn der Wagen bequem ist, besser geht; leider aber wird jede Station ein anderer Wagen gegeben, und so war die Nacht etwas fatigant. Um Mitternacht waren wir in Bingen, da gingen mehrere Passagiere ab, und wir kamen wieder in den Hauptwagen mit einem Teil unserer alten Gesellschaft, um 11 Uhr waren wir schon in Mainz.

14. Juli

Kerll war nicht da, obgleich dieser Tag der Zusammenkunft bestimmt war, wir besahen den Dom, die Stadt, machten auch nachmittag einige Gänge durch die Stadt. Eine Berliner Jüdin mit ihrer Tochter, die aus Paris kam, machte uns an der Mittagstafel viel Spaß; Brandt machte eine französische Konversation mit ihr, und sie war glücklich, erzählen zu können und ihre jüdische Vornehmigkeit recht ekelhaft zu entfalten, die Tochter war gar eine Schicksel. Nach nochmaliger vergeblicher Nachfrage in Post und Wirtshäusern wurden 2 Briefe an Kerll zurückgelassen, nachdem um 5 Uhr auch die Schnellpost ohne ihn aus Frankfurt angekommen war, und wir setzten nach allerlei Handeln mit Kutschern unsere Reise nach Heidelberg mit einem guten Jungen und in bequemem Wagen fort. Es blieb sehr heiß. Hinter Oppenheim blieben wir in einem kleinen Ort [fehlendes Wort] zu Nacht. Das Wirtshaus war recht kleindeutsch eingerichtet, aber eine herrliche patriarchalische Familie bewirtschaftete es. Die Tochter des Hauses, an einen jungen Mann verheiratet, war schön und anständig, sie machte die Wirtin, weil die alte Mutter den Arm, den sie kürzlich gebrochen, in der Binde trug; sie ging aber mit ihrem Mann am anderen Morgen nach Wiesbaden, eine andere Verwandte mit einer liebenswürdigen Tochter war zum Besuch da. Mit diesen angenehmen Leu-

121 Das Heidelberger Schloß

ten speisten wir zu Nacht. Die Hitze ließ uns nicht schlafen, und mit Brandt, der die ganze Nacht im Hemde zum Fenster hinaushing, gab es tolle Szenen.

15. Juli

Um 4 Uhr ging es weiter, wir waren um 7 Uhr in Worms, wo wir den Dom sogleich besahen, das abenteuerlichste Gebäude in Deutschland, ganz gemacht für die Gegend, in welcher die »Nibelungen« spielen. Um 11 Uhr in Mannheim angekommen, suchten wir sogleich Herrn Abech auf, der sehr glücklich war, uns zu sehn. Er lebt hier zurückgezogen, aber sehr angenehm, will seine Güter bei Elbing verkaufen, um ganz frei zu sein. Seine ausgezeichnete Gemäldesammlung besteht aus lauter Perlen, und die Sammlung alter Kupferstiche ist hinsichtlich der Schönheit der Abdrücke von den Sachen des Martin Schön, Lucas Leyden, Dürer pp. unübertrefflich. Herr Abech ging mit uns ins Wirtshaus, wo wir zusammen aßen und wo der Wirt, so wie er, die schönsten Weine spendete; wobei wir erstaunlich lustig wurden, so daß Brandt den dicken Wirt immer mit »braver Vitellius« anredete. Ich hatte zu tun, den guten Abech von sentimentalen Wegen, seine Religion zu ändern, abzubringen, wofür er endlich sehr dankbar und gerührt schien.

Um 6 Uhr waren wir in unserem alten Heidelberg. Als ich meinen Namen ins Fremdenbuch eintrage, sagt man mir, daß ein Fremder nach mir gefragt habe, sehr froh darüber, glaube ich, daß niemand anders als Kerll es sein kann, allein es war eine Verwechslung, und ich, höchst unangenehm getäuscht, vergesse, das Fremdenbuch durchzulesen. Wir benutzen den Abend, aufs herrliche Schloß zu steigen. Brandt glaubte zu träumen, als er die Herrlichkeiten des romantischen Orts sah, und war überhaupt über die Schönheiten Deutschlands in Entzückung. Um 9 Uhr abends erreichten wir wieder das Wirtshaus sehr müde. An der Tür sehe ich jemand vor uns eintreten, der sehr bekannt schien, ich laufe hinter ihm her und treffe endlich im Speisezimmer unsern Kerll, der, ebenso erstaunt als ich, mich kaum kannte. Er war mit Extrapost eine Stunde später in Mainz eingetroffen, als wir dort fort nach Oppenheim gefahren waren, und hatte meinen Brief empfangen, worauf er gleich Extrapost nach Heidelberg genommen, uns, die wir bei Oppenheim geschlafen hatten, vorbeigefahren war und schon 8 bis 9 Stunden früher in Heidelberg eintraf, wo er über unser Nichtdasein etwas verzweifelt wurde. Im selben Gasthof mit ihm, mußte uns doch erst der Zufall zusammenfinden. Die teuren Briefe wurden mir eingehändigt, und ich hatte einen höchst glücklichen Abend.

Stuttgart und die Sammlung Boisserée

16. Juli

Nach einem guten Schlaf sind wir aufgestanden, ich habe Kerll besucht und ihn wohl aufgestanden gefunden, wir werden nun zusammen frühstücken, dann noch einmal aufs Schloß gehn und dann den Weg nach Heilbronn fortsetzen. Bis 11 Uhr waren wir noch im Schloßgarten von Heidelberg; der Punkt ist zu schön, um sich sobald davon zu trennen. Kerll faßte den Vorsatz, daß wir hierher mit unseren Familien einmal reisen könnten, denn der Punkt sei ganz allein eine solche Reise wert.

Der Weg ging ein gutes Stück durch das angenehme Neckartal, welches wir im Jahr 16 teilweise kennengelernt haben. Gegen Mittag verließen wir die höheren Berge, das Land blieb angenehm hüglicht und fruchtbar, das Grün war vom gestrigen Regen frisch und der Weg ohne Staub. Da wir in Heidelberg gut gefrühstückt hatten, so bedurfte es nur eines Kaffees zu Sinsheim, einem unbedeutenden Orte, um uns bis abend zu restaurieren. Die Städte sind überhaupt nicht sehr interessant; die alten Mauerwerke fangen an zu fehlen, welche man in den niederen Rheingegenden in jedem Dorfe findet. Neben dem Ort liegt eine alte Burg auf einem sanft ansteigenden Berg, prächtige Wiesen, schöne Felder von aller Art Früchte stoßen hart an die schön chaussierte Straße, die mit Nußbäumen, Mandel- und anderen Obstbäumen besetzt ist. Ziemlich spät erreichen wir Heilbronn, eine kleine Reichsstadt in alter Zeit, am Neckar gelegen, in sehr provinzialem Stil. Wir werden am Markt hinter dem Rathause in einem guten Gasthof einquartiert, dessen Fenster uns erleuchtet entgegenscheinen. Die Abend-Table-d'hôte ist bereits serviert, und wir finden uns mit einer ziemlich zahlreichen Gesellschaft philisterhafter Provinzialen zusammen, die aber nach südlicher Art sehr laut sind, Klaviermusik machen und durcheinanderschreien. Alles geht bei ihnen auf Lebensgenuß hinaus; sie sprechen von der schönsten Art, ihre vielen Landpartien einzurichten, und wie man am besten genießt. Die Wirtin mit ihrer nicht schönen, aber redseligen Tochter

122 Heidelberg mit Neckarbrücke und Schloß

findet sich am Tisch; letztere beschreibt mit großem Interesse die Vereinigung der Frauen im Lande für das Weinsberger Fest, welches mit Musik gefeiert wird. Das berühmte Weinsberg liegt nicht weit von hier, und die Weiber tun sich viel darauf zugute. Wir schlafen mit Mühe, nach einer Abendpromenade bei Mondschein in der Stadt, ein, denn die lustige Gesellschaft im Speisezimmer dicht neben uns hört nicht auf, Klaviermusik zu machen, zu singen und zu tanzen bis nach Mitternacht.

Den 17. Juli

Früh fahren wir aus und gehn durch die Stadt dem Wagen voraus, um etwas vom Orte bei Tag zu sehn. Die Hauptkirche ist in einem gemischten Stil, byzantinisch und deutsch, auch oberhalb am Turm aus neuerer Zeit schlecht ergänzt. Das Wetter wird ganz heiter und heiß, daher der Staub etwas unbequem. Das Land bleibt angenehm und fruchtbar, doch ohne besondere Schönheit. Um 10 Uhr treffen wir in Ludwigsburg ein, das Lustschloß des Königs von Württemberg, nachdem wir schon früh um 7 Uhr im Wirtshause zu [fehlendes Wort] etwas gefrühstückt hatten und dabei einige Gesellschaften der Umgegend sahen, die nach der hier üblichen Weise sich vergnügten. In Ludwigsburg ist ein Schloß von großem Umfange, aber die Architektur ganz ohne Bedeutung. Mansardendächer und Fensterreihen in zwei Geschossen um mehrere Höfe geben ein langweiliges Ansehn. Die Gartenanlagen sind angenehmer, viele schöne Kastanienalleen und Blumenparterres, die teilweise vor dem Schloß mit Orangen bestellt sind, von einer Seite und auf der anderen die Anlagen im englischen Stil, gegen einen Hügel hinauf, machen das Ganze heiter. Ausnehmend schön lag die heitere Sonne in den Bäumen.

Um 2 Uhr trafen wir in Stuttgart ein, wo wir, weil die Table d'hôte schon serviert war, gleich speisen mußten in Gesellschaft vieler Militärs und Herren der Regierung. Gleich nach Tisch schreibe ich an Sulpiz Boisserée und bitte, ihn und seine Bilder sehn zu dürfen und daß er uns dazu verhelfen möchte, die beiden Bilder des Maler Schick im königl[ichen] Schlosse zu sehn. Bald kommt die einladende Antwort. Wir gehn zu ihm und werden erst in ein Zimmer der Galerie geführt, nach einer Weile in die Wohnzimmer von Sulpiz, die eine Treppe höher sehr artig eingerichtet sind und eine angenehme Aussicht haben. Nach einiger Zeit erscheint er selbst, indem er vollständige Toilette gemacht hatte, er ist sehr kordial und schien mir jünger geworden, er will sehn lassen, was man sehn kann, denn eigentlich ist es der Tag nicht, wo die Galerie dem Publikum geöffnet wird, indes bietet er für uns alles auf. Das Lokal besteht in einer Reihe mäßiger Zimmer nach der Straße und einer andern gegen den Garten zu, zwischen welcher ein Korridor läuft. Die Zimmer gegen den Garten enthalten die Kapitalstücke, gewöhnlich jedes Zimmer nur eins, welches so gestellt ist, wie ich die Aufstellung im neuen Museum beabsichtige, daß das Licht von einer Seite dagegenstreift. Mit dem »Tod der Maria« von Schorel wird der Anfang gemacht. Nach der Restauration und Reinigung ist die Farbenpracht hier sowohl als bei allen übrigen Bildern außerordentlich, und man glaubt immer Glasbilder im Transparent zu sehn. Fast ist die Stärke der Farbe durch die Lasur der Restauration etwas zu heftig und in allen Bildern zu gleichartig geworden; einige haben dadurch an Haltung und Harmonie eingebüßt. Nach diesem Bilde ward der berühmte van Eyck, aus 3 Tafeln: »Die Anbetung der Könige«, »Die Präsentation im Tempel« und »Die Verkündigung«, betrachtet. Dies bleibt immer das Hauptbild, zusammen mit dem großen Hemling, »Reise der Drei Könige«. Waagen war meiner Meinung, daß dies Bild, im Vergleich mit unseren Eycks, eher dem Hemling als dem van Eyck zugeschrieben werden müsse, wenn nicht etwa späterhin mehr Licht über die gleichzeitigen Meister gebracht und einem derselben dies schöne Werk zufiele, als etwa dem Ouwater, Dirk van Haarlem, Geertgen von St. Jans usw., von denen leider nichts Dokumentiertes übrig ist. Wir sahen nun noch die kleineren Hemlings, den Christophorus, welcher besonders nach meinem Gefühl durch zu grelle Farbe der Lasur unterhalb aus der Haltung gekommen ist, der obere Teil ist außerordentlich in der Wirkung und das Machwerk bewunderungswürdig. Das Gegenstück, »Johannes in der Einöde«, und das Mittelbild, »Die Mannasammlung«, wurden dann mit dem ersten im Zusammenhang aufgestellt. Der Johannes ist mit seiner köstlichen Landschaft von der zartesten Wirkung. Der große Christuskopf von Hemling, wie wir ihn auch in der Sollyschen Sammlung haben, hat bei seinem steifen typischen Charakter kein Interesse bei mir erregt; er ist dazu weit weniger modelliert als der unsere, und ich begreife das leere Publikum nicht, was davon das größte Geschrei macht. Eine kleine Madonna von Mabuse (mit dem Namen, 1527 fecit) ist zwar im Stil sehr verdorben, aber von einer Ausführung, die weiter in der Kunst kein Beispiel findet; die Figur ist sitzend, etwa 6 bis 7 Zoll hoch. Bei der beständigen Zweifelhaftigkeit über diesen Meister ist das Bild als authentisch sehr wichtig und gibt über dessen 2. Periode guten Aufschluß. Während wir diese Bilder sahn und dabei mit Wein und Gebackenem regaliert wurden, kam auch Melchior Boisserée, der immer noch der alte angenehme Mensch ist, und endlich auch hatte sich Bertram von seinen Katzen getrennt und ausgeschlafen.

Alle fragten nach Dir und Marie, Bertram wollte so viel von ihr erzählt wissen, daß ich abbrechen mußte, weil wir nicht aus der Stelle gekommen wären. Bertrams Gesicht hat sich noch unangenehmer ausgebildet und machte auf die Reisegefährten schlechten Eindruck.

Die Sonne war untergegangen, und wir machten in Sulpiz' Begleitung einen Spaziergang in den schönen Schloßgarten. Die Stadt ist heiter und die Gegend angenehm bergig. Das Schloß groß, aber ohne schöne Architektur in einem neuen, einfachen Charakter gehalten. Eine Hauptallee geht aus einem großen Zirkel von Kastanienbäumen in der Richtung auf die Mitte des Schlosses eine halbe Meile weit nach einem Badeorte Cannstatt am Neckar. In der Mitte des großen Zirkels ist ein beträchtliches rundes Bassin, von lauter Rosen und Orangen umgeben. Die Wirkung dieser heiteren Gewächse gegen die runden Kastanienmauern ist sehr schön, darüber hinaus ragen die mit Wein bebauten Berge. Sulpiz in seiner alten bekannten Weise, alle zehn Schritt stillzustehn, um sehr explizierend zu sprechen, erinnerte mich, wie oft Du und Marie dabei Not ausstanden, und meinen Reisegefährten war diese Eigenschaft, obgleich ich sie davon schon vorher in Kenntnis gesetzt hatte, nicht angenehm, aber doch spaßhaft, daß wirklich alles so eintraf, wie ich gesagt. Nach einem Abendbrot, wo besonders Kerll mit einigen Staatsbeamten interessante Gespräche anknüpfte, gingen wir schlafen.

Den 18. Juli, sonntags

Sulpiz holt uns um 9 Uhr nach dem Schlosse ab, wir sehn das erste Bild des Malers Schick, »Das Opfer des Noah«, welches ein Jugendwerk, etwas schwach in Färbung, aber von großem Talent zeugend, ist. Die linke Seite des Bildes ist in der Gruppierung besser gelungen als die rechte, worauf Noah, der überhaupt nicht die ausgezeichnetste Figur des Bildes ist. Wir durchgingen die geschmackvoll eingerichteten Zimmer des Schlosses, welche mit schönen Marmorgefäßen ausgeschmückt sind. Die Architektur von Thouret ist angenehm. In einem unteren Wohnzimmer hängt das Bild »Apollo unter den Hirten« von Schick; außerordentlich schön in Komposition und seelenvollem Ausdruck, nur mit Raffael zu vergleichen. Die Manier ist leicht, die Färbung noch nicht so schön als die Humboldtschen Porträts, aber die Lieblichkeit der Charaktere und das Naive des Ausdrucks unvergleichlich. Apollo sitzt etwas aus der Mitte des Bildes links, fast [im] Profil, und hängt die rechte Hand über die Lyra, ein himmlisches, musenartiges Mädchen, dicht neben ihm sitzend, ist in Entzückung versunken, ihr Oberkörper ist nackt. Hinter ihr tritt eine junge Mutter herzu, ihr Kind blickt mit unbeschreiblicher Anmut und einem Zuge von Schalkheit hinter ihr hervor. Im Vorgrund liegt ein junger Jäger, ihm gegenüber zur Rechten zwei Hirten, die in tiefer Betrachtung über den Gesang des Gottes scheinen, und hinter ihnen zwei naive schöne Mädchen, die ihre eigene Lust an dem Gotte haben, noch einige Figuren im Hintergrunde beleben das Bild, vorzüglich aber macht eine Gruppe von 3 herzutretenden Kindern in der Mitte des Bildes in ihrem mannigfaltigen Ausdrucke eine Wirkung, die dem Ganzen etwas Ideales gibt. Die herrlichste Landschaft im Hintergrunde, eine Herde, die von einem Bache zurückkehrt, schließen das schöne Ganze. Man würde glücklich sein, ein solches Bild im Wohnzimmer zu haben.

Die Wohnzimmer des Schlosses liegen sämtlich gegen den herrlichen Garten hinaus; wir sahen auch die der kleinen Prinzessinnen, wo die Tische für den Unterricht mit dem Stuhl einer jeden besetzt standen. An den Stühlen hingen die Strickkörbchen und andere Utensilien, auf den Tischen die Schreib- und Lesebücher, ordentlich auf jeden Platz gelegt.

Nach Besichtigung des Schlosses gingen wir wieder zu Boisserées, sahen die übrigen Meister durch. Die Heiligen, von Lucas Leyden gemalt, sind im Hintergrunde der ganzen Zimmerreihe aufgestellt, es ist überraschend, das Bild auf diese Weise aus der Ferne zu sehn, weil die Malerei so kräftig ist, daß jedermann glaubt, die Figuren weit vor dem goldenen Vorhang und diesen frei vor dem hellen Himmel stehn zu sehn. Die Meister Mabuse, Dürer, Pierre des Mares und die alten Kölner Meister wurden betrachtet, endlich geschlossen mit dem großen Hemling, »Die Reise der Drei Könige«, schön und rein hergestellt; doch hat die Restauration, durch zu heftiges Kolorit der Gruppen, manches aus der Haltung gebracht, aber freilich bleibt das Bild immer etwas ganz Ausgezeichnetes und Unschätzbares. Die lithographische Anstalt ist in dem Lokale der Herren Boisserée, und Herr Strixner und einige andere Künstler kommen täglich in der Kunst weiter. Sulpiz begleitete uns zum Gasthof und sprach über seine Verhältnisse so lange mit mir vor dem Speisezimmer, daß wir erst um 5 Uhr in den Wagen kamen, um bis Pforzheim zu fahren. Es regnete stark, und die Nacht kam heran. In der Finsternis machte Dr. Waagen seinen Spaß und sang die französischen Lieder zu großer Ergötzlichkeit der Reisenden. Nach Mitternacht erreichten wir endlich den Ort, es war glücklicherweise Mondschein geworden. Im Wirtshause dauerte es lange, ehe wir jemand herauspochten, noch länger, bis wir uns auf die neuüberzogenen Betten, welche erst aufgeschlagen werden mußten, legen konnten. Dazu blieb der Wagen bepackt auf offener Straße stehn, und daselbst schien etwas vorzugehn, weil ein Mensch dem Nachtwächter sehr ernstlich und böse zurief, aufzumerken, und zugleich auf der anderen Seite jemand anderes befahl, einen großen Hund loszulassen. Die Nacht ging jedoch noch erträglich vorüber, und frühmorgens befanden wir uns auf der schönsten Straße gegen Baden zu, wo wir um 4 Uhr eintrafen.

Baden-Baden

19. Juli

Es ist schwer unterzukommen, weil alles mit Badegästen und Fremden besetzt ist, der König von Bayern und andere Große sind hier. Nachdem wir eine Stunde vergeblich gesucht haben, findet sich eine schöne Wohnung von einem Saal und 2 Zimmern für uns. Nach kurzer Toilette machen wir uns auf den Weg, zuerst nach dem sogenannten Neuen Schlosse, welches hoch oben, dicht über der Stadt liegt. Man steigt in der Stadt viele Treppen durch Gartenanlagen in die Höhe, um dahin zu gelangen. Das Schloß selbst ist roh aus dem 17. Jahrhundert, in seinen Kellern sind Spuren römischer Bäder ohne Bedeutung, aber dann noch die schrecklichen Gefängnisse und Sitzungssäle des Femegerichts, mit vielen dicken, steinernen Türen geschlossen, die sich trotz ihrer Schwere von mehreren 10 Zentnern doch ziemlich leicht in starken Zapfen und Pfannen drehen.

Tiefe Löcher, wohinein die Gerichteten fielen, und andere Anstalten für Martern, deren Spuren man noch sieht, machen diese tiefen Gemächer höchst schauerlich. Wir waren froh, wieder ans Tageslicht zu kommen, welches in einem selten schönen Abend und in einer höchst reizenden Gegend entgegenschien. Von drei Seiten übersieht man die hohen Berge des Schwarzwaldes, welche um Baden herum einen Kessel bilden, der reich und herrlich angebaut und worin die Stadt in Absätzen herumgebaut ist. Von der vierten Seite sieht man weit über das Rheintal hinweg, gegen die Vogesen hin.

Drei viertel Stunden höher, an den felsigen Waldbergen hinauf, liegt das ältere Schloß, welches in großen Massen, von dem unteren Schloßgarten gesehen, schon herrlich dasteht. Wir gingen hinauf durch den köstlichen Wald und wurden durch eine entzückende reiche Aussicht im Abendschein belohnt. Die Ruinen sind von enormer Höhe auf verschiedenen vorragenden Felsen erbaut und durch steinerne Treppen bis zur höchsten Spitze in neuerer Zeit zugänglich gemacht worden. Von Kunst ist nichts daran zu sehn und mit [dem] Heidelberger Schlosse nicht zu vergleichen, aber an malerischem Bewuchs von uralten Bäumen, die Mauerwerk und Felsen mit ihren Wurzeln umfassen, Schlingpflanzen und anderen Kräuter[n] von ungewöhnlicher Größe kann man nichts Üppigeres und Malerisches sehn. Die unendliche Aussicht von der Zinne des Schlosses, wo man die Breite der alten Mauern etwas geebnet und zu Altanen benutzt hat, genießt man in ganzer Fülle. Man übersieht das Rheintal an einer Seite bis Speyer, an der anderen bis zu den Bergen vor Basel, dann den weiten Schwarzwald und unten im Kessel die Stadt Baden mit dem Schlosse und vielen schönen Landhäuschen. Diese Ruine dient zum Vergnügungsorte der Badegäste und der Weg hinauf, obgleich bequem, doch mühsam zu ersteigen, zur Hauptpromenade. Oben sind zwischen Felsen, die noch höher als das alte Schloß hinaufsteigen, allenthalben die Spuren von Kochanstalten zu sehn, wo bei besuchten Tagen sich Garköche etablieren. In den unteren Gewölben des zerfallenen Schlosses verkauft man Lagerbier, Wein, Käse, Brot, letzteres ist überall in diesen Ländern von einer seltenen Schönheit. Wir stärkten uns hier ebenfalls. Die Leute, welche diese Waren verkaufen, haben ein ärmliches Ansehn, und, zwischen den Trümmern wohnend, hatte der Ort das Ansehn eines Brigantenaufenthalts. Es ist indes alles sehr friedlich hier. Beim Hinabsteigen durch den hohen, kühlen Wald näherte sich die Sonne dem Untergange, und die Durchsichten der Fernen durch die Bäume waren wunderschön gefärbt.

Nichts aber ging über den Eindruck, welchen wir hatten, als wir wieder in den unteren Schloßgarten traten. Hier stehn sechshundertjährige Linden am Rande der hohen Terrasse über der Stadt. Diese Bäume von der charakteristischsten Form, von enormer Höhe wurden wie Feuer von der Abendsonne erleuchtet, dabei waren die inneren Partien und die entgegengesetzten Zweige wie die dunkelste Nacht, in welcher hin und wieder das Zweig- und Stammwerk in Feuerpurpur glühten. Hierzu das alte düstere Schloß zur Seite, ein frischer Rasenplatz davor, der, schon ganz beschattet, in kaltem Grün dalag, dann die fernen, purpurviolett beleuchteten Schwarzwaldgebirge und die Staffage von einem Eselchen, der, mit einem Damensattel für einen vornehmen Badegast aufgeschirrt, von einem niedlichen Jokkei vorgeführt ward, machten das schönste Bild, was uns lange nicht aus dem Sinn kommen konnte. Wir warteten eine halbe Stunde den Sonnenuntergang hier ab und gingen dann von der Seite den Schloßberg hinab, wo man die schöne Aussicht in die Ebene hat und wo wir einen Wolkenglanz in Gold und Licht genossen, der auch seinesgleichen schwer findet.

In der Stadt unten angekommen, besuchten wir noch im Zwielicht die Badepromenade und die neuen Badesäle, das Theater und die dazugehörigen Hallen von ungeschickter Architektur Weinbrenners. Aber die Gartenanlage und überhaupt die Lage dieser Partie ist herrlich gewählt an dem gegenüberliegenden Abhang des Tals, man hat das ganze Amphitheater der Stadt, das Schloß drüber, höher hinauf den Waldberg mit der Ruine des alten Schlosses auf der Spitze vor sich.

Als wir ums Theater herumgingen, hörten wir deutlich Baders schöne Stimme in dem schönen Finale von der »Entführung aus dem Serail«, welches wir bis zu Ende draußen stehend mit anhörten und so Natur- und Kunstgenüsse an diesem herrlichen Abend bei uns vereint hatten. Ein reichlich zugerichtetes Mahl, wie es hierzulande immer bereitet wird, stärkte uns in unserem Saal, und wir gingen sehr glücklich schlafen.

Zwei gotische Münster: Straßburg und Freiburg

Den 20. Juli

Bei einem heiteren, nicht heißen Tage hatten wir durch angenehmes, fruchtbares Land eine schöne Reise. Wir entschlossen uns, da beim Eintritt in Frankreich das Visitieren aufs höchste unangenehm ist, nicht nach Straßburg gleich einzufahren, sondern in Kehl, einem Dorfe und Städtchen diesseits des Rheins, im Badischen, zu bleiben, dort einen leichten Wagen zu nehmen und bloß unsere Personen hinüberzubringen. Der Gedanke war sehr glücklich, wir fanden ein schönes Quartier in Kehl mit einem Salon und Balkon, der die Aussicht auf Straßburg hatte, welches $^1/_2$ Stunde jenseits des Rheins liegt. Eine schöne alte Wirtin und zwei sehr schöne Wirtstöchter bedienten uns. Wir fuhren mit einer leichten Chaise über den Rhein, diesseits sieht man badensche Soldaten, nach preußischer Art uniformiert, jenseits stehn Franzosen.

Auf dem Wege schon tritt das Münstergebäude herrlich und erhaben aus der Masse der Stadt hervor. Der Turm ist so durchsichtig, daß das Ganze wie ein Zimmergerüst erscheint, kaum daß die verschiedenen hohen Massen miteinander verbunden sind. Unser Wagen hält an dem Portal, und wir haben mit einem Male die ungeheure Masse vor uns, die weit einfacher, weit kühner, weit vollendeter emporsteigt als der Domturm zu Köln. Dazu kommt das prächtigste Gestein eines sehr festen, roten Sandsteins, durch das Alter schwärzlich geworden und mit goldgelbem Moos überzogen, glaubt man ein Werk aus Bronze zu sehn. Die Ecken und feinsten Ornamente und Säulen sind so scharf und rein erhalten, daß der Gedanke an ein Gußwerk in Bronze noch vermehrt wird. Alles Leistenwerk, welches am Kölner Dom basreliefartig auf den Mauermassen angebracht ist, ist hier frei davorstehend und in den angenehmsten Verhältnissen angegeben. Das Innere der Kirche macht sich schön durch vollständige gemalte Glasfenster. Ein junger Mensch aus der Bauhütte des Doms führte uns zuvörderst in die Werkstätten, wo die Details des Gebäudes gut gearbeitet werden, welche die Zeit zerstört hat. Nur in Beziehung der Skulpturen nimmt man sich manche Freiheit, sie sind größtenteils nicht wieder im Stil ausgeführt.

Nun stiegen wir auf den Turm bis zur Plattform, wo eine unvergleichliche Übersicht des Elsasses, des Schwarzwaldes und der Vogesen ist und wo man den fertigen Turm so recht in der Nähe betrachten kann, ein Wunderwerk von kühner und schöner Ausführung. Kerll fand alles so über seine Erwartung und fiel, ohne daß wir anderen daran dachten, über Hirts Ausspruch, daß dies alles Barbarei sei, so entsetzlich her, daß es eine Lust war. Durch die über 100 Fuß hohen Spiraltreppen in den ganz durchbrochenen Türmen gingen wir nun bis zur oberen Spitze in die Höhe, Kerll überwand glücklich eine Anwandlung von Schwindel und führte alles so gut wie wir aus, der dicke Brandt stieg sogar höher in die kleinen Oktogonen, welche die Spitze bilden, aber die Treppen wurden zu schmal und ließen seinen Körper nicht mehr durch. Vor allem erstaunte ich wieder vor der Konstruktion der Spitze, deren schräg anstrebende Steinmassen fast gar kein Widerlager zu haben scheinen. Der Anblick im Innern dieser in einer Spitze sich vereinenden Steinmassen ist höchst überraschend. Da, wo diese Spitze anfängt, ist der Turm noch einmal zugewölbt. Auf den Graten dieses künstlichen Gewölbes ruhn horizontal große Steinplatten, auf diesen geht man oben unter der Spitze und übersieht den oberen Bau sehr schön. Auch das feinste frei stehende Säulchen und Ornament gibt durch die Gediegenheit des Steins den Charakter des völligen Vertrauens auf seine Festigkeit. Wieviel anders ist dies am Kölner Dom, wo überall Gefahr droht und man sich nirgend sicher glauben darf. Als wir wieder bis zur Plattform hinabgestiegen waren, die schon an 300 Fuß hoch über der Stadt liegt, stärkten wir uns mit schönem Bier, welches hier oben geschenkt wird. Dieser prächtige erhabene Steinplatz ist überhaupt nicht bloß den kirchlichen Zwecken gewidmet, er ist allgemeiner Vergnügungsort. Überall in den herausgebauten schönen Balkons sind steinerne Tische und steinerne Banken zu fröhlichen Gelagen mit eingebaut. Man gibt Abendfeste mit Tanz und anderen Lustbarkeiten hier oben, und immer freut man sich dabei des alten Erwin von Steinbach, so wird das Werk ein wahres Monument. Wenn man von der Plattform in den Turm tritt, so sieht man durch den ganzen hohlen Bau über 120 Fuß bis zu dem oben gedachten Gewölbe unter der Spitze in die Höhe. Hier unten ist der Ort, wo sich die mehrsten Menschen an die Mauern schreiben, auch ihre Namen auf Täfelchen einhauen lassen. Man findet hier Fürsten, Gelehrte, Künstler und viel Unbekannte. Auch Goethe mit 12 anderen Gelehrten ließ sich, zum Andenken ihres Zusammenfindens bei diesem deutschen Monumente, auf eine Tafel einhauen. Dicht daneben stand auch, ebenfalls eingehauen, Herr Schlick aus Kopenhagen, statt *Architekt* hatte man *Aichitekt* geschrieben. Wir begnügten uns, unsere Namen in das gewöhnlich vorgelegte Buch einzuschreiben. Von dem herrlichen Platze Abschied nehmend, stiegen wir hinab, gingen nochmals durch und um die Kirche und sahn dann noch eine ältere Kirche im byzantinischen Stil, in welcher ein großes, marmornes Denkmal auf den Maréchal de Saxe vom Bildhauer Pigalle zu sehn ist, welches die ganze Nische hinter dem Altar einnimmt. La France will den Tod abhalten, dem der Maréchal kühn entgegengeht, Herkules kauert am Sarkophag, ein Adler flieht, und ein Löwe hat einen anderen und einen Tiger überwunden. Alles zusammen, echt französisch gedacht und ausgeführt, stört sehr den einfachen Eindruck des byzantinischen Gebäudes.

Bei dem heitersten Himmel ging es nun wieder zu unseren schönen Wirtinnen nach Kehl zurück, nachdem ich mir ein Paar Schuhe von schönem Straßburger Leder gekauft und Kerll meinem Beispiel gefolgt hatte. Vor der Rheinbrücke nahmen wir noch das Denkmal des Generals Desaix in Augenschein, ein hoch stehender Sarkophag, mit Skulpturen von mittelmäßiger Arbeit in rotem Sandstein verziert. Man schrieb im Saal des Wirtshauses am Tagebuche, sah den schönen Sonnenuntergang von da und ging nach vortrefflichem Abendessen zur Ruhe. Kerll treibt immer seinen Spaß über Brandts Politik, der sich jedesmal das letzte Zimmer der Reihe mit einem eigenen Ausgang wähle und daß man nachts Türen klappen höre. Brandt nimmt alles gutmütig auf und bedauert immer nur, daß die Sache leider nicht wahr sei.

21. Juli

Von Kehl nach Freiburg ist eine kleine Tagereise, der Weg, immer im großen Rheintal, jedoch weit vom Flusse, läßt jenseits immer die Kette der Vogesen, diesseits näher die Gebirge des Schwarzwalds genießen. Um 5 Uhr nachmittags gelangten wir nach Freiburg, nahmen Zimmer in einem Wirtshause, aus deren Fenster wir den herrlichen Turm des Münsters sehn konnten, gingen dann sogleich, den Turm und die Kirche näher zu betrachten.

Dieser Bau ist in gleichem Grade genievoll entworfen wie der von Straßburg, aber mit weit geringeren Mitteln und doch von gleich großer Wirkung, wenn man den größeren Maßstab des Straßburger nicht mit in Anschlag bringt. Die Spitze ist in ihrer einfachen durchbrochenen Arbeit von der größten Wirkung und Schönheit.

Auf einer Spiraltreppe steigt man gleichfalls bis auf ein Gewölbe unter der Spitze und schaut von diesem in den hohlen, spitz zulaufenden, durchsichtigen Bau hinein. Ich bemerkte, daß die Spitze nicht aus geraden, sondern gebogenen Linien besteht, wie eine verzogene Kuppel, von unten ist die Linie wenig bemerkbar. Die aus dem Viereck ins Achteck übergehende Form ist künstlich und kühn durch Eckwölbungen bewirkt, die bei unbegreiflich geringen Widerlagern große Lasten tragen müssen. Tausende von schwarzen Dohlen umschwärmen beständig die Spitze des Turms. Die Kirche ist weit harmonischer mit dem Turm als am Straßburger, hat gleichfalls schön gemalte Fenster und den eigentümlichen Schmuck, daß ringsherum an der inneren Umfassungswand eine kleine Bogenstellung auf zierlichen Säulchen herumläuft, die eine kleine, sehr schmale Galerie unter den Fenstern trägt. Am Altar sind die Gemälde von Hans Baldung Grün und Holbein (der Sage nach) wichtig. Von letzterem ist »Die Flucht nach Ägypten« höchst anmutig, Joseph führt den Esel, worauf die liebliche Maria mit einem schönen Kinde reitet, ein Palmbaum wird von Engeln wie ein Triumphtor über die Gruppe heruntergebogen, das Ganze auf Goldgrund.

Eine Abendpromenade führte uns auf eine benachbarte Höhe, die mit Weingärten überdeckt ist. Hier gewannen wir einen Standpunkt, wo der Dom mit seinem Hauptturm und den beiden Nebentürmen am Chor sich herrlich aus der Masse der Stadt emporhebt. Es stieg über der Stadt die ganze Rheinebene und das Vogesengebirg herüber. Die untergehende Sonne verbarg sich grade hinter dem Turm, und der Effekt meiner Komposition des viertürmigen Doms war vollkommen da, selbst die herausschießenden Strahlen zeigten sich. Bei der Fortsetzung der Promenade trat gerade der Hauptturm in die Mitte der beiden Nebentürme, und nun war eine breite Prachtpyramide gebildet. Auf der Promenade berührten wir die Anlagen, welche für das Vergnügen der Stadt gemacht sind und wo wir viele der katholischen Studenten der wenig bedeutenden hiesigen katholischen Universität fanden. Nach einem zu reichlichen Nachtessen in Schweizerart gingen wir schlafen.

Basel und Solothurn

22. Juli

Nach Basel ist's von Freiburg eine mittelmäßige Tagesreise, immer mit dem Fuhrmann aus Baden machten wir diese Fahrt. Das Land bleibt angenehm, aber ganz überraschend ist der Anblick, wenn man auf dem Abhang vor Basel ankommt. Man sieht hier noch keine Alpen, aber die Gebirge hinter Basel machen sich schon ganz außerordentlich schön, und von dem Abhange, welcher die Schwarzwaldgebirge schließt, bis zu jenen Gebirgen ist ein reiches Tal, worin der Rhein sich krümmt, man sieht Basel und auf der französischen Seite Hüningen liegen. Um 2 Uhr waren wir im Wirtshause, hatten die Rheinbrücke passiert, welche, teils von Holz, teils von Stein, verschiedene Schicksale erlebt hatte. Der Rheinstrom hat hier ein grünes Alpenwasser und stürzt reißend durch die Brücke. Zu beiden Seiten bildet die alte Stadt sehr malerische Ufer; man sieht hochaufgemauerte Terrassen mit Lauben, Wein- und Blumengärten, unter ihnen am schönsten ist die hohe Terrasse mit Lindenbäumen, worauf der alte Dom liegt, welcher die Altarnische gegen den Strom kehrt. Ebenso schön als der Anblick dieser Terrasse ist die Aussicht von derselben auf die Stadt und die Gebirge, altertümlicher rücksichtlich der Gebäude und grandioser in Beziehung auf die Landschaft, wie von der Dresdner Terrasse.

Wir gingen nach dem stark aufgetragenen Mittagsessen in die Bibliothek, wo eine Sammlung schöner Handzeichnungen und Bilder von Holbein gezeigt werden. Am trefflichsten darunter sind: das Porträt von [einer] Mutter mit ihrem Kinde und einem Knaben; ein schmerzlicher Familienausdruck ist darin herrlich aufgefaßt; Holbeins Porträt, mit Kreide gezeichnet, nebst andern Porträten in gleicher Manier; ein Porträt von Erasmus Rotterdam und ein Paar Porträts, Mann und Frau darstellend, welche in duplo hier existieren.

Der alte Dom ist nicht groß, aber die byzantinischen Teile daran sehr interessant und mit mancherlei sonderbaren Skulpturen versehn. In einem der angenehmen Gärten reicher Leute in der Stadt finden sich mancherlei Antiquitäten der alten römischen Gründung der Stadt. Bei der Teuerung, die in allen Stücken hier in der Schweiz stattfindet, sahn wir uns genötigt, unsern alten Fuhrmann auf morgen noch bis Bern zu mieten.

23. Juli

Von Basel machten wir beim herrlichsten Sonnenschein den Weg in der schönsten Schweizer Gegend fort. Alles ist frisch und grün. Brandt war mit einem seiner Schwäger gestern nach Liestal gefahren, wo seine Schwester auf einer kleinen Besitzung den Sommer hindurch wohnt. Wir mußten durch Liestal und sollten ihn dort abholen, welches er in einem Billett an uns im Wirtshause zu Basel zurückgelassen hatte, es war aber darin weder Name noch nähere Bezeichnung der Wohnung bestimmt, nach flüchtiger Franzosenart. Wir waren auf unserem Wege schon durch Liestal hindurch passiert, ohne ihn zu treffen; eine halbe Stunde jenseits, zwischen schönen Bergen, lag das Haus, und er kam, uns aus der Ferne schon gewahr werdend, mit Schwester und Schwager entgegen, nahm sehr kurz Abschied und war bei uns der alte.

Nachdem wir die Felswände über den frischesten Tälern immer höher gesehn hatten und herrliche Ansichten alter Schlösser auf den Spitzen hatten, verzogen sich vor uns die am Horizonte vom Morgennebel übriggebliebenen Wolken, und auf einer Höhe kam plötzlich die Spitze der Jungfrau glänzend aus den Wolken hervor. Gegen Mittag sahn wir schon die Sarner Alpe, den Mönch, das Schreckhorn pp. deutlicher, aber immer so mit Wolken von gleicher Farbe gemischt, daß noch ein geübtes Auge zur Unterscheidung gehörte. Kerll konnte kaum glauben, was er sah, denn diese Spitzen ragen so hoch über die Vorberge weg, daß es jedem unglaublich scheint, da noch etwas von der Erde sehn zu können.

Nachmittag um 4 Uhr kamen wir in Solothurn an, einem Städtchen, was reizend an der Aar liegt und auf den alten Wällen unter Linden die schönsten Promenaden hat, von welchen aus man die Alpenkette und die andern umliegenden Gebirge sehr schön sieht. Wir sahn eine im neuitalienischen Geschmack recht schön aus dem herrlichen Stein des Landes ausgeführte Kirche, die dem Wirtshaus ganz nahe lag. Eine Treppe von wenigstens 40 Stufen, in mehreren Absätzen durch die ganze Breite der Fassade und mit Fontänen geschmückt, führt auf einen schönen Vorplatz, der ganz aus nebeneinander regelmäßig gepaßten Leichensteinplatten besteht. Gegen Sonnenuntergang machten wir eine weite Promenade auf einer Anhöhe, von der wir das ganze große Tal mit der Stadt unter uns und dann die Alpengebirge mit der hohen Gletscherkette herrlich übersahn. Wir warteten den Sonnenuntergang hier ab, der zu unserm Glück mit den herrlichsten Effekten sich gewissermaßen zweimal wiederholte.

Die Sonne ging hinter uns und hinter den dunklen hohen Bergen gegen Basel zu unter, vor uns war das weite Tal und die ferne Alpenkette in warmer Abendbeleuchtung. Der Schatten der hohen Berge in unserem Rücken lief immer weiter ins Tal hinab gegen die Alpen hin, dazu kam ein Wolkenschatten, der sehr bald die glühende Alpenkette in aschgrauem Himmelston verschwinden ließ. Das Tal war bereits in Schatten gehüllt, und wir wollten nun zu Hause gehn, als sich plötzlich die Ebene unter den Alpen zuerst von neuem wieder rötete. Es war die für uns schon lange verschwundene Sonne, welche unter einer Wolke wieder hervorkroch. Nun ging umgekehrt die Beleuchtung, von unten steigend bis zu den Alpengipfeln, von neuem wieder hervor, und noch glühender als zuvor, zuletzt blieben in der ganzen Landschaft nur die letzten Spitzen feuerrot erleuchtet. Ein schöneres Schauspiel kann man nicht leicht sehn, wir gingen entzückt zur Stadt zurück.

Die Menschen, besonders die Frauen, sind in diesem schönen Lande nicht schön und die Trachten im ganzen geschmacklos. An der Table d'hôte des Wirtshauses fanden sich sonderbare Menschen zusammen, Fats und andere Sonderlinge.

Bern und Neuchâtel

24. Juli

Wir reisen von Solothurn nach Bern, wo wir zu Mittag eintreffen. Der Weg bleibt reizend, wie er angefangen, man sieht immer von Zeit zu Zeit die schöne Alpenkette, und die Schweizerhäuser mit allen ihren Wohnlichkeiten liegen überall in der Gegend auf reizenden Rasenhügeln zerstreut, hinter denen die Berge aufsteigen. Rauschende Wasser gibt es auch in Menge.

Bern ist ein reicher ansehnlicher Ort auf einer von der Aar gebildeten Halbinsel, die ziemlich hohe Ufer hat. Die Hauptkirche liegt auf einer herrlichen Terrasse, die mit Lindenalleen besetzt ist und etwa 130 Fuß hoch über den Fluß erhaben ist. Man sieht in dessen grünes Wasser hinab, wo derselbe in seiner ganzen Breite vielleicht 400 Fuß breit über ein Wehr sanft hinabstürzt und ein herrliches Rauschen wie das des Meers verursacht. Die jenseitigen Ufer sind die schönsten Rasenabhänge, mit Landhäusern besetzt, darüber sieht man den größten Teil der Gletscherkette.

Es war vor Tische gerade noch Zeit, ein Bad zu nehmen. Die öffentliche Badeanstalt liegt unter der Terrasse der Kirche an dem stürzenden Wehr des Flusses. Hier führte uns Brandt hinunter, die Treppe ist neben der Terrassenmauer bedeckt angelegt, welches bei der Mittagshitze sehr wohltätig ist. Entsetzlich war es aber, daß wir gefragt wurden beim Eintritt ins Bad, ob wir ein bain garni, das heißt mit einem Frauenzimmer, verlangten; auch zeigten sich viele dergleichen in den Korridoren, in allerlei Schweizertracht ausgeputzt. Wären die Bäder nicht für uns schon präpariert gewesen, so würden wir bei dieser öffentlichen Frechheit einer solchen vom Staate beschützten Einrichtung umgekehrt sein. Während des Bades hörten wir draußen das Gesindel den »Jungfernkranz« aus dem »Freischütz« singen und sonst sich sehr laut machen. Wir waren froh, aus der Wirtschaft zu kommen, dabei schienen die Bademeister und die bejahrten Frauen, welche die Wäsche bringen, ganz solide und ordentlich. Brandt, der uns dahin geführt hatte, wurde sehr geneckt.

Auf den Wällen der Stadt hatten wir nach Tisch eine herrliche Promenade. Vorher sahn wir die in der Kirche ausgestellten Prachtteppiche, welche die Schweizer 1476 in der Schlacht bei Murten von Karl dem Kühnen, Herzog zu Burgund, erbeutet haben. Die Wirkereien sind nach Zeichnungen alter Meister von Eycks Schule gearbeitet. In der Vertiefung der Haupttür der Kirche ist an einer Seite ein Fresko, die Verkündigung, an der andern Adam und Eva, nach den Eyckschen Bildern zu Gent gemalt. Noch haben wir keinen Vetturin nach Lausanne, ein Italiener aus Genova soll dasein, wir erwarten ihn gern, um nicht nach Schweizer Weise die Reise und Rückreise bezahlen zu dürfen.

Den 25. Juli

Brandt ist gestern abend schon mit einem char à banc (kleinen baldachinartig bedeckten Wagen mit einem Pferd, wo die Personen seitwärts drinnen sitzen) voraus nach Neuchâtel gereist. Sein Fuhrmann war ein Junge von 15 Jahr, der alle Sprachen angenehm sprach und der überhaupt angenehm von Ansehn war. Wir wollten nachkommen und hatten heute morgen noch keinen Vetturin, der Italiener war nicht gekommen. Wir engagieren endlich ziemlich teuer einen Berner Kutscher. Der Wagen ist schon nach südlicher Art, sehr breit und groß, welches höchst angenehm ist in der Hitze. In Aarberg wird Mittag gemacht. Viele angenehme, sehr bürgerliche französische Familien aus der Gegend der Vogesen treffen auf der Reise mit uns zusammen, sie haben eine höchst angenehme bürgerliche Weise. Die Kinder sind liebenswürdige Geschöpfe voller Lebendigkeit, jugendlichen Übermuts und dabei von reizender Bescheidenheit. Über Tisch kommt noch ein Herr aus Neuchâtel, der von einem Unglück in seiner Familie gehört hat und schnell aus Baden zurückeilt, um zu sehn, wie es steht. Es sind nämlich mehrere Personen in einer char à banc verunglückt, vor welchem die Pferde scheu wurden. Unser Vetturin unterhandelt mit ihm den 4. Platz in unserm Wagen, ohne uns davon zu benachrichtigen. Kerll will dies nicht leiden, setzt den Vetturin deshalb zu Rede, daß wir nicht nötig haben, andere Passagiere mitzunehmen, weil er für den ganzen Wagen bezahlt ist. Zu gleicher Zeit geht er zu dem Herren und bietet ihm einen Platz im Wagen mit der Bitte an, nicht mit dem Kutscher zu verhandeln, weil derselbe schon bezahlt sei. Dies wird sehr wohl aufgenommen, indes da der Wagen schon abgehen will und der Herr noch nicht zu Mittag gespeist hat, so schlägt er es ab und fährt mit einer anderen Familie.

Abends gelangen wir nach Neuchâtel, welches an seinem weiten grünen See vortrefflich liegt. Herr Brandt hat uns Herrn Mereau, einen Landschaftsmaler und begüterten Besitzer des Orts, zugeführt, der sich ein Vergnügen daraus macht, uns die Stadt zu zeigen. Brandt ist unterdes nach Chaux-de-Fonds gefahren, 5 Lieues weit, um seine Verwandten zu sehn, und will morgen nachmittag wieder bei uns sein, um die Reise nach Lausanne fortzusetzen. Die Promenaden am See sind herrlich. Man hat eine enorme Wasserfläche vor sich, hinter derselben die Gebirge der Schweiz, die ganze Gletscherkette und zur Seite die Stadt mit dem alten Schlosse, hinter derselben das Juragebirge. Der Menschenschlag in dieser französisch-preußischen Provinz ist durchaus ein anderer als der zu Bern, und der Wechsel ist vom letzten Berner Ort bis zum ersten Neuchâteler ganz entschieden. Hier spricht alles französisch, die Trachten sind französisch und die Weiber besonders weit angenehmer und zierlicher als in der Schweiz.

26. Juli

Herr Mereau holt uns um 8 Uhr zu einem Frühstück in seinem Hause ab, das besteht nach hiesiger Art erstens in schönen Hammelkoteletts, Wurst, weichen Eiern und Wein, dann aus Kaffee, dann aus Früchten, besonders schönen Erdbeeren, und Gebackenem. Wir sehn seine hübschen Arbeiten, mehrere Landschaften und Studien aus der Schweiz, machen dann einen angenehmen Spaziergang um die Stadt, aufs Schloß, in die alte byzantinische Schloßkirche von guter Erhaltung von innen und außen.

Besuchen mehrere schöne Landsitze der Herrn Mereau, Pourtalès pp., welche, mit schönen geordneten Terrassen umgeben, einer vortrefflichen Aussicht über die Stadt weg auf den See und den Schweizergebirgen sich erfreuen. Die Terrassen sind herrlich unterhalten, mit steinernen Treppen verbunden und mit Lauben, schattigen Bäumen und den schönsten Blumen geschmückt, reizender Aufenthalt. Die Landhäuser selbst sind meistenteils sehr confortable eingerichtet.

Das Rathaus der Stadt, ein ansehnliches Gebäude aus Quaderstein mit einem reichen Säulenvestibül, einer sehr kühnen Treppe, prächtigen Sälen, ist eine Stiftung eines reichen Einwohners, der Stadt wahrhaft würdig, und wird herrlich unterhalten. Die Bilder unserer Könige sind in den Sälen aufgestellt. Prächtige Öfen im großen Sitzungssaal aus lazurblauen, enorm großen Kacheln, die mit vergoldeter wirklicher Bronze aufs reichste verziert sind, machen eine schöne Wirkung und sind in ihrer Art ganz neu, indes auch höchst kostbar, ich schätze zwei dergleichen auf 20000 Rtl. Wir nehmen von unserm freundlichen Wegweiser Mereau Abschied, nachdem ich noch viel mit ihm über seinen und meinen Freund Catel in Rom gesprochen habe, dessen Manier er in der Kunst gefolgt ist.

Mit äußerst schönen französischen Damen speisen wir zu Mittag, nachmittag erscheint Brandt in Schweiß. Es werden noch Wechselgeschäfte gemacht, und dann geht es fort, immer am Rande des herrlichen Sees von Neuchâtel. Wir sehn eine Lieue von Neuchâtel eine schöne steinerne Brücke in einem Halbkreisbogen von 80 bis 100 Fuß über einen Bach gesprengt, die Route läuft darüber fort. Die schönsten Weingärten in Nußwäldern, mit angenehmen Häuschen besetzt, liegen an den Abhängen neben der Straße am See. Hinter ihnen türmt sich das düstere Juragebirge auf. Der bedeckte Himmel, welcher wenigemal ganz gelinden Regen gab, brachte einen ernsthaften, aber milden Ton in die Gegend, wobei die Farbe des Sees immer saphirgrün leuchtete.

Es wurde spät, als wir in einem kleinen Örtchen an der Grenze des Pays de Vaud ankamen, wo wir etwas zu Nacht aßen. Unser Vetturin wollte uns trotz Dunkelheit doch noch nach Yverdon bringen, und wir willigten ein, weil er die Straße hundertmal gemacht zu haben vorgab. Die Sache ging auch glücklich ab, obgleich wir bei der Finsternis und dem Wetterleuchten in der Ferne nicht ganz gemächlich dabei waren. Das Bier, was uns abends halb 11 Uhr zu Yverdon angeboten und von uns als etwas Neues angenommen wurde, erhitzte uns für die Nacht sehr, ich schlief schlecht und verdarb mir einen Teil des künftigen Tags.

Lausanne und der Genfer See

27. Juli

Von Yverdon ging es fort nach Lausanne. Wir sahn im Vorbeifahren in Yverdon das alte Schloß, in welchem Pestalozzi seine berühmte Erziehungsanstalt eingerichtet hat. Der Weg bleibt unbeschreiblich schön; man verläßt die Gegenden des Neuchâteler Sees und fährt über ein Bergplateau, hinter welchem der Lac Léman oder Genfer See hervorblickt, der sich, je näher man Lausanne kommt, immer herrlicher in seinen Umgebungen entfaltet. Der See ist größer und die Ufer grandioser als am Neuchâteler. Die Lage von Lausanne ist unbeschreiblich herrlich auf einer Höhe unfern des Sees, jedoch macht ein mit Dörfern, Nußwäldern und Weingärten reich ausstaffiertes Vorland die Aussicht aus der Stadt auf den See noch reicher und schöner. Grade gegenüber steigt ein enormes Alpengebirg grade vom Seeufer empor; rechts sieht man die Länge des Sees hinab bis nach Genf und auf eine unendliche, reiche, schöne ferne Ebene, die bis an die fernen Juragebirge hinläuft. Da ich mich nicht ganz wohl und etwas matt fand, blieb ich ruhig im Wirtshause bis gegen Abend, wo ich mit den Gefährten noch eine Promenade auf die Terrasse der Stadt machte, um die unvergleichlichen Aussichten zu sehn. Wie glücklich sind die Hausbesitzer, die sich am Abhang hinaufgebaut haben, von Balkons und Blumenterrassen täglich im Genuß dieser Schönheiten sind.

28. Juli

Ganz wiederhergestellt, wird die Reise nach Mailand mit einem Lausanner Vetturin auf italienische Art, mit Beköstigung, angetreten; für 20 Louis fährt er uns in 6 Tagen nach Mailand und hält uns frei im Diner, Souper und Logis. Bei dem Hinausfahren aus Lausanne machen wir die Bemerkung, daß uns bis dahin kein Ort vorgekommen sei, wo es so viel ausgezeichnet schöne Gesichter unter den Mädchen und Frauen gäbe. Alle von zarten, feinen Zügen und schöner Haltung. Das Wetter ist köstlich, die Straße am Rande des herrlichen Genfer Sees bietet die entzückendsten Aussichten. Der Weg führt zwischen den Mauern der Weinberge hin, die den Abhang so bedecken, daß nicht ein Fleckchen von einem Quadratfuß ohne Weinstock dasteht. Oft sind 14 bis 20 Mauern hintereinander am Abhange aufgeführt zur Unterstützung der Terrassen für die Weinstöcke, und jedes Stückchen Fels, was ein Terrain hergeben konnte, ist gewonnen. Die Wolkenschatten bringen in die unendliche Aussicht und besonders auf die herrliche Fläche des noch grüneren Sees tausendfältige Abwechslung; es ist umsonst, die Pracht der Himmelsfarben in den verschiedenen Alpenketten und Fernen zu beschreiben.

In Vevey wird Mittag gemacht; der Wagen kommt so früh an, daß wir 2 Stunden unter den Kastanienalleen, welche am Markt der Stadt neben dem Seeufer gepflanzt sind, des schönsten

Anblicks genießen konnten. Die heitere Mittagssonne, keineswegs stechend heiß, sondern höchst behaglich, brachte einen wunderbaren Zauber über die Gegend, den ich nie in einem Bilde nachgeahmt gesehn habe. Unter diesen glücklichen Einflüssen des heiteren Tags ward es uns klar, wie das berühmte Vevey zu seiner Glorie gekommen ist.

Es ist am Platz, zu bemerken, wie man in diesem herrlichen Lande als Fremder zu Mittag speist. Bouillon, dann gleich schöner, warmer Fisch, nach diesem das Fleisch, dann ein anderes Fleischgericht als Ragout, dann gebratenes Fleisch mit 2 oder 3 verschiedenen Gemüsen, dann ein Zwischengericht, dann wenigstens zweierlei Braten, worunter Geflügel und Salat, dann Erdbeeren mit Zucker, Apfelsinen in Zuckersauce, Kirschen und andere Früchte, dann Crème von irgendeiner Art, dann Mandeln, Nüsse, Zuckerbäckereien pp.

Nachmittags ging der Weg dem Walliserlande zu, die Hälfte der Zeit noch am See, dessen östliche Seite wir ganz umfuhren. Es war ein Schauspiel nach dem andern in Beleuchtung und Wechsel der Formen der Berge und der Lage der Orte am Fuß, die gegen die ungeheuren Massen wie Punkte erscheinen. Aus dem Entzücken kommt man gar nicht heraus. Endlich schließt sich das Alpental von Wallis ganz, und wir sehn, zwischen den köstlichsten Wiesen und Nußwäldern fahrend, die Wald- und Felsabhänge und die darüber hinausragenden Schneegipfel in zauberischer Erleuchtung. So kommen wir in ein Städtchen, Bex genannt, wo der vortrefflichste Gasthof uns aufnimmt. Auf dem Balkon warten wir die Beleuchtung [beim] Untergang der Sonne gegen die Schneegipfel ab und speisen wieder fürstlich zu Nacht.

Durch das Wallis

29. Juli

Auf einer Wiesenmauer, einige tausend Schritt von Bex, schreibe ich diese letzten Worte beim schönsten Morgen. Kerll hat etwas vergessen im Wirtshause, und der Vetturin läuft zurück, es zu holen, diese Zeit benutze ich. Kerll hat zuviel kleine Päckchen und ist etwas konfus, deshalb auch jedesmal der letzte fertig. Wir lachen darüber und ärgern ihn ein wenig, daß wir gewöhnlich den Kaffee eher verzehrt haben, ehe er ins Frühstückszimmer tritt, der Spaß ist jeden Morgen erneuert.

Um mich her ist die Frische eines herrlichen Alpenmorgens verbreitet. Die Glocken der Herden und das Rauschen der Bergströme, die sich in die Rhone ergießen, erfüllt die Luft. Auf einer hohen isolierten turmartigen Alpenspitze, die ich sehe, will man heute morgen eine große Fahne aufstecken, ein Spaß der jungen Leute aus Bex; aber der Weg hinauf, den sie in der Nacht angetreten, ist zu lang, noch können wir nichts sehn. Brandt hält die Pferde des Wagens und singt seine Morgenphantasien. Gestern in Vevey hatte er sich von uns getrennt und kam zu spät zum Mittagessen, er knurrt allerlei. Verdachtshalber sehr geneckt, bleibt immer der alte Harmlose. Heute morgen kugelte ich ihn aus dem Bette, denn er schläft gern bis zur letzten Minute, ist dann aber auch bald in Ordnung, weil er wenig Umstände mit sich macht. Waagen ist bedächtig und wird von Brandt Sir Abate genannt. Der Vetturin kommt zurück mit den vergessenen Sachen, und ich höre auf zu schreiben.

Das Tal wird immer rauher, nach einigen Stunden gelangen wir zur eigentlichen Grenze des Walliserlandes am Schlosse St. Maurice, welches, unten am Felsen geklebt, auf dem jenseitigen Ufer der Rhone liegt. Ein Vorturm diesseits mit einer weitgespannten Bogenbrücke führt aufs Schloß zu; vorher drängt sich der Weg zwischen einem Wächterhaus und einer Felswand durch, wo ein hölzernes Tor die Passage sperrt. Das Malerische der Lage wird durch die Aussicht in das fortgehende Felstal, welches mit Schneealpen schließt, erhöht. Ein Stündchen weiter ist der berühmte Wasserfall la Pissevache, welcher grade sehr wasserreich war. Er stürzt aus einer ungeheuren Felswand in der Mitte heraus und bildet die schönsten Regenbogen; wir gingen nahe heran. Brandt in dem Eifer wollte in den Regenbogen hinein und wird in einer Sekunde durch einen kleinen Windstoß, der den Wasserstaub treibt, so bis aufs Fleisch durchnäßt, daß wir ihn in der Sonne, wie mit Firnis überzogen, plötzlich glänzen sehn. Er kann kaum der Gefahr, zu ersticken, entrinnen, weil der

123 »Martigny im Valois«

Druck der Luft durch den gewaltigen Sturz kaum zu atmen erlaubt. In der Ecke des Wallisertals, im Örtchen Martigny, machen wir Mittag. Wir sitzen auf einer Wiese, ringsum von hohen Alpen umgeben, und schreiben das Tagebuch.

In Bex ist vergessen worden, eines kleinen Marktplatzes in der Stadt zu erwähnen, auf welchem an vier Seiten eine erhöhte Terrasse liegt, unten an dieser Terrasse ist ein öffentlicher Brunnen, dessen Becken aus einem Stein, 24 Fuß lang, 6 Fuß breit, 5 Fuß hoch, [be]steht und von einer prächtigen, ungeheuer großen Tränenweide überschattet wird.

Wir fuhren durchs Wasser lange Strecken. Das Tal der Rhone war meist überschwemmt, und dem ohnehin höchst ärmlichen Volke, welches von St. Maurice ab hier wohnt, geschah großer Schaden. Schrecklich ist dieses Volk anzusehn in seiner abgemagerten, gelben Gestalt; die dritte Person, besonders unter den Weibern, hat einen scheußlichen Kropf, oder auch zwei und sogar drei, und außerdem sieht man Kretins in Menge. Im Genuß der Pissevache wurden wir durch eine Gesellschaft solcher Mißgestalten sehr gestört, die Almosen fordert oder Gestein, Kristall pp. zum Kauf, als Erinnerung an die Kaskade, anbietet. Die französische Sprache macht sich wunderlich im Munde dieser Geschöpfe.

Das Tal wird hinter Martigny rauher und eintöniger, bis man sich der Hauptstadt des Valais nähert, Sion. Dieser abenteuerliche Ort kündigt sich schon aus der Ferne auffallend an. An dem Tal Valais steigen von beiden Seiten die Berge bis zu Alpen in die Höhe, in demselben erheben sich zwei kleinere Berge, der eine, etwas niedrigere, ist mit wunderbar durcheinandergetürmten, alten, halbverfallenen Klostergebäuden gekrönt, den höheren ziert die weitläuftige Ruine des alten Schlosses, Tourbillon genannt. Etwas tiefer liegt ein zweites zerstörtes Schloß, Valeria genannt, und an diesen Bergen hinauf türmt sich die Stadt Sion mit sonderbaren Kirchen und befestigten Turmmauern. In der Stadt sind wenig Häuser, die bewohnt aussehn; alles scheint, auf Ruinen und alten Gewölben zusammengebaut, mehr der Aufenthalt von Ratten, Eulen und Fledermäusen als von Menschen zu sein. Wir waren neugierig, wie für uns, die wir gut serviert werden sollten, ein Unterkommen zu finden sein würde. Dies war auch nur so eben möglich in einem Wirtshause, welches im Charakter nicht viel von allen übrigen Gebäuden unterschieden war. Nach der Ankunft bestiegen wir den höheren Schloßberg. Die ehemaligen Besitzer des Schlosses verloren allmählich ihre Rechte und ihr Land gegen den Bischof des alten Klosters auf der danebenliegenden Höhe. In den Ruinen des Schlosses fanden wir eine alte Schloßkapelle, in welcher die Wände noch mit Freskobildern von der frühsten Zeit (13. Jahrhundert) bemalt waren. Die Marmorplatte auf dem Altar schien erst kürzlich herabgestürzt worden zu sein, und die Räume wurden, nach dem vielen Dünger zu urteilen, der darinnen lag, gebraucht, um die auf den Felsabhängen weidenden Kühe bei Nacht aufzunehmen. Die Kreuzgewölbe waren zum Teil eingestürzt.

Das Herabsteigen von diesen felsigen Höhen ist nicht bequem, und man muß wegen des Gleitens bei den Abgründen sehr achtsam sein. Eine Grotte im Felsen, welche weiter unten, zwischen den angelehnten Häusern, unsere Aufmerksamkeit auf sich zog, weil vielerlei Menschen herauskamen, lockte uns, hineinzugehn. Es war ein Durchgang durch den Felsen, um in eine andere Seite der Stadt zu gelangen. Zwischen den Trümmern der Schlösser und des Klosters und einigen neuen bewohnten Gebäuden, die auch das Ansehn von Ruinen hatten, vermehrten einige Pfauen, welche hier und da auf den Schornsteinen saßen, das Wunderliche dieses schauerlichen Orts. Im Durchgehn der Stadt war es ganz dunkel geworden; die Passage durch dicht zusammengebaute Häusermassen, Bogengänge und unheimliche Winkel führte uns zu zwei zusammenliegenden Kirchen, die beide noch auf waren. Wir traten in die älteste ein, es war bei der Dunkelheit nichts mehr zu sehn, aber bei einem kleinen Lampenlicht am Altar hörten wir das Gemurmel mehrerer in der dunklen Kirche zerstreuter Betender. Im Wirtshause zurückgekehrt, fanden wir das Abendbrot ebenso chao-

124 »Sion im Valois«

125 »Sion im Valois« (Ausschnitt)

tisch und traurig serviert, als die Gegend draußen war. Ein alter dünner Herr mit Haarbeutel, großem Jabot, seidenen Strümpfen und Schuhen sowie mit einem Ehrenlegion-Kreuz, an langem Bande hängend, schien ein vornehmer Bewohner der Stadt. Das Gespräch mit uns ergab es auch so; er war Schweizer und mehrere Jahre Repräsentant des Valais auf dem Bundestage zu Bern gewesen. Da seine Familie auf einer Campagne in den höheren Gegenden während der Sommer wohnt, um der Hitze im Tal zu entgehn, speist er im Wirtshause. Er war sehr unterhaltend; dabei aber saßen drei englische junge Geistliche, die von Rom kamen und keine Silbe sprachen. Sie nahmen aber doch am andern Morgen beim Wegfahren eine Dame mit in den Wagen. Um Sion herum ist das Sektenwesen in neuerer Zeit so stark gewesen, es ist hier, wo die Kreuzigungen der Fanatiker vorgefallen sind.

126 Brig im Valois

30. Juli

Das Rattennest verließen wir um 5 Uhr. Der Weg im Valais hat immer denselben Charakter, ganze Provinzen scheinen an beiden Seiten des Tals wie Bildflächen aufgerichtet; so erscheinen die weitgedehnten Abhänge, die mit Wiesen, Wäldern, Dörfern, Wasserfällen und einzelnen Sennhütten abwechselnd bis zu den rauhen, mit Schnee bedeckten Alpen sich hinaufziehn. Der Schnee liegt indes nur in den Schluchten und an den Nordseiten der Bergspitzen, denn viel davon ist in dieser Jahreszeit geschmolzen, wodurch auch überall die Überschwemmungen entstanden sind. Zu Mittag speisen wir in Tourtemagne, einem kleinen Ort, von 2 Wirtshäusern und einigen andern Wohnungen gebildet. Unfern davon ist ein prächtiger Wasserfall, der sich in einen großen Felskessel stürzt. Vor Tisch machten wir dahin den Spaziergang. Engländerinnen zeichneten die barocken Verzierungen an der gemalten Fassade des Wirtshauses, zur großen Verwunderung Brandts, der mehrmals dicht vorbeiging und ironisch die schöne Architektur lobte. Die Männer gehn hier in der Regel mit umgestülpten, unbeschnittenen, großen Florentiner Strohhüten, die im Winde entsetzliche Figuren spielen und deshalb unter dem Hals festgebunden werden müssen.

Abends erreichten wir Brig, ein mit Türmchen nach hiesiger Art reich ausgestattetes Städtchen am Fuß des Simplon, dessen Schneegipfel wir vor uns liegen sahn. Man spricht hier wieder mehr schweizerdeutsch, welches sehr auffallend wirkte, nachdem wir schon lange französisch sprechen hörten. Über ein von den Franzosen befestigtes Jesuitenkloster, welches eine Terrasse über der Stadt hat, stiegen wir am Abend noch eine Höhe hinauf, und ich zeichnete etwas von den Alpen und Tälern. Das Wetter sieht nach Regen aus, welcher uns den morgenden Tag verderben könnte, wo die berühmte Straße über den Simplon gemacht werden soll. Unser Wirtshaus ist überall wissenschaftlich ausgeziert; auf dem Korridor hängen Karten der Schweiz und andere in Menge, und an den Fenstern sind Kristalle, Steine und Stufen aller Art ausgestellt. Dem

127 Brig im Valois (Ausschnitt)

dicken Brandt ist in der Regel das Bette zu warm, er schläft immer mit Waagen in einem Zimmer, öffnet da das Fenster und legt sich mit dem Kopf zum Fenster hinaus. So schläft er dann im bloßen Hemde und ist immerzu wohl.

Über den Simplon

31. Juli

Das Wetter ist schön, und wir sind morgens um 4 Uhr auf der Straße des Simplon. Von dem Vergnügen, auf dem herrlichsten Wege das Wildeste und Größte in der Natur wie auf einem Spaziergang zu genießen, läßt sich keine Beschreibung machen. Die Straße ist so bequem angelegt, daß man nirgend einen Hemmschuh braucht. Brandt, Waagen und ich gingen zu Fuß, Kerll, der sich nicht wohl befand, blieb lieber im Wagen. Zuerst schleicht sich der Weg durch die Waldregionen an den Rändern der Bergschluchten hin; man übersieht bald das Valais auf etwa 3 Meilen, wo das Tal einen Winkel macht, und die jenseits aufsteigenden Gletscher, unter welchen der große Aletsch-Gletscher vorzüglich heraustritt. Dann geht der Weg hinein in die inneren Schluchten des Simplon, wo man in entsetzliche Wald- und Felstäler hinabsieht, durch welche stürzende Ströme sich durchwühlen. Die Straße hat die Barrieren fast ganz verloren, weil sie jetzt nicht so gut unterhalten wird, als dies herrliche Werk verdient. Es ist etwas schauderhaft, in die tausendfüßigen Abgründe herunterzusehn. Kommen 2 Wagen einander entgegen, so muß der eine sehr nahe an den Abgrund kommen. In diesen Ansichten von oben hinab sieht man aber recht deutlich, wie weit der Verstand und die Mühe des Menschen geht und wie er das Ungeheure in der Natur bändigt. Die wilden Bergwasser nämlich würden alle Abhänge zerstören, keine Art von Weide um die Sennhütten zulassen, wenn man nicht in verschiedenen Höhen durch alle Alpenabhänge Wasserrinnen gezogen hätte, die, der Horizontale sich nähernd, mit geringem Fall die Bergwasser an bestimmte Orte zum Abfall führten, zum Teil auch benutzt werden, um künstliche Bewässerungen auf den sehr abschüssig liegenden kleinen Alpenwiesen zu bewirken, die bei brennender Sonne sonst ausdorren würden. Ein unzähliges Geäder solcher Kanäle, im Abhang gearbeitet, sieht man von oben herunter. Die Straße ist zum Teil durch Wegnahme von Felsen, zum Teil durch Untermauerung hergestellt, aber an einigen Orten, wo beide Arten nicht ausreichen wollten, ist man bedeutende Strecken durch den Felsen gegangen, und diese Grotten sind gehörig weit und durch einfallende Lichter erleuchtet. In den verschiedenen Schluchten und Winkeln des weitläuftigen Gebirgs stürzen nun die aus der oberen Schneeregion entstehenden Ströme herab; über diese ist die Straße mit schönen Brücken fortgeführt, deren Pfeiler sicher neben den tobenden Gewässern gegründet stehn. Von Zeit zu Zeit sind Häuser mit der Überschrift *Refuge No. 1, 2, 3...* angelegt für Verunglückte oder wenn es den Reisenden zu spät wird, weiterzugehn; auch finden Fußreisende eine Ruhestätte hier, und ein Mann, der darin mit seiner Familie wohnt, schenkt Wein und gibt Käse und Brot dazu. Mir schien es, als wenn die Gewitter der Straße oft großen Schaden, besonders in den höheren Regionen, zufügten. Hier findet man ganze Strecken, wo die Bäume zerschmettert und umgestürzt sind, die Barrieren zerschlagen und die Straße selbst beschädigt haben. Wenngleich die Anlage der Straße so getroffen ist, daß sie möglichst wenig von Lawinen leidet, so sind doch mehrere Stellen da, die auch hierdurch sehr zu leiden scheinen. Der Effekt in den Bäumen von solchen Lawinen ist besonders auffallend; die alten Tannen, welche von der Lawine getroffen wurden, verlieren Laub und Borke und stehn wie weiße ausgebleichte Knochengerippe da.

Fünf Stunden stiegen wir hintereinander in die Höhe, und da der Wagen sich hie und da, trotz 5 vorspannter Pferde, ausruhte, so konnten wir Fußgänger mit einer solchen Gemächlichkeit den wunderbaren Spaziergang machen, daß von einer Erschöpfung gar nicht die Rede war. Sobald man sich dem Gipfel nähert, der immer noch wenigstens 3000 Fuß höher steigt als die Straße, so passiert man eine der Grotten, und hinter derselben sieht man sich umringt von den starrsten Granitgipfeln, an welchen der Schnee und die Gletscher ganz nahe herumhängen. Überall unter dem Schnee und aus den Gletschern brechen reißende Ströme heraus, die unter die Bogengewölbe der Straße in die Abgründe stürzen und, in der letzten Tiefe zusammenfließend, einen bedeutenden Fluß bilden, der in die Rhone fällt. Es gibt nichts Wilderes und Schauerlicheres als diesen Anblick. Dabei saß eine angenehme Frau, die Bewohnerin eines der Refuges, mit ihrem Kinde vor der Tür in der Sonne, die uns mild und lau wärmte, und nähte einen Habit ganz friedlich im Angesicht aller der fürchterlichen Natur. Der Mann warf mit Steinen nach dem Hunde, der uns unfreundlich anbellte, und jagte die Ziegen und Kühe auf den dürftig bewachsenen Abhängen zusammen, von denen der Schnee soeben erst geschmolzen war. In den Schluchten unter uns lagen noch große Massen von Schnee, unter welchen sich die Ströme ihren Weg fraßen. Die schöne dunkelrote Alpenrose war das Freundlichste in dieser Wildnis, sie wächst auf dem dürftigsten Boden der hohen Alpen. Der Rückblick aus diesem Schrecken erregenden Kessel auf das Tal von Valais, dessen kleinstes Stück um die Stadt Brig herum noch durch eine Schlucht erscheint, wirkt höchst angenehm. Darüber aber türmen sich in blauer Ferne bis in die Wolken alle Schnee- und Gletscherspitzen, die sich an den St. Gotthard anschließen, und so sieht man sich auf allen Punkten von der bewohnten Welt abgeschnitten, bis auf die kleine Öffnung in der Tiefe des Valais.

Dicht an einem der Hauptwasserströme, der sich über 100 Fuß prächtig über Felsen herabstürzt, in einem Felskessel aufgefangen wird und dann unter der Straße weggeht, ist wieder eine Höhle zu passieren, und diese wahrscheinlich wegen der Lawinen, welche hier gefährlich sind. Dann senkt sich die Straße wieder, indem sie über grünes Alpenland fort sich um und zwischen die höher hinaufsteigenden Gipfel des Bergs schwingt.

Nach einer Stunde erreicht man den Ort Simplon, immer noch auf der Höhe, mit Schneegipfeln ganz umgeben. Hier ist eins der schönsten Wirtshäuser, zwar unscheinbar und unheimlich, wie das ganze kleine Örtchen von außen, aber eine französische Familie, welche es bewirtschaftet, nimmt die Fremden mit einer ausgezeichneten Art auf; die Töchter, feine und höchst anständige Kinder, bedienen die Tafel, welche mit herrlich gekochten Speisen besetzt wird. Nachdem wir uns hier zu Mittag schon gestärkt hatten, setzten wir die abwärts nach Italien führende Straße fort. Der Hauptmann Obermann, mit Frau und 2 Kindern, einer alten Kinderfrau und mit eigenen Pferden, die von einem schlesischen Knecht als Kutscher geführt wurden, hatte die ganze Schweiz bereist, traf hier mit uns zusammen, um auch nach Mailand zu gehn. Seine Frau, eine angenehme Person, hatte über den schrecklichen Anblick der vielen Kretins im Valais unrechte Wochen in einem Dorfe gehalten, war in einem Dorfe im Walliserland 14 Tage geblieben und nun wiederhergestellt. Der Mann hatte die Zeit benutzt, die Gegenden und die Menschen genauer kennenzulernen; er erzählte uns viel von der Sonderbarkeit und besonders von dem Adelsstolz der Walliser, welche übrigens im Schmutze ihrer verfallenen Schlösser umkommen und ihre zerrissenen Kleider nicht vom Leibe ziehn, sondern solche mit der Zeit herunterfallen lassen.

Die Hinabfahrt vom Simplon ist das Abenteuerlichste und Groteskeste, was man in der Welt sehn kann. Sobald man die obersten Alpenregionen verlassen hat, wird das Tal, worin die Straße fortläuft, so eng, daß es an einigen Stellen kaum 50 Fuß breit ist. Dazu steigen 2000 Fuß hohe, ganz senkrechte Felsmassen an beiden Seiten in die Höhe, die von so gediegenem Granit sind, daß die Klüfte und Spalten in einem Zug von oben bis unten herunterlaufen. In der Tiefe dieses schrecklichen Tals braust ein Strom, Toce genannt, der nach dem Lago Maggiore hinabläuft und dessen Lauf die Straße folgt. An einzelnen Teilen ist nach der Sage zur selben Zeit des Lissabonner Erdbebens ein großer Teil der Felswände zusammengestürzt; man sieht diese Zertrümmerungen, welche wie ein Teufelswerk aussehn, und durch die ungeheuren Massen stürzen hoch herab die größten Wasser in den mannigfaltigsten Formen. Mehrere Grotten werden auf der Straße auch hier unten im tiefen Grunde noch passiert, wodurch die Situation noch schrecklicher wird. Dann schließt ein altes Turmgebäude mit Tor und Kapelle das Tal zu, wo die piemontesische Douane ist. Man wird hier glimpflich behandelt.

Nach und nach findet das Tal etwas mehr Raum. Es stehn Nußbäume an der hohen Felsenwand und Hütten aus dem Stein der Felswand unter ihnen, sie scheinen mit dem Felsen eins zu sein. So neigt sich die Straße immer mehr und mehr, bis man in das schöne Tal von Domo d'Ossola hinausfährt. Ganz von Alpenbergen umgeben, verbindet dieses Tal den Charakter der Schweiz mit dem von Italien. Die ziemlich breite Ebene desselben ist mit Kastanien und Nußbäumen bewachsen, die sich auch auf die Vorberge hinaufziehn. Alle Gebäude der Ebene und an den Abhängen sind im italienischen Charakter, und die Städtchen mit ihren schlanken Glockentürmen im Grünen nehmen sich herrlich aus. In Domo d'Ossola bleiben wir die Nacht. Das Italienischsprechen geht nun an, wobei M. Brandt und ich die Dolmetscher machen müssen.

Lago Maggiore und Mailand

1. August

Der Weg geht über Baveno immer am herrlichen Lago Maggiore, der sich in die Alpenberge hineinzieht und am entgegengesetzten Rande von der lombardischen Ebene begrenzt wird. Der heiterste Tag begünstigt uns. In dem kleinen Ort Baveno, am See gelegen, machen wir Mittag, nehmen eine Barke und fahren nach Isola Bella über, die $^1/_2$ Meile vom Ufer liegt. Diese Insel mit ihrer wunderbaren phantastischen Anlage ist ungleich größer, als sie auf den Bildchen, die man sieht, erscheint. Die Terrassen, mit Treppen, Figuren, mit den schönsten Pflanzen anderer Weltteile besetzt, mit Hainen von Lorbeerbäumen, die 10 Fuß im Umfang haben, sind entzückend, wenn man von ihrer Regelmäßigkeit in die weite Wasserfläche und auf die schöngeformten Gebirge umher schaut. Isola Madre und Isola Pescatore, welche demselben Besitzer, Prinzen Borromeo, gehören, und die Stadt Pallanza an der andern Seite des Seerandes nehmen sich dabei sehr schön aus. Der Palast auf Isola Bella ist ein weites, großes Gebäude, dessen in prächtigem überladenem Stil ausgeführte Säle und Zimmer nach drei langen Reihen der aneinanderhängenden Flügel jedermann offenstehn, [sie] enthalten eine Menge von Gemälden, unter denen einige von Salaino, Boltraffio, Mantegna recht bedeutend sind. Nach $2^1/_2$ Stunde waren wir mit unsrer Barke in Baveno zurückgekehrt. In einem niedlichen Kabinett, welches auf einer Seite in ein üppiges Berceau von Wein hinausging, auf der andern mit einer langen, mit Blumen besetzten Terrasse zusammenhing, die die ganze Übersicht des Lago Maggiore erlaubt, speisten wir wie Fürsten zu Mittag. Kerll hatte bis jetzt immer gesagt: »Hier müssen wir unsere Frauen auch noch herführen«, und er wiederholte es auch diesmal.

Immer am See fort geht der Weg über Arona, welches unter einem vortretenden Fels malerisch liegt. An der gegenüberliegenden Küste tritt gleichfalls ein steiler Fels, mit einem Kloster gekrönt, in den See vor. Auf der Fortsetzung des ersten Bergs hinter Arona steht die große, in Kupfer getriebene Statue des St. Borromeo, des Gründers der prinzlichen Familie, welche hier so viele Besitzungen hat. Von Arona ab werden die Seeufer flach, und bald geht der Weg etwas mehr landeinwärts in der Ebene fort zwischen Gärten, die mit Weinlauben, Maulbeerbäumen und Fruchtbäumen durchzogen sind, im ganzen einförmig. Abends setzten wir über den Ticino bei Sesto Calende, wo die mailändische Douane ist. Wir wurden ohne Visitation als einfache Reisende durchgelassen. Hier blieben wir die Nacht. Der Abend mit Mondschein über dem Spiegel des Ticino war mild und schön, und viele Barken singender Gesellschaften, die ein Festtag aufs Land geführt hatte, kamen an, um den Eindruck Italiens zu verschönen. Im Wirtshause war das Bettwerk schlecht; die Türen und Fenster schließen schon nicht; man hat steinerne Fußböden unter sich und luftige Balkendecken über sich.

2. August

Unter fruchtbaren, einfachen, einförmigen Gartenfeldern, die mit Weinranken und Bäumen durchzogen sind, führt der Weg weiter fort. Wir passieren mehrere kleine Städtchen, essen in einem zu Mittag und sehn an der Landstraße, wo es hin und wieder waldig wird, viele Kreuze für Erschlagene errichtet. Seit längerer Zeit hat man jedoch nichts mehr davon gehört, weil sehr scharfe Gerichte über die Räuber gehalten worden sind.

Nachmittags 4 Uhr erblickten wir den Dom von Mailand und traten in der schönen Stadt bei Reichmann ab, einem palastartigen Wirtshause. Uns werden saalartige Zimmer der Bel-Etage angewiesen; in einem derselben, wo ich schlafe, und gerade vor mir, sehe ich auf das schön gezeichnete königl[ich] preußische Wappen, in goldenem Rahmen eingefaßt, und, darunterhängend, eine Kabinettsorder des Königs, gleichfalls unter Glas im goldenen Rahmen, worin dem Reichmannschen Gasthause erlaubt wird, zum Andenken des sechstägigen Aufenthaltes des Königs das Wappen, welches der König schenkte, in einem der Zimmer aufzuhängen. – Nach meiner Meinung haben wir uns mit der Ankunft in Mailand doch nur um einen Tag versehn, nach dem Plan sollten wir den 1. Aug[ust] in Mailand sein, so sind wir den 2. da.

Abends gehn wir in den Dom. Das Gebäude ist von außen bis auf die kleinen Spitzen am nördlichen Kreuz vollendet; man ist dabei, auch die älteren Teile neu abzuschleifen, so daß bald das ganze Innere und Äußere hell weiß dastehn wird. Den Eindruck fand ich nicht größer, als ich ihn im Sinne hatte. Rücksichtlich der Verhältnisse ist der Bau äußerlich weit unter den Domen zu Freiburg, Straßburg, Köln; auch die Gliederungen und Details alle ungeschickter und plumper. Die Statuen und Verzierungen sind aus allen Zeiten seit der Erbauung, sie sind großenteils nach der Zeit des Giulio Romano, der auch dafür angegeben hat, selbst viele barocke und viele ganz moderne. Die Kapitäle der inneren Säulen [sind] das Originellste in dem Bau. Man hat die Kuppel mit durchbrochenen altdeutschen Verschlingungen ausgemalt, welches hier recht gut tut, aber man fährt fort, alle übrigen Gewölbe ebenso zu malen. Dies wird zu kraus und unruhig aussehn. Warum folgt man nicht der Malerei, die über dem Gewölbe vor dem Hochaltar erhalten ist, wo man zwischen den Graten einen blauen Grund mit goldenen Sternen sieht?

Vom Dom aus wurde noch eine Promenade durch die lebendige Stadt gemacht, wo zur Zeit des Corso alles auf der Straße ist. Ein vortrefflicher Lohnbediente, wie es deren in Italien gibt, ist unser Geleiter. Der junge Caspar, Kupferstecher, fand sich auch ein.

3. August

Palast Brera wurde gesehn; die Hauptsäle sind quadratisch und von oben beleuchtet, aber dunkel, und die Bilder glänzen fast überall. In den schmalen Vorsälen sind herrliche Freskos von Luini aufgehängt, die man von der Wand abgelöst hat. Diesen vorzüglichen Meister lernt man in Mailand in seiner ganzen Größe kennen. Vor allem fesselt in der Brera das göttliche Bild des »Sposalizio«, welches fast allein gut aufgehängt, jedoch auch noch zuwenig erleuchtet ist. Von der Erleuchtung in meinem neuen Museum erwarte ich ungleich mehr. Alle übrigen Arten sind nur da, um Laien einen dunklen, mysteriösen Eindruck zu machen, der aber dem eigentlichen Kunstfreunde sehr hinderlich ist.

Um 4 Uhr ißt man bei Reichmann zu Mittag; an der Table d'hôte wird fast nur deutsch gesprochen. Der Geburtstag unsers Königs wird von uns in Champagner gefeiert. Wir ruhten nach Tisch und gingen abends ins Theater Canobbiana, wo man ein neues schlechtes Lustspiel gab; ein kleines komisch pantomimisches Ballett dazu war das Beste.

4. August

Morgens nahm ich ein Bad in einer schönen Anstalt, wo um einen mit Lauben bedeckten Hof die Zimmer liegen, die mit Stuckmarmor an den Wänden verziert sind. Die Badewannen von wirklichem Marmor; man gab dem Wasser eine vorzüglich angenehme Temperatur, und die Wäsche zum Abtrocknen ward beim Aussteigen aus der Wanne, auf ein Klingeln, ganz erwärmt gebracht, dies stärkte herrlich.

Es ward nachher ein Gang in die Ambrosianische Bibliothek gemacht. Hier sahn wir das schöne Lokal, dann die merkwürdigsten Manuskripte und endlich die Gemäldesammlung; in letzterer ist ein Karton Raffaels von der »Schule von Athen« fast das Wichtigste. Diese flüchtige, aber geist- und seelenvolle Zeichnung in schwarzer Kreide nimmt eine ganze Wand von 36 Fuß ein und gewährt das höchste Vergnügen. Bilder von Leonardo und Luini sind ebenfalls schön. Sehr wichtig ist der sogenannte Codex des Leonardo, ein großer Foliant, in welchen [man] alle kleinen Skizzen, Notizen pp. des unerschöpflichen Genies dieses Meisters, die sich auf Mechanik, Festungsbau, Bau von Militärmaschinen und andere Werke der Architektur beziehn, eingeklebt hat. Ein anderer Foliant, welcher Kunstgegenstände enthielt, ist in Paris geblieben und wird schmerzlich betrauert.

Von der Ambrosianischen Bibliothek gingen wir erstens den Napoleonischen Circus zu sehn, in welchem 30000 Menschen den Wettrennen zu Pferd und Wagen und, wenn er mit Wasser gefüllt ist, dem Barkenfahren zusehn können. Ein Kanal führt das Wasser ein. Eine schöne Halle aus Granitsäulen erhebt sich in der Mitte der langen Seite für den Hof, mit einem davorliegenden Saal. Der Circus liegt an dem ungeheuer großen Exerzierplatz, an welchem auch das alte Kastell steht und der neue Triumphbogen für die Simplon-Straße angelegt ist. Dieser Bogen aus Marmor ist lange nicht beendet, die Architektur gewöhnlich, die Skulptur nicht unangenehm; einzelne Ornamente der Rosetten, die um die Kassetten kommen sollen, sind prächtig und sorgfältig ausgeführt; am geringsten sind die Basreliefs, welche die Taten darstellen. Es ist zu bedauern, daß das Werk nicht vollendet wird, da alle Details in den Hütten fertig daliegen.

Wir sahn noch die Kirche Maria delle Grazie, neben welcher das Refektorium liegt mit dem Bilde Leonardos von der Cena. Leider kann man bei den Trümmern dieses großen Werks nur weinen. Es war mir auffallend, daß von allen Köpfen der des Christus am besten erhalten war und daß er einen andern und weit schöneren Charakter hat, als Morghen in seinem Kupferstich nachgeahmt; ich zeichnete ganz flüchtig etwas davon.

Von den langen Wegen in der Hitze etwas

erschöpft, tranken wir in der Vorstadt Wein in einem gewöhnlichen Weinladen, nach italienischer Art. Kerll war schwer hineinzubringen; aber der Wein war gut und erfrischte uns, so daß wir zum Gasthofe bequem zurückkehren konnten.

Nachmittags war noch ein Gang in den Dom gemacht; dann fuhren wir in des Rittmeister Obermann Wagen auf den Corso, wo es eine große Masse schöner Equipagen gab. Der Corso ist jetzt fast um die ganze Stadt geführt; ein Teil aber macht eine prächtige, breite Allee, in welcher die Wagen, wie auf einem langen breiten Platz, nach der Ordnung fahren müssen. Österreichsche Lanciers und Gensd'armes erhalten die Ordnung.

5. August

Mit Herrn Caspar machte ich Besuch bei den berühmten Longhi und Anderloni, beides höchst liebe Männer. Der Cavaliere Longhi hat eine schöne Gemäldesammlung, ein Kopf von Raffael, herrlich erhalten, ein anderer von Giorgione und eine alte Kopie von der schönsten Heil[igen] Familie von Raffael sind das Schönste daran. Longhi las mir etwas aus seinem noch nicht edierten Werk über Kupferstecherkunst vor.

Nachher gingen wir nochmals in die Brera; ich sah mir das »Sposalizio« nochmals an, nahm einige Maße der Zimmer, sah dann die Sammlung der Abgüsse daselbst und die Ausstellung der Konkursarbeiten. Für Malerei war der Moment gegeben, wo der junge Raffael dem Papste Leo X. vorgestellt wird; für die Skulptur die Verewigung Canovas. Die Aufgaben, unvorteilhaft gewählt, haben auch wenig Vortreffliches hervorgebracht. Ein Bild zeigte von Talent im Kolorit. Die architektonischen Arbeiten waren ganz ordinär.

Ganz früh am Morgen dieses Tags waren wir auf den Dom bis zur Spitze hinaufgestiegen und hatten das ungeheure Gebäude in allen seinen Details sowie der schönen Aussicht von oben herab genossen.

Abends sahn wir die Burettini, ein Puppentheater, worin »Dädalus« gegeben ward. Die Szene, wo Dädalus, Ikarus und Kasperle aus dem Labyrinth mittelst der von Dädalus erfundenen Flügel entfliehn, war sehr komisch, indem sich Kasperle den Versuch erst oft vormachen ließ und dabei dem Dädalus ganz kurz zurief: »Bravo, va benissimo« pp., als wäre er schon ein großer Kenner der Sache.

6. August

Mit der schönen Equipage des Wirtshauses machten wir heut von 5 Uhr morgens an einen großen Cours, um alles übrige der Stadt noch zu sehn; denn zu Fuß ist es in dieser großen Stadt bei der Hitze zu angreifend.

Von den Kirchen wird St. Ambrogio zuerst gesehn; es ist der ältere Dom der Stadt, im 4. Jahrhundert erbaut, zeigt viele Bruchstücke alter Monumente, Freskobilder und Mosaiken in der Altarnische. S. Celso, mit einem schönen Vorhof, wo die Kreuzgewölbe in einer reizenden Backsteinarbeit ausgeführt sind, die Kirchenfassade von Granit und anderm Stein mit bronzenen Kapitälen sehr schön gearbeitet. Die Kolonnade, welche Kaiser Vespasian gebaut haben soll, eine Reihe korinthischer Säulen, sehr zertrümmert und mit Eisen zusammengehalten.

Das berühmte Hospital ist an Pracht und schöner Einrichtung unvergleichlich. Die Höfe [sind] mit den breitesten Säulengängen mit reicher Skulptur umgeben, die Säle, worin jetzt über 1000 Kranke lagen, sind hoch, geräumig und luftig, daß wir beim Durchgehn nicht das mindeste von den Kranken empfanden. Ebenso vortrefflich ist die Apotheke und die Küche eingerichtet.

Von den übrigen Kirchen ist nur St. Maurice recht merkwürdig. Diese Kirche ist aus des vortrefflichen Luinis Zeit, von ihm und seinen Schülern aufs herrlichste von der Decke bis zum Boden ausgemalt und steht ganz vollständig da. Sie hat zwei Abteilungen; die Vorkirche ist besser erhalten, in der hinteren Kirche ist durch Rauch und Staub viel Herrliches ungenießbar geworden. An der Abteilungswand sind die schönsten Bilder um den Altar angebracht. Ein so vollständiges, in Verzierung und großer Malerei erhaltenes Werk macht einen ungemeinen Eindruck.

Caspar aß, so wie gestern, auch heute bei uns zu Mittag. Abends ward noch ein Spaziergang auf den Corso gemacht und dann eingepackt.

Certosa di Pavia, Genua

7. August

Es ging früh fort nach Pavia; eine Stunde vorher liegt die berühmte Certosa, das Kartäuserkloster, welches Visconti von demselben Enrico Gamodia, einem deutschen Baumeister, der den Plan zum Mailänder Dom gemacht hat, entwerfen ließ. Die Fassade dieses Werks ist nicht mehr gotisch; sie besteht aus weißem Marmor, Bronze, Mosaik pp. und ist von dem untersten Gliede des Sockels an mit den feinsten Skulpturarbeiten bedeckt, die von der größten Schönheit sind. Figuren, Köpfe, Schilde, Arabesken, Basreliefs, einzelne Gruppen, eingelegte Bronzearbeiten, Kandelaber, Kassetten in den Bögen, Fruchtschnüre und andere Ornamente bedecken die Fassade überall; man könnte jahrelang daran Neues sehn. Das Innere des Gebäudes ist in den Gewölben noch, nach der alten Art, mit prächtigem Blau und Sternen und dann mit Arabesken gemalt; das übrige ist prächtig, jedoch aus späterer Zeit der Brochacinis ausgemalt. Das Marmormonument des Stifters ist ein prächtiger Sarkophag mit einem Tempelhause darüber, im Stil der Fassade reich und geschmackreich. Die vielen Altäre in den Seitenkapellen und der Hauptaltar sind von den feinsten Marmorarten aufs köstlichste ausgeführt und mit vielen echten Steinen besetzt, die Pracht ist unglaublich. Ein schönes Bild von Perugino und andere von Borgognone zieren ein paar dieser Altäre. Um den in Backstein mit unvergleichlich schönen und vielen Bildwerken ausgeführten Kreuzgang liegen die einzelnen Zellen abgesondert in kleinen Gärten; jeder hatte 2 Zimmer unten und 2 Zimmer oben; seine Speise bekam er durch eine Öffnung aus dem Kreuzgang. 90 Mönche waren sonst da. Das Kloster ist aufgehoben, und es sind jetzt nur 2 Geistliche bei der Kirche angestellt; und die Gebäude werden unterhalten.

Der Weg geht von der Certosa in der lombardischen Einförmigkeit fort bis Pavia; die staubige Chaussee geht zwischen Hecken und Reis- wie Türkischen-Weizen-Feldern, die mit Pappeln und Wein eingefaßt sind, hindurch.

In Pavia, wo wir zu Mittag blieben, ist nur der Dom, als ein lombardisches Gebäude, im rohsten Stil, mit abenteuerlichen Skulpturen bedeckt, von außen wichtig. Das übrige der Stadt ist unbedeutend, auch die große Brücke ohne bedeutende Kunst angelegt. Wir fuhren auf der einförmigen Chaussee bis spätabends nach Voghera, wo wir erst um 9 Uhr ankamen. Der Ort ist unbedeutend, die Gegend aber ver-

128 Ansicht von Genua

liert nach und nach die Einförmigkeit der Lombardia.

8. August

Der Weg nach Novi, wo wir zu Mittag waren, läßt schon etwas von den Gebirgen der Bocchetta sehn. Von da nach Ronco wird die Gegend gebirgsartig; eine neue Straße, im Kleinen nach dem Simplon gebildet, führt neben ein tiefer ausgewaschenes Flußbette fort; die Berge sind wild. In der Ferne sieht man Klöster und Schlösser auf den Höhen liegen. Ronco, unser Nachtquartier im engen Gebirgstal, hat etwas Unheimliches, obgleich durch alte Brücken und Felspartien malerisch.

9. August

Der Weg führt über den Gipfel des Gebirgs, wo ich sogleich die Linie des Mittelländischen Meeres bemerkte, davor die Gipfel mit den Kastelltürmen von Genova. Die Chaussee führt von da ab immer abwärts und ist über alle Begriffe staubig, aber das Tal wird nach und nach immer angebauter; man sieht Villen, Klöster und Ortschaften überall an den Bergabhängen zerstreut liegen, und lange vor Genova ist der Weg schon in der Talebene herabgeführt, in welcher ein wasserleerer Fluß sein breites Steinfeld gebildet hat. Endlich biegt man hinter einem Örtchen um die Ecke und fährt am Strande des Meers hin bis zum Leuchtturm der Stadt, hinter sich die Gebirge von Nizza am Meereshorizont verfolgend. Zwischen dem Leuchtturm und dem Vorgebirge durchgefahren, hat man endlich den unbeschreiblich schönen Anblick der Stadt, die sich um den Hafen am Berge in die Höhe baut und mit ihren Palästen prangt. Im Wirtshause »Croce di Malta«, welches die schönste Aussicht auf den Hafen und Leuchtturm hat, war schwer unterkommen, und wir mußten uns für die erste Nacht mit ganz kleinen Dachzimmern begnügen, in denen die Hitze stark war. Gegen Abend wird ein herrlicher Spaziergang längst dem Meer auf den Mauern gemacht, von da zu den neuen Promenaden, die an Seitentälern der Stadt liegen. In der Abendbeleuchtung schien die Masse der in Gartenanlagen zerstreut liegenden Paläste wie die dahinter aufsteigenden violetten Gebirgsmassen mit dem Meer zusammen uns allen ganz feenartig. Nach eingenommenem Sorbetto schlief ich trotz der schlechten Zimmer die Nacht sehr gut.

Den 10. August

Früh aufgestanden, setzen wir uns in eine Barke, Kerll ausgenommen, der aus Unschlüssigkeit jeden Morgen zu spät sattelfertig ist, und nahmen ein höchst erfrischendes Meerbad in einem dazu eingerichteten Schiff mit Senkkasten. Dann wurde die alte Kathedrale gesehn, ein Gebäude aus dem 7. bis 9. Jahrhundert, aus weißen und schwarzen Marmorschichten zusammengesetzt, mit abenteuerlichen Verzierungen des Mittelalters und vielen antiken Bruchstük-

ken versehn. Von da sahn wir andere schön mit Marmor und Freskos ausgestattete Kirchen und bestiegen die Villa di Negro, welche auf einem ehemaligen hohen Kastell in der Stadt so schön angelegt ist, daß nichts zu wünschen bleibt. Das Casino selbst ist ohne große Bedeutung, aber der Garten besteht aus einer Masse tiefer und höher liegender Winkel und Terrassen, die mit Rosen-, Lorbeer- und Weinlauben so mannigfaltig verziert sind und durch steinerne Treppen verbunden werden, so daß man überall ein entzückendes neues Bild teils aufs Meer, teils auf die Gebirge und die ringsum wie das schönste Panorama sich ausbreitende Stadt hat. Hier zu leben wäre das Ideal alles Aufenthalts.

Nachher sahn wir die Paläste Durazzo, Doria, Brignole, Serra, den königl[ichen] Palast, den Dogenpalast oder das Gouvernementshaus, die, was Treppenanlagen betrifft, das Prachtvollste der neueren Architektur darbieten. Die Einsicht in den königl[ichen] Palast, wenn man durch die Säulenhallen und den Hof auf den kleinen Garten blickt, welcher mit 30 Fuß hohen, in schönster Blüte voll prangenden Oleanderstauden angefüllt ist, mit dem reinen heiteren Himmel dahinter, hat etwas Zauberisches. Man glaubt Armidens Gärten zu sehn, und die hoch an dem Garten herumführenden Marmorterrassen mit Vasen, feinen Geländern und Marmor verziert, vermehren den Eindruck. Die Strada Novissima ist die breiteste von Genova, hier liegen alle Paläste zusammen. Der übrige Teil der Stadt scheint mehr Einschnitten tiefer Felshöhlen oder Straßen zu gleichen; die wenigsten Straßen sind fahrbar, aber diese Enge hat das Schöne der Kühlung in diesem Klima. Die unteren Räume der Gebäude sind freilich in beständigem Zwielicht, sie sind aber in der Regel sehr groß, mit Säulen und weitläuftigen Treppenanlagen versehn. Wir kommen um 12 Uhr zu Hause, ruhen

129 Ansicht von Genua (Ausschnitt)

130 Ansicht von Genua (Ausschnitt)

bis 2 Uhr, speisen an der Table d'hôte. Herr v. Kleist ist uns nachgekommen und macht die Partien mit uns.

Nachmittag in der Kühlung wird die Villa di Negro nochmals besucht; der Festtag des St. Laurentius füllt die unten liegenden Promenaden mit unzähligen Frauen in weißen Schleiern und Männern, welches die herrliche Aussicht von der Villa herab sehr vermehrt und der armen Frau des Rittmeisters Obermann bei ihren heftigen Zahn- und Kopfschmerzen einigermaßen Erleichterung gibt. Hitze und Anstrengung haben ihr diese Übel zugezogen. Ich finde die Hitze selten ganz übertrieben; auch kann man sich in den schattigen tiefen Straßen und in Kirchen, Palästen und Häusern ihrer entziehn. Man muß nicht zu viel Wasser trinken, weil es den Durst nicht löscht; eine gute Portion Kaffee mit Milch und etwas Semmel des Morgens, eine Tasse Schokolade mit einem Glase Wasser zur Restauration um 11 Uhr, ein gutes Mittagbrot mit hinlänglichem Wein um 2 und 3 Uhr, ein Glas Eis und ein Glas Wasser am Abend, diese Diät bekommt mir ganz vortrefflich.

Am Abend im herrlichsten Mondschein ward eine Fahrt in einer Barke bis vor die Molen des Hafens gemacht, ein entzückender Anblick auf die wunderbar getürmte Stadt im Mondschein. St. Lorenzo, am oberen Turm wegen des Festes illuminiert, ein von Algier gekommenes englisches Kriegsschiff, Salven gebend, und Musik und Trommelschlag auf der piemontesischen Fregatte, die den Hafen bewacht, gaben der Fahrt auf den schönen Fluten in der lieblichsten Luft noch mehr Mannigfaltiges. Auch trug ein kleiner Krieg zwischen neapolitanischen und piemontesischen Matrosen auf Barken, der mit entsetzlichem Geschrei verbunden war und endlich von den Hafensoldaten geschlichtet wurde, zum Interesse des Abends bei.

11. August

Morgens 5 Uhr, als ich die Sonne aus meinem Fenster die Bergspitzen und den Leuchtturm röten sah, sprangen wir auf und fuhren wieder ins Meerbad, welches herrlich erfrischt. Dann wurde mit größtem Appetit gefrühstückt und der Palast Doria vor dem Tor besehn, den sich Andreas Doria nach seinen Siegen über die französischen Flotten François premiers als Ruhesitz am Meer baute. Kaiser Karl V. wohnte dort, und Napoleon ließ sich auch manches wieder drinnen einrichten. Der Palast ist doch im Verfall, und besonders die Malereien, welche Perin del Vaga (Schüler Raffaels) mit seinen Schülern äußerlich an den Fassaden anbrachte, fast ganz zerstört. Innerlich sind die Freskos etwas besser erhalten, vorzüglich in der oberen Galerie im großen Saal und weniger gut an der schön eingeteilten Decke des untern Vestibüls. Die Säulenhallen, welche gegen das Meer hin zu beiden Seiten den schön gepflasterten Marmorhof einfassen, sind im Unstande. Der Garten mit seinen geschnittenen Hecken am Meer, mit dem schön blühenden Oleander und einem marmornen Neptun im vierspännigen Wagen, dessen Kopf die Züge des And[reas] Doria hat (als damaliger Meerbeherrscher), macht von der Aussicht auf den Hafen und die sich türmende Stadt eine zauberische Wirkung. Es wurde noch den Vormittag besehn St. Stefano, wo am Altar ein Bild, die Steinigung dieses Heiligen, von Raffael und Julio Romano, gezeigt wird. Die Schatten sind an diesem Ölbilde sehr schwarz geworden. Überhaupt ist es kein Vergleich, wieviel schöner die heitern Freskobilder für die Ausschmückung der Gebäude sind. Im Palast Spinola sahn wir den schönen Vestibüle und Hof, der von Perin del Vagas Schülern ausgemalt ist.

Gegen Abend aber machten wir zum Abschiede von dem herrlichen Genova nochmals den Spaziergang auf den inneren Promenaden und längst den hohen, am Meere aufgeführten Straßen. Es erscheint alles als Traumbild, dieser Reichtum von Palästen und Gärten, an den Alpengebirgen hinaufgebaut, diese hervortretenden Bastionen im Meer, die von höher liegenden Teilen der Stadt und schönen Terrassen überstiegen werden, dieser weite Meereshorizont, mit fernen Gebirgsküsten und mit Schiffen übersät, dieses alles muß selbst gesehn werden, wenn man ihm Glauben beimessen soll.

131 Ansicht von Genua (Ausschnitt)

Längs der Riviera di Levante

12. August

Wir nehmen Abschied am frühen Morgen von unserer Aussicht auf den Hafen, aber wir wußten noch nicht, welche Genüsse unserer erwarteten auf der Reise an der Küste des Meers gegen Spezia hin. Die Straße hebt sich von Zeit zu Zeit und fällt wieder, sie gewährt unbeschreiblich schöne Rückblicke auf Genova, welches eigentlich noch eine Tagesreise an der Küste in Landhäusern und Ortschaften von der vortrefflichsten Lage fortgesetzt ist. Olivenwälder bedecken die Berge, die Gärten prangen mit den schönsten Orangenbäumen mit goldenen Früchten bei jedem Bauer, Zypressen ragen hoch hervor, Feigenbäume von entsetzlicher Ausdehnung durchbrechen die Garten- und Bergmauern und wachsen überall durch, der Wein schlingt sich in diese Bäume hinein, und blühende Oleander beleben mit ihrem köstlichen Rot die Landschaft. Überall stehn auch Pinien da, und zwei Palmbäume erhöhten noch mehr die Reize dieser herrlichen Küste.

Gegen Mittag stieg der Weg auf eins der hohen Vorgebirge, die wir von Genova in blauer Ferne hatten liegen sehn, immer zwischen Ortschaften im schönen Grün. Von dieser Höhe war nun der Rückblick auf die ganze Küste bis auf das ferne Genova ganz unbeschreiblich, auf der höchsten Höhe des Berges fährt man durch ein in den Berg gehauenes langes Tor, welches so schön angelegt ist, daß der, welcher von Florenz kommt, gleich in weiter Ferne Genova am Meer liegen sieht und die Gebirge von Nizza dahinter. Nachdem wir das Tor passiert hatten, senkte sich der Weg hinab und ließ uns in einen anderen, unbeschreiblich schönen Golf blicken, der von den Gebirgen von Spezia und Carrara umschlossen wird. Die zierlichsten Städte lagen zu unseren Füßen am Strande des Meers und ließen einige Hauptpaläste, Forts und Klosterkirchen mit Gärten, Brücken und kleinen Hafenanlagen hervortreten, während die unendlich hohe Meeresfläche darüber ruhete.

In der Stadt Rapallo, an einem angenehmen Golf, wird Mittag gemacht. Der Rittmeister Obermann mit seiner Familie, die vor uns hergefahren waren, schienen glücklich, daß, durch unsere Beschreibung verführt, sie sich zu dieser Küstenfahrt entschlossen hatten. Noch vor Tisch badete der dicke Brandt an der Felsenküste, in der Nähe eines gegen Barbaresken im Meer zur Beschützung der Stadt aufgeführten Turms, fing dabei Seekrebse und akkompagnierte den Gesang eines im Turme sitzenden Gefangenen aus einer Rossinischen Oper.

Von den Herrlichkeiten der Straße, längst der hohen Küste, die wir Nachmittag machten, darf ich nichts sagen, weil alles nur Wiederholung scheinen würde, da es doch die größte Verschiedenheit und Mannigfaltigkeit hatte. Nur das ist ausgezeichnet, daß die Städtchen hier ein höchst elegantes Ansehn haben und schon von oben herab gesehn mit ihren Klöstern, Gärten und Anlagen längst der Seeküste ganz regelmäßig und neu erscheinen. Hier sieht man schon lange Einfassungen von hohen Aloen auf den Dämmen am Meer.

In dem herrlich an der Küste gelegenen Ort Sestri blieben wir zu Nacht. Die Stadt liegt hart am Strande; ein felsiges Vorgebirge tritt neben ihr weit hinaus, mit einem Pinienwald bewachsen und mit Schlössern und alten Kastellen besetzt, die sich bis zu den Gebäuden der Stadt hinabziehn. Die Sonne ging schön unter, wir sahn nochmals in weiter Ferne die Gebirge von Nizza. Leider lag der Gasthof jenseits der Stadt in den Gebirgen, sonst hätten wir den Abend zu einem Seebade benutzt.

13. August

Um 3 Uhr brachen wir auf, weil eine starke Tagereise und viele Gebirge zu übersteigen waren. Das Bergsteigen ging gleich hinter dem Orte an und dauerte 6 Stunden. Die Straße ist gleichfalls vortrefflich angelegt, noch nicht überall fertig; sie führt mehrere Stunden fast auf dem Kamm der nackten, wüsten Apenninen fort. Die Aussichten auf die Gebirge, welche wir verlassen hatten, und auf die von Carrara, welchen wir uns nähern sollten, sowie in die verschiedenen Buchten des Meeres, welches 3[000] bis 4000 Fuß unter uns lag, waren sehr wunderbar. Im Gebirg wird vormittags im Orte Borghetto eine Stunde angehalten. Ein trauriger Ort, das Volk ist hier nicht zu trauen. Unser Vetturin, ein Mensch, der sich sehr zu nehmen weiß, hatte doch manchen Streit mit den Leuten, die ihm Vorspannpferde geben sollten. Das Volk auf der Straße, aus Lumpengesindel, Geistlichen, Fuhrleuten, einer Art von Elegants und Straßenjungen zusammengesetzt, ging sehr kordial mit sich um, und es schien der Unterschied der Stände ganz außer acht gelassen. Ein junger Geistlicher war ein völliger Lümmel, er machte mit den schmierigsten Jungen und lumpigen Alten die albernsten Possen und ward wiedergeneckt – für uns sind solche Verhältnisse des Volks unbegreiflich. Die Straße wird hinter Borghetto schlecht; man passiert mehrmals das Flußbette des la Vara und kommt im tiefen Gebirg abwärts von der Küste durch traurige, zusammengefallene Orte, von dürftigem Volke mit perfiden Physiognomien bewohnt.

Spätmittags erreichten wir endlich wieder die Abhänge des Meeres und übersahn den Golf von Spezia. Zur Seite stellten sich die Gebirge von Carrara wie blasse Fata Morgana dar in ihren aschenartigen Farben, das Meer war dazu vom schönsten Blau. In Spezia wurde Mittag gemacht. Nachmittags sahn wir vor dem Tor von Spezia unter den Bäumen eines schön angelegten Spazierganges das schöne blaue Meer, wahrscheinlich auf lange Zeit zum letztenmal, ganz nahe. Der Weg bis Sarzano geht durch inneres Land, in welchem manchmal schöne Gebirgsansichten vorkommen. Spätabends mußte noch das weite, wüste, fast trockene Bett eines Flusses passiert werden; es waren mehrere Vetturinwagen zusammen, sonst würden wir uns leicht verirrt haben.

Pisa, Lucca, Prato

14. August

Aus Sarzano, wo wir die Nacht zugebracht, ging es um 3 Uhr morgens weiter durch fruchtbares Land, welches aber, nach Art der Lombardei, wenig Abwechselung gab, bis wir uns gegen 8 Uhr dem Orte Massa näherten, der auf den Vorbergen von Carrara mit alten Kastellen herrlich liegt. Ölwälder an dem Gebirg hinauf und alle Arten schöner Bäume, mit dem üppigsten Wein berankt, im Tale machen die Lage höchst angenehm. Von oben kann man gewiß das Meer sehn, wir blieben aber im Tal. Die grauen Alpen von Carrara sehn wunderlich über diese fruchtbaren Vorgebirge hinweg. Rauch und Tiecks langer Aufenthalt in diesen Gegenden ward uns recht gegenwärtig. Gegen das Meer hin laufen große Wiesen an dem steilen Felsabhang des Gebirgs hin, die, mit Bäumen am Rande eingeschlossen, ganz wie unsere schönsten Wiesen in der Mark aussehn, weil der Meerhorizont versteckt ist. In Pietrasanta kamen wir um 9 Uhr an, um Mittag zu machen. Die Lage ist heiter am Fuß der Gebirge. Über angenehmes Land führt der Weg weiter, steigt noch einmal über einen beträchtlichen Berg, wo ein Vorspann von Ochsen genommen wurde. Vom Berge herab übersieht man eine weite grüne Ebene und hinter derselben das Meer. Dann von der andern Seite führt der Weg in die Täler und Ebenen, in welchen wir um 8 Uhr die Hauptgebäude von Pisa liegen sahen. Die Kathedralkirche war innerlich erleuchtet und machte eine schöne Wirkung aus der Ferne. Wir wurden in ein schönes Wirtshaus einquartiert, welches uns bei dem schönen Mondschein den Überblick des Arnoflusses mit 3 Brücken genießen ließ, an dessen beiden Ufern schön gepflasterte Straßen mit angenehmen Gebäuden hinlaufen.

15. August

Früh wird aufgebrochen, um die Kathedrale, das Camposanto, das Battisterio und den Schiefen Turm zu sehn. Der Eindruck dieser schönen

Gebäudegruppe war mir vollkommen im Gedächtnis geblieben, es hatte sich auch rücksichtlich der Größe nichts verändert. Im Eintreten in die Kirche fiel mir die prachtvoll vergoldete Kassettendecke als etwas auf, dessen ich mir nicht bewußt geblieben war. Die Masse von 60 bis 70 großen Granitsäulen, teilweise mit antiken Kapitälen geschmückt, welche wahrscheinlich von dem ehemals hier gestandenen Palast Hadrians genommen sind, machen in ihrer weiten Stellung herrliche Wirkung. Eine solche Stellung ist nur durch Bogenarchitrave zu erhalten, und mir wurde das Wesen dieser Anordnung und die Bedingung ihrer Anwendung ganz klar, worüber ich zu seiner Zeit etwas bearbeiten werde. Außer den vielen schönen Altertümern des Doms sah ich ein herrliches Bild von Sodoma, »Das Opfer Isaaks«, die Gestalt des nackten Jünglings ist wunderschön. Andere Bilder von Andrea del Sarto sind merkwürdig. Die Marmorkanzel von Andrea Pisano, auf Säulen ruhend, die auf Löwen gestellt sind, ist ein berühmtes Werk aus der ersten Zeit der wiederauflebenden Kunst in Italien. Die bronzenen Türen, welche aus Jerusalem gebracht wurden, sind roh, aber die drei großen bronzenen Haupttüren der Fassade von Johann di Bologna haben viel Schönes, obgleich die Basreliefs nicht im besten Stil gearbeitet sind. An den Wölbungen der Altarnischen sieht man kolossale Gestalten in Mosaik aus Giotto und Cimabues Zeit.

Aus der Kirche gingen wir in das unvergleichliche Camposanto. Dieser, mit einer schönen, im Mittelalterstil gebauten Halle umschlossen, bietet das herrlichste Museum dar. Die Wände sind bedeckt mit den ersten Werken der Malerkunst in Italien. Die Anfänge der neueren Kunst überhaupt, leider sehr zerstört. Giotto, Simon, Memmi, Spinello Aretino, Antonio Veneziano, Ambrogio Laureati (Lorenzetti), Andrea Orcagna, Genozzo Gozzoli, Buffalmacco, diese alten Meister sind hier kennenzulernen. Eine ganze Wand ist von Benozzo Gozzoli gemalt, die herrlichsten Vorstellungen, außerdem ist »Das Jüngste Gericht« von Orcagna eines der herrlichsten Bilder hier. Unten umher stehn eine Masse herrlicher antiker Sarkophage römischer und etruskischer Arbeit, auch interessante Stücke aus dem Mittelalter. Leider sind durch die modernen Monumente, die man hoch gegen die Wände aufgerichtet hat, viele Teile der schönen Gemälde an der Wand zerstört worden. Das Innere des Battisteriums sahn wir ebenfalls und stiegen dann auf den Schiefen Turm, um die Aussicht zu genießen. Es war Fest im Dom, wir sahn die Prachtequipagen des Erzbischofs zum Dom fahren. Nachher wurden noch einige Kirchen besehn. In [fehlendes Wort] ist noch eine vollständig gemalte Seitenhalle, zu der man vom Kreuzgang gelangt, aus der Zeit Gaddis. Der Eindruck eines so vollständig erhaltenen Werks ist sehr reich und herrlich. Auch die Statuen zweier Mediceer, einer mit einer Gruppe, die Carità vorstellend, in Verbindung, machen auf den Plätzen der Stadt schöne, großartige Wirkung. Wir speisten und setzten nachmittag unsern Weg nach Lucca fort, indem wir die Badeanlagen bei Pisa passierten.

Lucca, ein freundlicher Ort, der rings auf reinlichen Festungsmauern herrliche Baumpromenaden hat, ist in großem Wohlstande. Der Corso am Abend war von Equipagen und Volk angefüllt. Mehrere schöne Kirchen in lombardischem Stil sieht man hier. Der Dom hat eine Fassade nach der von Pisa gebildet, aber auf einer freien Halle von 3 Bögen ruhend. Der Engel auf St. Michaels Kirche ist roh, aber macht doch seine Wirkung. In der Kirche St. Romano ist das schönste Bild von Fra Bartolommeo, eine stehende Maria auf dem Thron und viele herrliche Gruppen herum, schön erhalten. Der Pendant dazu ist nicht so schön.

16. August

Von Lucca um 4 Uhr fort ging der Weg über Pistoja, wo an der Fassade des Hospitals der schönste Fries in glasiertem, gemaltem Ton von Luca della Robbia zu sehn ist, die Werke der Barmherzigkeit darstellend; diese kräftige, ausdrucksvolle, bunte Skulptur über Bogenstellungen macht eine schöne Wirkung. Der Markt mit der Kathedrale, dem Battisterium, dem Gouvernements- und Douanenpalast, wunderbar durcheinandergebaut, ist auch von malerischer Wirkung.

In Prato, wo wir Mittag machten, sahen wir im Dom die herrlichen Kanzeln im Innern und Äußern von Donatello, außerdem schöne Freskos von Filippo Lippi und aus Giottos Schule in der Altarnische. Abends spät kamen wir im prächtigen Florenz an, wo wir im Gasthaus bei Mad[ame] Humbert abstiegen.

Fünf Tage in Florenz

Den 17. August

Morgens früh schrieb ich mein Tagebuch fertig, dann an Herrn Bunsen nach Rom, um einen Freipaß am Tor für unsere Sachen zu bewirken, und einen Brief nach Stettin, siegelte ein, und nach der Galerie gehend, ward dies alles zur Post gebracht.

Der herrliche Platz am Castel Vecchio mit der Halle des Orcagna, Loggia dei Lanzi genannt, mit den Marmor- und Bronzestatuen entzückte mich ungemein, es gibt nichts Vornehmeres. Die herrliche Galerie betraten wir dann, worin nichts zu bedauern ist als die schlechte, unzweckmäßige Beleuchtung überall und daß das Lokal etwas zu niedrig ist, besonders für das warme Klima. Die langen Galerien mit den aufgestellten Schätzen der Bildwerke und Malereien sind aber dennoch höchst imposant. Das Untereinanderstellen der Malereien und Bildwerke hat aber etwas Störendes, weil jedes einzelne Kunstwerk etwas für sich behauptet und in einem anderen Stil und anderer Kunstregion [ist]. Es ist etwas anderes bei architektonischer Komposition von Malerei und Verbindung mit Skulptur, wo das Ganze als *eins* gedacht und in *einem* Stil durchgeführt ist. Die Malereien sind in der langen Galerie einigermaßen zeitgemäß geordnet, jedoch fehlerhaft, in den übrigen Räumen hängt alles durcheinander.

Aber welche Werke sieht man hier und besonders in der Tribuna. Dies ist ein gewölbter, nicht großer runder Mittelsaal. »Die Fornarina« von Raffael, 2 Heilige Familien, Porträt Julius' II. und ein anderes von einer Frau, der »Johannes in der Wüste«, alles von Raffael, ist fast zuviel an einem Ort, dann eine himmlische Venus von Tizian, eine Madonna auf dem Thron von Andrea del Sarto, Judith von Leonardo da Vinci, einige schöne Mantegnas, ein Albrecht Dürer und viele andere Bilder sind in diesem kleinen, schlecht erleuchteten Raum versammelt. Hierzu stehn darum die »Venus Medici«, »Der Schleifer«, die Gruppe der Kämpfer, ein Faun und der Apollin. In den verschiedenen Seitenkabinetten sind Bilder von Giorgione (Porträt), das berühmte Porträt von Raffael, von ihm selbst, ein Porträt von Francesco Francia, Porträte von Malern, Holbein, Lucas Leyden, Quentin Massys, pp. merkwürdig. Außerdem gibt es schön: Botti-

132 Ansicht von Florenz (Ausschnitt)

celli, L. Credi, die Gruppe der Niobe, eine Menge schöner Antiken und mittelalterlicher Skulpturen, letzte von Luca della Robbia, pp.

Erst um halb 3 Uhr gingen wir zu Hause, um Mittag zu essen, nachmittag fuhren wir zur merkwürdigen Kirche Sta. Croce, wo die Tribuna und viele Kapellen von Giotto, Gaddi und seinen Schülern ganz ausgemalt sind und gut erhalten sind. Auch schöne Marmormonumente aus herrlicher Zeit und Arbeiten des Luca della Robbia, in glasierter Tonarbeit, sind hier merkwürdig. Außerdem sieht man die Gräber großer Männer, Michelangelos, Alfieris, Galileis pp., hier, die aber wegen des Stils gerade nicht besonders sind. Die Capella dei Pazzi, von Brunelleschi, ist auf dem Kreuzgang von schöner Architektur, mit Bildwerken des Luca della Robbia verziert.

Wir fuhren vor die Stadt zum Corso, wo die Karossen der Stadt eine ziemlich weite Spazierfahrt in Alleen und am Rande eines angesehenen Gehölzes machen, in welchem ein weiter Wiesenplan zur Fußpromenade dient. Es ist indes keine Aussicht hier und kein Lokal, um Erfrischungen zu bekommen, obgleich am Ende des Corso, an der Wiese, mehrere Casinos liegen. In einem Café der Stadt wurde dann noch Eis verzehrt und dann zu Bette gegangen.

Den 18. August

Morgens ward die Kirche del Spirito besehn, von schöner Architektur des Brunelleschi, Säulen mit Bögen. An einigen zierlichen Seitenaltären fanden wir Bilder von Ghirlandajo, von Perugino, Lorenzo di Credi. Ein schöner Altar, von Sansovino in Marmor reich bearbeitet. Die Sakristei ist von besonders schöner Architektur, ein achteckter Bau. Hier hat man noch neuerdings viele alte Malereien übertüncht.

Nun ging's zum Palazzo Pitti, diesem großartigen Bau; schade, daß der Vorplatz so wüst und unfertig ist. Die Bildergalerie, in den Zimmern aufgehängt, enthält das Herrlichste der Malerwerke, was man sehn kann. Vorzügliche Stücke sind 2 Landschaften von Rubens, »Die vier Philosophen« von Rubens (in Farbe das schönste Bild, was man sehn kann), Heilige Familie von Julio Romano nach Raffael, ein Kopf von Perugino, eine Heil[ige] Familie von Raffael, wo die heil[ige] Barbara und Anna um das lachende Kind beschäftigt sind, welches von der Mutter gehalten wird; Johannes sitzt vorn, aus dem Bilde heraussehend. Evangelist von Fra Bartolommeo; Papst Leo X. und 2 Kardinäle von Raffael, köstlich; zwei Porträts Raffaels von 2 geistreichen Kardinälen; das große Bild Raffaels, Madonna auf einem reichen Thron, mit Heiligen umgeben, von Engeln gekrönt, am Fuß des Throns 2 Knaben singend, das Herrlichste, was Raffael in Farbe und leichter, seelenvoller Ausführung zustande gebracht hat. Viele herrliche Bilder von Andrea del Sarto; »Die Vision des Ezechiel« von Raffael; »Madonna della Sedia« und eine andre stehende Madonna, die das Kind an sich drückt, auch von Raffael.

Vom Schönen ganz erschöpft, verließen wir Palazzo Pitti, gingen in der großen Galerie bloß spazieren, um manche Bildwerke schnell zu vergleichen, und sahn dann noch das Innere des Palazzo Vecchio, worin ein kleiner zierlicher Hof mit reichverzierten Säulen und die enormen und prachtvollen Säle mit der Wohnung Cosimos des I. zu sehn sind. Der größte Saal ist einige 60 Fuß breit, 164 Fuß lang, 56 Fuß hoch, mit einer flachen, reichvergoldeten Balkendecke, die in den Tiefen mit Bildern von Vasari ausgefüllt ist; an den Wänden sind alte Siege der Florentiner von Vasari kolossal gemalt. Das ganze Appartement Cosimos des I. ist gleichfalls von diesem Meister ausgemalt. Der große Saal, unten mit Bildwerken der alten florentinischen Künstler geschmückt, macht die erstaunlichste Wirkung. Schmachtend kamen wir nach Hause, um Mittagbrot zu essen.

Nachmittag wird in einem Wagen eine Tour gemacht, zuerst das Battisterio besehn, darinnen die Türen von Ghiberti, die alten Mosaiken der Decken von Apollonio Greco und Gaddo Gaddi. Dann die Kathedrale mit ihrer mächtigen Kuppel und den erstaunlichen Bogenspannungen. – Nachdem fuhren wir aus dem Tor nach einem herzogl[ichen] Palast Poggio Imperiale eine herrliche Allee von Zypressen und Schwarzeichen hinauf, die sanft ansteigt, welches einen schönen Effekt macht. Von dort ging der Weg auf eine Höhe bei Florenz, in den Garten der Frau Marchesa Albizzi, wo wir die unvergleichlichste Übersicht der Stadt mit allen umgebenden Gebirgen, die mit Palästen und Landhäusern meilenweit bedeckt sind, genossen. Die Kuppel von St. Maria del Fiore, der schöne Campanile, die Kirche St. Michele, wie ein dicker Festungsturm hervorragend, der Palast Pitti und Palazzo Vecchio geben der Stadt das vornehmste Ansehn. Die weiten grünen Fluren, die sich an dem Gebirge hinziehn, die angrenzenden Hügel, mit Klöstern und Schlössern besetzt, sind unbeschreiblich reizend anzusehn von dieser Terrasse. Das Eis ward bei dieser Rückfahrt in einem anderen großen Café, nahe der Kathedrale, eingenommen, dann schlafen gegangen.

19. August

Zuerst sahn wir die Kirche Sta. Maria Novella, äußerlich in Marmorschichten erbaut, innerlich mit Spitzbögen. In der Capella Strozzi am östlichen Teile sind die herrlichsten Freskos von Filippino Lippi, die heilige Drusiana wird von Johann dem Evangelisten auferweckt; der heilige Philipp Apostel stürzt den Drachen aus dem Marstempel, herrliche Gruppen, vollkommen Raffael würdig, sind in diesen Bildern. An der Hinterwand der Kapelle sind grau in grau noch andere Gruppen, der Carità, Glaube, Liebe pp., vom selben Meister herrlich erfunden. Diese letztern umgeben ein Grabmal von Benedetto da Majano, Zeitgenossen Donatellos, Maria, von einem Engel- und Rosenkranz umgeben, schön gearbeitet. In der Haupttribuna sind köstliche Freskos von Dom[enico] Ghirlandajo, eine Seite Szenen aus dem Leben der Maria, besonders schön ist die Geburt der Maria, auf der andern Seite Szenen aus dem Leben Johannes des Täufers, vortreffliche Charaktergestalten. In einer zweiten Kapelle der Strozzi sind die Wände von den Orcagnas gemalt. Im Kreuzgang sind alte Malereien in grüner Erde [von] P[aolo] Uccello. In der herrlichen, weitgespannten Seitenkapelle im Kreuzgewölbe sieht man Decken, Wände, Grate in vollständiger Erhaltung, von Simon, Memmi, Taddeo Gaddi gemalt. Das Ganze macht eine herrliche Wirkung.

Von dieser Kirche gingen wir nach St. Lorenzo, wo die Grabkapellen der Mediceer sind. Die kleinere enthält die berühmten Monumente Michelangelos mit den beiden sitzenden Statuen, des Lorenzo Medici, Herzog von Urbino (nachdenkend), und der 2., [des] Julius Medici, Bruder Leos X. (aktive Stellung). Die große ist ein 197 Fuß im Lichten hohes, 86 Fuß breites achtecktes Pantheon, ganz bedeckt mit Edelgesteinen, worin die 20 Fuß langen Granitsarkophage mit bronzenen Kolossen aufgestellt sind. Der Bau ist in der Ausschmückung der Kuppel noch nicht vollendet und leider bei der Pracht nicht in gutem Stil ausgeführt.

Im Palast Riccardi, sonst den Mediceern und jetzt wieder der Regierung zugehörig, ist eine kleine Kapelle ganz von Benozzo Gozzoli herrlich ausgemalt, welche Cosimo Med[ici], Pater Patriae, 1430, so wie den ganzen Palast, errichten ließ. Michelozzo war der Baumeister, großartige Fassade. – Die Sammlung der Kunstwerke auf der Akademie enthält herrliche Bilder. Perugino (fast Raffael) spricht hier am mehrsten an. Viele alte Meister sind hier chronologisch geordnet.

Nachmittag ward der Garten Boboli besucht, leider ist viel Geschmackloses, eine kleinliche Verschwendung hier, an einem Platze, der hätte wunderschön benutzt werden können. Von den herrlichen Übersichten der Stadt und des florentinischen Tals ist wenig Nutzen gezogen. Schon das wenige, in Verbindung schöner edler Baumarten, Zypressen pp., entzückt schön. Abends nahmen wir von unserm Reisebegleiter und seiner Familie, dem Rittm[eister] Obermann, Abschied, der über Venedig nach Schlesien zurückkehrt.

20. August

Wir besahn zuerst die Kirche Santissima Annunziata, wo Hauptbilder des Andrea del Sarto im Vorhofe al fresco gemalt sind. Die früher gemalten Vorstellungen rechts von der Türe (3) sind in betreff des Auffassens vom Momente und Sinnigkeit der Charaktere bei weitem die schönsten. Links ist größerer Stil, aber es fehlt an feinerem Charakter, und manche sind staffagenartig komponiert; die Farbe ist unvergleichlich. In einem Kreuzgange der Kirche ist von ihm die Madonna del Sacco in Fresko, die übrigen Lünetten sind von seinen Schülern, größtenteils nach Zeichnungen von ihm, gemalt, und wenn auch im Stil nicht mehr vollkommen, machen diese Bilder wegen der herrlichen Farbe schöne Wirkung. Ein Engel, ältere Freskomalerei, an einer getünchten Wand des Kreuzgangs allein übriggeblieben, der mich vor 20 Jahren so sehr entzückt hatte und mit einer Gruppe damals noch übrig war, ist jetzt leider beinahe zerstört. Auch die Freskos des Andrea haben seit der Zeit unendlich gelitten.

Von hier gingen wir nach S. Marco, Kirche und Kloster, wo früher Angelico da Fiesole und später Fra Bartolommeo Mönche waren. Von beiden sind Werke vorhanden; von Fiesole ein großes Kruzifix im Kreuzgang; in der Zelle des Fra Bartolommeo noch eine Heil[ige] Familie in Fresko. Im großen Refectorio ist von Sogliani, Schüler des Fra Bartol[ommeo], ein herrliches großes Bild, das den Geist des Ordens ausdrückt; oberhalb ein Kruzifix mit Figuren umher, unterhalb die Cena, dargestellt von Ordensbrüdern, zwei Engel vor dem Tisch bringen den Wein und das Brot. Das Bild ist von der vortrefflichsten Komposition, von bewunderungswürdiger Perspektive und macht deshalb beim Eintreten in den weiten Raum des Refektoriums eine treffliche Wirkung. – In einem kleineren Refektorium ist eine Cena von Dom[enico] Ghirlandajo. – Hierauf suchten wir vergebens in der Sta. Maria Nuova, wo wir schon gestern waren, nach dem berühmten Bilde von Hugo van der Goes und gingen dann auf die Galerie.

133 Blick auf den Arno und die Kirche S. Miniato al Monte in Florenz

Nachmittag ward ein Spaziergang aufs Kloster San Miniato in Monte gemacht, wo man auf einer mit Zypressen besetzten Terrasse die herrlichste Übersicht der Stadt Florenz genießt. Man sieht den Fluß und die Brücken hintereinander hinab.

21. August

In Sta. Maria Nuova fanden wir das gesuchte Bild von Hugo van der Goes; der Eycksche Schüler ist unverkennbar, auch mag er einigen Anteil am berühmten Danziger Bilde haben, denn die Engelgesichter stimmen einigermaßen überein; aber es sind an jenem Bilde gewiß noch ganz andere Hände gewesen. Die Gewandfärbung und die alten Köpfe sind hier ganz anders als in jenem Bilde; dazu kommt, daß dies Bild fast lebensgroße Figuren hat.

St. Michele ist äußerlich schon durch seine hohe festungsartige, aber herrliche Architektur merkwürdig und durch die Bildwerke in Nischen und Terrakottas von Luca della Robbia. Inwendig ist der Bau auch recht schön, nur aus zwei Schiffen bestehend; die Pfeiler verziert mit Figuren von Casentino, Schüler des Gaddi, die aber fast verschwunden. Ein herrlicher Tabernakel von Andrea Orcagna mit reichen Verzierungen schmückt das eine Schiff. Über dem Portal der Kirche Jacopo in Ripoli ist fast das schönste Stück von Luca della Robbia, hinein konnten wir jetzt nicht kommen, weil die Nonnen sich nicht sprechen ließen.

In der Kirche Ogni Santi sind 2 Bilder, welche um die Wette gemalt sind: ein St. Hieronymus von D. Ghirlandajo und St. Augustinus von Sandro Botticelli; erster ist vorzüglicher. Der

134 »Bei Florenz, mit dem Gebirg von Carrara in der Ferne«

Kreuzgang hat schöne Bilder aus der Schule des Andrea del Sarto. – In der schönen Kirche S. Trinità sind die herrlichsten Ghirlandajos in einer Kapelle und ein Grabmal von dem Novellenschreiber Sacchetti mit allerliebsten kleinen Basreliefs im Sockel und der Archivolte, das trübe und freudige Leben darstellend. Wir machten noch einige Besuche in der Halle des Orcagna, im schönen Hofe des Palazzo Vecchio, auf der Galerie und gingen dann zum Essen. Nachmittag soll der Turm des Giotto bestiegen werden. – Gegen Sonnenuntergang wird die Turmbesteigung vorgenommen und mit großer Freude das herrliche Panorama der Stadt genossen. Nach eingenommenem Eise und einer kleinen Promenade durch die finstern, aber sehr lebendigen Straßen in der Abendkühlung, wo wir auf dem Platze vor Castel Vecchio Knaben mit Fackeln um die Wette laufen sahen, gingen wir zu Bette.

Perugia und Assisi

22. August

Früh um 4 Uhr verließen wir das schöne Florenz. Der Weg steigt bald stark an, und man genießt einige Übersichten des Tals, sonst hat die Gegend nichts Ausgezeichnetes. In einem kleinen Orte, wo wir zu Mittag speisten, regnete es zum erstenmal, solange wir in Italien waren, doch nur eine halbe Stunde. Der Vormittag war sehr kühl, nachmittags ward es wieder heiß. Die Apenninen in schöner blauer Farbe waren von allen Seiten zu sehn. In Levane ward zu Nacht gegessen. Der Sonntag hatte alles Volk auf die Straße gebracht, die Bauermädchen mit ihren schwarzen Federhüten haben etwas Stattliches.

23. August

Der Weg bis Arezzo, wo wir zu Mittag waren, ist nicht unangenehm, das Land etwas wilder und weniger in der italienischen einförmigen Art angebaut. Arezzo, in einer fruchtbaren Ebene an einer sanften Höhe gebaut, hat etwas von Wohlstand. Der Dom enthält alte Marmormonumente von den Pisanis und von einem Sienesen. Es sind mehrere alte Kirchen hier, aus denen aber die berühmtesten Werke längst weggebracht sind. Spuren eines römischen Amphitheaters sind in einem Klostergarten sichtbar.

Der Weg am Nachmittage ging durch eine schön angebaute Ebene am Rande der Berge fort. Abends blieben wir in einem Wirtshause unter der Bergstadt Castiglione; es war noch Zeit, hinaufzusteigen, wir genossen aus dem Garten eines zerfallenen Nonnenklosters, welches mit einer alten Festung in Verbindung die Stadt krönte, der herrlichsten Aussicht über die Ebene, welche aufs reichste und sorgsamste angebaut ist. Jenseits machten die Gebirge von Radicofani auf der Straße von Siena herrliche Linien. Diesseits des Tals waren mehrere vortretende Berge mit alten Kastellen sichtbar. Kohlenbrenner hatten große Feuer auf den Spitzen der Berge gemacht.

24. August

Um 3 Uhr, bei vollkommener Finsternis, ging der Weg weiter durch die angenehmste Gegend. Es regnete wieder etwas, von Cortona und seinen Zyklopenmauern konnten wir wegen der Entfernung nicht viel sehn. Der See von Perugia zeigte sich bald sehr schön, immer von den Gebirgen von Radicofani begrenzt. Die Beleuchtung beim abwechselnd bedeckten Himmel war sehr schön. Öl- und Eichenwälder bedeckten die Abhänge, an denen wir hinfuhren. Auf einem der schönsten Punkte liegt die päpstliche Dogana, wo wir visitiert wurden. In einem kleinen Orte, Magione, am Abhang eines Hügels, von dem man die schönsten Täler und Gebirge übersieht, hielten wir Mittag. Überall alte Ruinen und neuere Schlösser in der Ebene und auf den Hügeln umher verschönern die Aussicht.

Unser Wirtshaus hat unterhalb nichts als einen großen Küchenraum, einen Pferdestall und Remise. Aus dem Küchenraum steigt man eine schlechte, massive Treppe zum Salon in die Höhe, dieser hat eine Balkendecke von unbehauenen windkantigen Balken, und darüber sieht man das Dach, welches nach römischer Art mit doppelten Flach- und Hohlziegeln in Kalk eingedeckt ist. Ein paar Nebenzimmer mit breiten Betten sind von gleicher Konstruktion. Das Mittagessen wird im Freien vor unsern Augen zugerichtet, unser Vetturin zeigt den Leuten, wie sie Fische ausnehmen und bereiten müssen, viel Lumpenvolk steht umher und gafft. – Es blitzt und donnert stark, und der Regen, welcher hier lange gewünscht wurde, scheint sich fest etablieren zu wollen. In starkem Regen geht nachmittag der Weg weiter nach Perugia, vor der Ankunft lassen uns einige heitere Sonnenblicke die schöne Lage der Stadt genießen. Die Lage dieses bedeutenden Orts von 15000 Einwohnern auf einem bedeutenden Berge ist von unten ebenso imposant als die Aussichten von oben hinab über die weite, gartenartig angebauete Ebene und den Gebirgskranz schön und großartig. Mit vorgespannten Ochsen wird man über eine Stunde bergan in die Stadt gezogen. Ein Kastell mit schönen hohen Mauern liegt am Eingange und neben demselben an jeder Seite ein bedeutender Platz mit einer Brustmauer im Halbkreis, an welcher viele Steinbänke angebracht sind. Von diesen Sitzen aus hat man die Aussicht in die weite Gegend hinab.

Wir gingen trotz des abwechselnden Regens durch die schöne breite Straße, am alten Palazzo Pubblico vorbei, dieser ist gotisch abenteuerlich mit einer reichen lombardischen Tür und an der anderen Fassade mit bronzenen Skulpturen der evangelistischen Tiere geschmückt. – Das Collegio del Cambio war verschlossen, und da es schon dunkel zu werden anfing, auch die schönen Peruginos hier schlecht beleuchtet und erhalten sein sollen, so gingen wir nicht hinein, sondern sahen die Kathedrale, in welcher einige alte Skulpturen, passierten dann den alten Torbogen aus Augustus' Zeit, der ein würdiges Ansehn hat. In der Kirche San Agostino sind eine Taufe und eine Anbetung des Kindes aus Peruginos erster Manier, von sehr zartem Charakter. In dem Universitätsgebäude ist eine Sammlung römischer und etruskischer Antiquitäten aufgestellt, die in der Gegend gefunden wurden, und außerdem eine Gemäldesammlung, worin ein hübscher Perugino und mehrere Skizzen und ein größeres Bild (Gottvater mit Engeln) aus Raffaels Jugendzeit höchst interessant; er hat diese vom 11. bis 15. Jahre gemalt. – Unsere Zimmer im Wirtshause sind wie alte Schloßzimmer mit Seide tapeziert, überladen gemalt, mit alten gläsernen Kronleuchtern und vergoldeten Spiegeln und Kaminen verziert; es stinkt aber drin, und das Regenwasser treibt durch die liederlich gearbeiteten Fenster hinein.

25. August

Beim Ausfahren aus der Stadt haben wir wieder den imposanten Anblick der Stadt, die sich auf dem langgestreckten Gipfel des Bergs in die Höhe baut; der Bergabhang ist mit Gärten bedeckt. Der Weg bis Assisi ist angenehm und bietet schöne Übersichten der reichen Ebene und der herrlichen Gebirgsformen gegen Rom hin. Unter

Assisi liegt in der Ebene die große Kuppelkirche Sta. Maria dei Angeli, wo wir unsern schweren Vetturinwagen verlassen, der uns erst in Foligno trifft, und einen leichten Wagen besteigen, um nach Assisi in die Höhe zu fahren, welches mit Perugia ähnlich liegt. Vorher wird die Kuppelkirche besehn, sie ist von Vignola gebaut; unter der Kuppel steht das alte erste Santuario des St. Franziskus, eine hausartige alte Kapelle, in seinem ursprünglichen Zustand, auch so das Grab des Heiligen, beides mit Spuren von Malereien aus Giottos Schule verziert.

Die Lage von Assisi und besonders des berühmten Wallfahrtsklosters des heiligen Franziskus ist höchst abenteuerlich. Die heiligen Gebäude ruhen auf marmornen Substruktionen mit Bogenwölbungen an der einen Ecke und dem Ende der Stadt, und darauf stehn 3 Kirchen übereinander, welche von der Giottoschen Schule ganz ausgemalt sind. Leider ist alles sehr verdorben, und die unterste Kirche wird jetzt modernisiert. Alle Gebäude sind im Verfall, und die 300 Geistlichen, die noch drinnen sind, mit der ganzen verworrenen Anlage zusammengehalten, geben ein unheimliches Bild des dunkelsten Aberglaubens und des Mystizismus.

In der Stadt steht der Portikus eines alten Minerventempels, etwa aus der Zeit Antonins, vor einer Kirche gut erhalten und erfreut durch schöne Verhältnisse. Noch ein paar andere Kirchen lombardischen Stils sind nicht übel, aber alles zerfallen und im schneidendsten Kontrast mit der herrlichen Gegend, die von allen Punkten gesehn wird. Bettelvolk drängt sich frech heran, und insolente Gassenjungen stören durch ihre Unarten oft den Genuß, besonders wenn man sieht, wie sie, gleich hinter einem unartigen Streich, beim Klang einer Kirchenschelle des Ministranten niederstürzen und Kreuze schlagen.

Auf dem Wege nach Rom: Terni, Narni, Civitâ Castellana

Von Assisi ging der Weg bei einem andern hochgelegenen Orte, Spello, vorbei, wo römische Ruinen sichtbar waren und viel Mittelaltergebäude, besonders Türme und schöne Mauern, die sich erhebende Stadt zierten. Die dunkelblau daliegende Ebene mit den fernen Gebirgen schimmerte höchst phantastisch zwischen den silberfarbenen Ölbäumen. – Zu Foligno ward Mittag gemacht. Vor Assisi passierten wir auf Ponto S. [unleserliches Wort] zuerst den Tiberstrom. – Nachmittag ging der Weg bei frischer Luft und abwechselnden Sonnenblicken und kleinen Regenschauern angenehm unter der Bergkette hin; es waren entzückend schöne Beleuchtungen und Schattenmassen in der reichen Ebene und den Gebirgen, die immer schönere Linien bekommen. Auf den hervortretenden Bergen liegen überall wunderlich aufgetürmte Orte. Bei Le Vene entspringt der Fluß Clitumnus, der bei den Alten, wegen seines schönen Wassers und weil er gleich stark wie eine Ader aus dem Felsen strömt, berühmt war. Der Quelle nahe steht ein kleiner, sehr zierlicher antiker Tempel mit vortretenden Seiteneingängen und einer Säulenvorhalle, die auf einem hohen Podium gegen die Ebene hinsieht. Der Hinterteil des Tempels steckt bis zum Kapitäl in dem Berg. Dieses Denkmal macht einen höchst erfreulichen Anblick in dieser herrlichen Gegend. – Ein Mädchen schließt den Tempel auf; innerlich ist ein christliches Kapellchen eingerichtet, und der Heilige mit seinem Altar steht jetzt noch unter dem antiken Baldachin, welcher sonst die Flußgottheit bedeckte.

Bald darauf sehn wir den schönsten Regenbogen von der Welt und Spoleto mit seiner großen Burg, gegen einen Berg hinaufgebaut, in der köstlichsten Abendbeleuchtung. Der Gasthof, wo wir zu Nacht bleiben sollten, liegt jenseits der Stadt in einer schönen Gegend; wir stiegen am Tor aus, um die Stadt anzusehn. An dem oben liegenden Kastell sind Spuren zyklopischer Mauern sichtbar. Hinter dem Kastell liegt ein tiefes Tal, über welches eine alte Wasserleitung mit 100 Fuß hohen Spitzbogen von einem höheren Gebirge nach der Stadt [führt], sie ist schon von den Römern zuerst gegründet. Das Bauwerk macht eine herrliche Wirkung in dieser Gegend. Türme, reiche Klöster mit schönen Gärten liegen auf den bewachsenen Bergen umher, und aus vielen Teilen der Stadt hat man Aussicht in die schöne Ferne. Es gibt noch Überbleibsel mehrerer Tempel, 16 Säulen vom Äskulaptempel bei St. Crocifisso, Jupitertempel im Kloster S. Andreas, Marstempel in St. Julians Kirche.

26. August

Früh um 3 Uhr ging der Weg fort durch ein einförmiges, waldiges Bergtal, oft bergauf und bergab, um 7 Uhr öffnete sich die schöne Ebene, worin Terni liegt.

Gleich nach der Ankunft ward eine Postchaise genommen, um zu dem berühmten Wasserfall zu fahren. Der Weg dahin bei der schönsten frischen Luft ist entzückend schön. Die Felsen, mehrere tausend Fuß hoch, welche das Tal der Nera umgeben, in welche sich der Velino viele hundert Fuß hinabstürzt, sind von den malerischsten Formen und prächtig bewachsen mit Pinien, Ölbaum, Buchsbaum, Myrte, Lorbeer und Schwarzeiche. Von dem kleinen Orte Papigno, der auf einem isolierten Fels im Tale liegt, stiegen wir meist zu Fuß den Weg gegen die senkrechte Bergwand hinauf, sahn oben auf der Ebene zwischen den Bergspitzen zuerst die großen Wasserreservoirs, welche gefüllt werden, wenn zu große Wassermasse da ist und die untern Felder überschwemmen. Diese großen Felskessel mit ihrem prachtvollen Bewuchs in der kräftigsten Vormittagsbeleuchtung haben etwas ganz eigentümlich Reizendes.

Dann ward der Ponte Regolatore besehn, eine über den Velino gepannte Brücke, welche so viel Wasser zum Sturze durchläßt, wie nötig ist, um die oberen Felder nicht zu überschwemmen und durch Mangel an Rückstau nicht zu trocken zu legen. Von Neapel her, dessen Grenze an dieser Brücke liegt, war seit einiger Zeit die Gegend bei Nacht durch Räubereien unsicher. Man macht aber jetzt in Rom mit eingefangenen Straßenräubern wenig Umstände; vor 14 Tagen sind Hinrichtungen gewesen, und übermorgen sollen wieder 4 Verbrecher das Leben verlieren.

Ich fand den obern Strom dichter verwachsen als das erste Mal, da ich ihn sah. Wir gingen nun, die Pracht des obern Aussturzes der Kaskade und den Fall von oben herab in die Tiefe zu sehn. Obgleich es Sommer ist, so war doch die Wassermasse sehr bedeutend. Schöner bewachsen ist nicht leicht ein Wasserfall zu finden und der Felskessel herum, in welchem der große Sturz sich zuerst bricht, von den schönsten Formen der bemoosten und ausgewaschenen Felsen. Wir stiegen hinab und ließen uns von dem Cicerone erzählen, wie unser König und die Prinzen diese Gegend gesehn hatten. Der junge Mensch hatte eine schöne italienische Aussprache und erfreute uns sehr damit. Der Weg im Tal zurück führt an einer Felswand, woran zwischen ihr und dem immer noch zwischen Felsen forttobenden Fluß ein langer, schmaler Garten, von herrlich großen Schwarzeichen beschattet und endlich in eine lange Orangenallee ausgehend und mit einem Casino schließend, angelegt ist. Er gehört einem Grafen aus Terni. Der Cicerone erzählte viel von dem Aufenthalte der Königin von England mit ihrem Bergami in diesem Casino. Bei dem Örtchen Papigno wieder in die Höhe gestiegen, erreichten wir die dort wartende Postchaise, welche uns nach Terni zurückbrachte, wo uns ein gutes Mittagbrot nach einer mit vielem Genuß verbundenen Motion stärkte.

Nachmittag ging der Weg über Narni weiter. Bei diesem Orte stiegen wir aus dem Wagen, sahn die großen Trümmer der Augustusbrücke, stiegen zu Fuß durch die hoch liegende, fast ausgestorbene Stadt und fanden den Wagen an der andern Seite derselben wieder, wo eine schöne

Aussicht in das tiefe Felsental, in welchem die Nera fließt, auf die am Abhang geklebte Stadt mit ihrem schönen Kastell und in die Ferne des Tibertals genossen ward. Sobald man das Waldtal hinter Narni, welches nicht recht sicher ist, verlassen hat und die freie Aussicht auf Otricoli, auf die weite römische Gegend bis zum Meer, auf den Lauf der Tiber und auf den Prachtberg Soracte genießt, so kann ein Landschaftsmaler nicht aus dem Entzücken kommen über die Herrlichkeit der Linien und der Farben. Bis gegen Cività Castellana hin dauern diese Genüsse fort. Es ward aber sehr spät und dunkel, ehe wir diesen Ort erreichten, und von dem wüsten Kastell Borghetto an mußten wir fast in der Nacht einen unsichern unheimlichen Weg bis halb 10 Uhr nach Cività Castellana hin machen. Wir kamen indes glücklich an und fuhren sogleich mit vielen schwer gepackten Wagen über die Brücke, die über ein tiefes Felsental führt, welches Cività Castellana von drei Seiten umgibt und wodurch schon eine starke Festung wurde. Die große römische Diligence fuhr eben mit 12 Reisenden und einiger Bedeckung aus Cività Castellana ab, durch die finstere Nacht in die Gegend hinein, welche wir eben verlassen hatten. Wir waren froh, nicht mitfahren zu dürfen. Im Wirtshause von Cività Castellana gab es viele Flöhe. Der Cameriere zeigte uns eine Ansicht des schönen innern Hofs des Kastells mit den Gestalten der 120 gefangenen Carbonaris, welche jetzt aus den ersten Familien dort gefangensitzen.

27. August

Frühmorgens sahn wir uns die über 200 Fuß hohe Brücke über dem Felstal und die in diesem befindlichen Höhlen an, welche letzteren noch jetzt wie im Altertum von den ärmsten Leuten bewohnt werden. Der Weg von da nach Nepi, ebenfalls eine Festung, geht schon durch das Land der Campagna, doch sieht man noch viele Eichenwaldungen hier. Nach und nach wird das Land immer kahler, aber verliert nie den malerischen Reiz im ganzen. In La Storta, einem einzelnen schlechten Wirtshause der Campagna romana, ward Mittag gemacht. Auf der vorliegenden Höhe hatten wir Rom und St. Peter gesehn. Dann ging es nach Essens weiter, die Stadt entfaltet sich immer teilweise mehr, obgleich das kupierte Terrain viel von dieser Seite bedeckt. Um 4 Uhr ging's durch Porta Popolo in die Stadt. Ein Lasciapassare in einem artigen Briefe vom Legationsrate Bunsen fand sich am Tore vor, und wir wurden ohne Visitation gleich fort ins Wirtshaus gelassen. Piazza Popolo fand ich sehr verändert, indes viel zu modern für Rom und die neue Architektur vom Architekten Valadier sehr ordinär.

Ich konnte nicht lassen, die Reisegefährten noch nach St. Peter zu führen, wo die Fontänen, der Platz und das Innere des ungeheuren Tempels großes Erstaunen erregten. Fast in der Nacht fand ich mich noch nach dem Kapitol durch und ließ die Gefährten die Werke, welche sich hier und hinter demselben im Forum zusammenfinden, wie dunkle Gespenster sehn. Dann gingen wir durch den Corso zurück in unsere Wohnung und nahmen ein schön serviertes Abendessen ein.

Erneut in Rom

28. August

Morgens früh waren schon Hensel, Lengerich und Grahl bei mir, die Brandt im Caffè Greco gesehn hatte; ich machte dann einen Besuch beim Prinzen Heinrich von Preußen, der aber krank im Bett war, mich bitten ließ, den Brief dazulassen und morgen mittag um 5 Uhr bei ihm zu speisen. Die Reisegefährten sind später auch eingeladen worden. Eine Visite bei Valentini und dann bei Legationsrat Bunsen, der auf dem höchsten Teil des Kapitols wohnt und ganz Rom übersieht. Es ist ohne Zweifel die schönste Wohnung der Welt, in Rom gibt es nichts Schöneres. Von dort ging's in den Vatikan, wo wir in der Sala Borgia, dem Clementinischen Museum, in den Logen Raffaels und in den obern Zimmern, worin die Transfiguration und andere herrliche Kunstwerke aufgestellt sind, völlig schwelgten.

Alles scheint mir hier reicher als sonst, und man kann ein unendliches Studium machen. Die Pracht der Marmorhallen, mit den Blüten der alten Kunst gefüllt, durch springende Wasser erfrischt, von Orangenterrassen umgeben, aus allen Hallen und Öffnungen die Übersicht der ungeheuren Stadt und die fernen Gebirge mit den darunter liegenden klassischen Ebenen betäuben fast die Sinne, und trunken kehrten wir in unserm schönen Wagen zurück ins Wirtshaus.

Ich schrieb Briefe nach Berlin bis 5 Uhr, wo ich zum Grafen Ingenheim zu Tische ging und mit dem Teufelsmüller, Lengerich, von Klöber, Genelli, Wolff und Waagen speiste. Abends ganz spät nach dem Mittagessen ging ich mit Waagen noch einige Schritte auf die Promenade an San Trinità de Monti und dann ins Wirtshaus, wo ich das letzte Stück dieser Blätter schreibe und dann einsiegeln werde.

29. August

Fahrt, bei der Fontana di Trevi und Forum Hadrian vorbei, zum Konsul Valentini wegen des nötigen Geldes. Dann aufs Kapitol, in des G[eheimen] Legationsrat Bunsen köstliche Wohnung, dann übers römische Forum, den Titusbogen, Konstantinsbogen und Coliseum, von da nach St. Martino in Monti, nach St. Pietro in Vincoli, nach St. Laterano, Battisterio di Costantino, Scala Santa. Dann St. Croce, St. Maria Maggiore, St. Maria dei Angeli, Palazzo Rospigliosi, um den Guido zu sehn, zu den Roßbändigern des Monte Cavallo. Dann in den Vatikan. Zuerst wurden die 4 Zimmer der Säle Borgia mit Antiken besehn, dann die ehemals dort aufgestellten Bilder, jetzt in der obersten Etage aufgestellt, die Transfiguration, Himmelfahrt und Krönung Mariä, Domenichino pp. Nachher ging's noch ins Museum Clementinum, welches nur halb und flüchtig gesehn wurde, mir ungleich reicher erschien, Pantheon, Besichtigung des Raffaelischen Bildes beim Prinzen Conti.

Da ich und Waagen bei Graf Ingenheim um 5 Uhr zu Tisch geladen waren, so schrieb ich noch, während die beiden andern zu Mittag aßen, dann ging's dorthin, wo wir mit Lengerich, Teufelsmüller, Genelli, Hensel, Grahl speisten und nach Tisch eine kleine Promenade im Finstern auf St. Trinità de Monti machten. Abends beim Prinzen zu Mittag, nachher in den Fochettis.

30. August

Mit Herrn Bunsen eine Tour zum Theater Marcellus', Ponte Rotto, Tempel der Vesta, Bocca della Verità, Janusbogen, Goldschmiedebogen, Cloaca Maxima, Pyramide des Cestius, die Aufgrabung der alten Via Ostiensis, bei Gelegenheit die Umschließungen der beiden protestantischen Kirchhöfe. Kapelle, wo Petrus und Paulus Abschied nahmen, abgebrannte Paulskirche vor dem Tor, die Stanzen, Sixtinische Kapelle, Logen des Raffael, Capella Paulina, das Bild Sauls von Michelangelo. Table d'hôte zu Mittag, nach Tisch Tiergefecht (Giostra). Abends bei Bunsen Gesellschaft mit Thorwaldsen pp.

31. August

Briefe abgegeben von Longhi an einen Professor, an Prinzen Piombino. Thorwaldsens Werkstätte, erstaunlich reich, vortreffliche Kunstwerke, besonders die Grazien, das Frontispize für die kopenhagensche Kirche. Christus und die Apostel kolossal, Christus erscheint großartiger, besonders in der Proportion, als in den davon bisher gemachten Kupferstichen.

Wolffs Werkstatt, ein zartes Basrelief auf Rudolf Schadows Grab, Kochs Werkstatt, mehrere Landschaften aus Olevano, aus der Schweiz, sein Farbenton ist nicht mehr so gut als sonst. Wir fuhren nach Hause, um zu frühstücken. Um 3 Uhr holten wir Herrn Bunsen vom Kapitol ab, um in der Villa Massimi, dem Lateran gegenüber, die neuen Freskos der Maler Veit, Overbeck und Schnorr zu sehn, letztere bei weitem in Erfindung und Farben die schönsten.

Beim Grafen Ingenheim großes Diner, mit Camuccini, Thorwaldsen, Bunsen, Hensel, Klöber, Grahl. Camuccini sehr artig gegen mich, offeriert sich gleich, mich morgen in seine Werkstatt abzuholen und mir einen Brief an Architekt Bianchi in Neapel mitzugeben. Nach Tisch eine kleine Promenade im Corso.

1. September

Morgens früh besuchte ich Hensel, um nach Befehl des Ministers mich von seinen rückständigen Arbeiten zu unterrichten. Dann erwartete ich Herrn Camuccini im Hause, er zeigt uns seine erstaunlich große Werkstatt, die einem Museum gleicht. Seine herrlichen großen Kartons und eine überaus herrliche Kopie von Raffaels »Grablegung« sind besonders schön ausgefallen. Nach meiner Rückkehr von Neapel soll ich seine Gemäldesammlung sehn, die er in seiner Wohnung hat. Wir fahren dann mit Bunsen zur Engelsburg, um neue Ausgrabungen zu sehn; allein, der Ingenieur-Kapitän ist nicht vom Lande zurückgekehrt, sie uns zu zeigen, ohne ihn wird niemand ins Kastell eingelassen. Wir sehn an deren Statt erstens das Bild der Sibyllen in der Kirche della Pace von Raffael, welches von Palmaroli hergestellt ist. Mir hat die Herstellung dieses Freskos nicht ganz gefallen; hier scheint man damit zufrieden.

Dann wird Palast Farnese gesehn, die Galerie des Carracci und der Hof, Vestibüle, die Fassade. Hierauf zur Farnesina gefahren. Raffaels Olymp mit den einzelnen Göttergestalten in den Gewölbeabteilungen, von Fruchtgewinden eingefaßt, auf dunkelblauem Grunde, macht trotz dem, daß fast alles von anderer Hand, nur nach seinen Entwürfen, ausgeführt ist, die vortrefflichste Wirkung. Im Nebensaal ist die schöne Galatea, von ihm gemalt, sehr verdorben. Der Plafond ist von der herrlichsten Anordnung und von seinen Schülern aufs sauberste ausgeführt. Mit Mühe erlangten wir es, im 2. Geschoß das Zimmer zu sehen, worin Julio Romano einen Fries, und ein anders, welches ganz Sodoma ausgemalt hat; letzteres ist außerordentlich schön. Wir aßen im Wirtshaus zu Mittag, gaben Abschiedskarten beim Prinzen Heinrich ab und hatten abends bei uns Gesellschaft mehrerer Künstler; zuletzt blieben Thorwaldsen und Bunsen ziemlich spät allein da.

Zwischen Rom und Neapel

2. September

Frühmorgens ward der Weg nach Neapel angetreten. Unser alter Vetturin war wieder da, und wir fuhren, beim Coliseo vorbei, zum Laterantore hinaus, dem Gebirg von Albano entgegen. Links lagen die alten Monumente in Ruinen an der Via Appia, rechts viele Wasserleitungen. Das Albanergebirge ist grün und schön angebaut. Um 10 Uhr waren wir in Albano, nahmen gleich einen Cicerone und ließen uns führen, vorher die vielen Trümmer vom Palaste Domitians in der Stadt zu sehn, lange Substruktionen aus großen Quadersteinen, ein Wasserbehälter, der aus 5 Kammern besteht, jede 25 Fuß weit, 100 Fuß tief, unter sich durch Bogenstellungen verbunden, die Spuren eines bedeutenden Amphitheaters.

Von da gingen wir einen schattigen Weg nach Castel Gandolfo, übersahn den herrlichen Albanersee, den Monte Cavo und Rocca di Papa dahinter und die Orte, wo Alba Longa zwischen dem Albaner- und Memisee gelegen hat. Um den berühmten Emissario zu sehn, der das Wasser des Sees durch einen Felsenstollen in die römische Ebene abläßt, mußten wir in den tiefen Kessel des Sees hinabsteigen. Kerll blieb oben, Brandt badete sich gleich einen Augenblick im See. Auf dem Eingang zum Emissario sieht man eine schöne Felsgrotte, die zu Domitians Zeit tempelartig, jedoch unregelmäßig nach der Klüftung des Gesteins ausgebaut war und zu einem kühlen Aufenthalt und Bade dient. Beim Emissario schien es mir, daß, wenngleich der Geschichte nach die Stollenarbeit in die älteste Zeit der Republik fällt, die große davorgestellte Steinkonstruktion mit ihren runden und scheitrechten Gewölben trotz ihrer Kolossalität wohl erst aus Kaiser Claudius' Zeit sein dürfte. Höchst malerisch ist die berühmte große Schwarzeiche in dieser alten Vorkammer. Das Wasser fließt noch immer herrlich ab und dient jenseits zu Mühlen und andern Zwecken. In der Vorkammer fängt man sehr leicht die Fische des Sees.

Mit mancher Anstrengung erklimmten wir wieder den Rand des Sees bis zur Villa Barberini vor Castel Gandolfo, welche auf den Ruinen des sich hierher ausbreitenden Domitianspalastes gebaut ist und welche auf einer Seite in den See von Albano hinabsieht wie [auf] der anderen die ganze Ebene von Rom über Albano weg bis ins Meer. Die Terrassen, mit Lorbeeralleen besetzt, und ein Pinienhain haben die reizendsten Aussichten, leider ist alles etwas sehr verfallen. Unter den Terrassen sieht man die viele hundert Fuß langen Galerien mit dicken Gewölben, die zum Palast Domitians gehörten, und viele andere Ruinen dieses Gebäudes.

Wir kamen etwas müde nach Albano zurück und stärkten uns mit einem ziemlich guten Mittagbrot, dann gingen wir mit unserm Cicerone einen näheren Weg nach Genzano zu Fuß, um die antiken Gegenstände dort zu sehn. Das Grab der Horatier und Kuriatier ist bekannt, aber die großen Substruktionen aus Peperinquadern der alten Via Appia kannte ich nicht, welche unten im Tal seitwärts von Ariccia gesehn werden, zugleich mit andern Monumenten aus Quaderstein.

Ziemlich erschöpft vom Aufundabsteigen auf der ganz zerstörten Via Appia kamen wir in Genzano an, wo ein Glas sehr schönen Weins uns stärkte. Der Wagen nahm uns hier ein und brachte uns gegen Abend nach Velletri. Die Fenster unsrer Wirtszimmer ließen uns die ganze Übersicht der Pontinischen Sümpfe und den Monte Circello sehn; die links davon liegenden Gebirge haben herrliche Formen, man sieht an ihnen das alte Cora liegen.

Den 3. September

Von dem hoch liegenden Velletri ging der Weg hinab in die Gegend der Sümpfe. Auf dieser Straße sind von 2 zu 2 italienische Miglien immer Militärposten etabliert, um der Unsicherheit ein Ende zu machen. Wir hatten uns mit Eau de Cologne und vinaigre des quatre voleurs für die aria cattiva versehn und waren übereingekommen, uns einander zu wecken, wenn jemand hier einschlafen wollte. Mir passierte dies öfter, denn die Luft betäubt sehr. In einem sehr schlechten Wirtshause in den Sümpfen nahmen wir um halb 10 Uhr schon ein halbes Mittagbrot ein und setzten dann den Weg fort.

Um 3 Uhr erreichten wir Terracina und erlangten Wirtshauszimmer, die die Aussicht aufs Meer haben. Die Wellen gehn hoch und toben, indem ich hier das Tagebuch vom 31. August an schreibe. Prachtvoll ist die Lage umher. Rechts sehe ich über den Gebäuden am kleinen Hafen den blauen Circello, dann die am Abhange des Gebirgs liegende Stadt mit ihren Orangen und Palmen und die grüne Ebne der Sümpfe. Hinter mir sind die hohen steilen Felsen, auf welchen der Palast Theoderich[s] liegt. Von dieser Felsmasse trennt sich der isolierte Felskegel, unter welchem das Tor am Meer liegt, durch welches man in das Reich von Neapel einfährt. Hinter diesem zieht sich die Gebirgskette weit fort am Meer und schließt mit dem Vorgebirge von Mola di Gaeta, wo wir morgen zu Mittag sein sollen.

Das Rauschen der Wogen unter unserem Fenster wird uns auch für die Nacht in den Schlaf wiegen, wie es schon bei der Mittagsruhe der Fall war. Ein Abendspaziergang, um die Felspartien und die malerische Stadt zu sehn, war höchst angenehm und gab guten Appetit fürs Abendessen.

4. September

Frühmorgens, ehe die Sonne aufgegangen war, ging der Weg durch die unheimlichen Gegenden, die überall mit Wachen von Landvolk, untermischt mit östreichischen Jägern, besetzt sind. Kleine Häuschen zur Verteidigung gegen Räuber sind von 2 Miglien zu 2 Miglien hier gebaut. Links blieb auf der Höhe der Ort Monticelli liegen, den man für ein Räubernest hält. Wir kamen nach Fondi, wo die zweite neapolitanische Dogana liegt, die erste hatten wir 2 Miglien vorher passiert, und 5 Paoli hatten uns einen freien Weg gebahnt, dasselbe mußte auch hier angewendet werden. Ein Teil der Stadtmauer von Fondi ist auf zyklopischem Mauerwerk gebaut, am südlichen Ausgang ist ein schönes Kastell am Tor mit runden Türmen und vorgekragter Zinnenkrönung. Itri, welches wir dann erreich-

135 Die Bergstadt Itri

ten, ist ein schrecklich verfallener Ort. Das alte, mit Briganten angefüllte Kastell und der hohe Teil der Stadt bleiben rechts liegen, malerisch ist die Lage auf dem Berge.

Die Gegend wird immer fruchtbarer, und wir erreichten um 10 Uhr den Punkt, wo man das Meer, Mola di Gaeta und die Küsten gegen Neapel hin erblickt. In einem Wirtshause von Mola aßen wir zu Mittag. Der Garten des Hauses liegt auf den Trümmern der Villa des Cicero am Meer und ist mit den prächtigsten Orangenbäumen besetzt. Die schönsten reifen Trauben aßen wir hier von den Ranken am Meer, ein herrlicher Genuß in dieser Gegend. Durch fruchtbares Land geht der Weg weiter, man passiert den Fluß Garigliano, sonst Liris, auf einer Schiffbrücke. Vorher sieht man Trümmer der alten Stadt Minturnae. Die Gebirge sind höchst reizend von Form.

Bei herrlicher Abendbeleuchtung erreichten wir unser Nachtquartier zu St. Agata, ein einsam liegendes Wirtshaus nahe bei einer Kapelle unfern von dem Ort Sisterae. Wir sahn diese Bergstadt vor uns auf den Hügeln, entfernte hohe Gebirgsketten und den Golf von Gaeta, eine vortreffliche Landschaft. Viele Pferde wurden zu einem in Sisterae übermorgen stattfindenden Viehmarkt in unserm Wirtshause zusammengetrieben. Herrlicher Mondschein ließ uns lange den schönen Abend genießen, mit der Reflexion, daß dies herrliche Land in vieler Art besser bewirtschaftet werden müßte.

5. September

Wir verließen mit Tagesanbruch unsere schöne Wohnung. Der Weg bis Capua ist immer von schönem, fruchtbarem Lande umgeben, indes überwältigte mich der Schlaf, und nur auf einer Höhe, wo die neapolitanischen Küsten, Ischia, Sorrento und der Vesuv sichtbar wird, genoß ich die Aussicht. In Capua wurden wir zuerst am Tor deutsch und freundlich von östreichischen Soldaten aus Mähren angeredet. Wir sahn uns die Stadt an, im Vorhofe und dem Innern der Kathedrale sind viele antike Säulen aus Granit und Marmor angebracht. An andern Häusern sieht man auch Antiken eingemauert. Wir aßen zu Mittag in der Post, setzten den Weg durch das einfömige, aber schön mit Pappelbäumen, Weinstöcken und Fruchtfeldern unter denselben besetzte Land fort, bis wir das herrliche Neapel um 4 Uhr nachmittags erreichten.

Wir drangen durch den Tumult der Gassen bis zum Meer vor, wo die überirdische Aussicht, von deren Wirklichkeit man sich fast nie überzeugen kann, uns alle ins höchste Entzücken versetzte. Wir erhielten im Albergo all Grand Europa eine schöne, zwar teure Wohnung, aus der wir unmittelbar unter uns den Garten und das Haus haben, welches unser König bewohnte. Hinter demselben das Meer mit der Aussicht auf Capri, Sorrent, Vesuv, Posilipo und die Hinterseite von Castel dell' Uovo im Meer. Die Bäume des Gartens durchschneiden mit ihren Gipfeln dieses herrliche Bild ein wenig, welches dadurch an sehnsüchtigem Reiz gewinnt. Der mildeste Mondschein über dem Meer entzückte uns.

Wir erfuhren, daß wegen des herannahenden St.-Gennaro-Festes die Theater bald geschlossen würden, und entschlossen uns deshalb, noch am Abend um 9 Uhr Oper und Ballett in San Carlo zu sehn. Das große überprächtige, im schlechtesten Geschmack ausgeführte Haus erfüllte uns mit dem entsetzlichsten Widerwillen. Die Oper

136 Ansicht von Neapel, im Hintergrund der Vesuv (Ausschnitt)

war eine neue von Simon Mayr, im Rossini-Stil, Musik und Sujet über alle Begriffe langweilig. Die Kostüme reich, aber im Geschmack des elendesten Provinzial- oder Puppentheaters. Die Truppe, bis auf die Primadonna, Signora Tosi, von den mittelmäßigsten Stimmen, aber entfernt von aller theatralischen Kunst, kaum daß die Leute gehn und stehn konnten. Die Tosi, ganz grazios und von schöner, ausgearbeiteter Stimme, jammerte uns, so schlechte Sachen singen zu müssen. Das Orchester stark genug besetzt, so wie die Chöre, aber ungenau im Zusammenwirken. Die Dekoration unter aller Kritik. Das Ballett nach denselben Prinzipien wie bei uns, viele halbgute, aber kein Hoguet und kein Lemmière. Es war nicht möglich, das Ende abzuwarten, wir waren glücklich, in die köstliche Mondnacht hinauszutreten und an dem blinkenden Meer zu Hause zurückzukehren.

Erste Eindrücke von Neapel und Umgebung

6. September

Früh fuhren wir in einem schönen Wagen aus, um unsre nötigsten Besuche abzumachen, allein zu reizend war die Versuchung, an der neuangelegten prächtigen Promenade am Meer hinzufahren und die Straße zu Wagen auf den Posilipo bis zur letzten Spitze zu verfolgen. Von der Schönheit dieser Straße hat man keinen Begriff. Die wunderbarsten Übersichten des ganzen Golfo, der Stadt mit ihren Berg- und Meerkastells, des Vesuvs, der Küsten von Castellammare, Sorrento und Massena, des herrlichen Capri wechseln ab mit den sonderbarsten, abenteuerlichsten und lieblichsten Anlagen von Gärten, Villen, Bastionen, Terrassen, Höhlen, Felstreppen, großen Brückenbögen der neuen Straße über Schlüchte des Vorgebirgs von Posilipo, welches man ganz umfährt und bis zum Gipfel steigt, wo man beinahe bis zur Übersicht des Golfs von Puzzolo auf der andern Seite gelangt. Indes ist dort die Straße noch nicht ganz vollendet, wir kehrten also denselben herrlichen Weg zurück.

Ganz nahe am Posilipo wohnt unser Gesandter, Herr Graf v. Flemming, der uns, so wie [die] Olfers, welche gemeinschaftlich mit jenem wirtschaften, sehr freundlich aufnahm. Frau v. Olfers machte hier für uns auch eine höchst angenehme Erscheinung aus, sie war sehr dankbar für die Briefe und Kinderzeuge. Wir wurden bei Graf Flemming zu Abend eingeladen. Es wurde noch Visite bei Graf Ingenheim und Bartholdy gemacht, und Herr Olfers begleitete uns dann ins Museum der Studien, wo wir heute die herrlichen Marmors besahn. Prachtsachen überall. Die Reiterstatue der Balbi, Vater und Sohn, und die Statuen der übrigen Familie aus dem Theater von Herculanum sind unendlich interessant und lehrreich. Die Pferde, ungleich schöner als Marc Aurels Pferd, sind in einer gleichmäßig proportionierten Stärke der Glieder gehalten, alle Teile gut verstanden. Schade, daß die Mähne nicht kammartig nach griechischer Art angeordnet ist, sondern von allen Seiten lang und über dem Kopf etwas wild herabhängt. Am Kopf sollte man fast schlechte Restaurationen der Mähne voraussetzen.

Vor der Abendkonversation machten wir im Mondschein auf der Promenade am Meer einen Gang und genossen die herrliche Natur. Die Gruppe des Farnesischen Stiers, welche auf der Promenade aufgestellt ist, macht bei Tage und im Mondschein die herrlichste Wirkung. Leider ist viel restauriert und eine Figur hinzugesetzt, die nicht dazu gehört, dies stört für Kenner den Haupteindruck. Sie soll bald in die Studien gebracht werden, dadurch verliert die Promenade viel. Der Marmor hat sich ganz wie in freier Luft gehalten.

Bei Graf Flemming trafen wir Grafen Bombelles, Gesandter von Östreich in Toskana, der lange in Berlin war, Graf Ingenheim mit dem schrecklichen Ternite.

Den 7. September

Herr v. Olfers holte uns, nachdem wir ein warmes Seebad genommen hatten, wieder ab zum Museum. Wir sahen die herrliche Sammlung der Bronzen, wogegen keine andere aufkommen kann; die Ausbeute von Herculanum und Pompeji ist unendlich reich gewesen. Unter den großen Statuen ist ein sitzender Merkur unstreitig das Schönste. Ein großes Pferd ist aus 600 Stücken, in denen es zertrümmert gefunden ward, sehr sauber wiederhergestellt; es ist von einer mittleren Proportion, nirgend zu fein, nirgend zu stark, mit großem Studium nach der Natur und in schönem Stil ausgeführt. – Ein kolossaler einzelner Pferdekopf von herrlichstem Stil zeichnet sich ebenfalls aus; er war sonst der Familie Maddaloni gehörig, man glaubt, daß aus den übrigen Teilen des Pferdes die Glocken der Kathedrale gegossen wurden. Andere feine Tiergestalten, zwei Rehe, sind von größter Zierlichkeit, unter ganz kleinen Reiterstatuen in bewegter Stellung finden sich vortreffliche Motive.

In anderen Gemächern, die eine Treppe höher liegen, sind die kleinern Bronzen aufgestellt. Hier sieht man, was vom griechischen Geschmack sich in den Bronzefabriken des Altertums lange noch erhalten hat, als in den großen Kunstwerken davon wenig noch übriggeblieben war. Die köstlichen Lampenträger und Vasen, im feinsten Verhältnis und höchsten Geschmack in Verzierung, teils erhaben gearbeitet, teils in verschiedenen Metallen eingelegt (ein Metallmosaik). Man könnte Jahre hier zubringen und täglich etwas lernen. Rüstungen altgriechischer Art, ganz vollständig und schön gearbeitet, welche in den Gräbern bei Paestum gefunden sind, reizen besonders durch den schönen einfachen Stil. Andere Schmuckhelme mit Basreliefs späterer Zeit, in Herculanum gefunden, sind von abenteuerlicher Form, mit großen Krempen, wie Hüte. – Die Säle, welche mit den vielen prächtigen altgriechischen Vasen angefüllt sind, sahen wir heute nur flüchtig, weil das Museum um 2 Uhr geschlossen wird. Herr Generalkonsul Bartholdy hat ein besonderes Studium der Vasen gemacht und weiß die Zeitepochen sehr zu unterscheiden. Nach ihm sind erstens die Vasen von Nola die schönsten in Masse, Form und Zeichnung der Figuren; die Vasen aus dem eigentlichen Griechenland, um Athen herum, haben auf weißem Grunde einfache Konturzeichnungen von Figuren; die Vasen aus der Provinz Basilicata, bei Apulien gelegen, sind die ordinärsten.

Nach Essens machten wir eine Fahrt aufs Kloster S. Martino, dicht unter Castel S. Elmo, von dem man die unübertreffliche Aussicht auf ganz Neapel und die umliegende Gegend hat. Jetzt ist das Kloster mit seiner prächtigen Kirche und dem Kreuzgang ein Lazarett. Nachdem wir die Gegend von hier genossen hatten, beschlossen wir noch, da es möglich schien, mit Eseln den Weg auf die Camaldoli zu machen, um von diesem höchsten Punkte hinter Neapel den Sonnenuntergang zu sehn. Die seltsame Kavalkade ging, durch sehr enge Felsschluchten, auf schlechten

Wegen 4 Miglien bergan, durch Waldung von Kastanien. Wir kamen eben noch zum Moment des Sonnenuntergangs an. Das einsame, auf dieser Berghöhe gelegene Kloster nährt noch jetzt 32 Mönche, die mit ihren langen Bärten und mit weißem Talar und Kapuze im Garten wandelten. Frauen dürfen nicht ohne Erlaubnis unsern Eseln überwinden; und ein halbtoller Lazzaronbursche, der mitgegangen war, um dieselben anzutreiben und den Weg zu zeigen, machte den ausgelassensten Spaß nach seiner Weise, halb tierisch, besonders schrie er so gräßlich seinen Gesang durch die Nacht, daß es schien, als wolle er alles, was in den Wäldern um

137 Ansicht von Neapel (Ausschnitt)

des Erzbischofs von Neapel eingelassen werden. Der herrliche Punkt an der äußersten Bergecke, wo eine große, runde, steinerne Bank unter hohen Bäumen steht, gewährt eine unendliche Aussicht. Von Neapel selbst sieht man nur Castel S. Elmo, schon tief unter sich, und weniges von den Schiffen im Hafen; alles übrige wird durch den Berg von S. Elmo und Posilipo bedeckt; aber Vesuv, die Küste von Sorrento, die Gebirge von Salerno, von Abruzzo, von Mola di Gaeta, die Inseln Capri, Ischia, Procida, das Capo Miseno und die Solfatara mit dem Lago d'Agnano und die ganze Waldgegend, mit Städtchen untermischt, am Fuße des Berges der Camaldoli machen ein entzückendes Panorama.

Der Mondschein half uns auf unserem Rückweg die Schwierigkeiten des steilen Bergab auf uns herum steckte, herbeirufen; auch hörte man überall seine Freunde aus der Ferne in ähnlicher Art antworten. Unter Castel S. Elmo fanden wir unsern Wagen wieder und fuhren in die Stadt hinunter; da der Mondschein so schön war, machten wir die Fahrt an dem Hafen und am Meer entlang bis zum Tor gegen Portici, wohl $^{3}/_{4}$ Meile stark gerechnet. Nachher gingen wir ins Theater Carlino am Largo del Castello, wo ein Lustspiel gegeben ward, in welchem die Spitzbüberei in allen feinen und groben Nuancen vorgestellt wurde und es an Theatercoups und lebendiger, wiewohl gemeiner Darstellung nicht fehlte. Begasse suchte mich hier auf, und da das Theater so klein wie ein Puppentheater ist und die Hitze sehr unerträglich ward, die Flöhe aber noch mehr, so gingen wir vor Ende des Stücks wieder hinaus und erfreuten uns des frischen Abends und des herrlichen Mondscheins, den wir auf unseren Balkons, über das Meer wegschauend, noch ein Stündchen genossen.

Den 8. September

Wir schrieben nach Berlin viele Briefe, die mit dem Gesandtschaftskurier fortgehn sollten, bis 3 Uhr. Das berühmte Fest [der] Madonna Piedigrotta hatte schon von frühmorgens an das ganze Volk von Neapel auf die Beine gebracht, und da die kleine Kirche am Posilipo unfern der Wohnung unsers Gesandten liegt, so ging alles unter unsern Fenstern vorbei, und der Lärm war entsetzlich. Das Fest entstand wegen eines Siegs der Neapolitaner über die Östreicher, heute helfen die letzten mit vielen Truppen friedlich das Fest mitfeiern.

Bei unserm Gesandten, wo man die Promenade der Chiaja in ganzer Breite und Länge übersieht, waren wir zum Genuß des Festes eingeladen und dann zum großen Diner um 6 Uhr abends. Um 3 Uhr hatte man Mühe, sich durch die Militärlinien und durch die Masse des Volks zu drängen, indes erreichten wir glücklich das Haus und sahen von den Balkons dies Fest in seiner ganzen Vollständigkeit, welches in der köstlichen Gegend, deren Hintergrund immer der Vesuv, die sorrentinische Küste und Capri machten, ganz prachtvoll erschien. Fünf neapolitanische Kriegsschiffe waren längst der Küste stationiert, welche alle Wimpel wehen ließen und nach der Reihe Kanonensalven gaben, sowie der König den Palast verließ und die lange Straße bis zur Kirche hinfuhr, und auf gleiche Weise beim Rückzuge. Der Zug bestand aus 2 achtspännigen und 25 sechsspännigen Prachtkutschen. Die erste achtspännige fuhr leer, in der 2., welche ganz von Gold und mit vielen Straußfedern verziert war und in der Mitte des Zugs ging, saß der König. Die Feierlichkeit in der Kirche war so kurz, daß die wenigsten Wagen Zeit hatten, ihre Herrschaften aussteigen zu lassen. Das Volk drängte sich überall sehr nahe, und man erlaubte sogar vielen Lazzaronen, in die Spaliere neben und mit den Wagen zu gehn. – Ein ausgesucht feines Diner erwartete uns. Graf Ingenheim, Bartholdy, Catel, Begasse, Prof[essor] Gerhard, Antiquar, Ternite, Olfers speisten mit.

Den 9. September

Als wir morgens Herrn Olfers im Wagen nach dem Museum abholen, kommt er uns entgegen mit dem jungen Rothe, den wir gleich mitnehmen. Wir sahn die Bilder, unter ihnen ist das schönste eine Danae von Tizian mit dem Goldregen und einen Amor. Das Bild ist in allem vortrefflich, eins der schönsten Werke des Meisters und gut erhalten. Es hängt mit im Zimmer der obszönen Gegenstände und wird nur Fremden gezeigt, es ist dadurch glücklich gehängt, recht niedrig zur Betrachtung und gut von der Seite beleuchtet. – Außerdem enthält die Sammlung einen herrlichen Claude Lorrain, von Raffael und Julio Romano Heilige Familie und Porträts vom ersteren. Das berühmte Porträt Leos X., worauf Clemens VII. und ein anderer Kardinal gemalt sind, soll nach Raffael von Andrea del Sarto sein; das Bild hat fast eine schönere Farbe als das Original im Palast Pitti. Raffaels Mutter und ein Freund Raffaels, von ihm gemalt, hängen auch da.

Wir aßen früh zu Mittag und fuhren dann zum Gesandten, Grafen Flemming, mit dem eine Wasserpartie um den Posilipo herum verabredet war. Zwei Barken nahmen uns ein; wir genossen bei heiterstem Wetter den Anblick der herrlichen Stadt, stiegen mehrmals an der Spitze des Posilipo aus, um die Spuren altrömischer Bäder, Tempel, eines wunderlichen altrömischen Wohnhauses, von dem noch 3 Geschosse gewölbt übereinanderstehn, zu sehn und endlich am äußersten Punkte die Scoglie di Virgilio, wo Lucullus einen großen Palast hatte. Man sieht zwischen den Felsen noch Spuren großer Nischen, die wohl für ein Nymphäum oder für ein Heiligtum des Neptun gedient haben können. Die Insel Nisida lachte uns aus den Felsgrotten so entgegen, daß wir beschlossen, dorthin zu steuern, nachdem wir in die Grotta Tonante (wegen der donnernden Wogen so genannt) hineingefahren waren. Nach einer halben Stunde erreichten wir Nisida, welches von wenigen Menschen bewohnt wird, schöne Weingärten hat. Auf der Spitze der Insel ist ein abenteuerliches Schloß, in die Runde gebaut, mit einem großen inneren Hof, der auch unterwölbt ist. Auf der ringsum laufenden breiten Plattform des Schlosses hat man eine reizende Aussicht auf Ischia und die nahe liegende Küste von Bajä, auf Capri, Sorrent und Posilipo, hinter welchem letzteren der Vesuv herübersieht. Den hohen Punkt der Camaldoli sahn wir auch wieder und erinnerten uns der herrlichen Aussicht. Köstliche Trauben in ungeheurer Menge erquickten uns, während wir das herrliche Panorama genossen. – Wir ließen uns hinter Posilipo ans Land setzen und schickten die Barken weg, wir wollten die neue Straße, die bis dahin mit Wagen noch nicht passiert werden kann, zu Fuß hinaufsteigen, um unsere Wagen oben auf Posilipo zu erreichen; allein ein Bergsturz hatte die neue Straße unpassierbar gemacht. Trotz der Dunkelheit mußten wir uns entschließen, durch die Höhle zurückzugehn und dann durch Boten aus der Stadt die Wagen zurückzurufen. Wir folgten dem Zuge der östreichischen Soldaten, die an der Straße arbeiteten und Feierabend auch zurück in die Kaserne kehrten. Diese wußten einen kleinen Bergpfad, steil und unbequem, aber der uns dennoch auf die Höhe führte, so daß wir doch noch ohne den beschwerlichen Weg durch die große Höhle unsere Wagen oberhalb erreichten und bei schönem Mondschein die herrliche Straße des Posilipo hinab nach der Stadt fuhren, wo wir also noch eine ganze Stunde des köstlichen Anblicks auf das Meer, auf die Stadt, den Vesuv, Sorrent und Capri genossen.

Wir legten uns gleich ein paar Stunden schlafen, weil wir um 11 Uhr in Villa di Roma zum großen Souper bei Herrn Bartholdy eingeladen waren und morgen um 4 Uhr schon eine Reise nach Paestum antreten sollten, wozu sich die Gelegenheit fand, daß Catel, Begasse, Maler Heß und Kunsthändler Müller die Reise ebenfalls an diesem Tage machen wollen. Das Souper, wobei viele Künstler, Graf Flemming und Ingenheim waren, hatte dadurch etwas Originelles, daß wir in einer Halle am Meer speisten, das Meer aber sehr unruhig war, Regen und Gewitter eintrat, so daß wir in ununterbrochenem Blitzen und Donnern um halb 2 Uhr zu Haus gingen.

Brief an Christian Daniel Rauch

Neapel, 6. September 1824

Mein teuerster Freund,

tausend Dank für den schönen Brief, den ich aber erst in Neapel empfangen habe. Die wunderschönen Notizen waren mir höchst wichtig, die Kommission, welche Sie mir von seiten des Prinzen Karl und wegen Besichtigung der Gießanstalten bei Neapel gaben, werde ich ausrichten, so gut ich kann, und Ihnen bald ausführliche Nachricht geben.

In dem Meer von Kunstwerken, in welches man hier eintaucht, können Sie denken, wie mir zumute ist, stündlich werde ich erschreckt von ganz neuen Aufschlüssen über Kunst durch die Werke, welche in der vollendetsten Art die Aufgaben lösten. Gestern habe ich die Bronzen und die Vasen gesehn, ich habe keine Vorstellung von dem Gehaltvollen der Sammlung gehabt; wenn man nur zeichnen dürfte und wenn nur das, was hier auf Befehl davon abgebildet war, im allerentferntesten die Feinheit der Gegenstände ahnden ließe.

In Betracht der Beleuchtung und Aufstellung habe ich die Freude gehabt, daß ich beim neuen Museum im ganzen das einzig Rechte getroffen habe. Überall, wo in den Museen Italiens nach diesem Prinzip beleuchtet und aufgestellt ist, hat man völlige Befriedigung, leider ist aber dies selten der Fall, in Mailand, Florenz und Neapel geht man fast in Kellern umher, um die schönsten Werke dürftig zu sehn. In Chiaramonti ist alle Skulptur flach gerade durch die Beleuchtung. Nur im Clementinum entzückt das Charakteristische der Räume, die, obgleich das zweckmäßige Licht auch oft fehlt, durch die Pracht des Materials und der Kunst, die sich in ihrer Mannigfaltigkeit auftut, nichts zu wünschen übriglassen; zu solcher Einrichtung gehören aber auch solche Schätze, sonst möchte die Sache sehr kleinlich ausfallen.

Es ist mir höchst auffallend gewesen, wie ich fast jeden Gegenstand Italiens ohne Veränderung in Größe oder Stil bei mir festgehalten hatte und wie ganz alte unveränderte Bekannte wieder begrüßen konnte. Die Jugend ist darin doch beneidenswert, daß ihre Eindrücke unvergeßlich bleiben. Die Gegend Neapels hat immer etwas Unglaubliches, und sosehr man sie kennen mag und sich ihr Bild in der Phantasie zurückrufen konnte, sie erscheint immer wie ein überirdischer Traum.

Über Ausschmückung öffentlicher Gebäude durch Malerei sind mir durch die mailändische Kirche von Luini, durch die Hallen, Vestibüle und Höfe von Genova, durch die alten Kirchen aus Giottos Zeit und seiner Nachfolger in den lombardischen und römischen Provinzen große Lichter aufgegangen und besonders auch, wie die Skulptur damit in farbiger Weise eingreifen kann. Indes bleibt immer der Gipfel die Raffaelische Weise und die Decke in der Sixtinischen Kapelle, wie die Farbe gebraucht werden muß.

Über Thorwaldsens sehr reich ausgestattetes Atelier muß ich mündlich vollständiger sprechen. Nach meinem Gefühl hat er für Grazie am entschiedensten Talent, sein Christus hat zwar alle die Schwächen, welche wir in den Abbildungen erkannt haben, aber macht doch in natura eine ganz andre Wirkung. Schön ist die Hauptproportion und die geringe Wendung des Körpers, wenn man die Statue seitwärts sieht. Das Pferd von Poniatowski ist noch nicht ganz in Ordnung, ich glaube, daß er noch bedeutend ändern muß, obgleich der Abguß fertig ist, mir scheint die Bewegung nicht kräftig genug für das, was sie vorstellen soll, außerdem hat die Schwierigkeit der Aufgabe des Stützens manche Verzeichnung oder manchen Mißverstand des Körpers erzeugt. Die 12 Apostel, von Schülern nach Skizzen und unter Aufsicht Thorwaldsens ausgeführt, sind im ganzen alle gut geraten und machen in Zusammenstellung mit Christus einen imposanten Zyklus. Die Komposition des Tympanums der Kirche in runden Figuren, die Predigt in der Wüste vorstellend, ist vielleicht das gelungenste seiner großen Werke. Der Kopernikus, sehr kolossal, ist nicht glücklich drapiert, besonders seine linke Seite ganz schlecht, die drei Grazien und den Schäfer finde ich außerordentlich schön. Der Babylonische Zug wird in großem und kleinem Maßstabe immer wiederholend in Marmor gearbeitet.

In Wolffs Werkstatt habe ich die große Gruppe Schadows gesehn, in natura fällt die Unschicklichkeit der Lage des Kopfes der Amazone noch mehr auf und daß in dem Helden eine falsche, mit der Handlung nicht zusammengehende Bewegung ist. Wolffs kleines Marmor-Basrelief auf Schadows Grab ist höchst zart empfunden und zierlich ausgeführt, es macht, so wie er selbst, keine Ansprüche, und deshalb schon ist es reizend.

Die Schnorrschen Freskos in Villa Massimi sind bei weitem die freisten, die Farbe, wenn auch nicht schöner und stilvoller, doch kräftiger fast wie irgendeine der alten Bilder der besten Zeit, wie sie uns jetzt erscheinen. Man sieht aber hier, wie weit der Protestant den beiden Katholiken Veit und Overbeck in Feinheit und Originalität vorgerückt ist. Soviel Talent in den Bildern der letzten zu sehn ist, so schmerzlich ist auch das Gefühl von verkümmerten und eingeketteten Naturen, welches unwillkürlich daraus hervorgeht.

Grüßen Sie bestens Tieck von mir und Agnes, M[ademoise]lle Lieberkühn versteht sich von selbst, ich muß schließen, denn Olfers will uns zum großen Fest, bei welchem der König und alle Truppen fungieren, nach Posilipo bringen, wo das Fest Sta. Madonna das ganze Volk zusammenruft.

Waagen wird bald weitläuftig berichten, im ganzen greifen wir uns sehr an durch schnelles Reisen und durch angestrengte Beschauung unendlich vieler Kunstsachen, man kann es nicht lassen.

Leben Sie wohl, teuerster Freund, und denken Sie freundlichst an Ihren

entfernten, aber aufrichtig treuen
Schinkel.

Ausflug nach Paestum und Amalfi

10. September

Es regnete frühmorgens; der Wagen kam, und wir nahmen den jungen Rothe mit uns, der die Nacht in unserm Wirtshaus geblieben war, fanden dann auf dem Platz des Rendezvous unsere anderen Reisegefährten und machten den Weg durch Resina, Portici, Torre del Greco, Torre dell' Annunziata, immer neben dem Vesuv vorbei, der, vom Regen durchnäßt, schwarz und schrecklich aussah, besonders da, wo die Lavaströme, breit bis zum Meer heruntergeflossen, die Städtchen durchbrochen haben und der Weg darüberweg führt. In der Gegend von Pompeji, welches wir seitwärts liegenließen, ward das Wetter ganz klar, ließ uns herrlich die unendlich fruchtbaren Täler von la Cava genießen, in welchem Klöster und Städte ein reinliches Ansehn und die Menschen wohlhabend erscheinen, weil viel Fabrikwesen in den wasserreichen Tälern getrieben wird und man überall Mühlwerke im Gange sieht. Stattliche Villen der Fabrikeigentümer, mit saubern Terrassen umgeben, auf denen Gartengemüs und Nutzkräuter unter Orangen gebaut werden, liegen unten in den grünen Tälern.

Bei Vietri kommt man über die Gebirge weg zur Aussicht auf den Golf von Salerno, und bald erblickt man die schön gelegene Stadt mit ihrem Kastell, die wir um 11 Uhr erreichten. Vor dem Mittagsessen ward die Kathedrale besehn, welche einen Vorhof hat, der von alten Säulen zusammengefaßt ist. In der Mitte steht eine Granitvase, 20 Fuß zirka Durchmesser, aus einem Stück, die vor dem Tempel des Poseidon in Paestum gestanden haben soll; ein springendes Wasser ist darin angebracht. In der Kirche sind alte Kanzeln, Kandelaber, in Mosaikarbeit aus dem 10. oder 11. Jahrhundert, und einige antike Kolonnen von poliertem Marmor und Granit merkwürdig. Die Kanzeln stehn immer auf 4 Säulen, eine Art, die bei uns auch wohl Anwendung finden dürfte. – Nachmittag setzten wir den Weg fort nach Eboli, wo wir die Nacht in einem Wirtshaus vor der Stadt blieben. Die Gegend hier wie auf dem ganzen Wege ist durch die unendlich schönen Gebirgsformen, welche im Gegensatz mit der weiten Ebene, die gegen das Meer hinläuft, stehn, höchst reizend, und wir sahn sie bei der herrlichsten Beleuchtung.

11. September

Mit dem frischen schönen Morgen ging's nun in der Ebene hin nach Paestum. Bei trübem Wetter würden diese einsam liegenden Heiligtümer der griechischen Vorwelt einen höchst melancholischen Eindruck machen. Bei reiner Himmelsbläue aber wirkt Form und die köstliche warme Farbe, besonders des großen Tempels, ungemein wohltätig. Wir examinierten sowohl den Cerestempel, des Poseidons Tempel und die Basilika sehr genau, und obgleich uns allen die Hauptsachen sehr bekannt waren, so gab die Naturanschauung dennoch unendlich viel Stoff zu Gedanken. Die Konstruktion der Triglyphen ist anders als an den attischen Tempeln, und am Cerestempel schien sie spätere Restauration, sowie der mit Kassetten gezierten Kreuzleisten. Auffallend ist es, daß der Cerestempel und die Basilika, trotz dem, daß das Verhältnis weit schwerer, die Säule zu bauchartig und stark eingeengt ist und dadurch ein älteres Ansehn bekommt, mehr verziert ist als der große Tempel, in welchem die Verhältnisse veredelt und die einzelnen Teile vereinfachter und mehr in der attischen Art ausgeführt sind. An den ringsum sichtbaren Stadtmauern sieht man 4 Tore, wovon das eine mit einem Bogen erhalten ist; dieses letztere halte ich indes für neuer und aus römischer Zeit, weil die Quadern kleineres Maß haben und viele Flickereien drinnen sind. Ein paar Türme aber in der Mauer, die sich hoch erhalten haben, dürften wohl aus der Zeit der Tempel sein. Das Amphitheater ist klein und die Überbleibsel römischer Konstruktion. Vor dem Tor sieht man Gräber in griechischer Art, mit 2 gegeneinander gespreizten großen Steinen bedeckt. Hier und in den Gräbern, die im Tempel waren, hat man die bronzenen Rüstungen gefunden, die im Studienmuseum aufbewahrt werden.

Wir aßen im Freien Mittagbrot von dem, was wir aus Neapel, Salerno und Eboli mitgebracht hatten, es schmeckte nach den Motionen herrlich, und dann ging es nach Salerno zurück. Die Gegend beim königlichen Schlosse Persano, ehe man wieder nach Eboli kommt, ist wegen des in einem Eichenwalde sich windenden Flusses und der Lage der Schloßgebäude mit dem Hintergrund köstlicher hoher Gebirge höchst reizend. – Auf dem Balkon des Wirtshauses in Salerno am Meer genossen wir nach dem Abendessen noch lange des Mondscheins und beschlossen, morgen die Frühe zu benutzen, um die höchst interessante Wasserpartie nach Amalfi, 4 Meilen von Salerno, zu machen.

12. September

Um 4 Uhr war die Barke mit 4 Ruderern und einem Steuermann bereit, ich nahm am Schnabel einen kleinen Platz ein, welcher der einzige war, wo man sich horizontal, die Beine zwischen die Rudernden gesteckt, etwas ausstrecken konnte, wodurch ich auch der Seekrankheit entging. Die Fahrt an der hohen, steilen Küste, deren Felsen alpenartig sind, war unbeschreiblich reizend; man sieht die abenteuerlichsten Orte, in und über den Felsen hängend und aufgetürmt. Der Ort Vietri, durch den wir schon gefahren waren, steht herrlich mit seiner Kuppelkirche hoch an der großen Wand, die Straße von da nach Salerno verfolgt man längst der Felswand hinunterlaufend, sie macht mit ihren Substruktionen schöne Wirkung. Maiori, Minori, Deniacasa, Gaeta haben alle höchst merkwürdige Lage; unter ihnen braust das Meer in die Felsgrotten hinein. Sobald man aber den Golf von Amalfi selbst erreicht hat, wird die Gegend immer romantischer. In Höhlen sieht man oberhalb Gebäude liegen, die eine Fabrik enthalten. Der Ort Atrani hängt mit Amalfi durch eine kurze Felsstraße zusammen, welche um ein Vorgebirg führt, das beide trennt und welches ein Fort an der Spitze hat. Atrani liegt in einer Felsschlucht wie Amalfi; die Hauptkirche auf einer vortretenden Felspartie, welche ringsum mit Bogenmauern umgeben ist, die als Substruktionen für den Kirchplatz dienen, wodurch eine höchst abenteuerliche Wirkung entsteht.

Kommt man nun um die vorspringende Ecke, welche das Fort trägt, so erblickt man Amalfi in dem Bergwinkel, auf das sonderbarste aufgebaut; gleich oben in der Mitte der Felsenwand ist vor einer bedeutenden Höhle das lange Klostergebäude der Cappuccini gebaut, und von da ziehn sich einzelne Gebäude an dem lang hingestreckten Vorgebirg bis in die Spitze der wenigstens 4000 Fuß hohen Felsgebirge hin. Alle die Gebäude stehn nur als kleine Punkte da, und nur die Stadt selbst bildet eine größere Masse, hinter welcher man die Felsschlucht, grün bewachsen und darüber mit Höhlen und Felsabhängen reich ausgestattet, weit ins hohe Gebirg hinauf verfolgen kann. Wir stiegen in diesem seltsamen Ort ans Land; er ist sehr lebendig, und der Markt war gedrängt voller Menschen, die, weil selten Fremde dorthin kommen, sich gleich stark um uns versammelten. Die Kathedrale liegt am Markte hoch, und man steigt eine 30 Fuß breite Treppe von wenigstens 60 Stufen hinauf; oben tritt man in eine seltsame Vorlaube von halbantiken Säulen mit runden und gotischen Bögen. Von dieser Halle ist die Aussicht auf die Massen der Stadt und die darüber hinaussteigenden Felsen sehr abenteuerlich. In der Kirche ist manches Alte, besonders eine Kanzel auf 4 Säulen und einige alte Säulen, sonst ist alles neu umgewandelt. Von der Kirche gingen wir wieder auf den Platz herunter und verfolgten die Hauptstraße, welche gegen die Schlucht hinaufführt. Diese nimmt bald den sonderbarsten Charakter an; sie schließt sich, man geht durch Bögen und Gewölbe, über denen Wege von einer Seite des Tales zur gegenüberliegenden führen; dann steigt man durch Treppen weiter. An den Seiten treten oft Felsen heraus, darinnen sieht man mehrere grünbewachsene Höhlen, in welchen große Waschtröge ausgehauen sind, und klares Gebirgswasser stürzt dahinein, an welchem die Weiber der Stadt immer zahlreich waschen. Mühlenwerke und dazu gehörige Wasserleitungen, alles wie in der Schweiz mit dem üppigsten Kraut bewachsen, hängen unter dem Felsen, der sich höhlenartig wölbt, oder drängen sich in die Winkel hinein. Der Weg steigt stufenartig neben mit Mauern eingefaßten Flußbetten an, in denen oft Wasserfälle schön rauschen. Die Flußbetten sind oft mit breit gezogenen Weinlauben bedeckt und allerlei schöne Sitze und Gärtchen daneben angebracht.

So geht es fort, so daß man nicht zu sich kommt vor der Menge malerischer Punkte. Am letzten Winkel scheint das Tal mit einem großen, viele Stockwerke hohen Fabrikgebäude geschlossen zu sein, worin Papier gemacht wird, aber es wendet sich und führt zu sehr malerischen Eisenhämmern, die wir wegen Kürze der Zeit nicht mehr erreichen konnten. Beim Rückwege nahmen wir seitwärts eine kleine, höher liegende Straße, wo man unter Weinlauben fortgeht und immer die beiden Felsmauern zu beiden Seiten sieht, wozwischen die Stadt sich hineinklemmt, im Hintergrund das Meer und die Küsten jenseits Paestum. Wir kauften köstliche Trauben und Brot auf dem Markt, gingen vor die Tür eines Weinkellers und tranken zu dieser Kost Wein, während die halbe Stadt sich um uns drängte und nur verscheucht werden konnte, wenn einer oder der andere der Maler anfing, die Personen zu zeichnen; denn sie haben den Aberglauben, daß sie sterben, wenn sie gezeichnet sind. Ich nahm eine Skizze der Küsten auf am Fuße des Kastells und stieg mit Catel nach Atrani hinab, wo uns unsere Barke einnahm und wieder nach Salerno führte, wo wir Mittagbrot aßen und dann zurück nach Neapel fuhren.

Bei Pompeji stiegen wir auf die Aschenhügel, um den Untergang der Sonne hinter Ischia zu sehn, der die hohen Gebirge von St. Angelo über Castellammare herrlich beleuchtete. Die Städte am Fuß des Vesuvs waren lebendig wie Neapel. Alles saß trotz der Kühlung des Abends vor den Häusern, in denen man gleich durch die Haustür ins Wohnzimmer tritt, welches durch ein Fenster ohne Glas, mit bloßem Holzgitterwerk über der Tür erleuchtet wird. Um 10 Uhr waren wir in unserer Wohnung zu Neapel angelangt.

Studien in Neapel

13. September

Vormittag gingen wir in die Studien, wo wir Graf Flemming und Olfers wartend fanden; wir sahen die ägyptischen Sachen, welche viel Merkwürdiges enthalten. Mehr als dies interessierte mich im Zimmer hinter der ägyptischen Galerie eine Menge ganz altgriechischer Kunstwerke und solcher Werke römischer Zeit, worin der altgriechische Stil nachgeahmt ist. Ein Cippus mit flachem Basrelief, Odysseus, auf den Stab gelehnt, vor ihm der Hund, lebensgroß. – Eine Gruppe, Orest und Elektra, viele Terrakottas, Wagenrennen darstellend, eine Minerva und eine Diana, dem alten Stil nachgebildet, einige große Phalli waren vorzüglich wichtig. Graf Flemming führte uns nachher noch ins Castel Nuovo, wo wir durch den Triumphbogen Alfons' von Aragonien gingen, der, aus dem 15. Jahrhundert, von Martino v. Mailand gebaut ward, so wie das Kastell selbst Karl v. Anjou durch Nic[colò] Pisano bauen ließ. Im Kastell ist ein großer viereckter Rittersaal, 70 Quadratfuß groß, mit achteckt gewölbtem Kreuzgewölbe, wohl an 80 Fuß hoch. In der Kapelle des Schlosses ist ein Bild, die Heiligen Drei Könige vorstellend, welches für v[an] Eyck ausgegeben wird, wohl aber Antonello da Messina sein könnte. Eine künstliche schöne Windeltreppe führt auf die Plattform des Kastells, wo man eine schöne Übersicht der Stadt und der Meerpartie genießt.

Nachmittag fuhren wir mit Graf Flemming in 2 Wagen durch die große Grotte des Posilipo. Diese ein paar tausend Fuß lange Passage durch den Felsen, welche auch bei Tage in der Mitte Lampenbeleuchtung bekommt, erstaunte die Reisegesellschaft sehr. Wir kamen mit Sonnenuntergang zum See Agnano, der ein eingestürzter Krater ist und von schönen Waldbergen kesselartig umgeben wird; hier wurde in der berühmten Hundsgrotte das bekannte Experiment mit einem Hunde gemacht. Nachdem wir durch die Grotte des Posilipo zurückgekehrt waren, blieben wir den Abend beim Grafen Flemming, wo wir Fräulein Zenge aus Berlin sahen, die beim österreichischen General Roller [ist], welcher die Truppen in Neapel kommandiert.

14. September

Morgens besuchte ich Catel auf Pizzo Falcone, der eine Menge schöner Bilder angefangen und viele Skizzen zu zeigen hat. Dann gingen wir zu den Studien, um die geschnittenen Steine zu sehn. Der Kustode war noch nicht da, und so blieben wir einstweilen bei den Bronzen, die man nie genug sehn kann. Die Steine sind vortrefflich, aber nicht vorteilhaft aufgestellt. Man sieht in diesem Zimmer zugleich alle ausgezeichneten kleinen Gemälde von Pompeji. Des Zentauren [unleserliches Wort], die Zeichnung in Konturen von der Gruppe der Zentauren, der Frau des [unleserliches Wort] und den mit ihm kämpfenden Theseus pp.

Nachdem wir wieder in der Villa di Roma unter den Arkaden der Loge am Meer gesessen hatten, war eine Partie mit Graf Flemming, Ingenheim, Catel, Prof[essor] Gerhard nach dem Posilipo verabredet, wo sich gegen die Spitze hin in der Mitte eine 2. große Höhle, jetzt Grotta di Sejano genannt, befindet, die mit großen antiken Konstruktionen versehn ist und auch als Durchfahrt gedient zu haben scheint, indem sie mit dem Gebäude des Lucullischen Landhauses in Verbindung stand. In einem sehr versteckten Weingarten ist der halb eingestürzte Eingang; mit 4 Fackeln gingen wir hinein und verfolgten den Bau auf wenigstens 800 Schritte, dann aber waren so viel zusammengestürzte Mauern und Felsdecken, daß wir nicht weiterkonnten, und heiße Luft kam uns entgegen. Wir zogen uns zurück, aßen herrliche Trauben und stiegen auf dem einzig schönen Vorgebirg weit in den Ruinen der Lucullischen Gebäude umher, von denen noch 2 Theater sichtbar sind, das eine gegen Capri, das andere gegen Ischia zu gekehrt. Von der Schönheit und Lage dieser Gebäude kann man sich nur einen dunklen Begriff machen, aber die Einbildungskraft hat unendliches Feld. Die prächtige Ansicht von den einzelnen Felspartien im Meer, von Nisida, Miseno, Procida und Ischia zeichnete ich schnell im Kontur. Auf der herrlichen Strada Nuova fuhren wir abends zurück.

15. September

Meine Reisegefährten machten frühmorgens die Partie auf den Vesuv; ich blieb zurück und empfing um 9 Uhr einen Besuch vom königl[ichen] Architekten Bianchi, an den ich von Herrn Camuccini in Rom einen Brief mitgenommen hatte. Herr Bianchi führte mich in seinem neuen Kirchenbau umher, wo es manche schöne Konstruktionen gab; leicht und sinnreich ist das Kuppelgerüst mit einer weiten innern Öffnung gebaut, in welcher die Materialien in die Höhe gezogen werden. Übrigens hat er sich beim Entwurf immer zwischen antik und modern gehalten, wodurch vieles charakterlos geworden ist. Durch ihn bekam ich auch die königlichen Zimmer zu sehn, wo die beiden besten Bilder Camuccinis hängen, »Der Tod der Virginia« und »Der Tod Caesars«. Das Schönste in diesem Lokal ist ein Bild Peruginos, Maria auf dem Thron mit 2 andern Marien und 2 Heiligen; oben im Halbrund Gottvater mit Engeln. Neben dem Schlafzimmer des Königs liegt eine köstliche Terrasse, vielleicht 100 Fuß über dem Meerspiegel, mit Lauben von Lorbeer, Orangen, Wein und der prachtvollen

Aussicht auf die Küsten. Die Perspektive, wenn die Tür des Zimmers sich öffnet, ist unbeschreiblich schön.

Ich zeichnete am Morgen noch ein Stück der Aussicht von der obern Etage unsers Wirtshauses, aß dann bei Graf Flemming zu Mittag und fuhr abends mit ihm zum englischen Gesandten Hamilton, wo außer Engländern der östreichische Botschafter, Herr von Finkelmann, war. Man sprach französisch, es war aber ein sehr angenehmer Ton, ich ward mit Graf Flemming zu morgen mittag eingeladen. Ein Leichenzug, der mit vielen Fackeln meine Straße entlangzog, hinderte, daß Graf Flemming mich nicht bis zu Hause fahren konnte, weil die Pferde nicht über die Masse der Fackelkohlen weg gehen wollten, womit die Straße bedeckt war und welche alle glühten.

16. September

Morgens gingen wir in die Studien, besahn nochmals die Vasen, Bilder und Marmors. Mittags bei Hamilton war die Unterhaltung höchst angenehm und frei; er hat etwas höchst Feines und Schönes. Nach Tisch proponierte Graf Flemming, eine Tour nach Virgils Grab zu machen. Wir fuhren bis zu Ende der Chiaia und stiegen dann zu dem Weinberg hinauf, wo das Grabmal hart an der Schlucht über der großen Höhle des Posilipo steht. Man hat hier von einer heraustretenden Bank eine prächtige Ansicht des Chiaias, Pizzo Falcone, Castello dell' Uovo und Vesuv sowie der Sorrentiner Küste.

Ein Tag in Pompeji

Den 17. September

Morgens früh wurde aufgebrochen nach Pompeji, wo uns Graf Ingenheim ein Dejeuner geben wollte. Das heitere Wetter, der schöne Morgen machten die frühe Fahrt höchst angenehm. Nach 3 Stunden, um 8 Uhr, waren wir an der sogenannten Gräberstraße des alten Pompeji, sahn zuerst das daran liegende weitläuftige Haus eines gewissen Diomedes. Fast in allen Zimmerchen sind Malereien der Wände erhalten, die Hof- oder Gartenanlage mit umgehenden Pilastergängen sowie die in der Mitte stehenden Säulen einer Laube oder Pergola und eines Fischteichs sind vollständig erkennbar, in den großen Kellerräumen stehn die Wein- und Ölgefäße noch auf ihrem Platz. Die vielen schönen Grabmäler kannte ich von früher her und aus meinem Werke von Mazois. In der Stadt sind in jedem Hause interessante Malereien und Mosaikfußböden. Aber die eben erst ausgegrabenen Bäder enthalten das Schönste von Dekoration. 3 gewölbte Säle sind mit den geschmackvollsten Stuckarbeiten und Malereien versehn. Das Hauptzimmer hat eine schöne Nische, in welcher eine große Marmortasse, 10 Fuß Durchmesser, steht, die eine Wasserkunst hatte. Der Saal ist da, wo das Gewölbe anfängt, mit Karyatiden von 3 Fuß Höhe umgeben, in ganz ähnlicher Stellung wie die, welche jetzt zu Agrigent im kolossalen Jupitertempel gefunden und wieder zusammengesetzt worden sind. Die dunkelrote Bolusfarbe und Himmelblau dominieren hier zwischen den Stuckverzierungen, sind aber höchst geschmackvoll angebracht.

Das Forum macht eine herrliche Wirkung mit seinen Säulengängen. Man sieht, daß manche ältere Architektur der Stadt in reinem griechischen Stil durch eine spätere Architektur von Stuck verdorben wurde, die in dem Stil der Zeit aufgeführt ward, der zur Zeit der Zerstörung herrschte. Ein prachtvoller Ort, mit Säulen umgeben und die Wände mit Marmor innerlich mit Malereien bedeckt, bildete den öffentlichen Waschplatz der Stadt, Inschriften zeigen den Gründer an. Der Jupitertempel steht an einer Seite auf die Mitte zu. Die Kurie, ein kolossaler Raum, mit Säulen umgeben und mit einer Tribuna, schließt sich an einer Seite an den Platz, dem Jupitertempel gegenüber sind mehrere Basiliken nebeneinander.

Das offene Theater, größer als das bedeckte Theater, sind beide merkwürdig, erstes weit über

Halbkreis, beide griechischer Art. Im letzten sind die untern Sitzbänke mit kleinen sitzenden Karyatiden geziert, in der Stellung des Telamon im Bade. Der Isistempel mit allen Akzidenzien macht eine eigene zierliche Wirkung und hat viel Unerklärliches in der Einrichtung. Im sogenannten Soldatenquartier, welches jedoch jetzt auch für einen Handelsplatz, mit Butiken umgeben, gehalten wird, steht eine mächtige Tränenweide und unter dieser ein langer Marmortisch; auf diesem ward das Frühstück aufgetragen und im Freien verzehrt. Fremde Weine, Champagner in Eis fehlten dabei nicht. Das Frühstück reichte für den ganzen Tag aus. Nach Tisch wurde noch das Amphitheater besichtigt, welches einen schönen Anblick gewährt, weil die ganze Form vollständig ist und nur der Marmor auf einzelnen Teilen der Sitze fehlt. Von da ging's nach Neapel zurück, wo wir erst spätabends eintrafen.

Den 18. September

Mit Herrn Olfers fuhren wir ins Museum, vorher aber gab ich einen Brief an Susanne ab, weil der erste Brief aus Neapel durch den Kurier am Abgang verhindert ward. Es wurden auch noch einige Kirchen gesehn. St. Paolo hat am Portal ein paar antike korinthische Säulen, und sind 2 Körper von Statuen eingemauert, hier soll der Tempel der Dioskuren gestanden haben, und St. Peter hat die beiden Statuen umgestürzt. Im Inneren hat die Kirche einen sehr einfachen, schönen Plan, schöne Verhältnisse der Wölbungen, nur leider in schlechtem Geschmack verziert. In S. Gennaro sahn wir die alte Kapelle aus Konstantins Zeit, mit alten Mosaiken und den alten Säulen eines Apollotempels geschmückt. Im Museo wurde das Kabinett der obszönen Kunstwerke gesehn, wozu es einer besondern schriftlichen Erlaubnis vom Ministerio bedarf. Es sind einige außerordentlich schöne Arbeiten hier, auch Gemälde aus Pompeji.

Nach Tisch fuhren wir in 2 Wagen mit Graf Flemming, Olfers, Herrn v. Kleist nach einem Landhause Belvedere auf dem Berge Vomero, wogegen sich die Stadt lehnt und der dann gegen die Höhle des Posilipo hin den Namen Posilipo annimmt. Aus dem Griechischen ins Deutsche übersetzt heißt Posilipo soviel als *ohne Sorgen* (sans souci). Die Aussicht von einer reichen Blumenterrasse ist außerordentlich schön und wieder ganz neu.

Sorrent und Capri

Den 19. September

Wir hatten eine Barke gemietet, um frühmorgens um 5 Uhr die Fahrt nach Sorrento und Capri anzutreten. In unserer Gesellschaft befand sich noch H[err] Rothe und Goldschmidt aus Berlin. Das Wetter war herrlich, die See und der Wind günstig; ich nahm, um Seekrankheit zu vermeiden, eine horizontale Lage, die mir auch überall vollkommen geholfen hat, und so erreichten wir schon gegen 8 Uhr die herrlichen Küsten von Sorrento. Die Pianura di Sorrento ist eine Ebene von 1 Meile lang und $^3/_4$ Meile tief, von 80 bis 90 Fuß über dem Meer erhoben und gegen dasselbe senkrecht abgeschnitten. An dieser senkrechten Felswand landet man, hier gibt es nun die abenteuerlichsten Aufgänge, in Fels gehauen. Fast jeder Besitzer eines Stücks der reichen Ebene hat seinen eigenen Aufgang; entweder die Barke muß in eine Höhle einfahren und man steigt dann durch minierte Gänge und Grotten hinauf, wo alle Stufen in den Felsen gearbeitet sind, oder man legt auf ein paar isolierten Felsblöcken, die von der Wand ins Meer gestürzt scheinen und geebnet sind, an und steigt von da auf Treppen, die außerhalb im Zickzack an der Felswand ausgehauen sind, in die Höhe. Bei der Mannigfaltigkeit der Felsgestaltungen und natürlichen Klüfte und Höhlen gibt es eine ebenso große Mannigfaltigkeit dieser Anlagen, und diese Küste ist dadurch aufs höchste interessant. Oben wächst nun nichts als die üppigsten Orangen, untermischt mit Wein, einzelne Pinien und Zypressen verzieren diese Herrlichkeit noch mehr.

Man logiert nicht in Wirtshäusern in dieser

138 Küste bei Sorrent

Gegend, sondern bei den Einwohnern in der Pianura, welche einzeln liegende Landhäuser haben. Wir waren an Don Pietro Guarracino empfohlen, der das Landhaus Cocomella besitzt, an dessen Felsenaufgang wir landeten. Seine größere Villa war von Fremden besetzt; wir standen aber sehr gut in einer kleinern, etwas tiefer liegenden Villa mit einer Terrasse, aus welcher wir einen schönen Teil der Pianura und der Küsten übersehn konnten. Die Pianura ist von Gebirgen im Halbkreis eingeschlossen, welche auf jeder Seite Vorgebirge bilden. Auf dem Kamm dieser Gebirge sieht man auf der andern Seite hinüber in den Golfo di Salerno, folglich [?] zwei Meere. Diesen schönen Punkt besuchten wir sogleich, nachdem wir ein Frühstück von Schinken, Eiern, Feigen, Trauben, Brot und Wein eingenommen hatten. Man steigt auf der Salerner Seite etwas hinab, um eine sonderbare Felspartie am Meer zu sehn, welche Arco dei Conti heißt, weil die Felsen ein großes Portal bilden, das wie ein Triumphbogen sich an die Abhänge anlehnt. Die kleinen Sireneninseln liegen am Fuß dieser Küste, jedoch in ziemlicher Distanz zerstreut und haben in ihrer Form sowohl als durch den Duft, in welchen die Tiefe sie hüllt, eine höchst reizende Ansicht. Fischerbarken liegen gewöhnlich wie Pünktchen dabei herum. Sonst sind sie oft Schlupfwinkel für Seeräuber gewesen.

Die hohen Küsten gegen Amalfi zu, die wir schon von der andern Seite kennengelernt hatten, sind von dieser nicht weniger schön und großartig. Nachdem einige Linien von den Hauptaussichten gewonnen waren, kehrten wir sehr erbaut auf unsere Villa zurück. Der Weg, welcher, sobald man die Höhen verlassen hat und in der Pianura selbst reitet, wie gewöhnlich mit Mauern umschlossen ist, hat jedoch in dieser Gegend das Reizende, daß erstens diese Mauern herrlich bewachsen sind, daß sie nicht sowohl gewöhnliche Umfassungsmauern, sondern Mauern sind, welche das Terrain zurückhalten, weil die Wege in der Tiefe liegen, die Ebene der Gärten aber an der Oberkante der Mauern; man sieht daher die Orangen mit ihren Früchten und alle Pflanzen oben frei stehn, und diese bilden über dem Weg schattige Lauben. Wir ruhten auf unserer Terrasse aus und gingen dann zu Fuß nach dem Städtchen Sorrento, welches am Abhang eine schöne Lage in der früher beschriebenen Art, mit vielerlei Höhlen und Treppenwerk nach dem Meere hinab, hat. Außerdem ist es hart an seiner Mauer von einem ganz engen, tiefen Felstal umgeben, welches den Charakter einer breiten Felsborste hat. Man steigt in diese Tiefe hinab und hat einen sehr malerischen Spaziergang durch die zerrissenen Felsen und Grotten, über Brücken und Felstreppen, bei kleinen Wasserfällen vorbei, bis man mühsam wieder auf die Pianura gelangt. Nach dieser guten Motion schmeckte das Abendessen auf der Terrasse herrlich, und der Abend ward bis spät da zugebracht.

Den 20. September

Mit Anbruch des Tags ging's wieder durch die Höhlen und Treppen zum Meer hinab in die Barke, um nach der Insel Capri überzusetzen, die etwa 3 Meilen unseres Landes von Sorrento liegt. Der Wind war höchst günstig; um halb 7 Uhr landeten wir in Capri und machten uns sogleich auf den Weg, das hohe Capri, Anacapri genannt, zu besuchen. Man steigt schon über 600 Fuß, bis man die große Felstreppe erreicht, die dies Land allein mit dem übrigen Teil der Insel verbindet. Die Stufen sind seit kurzem sehr erneuert und ohne Gefahr, obwohl wegen ihrer Höhe mit Mühe zu besteigen; überall ist Brustwehr. Sehr schön ist schon die Aussicht von den Höhen und Wendungen dieser im Zickzack hinaufgeschwungenen Treppe, aber wir wollten diesmal den höchsten Punkt der Insel, die Spitze des Monte Solaro, erreichen, die mindestens 2000 Fuß höher als die Treppe liegt. Der Weg über verwitterte Felsblöcke, die spitzig hervorstehn, ist höchst beschwerlich, Indes da ich darauf sah, daß wir sehr langsam stiegen, so griff der Weg uns alle gar nicht an, ausgenommen Kerlln, der aus Bequemlichkeit gelbe türkische Stiefel fürs Négligé angezogen hatte, deren sehr dünne Sohlen ihm jede Steinspitze empfindlich machte. Das große Kastell des Barbarossa läßt man links unter sich liegen und gewinnt dann den höhern Bergkamm der Insel. Die Luft auf dieser Höhe, vom Meer rings umgeben, ist überaus erfrischend, und wir fanden sie sehr kühl.

Von der Größe der Aussicht kann man keine Beschreibung geben. Die Wirkungen, welche die mannigfaltigen felsigen Vorgebirge der Insel, in der Tiefe gesehn, hell von der Sonne beschienen, gegen das dunkelblaue Meer machen, sowie die Einsichten, welche man in die Meerbusen von

139 »Am Kastell vom Monte Solaro auf Capri«

Castellammare, Sorrento, Massa, Amalfi, Salerno hat, und die Ansichten von Neapel, Ischia und Vesuv sind so außerordentlich, daß ein Begriff davon nur an Ort und Stelle gegeben werden kann; dennoch versuchte ich, einige Linien zu Papier zu bringen.

Das Hinabsteigen ist fast beschwerlicher als das Hinaufkommen; wir nahmen ohnehin Richtwege, die sehr mit Unrecht Wege heißen können, um im Städtchen Anacapri eine kleine Stärkung des Körpers zu erhalten. Wir fanden in diesem reinlichen Örtchen Trauben, Feigen, Brot, Wein und Käse und gingen, gut restauriert, die Felstreppe hinab, wo uns Treiber mit Eseln erwarteten, die wir bestiegen, um auf der entgegengesetzten Spitze der Insel zum Palast Tibers zu reiten. Man passiert auf diesem Wege die Stadt Capri, welche wegen ihrer eigentümlichen Bauart viel Interesse erregt, und hat überall höchst malerische Ansichten der Insel. Die Lage der Palastruinen auf dem senkrechten Felsufer, vielleicht 1000 Fuß über dem Meer, ist von der herrlichsten Art. Die Ruinen zeigen nur die terrassenförmigen Unterbaue, worauf jetzt ein Eremit wohnt. Der Palast wurde schon gleich nach Tibers Tode zerstört; man gräbt jetzt einige alte Pavimente aus, die indes nicht von großer Bedeutung sind. Von hier zurückgekehrt, nahmen wir in dem Casino eines gewissen Simioli bei offenen Türen, die in einen Orangen- und Weingarten führten, ein Mahl von Hummern und gebratenen Wachteln ein, welches sehr reinlich und schön serviert war, wofür ein vortrefflicher Lohnbedienter, den Herr Goldschmidt mitgenommen, gesorgt hatte. Man bezahlt den Wirten nicht sehr viel für eine solche Mahlzeit. Das Casino lag nahe am Strande, so daß wir bald in unsere Barke kommen konnten und wieder mit gutem Winde nach Sorrento zurückfuhren, wo wir unser altes Quartier wieder bezogen und ein bestelltes großes Abendessen fanden, das darauf berechnet war, in Capri nichts gefunden zu haben, wir konnten diesmal nur mit halbem Appetit speisen, indes machte der schöne Himmel die Partie doch angenehm. – Catel besuchte uns noch; er war mit Graf Ingenheim angekommen, um dieselbe Reise zu machen.

Den 21. September

Früh mit Sonnenaufgang traten wir in unserer Barke die Rückreise an, indem wir erst ein Stück neben den Küsten bis Castellammare hin fuhren, um deren Schönheiten zu genießen. Dann steuerten wir nach Portici, landeten bei einer schönen Bastion, die auf Lavafelsen im Meer gebaut ist und eine schöne Aussicht auf die königlichen Schlösser und den dahinter liegenden Vesuv gibt. Wir gingen dann ins Schloß und sahn die merkwürdige Sammlung der antiken Fresko- oder Wandbilder aus Pompeji, die jetzt alle unter Glas konserviert werden. Doktor Waagen war seit mehreren Tagen unwohl, wahrscheinlich hatten die Feigen geschadet, er mußte, um die Säure aus dem Magen zu vertreiben, fast auf der ganzen Reise fasten und nahm in Portici Mangansil zu sich. Kerll fühlt sich vormittags auch immer entsetzlich schwach, ehe er etwas Bedeutendes zu sich genommen hat. Brandt hat beständig Provisionen von Käse, Wurst und Brot in der Tasche, die ihn immer dicker machen, ich bin ohnedies, Gott sei Dank, fast der Gesündeste von allen.

Wir gingen nun in unserer Barke nach Neapel zurück, wo wir um Mittag ankamen, dann ein paar Stündchen schliefen und dann in der Villa di Roma in der Loge am Meer zu Mittag aßen, wo Begasse und Heß von uns Abschied nahmen, die den andern Tag nach Rom zurückreisen wollten. Ich ging in die Villa Reale, um dort mit Prof[essor] Gerhard zu überlegen, wie er die große Gruppe des Stiers für eine Abhandlung solle zeichnen lassen. Fand am Abend, daß Waagen entschlossen war, am andern Tage ein Brechmittel zu nehmen, welches hierzulande oft angewendet wird.

Abschied von Neapel

Den 22. September

Am Morgen versuchte ich, eine Ansicht der Pianura von Sorrento flüchtig zu kolorieren, wobei mir ein langweiliger Besuch des Malers Großpietsch quälend war. Dann machte ich einen Besuch beim Grafen Flemming. Nachdem wir ohne Waagen, der immer noch hartnäckig hungerte, in der Villa di Roma gegessen hatten, machten wir eine Promenade mit Herrn Olfers und einem Professor Bronn aus Heidelberg, der eben von Marseille angekommen war, nach Virgils Grab.

Den 23. September

Wir hatten mit Anbruch des Morgens eine Partie nach Pozzuoli verabredet, an welcher Rothe und Goldschmidt teilnahmen und ihren vortrefflichen Lohnbedienten mitnahmen, während der unsere bei Waagen zurückbleiben mußte, der sich immer noch schwach fühlte. – Unser Weg führte uns durch die lange Höhle des Posilipo, dann zwischen langen Feldern mit Pappeln und Wein, wo das Erreichen des Meerufers und die herrliche Aussicht der pozzuolischen Küste und der nahen Inseln höchst überraschend ist. Wir fuhren in die Stadt hinauf, die auf einem vorspringenden Fels am Meer aufgebaut ist, sahen zuerst die alten Säulen an der Kathedrale, welche einen Tempel Augusts gebildet haben sollten, gingen dann in die Solfatara, deren hohl tönender Boden und seine heiße Erde höchst schauerlich ist. Auch haben die schwefelfarbenen, spärlich bewachsenen Kraterwände etwas Melancholisches; dagegen erfreute uns die herrliche Aussicht aus dem Garten der Cappuccini, wo man die grüne Waldgegend mit dem vorspringenden Pozzuoli, das Meer mit den Vorgebirgen und Inseln unter

140 Ländliches Gebäude

sich hat. Wir gingen über das Amphitheater und die Ruinen einer Akademie in die Stadt zurück, wo wir den berühmten Serapistempel sahen, dann ein eigentümliches Frühstück von Schinken, Eiern und Wein in einem Kaffeehause nahmen, welches nur durch die Geschicklichkeit unsers Lohnbedienten Giovanni Fiorillo zustande kommen konnte. Nach dieser Erfrischung ging unser Weg hinter Monte Nuovo, Lago d'Averno, durch Ponte Felice, am Amphitheater von Cumae und Lago Fusaro vorbei, wo dann der Weg nicht weiter für Wagen passierbar ist.

Wir gingen zu Fuß an die Küste von Bajä zurück, wo wir die Ruinen des Dianen-, Merkur- und Venustempels sahn, dann über das Kastell von Bajä fort nach den Cento Camerelle di Nero, welche für Gefängnisse gehalten werden und in die Piscina mirabile gingen, einen Wasserbehälter, der auf 48 Pfeilern ruht, überwölbt ist und vielleicht das Wasser enthielt, welches für die vielen großen Anlagen des Vorgebirges gebraucht wurde und durch eine Wasserleitung fernher, bei Neapel vorbei, gefüllt wurde. Hinter diesem Werk sieht man das Mare Morto, die Campi Elisei und die Inseln Procida und Ischia sehr schön zusammenliegen. Auf dem Rückwege wurden die Neronischen Bäder und das Agrippinische Grab besichtigt und dann nach Neapel zurückgefahren, wo wir ein Abendessen in Villa di Roma zu uns nahmen und dann von den Fatiguen des Tages ausruhten.

141 Ländliches Gebäude (Ausschnitt)

Den 24. September

Frau v. Olfers war mit einer gesunden Tochter niedergekommen, dies eröffnete mir der Mann, der uns besuchen wollte. Ich ging mit ihm zurück in seine Wohnung und zeichnete aus dem Fenster die Aussicht aufs Meer sehr genau, aß zu Mittag da allein mit ihm, Graf Flemming war beim russischen Gesandten geladen, blieb aber während des Essens uns zur Gesellschaft. Nach Tisch kamen Kerll und Waagen verabredetermaßen in dem Wagen unseres Gasthauses, um Olfers und mich abzuholen. Wir machten eine Fahrt über die neue Straße von Capo di Monte und vom Campo di Marte, wo man die imposantesten und Prachtansichten der herrlichen Stadt hat.

Abends waren wir bei Graf Flemming, der uns noch sehn wollte, weil er am andern Morgen mit Grafen von Bombelles eine Partie nach Sorrento und Paestum machen will, die 3 Tage dauert, wir aber übermorgen unsere Abreise nach Rom festgesetzt haben, denn unser Vetturin, Luigi Staderini, ist angekommen. Wir nahmen Abschied von diesem sehr gefälligen Mann, der dem Fremden in aller Art höchst erstaunlich sein muß.

Den 25. September

Das Wetter war regnicht geworden. Ich fuhr etwas später, als ich wollte, zu Herrn v. Olfers, um meine Zeichnung zu vollenden, dann setzte er sich mit mir in den Wagen, weil es wieder heiterer wurde, wir holten Kerll und Waagen ab, um seitwärts von Portici nach St. Gorio in die Königl[iche] Bronzegießerei zu fahren. Die Anstalt scheint ganz neu und groß eingerichtet, um die beiden Statuen Karls III. und des jetzigen Königs in Bronze zu gießen, beide kolossal zu Pferde nach Modellen von Canova. Die erste ganz fertig, von der zweiten das Pferd. Stil und Arbeit sind höchst mittelmäßig. Auf dem Rückwege setzten wir Olfers ab, der Kolik hatte, besuchten Catel und sahn ein niedliches Bild, welches er vollendet hatte. Dann fuhr Waagen in die Studien, um durch die Güte des Prof[essor] Zorio einen Teil der nicht aufgestellten Bilder alter neapolitanischer Meister zu sehn, unter denen sich das berühmte Bild des van Eyck fand, welches in Neapel unter den Malern so viel Aufsehn erregte, daß Antonello da Messina sich entschloß, nach den Niederlanden zu reisen, um die Ölmalerei von van Eyck zu lernen. Man hält hier das Bild auch für ein altneapolitanisches von einem Meister Papa.

Trotz des Regnens fuhren Kerll und ich noch während der Zeit noch einmal die Felsstraße nach Capo di Monte hinauf, um noch den Anblick der Stadt zu genießen. – Waagen und ich waren noch zu Mittag bei Graf Ingenheim eingeladen. Vorher zeigte uns Herr Bartholdy, der im selben Hause wohnt, seine herrlichen alten Vasen und Bronzen. Nach Tisch fuhren wir mit Graf Ingenheim zum preuß[ischen] Konsul Degen, der auch da gespeist hatte, um ein schönes Bild aus der altitalischen Schule zu sehn, welches sich der Mühe auch sehr verlohnte. Abends beim Einpacken besuchte uns noch Olfers, um Abschied zu nehmen.

Nachdem ich mit allem fertig war, hüllte ich mich in den Mantel und stand noch eine Stunde auf dem Altan des Zimmers, um das heftige Wetterleuchten und Donnern über dem Meer zu genießen, welches mich zum letztenmal von Zeit zu Zeit die schönen Küsten Neapels in wunderbarem Lichte sehn ließ. Die Brandung an der Felsmauer hinter den schönen Bäumen des kleinen Gartens, wo unser König gewohnt hat, war sehr stark, und der Blitz erleuchtete oft hell durch die Baumstämme den weißen Schaum.

Zurück nach Rom

Den 26. September

Mit Anbruch des Tags fuhren wir von unserem Wirtshause ab. Noch ehe der Wagen vom Gestade in die Straßen der Stadt einbog, übersah ich mir zum Abschiede noch mal das Meer, die Insel Capri, die Küste von Sorrento, den Posilipo und die schöne Promenade der Villa Reale am Meer, dann ging es durch die noch leeren Straßen der Stadt, die ich nur im entsetzlichsten Lärm bisher gekannt hatte.

Um 8 Uhr erreichten wir Caserta und sahn die Hauptteile des kolossalen und prächtigen Schlosses, dessen Stil aber nicht zu loben ist. Auf dem Umwege über Caserta nach Capua sieht man auch die Ruinen des alten Capua, unter denen das große Amphitheater am wichtigsten ist, wir sehn es genau an, es finden sich eigentümliche

142 »Villa Beuthiana auf der südwestlichen Küste der Insel Ischia«

Gewölbekonstruktionen daran und besonders schon das vollständige Kreuzgewölbe. In Capua ward zu Mittag gegessen. Wir kamen erst spätabends nach St. Agata, nachdem wir mehrere Stunden unangenehmerweise im Dunkeln fahren mußten.

Den 27. September

Wir machten nun die böse Tour unserer Reise bis Terracina, wo wir von Miglie zu Miglie Wachtposten gegen die Straßenräuber aufgestellt fanden. Das abwechselnde Regenwetter beruhigte sich gegen Abend, und unweit Terracina stellte sich die schönste, kräftigste Abendbeleuchtung auf den Gebirgen und dem Meere ein, die wir je gehabt haben. Dies machte den Abschied vom Meere, den wir nun nahmen, noch schwerer. Im Wirtshause erhielten wir wieder Zimmer gegen das Meer hinaus, dessen Brandung wir lange genossen und dessen Rauschen uns in den Schlaf wiegte.

Den 28. September

Am Morgen durch Mißverständnis zu früh geweckt, schreibe ich den letzten Teil meines Tagebuchs, das seit dem 24. September liegengeblieben war. Jetzt habe ich geendet, aber der Tag bricht noch nicht an, und ich werde mich mit dem Rauschen der Meeresbrandung beschäftigen, bis der Vetturin uns abruft, um durch die Pontinischen Sümpfe zu fahren. Nach einer Stunde legte ich mich doch wieder aufs Bett und ruhte noch über eine Stunde sehr sanft, welches ausnehmend wohltat; denn in den Sümpfen darf man nicht schlafen, und dies hätte bei den Ereignissen dieser Nacht große Überwindung gekostet. Übrigens sind die Sümpfe bei der eingetretenen frischen Witterung nicht mehr schädlich. Wir haben jeden Morgen die Mäntel bis 9 Uhr umtun müssen und während des ganzen Tages von der Wärme nicht die mindeste Unbequemlichkeit gehabt.

Als die Sonne aufgehen wollte, war die Luft von einer solchen Durchsichtigkeit, daß wir aus unseren Fenstern in Terracina den Vesuv sowie die Küsten und Inseln des Golfs von Neapel ganz dunkelblau über dem Meere gegen den roten Morgenhimmel stehen sahen; das Auffallendste aber war, daß infolge der Erdrundung der letzte Meerstreifen den Sonnenglanz reflektierte und ganz ebenso wie der Himmel aussah, so daß die Berg- und Küstenmassen in der Luft zu schweben schienen. Schon am Mittage des vorigen Tages, bei Gaeta, hatten wir von diesen Gegenständen nichts mehr gesehen; so viel Einfluß hat der Nebel in der Luft. Also nahmen wir eigentlich hier zum letzten Male Abschied von den werten Punkten, an die so viele schöne Erinnerungen geknüpft sind. Der Weg durch die Sümpfe ging in der schönen Allee und zwischen strotzenden Pflanzen auf gerader Chaussee einförmig fort, und die Klarheit des Wetters gab zu den kräftigsten Beleuchtungen des Monte Circello und der Apenninengebirge Anlaß. Bei einem verlassenen Kloster, welches jetzt Magazin für Getreide ist, machten wir Mittag, und ich zeichnete einige Berglinien. Die Militärstationen auf der Straße sind immerfort besetzt und kosten viel Menschen, weil die ungesunde Luft sehr nachteilig wirkt; man sieht nur sieche Gesichter und Gestalten, die zu einer kräftigen Verteidigung gegen die Räuber aus dem Gebirge wenig Zutrauen einflößen. Die Straße ist jedoch jetzt seit langer Zeit nicht bedroht gewesen; dafür sind die Räuber ins Innere von Abruzzo und Kalabrien gegangen, wo sie sich besonders an die reichen Gutsbesitzer oder an deren Verwalter halten. In der Regel schleppen sie diese mit sich fort und fordern hohes Lösegeld. Man findet sich überhaupt allerorten mit ihnen ab, und fast jeder bedeutende Besitzer jener Gegenden zahlt Tribut, um in Ruhe zu bleiben. Reiche Grafen und Prinzen aus Neapel, welche doch jährlich wenigstens einmal zur Saat- und Erntezeit ihre Güter in dortiger Gegend besuchen wollen, machen fast jedesmal vorher ihr Testament oder präparieren sich in aller Art, weil es ungewiß ist, ob sie wieder zurückkommen. Deshalb wohnt alles in den Städten, keine große Familie auf den Gütern wie bei uns.

Noch eine Stunde vor Sonnenuntergang kamen wir in Velletri an, machten einen genußreichen Gang durch die Stadt und sahen aus der herrlichen Halle des Palastes Borgia den Sonnenuntergang, der sich besonders schön auf der über alle Vorstellung reich bebauten und von Pflanzen strotzenden Ebene sowie auf den Abhängen um Velletri und die dahinter liegenden fernen hohen Gebirge von Cora ausnahm.

Den 29. September

Der Weg von Velletri über Genzano, Ariccia und Albano ist so schön, daß wir größtenteils zu Fuß gingen. Überall trat uns nach dem Regen eine Frische und Üppigkeit des Pflanzenwuchses entgegen, wogegen die Schweizertäler nichts sind. In dem Orte Genzano stiegen wir auf die Terrasse des Palastes Cesarini, um den See von Nemi ganz zu übersehen; es ist ein dunkler grüner Krater, auf dessen Grund der stille Wasserspiegel, bei den Alten schon Spiegel der Diana genannt, alle Ufer noch einmal sehen läßt. Von Albano lenkten wir rechts, unterhalb Castel Gandolfo, ab, um den Weg über Frascati nach Rom einzuschlagen, welches jedem Reisenden zu raten wäre. Man fährt immer an der großen Berglehne hin, von der man die ganze Ebene von Rom bis ans Meer und, auf der andern Seite, bis an die Gebirge von Tivoli, die Kette der Apenninen, den Soracte und die Gebirge von Viterbo übersieht, in der Nähe den See von Albano und den grünen Monte Cavo mit dem hoch gelegenen Rocca di Papa.

Das Städtchen Marino, welches hoch auf Felsgrund liegt, muß passiert werden; dort umher sind die üppigsten Buchenwälder und die reichsten Täler; dann geht der Weg zwischen Weingärten bis Frascati. Die Menge der bei diesem Orte belegenen prächtigen Villen römischer Prinzen, welche sich mit ihren Gärten, Treppen und Terrassen an den Bergabhang hinaufbauen, gibt der Gegend den reichsten und mannigfaltigsten Charakter. In diesen Gärten sieht man die kolossalsten Bäume edler Art, Lorbeerhecken, springende Wasser, Statuen und andere Gegenstände so schön für die Aussicht verteilt, daß das Auge überall die herrlichsten Ruhepunkte findet. Leider ist der größte Teil der Villen jetzt etwas im Verfall begriffen. Aus dem Balkon der Villa Aldobrandini zeichnete ich einige Linien der Gegend zur Erinnerung.

Nachdem wir zu Mittag gespeist, ging es weiter durch die Campagna nach Rom; man sieht längs derselben mehrere beträchtliche Überreste, besonders eine große Wasserleitung und eine Masse von alten Gebäuden, welche Roma Vecchia genannt werden; wahrscheinlich bildeten sie ein antikes Vorwerk von Bedeutung. In Rom bezogen wir unser altes Wirtshaus bei Herrn Damont, wo man wohl etwas teuer, aber sehr gut und reinlich bedient wird. In der Erwartung des Genusses alles Schönen, das wir in diesem Meer von Kunstschätzen noch ungesehen zurückgelassen hatten, und dessen, was wir schon gesehen, aber oft wiederzusehen gedachten, begaben wir uns in zufriedenster Stimmung zur Ruhe.

Alte und neue Kunst in Rom

Den 30. September

Morgens waren schon Künstlerbesuche früh bei uns, dann fuhren wir zu Herrn Valentini, um Geld zu erheben. Der Konsul selbst war aus Paris zurückgekehrt und nahm uns sehr freundlich an. Während er innerhalb drei Stunden das Geldgeschäft präparierte, fuhren wir zu Bunsen, und da wir uns einmal auf dem Kapitol befanden, so sahen wir auch gleich die schöne kapitolinische Antikensammlung. Der Eintritt in den Hof ist besonders großartig; der große kolossale Flußgott in der Nische der hohen Mauer, über welcher sich die alte Kirche St. Maria d'Ara Celi befindet, und die Statuen und Fragmente, die umherstehen und eingemauert sind, machen diesen stillen Platz sehr feierlich. Die Grundrisse des alten Roms, in Marmor eingegraben, welche ehemals den Fußboden des Tempels des Romulus bildeten und jetzt fragmentarisch in den Wänden der Treppe zum Museum des Kapitols eingemauert sind, haben für den Architekten ein großes Interesse und geben über den Plan der Gebäude vielen Aufschluß.

Das Skulpturenmuseum ist besonders reich an Porträtgestalten; doch finden sich auch einige andere ausgezeichnete Statuen darin. Die beiden Zentauren aus dunkel-schwarzgrauem Marmor sind höchst lebendig und mit großer Wissenschaft behandelt. Von den sogenannten Imitationen ägyptischer Kunst, welche besonders Kaiser Hadrian in seiner Villa bei Tivoli anfertigen ließ, enthält auch dieses Museum viele Prachtstücke: Sphinxe und ägyptische Göttergestalten, kolossal und von kleinerer Art, aus den köstlichsten orientalischen Steinarten, verschiedenfarbigem Marmor, Granit und Porphyr gefertigt, welche sehr zur Pracht dieser Sammlungen beitragen und zugleich in Erstaunen setzen über die Anlage jener großen Villa.

Wir begaben uns von dieser Galerie in das Mittelgebäude des Kapitols, wo die Ausstellung neuer römischer Kunstwerke (Konkursarbeiten) zu sehen war. Unter den Skulpturen fanden sich die Aufgaben: Hagar in der Wüste und Abraham, der den Isaak opfert; bei den Zeichnungen: der verlorene Sohn; bei den Ölbildern: der Samariter; bei der Architektur: Projekte zur Verschönerung der Fassade von Ara Celi, wozu Kardinal Consalvi Gelder vermacht hat, und Projekte zur Kirche S. Paolo fuori le mura. Nirgends war etwas ganz Bedeutendes, die Skulpturen am schlechtesten.

Noch gingen wir von da die Treppe nach Ara Celi hinauf und sahen Kirche und Kloster genau an. Die Granitsäulen der Kirche sollen teilweise vom Tempel des kapitolinischen Jupiter herrühren; sie sind aber so verschiedenartig, daß man annehmen muß, sie seien von vielerlei Gebäuden des Altertums, zum größten Teil aus schlechterer Zeit, zusammengesetzt. Das Gebäude selbst hat so viel Veränderungen erlitten, daß nichts Zusammenhängendes herausgefunden werden kann. Am Fußboden, der in Mosaik ausgeführt ist, sieht man, daß die Altarnische ehemals eine runde Form nach alter Art gehabt hat; jetzt ist sie viereckig und weiter hinausgebaut.

Wir fuhren nun zu Herrn Valentini zurück, um unser Geld zu holen, und er zeigte uns seine schönen Kunstwerke: drei Bilder von Fiesole, klein, aber vollkommen gut erhalten; eine Europa auf dem Stiere, in Silber gegossen (einen Fuß hoch) von Benvenuto Cellini; eine schöne stehende Madonna von Sassoferrato und andere Bilder. Besonders angenehm sind seine Zimmer mit Miniaturen nach den antiken Gemälden von Pompeji geziert.

Nach Tisch besuchten wir Thorwaldsen und seine Hausgenossen, die nicht zu Hause waren, gingen dann, das Forum Trajans zu sehen, stiegen auf die Säule und sahen von oben den Plan der Ausgrabungen, wobei sich uns mancherlei Reflexionen über die Anordnung des alten Forums aufdrängten. Gewiß haben Treppen so geführt, daß man von ihnen aus die Basreliefs der Säule genau zu betrachten imstande war.

Abends waren wir bei Bunsen, wo wir den hannöverschen Gesandten, Baron Reden, der nach Berlin kommen soll, und den Grafen Lepel, Adjutanten des Prinzen Heinrich, trafen, der uns zu morgen abend einlud.

Den 1. Oktober

Wir fuhren zum Grafen Lepel, Prinzen Piombino und Prinzen Heinrich von Preußen, um Visitenkarten abzugeben, dann nach dem Vatikan, gingen durch die Peterskirche und endlich ins Museum Clementinum, wo wir die letzten großen Galerien der Vasen, Kandelabers, der Tapeten pp. bis zwei Uhr besahen. Der Reichtum, den man hier an großen Kunstwerken, an anderen im Verzierungsfach und an der Pracht ausländischer Steinarten sieht, ist unbeschreiblich; man wird durch das Übermaß förmlich erdrückt.

Nachmittags wurde eine Promenade nach S. Pietro in Montorio in Trastevere gemacht, um die herrliche Aussicht über Rom zu genießen. – Abends besuchte uns Thorwaldsen; dann gingen wir zum Obersten Grafen Lepel, der eine Gräfin Blumenthal zur Frau hat.

Den 2. Oktober

Prinz Piombino hatte die Erlaubnis, seine Villa Ludovisi zu sehen, gesendet; wir fuhren dahin, aber der Guardaroba war nicht da, und so begaben wir uns denn nach der Villa Albani, ergötzten uns an den herrlichen Antiken und der prächtigen Anlage, fuhren dann nach der Villa des Raffael vor der Porta del Popolo, in welcher Freskogemälde aus seiner Zeit und nach seinen Zeichnungen sich befinden; allein der Guardaroba war auch hier nicht vorhanden, weshalb wir nach dem großen Garten der dicht daneben liegenden Villa Borghese fuhren und dort längere Zeit spazierengingen.

Nachmittags fuhren wir wieder nach Villa Ludovisi und sahen die Antiken, welche in einem engen Lokale, das eigens, aber unvorteilhaft, dazu eingerichtet ist, schlecht aufgestellt sind. Die Aurorafresken von Guercino im kleineren, eigentlichen Casino machen eine sehr schöne Wirkung; die Aussichten von der Plattform aus durch die Piniengruppen auf die römischen Fernen sind außerordentlich. Eine Promenade durch den Garten, der düster und feierlich mit seinen Zypressenalleen, Lorbeerhecken und hohen Pinienhainen an die alten römischen Stadtmauern sich anschließt und manches schöne antike Kunstwerk bewahrt, stimmte bei dem etwas trüben Wetter sehr entschieden zu mancher ernsten Betrachtung.

Wir fuhren dann noch nach der Tiberinsel S. Bartolommeo, die früher die Form einer Barke hatte, und betrachteten die Tiberufer von den beiden Brücken (Pons Cestius und Fabricius, jetzt di S. Bartolommeo und di quattro Capi) herab. Die erste dieser Brücken führt noch die Inschrift von Kaiser Valentinian, daß sie nach Siegen über die Germanen, Alemannen, Goten pp. vollendet und geweiht worden ist. Diese Inschriften in großen Marmorplatten bilden die Brustwehr. Abends wurde zu Hause gezeichnet und geschrieben.

Den 3. Oktober

Morgens früh sahen wir in Santa Trinità de Monti das berühmte Bild von Daniel da Volterra, »Die Kreuzabnahme«, und manche alte und neufranzösische Kunstwerke von Thévenin, Pallière, Schnetz und Ingres, dann in S. Maria del Popolo eine nach Raffaels Zeichnung schön angeordnete Kapelle (Capella Chigi) und zwei andere, mit Fresken von Pinturicchio herrlich ausgemalt. Darauf besuchten wir mit Herrn Robert, dessen schöne Bilder wir schon früher gesehen hatten, das Atelier des Malers Schnetz, der den heiligen Martin groß gemalt hat, wie er für einen fast erfrorenen Armen seinen Mantel zerschneidet.

Nun ging es in die Galerie Doria, worin die beiden Claude (»Die Mühle« und »Der Morgen am Meeresufer«), das Porträtbild von Bartolo und Baldo von Raffael, ein Kopf von Giorgione und das Bild der Königin Johanna von Aragonien von Leonardo da Vinci das Schönste sind. Ein Versuch, die Galerie Sciarra zu sehen, mißglückte; wir gingen deshalb nach der Galerie Borghese, wo uns die vielen Herrlichkeiten förmlich trunken machten. Raffaels »Grablegung«, im ganzen gut erhalten, außer einigen schlechten Restaurationen von Camuccinis Bruder, ist von bewunderungswürdiger Wirkung. So auch »Die Jagd der Diana« von Domenichino; der Tizian, genannt »Die irdische und himmlische Liebe« (vor allen andern ein unvergleichliches Kunstwerk); ferner einige herrliche Garofalos; ein schönes Bild von Beccafumi, eine nackte Gestalt, und ein Kopf Pirckheimers von Albrecht Dürer, hier für einen Holbein ausgegeben. Zu Mittag aßen wir beim Prinzen Heinrich, und abends waren wir bei Graf Lepel.

Den 4. Oktober

Morgens fuhren wir, die Villa des Raffael zu sehn, ein einfaches Häuschen, worin dieser große Meister wohnte, mit kleiner Vorhalle und Balkons aufs gemütlichste, aber ganz ländlich eingerichtet. In grünen Rasenwinkeln stehn steinerne Tische und Bänke für ein Gelage; ein schöner Hain von Pinien und andern Bäumen hinter dem Hause und eine ansehnliche Weinbergsanlage vor demselben, mit der Aussicht auf die Villa Medici und den Vatikan in der Ferne, machen den Aufenthalt sehr lieblich. Die ganz einfachen niedrigen Zimmer sind mit sehr schön gedachten Friesen, Arabesken und Bildchen bemalt. In einem der Friese sind nur Frauenporträte angebracht, vielleicht von Personen, die ihn sehr interessierten. In einem kleinen gewölbten Zimmer, welches auf weißem Grunde Arabesken an Wänden und Gewölben hat, sind Bildchen eingefugt, Alexander und Roxane, Mars und Venus und viele Personen beiderlei Geschlechts und jedes Alters, die nach einer Scheibe schießen, welche an einem Terminus aufgehängt ist; vor ihnen schläft Amor, und hinter ihnen blasen kleine Amoren eine Fackel an; eine herrliche Komposition.

Wir fuhren von hier nach S. Onofrio, einem Kloster auf dem Janiculus, nahe beim S. Peter; von hier hat man bei einer Eiche im Garten, wo Tasso oft gesessen haben soll, eine schöne Aussicht auf Rom. Auf einem oberen Flur des Klosters befindet sich eine niedliche Heilige Familie von Leonardo da Vinci, die Mutter, das Kind und ein Donatar.

143 Kopie nach Raffaels »Grablegung«

Von hier ging es nach der Villa Pamfili, die wegen ihres herrlichen Gartens und ihrer Lage berühmt ist. Majestätische Hecken, Terrassen, Treppen, Pinienhaine, Wasserkünste, Blumenparterres, so gelegen, daß der größte Teil Roms und alle Fernen ringsumher dazwischen gesehen werden können, machen diese Villa zu einem höchst reizenden Aufenthalt. Die Antikensammlung hat nichts Ausgezeichnetes. – Beim Zurückfahren gingen wir auf den Vatikan, um in den obersten Gemächern die Bilder der Sala Borgia wieder zu sehen, die Transfiguration, den heiligen Hieronymus von Domenichino pp.

Nachmittags fuhren wir auf den Monte Mario nach der jetzt fast zerstörten Villa Madama, welche nach Zeichnungen von Giulio Romano und von Giovanni da Udine gebaut ist. – Die herrliche, aus drei großen Bogen im schönsten Verhältnis bestehende und mit den zierlichsten Arabesken, teils in Stuck, teils in Malerei, ausgezierte Halle gewährt in ihrer Verwüstung einen traurigen Anblick. Man sieht auf die vor ihr liegende Terrasse, die seitwärts gegen den Bergabhang hin von einer Mauer mit reichverzierten Nischen umschlossen ist, in welchen Wasserkünste springen; in der Mitte steht ein großes steinernes Becken, aus welchem ebenfalls Wasser springt, das dann in tiefere Bassins unterhalb der Terrasse hinabstürzt. Diese Kunstanlage ist jetzt der ärmliche Gemüsegarten eines Tagelöhners, der mit seiner Familie in den hohen Zimmern wohnt, die mit Malereien von Raffaels Schülern an der Decke und in den Friesen unter derselben prangen. Früchte und Unrat sind in den Sälen aufgehäuft.

Die Aussicht von der Terrasse, die, von Rom abgekehrt, nur eine einsame hügelige Waldgegend und die Ferne hinter dem Ponte Molle umfaßt, stimmte bei der schauerlichen Beleuchtung eines regnerischen, wolkenschweren Himmels noch mehr zu einer stillen Trauer über den Verfall des Schönsten auf der Welt. Die Villa gehört dem König von Neapel. Durch die Porta del Popolo fuhren wir zurück. Abends kamen Hensel und Grahl auf eine halbe Stunde zu uns.

144 Blick auf Rom vom Kloster S. Onofrio

Den 5. Oktober

Das Jahrsfest der Papstkrönung ward heute in der Sixtinischen Kapelle gefeiert; wir gingen dahin im schwarzen Anzug, im Vorbeigehn betrachteten wir 2 herrliche Freskos von Domenichino in der Kirche S. Luigi dei Francesi. Mit großer Artigkeit ließ man uns ganz in die Kapelle ein, wo wir dicht hinter der Bank der Kardinäle standen und die Funktion genau sehen konnten. Der Papst saß auf dem Thron, zwei Kardinäle standen zur Seite, einer saß vor ihm zur Seite. Ein Bischof und mehrere Geistliche waren bei der Messe beschäftigt, und ein kleiner Chor war die Vokalmusik. Die übrigen Kardinäle saßen auf den Bänken umher, die Prälaten auf einer Seite hinter ihnen und zu den Füßen der Kardinäle die Geistlichen, welche die langen Scharlachmäntel der Kardinäle bei jeder Bewegung ordnen mußten. Die Kardinäle gingen einzeln die Thronstufen hinauf und küßten die Hand des Papstes, die unter dem Mantel blieb. Sie wurden am Ende alle einzeln beräuchert, nachdem der Papst manche Worte selbst gesungen und mehrmals den Segen erteilt hatte. – Nach der Funktion, während welcher die Bilder Michelangelos sehr heilsam wirkten, gingen wir durch die Logen nach den Stanzen und genossen diese göttlichen Werke wiederum.

Nachmittag um 4 Uhr war die große Verteilung der Preise für die Kunstwerke auf dem Kapitol. Wir hatten aufs Chor der Nobili Billetts empfangen. Der Saal des Kapitols war mit Menschen angefüllt; die Damen, welche nicht zu den Nobili gehörten, auf einem Chor alle zusammen. Zunächst an den Tribünen, wo die Direktoren und akademischen Mitglieder in schwarzem, altertümlichem Kostüm saßen, worin sich Thorwaldsen mit seinen Orden und den lang bis auf den Bauch herabhängenden breiten gestickten Halsbindezipfeln sehr gut ausnahm, befanden sich Kardinäle, welche späterhin die Preise den jungen Künstlern einhändigten, hinter ihnen Prälaten und andere Männer von Rang; dann war das Publikum durch eine Barriere getrennt. Der Monsignore Angelo Majo, bekannt wegen seiner Nachsuchungen der reskribierten Klassiker, hielt nach einer Ouvertüre von Rossinischer Musik eine Eingangsrede. Dann wurden die Preise verlesen und die jungen Leute aufgerufen von dem Sekretär der Akademie, aber neben diesem stand der Pedell und schrie jedesmal den Namen noch einmal ganz laut ins Publikum hinein, dies tat er in der Art eines Bajazzos, so daß jedesmal ein schallendes Gelächter entstand. Nachher erhoben sich nacheinander etwa 12 Dichter und Improvisatoren, die oberhalb der Tribüne auf einer Bank saßen, und deklamierten zur Verherrlichung des Tages irgend etwas her. Alles ward beklatscht, auch die erste Rede des Monsignore. Den Schluß machte eine gut aufgeführte Kantate zum Ruhme Roms, wo ein Tenorist und ein Bassist vortrefflich sangen, auch der Chor gut ging.

Abends waren wir bei Bunsen. Draußen auf dem Vorhofe des Kapitols hatte man beim Feste auch fürs Volk gesorgt, indem sehr lustige Musik gemacht wurde. Herr Bunsen las uns seine Abhandlung über den Zustand der alten Peterskirche zu Karls des Großen Zeit vor.

Den 6. Oktober

Wir hatten auf ein Bittschreiben von mir an den Kardinal Fesch Erlaubnis erhalten, seine Galerie zu sehen, und trafen daselbst, merkwürdigerweise ohne vorherige Verabredung, mit so vielen preußischen Landsleuten zusammen, daß das Dutzend voll wurde. In der Galerie sind vortreffliche Bilder; vor allen aber ist ein Pordenone, die Madonna oben auf einer Erhöhung sitzend und unter vier Heilige, als Kapitalbild zu betrachten. Stil und Farbe stehen auf dem Gipfel des Meisters. Ein Kruzifix soll ein Raffael sein, jedoch ist es eher ein herrlicher Perugino; eine »Bella Giardiniera« aus Raffaels Werkstatt ist ganz außerordentlich, außerdem ein ganz kleiner Raffael (Heilige Familie früherer Zeit). Der berühmte Guido Reni, »Die Himmelfahrt Mariä«, und einige Bilder von Andrea del Sarto gehören gleichfalls zum Vorzüglichsten. Die Galerie der Niederländer enthält prächtige Kleinmeister. – Mittags aß Architekt Stier, der uns schon vorher seine Arbeiten gezeigt, mit uns.

Nachmittags sahen wir die Galerie im Palast Sciarra. Ein Porträt von Raffael, einen Violinspieler darstellend, »Die Eitelkeit und Bescheidenheit« von Leonardo da Vinci und ein göttliches Bild von Tizian, seine Geliebte, von der herrlichsten Farbe und dem ausdruckvollsten Charakter, machen diese Galerie zu einer der allerinteressantesten.

Wir gingen abends auf den Viminalis in die Bäder des Diokletian und sahen die vom achtundachtzigjährigen Michelangelo da hineingebaute Kirche S. Maria degli Angeli und den herrlichen Hof des Kartäuserklosters, worin die Zypressengruppen stehen, die Michelangelo gepflanzt hat. Auf dem Rückwege begegneten wir Thorwaldsen, der mit uns nach Hause ging; Bunsen kam später und blieb gleichfalls den Abend bei uns. Endlich aber traf auch Catel noch aus Neapel ein und brachte einen Brief von Graf Ingenheim.

Den 7. Oktober

Ich zeichnete für Graf Ingenheim einen Platz am alten Packhof in Berlin, wo er sich ein Haus bauen will. Dann gingen wir vor die Porta del Popolo, um die herrliche Villa von Papst Julius II. zu sehen. Dieses schöne Werk mit Malereien und Architekturen von Raffaels Angaben und seiner Schüler Ausführung liegt ebenso im Verfall wie Villa Madama; überall kehrt man in den Prachtzimmern und Hallen die großen Düngerhaufen um, und überall ist ein öffentlicher Abtritt. Die Decken und Friese von Perin del Vaga von der schönsten Art. Die zierlichen Höfe mit ihren offenen Säulenlauben und grottenartigen Tiefen stehen noch genießbar da, und alle Wasser springen noch frisch aus den mit üppigen Kräutern bewachsenen Felschen in den Nischen; aber bald wird diese verlassene Stätte ihren Untergang finden.

Wir gingen zur Stadt zurück und sahen mehrere Kirchen: S. Agostino, wo der Prophet Jesajas von Raffael schlecht beleuchtet und ungenießbar hängt; S. Maria dell' Anima mit einem schön ausgeführten Bilde des Giulio Romano am Hochaltar, Maria, Johannes, Josephus, Rochus und Hieronymus darstellend; S. Maria della Pace, wo das herrliche Freskobild, die Sibyllen von Raffael, nochmals gesehen wurde (das Bild ist von Palmaroli neu restauriert und macht jetzt wieder eine allgemeine gute Wirkung, aber manches Grobe ist hineingekommen, und ich zweifle, daß die Restauration gut halten wird); S. Maria sopra Minerva, in der wir die Christusstatue von Michelangelo, die Kapelle des Thomas von Aquino mit Fresken von Filippino Lippi und einige schöne Monumente sahen.

Wir gingen dann zu Torlonia, um nach Miniaturen zu fragen, die der Duca selbst verkauft; er war jedoch verreist, und wir wanderten daher noch weiter in die Stadt hinein, durch das Judenviertel, von da zum Ponte Rotto, in das Haus des Pilatus oder des Cola Rienzi (auch Palast der mittelalterlichen Familie der Savelli genannt), zur Cloaca Maxima und über das Kapitol zurück.

Nachmittags brachte Lengerich Miniaturen zum Ansehen; dann gingen wir nach dem St. Peter, in der Absicht, aufs Dach zu steigen und den Sonnenuntergang zu sehen; es war aber dazu schon zu spät. Wir sahen Herrn Anderloni in der Peterskirche, der ein halbes Jahr hier bleibt. Durch die vatikanischen Höfe kehrten wir zurück nach Hause und schrieben am Tagebuche.

Römische Ruinen

Den 8. Oktober

Früh um 7 Uhr fuhren wir zum Kapitol, holten Bunsen und Stier ab, um im alten Rom mit ihnen mancherlei anzusehen und von ersterem uns instruieren zu lassen.

Zuerst ging's auf den Palatinus, wo wir die verfallenen schönen Anlagen der Farnesischen Gärten sahen. Die Pavillons sind ohne Dächer, die äußere Wandbekleidung aber war in der Arbeit, die man Sgraffito nennt, eine Art von Freskomalerei, grau in grau mit eingekratzten Schatten. Dann gingen wir in die Gemächer, welche die Bäder der Livia heißen; sie liegen tief unter dem obern Gartenterrain, welches sich seit der Zerstörung über den Ruinen angehäuft hat. Man sieht an den mehrenteils flach gespannten Gewölben die feinsten vergoldeten Stuckarbeiten in zierlichen Kassetten von 5 bis 6 Zoll Breite; in jeder ein Figürchen von erhabener Arbeit. Wir erfuhren von Bunsen, daß nach einer Stelle im Muratori, die Niebuhr gefunden, die Kaiserpaläste zu Otto des Großen Zeit, also im 10. Jahrhundert, noch in ziemlichem Stande sein mußten, weil diesem Kaiser, als er mit seiner Gemahlin nach Rom zur Krönung ging, darin noch Zimmer eingerichtet wurden. Im frühern Mittelalter, als die Exarchen von Konstantinopel aus in die italischen Länder zur Verwaltung geschickt wurden, traten diese, wie Narses, Belisar pp., ebenfalls im Palatinus ab und ließen den Papst oder Bischof von Rom dann zu sich kommen. Das 10. und 11. Jahrhundert, der Krieg mit Robert

Guiscard hat das meiste des alten Roms erst zerstört; bis dahin muß noch viel von der alten Herrlichkeit sichtbar geblieben sein, was auch aus Karls des Großen Erstaunen über die Stadt hervorgeht.

Wir sahen nun die alten Substruktionen gegen den Kapitolinischen Hügel hinaus, und von diesen wurde klar, daß die unter Caligula vom Palatin nach dem Kapitolin geschlagene Brücke auf den jetzigen Palast Caffarelli, wo Bunsen wohnt, zugegangen sein muß; daß folglich auch auf dem Platz dieses Palastes der Jupitertempel gestanden hat und nicht auf der andern Seite, auf Araceli; denn Caligula vergrößerte zuerst den Palatin gegen das Kapitol hin, um den Tempel der Dioskuren, der dazwischen lag, zur Vorhalle zu machen, weil er sich darin zeigen mußte, indem das Volk ihn auch zum Dioskuren gemacht hatte. Späterhin war er mit dieser Ehre nicht mehr zufrieden und wollte Jupiter selbst sein; deshalb schlug er die Brücke nach dem Jupitertempel hinüber. Er konnte über die Dachwerke der Basilica Julia dahin gelangen; diese mußte daher wohl das Gebäude sein, welches, in einer spätern Restauration, jetzt noch unter dem Namen Konkordientempel mit acht Säulen steht. Von diesen Dachwerken warf er manchmal Geld unter das Volk. Die drei Säulen, welche sonst dem Jupiter Tonans zugeschrieben wurden, sind vom Saturnustempel, welcher die öffentlichen Schätze bewahrte und dicht am Tabularium des Kapitols lag, wo die öffentlichen Dokumente verwahrt waren. Von diesem Tabularium sind am Kapitol die Spuren der Säulenkapitäle und Architrave sichtbar. Der Clivus sacer (Fortsetzung der Via sacra) ging an dem Saturnustempel zum Kapitol hinauf; ein Teil des Pflasters ist ausgegraben. Die Säulen, welche früher zum Jupiter-Stator-Tempel gerechnet wurden, sind wahrscheinlich einem andern öffentlichen Gebäude zur Versammlung des Senats angehörig. Man sieht, daß unter dem Gebäude ein Raum war, der sich sonst an Tempeln nicht findet. Von dem Comitium, welches zwischen dem Dioskurentempel und der Basilica Julia lag, wurde vor 30 Jahren das Paviment von Giallo antico aufgegraben, aber wieder zugeworfen.

Wir gingen nun in die Villa Spada, welche jetzt ein Engländer gekauft hat; sie liegt ebenfalls auf den Ruinen des Palatinus, gegen den Circus Maximus hin, und hat eine prächtige Aussicht. Hier befinden sich in einer Loge, die aber jetzt in einem Salon eingebaut ist, herrliche Fresken von Giulio Romano nach Raffaels Angaben; nämlich erstens: eine Venus Marina, auf einem Seetier, und Amor, auf einem Delphin durch die Meereswogen reitend (eins der schönen Bilder); zweitens: Venus, die sich einen Dorn aus dem Fuße zieht; drittens: Venus, im Schoß des Adonis ruhend; viertens: Jupiter als Satyr überrascht die Antiope. In den Arabesken des Plafonds sind kleine Felder mit Musen, die Instrumente spielen, und Hercules Musagetes mit andern Musen. Ferner sieht man die kleinen Tierkreisgestalten, unter denen die Zwillinge gewiß von Raffaels eigner Hand sind. Drei gewölbte antike Zimmer mit vielen Nischen sind hier ausgegraben worden; man steigt zu ihnen auf einer neuen Treppe hinab. Vom Garten herunter ist der dichteste Efeu und anderes Gewächs durch die zum Teil eingestürzten Gewölbe gewachsen. Das Hippodrom der Kaiserpaläste übersieht man hier auch, so wie gegen den Circus Maximus hin eine runde rampenartige Maueranlage.

Die Paläste der Kaiser auf dem Palatin wurden nach und nach angelegt und erweitert, doch wahrscheinlich nicht nach einem Plane. Vor August war der Berg Palatinus mit vielen Häusern der reichen und vornehmen Römer bebaut. Cicero hatte ein Haus in der Nähe des später errichteten Titusbogens. Des Augustus Vater besaß ebenfalls ein Haus auf dem Palatin, und dies war der Grund, weshalb Augustus dort seine Wohnung nahm. Sein Haus erweiterte er dann; man umwand die Türpfosten zu seiner Ehre mit Laub von Lorbeer und baute Säulenhallen davor; auf diese Weise ward nach und nach ein Palatium daraus. Schon er kaufte mehrere Privathäuser des Palatin, um sein Haus zu vergrößern, und die Nachfolger trieben dies

145 Altrömische Gräberstraße

endlich so weit, daß unter Caligula und Nero der ganze Palatinische Berg bereits nicht hinreichte, die kaiserliche Wohnung zu fassen, sondern weit über denselben hinausgegangen wurde. Von den marmornen Sälen und Vorsälen wurden zu Bianchinis Zeit, vor 40 Jahren, große Teile gefunden, die er herausgegeben hat, sie sind nachher wieder zugeschüttet worden.

Aus der Villa Palatina (Spada) gingen wir gegenüber nach SS. Giovanni e Paolo; der Portikus des alten Klosters von Granit und Marmorsäulen ist aus antiken Stücken im 11. Jahrhundert vorgebaut. Im Hofe sieht man sechs große Bögen mit rustiker Architektur und Pilastern aus Travertinquadern; die Konstruktion ist ähnlich dem Coliseo, aber die Pilasterlinien sind durch Architrav, Fries und Gesims verkröpft, was von späterem Stil zeugt. Unstreitig war dies der Unterbau, um einen sehr großen erhabenen Platz zu bilden, auf welchem jetzt der Klostergarten liegt und der früher wohl besonders große Gebäude getragen hat; bisher ist die Ruine Curia Hostilia genannt worden, die aber hier, der genauen Untersuchung zufolge, nicht gelegen haben kann. – St. Stefano Rotondo, welche wir besuchen wollten, war nicht offen. Wir sahen aber in der Nähe den Bogen des Dolabella, der eine Wasserleitung des Claudius unterstützt. – In der Villa Mattei, die dem spanischen Friedensfürsten gehört, sahen wir alles im Verfall.

Von hier fuhren wir in die Thermen des Caracalla und betrachteten diese enormen Massen genau; von einem großen Raume, von dem die alten Schriftsteller als von einem Wunder der flachen Gewölbespannung sprechen, von der man nicht hätte begreifen können, wie sie sich trüge, sieht man die Mauern und allerlei Öffnungen und Vorrichtungen in den obersten Mauern, die auf künstliche Konstruktion, vielleicht in Metall, hinzudeuten scheinen. Die Nischen, welche fast in jedem Raum dieser ausgedehnten Ruinen vorkommen, sind von kolossaler Wölbung; man hat kürzlich überall Mosaikpavimente gefunden.

Noch einmal fuhren wir nun in die Kaiserpaläste, von einer andern Seite, weil wir die Bäder des Titus und ebenso die Kirche S. Clemente verschlossen gefunden hatten. In diesen Teilen sieht man den sogenannten Apollotempel, eine enorm große Nische mit einem rund um sie laufenden, hoch gewölbten Korridor; im Gewölbe befinden sich Kassetten, die, weil die äußere Ringmauer größer als die innere ist, sich nach Richtung der Kreisradien verjüngen. Auf einer Reihe schön gewölbter Räume ist eine Terrasse angelegt, die noch alte Pavimente enthält und von der man über das wüste Rom eine der schönsten Aussichten hat.

Früher Kirchenbau

Nachmittags wurde eine Fahrt nach Sta. Agnese fuori le mura, eine Miglie vor Porta Pia, gemacht, diese schöne Basilika und der daneben stehende sogenannte Bacchustempel besehen, eine Rotunde, welche die Grabkapelle der heiligen Constantia, der Tochter Kaiser Konstantins, war; es stand hier ehemals der Porphyrsarg, welcher jetzt im Museum Clementinum ist. Von da fuhren wir nach S. Lorenzo vor Porta S. Lorenzo und sahen an dieser höchst interessanten Basilika alle die schönen antiken Säulen, unter denen auch die beiden jonischen sich befinden, wo im Schnekkenauge der Frosch und die Eidechse angebracht sind, als die diese Tiere bedeutenden Namen der spartanischen Baumeister Sauros und Batrachos.

Abends waren wir bei Bunsen, wo wir die Geschichte der Paulskirche vor den Mauern vorgetragen hörten und über deren Herstellung Projekte entwarfen.

Den 9. Oktober

Morgens schrieb ich an Graf Ingenheim und sandte einen Plan zu seinem in Berlin zu erbauenden Hause nach Neapel. Dann gingen wir in die Peterskirche und sahen da in der Sakristei die unter Rahmen gebrachten Fresken aus einer alten Kapelle von Mantegna; es sind sechs einzelne Köpfe und sechs halbe Figuren von Engeln, die Instrumente spielen, im ernstesten und grandiosesten Stil ausgeführt. Wahrscheinlich gehörten sie zu einer »Himmelfahrt Mariä«. Nachher staunten wir die Logen des Raffael wieder an und gingen dann durch eine Straße zurück nahe bei Piazza Fiammetta, wo wir an einem Hause ein herrliches Fresko, grau in grau gemalt von Polidoro da Caravaggio, sahen; auf der einen Seite desselben war Apollo, die Niobe schießend, vorgestellt.

Nach Tische wurde etwas geschlafen, weil der Scirocco sehr müde machte, der jetzt immerfort hier anhält und Nacht und Tag abwechselnd heißen Sonnenschein, starke Gewitter und Regen herbeiführt. Ganz spät wurde noch eine Promenade auf S. Trinità, bei Villa Medici herum, gemacht. Abends waren Thorwaldsen und Bunsen bei uns, und später schrieben wir noch am Tagebuche. Brandt sondert sich hier sehr von uns ab, weil er seine Freunde in Villa Medici hat, auch weniger Anteil an unseren ernsthaften Untersuchungen und Betrachtungen nimmt.

Den 10. Oktober

Morgens früh, bei reiner schöner Luft, machten wir mit dem Bildhauer Wolff einen Gang zuerst nach Sta. Prassede, einer schönen alten Basilika dicht bei Sta. Maria Maggiore. Hier sind die Altarstufen von Rosso antico, nirgends ist wohl so viel dieses Steins zusammen. Alte Mosaiken zieren die große Nische des Altars und eine Seitenkapelle. Der Aufgang zur Kirche ist schon durch viele Stufen, die in den Vorgebäuden liegen, und durch gleiche Granitsäulen, wie sie in der Kirche stehen, ausgezeichnet. Von hier ging's nach S. Clemente, wo wir die von Masaccio schön gemalte Passionskapelle sahen; man erkennt deutlich, wie lieb Raffael diese Bilder gehabt und was er daraus benutzt hat. – In der Kirche sind noch die beiden Ambonen für die Evangelien und für die Epistelverlesung, ganz nach älterem Kirchengebrauch, vorhanden und machen eine schöne Wirkung; erstere ist höher und kanzelartig, die zweite pultartig aus Marmor mit Mosaik, der Platz mit marmorner Brustwehr hoch umschlossen. Der alte Baldachin des Altars steht in einer Nische von prächtiger Mosaikarbeit; herrliche Arabesken ziehen sich in der Wölbung herum. Auch ist ein Vorhof hier mit Granitsäulen bestellt. Die Säulen in der Kirche sind mit Bogen konstruiert, drei Bögen jedesmal zwischen einem starken Pfeiler.

Wir sahen nachher die Kirche und das alte Kloster Quattro Coronati hinter dem Coliseo, wo sich viele alte Bruchstücke befinden. In der kleinen Seitenkapelle S. Silvestro sieht man die ältesten Fresken, die aus einer Zeit vor Cimabues Schule sind. – Durch das Coliseo gingen wir nach der Kirche S. Stefano Rotondo, welche aber verschlossen war, dann aufs Kapitol, wo wir dem evangelischen Gottesdienst im Gesandtschaftshause beiwohnten. Die Liturgie wird hier gleichfalls gehandhabt. Der Prediger Rothe ist ein junger talentvoller Mann von angenehmem Umgang. Die Gemeinde war ausnehmend andächtig. Herr Bunsen und seine Frau halten ganz besonders darauf.

Nach der Kirche gingen wir nochmals nach Stefano Rotondo, ohne hineinkommen zu können; aber der Weg bei dem schönen Wetter und der Frische des Grüns sowie bei der prächtigen Beleuchtung der Ruinen war höchst angenehm. Nachher trafen wir im Palazzo Mattei mit Bunsen zusammen, wo viele alte Bruchstücke und antike Gegenstände im Hofe eingemauert sind, welche verkauft werden sollten. Alles ist höchst mittelmäßig, indes für uns in Berlin zu haben wohl interessant, wenn die Summe nicht etwa 2000 Taler übersteigt.

Nach Tisch gingen wir nach St. Peter und hörten dort eine schöne Vokalmusik; dann bestiegen wir die Höhe von S. Onofrio, wo wir die vom herrlichen Sonnenuntergang beleuchtete Stadt und Gegend genossen und ich einige Linien aufzeichnete.

146 »Innere Ansicht der Peterskirche in Rom«

Künstlerbegegnungen in Rom

Den 11. Oktober

Morgens machten wir Besuch bei dem Maler Wagner, sahn dessen schöne Basreliefkompositionen zur Walhalla in München, die Geschichte der deutschen Völker von ihrem Einzug aus dem Orient in Deutschland vorstellend, bis zur Bekehrung fürs Christentum. Die restaurierten Ägineten konnte er nicht zeigen, weil der Kronprinz von Bayern es scharf verboten hat.

Nachher besuchten wir Thorwaldsen in seiner Wohnung, sahen seine schöne Sammlung von Bildern und Zeichnungen lebender Künstler, auch herrliche Sachen von Carstens, die Koch kopiert und koloriert hatte, außerdem besonders schöne Landschaften von Dahl und Eckersberg, das schöne Porträt von Begasse von Thorwaldsen selbst. Nachher machten wir einen Besuch bei dem sehr geschickten Bildhauer Tenerani, einem Schüler Thorwaldsens; er führte uns da ein. Wir sahn eine schöne Venus, liegend, der der Amor einen Dorn aus dem Fuße zieht, und ein Kruzifix. – Hierauf gingen wir in Thorwaldsens Atelier und blieben da bis zur Essenszeit. – Nachmittag ward Besuch bei den Bronzeurs Hopfgarten und Jollage [gemacht], welche recht schöne Bronzestatuen von $1^1/_2$ bis 2 Fuß Höhe in vergoldeter Bronze [haben], sämtlich nach Thorwaldsens Werken, welche das Stück zu 100 bis 200 Scudi kosten. – Maler Dräger, den wir besuchen wollten, fanden wir nicht zu Hause, wir besuchten also Lengerich, der fleißig vorschreitet. Er forderte für eine Kopie der »Grablegung« nur 100 Friedrichsdor.

Nach einem Spaziergang auf der neuen Promenade auf Monte Pincio, der bis zur Dunkelheit dauerte, gingen wir zu Hause, wo wir Besuche von Hensel, Grahl, Thorwaldsen, Tenerani, Wolff und Mila erhielten.

Den 12. Oktober

Morgens gingen wir, Bartholdys Sammlung wieder zu sehen; da wir aber den Guardaroba nicht fanden, so wanderten wir weiter zu Palmaroli, an den wir einen Brief von Graf Ingenheim hatten. Er war selbst nicht zu Hause, ein junger Mensch führte uns indes in alle Zimmer, damit wir die Zeit des Wartens mit Anschauen der aufgestellten Werke zubringen sollten. Dies war die schönste Gelegenheit, sich von seinen Arbeiten ein Bild zu machen. Seine Paletten sowie seine Farbensammlungen sind weit unreiner als die Schlesingers. Die Bilder, welche gereinigt dastanden, waren entsetzlich angegriffen, die zur Restauration präparierten ziemlich liederlich ausgekittet, auch mit Farbe fleckweise bestrichen. Die Restaurationen selbst waren in Punktiermanier; ein Bild von Tizian, welches sehr schön gewesen sein muß, war ganz braun überzogen; ebenso mehr oder weniger alle übrigen. Ich war froh, daß wir einen Mann wie Schlesinger besitzen.

Wir sahen nachher den Palast Barberini. Unter den Antiken, die nur im Vorsaal stehen, sind eine sitzende, jedoch verstümmelte Ariadne und zwei Sarkophage das Beste, außerdem ein Löwe, kolossal in Basrelief, auf der Treppe angebracht. Die Wendeltreppen in dem Palast sind von Bernini herrlich angelegt. Im großen Mittelsaal ist der Plafond sehr großartig, kräftig, wiewohl etwas barock von Pietro da Cortona gemalt, sein bestes Werk. Unter den Bildern der Sammlung sind »Die Fornarina« von Raffael und ein daneben hängendes weibliches Porträt von Tizian köstliche Werke, vortrefflich außerdem auch noch das Bild der Beatrice Cenci von Guido und das ihrer Mutter von einem andern guten Meister, Scipione Gaetano. Wir betrachteten noch die Anlage des Palastes von der Gartenseite, mit seinen Auffahrten und Terrassen, die in das Hauptgeschoß laufen, und sahen an einer halbeingestürzten Bogenwölbung über Säulen ein Beispiel von der Haltbarkeit und Kraft der Pozzuolane, es steht nämlich die andere Hälfte des Bogens noch und trägt eine Brücke von Holz, um die Passage nicht zu unterbrechen.

Nun holten wir Herrn Emil Wolff ab, der gerade Milas Porträt modellierte, und sahen zuerst die alte Acqua Virgo hinter der Fontana di Trevi mit einem antiken Architrav von großen Travertinen, dann den Palast Braschi mit seiner schönen Treppe aus Marmor und orientalischem Granit. Die Antiken sollen alle verkauft werden; das Beste darunter ist ein Antinous, der einen herrlichen Kopf hat (Gewand ist neu), und vier große Schalen, zwei von Rosso antico, zwei von grünlich gestreiftem Marmor. Unter den Bildern sind die Garofalos und besonders »Die Hochzeit zu Kana« vorzüglich.

Gleich nach Tische fuhren wir nach dem Grabmal der Caecilia Metella hinaus, sahen auf dem Wege die Katakomben bei S. Sebastiano, den Circus des Maxentius, den Tempel des Bacchus und die Grotte der Egeria.

Abends kamen Catel und Thorwaldsen. Letzterer brachte mir den Aufriß des Platzes in der Peterskirche, wo er das Monument des Papstes Pius VII. aufstellen soll, mit der Bitte, ihm die Zeichnungen für die architektonische Anordnung zu entwerfen.

147 Entwurf zu einem Grabmal für Papst Pius VII. in der Peterskirche

Den 13. Oktober

Morgens kamen Begas und Wolff; mit letzterem sahen wir bei einem Kunsthändler im Corso ein antikes Mosaik, vier Quadratfuß groß (ein kolossales Medusenhaupt mit einer Verzierung am Rande), welches Stück für hundert Louisdor zu kaufen ist. Dann gingen wir zum Palast Chigi, wo mehrere verkäufliche Antiken und Bilder sind. Eine Venus, lebensgroß, mit einer griechischen Inschrift des Verfertigers, und zwei Bilder von Garofalo, eine »Himmelfahrt Christi« und ein Thron mit drei Heiligen, sind die besten Stücke; das übrige ist ganz unbedeutend.

Von da gingen wir aufs Kapitol und sahen erstens die Galerie der Büsten, welche Canova eingerichtet hat, dann das Lokal der Konservatoren. Die großen Säle, vom Cavaliere d'Arpino und anderen mit Fresken ausgeschmückt, enthalten nicht eben viel besonders Merkwürdiges, doch verdienen folgende Gegenstände Beachtung. Vor allem die alte berühmte Wölfin mit Romulus und Remus, ein echt etruskisches Bronzewerk, welches schon in den ältesten Zeiten auf dem Kapitol verehrt wurde und nun noch existiert, ja sogar noch die berühmte, aus Caesars Zeit stammende Beschädigung durch den Blitz zeigt, von der die Alten sprechen. Dann ist der herrliche Dornauszieher in Bronze, eine der schönsten Antiken, hier. Merkwürdig sind endlich auch noch die in Marmor an eine Pilasterwand eingehauenen alten Konsulregister (Fasti Capitolini), welche in einem der Säle wieder möglichst genau zusammengesetzt worden sind, und die zwei bronzenen, ehemals vergoldeten schreienden Gänse, die ebenfalls vor alters schon verehrt wurden und sich erhalten haben.

Wir gingen von da in die Thermen des Titus und sahen den Plan und die einzelnen Malereien der Zimmer. Es ist jetzt durch Aufgrabung völlig klargeworden, daß die gemalten Räume zu einem frühern Gebäude, vielleicht zum Goldenen Hause des Nero, gehörten und bei dem Bau der Thermen zum Unterbau für das Theater gebraucht wurden; deshalb durchschneiden die Räume des obern Plans den untern in schiefen Winkeln. Die untern Räume sind äußerst sorgfältig gemalt gewesen; sie gingen an zwei Seiten und durch die Mitte zweier Höfe. An dem vordern befand sich eine Säulenhalle, und der hintere schloß mit einer hohen, schmalen, gewölbten Galerie, die ihr Licht durch viele kleine viereckige Löcher in der schön gemalten Wölbung erhielt und die Zimmerreihen zu beiden Seiten der Höfe verband. In den Zimmern sieht man Spuren von Veränderungen, die in der Zwischenzeit zwischen Nero und Titus gemacht und durch welche die Zimmer vermietbar wurden; man gewahrt viele kleine Einbaue und Treppenanlagen. Es verdient besonders gerühmt zu werden, daß ein sehr vernünftiger Kustode an diesem Orte angestellt ist.

Nun begaben wir uns in den Palast Sciarra am Corso, wo man uns mehrere Antiken zeigte, welche verkäuflich sind und sämtlich in Baderäumen an der Appischen Straße, unfern dem Grabmal der Caecilia Metella, von demselben Händler gefunden wurden, der uns die antike Mosaikarbeit wies. Zwei Körper von nackten Jünglingsgestalten, an denen die Köpfe fehlen, sind sehr hübsch. Außerdem zeigte uns der Viceprincipe des Hauses das einzige antike Exemplar einer alten Elfenbeinstatue, von der indessen nur der Kopf und ein Stück des Armes noch vorhanden ist; der vollkommen erhaltene Mund scheint von der sublimsten Arbeit.

Auch im Palazzo Spada sahen wir uns die verkäuflichen Antiken an. Hier befinden sich sieben Basreliefs, die nicht ohne Verdienst, jedoch aus späterer Zeit sind; die aufgeschriebenen Preise von 5000 Scudi pro Stück erscheinen aber so übertrieben, daß man nicht darauf eingehen kann. – Beim Nachhausegehen sahen wir den 1513 nach einer Zeichnung Raffaels erbauten Palast Vidoni, unfern der Kirche S. Andrea della Valle. Nach Tisch besuchten wir die Handlung der Calcografia und den Kunsthändler Scudelari. Letzterer hat schöne Miniaturen aus Villa Lante nach Giulio Romano, nicht sehr teuer. Abends zeichnete ich an Thorwaldsens Projekt für das Papstmonument.

Den 14. Oktober

Morgens hatten wir Besuch von Stier und Maler Dräger. Letztern besuchten wir gleich morgens und sahen bei ihm einige hübsche Köpfe nach der Natur und nach Correggio; dann gingen wir mit ersterem in den Vatikan, sahen die Terrecotte von Canova, welche noch nicht aufgestellt sind und besonders verzeichnet werden, und auch das ganze Clementinische Museum; besonders ließen wir uns wieder die Sala Borgia aufschließen, um die Antiken und Terrecotte sowie den schönen Plafond nach Raffaels Angabe und die Wandbilder von Pinturicchio zu sehen. Hier betrachteten wir auch wieder das Original der »Aldobrandinischen Hochzeit«. Gegen Mittag gingen wir durch einen prächtig gemalten und reich ausgeschmückten Seitensaal in die Stanzen des Raffael und dann nach Hause.

Nach Tisch fuhren wir nach Monte Testaccio, zwischen dem Tiber und der Porta San Paolo, wo um diese Zeit, und besonders donnerstags und sonntags, viel Volk zusammenkommt, dort in den Weinhäusern, die mit ihren großen Kellern um den Berg gebaut und angelehnt sind, zu essen, zu trinken und zu tanzen. Wir fanden jedoch nicht viel Anziehendes an dem Volksgewühl und ergötzten uns deshalb lieber an der schönen Aussicht von der Höhe des Bergs herab. Nachher machten wir Visite bei Graf Lepel und bei Bunsen; letzterer war etwas krank, wir kamen deshalb früh zurück und schrieben am Tagebuch. Morgen soll es nach Tivoli gehen, wozu wir noch Einleitungen trafen.

148 Blick auf Rom vom Monte Testaccio

Ausflug nach Tivoli

Den 15. Oktober

Das Wetter ist nach langer Trübe am Morgen schön und begünstigt unsere Fahrt, die durch die römische Campagna hin überall etwas zu denken darbietet. Der hügelige Charakter dieser weiten Ebene ist von besonderem Reiz; die Felsen, welche an den Abhängen dieser Hügel zutage kommen und in denen man Höhlen, Steinbrüche, Katakomben sieht, haben das Ansehn, als hätten sie überall alte Städte und Tempel getragen, und die Einbildungskraft ist daher in fortwährender Tätigkeit. An der Brücke über den Anio (jetzt Teverone), welche aus alter Zeit stammt, vermißte ich einen alten Turm aus dem frühsten Mittelalter, welchen man seit einigen Jahren abgebrochen hat, um die Straße bequemer zu machen. Man fährt oft auf dem alten römischen Pflaster der Tiburtinischen Straße; wenn man sich den Monticelli nähert, merkt man den heftigen Geruch der Solfatara und des Lago de Tartari. Die Formationen von Stalaktiten, aus denen der Felsboden um den See herum besteht, sind sehr sonderbar; das Gestein scheint aus lauter versteinerten Kräutern, Rohr und Schilfblättern zusammengesetzt. Der Kanal, welcher das Schwefelwasser aus der Solfatara ab in den Teverone führt, kreuzt die Straße, und daher ist der Geruch fast betäubend; das Wasser sieht wie blaue Milch aus. – Wir fuhren den Gebirgen näher und freuten uns über das an der Heerstraße liegende Monument des Plautius, ein schönes rundes Gebäude aus Travertinstein mit großen Inschriftstafeln zwischen Halbsäulen an der Vorderfronte. Die Krönung aus dem Mittelalter und der dicke Bewuchs von Efeu machen das Monument noch malerischer.

Ehe wir hinauf nach Tivoli fuhren, schlugen wir den Weg zu den enormen Ruinen der Villa des Kaisers Hadrian ein. Jetzt gehört die Gegend dem Duca Braschi und bildet einen verwilderten Wein- und Ölbaumgarten zwischen den Ruinen, in welchem schöne Zypressen- und Piniengruppen eine malerische Wirkung machen. – Die

149 Ansicht von Tivoli

Ruinen sind seit früheren Zeiten sehr umgewühlt und geplündert worden. Fast die schönsten Statuen der römischen Museen wurden hier gefunden, und eine Menge von Säulen wurde weggeschleppt, um Kirchen zu schmücken; deshalb sieht man nur noch große Mauermassen und teilweise schöne Gewölbe, an denen die Verzierungen von Malerei und Stuckarbeiten oft noch sehr gut erhalten sind. Eine Poikile oder ein buntgemalter Säulengang, wie Hadrian ihn in Athen gesehen, jedoch hier in der Villa weit größer ausgeführt, umgab einen Vorplatz von gewaltiger Größe, der terrassenartig hoch lag. Unter demselben waren in den Gemäuern, welche diese Terrassen bildeten, die Soldatenquartiere in mehreren Geschossen gewölbt angelegt; sie bestanden aus mehreren hundert Kammern. Die prätorianische Leibwache stand hier, wenn der Kaiser da wohnte. Die weitläuftigen Bibliothekgebäude, die Bäder, von einem rund laufenden gewölbten Korridor eingefaßt, die Tempel der Venus, wo die Mediceische Venus gefunden wurde, und der Diana, die eigentlichen Palastzimmer mit mehreren innern Höfen, die mit Säulen umstellt waren, und das berühmte Canopeum sind größtenteils noch sichtbar. Letzteres scheint ein enormes Bassin gewesen zu sein, um welches Gebäude mit Galerien, die auf Konsolen ruhten, umhergingen für die Zuschauer; im Hintergrunde standen die grottenartigen Tempelnischen des Canopus selbst, aus welchen überall Wasser hervorstürzte, nach der Art, wie Hadrian dies in Ägypten gesehen hatte, wo Canopus eigentlich als die Gottheit des Nils und dessen Kraft verehrt wurde. Man sieht hier das große Hauptbassin in der Felshöhle, die hinter der großen Nische liegt, und die Kanäle des Wassers, welches aus den einzelnen kleinen Nischen in Wasserfällen stürzte sowie unter den Bildsäulen hervorquoll. Die Bildsäulen waren aus schwarzem Basalt und andern kostbaren Steinen genau den ägyptischen nachgebildet; sie zieren jetzt das Kapitolinische und Clementinische Museum. Die gewölbten Haupträume dieses Canopeums zeigen aber, wie modern-phantastisch damals der Geschmack schon war. Die architektonischen Anordnungen haben weder Stil, noch sind sie gehörig durchdacht und symmetrisch besorgt. Man erkennt deutlich, daß Hadrian mit seinen auf seinen siebzehnjährigen Reisen durch das ganze Römische Reich gesammelten Kenntnissen imponieren wollte und dabei den wahren Zweck in der Kunst schon verfehlte, denn alles hat bereits den Charakter des Abenteuerlichen. Das Bild seiner Zeit wird dem forschenden Auge an diesem Orte recht klar.

150 »Tivoli. Wasserfall in der Stadt, am Tempel«

Nun ging der Weg durch den alten Ölbaumwald hinauf nach Tivoli. Oben auf der Höhe, ehe man in die Stadt kommt, steht ein großes Kollegium, vor welchem die jüngeren Studenten unter Aufsicht einiger Geistlicher spielten. Welche Lage: Von diesem Platz übersieht man die ganze römische Campagna, Roms Hauptkuppel in der Ferne und die Albaner und viterbischen Gebirge; auch der Soracte kommt hinter den

151 Blick auf Tivoli

Monticelli hervor. Das Tor von Tivoli hat herrlich gekrönte runde Burgtürme von bedeutender Höhe. Durch die wunderliche alte Stadt ging der Weg zum Wirtshause der Sibylle neben dem Sibyllen- und Vestatempel; ehe man dort ankommt, hat man schon in einer am Abhang des Flusses liegenden Straße über die Brustwehr hinweg eine herrliche Ansicht des Stroms, der sich mit einem großen Sturz unter die Felsen des Tempels verliert und dann unten in der Neptunsgrotte wieder hinausstürzt. Gleich nach der Ankunft stiegen wir neben dem Tempel hinab zu dieser Grotte und sahen die stürzenden Wasser des Hauptflusses und des Nebenarms, der höher und frei in den Felskessel hinabbraust. Der Sibyllentempel und der runde herrliche Vestatempel über der Grotte sind von der reizendsten Wirkung. Der Vestatempel ist das Ideal eines runden Tempels und seiner Verhältnisse.

Nachdem wir in diesem wunderbaren Felsgrunde uns hinreichend ergötzt hatten, stiegen wir hinauf und sahen die grandiose Anlage der Villa d'Este am Abhange von Tivoli. Der terrassenartige Garten mit Lorbeerhecken, Zypressen und Pinien, phantastischen Fels- und Grottenanlagen, springenden Wassern und Bassins ist ebenso reizend in sich als durch die Aussicht auf die weite römische Campagna. Die Gemächer des Palastes selbst sind zwar leer und ohne Wandbekleidung, indessen sind sämtliche Gewölbe und unter denselben breite, reiche, von Taddeo und Federigo Zuccaro gemalte Friese noch schön erhalten zu sehen und machen eine prächtige Wirkung. Historische, mythologische, symbolische Darstellungen sind in mannigfachen Verzierungen eingefugt. Jetzt gehört die Villa dem Herzoge von Modena; es schien mir alles besser unterhalten zu werden als ehemals. Ein frugales Mahl, in unserm Wirtshause bei offenen Fenstern genossen, aus denen wir den schönen

152 Park der Villa d'Este

Tempel und die Kaskade in der Stadt sehen konnten, schmeckte trefflich.

Nach Tisch waren vier Esel gesattelt, auf denen wir den herrlichen Weg um das Tal machten. Von hier aus sieht man immer die Stadt auf dem Felsabhange, unter ihr die Grotte mit den schäumenden Wassern, die Tempel der Vesta und Sibylle an der vordersten Felsecke, weiter fort die Kaskatellen, die aus einer von der Stadt umgebenen Gartenfläche herab ins Tal stürzen, und noch weiter am Ende der Stadt die Villa Maecens in ihren Ruinen, aus denen ebenfalls bedeutende Wasser durch den reichbewachsenen Abhang ins Tal sich ergießen. Hinter allen diesen Schönhei-

153 »Ansicht von Tivoli«

ten liegt die weite Ebene von Rom, aus der am Horizont die Peterskuppel und die Laterangebäude allein heraustreten und so das große Rom an den entgegengesetzten Enden bezeichnen. Die Abwechselungen, welche diese Straße bietet, sind unendlich schön, sie führt ins Tal hinab und steigt dann auf der andern Seite des Flusses, welchen man auf einer antiken Brücke passiert, wieder zur Stadt hinauf, wobei man immer auf antikem Pflaster fortgeht.

Wir lenkten zur Villa Maecens ein und betrachteten diese schön gelegenen Ruinen des Wohnsitzes eines berühmten Mannes. Die alte Straße führte durch die Villa in einem langen, weiten, hoch gewölbten Gang hindurch, der noch ganz erhalten ist. Die hierher geleiteten rauschenden und stürzenden Wasser machen auch das Innere dieser Ruinen höchst malerisch, doch werden die letzteren von dem jetzigen Besitzer zu Eisenfabrikationen sehr schlecht benutzt. Auf der großen Plattform, die über den gewölbten Ruinen der Villa noch erhalten ist, hat man die unbegrenzte Aussicht in die römischen Fernen. – Indem wir durch die Stadt zum Wirtshause ritten, sahen wir noch die aus großen Quadersteinen konstruierten Überreste einer alten Befestigung und eines Tors der Stadt Tibur. Bis es ganz dunkel ward, verweilten wir auf dem Hofe des Wirtshauses am Tempel der Vesta und sahen über die Brüstungsmauer in den Felsabgrund hinab, in welchem die Wasser brausen.

Den 16. Oktober

Frühmorgens standen unsere Esel wieder bereit für einen neuen Ritt auf der Straße nach Subiaco, wo sich herrliche Ruinen der großen Claudiusschen Wasserleitung finden, die über Täler und Flüsse hinweggeführt ist. Die Gebirgsgegend ist hier höchst großartig, und die Ebenen am Fuß der Gebirge, durch Hügel mit schroffen Wänden unterbrochen, zwischen denen die Arkaden der Wasserleitung hinziehen, sind sehr eigentümlich. Im Wirtshause wieder angelangt, stiegen wir noch einmal in die Neptunsgrotte hinab, welche bei schöner Sonnenbeleuchtung um diese Stunde,

154 »Zypressenhain in der Villa d'Este in Tivoli«

gegen 11 Uhr, an malerischen Effekten sehr gewinnt, zumal der Wasserstand der Fälle zu dieser Zeit in allen Regenbogenfarben schillert. Nach eingenommenem Frühstück verließen wir Tivoli. Der Rückweg durch die Campagna war etwas schauerlich, weil das Wetter, welches uns bei unserem Aufenthalt in Tivoli so günstig gewesen war, sich leider trübte. Bei der Kirche S. Lorenzo, eine halbe Miglie vor dem Tore Roms, ließen wir halten, um diese merkwürdige Basilika nochmals zu sehen.

Zu Hause angekommen, arbeitete ich an dem Monument des Papstes für Thorwaldsen; dann aßen wir gegen 6 Uhr zu Mittag und hatten abends Besuch von Hensel, Grahl, Stier, Wolff und Catel. Letzterer hatte uns zu morgen, Sonntag, eingeladen, um 5 Uhr abends bei ihm zu speisen.

Zwei römische Sammlungen

Den 17. Oktober

Morgens früh ging's nach St. Peter, um eine Messe von Palestrina zu hören. Der Chor sang sehr liederlich, und in den Zwischenakten spielte der Organist zu den Zeremonien des langen Beräucherns etc. moderne leichtfertige Stückchen. Um 11 Uhr fanden wir uns in Camuccinis Galerie ein und sahen dessen wenige, aber ganz auserlesene Bilder; sein kleiner Raffael (Heilige Familie) und sein Bellini mit Tizians Landschaft sind Perlen. Letzteres Bild hat besonders wegen der Landschaft unwiderstehlichen Reiz. Der Schüler hat seinen großen Meister dabei übertroffen; die vortrefflich komponierten und kolorierten Gruppen des Bellini werden von der unvergleichlichen Landschaft völlig in Schatten gestellt. Frische der Baumgruppen und Gründe, Wärme und frappante Beleuchtung der Felsen, Klarheit des Himmels hinter dunkeln Baumstämmen zeichnen das Kunstwerk aus.

Bei Catel hatten wir ein sehr vergnügtes Mittagessen in Thorwaldsens Gesellschaft. Begasse, Hensel, Grahl waren auch da. Frau Catel ist wirklich eine ungemein sanfte, liebenswürdige Römerin. Brandt machte mit seiner aus unverstandenem Deutsch, Italienisch und Französisch zusammengesetzten Sprache, in welcher er höchst humoristisch wurde, eine Art Bajazzo der Gesellschaft. Um halb 11 Uhr abends kamen wir erst nach Hause.

Den 18. Oktober

Früh ging's fort, um Antiken zu sehen, die Cavaliere Camuccini uns zeigen wollte; er hat sie dem Vatikanischen Museum verkauft. Es sind die schönsten antiken Ornamente, welche existieren. Sie stammen aus dem Fries im Forum des Trajan. Ich erwähne besonders: prachtvolle Laubgewinde, mit Kindern, Greisen, Vasen und Kandelabern untermischt, und ein Stück Basrelief, auf dem Kaiser Trajan, von mehreren Personen umgeben, opfert; es sind die schönsten Porträtköpfe, so daß man das Stück wohl für das herrlichste römische Basrelief halten kann. Einen Jüngling, einen Vertumnus und eine Venus mit einem Amor von nicht üblem Stil will er verkaufen, ebenso ein paar Freskobilder von Domenichino, die eingerahmt sind und die Geschichte des Midas mit schöner Landschaft darstellen.

Wir sahen nachher die schönen Fresken des Lanfranco und Domenichino in der Kuppel von Andrea della Valle und begegneten dabei dem Professor Gerhard, der aus Neapel angekommen war. Dann gingen wir nach Trastevere, um die Basilika Sta. Maria zu sehen, in welcher schöne antike Granitsäulen und außerhalb sowie an der inneren Altarnische Mosaiken aus alter Zeit sich befinden. Die Kirche S. Cosma e Damiano, welche wir hierauf in Augenschein nehmen wollten, war verschlossen; wir stiegen also nach S. Pietro in Montorio, sahen von dort die herrliche Aussicht auf Rom bei heitrem Sonnenschein, dann in dem Hofe, wo Petrus gekreuzigt worden sein soll, den kleinen runden Tempel von Bramante und in der Kirche das Gitter vor einer Kapelle, in welcher Skulpturen auf Sarkophagen von einem Schüler Michelangelos, Bartolommeo Ammanato, sind. Das Gitter soll von ihm selbst sein; es hat ein Postament, an dem je zwei Knäbchen schön gruppiert stehen. – Die Kapelle Borgherini, welche Sebastiano del Piombo nach Michelangelos Zeichnungen ausgemalt hat, macht eine köstliche Wirkung. Die Bilder stellen die Geißelung Christi und die Himmelfahrt dar; erstere scheint in Ölfarbe ausgeführt zu sein. Über dem Bogen der Kapelle sind zwei schöne Sibyllen gemalt.

Wir passierten das schöne Brunnengebäude der Acqua Paola von Fontana auf der Höhe des Janiculus und gingen dann durch die lange Straße Lungara, um wieder am anderen Ende hinauf nach Villa Lante zu steigen. Im Vorgarten der Villa hatten die Findlinge Erlaubnis bekommen, den Tag im Freien zu feiern, was jährlich einmal geschieht; es waren lauter Mädchen, etwas nonnenartig gekleidet, welche aßen, Wein tranken, tanzten und scherzten. Vorher hatten wir schon ein anderes Schauspiel in der Villa della Lungara gesehen, nämlich die transtiberinischen Mädchen, welche mit Tamburin und einförmigem Gesang improvisierend von Haus zu Haus zogen und ihre Gespielinnen abholten; sie waren bunt angezogen, besonders hellgelb, lila und rosenrot.

Das Casino der Villa Lante hat fast die schönste Lage um Rom. Die Plafonds der Zimmer sind beinahe sämtlich von Giulio Romano gemalt. Im Hauptsalon sind aus der frühsten römischen Geschichte Momente genommen, dazwischen die lieblichste Darstellung von Amoren auf Wagen und Bigen in schwarzem Grunde. In den übrigen Zimmern finden sich leichte Arabesken und Medaillons mit Porträts der großen italienischen Dichter und der Geliebten Raffaels. Die Ornamente sind auf weißem Grunde in einer Zierlichkeit und mit einem Geschmack ausgeführt, der fast alles andere in Rom übersteigt. Stier wollte, durch mich aufgefordert, sie herausgeben.

Wir speisten zu Mittag in einer Trattoria am Petersplatz mit italienischen Frauen und Männern, die höchst lustig waren und entsetzlich schrien; trotzdem blieben die Frauenzimmer in den Schranken einer ihnen eigenen Geziemlichkeit und Grazie. Vor dem Anno santo will hier jeder noch das Leben genießen; darum sind alle Wirtshäuser voll. Das Mittagessen war gut und nur halb so teuer als in unserm Gasthofe.

155 Drei Römer

Nach Tische gingen wir sogleich in das Museum Clementinum, welches allemal montags und donnerstags von 2 bis 5 Uhr offensteht. Der Eindruck, welchen diese Reihe von Pracht- und Kunstsälen macht, wird ewig einzig bleiben. Wir traten durch einen Vorsaal in die Stanzen des Raffael; diesen Vorsaal, von den Schülern Raffaels in der reichsten Art gemalt, mit reichvergoldeter Decke, hatten wir noch nie gesehen und erfreuten uns an dem Fortleben der Kunst im Geiste des großen Meisters. Wenn man durch die vier Stanzen hindurchgegangen ist, gelangt man in einige große Säle und Zimmer, in welchen die in Tournai gewirkten Raffaelschen Tapeten und auch eine Folge anderer Tapeten von der Erfindung seines Schülers Coxie aufgehängt sind, die jedoch gegen die Raffaelschen sehr abstechen. Im ganzen aber geben diese Tapeten, wie alle Wirkereien, die Originalien sehr schlecht wieder; alles ist disharmonisch verzerrt und verdorben. Zur Seite der Tapeten sind die Arabesken an den großen Pilastern der Loggien eingewirkt; ich würde mein Exemplar in Miniatur nicht dafür geben.

Aus diesen Gemächern tritt man in einen prachtvollen Saal, der wohl 800 Fuß lang sein mag und dessen gewölbte Decke in Malerei, Vergoldung und Stuck nach Angabe und Ausführung der beiden Zuccaro herrlich geschmückt ist. An den Wänden ist zwischen jeden zwei Fenstern ein Teil Italiens mit einer Hauptstadt als Landkarte al fresco gemalt. An den Fenstern stehen antike Köpfe auf Hermensäulen. Dieser lange Prachtgang gewährt von einer Seite die Aussicht in die Villa Papale; man tritt aus ihm in die schönen Säle des Museums, welche die Vasen und Kandelaber enthalten, und von diesen gelangt man auf den Flur der Prachttreppe, neben welcher eine Rotunde liegt, in deren Mitte die Biga und ringsherum schöne Antiken, besonders die Diskobolen und der Eidechsentöter, stehen.

Dann steigt man die Prachttreppe hinab in den Saal, der die großen Porphyrsarkophage der Constantia und der Helena enthält und worin noch eine herrliche Venus in Marmor mit einem Bronzegewande sowie eine griechische Vase zur Seite uns besonders beschäftigten. Durch die große bronzene Pforte mit den Karyatidenkolossen von Granit tritt man dann in das Pantheon des Museums. Ich ergötzte mich hier vorzüglich diesmal an dem erhabenen Ausdruck der kolossalen Juno. Aus diesem Raum in den Musensaal tretend, hatten wir den entzückenden Blick auf einen von der Abendsonne herrlich erleuchteten Teil Roms, welches im Hintergrund durch eine offene Türe erschien; davor aber bewegte sich der Strahl des Springbrunnens im Hofe, der hinter dem Saal der Tiere folgt. In der langen Seitengalerie, in welche man aus dem Tiersaale tritt, fiel mir besonders die schöne Gruppe einer Polyxena, die von Neoptolemus geopfert wird, auf; von letzterer Figur ist leider wenig übrig.

Der Abend kam heran, und wir mußten wegen Schließung der Säle den herrlichen Ort verlassen, stiegen aber auf den Vorplatz des nicht allzuweit gelegenen Klosters S. Onofrio und sahen von da den Sonnenuntergang an. Dann ging ich nach Hause, weil Camuccini und Thorwaldsen zu kommen versprochen hatten. Waagen und Kerll gingen noch spät an die Tore, wo die Mimenten in eigentümlicher Volkstracht von dem Weinfeste mit Gesang und Tamburinspiel einpassierten. Thorwaldsen war mit meinem für ihn gemachten Entwurf zum Papstmonumente in der Peterskirche sehr zufrieden.

Letzte Besuche und Besichtigungen

Den 19. Oktober

Morgens früh besuchten wir Maler Heß und sahen sein hübsches angefangenes Bild vom Parnaß, auf dem die Musen sehr reizend sind, der Apollo aber noch schwach ist. Nachher gingen wir nochmals die Sammlung Bartholdys zu sehen, wo mehrere schöne kleine Bronzen, einige etruskische Vasen, Majolikaarbeiten und antike Gläser recht wichtig sind. Eine Visite bei Herrn Linkh, der lange in Griechenland gereist ist, war mir sehr wichtig, indem ich unter seinen schön gezeichneten Panoramenskizzen eine von Megalopolis fand, auf welcher ein Festungstor mit einem 26 Fuß langen herabgestürzten Architrav sichtbar ist, der ehemals durch einen Pfeiler in der Mitte unterstützt war, ein Zeichen, daß damals unter Epaminondas der Bogenbau in Griechenland noch nicht im Gange war.

Wir holten Bildhauer Wolff ab, den ich zu Mittag eingeladen hatte, und gingen mit ihm in den Palast Albani bei Quattro Fontane; hier sind 2 köstliche Zeichnungen von Giulio Romano, in Federkonturen mit Ölfarbe leicht getuscht, für die Ausführung im Großen im Palazzo del Te zu Mantua; auch ein schöner Perugino (»Anbetung der Hirten«).

Von hier besuchten wir den talentvollen Landschafter Reinhold, der so schön Naturstudien macht. Ich konnte nicht unterlassen, ihm die Frage vorzulegen, ob er 12 oder 16 seiner Studien weggeben würde und unter welchen Bedingungen. Gewöhnlich tun es die Künstler nicht, denn selten kommt man wieder an den Platz, um ein neues Studium zu machen, und selten gibt es geschickte Leute, welche eine Reise machen und sie so zu nutzen wissen. Für 3 Louisdor das Stück ließ er mir eine Quantität mit der Bedingung ab, sie bis zu meiner Abreise behalten und kopieren zu können. Diese Skizzen werden die schönsten Erinnerungen der Reise darbieten.

Nach Tisch besahn wir mit Wolff die Werkstatt Canovas, welche sein Schüler [fehlendes Wort] fortsetzt. Hier ist nichts Erfreuliches, und man erstaunt über die Welt, die hier einmal alles für die Kunst finden konnte. Von da sahn wir bei einem Steinarbeiter Esté schöne Gefäße, Säulen etc. in hartem Stein, dann bei einem anderen altägyptische Kolosse (sehr rohe), noch bei einem dritten großen Antikenhändler, Vescovali, in

Strada Babuina, eine Masse unbedeutender Gegenstände. Wir stiegen dann auf Monte Pincio, um von der neuen Promenade den Abend über der Stadt genießen zu können. Abends kam Hensel und Grahl zu uns. Ersterer fing an, mich zu zeichnen, welches Bild der Kupferstecher Caspar in Mailand unter Anderlonis Aufsicht stechen will. Da aber gesagt ward, daß eine vorzügliche Sängerin im Theater della Valle heute zuletzt aufträte, so entschlossen wir uns, mit jenen Herren ins Theater zu gehen. Man gibt den ersten Akt der »Cenerentola« von Rossini, dann ein Lustspiel von 4 Akten, dann den 2. Akt der »Cenerentola«. Es fängt um 8 Uhr an und endigt um 1 Uhr. Die Primadonna sang das triviale Zeug gut; der Bassist war vorzüglich von Stimme, alles übrige der Oper unter aller Kritik. Das Lustspiel ward gut gegeben, es schien aus dem Deutschen übersetzt und spielte in Preußen, mit preußischen Personen. Am Schluß ließ man den braven und

156 Wilhelm Hensel: Schinkel 1824 in Rom

gerechten König leben. Auf uns machte dies einen ganz eigenen Eindruck.

Den 20. Oktober

Morgens begab ich mich mit Waagen, die Antiken von Camuccini zu sehen, in die Wohnung des letztern, dann in sein Atelier bei Strada del Babuino, wo er uns einen schönen antiken Bacchus zeigte, den er für 260 Scudi verkaufen will; der Bildhauer Tenerani restauriert ihn sehr gut für 400 Scudi, weil der Kopf, eine Hand und ein Bein fehlten. Im Café des Palastes Ruspoli frühstückten wir. Nachher ging ich allein mit Hensel zu Reinhold, um nochmals meine Bildchen auszusuchen, Waagen aber zu dem guten, jedoch armen Maler Dräger, welcher für mich einige köstliche Zeichnungen von Carstens kopieren soll, die Thorwaldsen besitzt. Nachher trafen wir alle mit Bunsen in der Gemäldegalerie des Kapitols zusammen, wo nichts Ausgezeichnetes ist.

Herr Bunsen begleitete uns, die antiken Kapitolgefängnisse zu sehen, wo St. Peter gesessen haben soll. Die runde Anlage des Baues aus großen Travertinquadern scheint auf den ursprünglichen Bau einer Form wie die vom Schatzhause des Atreus zu Mykenä hinzudeuten; ein später eingezogenes flaches Gewölbe, aus kleineren Werksteinen konstruiert, und andere Änderungen haben aber nur die unterste Partie unverfälscht übriggelassen. Nahe dabei ist San Luca, wo die römische Akademie der Künste ihre Versammlungen hält; wir sahen hier den Schädel Raffaels und dieses Meisters Bild, welches den heiligen Lukas, die Madonna malend, vorstellt; hinter dem Heiligen befindet sich Raffael selbst, als sein Schüler. Das Bild hängt unter vielem Mittelmäßigen, welches die Saalwände bedeckt.

Wir gingen gegen das Forum Nervae oder, wie es jetzt ausgemittelt ist, Forum Augusti zu, konnten aber in die Klausur eines Nonnenklosters nicht dringen, um die Mauern näher zu betrachten, welches unsere Absicht war. Wir sahen indes die Werkstatt eines Steinarbeiters, die an die Mauern sich ebenfalls anlehnt; dort wurden schöne Pateren, Dreifüße und Vasen aus orientalischen Steinen in bedeutender Größe gearbeitet, und wir nahmen Kenntnis von den Preisen der Arbeiten. Beim Rückweg zum Kapitol ließen wir uns in dessen Unterbauen ins sogenannte Alte Tabularium führen. Dies ist der Ort, wo bei den Römern die Dokumente des Staats aufbewahrt wurden. Caesar stand schon in seiner Jugend diesem Baue vor, und die Konstruktion zeigt ganz den Stil seiner Zeit.

Wir waren um 5 Uhr zum Essen bei Prinz Heinrich. Abends kam Camuccini, mich wegen seiner verkäuflichen Kunstwerke zu sprechen, und Hensel, der mich weiterzeichnen wollte, mit Grahl. Camuccini mit seiner angenehmen Sprache unterhielt uns ein Stündchen recht schön.

Den 21. Oktober

Zum Frühstück um 7 Uhr waren wir bei Bunsen eingeladen, um nachher eine Fahrt in seinem Wagen zu machen. Vorher schon besuchte uns Professor Gerhard. Mit Bunsen ging's dann zuerst nach S. Niccolò in Carcere, wo die Spuren der drei ältesten römischen Tempel zu sehen sind. Zwei ionische und ein dorischer Peripteros standen nebeneinander. Im Fundament hat man aufgegraben und sieht die Basen und Podien, auf dem Dache an einer Seite ein langes Stück des Hauptgesimses mit den Kapitälen, an der andern Seite, im Zimmer des Archiprete, ein Stück der Zellenmauer mit zwei Anten.

Wir fuhren von da nach der Kirche Stefano Rotondo, die endlich einmal, nach vielem vergeblichem Bemühen, durch Bunsens Bestellung, offen gefunden wurde. Das Gebäude ist zu Theoderichs des Großen Zeit von 470 bis 530 erbaut und trägt alle Inkonsequenzen und Barbareien der Zeit. Dicht bei Stefano liegt die alte Kirche Sta. Domenica della Navicella, mit einem kleinen, elf Fuß langen antiken Marmorschiff, welches davor aufgestellt ist. Das Schiffchen ist unter Leo X. im 15. Jahrhundert restauriert und fast ganz erneuert. Die Kirche wurde von Papst Paschalis I. 827 von neuem erbaut, mit einer Altarnische in Mosaik und vielen Granitsäulen. Wir verließen die Herren Bunsen, Schnorr und Stier, welche nach dem Kapitol zurückfuhren, und gingen zu Fuß nach S. Pietro, um in derselben Trattoria zu Mittag zu speisen, wo wir vorgestern gegessen hatten. Die Gesellschaft war auch heute wieder munter und angenehm.

Gleich nach Tisch stiegen wir bei der unbegreiflichsten Heiterkeit der Luft, welche der frische Tramontanwind hervorbringt, auf die Kuppel der Peterskirche und genossen lange der entzückenden Aussicht in den weiten Horizont. Das Meer war sichtbar durch den Sonnenglanz, der darauf spielte; die Gebirge lagen im tiefsten Lasurblau, die grünen Täler mit ihren Villen um Rom und die prächtige Stadt in den herrlichsten Lichteffekten. Auch im Innern der Kuppel genossen wir der wunderbaren Ansichten, die sie bietet, und der prächtigen Mosaiken. Wir stiegen herab und betrachteten noch zum letzten Mal vor unserer Abreise das heute offene Museum des Vatikans, nahmen Abschied von den Loggien, Stanzen und den Antikensälen, traten dann in den Garten der Villa Papale und sahen von den herrlichen Terrassen den Sonnenuntergang und die köstliche Beleuchtung Roms und der Gebirge. Dann gingen wir zur Porta S. Angelica hinaus, wo viel Volks war, und nahmen den Kaffee in einer Taverne ein. Professor Gerhard, der bei uns war, führte uns im Zwielicht außerhalb der Mauer, hinter der Engelsburg weg, nach Ripa Grande, wo wir uns in der Fähre zur Stadt übersetzen ließen. Herrlich standen die beiden großen Massen der Peterskirche und der Engelsburg gegen den goldenen Abendhimmel, in welchem am tiefen Horizont der Abendstern funkelte. Abends waren einige Bekannte bei uns.

Den 22. Oktober

Herr Stier kam am Morgen, und wir frühstückten mit ihm in einem Café außer dem Hause. Dann machten wir einen Abschiedsbesuch bei Catel; dasselbe sollte bei Thorwaldsen geschehen, der aber nicht zu Hause war. Wir sprachen dort Madame Buti und Begas, der einpackte, weil er auch bald abreisen will. Vorher noch gingen wir nach der Villa Medici, um die schönen griechischen

Skulpturabgüsse im dortigen Kabinett der französischen Akademie und den herrlichen Garten zu sehen; die jungen Leute wohnen da wie Götter. Von hier begaben wir uns zum Maler Verstappen, wo wir den schönen Raffael sahen, der zu verkaufen war, jedoch jetzt in ein Waldkloster bei Perugia, in einen verlornen Winkel, zurückwandern soll. Es ist eine in der Manier des »Sposalizio« schön ausgeführte Anbetung des Kindes; Joseph, Maria und Engel sind im Vorgrunde, die Könige kommen im Hintergrunde. Bei dem Bildhauer Tenerani sahen wir darauf die Restauration des kleinen antiken Bacchus, der bei Camuccini zu verkaufen ist.

Thorwaldsen fanden wir auch in seinen verschiedenen Ateliers nicht und besuchten darauf den Bildhauer Kessels, einen Niederländer, der einen vortrefflichen Diskobolos gemacht hat, welcher mit der Scheibe zielt. Wir gingen hierauf zum Konsul Valentini, wo ich mir Geld zum Ankauf der Reinholdschen Skizzen holte. Ein Versuch, um die Miniaturen im Magazin des Duca Torlonia zu sehen, schlug wieder fehl. Wir sahen aber noch einmal in der Galerie des Palastes Sciarra die drei herrlichen Hauptbilder und darauf in der Galerie Colonna das Prachtlokal und die herrlichen Landschaften von Poussin. Ermattet vom vielen Sehen, nahmen wir in einem Café am Venetianischen Platz eine Schokolade und machten dann noch eine Visite bei Bunsen, der uns zum Abend eingeladen hatte, wenn wir vom Diner des Prinzen Heinrich, welches heute noch stattfand, zurückkommen würden. Ich schrieb hierauf noch wegen des Architekten Stier und des Cond. Simon sowie wegen Hensels an den Minister v. Altenstein; dann ging's zum Prinzen und nachher zu Bunsen, wo ein reiches Abendessen serviert war. Es wurde spät.

Den 23. Oktober

Ganz früh, vor 7 Uhr, ging ich zu Catel, der mich in ein Bildchen hineinmalen wollte, welches ein Zimmer in Neapel vorstellt, aus dessen offenem Fenster man das Meer mit der Insel Capri und die Bäume unter dem Fenster aus Villa Reale sieht, gerade so, wie ich dort gewohnt hatte. Um 9 Uhr ging ich nach Hause, wo ich Herrn Bunsen schon mit seinem Wagen fand, der uns am letzten Tage unsers Aufenthalts in Rom noch einige Gegenstände von Bedeutung zeigen wollte.

Wir fuhren zur Engelsburg, wo seit einem Jahre große Ausgrabungen gemacht sind; man hat den alten Eingang ins Mausoleum und den schönen gewölbten, sanft ansteigenden Aufgang gefunden, der ganz mit Schutt und Marmorstücken ausgefüllt war. An vier Orten sieht man trefflich konstruierte Licht- und Luftlöcher, welche das Licht in diesen Aufgang brachten. Vom Mosaikfußboden und von den marmornen Wandbekleidungen sowie von den Wasserableitungen, die von der Plattform durch diesen Gang liefen, sind noch Spuren vorhanden. Wir stiegen durch die Begräbniskammer oben hinauf, wo viel schöne Zimmer und Säle, von Pierino del Vaga ausgemalt, für die päpstliche Wohnung in bedrängten Zeiten, zu sehen sind. Von der Plattform hat man eine herrliche Aussicht auf Rom, die Peterskirche und den Vatikan, so wie alle Gebäude und Gärten des Janiculus von keinem Ort so vorzüglich zu genießen sind. Man fährt fort, in das innere enorme Mauerwerk des Grabmals, womit Hadrian die ägyptischen Pyramiden prächtiger wiederholen wollte, einzudringen, um irgendwo etwas Besonderes zu finden; ich zweifle fast an dem glücklichen Erfolg. Ein Kommandant, der jung zur Majorsstelle gekommen, hat die Passion dafür gewonnen; er führte auch uns umher, und ich habe ihm meinen Rat, so gut es ging, zu geben gesucht.

Wir fuhren nun in die Mosaikfabrik des Vatikan, um ein von unserm Könige bestelltes Mosaik eines alten Kopfs nach Guido zu sehen. Die Summen dauern mich immer, die für Staffeleibilder in Mosaik ausgegeben werden; diese Art von Arbeit sollte nur als Wandschmuck oder Fußboden in großen Prachtgebäuden verwendet werden. Von hier fuhren wir nach Villa Casali, dicht bei Stefano Rotondo. Der Cavaliere, welcher die Aufsicht über die Villa hat, war von Bunsen bestellt, uns einzulassen, um die Antiken zu sehen, welche verkauft werden sollen; einen berühmten Sarkophag mit einer Vorstellung von Bacchus und Ariadne, wofür 30000 Scudi gefordert werden, fand ich so überarbeitet, daß alles in manieriertesten Charakter gekommen ist. Merkwürdig ist ein antiker Mosaikfußboden, vierzehn Fuß im Quadrat, in der Mitte Europa auf dem Stier, an den Seiten Seenymphen auf Seeungeheuern und Arabesken.

Nun fuhren wir in den Garten von Villa Negroni, wo man die Spuren eines langen Stückes des Servischen Walls sieht, den König Servius Tullius im Anfang des 3. Jahrhunderts der Gründung Roms ziehen ließ – ein merkwürdiges Denkmal. Auf dem höchsten Punkte ist in einem Zypressenkreise eine antike kolossale Roma aufgestellt. Der Himmel fing an, sich zu trüben; wir und andere Menschen glaubten, Erdbebendonner in der Ferne mehreremal zu vernehmen. Nachdem wir noch eine Steinhauerwerkstatt besucht hatten, in welcher wir bedauerten, daß der kostbarste Rosso antico zu den schlechtesten Formen verwendet worden war, nahmen wir von Bunsen Abschied, von dem wir so manches Gute und viele Freundschaft genossen hatten. Nachmittags fing ich an, meine Sachen einzupacken.

Maler Reinhold brachte mir die von ihm erstandenen Studien; dann schickte Graf Ingenheim, der von Neapel zurückgekommen war, ob wir uns nicht abends beim Obrist Lepel noch sehn könnten, ich sagte zu. Am Abend war unser Zimmer voll von Künstlern und Freunden, die Abschied nehmen wollten. Thorwaldsen und Catel gingen mit zu Lepel, wo ich Abschiedsvisite machte und Ingenheim über seinen Hausbau sprach. Dann kehrten jene mit Hensel wieder zurück zu uns und blieben spät, während Hensel mein Bildnis, sehr ähnlich und schön, fertigzeichnete. Hensel wird überhaupt hier ein anderer Mann, seine Arbeiten bekommen Stil, er verliert sowohl das Süßliche als Frömmelnde. Es entstand bald ein allgemeiner herzlicher Abschied der vielen Bekannten, welche Rom zu einer gewissen Heimat machen, und wir legten uns zu Bette.

Rückreise von Rom

Den 24. Oktober

Unter einem entsetzlichen Regen und dick bezogenen Himmel verließen wir morgens um halb 6 Uhr das schöne Rom unter Glückwünschungen eines vortrefflichen Cameriere, der uns bedient hatte und von uns gut belohnt worden war. Er hatte viele Reisen im Orient gemacht und wollte gern dahin zurück, wenn er einen guten Herrn fände. Die Luft war so dick, daß wir kaum noch bei Ponte Molle die Peterskuppel sehen und von ihr Abschied nehmen konnten. So blieb das Wetter; wir sahen nichts von den köstlichen römischen Fernen, die uns so oft entzückt hatten. Der Himmel wollte uns den Abschied nicht schwermachen, und ich konnte nicht umhin, meinen Genossen zu erklären, daß ich diesmal doch weit heiterer Rom verließe als vor zwanzig Jahren, was leicht zu erklären sei.

In Baccano wurde zu Mittag gegessen. Viele arme österreichische Soldaten, die aus Neapel zur Heimat kehrten, mußten bei den entsetzlichen Regengüssen marschieren. Mit dem Finsterwerden kamen wir in Ronciglione an und konnten nur noch wenig von der malerischen Lage des Ortes an dem Felstale genießen. Die Tagebücher wurden nun vervollständigt, wozu sich in den letzten Tagen in Rom kein Augenblick gefunden hatte.

Den 25. Oktober

Um 3 Uhr morgens ging es weiter; wir fuhren drei Stunden im Finstern, bis wir die Höhen der viterbischen Gebirge erklommen hatten. Der Himmel war über uns ganz heiter, und ein glänzendes Morgenrot erleuchtete die seltsame Naturszene. Der ganze gestrige trübe Wolkenhimmel lag wie ein festes Schneefeld unter uns in den Tälern; nur die höchsten Bergspitzen hoben sich dunkelblau wie Inseln daraus hervor. Beim Aufgang der Sonne zerriß hier und da die weiße Masse, und man sah in schöne Ebenen und Fernen hinunter, die bei dem glühenden Sonnenschein oft köstlich gefärbt wurden. Das Meer, dessen Ufer fünf bis sechs Miglien entfernt ist, lag an einer Seite längshin. Die schönen Eichenwälder wurden hier schon herbstlich gelb; wir fuhren durch sie hinab nach Viterbo, sahen einige Kirchen von außen, in der einen ein schönes Bild von Sebastiano del Piombo, welches nach Michelangelos Zeichnung gemacht ist. Christus liegt ausgestreckt zu den Füßen der Schmerzhaften Maria, die in schöner Stellung dasitzt. Die Kirche ist die der Franziskaner. Ein paar schöne Paläste sahen wir im Vorbeigehen, so wie die ansehnlichen Springbrunnen der Stadt. Viterbo ist von dem letzten Könige der Longobarden, Desiderius, im 8. Jahrhundert in seinem jetzigen Zustande angelegt. Nach der Sage soll ehemals die alte Stadt Hetruria, welche dem Lande den Namen gegeben, hier gestanden haben. Man findet noch manchmal beim Graben Altertümer.

Wir waren am Ende von Viterbo wieder in die Wolken- und Nebelregion hinabgekommen; indes ward gegen Monte Fiascone hin das Wetter hell. Diese Stadt liegt auf einem bedeutend hohen Berge; der Wagen hielt vor derselben bei einem Wirtshause im Tale an, wo wir zu Mittag aßen und den schönen hier wachsenden Wein kosteten. Vor der Mahlzeit gingen wir durch die Stadt hinauf auf den höchsten Punkt des Berges, wo man eine prächtige Übersicht der Gegend, besonders des Sees von Bolsena hat, in welchem zwei Inseln von origineller Form liegen. Ein Geistlicher, den wir auf dem Platze fanden, machte uns mit den Gegenständen der Gegend bekannt. Der Weg führt weiter, immer neben dem See hin, am Städtchen Bolsena vorbei, welches malerische Umgebungen hat. Die schroffen Felsen der nächsten Hügel zeigen viel Basalt in säulenartiger Form, sind mit schönem Wald bedeckt, und einer von ihnen trägt die Ruinen der alten Stadt Volsinium. Die Straße steigt nun einen Waldberg hinan, in welchem viele Höhlen und die Ruinen von San Lorenzo Vecchio liegen, einem ehemals wegen seiner Räuber berüchtigten Orte. Der Weg ist höchst malerisch, weil man immer die Aussicht auf den See behält; oben liegt San Lorenzo Nuovo, an dessen Tor die Hauptübersicht der Straße, welche wir passiert hatten, bis hinter Monte Fiascone aufs schönste genossen werden kann. Es ward dunkel, und so sahen wir von dem Wege nach Acquapendente und von dessen malerischer Lage und seinem Wasserfall nichts, hatten aber in diesem Orte ein vorzüglich gutes Nachtquartier und Abendessen.

Den 26. Oktober

Um 3 Uhr in der Nacht fuhren wir bei heftigem Regen weiter. Das Wetter war noch immer schlecht, als wir am Fuße des Berges von Radicofani angekommen waren. Die Straße hat sich aber sehr verbessert; man überschreitet jetzt auf vier schönen Brücken den Fluß, welchen ich vor zwanzig Jahren durchs Wasser passieren mußte. Das Hinaufsteigen ist höchst mühsam; als wir uns dem Gipfel näherten, ward das Wetter besser, und wir konnten die rauhen, schauerlichen Rükken dieses Gebirges und die unten liegenden Täler und fernen Berge überschauen. Mit der florentinischen Dogana hat man keine Unannehmlichkeiten hier auf der Grenze, die der Berggipfel macht. Nachdem wir hier abgestiegen waren, wurde das Wetter wieder schlechter; wir blieben zu Mittag in dem einzeln liegenden Wirtshause La Scala. Bis gegen S. Quirico blieb es trübe; dieser Ort mit einer kleinen, im byzantinischen Stil gebauten Kirche liegt hoch auf einem Berge, der mit Ölbäumen bepflanzt ist. Wir gingen einen Augenblick in die Kirche hinein, wo wir ein altes Bild von Taddeo di Bartolo fanden. Nachdem wir den Ort verlassen hatten, gab es einen herrlichen Sonnenuntergang; der Himmel war ganz in Feuer und die zum Teil in Regendunst liegenden Berge schön gefärbt. Der Mondschein half auf dem Wege, bis wir das Nachtquartier in Buonconvento erreichten. Wir fanden hier ein sehr gutes Wirtshaus. Im 14. Jahrhundert wurde Kaiser Heinrich VII. aus dem Hause Luxemburg hier von einem Pfaffen durch eine Hostie vergiftet.

Fünf Stunden in Siena

Den 27. Oktober

Durch angenehme, fruchtbare Berggegenden ging der Weg um 5 Uhr morgens weiter nach Siena, welches wir um 10 Uhr erreichten. Dieser schönen, reinlichen und angenehm auf einem Berge gelegenen Stadt konnten wir leider nur fünf und eine halbe Stunde widmen. Wir sahen soviel es sich tun ließ durch die geschickte Leitung eines guten Cicerone, Fernando Dieciné, in der Locanda dell' Aquila Nera: zuerst die Taufkapelle unter der Kathedrale, welche, so wie das ganze Gebäude, von Niccolò Pisano und seinem Sohne Giovanni oder von den Sienesen Angelo und Agostino 1250 gebaut ist. Die Malereien sind noch gut erhalten; das prächtige Taufbekken, turmartig verziert, von Marmor, Bronze und Emaille, welches wie vieles andere für antik und beim Bau im Grunde gefunden ausgegeben wird, rührt wahrscheinlich auch von den Pisani her.

Das Äußere sowie das Innere der Kathedrale ist ganz vollendet und in seinem Zustande so vollkommen erhalten wie kein anderes Gebäude des Mittelalters in Italien. Über das Genie des Niccolò Pisano, der zwischen 1220 und 1275 lebte, muß man erstaunen. Er ist mit van Eyck zu vergleichen. Alle seine Ornamente sind nach schönen antiken Mustern gebildet und haben nichts von der Roheit, die um diese Zeit in dem übrigen Europa herrschte; Pisa und Siena scheinen damals den Gipfel der Kultur innegehabt zu haben. Das ganze Innere der Kathedrale ist von schwarzen und weißen Marmorschichten erbaut, in schönen Bogenkonstruktionen im Halbkreis. Am Kreuz der Kirche bildet die Mitte ein Achteck auf Pfeilern, die nicht viel stärker sind als die des übrigen Schiffs. Das Achteck ist durch Auswölbung der Ecken über den Bögen, die von den Hauptpfeilern getragen werden, in ein Zwölfeck verwandelt und darüber eine runde Kuppel mit einem zierlichen Tambour gesetzt. Die vier Auswölbungen der Ecken bilden zugleich Kopfnischen für vier vergoldete kolossale Evangelistenstatuen; sie ruhen auf Wandsäulen, welche von unten hinaufgeführt sind. Das Achteck in der Mitte der Kirche greift so weit in die Seitenschiffe ein, daß man die äußersten Pfeiler bei der Perspektive durch die Seitenschiffe noch ganz sieht. Die Altarnische ist lange nicht so hoch als das mittlere Kirchenschiff, damit darüber ein rundes Sonnenfenster angebracht werden konnte, welches eine schöne Wirkung macht.

Seitwärts an der Kathedrale sieht man die Säulen und Bögen einer großen Kirchenanlage mit der Kathedrale verbunden. Dies hat eigentlich die Hauptkirche werden sollen, von der die fertig dastehende nur ein Flügel ist. Das Malerische des Kirchenplatzes wird hierdurch sowie durch die Abteigebäude und den bischöflichen Palast im alten Stil sehr erhöht. Die innern Kirchengewölbe sind bunt gemalt, der Fußboden mit musivischen Darstellungen in weißem und grauem Marmor ausgelegt. Duccio hat die ersten gemacht; die letzten und schönsten aber sind aus dem 16. Jahrhundert, von Beccafumi. Die Bibliothek an der Kathedrale ist eine herrliche Kapelle, von Pinturicchio mit Raffaelischem Einfluß gemalt. Die Fresken sind so frisch, als wären sie gestern fertig geworden – treffliche große Kompositionen und prächtige Ornamente (Gold auf Schwarz, bunt und grau in grau), welche einen ungemein schönen Eindruck machen. In der Mitte dieses Raumes steht die Gruppe der nackten Grazien aufgestellt, welche hier gefunden wurden und deren Schönheit es erlaubte, sie an diesem Orte zu dulden. Von Duccio sind alte Malereien in der Kathedrale, von Sodoma Bazzi eine höchst großartige und originell aufgefaßte »Himmelfahrt Christi«.

Die Kanzel von Niccolò Pisano ist ein vollkommenes Meisterstück der Skulptur in Beziehung auf Verzierung und Darstellung großer Szenen. Das »Jüngste Gericht« an einer Seite der Kanzel bewunderte schon Michelangelo als das schönste Skulpturwerk nach denen des Altertums. Die achteckige Kanzel steht auf acht Säulen, deren vier auf Löwen ruhen. Junge Löwen saugen an ihnen. Die Kanzeltreppe ist um einen Kirchenpfeiler gewunden und hat eine unterstützende Marmorwand, an welcher die herrlichsten Ornamente ganz flach und ganz hoch erhaben in schönen Abteilungen angebracht sind. Auch die Kirchstühle der Kathedrale sind bewunderungswürdig in Holz geschnitten und mit Figürchen reich ausgestattet. Von der Kathedrale aus besuchten wir die Kirche S. Agostino, wo eine »Kreuzigung« von Perugino, ein »Kindermord« von Matteo da Siena und eine »Anbetung der Könige« von Sodoma gesehen wurden.

Dann ging's nach dem Rathause, welches von Jacopo della Quercia gebaut ist, in altertümlicher Form mit hohem Zinnenturm. Hier haben die meisten Behörden ihren Sitz; überall sieht man schöne Bilder der sienesischen Schule. In einem Saale befindet sich von Ambrogio Lorenzetti ein herrliches allegorisches Gemälde von Staat und Kirche, worin eine liegende Figur, den Frieden vorstellend, besonders angenehm wirkt; die übrigen Bilder sind ganz verdorben. In der Sala del Gran Consiglio, die darauf folgt, hat Sodoma in drei Bildern allegorische herrliche Figuren mit schönen Knaben gemalt, ganz raffaelisch. Neben diesem Saale sieht man durch große Öffnungen in die alte Kapelle der Signoria, die von Taddeo di Bartolo ausgemalt ist, wie die noch vorhandene Inschrift berichtet. Auch ein schön geformtes eisernes Gitter ist hier merkwürdig. Die Sala del Consistorio hat eine in Fresko von Beccafumi sehr manieriert gemalte Decke. Aus den Fenstern der Hinterfronte des Gebäudes genießt man, sowie an vielen Orten der Stadt, herrliche Aussichten in die Fernen von Radicofani.

Wir gingen von hier, den Brunnen auf dem schönen halbrunden Platze vor dem Rathause oder Palazzo Pubblico zu sehen, der von der Hand des Jacopo della Quercia ist, dann nach der Accademia delle belle arti. Hier ist eine vollständige Sammlung alter Bilder der sienesischen Schule, die lange vor Cimabue angefangen hat, aufgestellt: herrliche Bilder von Jacopo Pacchiarotti, wonach Mariotto Albertinelli seine »Heimsuchung Mariä« in Florenz genommen hat, von dem graziös lieblichen Andrea del Brescianino, dem graziös manierierten Beccafumi und dem ernst raffaelischen Sodoma. Von den alten Meistern ist Lorenzo da Siena wegen seiner mehr gezeichneten als gemalten Bilder merkwürdig.

Nach der Akademie besuchten wir die Kirche S. Domenico, welche ein breites Schiff ohne Pfeiler, mit einer im Hängewerk sichtbaren Holzdecke, und ein gleichfalls breites Querschiff hat. Hier ist das Hauptbild von Guido da Siena, dem ältesten dokumentierten Meister Italiens; das Bild ist 1221 gemalt, dagegen Cimabue erst 1240 geboren ward. Eine Kapelle, von Sodoma in Fresko ausgemalt, enthält Herrliches. Hinter dem Altar ward uns ein Fenster geöffnet, aus welchem man, da die Kirche auf einem isolierten Abhang liegt, eine vortreffliche Ansicht der Stadt, am Berg hinauf, mit der sie krönenden Kathedralkirche hat. Unten an dem Abhange sieht man auf ein großes Bassin; dies ist die berühmte Fontana Branda, deren Dante erwähnt, indem er ihre Schönheit rühmt und doch ihren Besitz ausschlägt, um gewisse interessante historische Personen in der Mitwelt sehen zu können.

Nach einem guten Mittagessen besahen wir noch ein paar schöne Bilder in den Kirchen S. Francesco und S. Cristoforo; in ersterer ist »Die Kreuzabnahme«, Sodomas bestes Bild, in der zweiten eine Maria auf dem Thron mit vier Heiligen, von Pacchiarotti. Noch genossen wir herrliche Aussichten von den Plätzen vor den Kirchen in die Ferne und fuhren dann ab zum Nachtquartier in Poggibonsi.

Den 28. Oktober

Bei schlechtem Wetter ging es weiter; wir aßen zu Mittag in S. Casciano, einem kleinen Orte. Kerll machte Bekanntschaft mit Leuten, welche die feinen florentinischen Strohhüte arbeiten; ein Mädchen flocht ihm die einzelnen Bänder vor, aus acht Halmen. Die Halme kaufte er; es sind die obersten Spitzen von magerem, unreifem Weizenstroh. Es blieb trübe Witterung, als wir unsere Reise fortsetzten; ich bin sehr froh gewesen, daß wir den Sommer zur Reise gewählt hatten, denn im Oktober ist schon manche Störung durch schlechtes Wetter eingetreten und Italiens wahrer Charakter dem Fremden verlorengegangen. Um 4 Uhr in Florenz angekommen, suchten wir in drei Wirtshäusern nach Unterkommen; endlich fanden wir es in der Villa di Londra, aber teuer und sehr groß. Ein Vorsaal, ein großer Saal mit zwei Betten und zwei andere Zimmer stehen zu unserer Disposition; die Meubles sind aus den alten Mediceischen Palästen, denn das Wappen sieht man in den Fußteppichen. Die Lichter erleuchten nur spärlich unsere weiten Räume. Wir schreiben nach Rom, Berlin usw.

Noch einmal in Florenz

Den 29. Oktober

Nach dem Frühstück gehn wir über den Platz des Palazzo Vecchio, ich gebe dort den Brief nach Rom und Berlin ab; dann gehn wir zur Kathedrale Santa Maria del Fiore und sehn das Gebäude von außen und innen noch einmal durch, ebenso das Battisterio, die Bronzetüren des Ghiberti und der Pisanis. Die sinnreiche innere Einteilung des Achtecks mit den freien Logen und Säulenhallen, für evangelische Kirchen vielleicht geeignet.

Es wird indes 10 Uhr, wo wir im Palast Pitti sein müssen, um dort die Galerie zu sehn. Auf dem Wege dahin wird eine Kirche und mancherlei betrachtet, und besonders beim Anblick der festungsartigen Architektur des Palastes scheint mir eine eigentümliche zierlichere Architektur mit dem rustiken Gewölbebau in Verbindung zu bringen [zu] sein, in dem man in den gewölbten Fenster- und Türräumen gerade, zierlich gegliederte Fenster- und Türkonstruktionen mit horizontaler Bedeckung einfugt und die übrigbleibende halbrunde Gewölbscheibe mit Skulptur ausfüllt.

In der köstlichen Galerie des Palasts gingen wir nun vor die Hauptbilder, um diese recht zu genießen. Im ersten Zimmer sahn wir die unvergleichlichen beiden Landschaften von Rubens, das Bild von Giorgione, welches fälschlich »Luther und Calvin« genannt wird, über der Tür Fra Bartolommeo, Christus' Leichnam, um welchen Maria und Magdalena beschäftigt sind; im 2. und 3. Zimmer »Die Heilige Familie« nach Raffael von Julio Romano, ein Kopf von Perugino, ein andrer von Raffael, das unvergleichliche Porträt Papst Leo X. mit 2 Kardinälen, von denen der eine [als] Clemens VII. Papst ward, auch aus dem Hause Medicis. Gegenüber die »Heilige Familie«, wo die Mutter der Maria, die alte Anna, das Kind der Maria abnehmen will, die schöne heilige Barbara zusieht und mit dem Zeigefinger das Kindchen kitzelt, welches in größter Freude emporblickt. Seitwärts sitzt Johannes, aus dem Bilde herausschauend und auf die Gruppe hinzeigend. – An derselben Wand, höher, hängen »Die vier Philosophen« von Rubens, das Meisterstück im Kolorit des Meisters, er selbst hat sich in einer der Figuren porträtiert, ein großer Evangelist [von] Fra Bartolommeo. Auf Staffeleien stehn zum Kopieren die »Madonna della Sedia« mit deren schönen, fast dem Fresko zu vergleichenden Farbengebung und eine andere schöne Mutter mit dem Kinde, von Raffael; im 2. Zimmer an einer Wand der schönste Andrea del Sarto, Christus' Leichnam, um den Maria, Magdalena und mehrere andere Personen beschäftigt sind, Magdalena die Hände faltend, in dem schmerzlichsten Ausdruck kniend. – Im letzten Zimmer hängt das große Bild Raffaels, die »Madonna del Trono«, herrliche Komposition, leicht behandelt, ohne große Ausführung, fast wie von Fra Bartolommeo, welches man auch glaubt. Ein schönes Bild des Meisters Fra Bart[olommeo], auch eine Madonna auf dem Thron mit mehreren Heiligen, ist schön koloriert, aber etwas zu sehr in allem bewegt. Die beiden Porträts Raffaels vom Kardinal Bembo, dem großen Dichter, und einem andern schließen die berühmte »Vision des Ezechiel« ein, die Wach so schön kopiert hat. Das erste Porträt des fetten, geistreich sinnenden Bembo ist das Vollendetste, was von großartigem manierlosen Malen gesehn werden kann, fast ohne Schatten. Während ich mich im Anschauen der herrlichen Werke vertiefte, störte eine fortwährende rauschende Janitscharenmusik der aufziehenden Leibwache auf dem Schloßplatze und eine Menge Engländer mit ihren Damen, die mit ihren Katalogen und mit großen pappenen Maschinen zum Durchsehn und bessern Beschauen und Abschließen der Kunstwerke in den Zimmern umherliefen. Alles ist jetzt voll von diesen schwärmenden Heuschrecken. – Auf dem Hofe des Palasts sahn wir die Statue des Ajax und Patroklus, die herrlich komponiert, aber schlecht restauriert ist; Kopf und Arm der 2. Figur sind außer Verhältnis und schlecht angesetzt; Ajax ist vortrefflich.

Vom Palast Pitti gingen wir zur großen Galerie im Palazzo dei Uffizi. Die Galerie hat 2 Flügel à 410 Fuß Länge und 1 Querflügel von 100 Fuß; an den langen Flügeln liegen längsthin mehrere Nebenkabinette, deren wichtigstes die sogenannte Tribuna ist. In dieser stehn die Statuen der Venus Medicis, der Kämpfer, des Apollino, eines Schleifers, eines Satyrs oder Fauns, der das Krupezion tritt, welches den Ton des Kuckucks nachmacht und zugleich Becken schlägt. An den Wänden hängen eine berühmte »Fornarina« von Raffael, eine Heil[ige] Familie, »Madonna del Cardellino« (Stieglitzchen), ein Porträt einer ernsten Frau von Raffael, Venus von Tizian, »Salome mit dem Haupte Johannes'« und Figuren von Leonardo da Vinci; eine Madonna mit 2 Heiligen von Andrea del Sarto, großes prächtiges Bild; der »Johannes in der Wüste« von Raffael; ein Bild der Madonna pp. von Michelangelo; 3 Bildchen von Mantegna; 1 von Dürer, »Anbetung der Könige«. In einem andern Hauptzimmer hängt »Der Besuch von Maria und Elisabeth« von Albertinelli; eine »Anbetung der Könige« von Dom[enico] Ghirlandajo, eine andere, in brauner Untertuschung, von Leonardo da Vinci, schwach und zweifelhaft. Eine Madonna auf [dem] Thron mit Heiligen und Engeln, braun untertuscht, von Fra Bartolommeo, 2 Ridolfo Ghirlandajo, 1 Sodoma (Sebastian). Ein großes, schön koloriertes Bild eines Heiligen in Kardinalskleidung, der Findlingen wohltut, von Chimenti da Empoli; schade, daß eine Glorie von 2 Engeln nicht geraten ist. Die übrigen Gegenstände wurden heute mehr im Durchgehn betrachtet.

Wir aßen erst um $3^1/_4$ Uhr zu Mittag in einer Restauration, wo es gut und sehr wohlfeil war, so daß wir bei 4 Gerichten mit Dessert und Wein, alle 4 Personen zusammen, etwa 1 Piaster, 2 Paoli verzehrten. – Nach Tisch gab's einen kleinen Spaziergang durch die Stadt, weil das Wetter ziemlich gut wurde, und zur Kirche Maria del Carmine, um die Masaccios zu sehn. Kerll verlor sich unterwegs nach seiner Weise, und als wir ihn im Wirtshause, ehe wir ins Theater [gingen], wieder fanden, war er sehr böse, welches ihm aber von unserer Seite gelegt wurde. Abends war eine neue Oper im Teatro della Pergola aufgeführt, »Die Kreuzfahrer in Ägypten« von dem Juden Meyerbeer, ein tolles, unverdauliches, süßsauer, trivial empfindelndes und gemein lärmendes Musikgewäsch. Der berühmte Kastrat Velluti, ein großer Mann, sang sehr schön, soweit sich dergleichen Musik singen läßt. (Eine Frau hört man einzeln doch lieber.) Die Primadonna und ein Bassist waren gleichfalls vortrefflich: das übrige ging alles mittelmäßig. Ein sonderbares Ballett, »Der Tod der Virginia«, in outriertem Stil, hatte dennoch weit mehr Kunsttendenz als die unsrigen. Die Weiber waren sämtlich in der Pantomime vortrefflich, und man sah überall malerische Momente; dabei war kein Gestus irgendeiner Person auf dem Theater, der nicht dem Takte und der Musik vollkommen entsprochen hätte, so daß man mit jedem Taktschlage ein plötzlich verändertes Bild sah. Den 2. Akt der Oper, welcher nach dem Ballett gegeben wurde, warteten wir nicht ab, weil es gegen 11 Uhr war.

Den 30. Oktober

Maler Remy zeigte um 8 Uhr eine Skizze zu einem Altarbilde, die wenig verspricht. Wir gingen nach der Akademie und sahn die herrliche Sammlung. Sie fängt an mit einer großen Madonna von Cimabue. Mehrere Bilder von Giotto und Giottino, von Orcagna, von Taddeo Gaddi, »Krönung Mariä« mit vielen Figuren, Gentile da Fabriano, »Anbetung der Könige«, im Hintergrunde ein prächtiger Reiterzug. Da Fiesole, eine Kreuzabnahme mit vielen Figuren, Masaccio, Maria, Anna, das Christuskind. Masolino di Panicale, »Anbetung Mariä im Walde«, wie in der Sollyschen Sammlung. Fra Filippo Lippi, »Anbetung und Krönung Mariä« mit vielen Figuren. Andrea del Castagno; Verrocchio, »Taufe Christi«. Pesello Peselli, eine Predella mit 3 Darstellungen aus dem Leben Johanns. Domenico Ghirlandajo, »Anbetung«, in der Ferne kommt der Zug der Könige, frische Farbe. Sandro Botticelli, »Krönung Mariä«, viele Engel in einer Glorie, Apostel und ein Grab voll Blumen; eine Maria auf dem Thron mit vielen Figuren. P. Perugino, »Abnahme vom Kreuz«, »Grablegung« mit außerordentlich herrlichen Köpfen der 3 Marien und der Magdalena; die »Himmelfahrt Mariä« mit 4 Heiligen, großes, schön koloriertes Bild; ein Kruzifix; »Christus am Ölberg«. Raffael, 2 Porträtköpfe in früher, strenger Art. Andrea del Sarto, eine Predella mit Vorstellungen aus dem Leben des Johannes; 2 Engel, 4 Heilige, eine Madonna auf dem Thron mit 2 Heiligen. Viele andere Bilder, nach der neuern Schule hingehend. In einem Seitenmagazin sieht man viele Fiesoles, Giotto, Sandro Botticelli pp.

Wir gingen in die Kapelle del Scalzo, wo ein kleiner Hof mit grau in grau gemalten Darstellungen aus dem Leben des Johanns, von Andrea del Sarto gemalt, ist; sehr schöne Kompositionen, meisterhaft leicht behandelt, aber sehr verdorben; jetzt hat man Fenster über den Hof zum Schutz angebracht. – Wir gingen nachher, die Bilder in der Maria Annunziata nochmals wieder anzusehn, und dann zum letzten Mal auf die große Galerie, weil diese wegen des Festes Allerseelen von heut an mehrere Tage geschlossen wird und bei der Eröffnung wir Florenz schon verlassen haben. Wir aßen spät Mittag; da aber ein Tramontan wehte und die Luft ganz rein und frisch wurde, bestiegen wir nachmittag San Miniato in Monte, wo wir den unvergleichlichsten Sonnenuntergang über die Stadt und die in höchster Klarheit rosenrot daliegenden Gebirgsketten hatten. Als wir zur Stadt zurückkamen, war es Nacht; wir nahmen ein Sorbett und gingen nach Hause, um unser Tagebuch zu schreiben.

Den 31. Oktober

Der Tag war schön; wir gingen bei früher Morgenfrische im wohltätigen Sonnenschein am Quai des Arno entlang, der, zu beiden Seiten breit angelegt, der Stadt eine besondere Schönheit gibt. Die drei Brücken, welche über den Fluß gespannt sind, sieht man von hier hintereinander, und zu beiden Seiten [sieht man] aus der Stadt hinaus in die schön bewachsenen nahen Berge, von Klöstern und Villen gekrönt, und in die baumreichen Ebenen und fernen Apenninen. Von der letzten Brücke südlich beugten wir wieder in die Stadt ein und sahn in der Kirche Sta. Croce die herrliche Kapelle dei Pazzi von Brunelleschi, im Kreuzgangshof und im Innern die Kapellen von Angelo und Taddeo Gaddi und von Giotto. Dann wurde ein großer Cours durch die Stadt gemacht, auf welchem zunächst Sta. Maria Nuova gesehn wurde und die dort aufgehängten Bilder des Hugo v[an] d[er] Goes, dann Sta. Maria Novella mit den schönen Kapellen des Filippo Lippi, Giotto, Taddeo und Angelo Gaddi, ein schönes Bild von Cigoli, Gottvater hält Christus, von Bronzino eine Kreuzabnahme.

Nach Tisch stiegen wir wieder auf San Miniato in Monte und drangen endlich bis zur Kirche, die wir an andern Abenden verschlossen gefunden hatten. Diese Kirche ist eine ganz alte wohlerhaltene Basilika in den angenehmsten Verhältnissen, mit einem hoch liegenden Altar, vor welchem ein kleines Tabernakel unter der Terrasse aufgestellt ist; neben welchem auf jeder Seite zwischen ihm und der auf die Terrasse führenden Treppe eine Einsicht und ein Heruntergang in die unter der Altarterrasse liegende untere Kirche ist. Oben auf der Terrasse ist das Odeon oder die Konfession mit hohen marmornen Brüstungsmauern umgeben, die reich nach Art des 12. Jahrhunderts mit Porphyr und Mosaik ausgelegt sind; ebenso ist die daselbst auch angebrachte Kanzel. Die Altarnische und Sakristei enthalten große Malerei und Mosaik von Spinello Aretino, das Leben des heil[igen] Bernhard darstellend. An den Wänden der Kirche sieht man auch Spuren der Malerei aus jener Zeit. Das sämtliche Dachwerk ist sichtbar und jeder Balken bemalt. In einer Seitenkapelle dei Portugalli sieht man ein schönes Marmormonument, eine Malerei von Pollajuolo und das Gewölbe mit schönen, in blauer und gelber Fayence ausgelegten, vertieften Rundungen in Brunelleschis Geschmack. Der Sonnenuntergang war von der Höhe herab glühend und herrlich.

Den 1. November

Bei leidlicher Klarheit der Luft fuhren wir am Morgen nach der Stadt Fiesole, die eigentliche Mutter von Florenz, die ihre Kolonie war, aber nun der Mutter so weit über den Kopf gewachsen ist. Fiesole liegt auf einem bedeutenden Vorberg der Apenninenkette so herrlich, daß man fast aus allen Gassen und vom Kirchplatz hinab das prachtvolle Florenz in seiner reichen Ebene, von Tausenden angenehmer Landhäuser viele Meilen weit umgeben, liegen sieht. Die Masse der Glokken aus allen Türmen der Stadt, die das große viertägige Fest immerfort verkünden, hallten laut aus der Ebene hinauf und machten den Anblick noch feierlicher. Wir sahn die Altertümer der alten etruskischen Stadt: ein Stück zyklopischer Mauer, welche die beiden Bergspitzen, auf denen die Stadt liegt, verband; ein sonderbares Tor dabei, aus einer spätern Zeit, aber statisch merkwürdig durch den Bogen, der, ohne Kalk konstruiert, ganz allein steht; Stücke des großen Theaters und anderer Gebäude. Das Kapuzinerkloster liegt auf der höchsten Spitze des Bergs, da ist die Aussicht am weitesten; eine etwas tiefer daneben stehende Kirche San Alessandro ist neu und hübsch erbaut, inwendig mit ionischen Säulen, welche Bogen tragen. Zu Mittag waren wir wieder in Florenz. Nach Tisch gingen wir noch einmal auf Bel Riguardo und genossen die Aussicht, die wir das erste Mal schon gehabt hatten. Dann, im Wirtshause zurückgekehrt, wurde zur Abreise eingepackt, die morgen um 3 Uhr stattfinden sollte.

Bologna

Den 2. November

In der Nacht stiegen wir die Apenninen hinauf; es entging uns viel von der Aussicht, die wir deshalb gestern von Fiesole etwa ebenso genossen hatten. Wir hatten also Abschied vom schönen Florenz genommen. Der Wohlstand dieser Stadt, in welcher es keine Bettler gibt, die die reinlichsten Straßen hat und wo man viele Meilen umher die schönsten Landstraßen auf allen Seiten sieht, welche mit Rinnsteinen aus schönen Quadern eingefaßt und mit Landhäusern in Menge besetzt sind, denen allen die Wohlhabenheit angesehn wird, läßt einen ungemein freundlichen Eindruck nach. – Der Weg in den Apenninen ist rauh und unmalerisch umgeben, aber gegen die Schlösser der Mediceer hin, um Mittag, ward das Gebirg sehr schön; Eichenwälder, Wiesen, Weingärten und viele Villen, von Zypressenhecken und -gruppen umgeben, bilden ein freundliches Ganze. In einem hoch und schön gelegenen Wirtshaus, »La Mascara«, wurde um 9 Uhr schon Mittag gemacht. Wir gingen etwas umher, um die nächsten Landhäuser von außen zu betrachten.

Die Berge, welche wir aber bis jetzt passiert hatten, waren nur die Vorberge der hohen Apenninenkette, die wir nach Essens erstiegen. Der Nebel, und da wir ohnehin in die Region der Wolken kamen, ließ, bis der Gipfel erstiegen war, nichts von den Fernen genießen. Oben sind starke Baumstämme an der Straße aufgerichtet, die im Winter bei starkem Schnee den Weg bezeichnen. Der Sturm auf dieser Höhe ist oft so heftig, daß die Wagen umgeworfen werden. – Jetzt gab es einige sonderbare Erscheinungen, indem der Nebel an einigen Stellen dünner wurde und die in der Tiefe liegenden, beleuchteten Gebirgsmassen geisterartig und im falben Kolorit der herbstlichen Vegetation durchschimmerten. Es ward nach und nach heiterer, und wir sahn große Portionen der vulkanisch geformten Bergmassen, fuhren aber auf grünen Alpenwiesen, die mit einzelnen Art Sennenhütten bebaut sind. Eine Miglie von der Straße schimmerte aus dem nächsten, immer noch sehr hoch liegenden Tal die kleine Flamme eines nicht auslöschenden Vulkans wie ein Hirtenfeuer herauf. Im Mondschein kamen wir an die päpstliche Dogana und dann $^1/_4$ Stunde nachher ins Nachtquartier zu Scarica l'Asino.

Den 3. November

Um 3 Uhr morgens ging's weiter, immer auf der Gebirgshöhe steigend und fallend. Gegen Aufgang der Sonne erreichten wir die Aussicht auf die lombardische Ebene, die man, wenn ganz scharfe heitere Luft ist, bis ans Adriatische Meer mit bloßen Augen verfolgen kann. Heute floß alles in eine blaue Masse zusammen, die da, wo der gelbliche Morgenhimmel durch die grauen Wolkendünste brach, sich am Horizonte scharf in gerader Linie vom Himmel schied.

Um 11 Uhr gelangten wir bei schönstem Sonnenschein und einem frischen Herbstwetter nach Bologna. Die Stadt, ganz in der Ebene gebaut, hat an der Gebirgsseite schöne Landhäuser und Paläste auf den Anhöhen. Wir nahmen ein solides Frühstück ein, bestellten das Mittagessen um halb 6 Uhr und gingen gleich mit einem Lohnbedienten, die wichtigsten Gegenstände des Orts zu betrachten.

Auf dem Wege zur Bildersammlung der Akademie sahn wir die beiden schiefen Türme; der kleine hängt 9 Fuß, der lange hohe $2^1/_2$ Fuß über. In der Bildersammlung sind auch die alten Meister aufgestellt, die herrlichsten sind: die »Cäcilie« von Raffael und gegenüber der »Kindermord« von Guido, andere schöne Bilder von Guido, eine große Pietà, oben der tote Christus, betrauert von Maria Magdalena, Johannes; dieser Teil wie auf eine Decke gemalt, unten 2 Heilige, 16 Fuß hoch, 10 breit, und andere, auch von Domenichino, Perugino, Carracci, Francesco Francia und den Schülern dieser Meister. Herr Senff kopierte für den König ein Bild von Innocenzo da Imola, für sich die »Cäcilia« klein. – Im Gartenhause des Botanischen Gartens der ältesten und so weitberühmten Universität von Bologna sahn wir Freskos von In[nocenzo] da Imola, schöne Kompositionen, »Apollo unter den Hirten«, »Diana und Endymion« und »Diana im Stierwagen«, mit der Luna auf dem Haupt im Hintergrund »Diana und Aktäon«, viele liebliche Nymphen, einige sind bange um den Jüngling und wollen die Hunde abhalten. »Marsyas und Apollo«, ersterer wird geschunden, ist aber auch als schöner Jüngling gedacht.

In die Kirche [fehlendes Wort] konnten wir nicht hinein; wir sahn die Freskos einer Vorkapelle von Francias Schülern und freuten uns hier besonders, so wie auf dem ganzen Wege durch die Stadt, über die herrlichen breiten Arkadenhallen an jeder Seite der Straße, in welchen man geschützt gegen Regen durch die Stadt gehen kann. Wir gingen nun, die Galerie im Palast Ercolani, schöner Säulenhof und Treppe, zu sehn, die ehemals Malvezzi hieß. Vorzügliche Bilder sind hier: 4 Porträtköpfe von Boltraffio, Mantegna (er selbst), Franc[esco] Francia und Luini (ein Weib); auch 2 Bilder kniender Donatoren, hinter ihnen graue Architektur von Cossa, Schüler des Squarcione.

Wir sahn nachher den Dom, der im Innern nach der römischen Peterskirche gebaut ist, doch ohne Kuppel, der Altar im eignen Raum, hinter demselben der Chor. Siehe Fig[ur]. Wir gingen zum großen Platz, sahn den Brunnen mit dem schönen bronzenen Neptun des Jan di Bologna, das Stadthaus, auf dessen Mittelaltan die bronzene Bildsäule Papst Bonifacius' steht. Das Haus des Königs Enzio, natürlicher Sohn Kaiser Friedrich II. und König von Sardinien; er ward von den Bolognesen dort in Gefangenschaft gehalten, die ihn im Felde gefangennahmen. Das Gebäude mit zierlicher Architektur zerfällt; man malt die Theaterdekorationen in den Sälen. Gegenüber liegt die schöne Kirche San Petronio mit unvollendeter Marmorfassade im Stil der Pisanis. Innen ist die Kirche sehr groß und in Spitzbögen gewölbt; die Säulen zu kurz, die Kapitäle zu lang. Es sind 3 Kapellen mit alten Wandgemälden von Buffalmacco, Lorenzo di Vitale, Lorenzo Costa und andern.

Die Galerie im Palast Zambeccari, welche wir dann sahn, hatte außer einem heiligen Sebastian von Tizian nichts sehr Merkwürdiges. – In San Domenico fanden wir das berühmte Taufbecken des Niccolò Pisano nicht mehr, welches er 1231 machte und davon Nicola dall' Urna genannt wurde. Außerhalb hat die Kirche schöne Backsteinkonstruktionen, ist aber vielfach modernisiert worden. Auf dem Kirchplatz stehen zwei alte Sarkophage auf Säulen mit Baldachinen, die Pyramidendächer haben; das schönste soll für den ersten berühmten Advokaten oder Juristen der Universität sein; das andere ist ganz roh. Abends kehrten wir ermüdet zum Wirtshaus zurück; ich kaufte bei artigen Leuten ein Paar Pelzschuhe, die mir auf der Reise schon hier sehr wohltun. Nach einem guten Essen wollten wir uns, bis auf Brandt, gleich zur Ruhe begeben, weil wir unmöglich die angekündigte neue Oper von Meyerbeer hören können. Dafür hatten wir im Hause eine ganz angenehme Musik zu hören, wo Rossinische Sachen mit guter Begleitung mehrerer Instrumente gut ausgeführt wurden und auch beim Rasieren, Ins-Bett-Steigen und bis zum Einschlafen recht angenehm die Zeit vertrieb.

Ferrara und Padua

Den 4. November

Wir brachen frühmorgens bei heiterem Wetter auf. Der Weg geht nun wieder durch die lombardische Ebene fort im angenehmen Einerlei fruchtbarer Felder, mit Pappeln und Weinranken besetzt, die beide nachgrade ihr Laub schon verlieren. Zwischen 9 und 11 Uhr hielten wir in einem einzelnen Gasthofe ein herrliches Mittagsbrot. Wir konversierten hier mit einem ungarischen Offizier, der mit seiner Familie und seinen Truppen aus Neapel in das Vaterland zurückkehrte, sehr glücklich darüber war und viel Nachteiliges von Neapel und die Geschichte des Obristen erzählte, der bei Terracina von den Räubern angefallen, ins Gebirg geschleppt und 8 Tage grausam behandelt wurde, bis sie ihn aus Furcht vor den darauf veranstalteten kräftigen Maßregeln freiließen. Die ungarischen Truppen kamen bald nach und lagerten sich am Wege.

Bei fortwährend schönem Wetter fuhren wir weiter und gelangten um 12 Uhr nach Ferrara. Es wurde gleich mit einem Lohnbedienten der Cours durch die Stadt gemacht, zuerst zur Bibliothek. Auf dem Hof sind allerlei Sarkophage, Fragmente, Inschriften aus der letzten alten und Mittelalter-Zeit eingemauert, die in der Gegend gefunden sind. Ariosts Körper wird hinter einem Marmormonument in der Bibliothek bewahrt; eben[so] sein Stuhl und Dintenfaß, seine eigenhändigen Manuskripte und die des Tasso. Beide großen Dichter wurden von dem Fürstenhause Este schlecht behandelt. Das Vorzüglichste in der Bibliothek sind eine Masse großer Foliantenmanuskripte mit schönen Miniaturen des alten Malers Cosimo Tura, Cosme genannt, Vater der ferraresischen Schule. – In der Kirche S. Francesco finden sich schöne Bilder des Garofalo und seiner Schule, auch ein Perugino. Die Kirche ist mit Säulen, die Bogen tragen, unterstützt; die Anker sonderbar stark dekoriert. Der Dom hat eine reiche Giebelfassade aus Marmor in lombardischem Stil, mit vielen kleinen Säulen und Bogenstellungen. Sie bildet 3 gleiche, aneinandergestellte Giebelfassaden. Im Innern ist sie ganz modern, Kreuzgewölbe wechseln unangenehm mit Kuppeln ab. Der noch nicht vollendete Turm hat eine großartige Architektur von gleichen Geschossen, jede Fassade 2 Bogenstellungen auf Halbsäulen, an den Ecken starke Pilaster. Wir stiegen hinauf, um den Plan der Stadt von oben zu sehn. Der Ort, welcher im 15. Jahrhundert unter den Herzögen von Este über 100 000 Einwohner hatte, ist unter der Regierung der Päpste so zurückgekommen, daß jetzt etwa 16 000 da sind. Einige Straßen scheinen ganz ausgestorben. Mitten in der Stadt haben mehrere tausend Juden ihr Ghetto.

In der Kirche S. Andrea, die innerlich von unangenehmen Verhältnissen ist, befindet sich im Chor das Hauptbild des Dosso Dossi, Lehrer des Garofalo, »Maria auf dem Thron unter Heiligen«, vortrefflich komponiert und gemalt. Die dazu gehörigen Seitenbilder, Heilige, sind von seinen Schülern Garofalo und Carpi gemalt. Die Kirche S. Gregorio vor dem Tor hat nichts Merkwürdiges. Beim Durchschneiden der Stadt, um zur Certosa zu gelangen, sahn wir mehrere schöne Straßen mit schönen Palästen; einer der größten, Bevilacqua, verfällt mit seinem Garten, weil der Besitzer falliert hat. Ein andrer Palast, Delvilla, ist von großen Verhältnissen und ganz in Facettenquadern ausgeführt. – Die Certosa hat eine Backsteinarchitektur mit Bögen in schönen Verhältnissen. Im Innern schöne Bilder. Der Kreuzgangshof und die Häuser der Kartäuser sind jetzt zum Kirchhof oder Camposanto sehr zweckmäßig umgestaltet. – Durch das in der Stadt liegende Kastell, die Residenz des Kardinals, kehrten wir ins Wirtshaus zurück, wo der Lohnbediente plötzlich mit uns deutsch zu sprechen anfing, wahrscheinlich ein Polizeispion, er war aus Triest. Das Abendbrot schmeckte gut, nur Kerll ist seit mehreren Tagen nicht ganz wohl.

Den 5. November

Wir setzten den Weg bei starker Kälte über Rovigo, wo wir zu Mittag aßen, fort; bei einer kleinen Promenade durch die uninteressante Stadt, welche 3 schiefe Türme hat, wurde uns klar, daß diese Kunststückchen Fehler der Baumeister sein müssen. Abends näherten wir uns der kleinen angenehmen Berggruppe von Monselice, in dem Ort übernachteten wir.

Den 6. November

Mit Anbruch des Tags fuhren wir weiter, sahn den mit alten Mauern, Türmen und Kloster gekrönten Berg der Stadt und die übrigen in schönem Morgenschein und erreichten nach 3 Miglien Wegs das Schloß des Großherzogs von Modena, Cattaio, welches sich in schöner, einfacher altertümlicher Form mit Terrassen und Plattformen an einen der Hügel der Berggruppe lehnt. Wir gingen hinein und sahn die Antikensammlung. Sie enthält an 1000 Marmor[stücke], unter denen viele interessante kleine griechische Kippen und Basreliefs, auch Figürchen sind; die Büsten und großen Figuren sind unbedeutend oder entsetzlich restauriert, überschmiert und überarbeitet. Viele Gläser, Vasen aller Art, Bronzen, Utensilien, auch mehrere Mittelaltersachen sind interessant. Das Schloß hat außerdem eine neu eingerichtete kleine Kapelle in schwach gotischem Stil, in welcher aber eine Menge interessanter Bilder der ältesten venezianischen Schule angebracht sind. Davor ist ein Kabinett mit Musikinstrumenten; auch ist eine große Rüstkammer im Schloß. Auf die Terrassen steigt man im Schlosse auf Treppen, die in den Felsen gehauen sind, der hier in der Ebene hoch zutage kommt und den Kern der Hügel macht, eine Art Pechstein. Die Wände des Schlosses, welche in diesen Fels gehauen sind, hat man im Innern nicht überweißt, sondern roh sichtbar gelassen, welches sehr romantisch ist. Von den Terrassen hat man sehr angenehme Aussichten auf die Gebirgsgruppe und die weite lombardische Ebene. Die Alpenkette von Tirol zeigt sich auch schon am Horizont, und Schneegipfel, die wir übersteigen sollen, deuten uns den Weg ins Vaterland an.

Um 10 Uhr in Padova angekommen, nehmen wir ein schönes Frühstück ein und machen dann mit einem Lohnbedienten den Cours durch die Stadt. Zuerst in den Palazzo di Signoria, wo der größte Saal der Welt sein soll. Er ist mit einem Bohlendach überspannt, dessen Rippen man innerlich sieht, an den Wänden in vielen Feldern nach altdeutscher Art abgeteilt und von Giotto und seinen Schülern ausgemalt. Er ist 44 Schritt breit, 123 Schritt lang. Das Dachgewölbe ist mit vielen eisernen Ankern durchzogen. Auf jeder der langen Seiten läuft eine Säulenlaube mit Bögen. Er liegt etwa 30 Fuß über dem an jeder der langen Seiten liegenden Markte. Im untern Raume sind 500 vermietete Butiken. – In dem Palaste Papafava sahn wir ein geschmackvoll ganz neu eingerichtetes Appartement mit neuen Basreliefs und Malereien, letztere von einem Venezianer, sehr viel Talent zeigend, und besonders das Grau in Grau sehr sauber und täuschend ausgeführt. In einem großen Saal wird ein Marmorkunstwerk aus einem Stück, 60 Figuren enthaltend, [gezeigt,] ein Engelsturz, von dem Bildhauer [fehlendes Wort] sehr künstlich und im einzelnen gut und sauber gearbeitet, aber im ganzen den Effekt von Spritzgebackenem [machend], denn es ist nur 5 Fuß hoch und darin so viele Arme und Beine. – Wir gingen nun über den Platz, auf welchem die berühmten Professoren der alten Universität ihre Bildsäulen haben; diese Statuen sind sämtlich aus später manierierter Zeit und nicht anzusehn. Am Platze liegt die Kirche der heil[igen] Giustina; die Fassade unfertig, innerlich plump, aber sehr groß, mit mehreren Kuppeln gewölbt, mit korinthischen Pilastern verziert.

Weit wichtiger ist die berühmte Kirche S. Antonio. Mit vielen Kuppeln über schönen Backsteinmauern macht das Ganze schon von außen die abenteuerlichste Wirkung. Im Innern ist die Kirche mit Spitzbögen gewölbt. Eine schöne Seitenkapelle ist ganz erhalten, mit Malerei in Fresko von Giotto und einem Schüler. Eine Säulenstellung mit Bögen sondert die Kapelle von der Kirche; man sieht und tritt vom Seitenschiff hinein. Am Hochaltar sieht man sehr schöne bronzene Kandelaber von Riccio. An der anderen langen Seite, der Kapelle des Giotto gegenüber, ist eine prachtvolle Kapelle, von Sansovino gebaut, überall an Pilastern, Säulen, Wänden, Kandelabern mit den reichsten Skulpturen verziert. Die an den Enden stehenden Pilaster, über welchen die auf 6 Säulen ruhende Bogenstellung schließt, sind mit Füllungen gearbeitet und diese ganz ausgefüllt, jede mit 6 kleinen, höchst zierlichen und schön gedachten Figurengruppen, eine über der andern auf Schalen stehend, die sie zugleich architektonisch sondern. Diese herrlichen Arbeiten sind von den Bildhauern Matt[eo] Allio da Milano und Girolamo Pironi. Die großen Basreliefs der Wände sind von Anto[nio] Lombardi, Giu[liano] Fornasiero da Padova, Cattaneo Carrarese, Sansovino, Hieron[ymo] Campagna Veronese, Fiorentiono Pelucca und Anton[io] Minelli Padovano.

Auf dem Kirchplatz ist eine Statue zu Pferd in Bronze von Giov[anni] da Bologna. Seitwärts liegt eine kleine Kirche, Scuola di San Antonio genannt, wo herrliche Freskos von Tizian und seinen Schülern an den Wänden stehn; unter den Schülern zeichnet sich Campagnola an Größe der Komposition am vorteilhaftesten aus. – In der Kirche di Eremitani sahn wir ein schönes Bild in Öl von Fumiseno da Treviso hinter dem Altar, Madonna mit Heiligen. Zu beiden Seiten an den Pfeilern des Eingangs zur Altarnische mit Giottoscher Malerei sind 4 grandiose Evangelisten von Mantegna in Fresko. Seitwärts liegt eine Kapelle, welche von Mantegna und Ansuino da Forli, Boni und Niccolò Pizzolo, letzterer hat die Gewölbe gemalt. Das Bild des Mantegna ist unvergleichlich in Charakteristik, Perspektive und Farbe, stellt die Marter des großen Christoph vor. Eine Weinlaube vor einem zierlichen Hause, eine venezianische Straße als Hinter- und Vorgrund geben dem Ganzen etwas höchst Angenehmes. Von hier gingen wir nach Sta. Maria dell' Arena, von einem Amphitheater so genannt, dessen ganzer Umfang in einzelnen Mauern noch steht und den Vorplatz bildet. Der Dom ist ganz modern, wir gingen durch und dann nach der Sternwarte, wo wir den Untergang der Sonne abwarteten. Die große lombardische Ebene im Herbstkleide, teilweise warm erleuchtet, mit tausend glänzenden Türmen und Landhäusern durchsät, die schöne Stadt darinnen, auf der andern Seite die Berggruppe bei Monselice und hinter derselben, sich weit herausziehend, die lange Kette der Tiroler und Friauler Alpen, macht ein herrliches Bild. Durch ein großes Sternteleskop sahn wir fern schon die Türme von Venedig liegen. – Nach einem guten Abendbrote gingen wir, weil es sehr kalt und hier die Zimmer noch nicht zu heizen sind, bald zu Bett.

Venedig

Den 7. November

Der Weg von Padova nach Venedig geht zwischen fruchtbaren Gärten mehrenteils am Ufer der Brenta fort, die hoch eingedeicht ist, weil sie oft durchbricht und großen Schaden tut. Ein

Landhaus und Palast steht beim anderen, mit angenehmen Gartenanlagen. Die Architektur ist nicht zu loben, meistenteils kleinliche und mißverstandene Verhältnisse schönerer Vorbilder. Der Palast des Vizekönigs ist die bedeutendste Anlage mit prächtiger Umgebung. Angenehm auf dieser Straße ist, daß man von Zeit zu Zeit die Alpenkette durch die Bäume der Gärten blicken sieht. In Mestre angekommen, frühstückten wir stark, sonderten unsere Effekten und ließen alles, bis aufs Allerdringendste, in Mestre zurück, mit einem kleinen Sack setzte sich jeder in die Barke, unser Vetturin, Luigi Staderini, der sich mit dem Gewinn auf unseren fortwährenden Reisen selbst etabliert hat, mit, und [wir] fuhren hinüber nach dem wunderbaren Venezia.

Der Ausgang der Brenta ins Meer oder eigentlich in die Lagunen ist mit mehrere Miglien langen Festungswerken, die grün bewachsen sind, von den Franzosen besetzt worden. Diese verhindern noch lange den Anblick der großen Stadt im Meer, welcher jedes Mal, das man ihn wieder hat, neu und erstaunlich ist. Die Barke glitt sanft in den Canale Regia ein, und zu beiden Seiten entfaltete sich die wunderliche Architektur der Häuser und Paläste. Leider machte nur auf mich die tote Stadt einen traurigen Eindruck, die ich vor 20 Jahren zwar im Verfall, aber doch noch mit dem äußeren Schein ihrer Größe und Lebendigkeit gesehn hatte. Wir waren im Canale Grande eingefahren, passierten Ponte Rialto und fanden nicht weit davon unsern Gasthof, »Lion bianco«, am Canale Grande, ein herrliches, großartig eingerichtetes Wirtshaus, wo wir nicht übertrieben teuer, aber wie Prinzen leben.

Es war halb 3 Uhr, ich führte die Reisegesellschaft gleich auf den Markusplatz, in die Kirche, um den Dogenpalast und in seinen Hof, dann auf den Turm, wo wir uns das entsetzliche Gewühl der Häuser und Gebäude recht ansahen und vom Wächter der Uhr erklären ließen. Die Uhr wird von Menschen geschlagen, die also genau wachen müssen. Es war nachher noch Zeit, die Kirche S. Zaccaria und die von S. Gio[vanni] und Paolo von außen zu sehn. Auf dem Wege zur letzteren verirrten wir uns in dem Gewirr kleiner Straßen, kamen aber um 5 Uhr zum bestellten Mittagsessen ins Wirtshaus zurück, welches für 4 Francs fürstlich war. Auf den Abend gingen wir in eine Oper, wo eine Musik von Generali bei weitem leidlicher anzuhören war und ausgeführt wurde als alles übrige, was wir in Italien gesehn hatten. Wir schliefen aber doch alle vielmals ein, denn um halb 9 Uhr erst ist der Anfang.

Den 8. November

Wir hatten das Glück, einen vorzüglich guten, instruierten Lohnbedienten zu bekommen, nahmen um halb 9 Uhr die Gondel des Hotels auf den Tag und fuhren bei dem herrlichen klaren Wetter, wobei es jedoch immer frisch und frostig ist, nach der Insel Murano, wo wir die Glasfabrik sahn, wie die gefärbten Gläser für die Perlen pp. präpariert werden. In der Kirche sind einige interessante Bilder. Nach einer Stunde waren wir zurückgekehrt, fuhren beim Pulvermagazin und dem Kirchhofe vorbei, alles liegt einzeln im Meer. – Die Barke legte zuerst an bei der Kirche dei Gesuiti. Hier ist das berühmte Bild Tizians, »Des heil[igen] Lorenzo Marter«; es ist sehr verdorben, dunkel und ungenießbar. Die Kirche ist ungemein prächtig, alles vom seltensten Marmor; die großen Wandflächen zwischen den Pilastern sind eine große Tapisserie von Verde antico, in weißem karrarischen Marmor blumicht ausgelegt; der Altar hat viele gewundene Säulen von Verde antico. An andern Altären sind Säulen von dem seltenen schwarzen Stein Pietra di Paragone, Probierstein. – Die kleinere Kirche Maria del Miracoli, ganz von Marmor, hat eine vortreffliche innere Einrichtung von Altartribuna mit Kanzeln, mit Marmorgeländern und Pilastern, mit den schönsten Arabesken von der Hand des Lombardi. Die Fassaden sind gleichfalls sehr sorgfältig verziert und angeordnet mit runden Frontispizen. Die Kirche hat ein reich kassettiertes Tonnengewölbe; das Ganze eignete sich zu einer protestantischen Kirche. – In der Kirche S. Marciliano sahn wir ein kleines Bild Tizians, Tobias, mehr in Art von Paolo Veronese.

Die Kirche Maria dell' Orto hat eine alte Fassade, hier ist ein schönes Bild von Cima da Conegliano, mehrere Heilige, dabei Johannes. Darüber ist ein kräftig beleuchteter Tintoretto, eine Präsentation Mariä vorstellend. Die Wände der Altarnische sind mit großen Tintorettos bedeckt, ein »Jüngstes Gericht« und eine »Anbetung des Goldenen Kalbes«, beide mit sehr vielen Figuren. – Im Vorbeifahren sahn wir aus der Gondel die schönen Paläste, Palazzo d'Oro mit Spitzbögen auf Säulchen, ehemals das Schatzhaus der Republik. – Palazzo Coronara della Regina von Palladio, aus diesem Hause war eine Frau Königin von Cyprus; Palazzo Pesaro von Baldassare [fehlendes Wort]; das Quartier der Türken mit einem alten Gebäude am Großen Kanal, welches eine lange Loge von Säulchen und Spitzbögen hat und zugleich als Moschee dient.

In dem Palast Manfrini sahn wir die herrliche Bildergalerie. Mir war darinnen besonders bemerkenswert: Eine Heil[ige] Familie und 2 Heilige von Gio[vanni] Bellini. Ein Kopf von Giorgione. Ariosts Porträt von Tizian. »Die Alter der Menschen« von Tizian. 3 größere Bilder, für Julio Romano ausgegeben, aber weit mehr im Giorgioneschen Stil gehalten, Pandora, Circe, die dem Ulysses den Trank reicht, pp. Porträt Giorgiones, seiner Frau und des Sohnes, von ihm selbst. Die »Regina Cornaro« von Tizian. »Apollo, Marsyas und Midas« von Guido Reni. »Bacchus und Ariadne« von Rubens. Ein Kopf von Antonello da Messina. Das berühmte Bild Tizians, »Die Abnahme vom Kreuz«, in jeder Beziehung ein köstliches Bild (Wach hat eine kleine Kopie davon). Eine Madonna und mehrere Heilige, ein längliches Format, von Bonifazio, Schüler Tizians. Eine Anbetung des heil[igen] Rochus, der Katharina und eines Donators von Lorenzo Lotto, ein längliches Format, sehr schön. Eine nackte Frau in einer Landschaft mit einem Kinde an einem Fluß, ein geharnischter Mann steht entfernt im Vorgrunde, von Giorgione, nicht sehr groß. Eine »Heil[ige] Familie« von Palma Vecchio. Eine große »Abnahme vom Kreuz« mit vielen Figuren von Romanino da Brescia. Ein großer Karton, koloriert auf Papier für Tapete, den Noah mit seiner Frau und alle Tiere der Arche darstellend, wird für Raffael gegeben, ist höchstens Zuccaro. 2 Bilder, Allegorien mit vielen Figuren, »Die Opinione und die Scienzia«, von Bonifazio, längliche Bilder. »Die Cena in Emmaus« von Gio[vanni] Bellini. 2 Porträte von Petrarca und Laura, von Gentile Bellini. Ein herrliches Bild, zwar klein, von Mantegna, »Die Anbetung der Könige«. Ein anderes, »Ritter S. Georg«, prächtig gezeichnet, in Rüstung, auch von Mantegna. »Anbetung der Könige« von Girol[amo] di Sta. Croce. Zwei kleine Bildchen, »Alexander und Roxane«, und eine Art Bacchanal, nach Raffael von Sta. Croce ausgeführt. Porträt von Tizians Mutter, von Tizian. »Anbetung der Hirten« von Bernardino Licinio, sehr tizianisch. Ein kleines Bild, »Die Abnahme vom Kreuz«, die Zeichnung ist Raffael, die Ausführung venezianisch. Eine Magdalena, stehend, kleines Bild, von Correggio. Ein David, von Campagnola, großartig. Außerdem fand ich einen kleinen Altar mit Flügeln, ganz in Emailmalerei auf dunkelblauem Grunde, in raffaelischem Stil, jedoch später, ein vortreffliches Stück. Gleichfalls ein Buchdeckel von der köstlichsten Nielloarbeit in Silber, in Folio, die schönste Zeichnung und Ausführung.

Wir stiegen im Weiterfahren bei der Kirche degli Scalzi aus, die außen und innen reich an Marmor ist, jedoch in überladenem Stil. – Der Palazzo Vendraquino ist von Lombardo in schönem alten Stil, einer Vermischung des Antiken mit dem Mittelalter, gebaut, macht eine herrlich kräftige Wirkung im Vorbeifahrn. – Die Kirche S. Moisè hat eine der reichsten, aber ganz überladenen Fassaden.

Hier stiegen wir aus der Gondel, gingen zu Fuß nach dem Markusplatz, aßen zum Imbiß vortreffliche, aber teure Austern, sahn dann die Kirche San Marco noch einmal im Detail, stiegen zu den Pferden von Bronze, die bei genauer Untersuchung viel restauriert sind. Sie waren in Paris ganz schön und fest verguldet, die Verguldung ist ungeschickt mit Fleiß teilweise abgekratzt, man sieht einzelne Schrammen. Auch auf die inneren

Galerien der Kirche gingen wir, um die Mosaiken näher betrachten zu können. Im Innern sind einige herrliche Altäre von Lombardo, eine schöne Tür von Bronze mit Marmoreinfassung hinten in der Altarnische von Sansovino, auch kleine bronzene Evangelisten von ihm. Die 4 Säulen des Baldachins über dem Hochaltar sollen aus Konstantinopel gekommen sein; sie sind von unten bis oben mit hoch erhobenen Figürchen unter Bogenstellungen skulpiert. Die Pferde stehn auf 2 Säulchen; man könnte davon, in anderer Art verstanden, einmal für unsere Monumente eine Anwendung machen.

Die Barke nahm uns am Broglio, hinter den beiden Säulen aus Tyrus und Sidon, welche den Löwen und den S. Markus tragen, wieder auf und brachte uns nach S. Giorgio in Porto Franco, gegenüber dem Markusplatze. Diese Kirche ist von Palladio entworfen, von Scamozzi ausgeführt, wahrscheinlich hat letzterer viel verdorben, denn im Innern besonders sind die Verhältnisse der verjüngten Doppelpilaster höchst unangenehm; auch ist das Gewölbe häßlich durch die Fensterkappen. Der Kreuzgang bei der Kirche hat eine glückliche Anordnung gekuppelter Säulen zur Tragung der Bögen; sie sind nach der Tiefe der Mauer gestellt, so daß eine starke Wand über dem Gewölbe für eine hohe Etage gewonnen wird. Wir fuhren noch nach der neuen Promenade, wo die Bäume seit 12 Jahren schön angegangen sind und von wo man eine prächtige Ansicht der sich vornehm präsentierenden Stadt hat. Hier sahn wir den Untergang der Sonne und gingen dann zum Wirtshause zurück, wo ein schönes Mittagessen wartete und wir dann flüchtig am Tagebuche schrieben.

Im Dogenpalast

Den 9. November

Der erste Gang war früh in den Expalazzo del Duca, der ehemalige alte Dogenpalast an der Markuskirche. Wir stiegen die Herkulestreppe im innern Hof in die Höhe, welche frei ansteigt, sehr zierliche verzierte Marmorstufen und ein durchbrochenes Marmorgeländer hat. Zugleich betrachteten wir die reiche Architektur des Flügels am Palaste. Von der langen, offenen Galerie, in welche jene Treppe führt, stiegen wir die sogenannte Scala d'Oro, der gewöhnliche Aufgang der ehemaligen Dogen, in die Hauptetage weiter. Diese Treppe ist von Sansovino erbaut; unter ihm hat Vittoria die Stuccos ausgeführt, welche in der gewölbten Decke an Kassetten angebracht sind; Vergoldung und Malerei fehlt nicht an dieser Decke. Das Ganze macht sich sehr prächtig. Im ersten Saal, in welchen man tritt, Sala del Consiglio dei Dieci oder der Staatsinquisition, sind die Gemälde an [den] Wänden und in der vergoldeten Decke von Paolo Veronese und seine[n] Schüler[n] Bersano, Aliense, Zelotti, Marco Vecellio. – Von diesem Saal geht es in einen andern, Sala delle quattro Porte genannt, der als Durchgang und Vestibule gebraucht wird. Die Türen mit schönen Marmorsäulen verziert, über dem Etablement allemal 3 Statuen aufgestellt. Die Decke ist mit Freskos von Tintoretto gemalt. Die Freskos halten hier in Venedig gar nicht. Die Wände in Ölfarben, von Carletto Caliari, Sohn Paul Veroneses, von And[rea] Vicentino, Giov[anni] Contarini und eins von Tizian, die Fede oder den Glauben mit dem Kreuz darstellend, woran sein Neffe Marco Vecellio an jeder Seite ein Stück ansetzen mußte, damit das große Mittelfeld der Saalwand gefüllt ward.

Man tritt dann in die Sala del Senato oder dei Pregadi, ein prachtvolles Lokal, breit und lang, mit vergoldeter Decke und Fries; in der Decke sind die Ölbilder von Lionardo Corona, schöne Eckausfüllungen von Palma Giov[ane], And[rea] Vicentino, Marc Vecellio; ein großes Mittelbild hinter dem Thron des Dogen von Tintoretto, die Beisetzung des Leichnams Christi durch Engel; Tomaso Dolabella, Giov[anni] Bellini, Palma Vecchio. Daneben liegt ein Zimmer, l'Antichiesetta genannt, wo Bilder von Tintoretto und eins von Ricci angebracht sind. – Daneben ist ein Kabinett, in welchem eine »Austreibung aus dem

Tempel« von Bonifazio, dem besten Tizianischen Schüler, hängt. – Neben dem obengedachten großen Sala del Senato geht seitwärts eine Tür ins Gabinetto oder Collegio della Repubblica, wo die fremden Gesandten empfangen wurden. Die Decke und das große Bild an der Hinterwand sind von Paolo Veronese, so wie der Fries unter der goldenen Decke von seiner Hand mit Kindergruppen verziert [ist]. Die übrigen großen Wandbilder von Tintoretto. Davor liegt ein Vorzimmer, l'Anticollegio, von Jacopo Bassano. Unter 4 schönen Bildern von Tintoretto, die hier stehn, sind »Drei Grazien« und »Ariadne und Bacchus«, so daß sie von diesem Meister einen ganz andern Begriff seines sonst extravaganten und rohen Sinn[es] geben; er ist hier edler. Von Paolo Veronese ist an einer Wand die Europa (große Komposition) gemalt. – Durch die Scala d'Oro stiegen wir eine Etage tiefer und traten in die Sala dei Filosi, an deren Wänden große Landkarten gemalt sind; sie diente zum Vorsaal der Dogenwohnung, die jetzt der Patriarch bewohnt.

Von der schönen langen Galerie im Hofe führt eine andere Treppe wieder in das Hauptgeschoß zur Sala del Gran Consiglio, welche jetzt mit seinen Nebenzimmern zu Bibliothek und Antikensammlung umgewandelt ist. Dieser Saal hat 74 Fuß Breite, 154 Fuß Länge, eine reichvergoldete Decke, die aber zu schwer ist; sie wurde durch Brand zerstört, wobei die herrlichen Bilder Tizians, Bellinis pp. zugrunde gingen; deren Schüler, Paolo Veronese pp., malten die gleich wiederhergestellte neue Decke, die etwas ungeschickter in der Architektur ausgefallen ist, als die frühere wahrscheinlich war. Die Wände sind mit enormen Bildern von Tintoretto und andern gemalt; sein »Paradiso« an der ehemaligen Thronwand ist ein chaotisches Gewirr von Figuren, an denen man keinen Genuß hat. Die Antiken sind teils in der Mitte, teils an beiden kurzen Seiten des Saals aufgestellt, aber nicht vorteilhaft. Mir fiel unter den Antiken besonders auf: In 2 Stücken ein Basrelief, jedes 2 Kinder vor einem Thron Plutos darstellend. Ein Sarkophag mit einer Vorstellung der Niobe, schön mit Pferden untermischt. Eine kleine Ara, worauf eine nackte Figur mit einem Füllhorn. Zwei größere Aras mit reichverzierten Ecken von Sphinxen und Genien, die Horen [als] Basrelief darauf. Eine Repetition des Eros, der den Bogen spannt (der Kopf neu). Die große Gruppe von Bacchus und Faunus. Mehrere Vasen mit schönen Henkeln. Eine griechische Ara mit Mars' Kindern. Ein kolossaler alter Minervenkopf, sehr schön, die Nase, ein Stück Mund restauriert. Ein schönes Ornament, mit Architekturgliedern eingefaßt. Ein Ornament, zwei Knaben, die ein Fruchtfeston tragen; darüber im kleinen schön ausgeführt ein »Raub der Proserpina«. Ein Ganymed, vom Adler emporgetragen, ein schönes Werk, von dem eine Form vorhanden ist. Eine schöne flache Pilastertafel mit einer griechischen Inschrift, ein Gesetz eines Archonten enthaltend. Eine Muse, kolossal, mit parallel stehenden Füßen, griechischer großer Stil. Ein Stück von einem Seeschiffkampf, Hautrelief, in architektonischen Gliedern. Ein schöner Jupiterkopf. Ein großer Apollo, den Arm über dem Kopf. Eine schöne kleine Figur eines mit dem Schwert in der Hand stark fortschreitenden Ulysses. An einem der Piedestale ein einfaches Basrelief von 2 Figuren, den Raub der Helena darstellend. Außerdem wird ein berühmtes wissenschaftliches Monument hier aufbewahrt: eine geographische Karte der Welt von Fra Mauro, vor Entdeckung Amerikas 1460 entworfen und auf einem großen Pergament fein gemalt und mit vielen Notizen und Kuriosen beschrieben. Sie ist straff aufgespannt, in einem großen Schrank, dessen Türen beide geöffnet werden, um sie ganz zu sehn. – Der Bibliothekar, Abate Bettio, war so artig, uns noch bei sich im Nebenzimmer einen prächtigen großen geschnittenen Stein, Onyx, mit einem Jupiterkopf und mehrere rare Manuskripte zu zeigen. Er trug Grüße an die berlinischen Sprachgelehrten auf, die er alle genau kannte. – Wir gingen wieder zum großen Saal zurück und in einen großen andern, in welchem gleichfalls die Bibliothek fortgesetzt ist; zwischen beiden Sälen ist ein Zwischenkabinett, in welchem noch mehrere Antiken stehn: Ein schöner

Hadrianskopf in Bronze. Eine Replike des Adoranten von Berlin, aber roher und in schlechtem Metall gegossen. Eine niedliche Venus Hortensis, 4 Fuß hoch. Ein Basrelief, auf einer Seite scheint die Geschichte von Kleobis und Biton ausgeführt.

Der anstoßende gedachte Saal heißt Sala dello Scrutinio, wo die Dogen durch Skrutinien gewählt wurden. Hier steht auch noch eine schöne alte Ara mit 3 Basreliefs: ein Faun mit einer Nymphe, Bacchus und eine Weberin am Webstuhl, ein Bacchanal. Die Glieder der Ara sind fein verziert. Im Saal ist an der einen kurzen Wand ein »Jüngstes Gericht« von Palma Giovane, an der andern ein Triumphbogen, architektonisch ausgeführt, der den Ausgang auf eine Treppe bildet und dem General Morosini wegen Eroberung des Peloponneses 1694 errichtet wurde. – Die Antikensammlung ward besonders dadurch berühmt, daß das Haus Grimani seine Schätze hierher vermachte; einer des Hauses war Patriarch von Aquileja gewesen, wo er viel gefunden hatte. – Ich wollte dem Conte Cicognara meinen Besuch machen; dieser ist aber verreist wegen seines Podagras und kommt erst spät wieder, wenn wir längst aus Venedig sind.

Kirchen und Kunstsammlungen in Venedig

Wir gingen nach einem eingenommenen Kaffee am Markusplatz zur Akademie, um die Galerie daselbst zu sehn. Ich ließ mich bei dem Professor Zandomeneghi melden, der uns, als ich Grüße von Rauch brachte, sehr freundlich aufnahm, erst seine Werkstatt zeigte, wo er mit zwei Monumenten für Canova und andern hübschen Skulpturen beschäftigt ist, und dann uns in die Sammlung führte. In einem schön eingerichteten Lokal, ehemals Kirchen- und Klostergebäude, wo man leider wieder Säle mit Licht von oben anlegt, die obenein zu hoch für Gemälde werden, sind zum Teil schon herrliche Bilder der venezianischen Schule aufgehängt. Ein ganz großes Bild Tizians von der allereffektvollsten Farbe, »Die Himmelfahrt Mariä«, sonst etwas wild gezeichnet und komponiert, schlägt fast alles um sich durch die Kraft der Ausführung nieder. Ein Bild von Carpaccio, eine »Präsentation des Kindes im Tempel«, ist in edler Haltung fast das Schönste. Sonst sieht man lauter herrliche Bilder von Basaiti, L. Bassano, Tintoretto, Pordenone, Giov[anni] Bellini, Aless[andro] Varotari, Paolo Veronese, Paris Bordone, Bonifazio, Palma Vecchio, Carletto Caliari, Cima da Conegliano, Antonio Vivarini und Giov[anni] Alamagna und einigen Niederländern dort. – In einem besonderen Kabinett sind kleine vorzügliche Bronzen aus dem 15. Jahrhundert, von Riccio, Ghiberti und Donatello, von großer Schönheit; im Fries sind herrliche Köpfe von Kindern und Masken von Tizian angebracht. Das Herz Canovas wird hier in einer Porphyrvase aufbewahrt. – Daneben liegt ein Kabinett mit den herrlichsten Handzeichnungen von Leonardo da Vinci, Raffael, Tizian, Dürer pp., ein unendlicher Schatz. Die Sammlung ist lange noch nicht vollständig sichtbar, der größte Teil noch in Magazinen, bis das Lokal ganz fertig ist. – Die akademische Studiensammlung ist sehr vollständig und schön aufgestellt und überhaupt die Einrichtung des Studiums überall sehr vorteilhaft; es sind 600 Eleven da. Auf dem Hofe ist eine schöne Fassade in Backstein von Palladio, Bogenstellungen und Säulen. Der griechische Kopf, von welchem Rauch und Humboldts Abguß haben wollen, ist wahrscheinlich eine Juno, gehört gar nicht, wie man sonst glaubte, zu den parthenonischen Figuren, denn er ist um $^3/_{12}$ zu groß und ist sehr verstümmelt an Nase, Mund und Kinn, hat ein schlechtes Ohr; es verlohnt nicht der Mühe, ihn abgießen zu lassen. – Herr Zandomeneghi wollte sich wegen Antiken, die zu verkaufen sind, erkundigen.

Wir gingen nun doch durch einen großen Teil

der Stadt, die überall etwas Interessantes darbietet. An Pracht der Kirchen, die größtenteils innen und außen ganz vollendet sind, steht Venedig allen übrigen Städten obenan, wenn man die einzige Peterskirche und Vatikan in Rom abrechnet. Alles ist in den schönsten Marmorarten neu ausgeführt, wozu man in Rom z.B. immer antike Überbleibsel benutzte; kurz, man sieht überall die Weltherrscherin, die jetzt leider zugrunde gerichtet ist und wird. – Die Kirche dei Jesuati ist ein einfaches Gebäude von Vasari; sie liegt sehr schön auf einem Quai an der breiten Lagune; dort sahn wir in der Sakristei ein großes Bild von Gentil Bellini, eine Prozession auf dem Markusplatz vorstellend, auf welchem die neue Prokuratie noch nicht angegeben ist und manches Interessante der Architektur vorkommt; es soll auch zur Akademie kommen. – Neben der Hauptkirche dei Jesuati liegt eine kleinere Nebenkirche mit einer einfach feinen Fassade von Sansovino. – Die Confraternità di San Rocco ist ein schönes Gebäude, von allen Seiten innen und außen im lombardischen Stil korinthisch durchgeführt. Der große Vorsaal, die Treppenanlage, der obere Haupt- und Nebensaal sind, was man Prachtvolles und Schönes in Anordnung sehn kann und ganz vollständig ausgeführt. Jede Treppenstufe ist verziert, die Decken der Säle in reicher Vergoldung, mit Bildern der venezianischen Meister, und so auch die Wände; die ringsum laufenden Sitze von reicher Holzschnitzarbeit an der Hinterwand. Der Fußboden von großen Steinen (die auf einer Balkendecke ruhn, welche im untern Vestibüle von 2 Säulenreihen gestützt wird). Viele Bronzen und Marmorskulpturen zieren das Lokal. – Neben dem Gebäude stehn mehrere andere Kirchen von schöner, höchst interessanter Architektur.

Die von Pisani oder in dessen Stil erbaute Kirche de Frari, innerlich und äußerlich gotisch, hat erstens 2 herrliche große Kreuzgänge; im Innern Holzbildwerke, vergoldet und gemalt von Donatello. Hier liegt Tizian begraben, auf dem Fußboden ist auf einem Stein geschrieben: »Qui giace il gran Tiziano de' Vecelli, emulatore di Zeusi e degli Apelli.« – Ein schönes Weihwassergefäß von Sansovino, ein St. Johannes drinnen, Bilder Tizians und Salviatis, Vivarinis, Marco Basaitis, Carpaccios, Skulpturen des Architekten di Bono an Monumenten und Türen, ein großes Monument vom Architekten des Dogenpalasts, Bregno, für den Dogen Tron zieren diese schöne Kirche. – Canovas Monument soll auch hier hinein, eine große Pyramide ist schon dazu an die Seitenwand aufgemauert.

Unter anderen Kirchen passierten wir die einfache Fassade der Kirche San Tommaso und kamen durch sehr schmale Gäßchen in den alten Palast Barbarigo; hier sahn wir in der Bildersammlung: »Das Pferd des Odysseus vor Troja« von Mantegna. Eine Madonna von Squarcione. Ein Kopf von Antonello da Messina. Mehrere Dogenporträte von Tizian. Eine Madonna und Heilige von Catena. In dem Arbeitszimmer des Tizian in diesem Palast sind aufgehängt von Tizian: eine Venus und Adonis, ein Prometheus, eine Venus, eine Magdalena, ein Salvator mundi und mehrere andere. – Der Rückweg nach dem Wirtshause war noch sehr lang; wir passierten die Gebäude und Hallen der alten Banco, jetzt sind in den Hallen Höker mit Geflügel, Kräutern und andern Eßwaren. Unfern davon, am Ponte Rialto, liegt die älteste Kirche Venedigs, San Giacomo. Im Jahre 400 gegründet, neben dem älteren Dogenpalaste. Das Innere ruht auf Säulen von Granit mit einem großen mißverstandenen korinthischen Kapitäl; darüber sind Gewölbe und eine kleine Kuppel; das Ganze ist sehr klein.

Nach diesem enormen Cours kamen wir müde und hungrig an unsere fürstliche Tafel, und von dieser gestärkt, konnten wir nach Tisch das Tagebuch schreiben bis zur Schlafenszeit. – Nachzuholen ist, daß auf dem Wege zur Akademie die Kirche S. Stefano auf einem schönen Platz. Im Chor sind 12 Apostel in Marmor, im Stil der Lombardis. Am Platz liegt noch der schöne Palast Pisani und die von Vasari erbaute Kirche S. Vitale.

Den 10. November

Morgens früh schrieb ich ein Billett an den Grafen Cicognara, um mich des königlichen Auftrags zu entledigen, da ich den Herrn selbst nicht mehr sprechen kann. Dann stiegen wir um 8 Uhr in die Gondel und legten zuerst an bei der Kirche San Salvatore, die von Sansovino in einer schönen Architektur ausgeführt ist. In der Kirche sieht man schöne Monumente von Architektur und Skulptur an den Seitenwänden aufgebaut, von den großen Architekten aus Sansovinos Zeit, für die Familie Dolfino, für den Dogen Priuli und für den Dogen Verniero, auch für die berühmte Königin Catarina Cornaro und deren Familie. In der Kirche sieht man ferner ein wunderschönes großes Bild mit Farbenpracht und naivem Charakter, von Giov[anni] Bellini, das Abendessen zu Emmaus vorstellend. – Auf demselben Platz dieser schönen Kirche liegt eine andere schöne Fassade von Aless[andro] Vittoria, Schüler Sansovinos, von der Fraternità oder Scuola San Teodoro; jetzt ist eine große Buchhandlung darin eingemietet.

Die Gondel glitt nun durch manche enge Kanäle, wir sahn daran mehrere herrliche Palastfassaden liegen, unter denen sich die von der Familie Cappello auszeichnet. Aus der Familie stammt die berühmte Bianca Cappello. Endlich sahn wir auch die Hinterfassade des Dogenpalasts mit einer imposanten Marmorarchitektur, herrliche Bogenhallen als Vestibüle gegen den engen Kanal heraus und viele architektonische Feinheiten. – Die Gondel kam nun hinaus auf die breite Lagune zwischen der Giudecca und der Stadt. – Wir sahn bei der heitersten Morgenluft die unvergleichliche Beleuchtung der Stadt und der herrlichen Kuppeln im Nebelduft der Schatten, eine zauberische Wirkung, die keine andere Stadt darbieten kann, mit dem Wasserspiegel des Meers zusammen.

Nun bog die Gondel wieder in die Stadtmasse hinein; durch einen engen Kanal gelangten wir zur schönen Kirche S. Zaccaria, welche wir äußerlich schon den ersten Tag gesehn hatten. So reich diese Kirche mit ihrer Marmorfassade von außen ist, so ist sie es gleichfalls im Innern. Eine sehr weite Säulenstellung mit Bögen macht sie heiter. Drinnen sieht man einen Giov[anni] Bellini aus seiner glänzendsten Zeit, 1505 gemalt, als er zirka 50 Jahr alt war; es ist eine Madonna auf dem Thron, mit Heiligen umgeben. Hier ist die wirkliche äußere, schöne Architektur des Altars ins Bild durch gute perspektivische Darstellung verlängert, so daß die Figuren in einer vertieften Halle zu stehn scheinen. Das Grab und Monument des Architekten und Bildhauer Vittoria, von ihm selbst gearbeitet, ist auch in der Kirche. – Die Altarnische ist gotisch; an den Wänden der Kirche sind große Bilder in Ölfarbe aus Tintorettos und Paul Veroneses Schule. Ein kleines Bildchen von Bellini hängt an einer Seite, eine Art Seitenkapelle, die alte Kirche genannt, enthält am Gewölbe Freskos von Vivarini und an zwei alten vergoldeten Altären Vivarinis in Öl. – In einer andern Seitenkapelle, Coro delle Monache genannt, ist ein schönes Bild von Palma Vecchio, eine Madonna auf dem Thron und Heilige; am Thron sitzt ein violinspielender Engel. In dieser Kapelle ward sonst das Horn oder die Krone des Dogen von den Nonnen bewacht und ihm jährlich einmal mit Feierlichkeit vorgewiesen.

In die Kirche Sta. Maria Formosa, die nicht sehr groß ist, treten wir bei unserer Fahrt ein, um an einem Altar von weißem Marmor ein schönes Bild von Palma Vecchio zu sehen, Sta. Barbara darstellend, oben im Altargebäude ist noch ein anderes angebracht, Maria, den toten Christus haltend, sehr schön. Noch sind daran Seitenstücke mit Darstellungen von Heiligen. An einem andern Altar sieht man Bilder, mitunter lebensgroß, von Bart[olommeo] Vivarini, eine Madonna mit Volk unter dem ausgebreiteten Mantel, Anna und der heilige Joachim, »Die Geburt des Johannes«, Elisabeth und eine Magd; diese Bilder vom Jahr 1473 sind schön erhalten. Wir traten aus einer Seitentür der Kirche auf einen schönen Platz, auf welchem der Palazzo Priuli steht.

Jetzt fuhren wir zum Conte Corniani-Algarotti,

dessen Bekanntschaft wir gestern bei dem Professor Zandomeneghi gemacht hatten. Er ist Aufseher aller Gemälde des Staats, hat selbst eine hübsche Sammlung, versteht das Restaurieren sehr gut und handelt mit Bildern. Uns als Preußen nahm er sehr freundlich auf aus alter Erkenntlichkeit; sein Onkel war der berühmte Algarotti, welcher als Gelehrter einer der größten Lieblinge Friedrichs des Großen war und mit Voltaire pp. zusammen an dessen Hof lebte. Friedrich hat ihm ein Monument im Camposanto von Pisa setzen lassen, welches wir dort gesehn haben. Die Familie ist stolz darauf; sie bewahrt eine schöne Korrespondenz Friedrichs an diesen Algarotti wie ein Heiligtum auf pp. Unter seinen Bildern ist erstens ein Bart[olommeo] Vivarini von großer Vollendung und Erhaltung sehr wichtig; aber über alles ist ein Perugino, der, wenn der Name nicht draufstände, von jedem gern für einen köstlichen Raffael gelten würde. Er steht an Freiheit in Erfindung der Charaktere und des Ausdrucks mit der »Grablegung« Peruginos in der Sammlung der Florentiner Akademie und mit selbst der Raffaelischen »Grablegung« in Galerie Borghese zu Rom auf gleicher Höhe. Das Bild stellt den tot scheinenden Christus dar, an einer Seite die Schmerzliche Maria, an der andern Joseph von Arimathia. Die Figuren sind Kniestücke. Himmlische Köpfe. Das Bild ist zu kaufen; 16000 Franc sind geboten, 30000 werden gefordert. Ich würde es unter allen Umständen kaufen, weil es, trotz mancher Restaurationen, eine Perle jeder Galerie ist.

Der Graf tat uns den großen Gefallen, uns das Depot der nicht aufgehängten, noch in Reinigung begriffenen Bilder zu zeigen, und fuhr mit uns in der Gondel nach seiner ehemaligen Fraternità, die dazu eingeräumt ist. Hier sahn wir ein großes Bild von Giorgione, von einem Schiffbruch, die Figuren, halbe Menschengröße, sind prächtig gezeichnet und koloriert, besonders eine nackte Gruppe kräftig Arbeitender im Vorgrunde; ein Bild von Giov[anni] Bellini, in der Mitte den heil[igen] Chrysostomus, hoch sitzend und schreibend, vorn links Christophorus, rechts ein Bischof in grünem Prachtkleide, ein unvergleichliches Bild an Farbe und Ausdruck. Neben letzterem ist ein Bild von Damini da Castelfranco, »Die Hochzeit der Sta. Catarina«, wie der Ring vom Kinde aufgesteckt wird, unten 3 Bischöfe; ein schönes Bild aus der Reihe der Meister des 2. Rangs. Zwei große Bilder des Mansueti mit vielen Figuren und im Hintergrund Kirchengebäude; von Cima da Conegliano drei Heilige, in der Mitte einer auf dem Thron, seitwärts einer mit dem Kreuz und an der andern ein Bischof, weitläuftig auseinander gestellt; von Vivarini sind mehrere Heilige; von dem ältesten venezianischen Maler, Jacobello de Fiore, sind 3 große Erzengel auf goldenem Grunde, sehr frisch gemalt und weiter, als gewöhnlich diese Gattung Bilder vorgerückt; von Carpaccio ist eine Kommunion vorgestellt, wobei einem häßlichen Greise die Hostie gereicht wird; von Andrea da Murano ist eine Sta. Helena mit dem Kreuz in einer schönen Landschaft dargestellt, von Seb[astiano] Florigerio, Schüler des Pordenone, ist ein angenehmes Bild der Madonna, zur Seite Sebastian und Rochus. Außerdem gibt es viele Bilder des Bonifazio von Wert und von Basaiti ein interessantes Bild, »Der Ritter Georg zu Pferd«, die Prinzeß im Hintergrund; das Kolorit ist etwas kälter, als sonst seine Bilder sind.

In der nahe bei dieser Fraternità liegenden Scuola San Giorgio dei Schiavoni sind rings an den Wänden über einer schönen Boiserie Bilder des Carpaccio eingefugt und machen mit der vergoldeten Balkendecke ein schönes Ganze. Eine Treppe höher liegt ein zweiter, ebenso großer Saal, an dessen Plafond ein Tintoretto den San Giorgio Martiro darstellt. – Wir fuhren weiter und passierten den Palazzo Gradenigo, welcher schöne, ganz durchlaufende Altane und eine Bogen- und Pilasterarchitektur hat. – Die Kirche Sta. Giustina ist von schöner einfacher Architektur. – Wir fuhren jetzt zur Polizei, um unsere Pässe gegen die Aufenthaltskarte einzutauschen, welches hier, wie in allen österreichischen Hauptstädten, in Person geschehn muß; aber der Visor war nicht da, und um die Zeit nicht zu verlieren, entschlossen wir uns, später wieder vorzufahren.

Es ging nun mit der Gondel zum Palast der alten vornehmen Familie Grimani, der die Bibliothek so viele Antiken verdankt. Es gibt aber viele noch im Palaste. Auf dem Hofe stehn: Eine schöne kolossale Statue Agrippas, welche früher unter dem Portikus des römischen Pantheons gestanden haben soll; sicher viel Restaurationen, aber das übrige ist schöner griechischer Stil. Ein Tiber oder August, wie er genannt wird. Ein Flußgott ohne Füße. An kleinen Basreliefs ist viel Interessantes: Ein Bär und ein Ochs, streitend, wahrscheinlich einen Monat darstellend. Ein Cippus mit einer sitzenden Figur, der einer kleineren vor ihr ein offenes Kästchen reicht, eine noch kleinere scheint seitwärts vom Stuhl mit einer Spindel beschäftigt. Ein Basrelief, Herkules, Jole und Eros. Ein Cippus mit dem Relief eines bekränzten Mannes, an dem zu jeder Seite in Knabengestalt Genien trauernd stehn. Ein altertümlich griechischer Adler in Basrelief. Eine köstlich geformte griechische Inschriftstafel in flacher Pilasterform, worauf ein Dekret aus der Insel Paros eingegraben ist. Ein Kopf einer Heroine, klein, in flachem Basrelief. Ein Stück Marmor, auf welchem eine korinthische Halbsäulen-Architektur mit einer Tempeltür und griechischer Inschrift vorgestellt ist. Ein 5 Fuß hohes Tempelhäuschen fein dorischer Ordnung; 2 Säulen tragen ein Frontispiz mit dem Relief einer Kybele und 2 Löwen; im Architrav eine griechische Inschrift, welche sagt, daß ein gewisser Lamparos den Tempel geweiht habe; hinter den Säulchen ist eine Zellenwand, die an jeder Seite mit einem Pilaster schließt; die Wände sind nur kurz und laufen in die Wand, gegen welche das Monumentchen gestellt ist, welches eine Nische für eine Statue bildet; der Fries ist mit Schädeln und Kränzen oder Festonen verziert. Ein herrliches Basrelief eines trunkenen Bacchus als Knabe, von andern Knaben unterstützt. Ganz kleine Basreliefs sonderbarer Art. »Die Geburt des Osiris«. Ein Spitzstein, wie der der Venus, an einer Seite ein Hund, an der andern eine Wespe mit einem bärtigen Menschenkopfe und Vogelfüßen. Ein Lektisternium, worauf und neben welchem eine Familie ein Fest zu begehn scheint. Ein Basrelief über einer Hoftür, von einem Knaben auf einem Delphin, hinter ihm Seepferde.

In der obern Galerie des Palastes, die in einem sehr schön dekorierten, alten, wohlerhaltenen Lokale von vielen Zimmern aufgestellt ist, sieht man: eine weniger schöne Replike der Statue des Aristides in Neapel; den schönsten Porträtkopf des Vitellius und Caracalla. In einem Kabinett mit kuppelartiger Decke ist das Mittelfeld von Giorgione in Öl gemalt, die 4 Elemente in Kindergestalt. Das übrige der Kuppel ist in Graten abgeteilt, zwischen denen Schnüre mit Fischen, Vögeln herabhängen, von Joh[ann] – v. Udine gemalt. In einem anderen Salon ist die Decke reich verziert von Joh[ann] v. Udine; eine Lünette in einem Segment an der Wand, welches die gewölbte Decke bildet, ist ein Bild Raffaels in Fresko, den Uliß darstellend, wie er zum Lykomedes kommt, um den Achill unter seinen Töchtern herauszufinden, und vieles andere. Dort hängt auch die Kopie eines Venezianers nach Dürers in Venedig gemaltem Bild, einer »Anbetung der Könige«. Porträts von Tizian, Tintoretto und Paolo Veronese. Ein Bild von Menzocchi, »Psyche überreicht der Venus die Vase«, sehr angenehm von diesem unbekannten Venezianer ausgeführt. Ein Kind, von Guido Reni, hängt zwischen den Fenstern. In einem schönen langen Saal sind 3 Familienporträts, ganze Figuren, von Tizian; manche Dogen, Patriarchen pp. der Familie sind auch von andern Meistern hier dargestellt. Eine in den Saal führende Treppe hat reiche Stuckos und Arabesken in Malerei sowie Vergoldungen an der gewölbten Decke, von Joh[ann] von Udine. In einem andern gewölbten Saal ist die Decke vom selben Meister in Laubwerk und Vögeln gemalt, über den Marmortüren sind antike Basreliefs aus Sarkophagen angebracht. Ein anderes Kabinett in Marmor, mit Beleuchtung von oben, faßt eine Menge Antiken in sich. Darunter zeichnen sich besonders aus; ein bronzener Hirsch, $1^1/_2$ Fuß hoch;

eine Leda in Bronze, 1 Fuß hoch; ein Kopf einer Griechin in parischem Marmor; bärtige Bacchusköpfe; ein schöner Kopf der Livia. Das übrige sind unbedeutende Köpfe und andere mittelmäßige Antiken.

Unsere Gondel brachte uns nun durch manchen kleinen Kanal zur Kirche San Giovanni e Paolo. Auf dem schönen Platz der Kirche ist die Reiterstatue eines Colleoni di Brescia aufgestellt in Bronze, welche von Andrea Verrocchio und Leopardo gefertigt ist, letzter machte das Pferd. Ein an die Kirche stoßendes marmornes Nebengebäude mit künstlicher Architektur ist die Scuola di San Marco, jetzt ein Hospital, von Lombardo gebaut. Die Kirche selbst ist von Niccolò Pisano ausgeführt. Im Innern sieht man Tizians Hauptbild, den »Mord des S. Petrus Märtyrer«. Sehr schöne Monumente von Architektur der Familie Mocenigo, von Lombardos Architektur und der des Sansovino. An einem Altar ist ein herrliches Bild Giov[anni] Bellinis, Madonna auf dem Thron und Heilige umher. Von Carpaccio sind an einem Altar 6 Bilder; viele andere enorm große Marmormonumente, hinter denen zum Teil die Kapellen der Familien liegen, vielerlei Bronzearbeiten in denselben, aber späterer Zeit, zieren die Kirchenwände außerdem. Ein großes Kirchenfenster enthält prächtige Glasgemälde von Aloisio Vivarini. An der Wand des Kreuzschiffs sieht man ein kleines Bild eines Bischofs, gut erhalten, von Vivarini. Unfern davon, unter dem Fenster seitwärts, ist ein Bild von Lorenzo Lotto, Tizians Schüler, den heil[igen] Antonius oben vorstellend, unten teilt man Gaben an die Armen aus. Ein Bild von Rocco Marconi an der andern Seite stellt Christus mit 2 Aposteln dar, sehr im Stil des Bonifaz. Von Bonifazio sind viele Bilder da. Selten ist ein bedeutend großes Altargebäude mit Säulen, Tisch pp.; alles in dem raren Pietra di paragone (Pierre de touche), Probierstein, das tiefste Schwarz ohne Ader, wie Ebenholz. Noch ist merkwürdig: Ein Tintorett, »Die Anbetung der Könige«. Ein Marmoraltar von Lombardi. Ein Monument für den Dogen Vendramin von Lombardi. Die bronzenen Porträtbüsten von Tizian, Paul Veronese und Palma Giovan, über einer reichen Säulentür aufgestellt. Eine »Krönung Mariä« von Carpaccio. Eine ganz braun gewordene Marmorstatue des S. Girolamo von Alessandro Vittoria, wahrscheinlich weil sie mit Öl getränkt wurde, zur Warnung. Die Kirche selbst ist mit Spitzbögen und runden Säulen in schönem Verhältnis großartig erbaut. – Neben der Kirche stößt die Capella della Madonna del Rosario an, welche eine reich verguldete Decke mit Tintorettoschen Bildern hat; schöne, reich in Holz geschnittene Chorstühle laufen an den Wänden herum. Hinter dem Altar ist die Wand mit den künstlichsten, überhoch gearbeiteten Skulpturen bedeckt, die in weißem Marmor ausgeführt sind von den Künstlern: 3 Gebrüder Bonazza, Tagliapietra und Sohn, Toretti (der Meister des Meisters [?] von Canova) und Morlaiter. Der Stil ist nicht sehr zu loben.

Wir fuhren ein anderes Mal zur Polizei und erhielten unsere Pässe zur morgenden Abreise. – Dann fuhren wir weiter, bei der Chiesa Greca vorbei, die von Sansovino in schönem einfachen Stil ausgeführt ist, dann ging es wieder hinaus ins große Wasser des Canale Grande, nach der Kirche Sta. Maria della Salute. Diese schöne, reichgezierte Kuppelkirche ward nach einem Gelübde, wegen der entstandenen Pest, gebaut. Der pilotierte Grund hat enorme Summen gekostet. Die große Kuppel bildet gewissermaßen nur den Vestibule zur kleinen Kuppel, an welche die Altarnische gebaut ist. Baltasar Longhena war Architekt dabei. Hinter dem Altar an der Decke sind in kleinen Füllungen herrliche Köpfe von Tizian und 3 Bilder von Salviati. Die Chorstühle sind mit liegenden Knäbchen herrlich geschnitzt, auch stehen schöne bronzene Kandelaber am Altar. In der anstoßenden Sakristei sind an der Decke 3 herrliche Bilder Tizians: »Kain und Abel«, »Isaak und Abraham«, »David und Goliath«. An den Wänden eine »Hochzeit zu Kanaan« von Tintorett, von großem Lichteffekt, viele Salviatis. Ein schönes Bild von Tizians erster Manier. S. Marco in Purpur hoch und

157 Die Kirche S. Maria della Salute in Venedig

darunter 4 Heilige; von Basaiti ein heiliger Sebastian, gleich dem unsrigen in Sollys Sammlung. – An den anderen großen Kirchenaltären sieht man noch eine »Ausgießung des Heiligen Geists« von Tizian, zwei Bilder von Luca Giordano: eine »Geburt Christi« mit Hirten bei Nacht und »Die Präsentation im Tempel«, die wohl zu seinen besten Arbeiten gehören.

Unsere Gondel stieß in die breite Wasserfläche des Canale della Giudecca hinaus und hinüber zur Kirche del Redentore, ein schönes Gebäude von Palladio. Am Altartisch ist ein Marmorbasrelief von L. Massolini, »Die Kreuztragung«; an beiden Enden stehen Knäbchen, welche die Tafel des Tischs tragen. Auch diese Kirche ward als Gelübde wegen einer Pest 1576 gebaut.

Ein köstlicher reiner Sonnenuntergang beleuchtete die weite, vor uns mit allen Prachtgebäuden ausgebreitete Stadt so hell, daß die Häuser-, Turm- und Kuppelmassen ungleich glänzender als der reine Horizonthimmel vor demselben lagen und sich so in den Spiegelflächen der Wasser spiegelten. Wir genossen, während unsere Gondel die lange Fahrt über diese breiten Lagunen, vor dem Markusplatze vorbei, bis weit jenseits in die engen Kanäle der Stadt fuhr, dieses unvergleichlichen Anblicks. Dann steuerten wir dem Arsenal zu, um die 4 vor demselben aufgestellten antiken Löwen zu sehn. Ein ganz kolossaler Löwe steht mit den Vorderfüßen und liegt hinten; er ward von dem Admiral Mauroceius aus Athen gebracht; ebenso ein anderer kolossaler Löwe, welcher liegt. Eine auf den Vorderfüßen stehende Löwin ist sehr lang und schlank, auch kolossal, aber nicht so enorm als die beiden andern. Der letzte Löwe ist Naturgröße, liegend. Die Köpfe sind alle restauriert. Wir taten von der neben dem Portal liegenden Brücke einen Blick in das Innere des Arsenals, welches überall mit hohen Zinnenmauern umgeben ist und einst die Vormauer der Christenheit hieß, weil durch seine Schiffe so viel Türkenblut geflossen ist. Dann schifften wir noch zur Kirche S. Francesco della Vigna, welche im Äußern schön von Palladio, im Innern von Sansovino erbaut ist. Tiziano Aspetti da Padova hat die bronzenen Statuen der Fassade gemacht. Es war Zwielicht geworden; wir hatten von 8 Uhr früh bis 5 Uhr nachmittags ohne Aufenthalt gesehn und genossen und kamen geistesvoll, aber ganz leer im Magen in unser Wirtshaus zu einem fürstlichen Abendessen zurück. Nach demselben wurde bis tief am Abend das Tagebuch geschrieben, um die Masse der Gegenstände nicht zu verlieren.

Den 11. November

Frühmorgens wurden noch einige Kommissionen abgemacht; dann ging's zum Markusplatz in die Procuratia Nuova, jetzt kaiserl[icher] Palast, um dessen Zimmer zu sehn. Diese sind neu eingerichtet in modern-französischem Stil, aber enthalten in einigen kleineren Zimmern sehr sauber und nett gemalte kleine Arabesken von einem Professor der venezianischen Akademie. In kleinen Rundungen sind vortreffliche Perspektiven italienischer Gebäude eingefugt. Wie sticht aber diese moderne Nettigkeit der kaiserlichen Wohnung gegen die Pracht der alten Dogen im Dogenpalast ab. – Es ist jedoch ein schönes Lokal, in alter Art dekoriert, übriggeblieben in dem Flügel, den Sansovino dem Dogenpalaste gegenüber gebaut hat. Besonders merkwürdig ist darin das Vestibule, in welchem Tizian einen schönen perspektivischen Plafond gemalt hat, und dann ein großer Saal mit einer reichgewölbten Decke, an welcher die Malereien von den Zeitgenossen des Paolo Veronese und ihm selbst sind. 5 Meister stritten hier um den Preis, welchen Paolo gewann. – Indem wir uns darauf den alten Dogenpalast von außen und im Hofe noch einmal recht betrachteten, bemerkte ich die künstliche Konstruktion aus der Zeit des neueren Teils im Hofe: daß nämlich der unterste Arkadengang in dieser Zeit und in dem Stil des Pietro Lombardo oder Bregno unter dem ohnehin schon kühnen antiken Bau weggeführt wurde, welcher deshalb mit der ganzen großen Mauermasse und den gotischen Bogenstellungen abgesteift werden mußte.

Wir hatten uns notiert, daß die Bibliothek von Venedig ein berühmtes Buch, ein Brevier mit den schönsten Miniaturen von H[ans] Hemling, besitzt, hatten auch bei unserer Visite beim Bibliothekar, Abate Bettio, davon gesprochen und ihm noch erwähnt, daß sein berühmter Vorgänger und Lehrer, der Bibliothekar Morelli, darüber schon viel habe drucken lassen; er hatte aber damals nicht darauf geachtet. Unser instruierter Lohnbediente, Giustinian Baruzzi al Albergo Reale del Leon bianco, hatte dies sehr wohl bemerkt und sagte uns: »Lui a fatto il surdo a posta.« Er, der Lohnbediente selbst, kannte das Buch noch nicht, und um seine Kenntnis zum Vorteil anderer Fremder zu erweitern, mußte ich ihm den Titel aufschreiben. Er offerierte sich darauf, zu versuchen, ob der Unteraufseher den Abate Bettio bewegen könne, mit dem Buche herauszurücken, indem dem ersteren dadurch von uns ein kleiner Vorteil von einem Gulden Trinkgeld erwüchse. Wir warteten unten, und es gelang, indes machte der Abate bei unserm Eintritt einige ernste, unbequeme Gesichter. Nachdem wir uns entschuldigt, sagte er, daß die Besichtigung wegen vieler Umstände eigentlich unstatthaft sei; sie könne nur unmittelbar unter seinen Augen stattfinden, und wenn es jedem erlaubt würde, dies Buch zu sehen, so würde seine sehr zugeschnittene Zeit völlig daraufgehn, denn der neugierigen Fremden gäbe es sehr viele; er wolle indes mit uns als Männern von Kenntnis eine Ausnahme machen. Darauf hieß er den Unteraufseher die Türen des Zimmers zuschließen, die Vorhänge vor den darin befindlichen Glasscheiben zuziehn, dann wurde aus einem Schrank das Buch geholt, welches äußerlich in der Reihe das Ansehn von 3 Quartanten hatte. Diese Hülle wurde abgenommen; darunter war eine andere Hülle von Nußbaumholz, dann eine von Leder oder Saffian, und dann erst erschien der Purpursamtdeckel mit prachtvoller Goldbronze aus dem 15. Jahrhundert und den Medaillonporträts des Kardinals Grimani, der es der Bibliothek vermacht hat.

Das Buch enthält erstens in großen und kleinen Darstellungen die 12 Monate, alles, was der Mensch in jedem treibt, in einer großen Komposition mit Umgebungen symbolischer Art dargestellt. Es gibt nichts Freieres, Naiveres, nichts Vollendeteres in Charakteristik und Schönheit und in vollkommener Wissenschaft als diese Malereien. Sie scheinen nicht von Menschenhänden gemacht, sondern gezaubert zu sein. Vorzüglich herrlich war eine Wintervorstellung, wo unter andern ein kleiner Knabe aus der Tür des Hauses in den Schnee pißt. Auch eine Eberjagd, wo 8 bis 10 Hunde aller Art in den heftigsten Bewegungen einen großen Eber hingestreckt haben und die Jäger herbeieilen. Einige Nachteffekte von bewunderungswürdiger Schönheit. –

Im Texte selbst sind immer parallele Gegenstände vis-à-vis zweier Blätter gemalt, als die Dreieinigkeit und die Erscheinung der 3 Engel dem Abraham. Die Dreieinigkeit ist ganz originell dargestellt: Gottvater und Gottsohn in gleichem Alter und ganz gleicher, gegeneinandergekehrter sitzender Gestalt, nur in den Falten der Mäntel etwas verschieden motiviert. Gottvater mit dem Zepter, Gottsohn mit dem Kreuz, zwischen ihnen schwebt die Taube. – Der Auferstehung Christi, als der göttlichen Erlösung, war gegenüber dargestellt die menschliche Erhöhung in Joseph, auf dem Thron die Brüder empfangend, und so weiter. Mit einem unvergleichlichen Madonnenbilde in der lieblichsten Landschaft schließt das Buch. Alle Blätter sind außerdem am Rande mit den natürlichsten und schönsten Blumen auf goldenem Grunde so fein gemalt, daß man die Staubfäden mit der Lupe suchen kann.

Ich halte dies Buch für eins der Weltwunder und für einen Kunstschatz, der den ganzer Länder übersteigt, und kann deshalb dem guten Ab[ate] Bettio seine Schwierigkeiten nicht verdenken, da bei häufigem Zeigen doch eine Abnutzung nicht zu vermeiden ist. Er wurde beim Sehnlassen wieder ganz geschmeidig; ich mußte ihm meinen Namen lassen, und er bat uns um Stillschweigen; wir merkten wohl, daß man nicht wünscht, von diesem Schatz zu großes Geschrei in der Welt zu haben, weil das östreichische Gouvernement leicht die Hand darnach ausstrecken könnte. Nochmals bestellte er Grüße an die Berliner Gelehrten.

Sehr froh über unser Glück, gingen wir aus dem Palaste, sahen noch dessen Hinterfassade an, taten dann noch einen Blick in die Markuskirche, kauften dann noch warme Decken, über die Füße zu legen bei der Reise nach Tirol, und einige andere Kleinigkeiten und kehrten um 2 Uhr zum Wirtshause zurück, wo wir unsern guten Vetturin mit seiner Barke von Mestre schon angekommen fanden. Wir aßen unser Mittagbrot und verließen das herrliche Venezia, welches sonderbarerweise von dem Augenblicke an, daß wir in die Barke stiegen, neblicht ward und uns so der Abschied erleichtert ward, denn es verschwand bald aus unseren Augen, als wir über die große Lagune nach dem festen Lande zu ruderten. Das Meer machte wunderbare Effekte, als manchmal die Sonne blutrot durch den Nebelhimmel drang. Es wurde ganz finster, als wir in Mestre ans Land stiegen. Wir fanden in dem sehr guten Gasthof, wo unterhalb das Land- und Schiffvolk in lärmender Freude beim Wein saß, alle unsere zurückgelassenen Effekten in vollkommener Ordnung wieder, aber unglücklicherweise war Waagens Nachtsack mit mehreren wichtigen Effekten in Venedig zurückgeblieben. Dies merkten wir erst beim Aussteigen aus der Barke. Der Vetturin entschloß sich, gleich nach Venedig zurückzufahren, welches von 7 Uhr bis Mitternacht dauern mußte. Er war schon 2 Stunden fort, als die Leute unseres vortrefflichen Wirtshauses den Sack mit einer Barke nachsendeten, welche dem Vetturin vorbeigefahren war, ohne von ihm zu wissen. Die Sache war wenigstens da, wenn der Vetturin auch seinen Weg umsonst gemacht hatte. Diese Art von redlicher Aufmerksamkeit findet man in Italien häufiger wie bei uns. Über den ersten Eindruck des Verlustes war das Schiffvolk in der Barke sowohl wie die Wirtsleute als etwas Unerhörtes ganz bestürzt, und man merkte recht, wie selten ein wirklicher Diebstahl hier sein muß. Wir gingen zu Bett, um morgen früh zur Weiterreise bereit zu sein.

Vicenza, Verona und Mantua

Den 12. November

Der Weg war der bekannte an der Brenta hin nach Padova, wo wir ein Frühstück einnahmen und dann in angenehmem Lande die schöne Chaussee nach Vicenza weiter verfolgten. Wir kamen nachmittags noch früh genug in Vicenza an, um die Hauptmerkwürdigkeiten sehn zu können. Zuerst ging's in den Palazzo Pubblico, ein prächtiges Gebäude mit zwei übereinanderstehenden Bogenportiken von Palladio; im Innern ein enormer Saal, ähnlich dem padovanischen, nur daß er jetzt ungebraucht und verfallen ist, auch keine bedeutende Spuren der Malereien an den Wänden vorhanden sind. Aus dem oberen Portikus geht man in ein Nebengebäude, worin die Munizipalität ist; hier werden in einem Saale

6 merkwürdige Bilder der alten vicentinischen Meister aufbewahrt: Eins von Marcello Fogolino (1450), sehr elegant und feiner Charakter, eine »Anbetung der Könige«. Von Bart[olommeo] Montagna und seinem Bruder Benedetto Montagna (die nicht mit Andrea Mantegna zu verwechseln sind) eine »Himmelfahrt Mariä«. Eine »Anbetung des Kindes« durch Maria und zwei andere Frauen (heilige Monika und Maria Magdalena). Eine »Beschneidung« oder »Präsentation«. Alles kniende Figuren vor einem Altar, sehr originell komponiert. Von Giov[anni] Buonconsiglio, detto Marescalco, eine Pietà; der tote Christus, ausgestreckt, wird betrauert. Außerdem ist ein schönes Bild der Madonna unter einer Laube, in die man durch ein schönes, architektonisch verziertes Portal tritt, und 2 Heilige von Cima da Conegliano hier.

Wir sahn hierauf einige Paläste vom Palladio und sein eigenes kleines, aber höchst originelles Haus mit einem großen Freskobilde im Mittelpfeiler der Hauptetage und einer Vorhalle, worin an einem Hofe eine einfach schöne Treppenanlage angeordnet ist. – Dann gingen wir ins Teatro Olimpico von Palladios Plan. Die Szene hat reiche Architektur, worin 3 Portale angebracht sind, in die hinein eine perspektivisch gebaute Straßenarchitektur sichtbar ist, die sich weit besser ausnimmt, als ich es mir nach den davon existierenden Zeichnungen gedacht hatte. Das ganze Innere macht sich sehr schön.

Wir sahn noch die gotische Kirche Maria della Corona, in welcher schöne Bilder von Bellini und Montagna sind; es wurde aber schon zu dunkel, um viel davon zu genießen. Wir strichen durch die Straßen, um die schönsten Paläste des Palladio, Scamozzi, Calderari zu sehn, und dann zum Tor hinaus, wo der Triumphbogen des Palladio (nicht sein schönstes Werk) in eine der angenehmsten Promenaden um die Stadt führt. Man sieht hier reichbebaute Anhöhen und die fernen Tiroler Berge. Auf den Bergen sind Landhäuser, Schlösser und die sich schön ausnehmende Kuppelkirche Sta. Maria in Monte. Es war ein schönes Abendrot geworden, welches diesen Spaziergang verherrlichte. Im Wirtshaus zurückgekehrt, aßen wir sehr schön zu Abend und schrieben dann die Tagebücher.

Den 13. November

Der Weg von Vicenza nach Verona ist sehr angenehm. Ein heiterer, wenngleich kalter Herbsttag begünstigte unsere Fahrt. Man sieht die Tiroler Alpen herrlich im Morgenglanze des Schnees. Die näher liegenden Berge sind mit Burgen, Klöstern und Villen abwechselnd geschmückt. In einem einzeln liegenden Wirtshause, unfern Villa Nuova, welche Stadt, zur Rechten an einen Berg gelehnt, mit seinen Mauern und Zinnentürmen eine schöne Wirkung macht, nahmen wir ein schönes vollständiges Frühstück ein, so daß wir in Verona, wo wir um 2 Uhr ankamen, mit einem Lohnbedienten, der schlecht und halb blind war, die Gänge zu den wichtigsten Gegenständen gleich machen konnten.

Zuerst wurde der Palazzo Pubblico gesehn, der eine herrliche Architektur von Sansovino hat; die tiefe freie Säulenhalle in Arkadenform macht sich schön und hat eine sehr zweckmäßig konstruierte Balkendecke, gerade so, wie sie für alle Räume meines neuen Museums projektiert ist. Die großen oberen Säle sind unter gleichen Decken, sie sind etwas vernachlässigt; man verwahrt darin eine Anzahl Bilder der veronesischen Meister, besonders von Caroto und Girolamo dai Libri. – Der Platz vor dem Palazzo Pubblico ist mit mehreren malerischen Gebäuden und 4 großen Pforten zwischen ihnen umgeben. – Von hier gingen wir [an] die Grabmäler der berühmten Scaliger, die im 12. und 13. Jahrhundert die Stadt beherrschten. Sie sind sämtlich Sarkophage, von denen die vorzüglichsten auf Säulen, hoch und mit Baldachinen überdeckt, stehn und mit hohem dichten eisernen Gitterwerk in einem engen Straßenraum eingeschlossen sind.

Von hier ward der Gang zum Dom gemacht, der ein gotisches Gebäude von mehreren merkwürdigen Teilen ist. Das Portal aus Marmor besteht in 2 weit vortretenden, übereinander stehenden Bögen, die auf feinen Säulen ruhn, von denen die unteren auf kolossalen [Figuren], *halb Löwen*, *halb Adler*, ruhn, andere sonderbare Monstra sind in den Verzierungen und reichen Gliederungen angebracht. Die Bögen haben Anker, welche wegen ihrer Länge wieder in der Mitte an Ketten vom Schlußstein herab aufgehängt sind. Im Innern ist ein schönes Bild Tizians, »Himmelfahrt Mariä«; Petrus faßt ins leere Grab hinein, während die anderen Apostel zur Jungfrau hinaufblicken und verschiedenartig geistig angeregt scheinen. – Die äußere Form der Altarnische aus Marmor in vielen langen Pilastern, die der Rundung etwas Kanneliertes geben und oben mit ihren Kapitälen in einem verzierten Fries verbunden sind, hat viel Elegantes und Originelles.

Wir gingen jetzt nach der Kirche S. Giorgio und sahn bei dieser Gelegenheit, indem wir die eine Brücke über die Adige passierten, das herrliche Amphitheater der mit Zinnenmauern und Kastellruinen sowie mit Gärten und andern Gebäuden gekrönten und geschmückten Berge hinter den Häusermassen, die malerisch an den Ufern des Stroms hingebaut sind. Die Kirche enthält ein herrliches Bild von Girolamo dai Libri, Madonna auf dem Thron mit Heiligen; vorzüglich schön sind aber drei musizierende Engel am Fuß des Throns. – Ein Bild von Caroto, Sta. Ursula mit mehreren Frauen, von denen einige schöne Physiognomien haben. Im Innern ist ein großer Teil der Kirche von Sansovino. – Wir gingen nach der Akademie oder dem Museum des Marchese Maffei. An einem schönen Gebäude, wo zugleich der Saal für öffentliche Feste ist, findet sich ein mit einer Säulenhalle umgebener Hof, in welchem an den Mauern und frei herum mancherlei antike Gegenstände aufgestellt sind, unter denen auch einiges Griechische, jedoch aus später Zeit, ist.

Unfern davon ist der Platz des Amphitheaters, den wir nun besuchten und uns zuerst an dem großen Palast der Guardia Grande von Micheles Architektur erfreuten. Dieser Michele ist für Verona das, was Sansovino für Venezia, Palladio für Vicenza, Julio Romano für Mantua war. Das Amphitheater ist von außen weniger überraschend, weil die ganze äußere Wand bis auf 4 Bogenstellungen nicht mehr existiert; aber im Innern ist es vollkommen neu mit allen steinernen Stufen hergestellt, welches ich nicht vermutete, und obgleich diese Stufen nicht mit der antiken Sorgfalt gearbeitet sind, so hat man doch den vollkommenen Eindruck eines solchen Gebäudes in seinem vollständigen Zustand, bis auf den oberen Säulenkranz, der das Gebäude im Innern krönte. Der Eindruck ist außerordentlich schön. – Auf dem Wege zum Amphitheater, als wir die großen Brückenbogen, welche vor dem Castello Vecchio liegen, und die Umgebung der Flußufer ansahn, begegneten wir dem Bruder des Hauptmann Obermann und dem Prof[essor] der Anatomie bei der Berliner Akademie der Künste, Förster, die mich anredeten und den Abend mit uns blieben, bis das Theater anfing, welches sie sehen wollten, wir aber weit entfernt davon waren, nachdem wir für dies Vergnügen so oft vergeblich angesetzt hatten. – Nach dem Abendessen ging's bald ins Bett.

Den 14. November

Am trüben Nebelmorgen fuhren wir bei unangenehmer Naßkälte nach Mantova, von der Straße und von der Lage der Stadt war also bis zur Mittagszeit nichts zu sehen. Wir nahmen um 12 Uhr ein gutes Frühstück und machten uns für die Merkwürdigkeiten der Stadt auf den Weg.

Zuerst sahn wir die schöne Kirche S. Andrea, die Giebelfronte hat in der Mitte einen hohen, tiefen, mit Kassetten am Tonnengewölbe verzierten Bogen, in welchen längstdurch an der Kirche zu beiden Seiten andere kassettierte niedrigere Tonnengewölbe eingreifen. Dies macht eine herrliche Wirkung. An einer Seite dieser Halle steht ein Sarkophag auf einem kleinen Triumphbogen, der zum Durchgang dient, höchst originell und zierlich angeordnet. Die große prächtige Tür hat eine reiche breite Arabeske im Gewände und ein schönes Gesims. – Im Innern ist die Kirche von größtem und freistem Verhältnis, mit kassettierten Tonnengewölben und einer schönen Kuppel. Leider sind die Dekorationen nicht ganz der Würde des Gebäudes angemessen, sondern zu geringfügig gemalt. Mantegnas Büste und ein Bild von ihm wird hier aufbewahrt.

Jetzt gingen wir, den Palazzo Vecchio zu sehen. Das Gebäude hat eine gotische Fassade mit einer Säulenhalle in Spitzbögen an dem untern Geschoß. Es hat hintenhinaus eine enorme Ausdehnung. Die kaiserlichen Zimmer haben ihren Hauptschmuck aus der Zeit der Herzöge Gonzaga und besonders aus der Zeit Mantegnas und Julio Romanos und Primaticcios, seines Schülers. In einigen Zimmern sieht man köstliche Tapeten nach Raffaels Kartons, weit besser als die im Vatikan und mit vielen neuen Umgebungen versehn. Fast in allen Zimmern sind reiche schöne Plafonds. Eine Anordnung der Wände mit Pilasterstellung an dem obern Teile der Wand und mit eingefugten Bildern macht sich sehr reich und prächtig. Ein großer Saal ist an der gewölbten Decke prachtvoll von Julio Romanos Schülern ausgeführt. Einige Figuren hat er selbst gemalt, unter andern die Figur der Nacht in einem Wagen mit weißen Rossen, einen dunkelgrünen Schleier über sich haltend. Aus diesem Saal führen Treppen und lange Korridore in den alten Teil des Palasts. Hier empfindet man wahre Trauer über die Verwüstung der prachtvollsten Säle aus der Zeit Mantegnas und Julio Romanos. Alles ist Ruine, und kaum kann man sicher durch die Säle gehn, deren reichvergoldete Balkendecken herabzustürzen scheinen. Das Zimmer, welches am meisten erhalten ist, ist der Saal, in welchem Julio die Szenen aus dem Trojanischen Kriege dargestellt hat. Herrlich ist der Raub der Helena, herrlich Laokoon, das Schleifen Hektors, die schlafende Andromache pp. dargestellt. Der Himmel ist überall sehr dunkelblau gehalten, so daß die Lichtflächen in den Figuren dagegen leuchtend stehn. Sehr entzückt gingen wir aus diesem Lokale, mit einer Erlaubniskarte, den Palazzo del Te zu sehn, der dicht vor der Stadt in einem Garten liegt.

Der Weg führt vor Mantegnas Haus vorbei, welches durch eine Inschrifttafel mit der Geschenksanzeige des Herzogs Gonzaga angekündigt wird. Gegenüber ist eine Kirche, die von ihm entworfen ist. Unweit davon das Tor, aus dem man bald durch den Garten an den Palast del Te gelangt. Das einstöckige Gebäude macht von außen keinen besonderen Eindruck; aber welche Schätze sind hier an Wandmalereien aufgehäuft. Julio Romano ist hier als eins der größten Genies der Welt hervorgetreten. Der erste Saal ist schön architektonisch dekoriert, und in diese Architektur sind sehr treu schöne Rassepferde hineingemalt. Der zweite Saal ist der reichste an großen herrlichen Darstellungen aus der Geschichte der Psyche. Polyphem, der die Psyche und Acis sieht, ist erschreckend kolossal. Herrlich sind die Vorstellungen des Mars, Venus, Amor, Psyche und ein Faun über der Tür. Mars, der den Adonis verfolgt; eine Hochzeit der Psyche und ein Gastmahl, wo Bacchus, Amor, Psyche, Apollo und viele auf Laubenkränzen spielende Amoren; das Nachtstück von Psyche [unleserliches Wort] und Amor, schlafend; eine stehende, ganz verkürzte, vortrefflich beleuchtete Gestalt der Psyche, letztere am Plafond, usw. Es folgen köstliche Zimmer darauf mit kleinen Vorstellungen, besonders das 2., wo eine Menge der herrlichsten kleinen Vignetten, Kompositionen wie Gemmen, angebracht sind. Das Zimmer mit den Triumphzügen in Stuck, von Primaticcio nach Julios Zeichnung, macht sich herrlich; dann folgt eine große herrliche offene Loge, ebenfalls gemalt, dann der berühmte Saal mit dem Sturz der Giganten. Diese sieht man überall an den Wänden herum in solcher kolossaler Größe und so großartig gemalt liegen, daß, wenn zuerst die Tür geöffnet wird, man zurückschreckt. Am Plafond ist der ganze neue Olymp beschäftigt, dem Jupiter bei der Vertilgung zu helfen. Noch folgen eine Reihe Zimmer mit sehr feiner Plafondanordnung. Ein Vestibule enthält oberhalb in den Lünetten der Decke eine Frau, welche einem Knaben vom Kopf Ungeziefer absucht, so graziös und naiv, als man etwas sehn kann. Des nackten Knaben untere Teile schimmern zwischen den Geländerdocken durch. Dazu gehört noch ein Weib in einer andern Lünette, welche auf derselben Galerie Wäsche trocknet, eine dritte, welche sich grazios die Haare kämmt, und eine vierte, die Blumen in einer über dem Geländer aufgestellten Vase besorgt.

Am Garten hinter dem Palast ist noch ein kleines Appartement von mehreren niedrigen und kleinen Zimmern, welche aufs allerzierlichste in Arabesken gemalt sind. Eine gewölbte Galerie ist aber das Nonplusultra von Geschmack, Reichtum der Gedanken und schöner Ausführung. Zwischen Füllungen in den schönsten Arabeskenzügen in buntschimmernden Farben auf weißem Grunde, mit roten oder meergrünen Einfassungen, zwischen Wandpilastern, sind Darstellungen vom Leben des Menschen angebracht, Jagdszenen aller Art und eine Menge der zierlichsten andern Darstellungen. Dieses Zimmer war ursprünglich eine offene Loge gegen einen mit Mauern umschlossenen Garten, an welchem eine grottenartige Badeanlage liegt. Der Plafond des Zimmers ist ein Tonnengewölbe, in schönen Feldern geteilt, die ebenfalls herrliche Darstellungen aller Art enthalten, welche mit Arabesken eingefaßt sind.

Unendlich erbaut verließen wir den Palast. – Andere Kirchen, die wir zu sehen notiert hatten, waren in Heu- und Strohmagazine verwandelt. Nur der Dom hat eine herrliche innere Architektur von Julio Romano. 4 Reihen korinthischer Säulen stützen die Decken. Die Säulen haben Architrave, auf den beiden mittleren steht die Mauer mit großen Fenstern für die obere Erleuchtung und darüber eine gerade schöne Kassettendecke. Die zweiten Schiffe haben Tonnengewölbe, die beiden letzteren grade architravierte Decken; das Ganze ist von der herrlichsten Wirkung.

Eine große Prozession, wobei eine sehr schön geputzte Maria mit prächtigem Lockenhaar und steifer Robe unter einem Baldachin einhergetragen wurde, wobei alle Einwohner von Mantova auf den Beinen waren und überall in den Straßen seidene Teppiche aus den Fenstern hingen, mußten wir noch abwarten; dann gingen wir ins Wirtshaus, aßen unser großes Abendessen und schrieben in eiskalten Zimmern das Tagebuch.

Den 15. November

Wieder bei neblichtem Morgen ward die Fahrt zurück nach Verona gemacht, wo wir um 12 Uhr bei völlig heiterem aufgeklärten Himmel ankamen und also auf diese Weise, wie so oft vom Himmel begünstigt, nach einem Frühstück unsre Wanderungen für die Gegenstände der Stadt antreten konnten, die wir noch nicht das erste Mal unseres Hierseins gesehn hatten. Zunächst, dicht am Gasthof, liegt eine große schöne Kirche, Santa Anastasia, in Backstein, mit unvollendeter Fassade, aber schon vollendetem Marmorportal. Die Kirche ist innen in schönen edlen Verhältnissen, mit Spitzbögen, auf starken, runden Säulen gewölbt. Sie hat mehrere schöne Monumente von ausgezeichneter Architektur, eins von Michele. Eine Kapelle neben der Tribuna, von Mantegna, in Fresko, ist sehr verdorben und teilweise miserabel neu übermalt. In der Tribuna alte Malereien auf der Wand, von Bonsignori. In der Kapelle Pellegrini auf der andern Seite der Tribuna finden sich viele Stuckarbeiten aus alter Zeit und 2 Altäre mit Bildern der ältesten lombardischen Meister. Einige andere Altäre und Kapellen enthalten an Pilastern vortrefflich gearbeitete Ornamente, Laubzüge, mit Schildkröten, Heuhüpfern, Vögeln, kleinen Drachen, Eidechsen pp. untermischt, von dem herrlichsten Stil.

Von hier ward ein Weg über die Brücken gemacht, wo uns wieder das herrliche Amphitheater der befestigten Berge an der Stadt im lieblichsten Herbstsonnenschein entzückte. Dies Vergnügen ward aber erhöht, als wir den herrlichen Garten Giusti auf seiner Höhe erreichten. Hinter dem Palast des Conte Giusti geht der Garten, der sich durch die Menge hoher Zypressen und Lorbeerhecken auszeichnet, terrassenartig bergan bis zur oben den Berg krönenden alten Zinnenmauer der Stadt. Man steigt Treppen hinauf, die sich sehr malerisch machen, und gewinnt oben auf der Plattform des Felsens eine der schönsten Übersichten der schön gelegenen großen Stadt und angrenzenden Berge sowie in die Fernen der Lombardei. Eine Kirche, San Zeno in Monte, welche außerhalb der Mauer nahe am Garten liegt,

158 Ansicht aus Verona

ward uns von der Schließerin des Gartens gleichfalls gezeigt. Sie war klein, aber reich und in gutem Stil, aber ist ganz zerstört; äußerlich hat sie keine Fassade. – Unfern von dem Palaste liegt die Kirche San Nazario e Celso delle Monache. Beim Eintritt in den Vorhof ward ein Brigante auf einem mit einem Esel bespannten Wagen, mit beiden Daumen zusammengeschlossen von zweien Tiroler Schützen begleitet, vorbeitransportiert. Er hatte einen schönen Kopf und war frisch und jung. Die Kirche ist innen und außen in altertümlicher Form und enthält mancherlei Bilder aus der alten lombardischen Schule, die dem Typus zufolge mit den Florentinern nicht zusammengehangen haben.

Wir durchschnitten jetzt die ganze Stadt, gingen noch einmal bei dem schönen Palazzo Publico vorbei und durch das Gebäude der Gefängnisse, welches einen originellen, altertümlichen Hof hat. Wir erfreuten uns auf diesem Wege an dem äußeren Schmuck so vieler Häuser der Stadt in bunten Freskobildern, die am Markte an einem Hause in entsetzlich kolossaler Größe ausgeführt sind, gingen dann den Corso hinab, durch den Bogen Kaiser Gallienus', welcher mit zwei Bögen zur Durchfahrt konstruiert ist und darüber 2 Geschosse hat, mit einer zierlichen, aber kleinlichen Architektur, und gelangten so zum Castel Vecchio, dessen weitgespannte Brücke wir von beiden Seiten mit der herrlichen Lage der Stadt betrachteten. Die kolossale Brücke wird nicht vom Publikum betreten. Die Familie Gonzaga ließ sie für ihren eigenen Gebrauch allein über den reißenden Adige ins Kastell führen.

Jenseits des Kastells, am Wasser hin, geht der Weg nach der Kirche San Zeno, die größte und älteste, auch merkwürdigste der Stadt. Sie wurde von Pippin dem Kurzen, Vater Karls des Großen, in der Mitte des 8. Jahrhunderts erbaut. Äußerlich besteht sie aus Schichten von gelbweißlichem und rötlichem Marmor, hat einen schönen hohen Turm, viele feine Säulchen zur Verzierung, ein Marmorportal mit Skulpturen von großen Tieren und zur Seite an den Wänden Basreliefs aus dem Alten und Neuen Testament, ebenso roh als die bronzenen Türen, mit einer Unzahl barbarischer Hautreliefs. Das Mauerwerk dagegen ist sehr sauber und schön ausgeführt. Die Decke ist in Holz ausgeschalt, in mehreren nach dem Dachverbande geformten Kurven. Man steigt auf einer großen innern Freitreppe zur Kirche hinab. Eine kolossale Porphyrschale aus dem Altertum steht zur Seite am Eintritt, früher als Taufbekken dienend. Im Innern sind die Mauern ebenso wie im Äußern konstruiert. An den Wänden sind aber eine Menge alter Freskos, von denen einige altlombardisch, andere aus Giotto und Gaddi Schule sind, letzte vielleicht von Stefano da Verona, Schüler Gaddis. – Zur Tribuna steigt man eine breite Treppe empor. In der Nische hinter dem Altar maggiore sieht man das herrliche Bild Mantegnas aufgehängt, welches lange in Paris war, es füllt eine Altarwand von schöner Architektur, blau mit Goldarabesken, und fugt sich in 3 Tafeln zwischen 4 Pilastern ein. Die 3 Tafeln bilden aber eine Darstellung: in der Mitte Madonna auf einem Thron, von kleinen spielenden Engelchen auf den Stufen umgeben; zur Seite stehn Heilige. Das Ganze in einer schönen Pilasterhalle, aus der man ins Freie sieht. In der unterirdischen Kirche, zu welcher man seitwärts auf 2 großen Treppen unter die Tribuna hinabsteigt, sieht man das Grabmal des heiligen Zeno; die Kapelle wird von vielen wunderlichen Säulchen unterstützt, deren Kapitäle mit Monstern geziert sind. In der Kirche sieht man noch ein sehr altes Skulpturwerk, gemalt, den h[eiligen] Zeno auf dem Thron darstellend; noch ein anderes, etwas später, und 2 Apostel, ebenfalls aus gemaltem Marmor. Dann ein Basrelief am Altar der unterirdischen Kapelle, ganz im Stil und mit gleicher Vorstellung wie die Skulpturen der Externsteine in Westfalen.

Wir gingen von hier zur Kirche San Bernardino, welche einen Vorhof mit einer von kleinen roten Marmorsäulen getragenen Halle hat. In der Kirche sind mehrere wichtige Kapellen; in der einen ist ein schönes Altarbild, Maria in den Wolken und 6 Heilige, die untere Partie von Cavazzola, die obere von einem seiner Schüler. Die Wände der Kapelle sind von Giolfino in Fresko gemalt. Eine andere Kapelle hat ringsum Ölbilder zwischen Pilasterchen. In der Mitte oben ein Kruzifix von Morone, daherum mehrere Bilder von Cavazzola, Giolfino und Caroto. Alle Bilder sehr edel und mit vieler Grazie bearbeitet. Hinter dem Altar ist ein Bild von Morone, fast eine verschlechterte Kopie des Mantegna in S. Zeno. Die Kapelle Pellegrini ist eine anstoßende Rotonde in sehr schöner Architektur von Michele, von den angenehmsten Verhältnissen und Details. Es ist eine kleine Vorhalle zwischen der Kapelle und dem Schiff der Kirche.

In der Nähe hier ist die bekannte Porta Stuppa, welche wir uns ansahen. Das Gebäude ist von Michele großartig gebaut und aus großem Material konstruiert; allein man macht von der Außerordentlichkeit des Kunstwerks viel zuviel Geschrei. Der Palast der Guardia Grande hat weit schönere Architektur. Wir gingen dorthin, ihn noch einmal anzusehn, stiegen noch einmal auf das Amphitheater und sahen den Untergang der Sonne auf die Stadt und Gebirge von oben an. Dann besuchten wir einen Teil der Stadt um die Kirche S. Fermo und diese Kirche selbst. Sie ist von malerischer Form, hat einen schönen Giebel, eine freie, auf eine Ecksäule gewölbte Seitenhalle und am Chor viele alte Giebel, ältere Nischen und einen Turm, von Backstein und Marmor untermischt ausgeführt. Im Innern sind mehrere alte Monumente, ein Sarkophag von rotem Marmor, von zwei liegenden Stieren getragen. Ein Basrelief einer Beisetzung Christi unter einem Altartisch und ein Bild von Caroto (sein bestes) in einer Kapelle. Die Decke der Kirche ist in mehreren Kurven ausgeschalt, und darauf sind an den Giebelmauern im Äußeren die Fenster, im Innern die alten Freskobilder berechnet. Es war spät geworden, und wir gingen zum Abendessen nach Hause, in der Meinung, vielleicht heute den letzten schönen Sonnenuntergang in italischen Gegenden gesehn zu haben, denn drei Tage, und wir sind auf deutschem Boden.

Zurück über den Brenner

Den 16. November

Bei funkelnden Sternen und einer schneidenden reinen Luft verließen wir Verona und hatten, indem wir uns den Gebirgen näherten, den schönsten Genuß eines schönen Herbstmorgens. Gegen 9 Uhr schlang sich der Weg an dem Adige fort in einen Talwinkel hinein, der mit senkrechten Felswänden aufgemauert schien, so daß ich nicht begreifen konnte, wie das Weiterkommen möglich werden könnte. Endlich aber spalteten sich die Felswände, die als eine Masse erschienen waren, und der Fluß drängte sich durch die ganz senkrechten Mauern, die Straße blieb zur Seite. – Der Maßstab der Entfernungen verlor sich schon wieder bei den großen Bergmassen, die sich uns entgegenstellten, so wie es bei unserem Eintritt in die Schweiz im Monat August der Fall gewesen war, nur die Pünktchen von Häusern und Städtchen am Fuße der Berge lassen auf unerwartete Weiten schließen. Mittagbrot aßen wir in Borghetto, wo wir uns in der großen Küche am Herdfeuer wärmten, um welches zu diesem Behuf Banken eingerichtet waren. Die nackten Alpenfelsen gegen den herrlichen dunkelblauen Himmel und die kräftige Herbstbeleuchtung entzückten mich nach Tisch vor dem Orte, wo wir den Wagen erwarteten, am Ufer des grünen Adige, dessen Fluten hier reißend sind. Wir sahn eine sonderbar gebaute und gelegene Burg an einer Felswand, kamen gegen Abend durch sehr wilde Täler, wo ein Erdbeben oder ein Vulkan die eine Felswand des Tals zertrümmert zu haben schien und die enormen Brocken und der Schutt im Tal zerstreut hingeschleudert schien. Mit dem Finsterwerden kamen wir nach Rovereto, dessen malerische Lage und sein abenteuerliches Kastell wir nur wenig sehn konnten. Das Wirtshaus war ganz neu gebaut, sehr elegant und gut.

Den 17. November

Der Weg bei steigender Kälte und reiner Luft ging in ähnlicher Art wie gestern fort. Gegen 9 Uhr kamen wir nach Trento oder Trient, wo alles noch italienisch spricht. Wir besahn, ehe unser Mittagessen präpariert war, die Kathedrale, ein byzantinisches Gebäude aus schönem Stein, mit sauberer Arbeit, aber nach dem Stil der Zeit auch mit monstrosen Skulpturen. Dann sahn wir den Saal des ehemals im 16. Jahrhundert hier abgehaltenen berühmten geistlichen Konsiliums, welcher jetzt Kirche ist. Darinnen ist ein auf 4 großen Konsolen wenigstens 8 Fuß hervortretender Marmorchor für eine Orgel, welche verbrannt ist. Die Skulpturen dieses Marmorchores sind von Vincenzo Vincentino 1534 mit außerordentlichem Geschmack, Zierlichkeit und Erfindung gemacht.

Nachmittag ward die Gegend mannigfaltiger, besonders da, wo die Formationen des Alpenkalksteins aufhören und die des Granit anfängt. Diese Region trifft bei Salurn, dessen abenteuerliches altes Schloß die Spitze eines turmartigen, hohen Felsens einnimmt, der abgelöst von einer enormen Felswand, mit der er früher zusammenhing, dasteht und von jeder Seite ein stürzendes Wasser hat. – Die Stadt am Fuße der Felsenwand hat schon viel Deutsches. Abends kamen wir ins Nachtquartier zu Egno, zu deutsch Neumarkt. Das Wirtshaus war noch von Italienern bewohnt, aber meine Reisegesellschafter, die nicht so früh und fest schliefen als ich, der ich mich besonders wohl befinde und während des Tages nie im Wagen schlafe, hörten den deutschen Nachtwächter seinen alten Satz absingen.

Den 18. November

Der Weg war bei beständig heiterem, scharfem Wetter höchst angenehm und bot manche schöne Ansicht der Schneeberge dar, die in der Morgensonne prachtvoll glänzen. Zu Bozen oder Bolsano machten wir früh schon Mittag. Die Stadt hat, nach Schweizer Art, eine herrliche Lage an einem Ort, wo mehrere Alpentäler sich vereinigen und dadurch mehr Weite und mehr Aussicht entsteht. Besonders schön machen sich im Hintergrunde des östlichen Tales die Zacken und Zähne einer Schneealpe herrlich. Die Stadt hat eine vollendete, sehr zierliche Kirche in deutschem Stil, mit einem sehr künstlichen Turm. Wir machten vor dem Mittagsessen eine Promenade durch die Stadt und hörten das Tirolerdeutsch überall sprechen. An der Wirtstafel versammelten sich viele österreichische Militärs und andere Leute, die das österreichische Deutsch und das Italienische durcheinander sprechen; jedoch waren die geborenen Italiener von den Deutschen dieser Gesellschaft bald zu unterscheiden, nicht in der Sprache, sondern in der übrigen Form.

Der Weg nach Kollmann, wo wir zu Nacht sind, verfolgt immer den Fluß Eisack, der in beständigem Stürzen und Brausen bleibt und oft in sehr engem rauhen Tal eingeschlossen ist. Trotz des vorgerückten Herbstes und daß man schon auf den Wiesen und zwischen den Gesteinen Eis über den stehenden Gewässern sieht, sind die Wiesen noch recht schön grün und viele Bäume, obgleich gelb und braun, ganz voller Laub. Die Fichten und Tannen beleben das Ganze durch ihre Frische, und der Kontrast der vergoldeten Alpengipfel in der Abendsonne und der schattigen dunklen Täler, in welchen wir fahren, ist sehr überraschend. Kollmann liegt malerisch hoch, und gegenüber sieht man eine weite gräfliche Burg höher am Abhang schweben, hinter welcher die Gebirgsgipfel noch höher hinaufsteigen, während im tiefen Grunde der Strom braust. Diese Aussicht haben wir noch spät aus unserem Wirtsfenster.

Den 19. November

Die Täler, in welchen der Weg neben dem stürzenden Strom weiter steigt, bleiben in gleichem Charakter. Tannen- und Lärchenbäume machen den Bewuchs der Felsen. Die letzten sind alle jetzt goldgelb, haben aber noch alle Nadeln und stehn wie erleuchtet in den schwarzen Tannenmassen. Zu Mittag waren wir in Brixen. Die Wirtshäuser haben etwas Heimliches und sind sehr reinlich, so auch hier, und man wird überall von weiblichen Domestiken bedient, alles dies sticht gegen Italien nicht unangenehm ab, auch fordert nicht alles im Hause Trinkgeld. Die deutsche Sprache klingt hier sehr freundlich, aber noch kommt sie uns fremd vor, und wir fangen oft mit den Leuten italienisch an, welches sie auch noch erwidern können.

Allmählich ging der Weg nachmittags immer mehr den Schneeregionen zu, [auf] den nächsten Bergabhängen in den Tannenwäldern lag der Schnee, und auf den Wiesen blieb, bei dem beständig klaren, frischen Wetter, das Wasser den ganzen Tag gefroren. Selbst hoch von den Alpen herabschleichende Wasserfälle fanden wir schon ganz in Eis verwandelt. Auf einer Wiesenebene, von lauter Schneegebirgen umgeben, liegt der Ort Sterzing, wo wir zu Nacht sind, am Fuß der Brennerspitze. Einige Stunden vorher hatten wir 2 Meilenzeiger gesehn, auf dem einen steht: »nach Italien«, auf dem anderen: »ins Pustertal«. Unser Wirtshaus hat wieder ein einfaches, reinliches Wesen. Während ich vor dem Abendessen das Tagebuch schreibe, wird vom gesamten Hausvolk auf dem großen Flur eine Litanei zur Ave-Maria-Zeit lange abgebetet.

Den 20. November

Unser heimliches, vortreffliches Wirtshaus verließen wir bei funkelnden Sternen um 4 Uhr morgens, und der Weg stieg gleich hinter Sterzing hinauf zum Brenner. Wir sahn wenig, denn bis zum Aufgang der Sonne waren wir fast auf der höchsten Höhe des Wegs, der bis dahin nirgend bedeutende Aussicht gewährt, weil er immer in einem tiefen Flußtal der stürzenden Eisack in die Höhe ging. Obgleich überall um uns der Schnee in dem Walde und auf den Abhängen gepudert lag und selbst die meisten kleinen Wasserfälle gefroren waren, so fanden wir die Kälte nicht so empfindlich, als sie uns in den letzten Nächten in Italien vorgekommen war. Ich gab genau acht, wie lange uns die Wasser auf dem Gebirge noch entgegenkommen und wann sie mit uns abwärts fallen würden. Diesen Punkt erreichten wir um 8 Uhr im Tale, es war eine große Wiese mit verschiedenen Einschnitten, und hier fanden sich viele entschieden auseinandergehende, viele unentschieden stagnierende Gewässer. Es trennte sich also hier das Wasser, welches das Adriatische Meer, und das, welches das Schwarze Meer nährt. Die Eisack fällt unterhalb Bozen in die Adige, und ein hier entstehender anderer kleiner Fluß, die Sill, fällt unfern Innsbruck in den Inn. Wir blieben immer neben diesem letzteren, der bald beträchtlich wächst. Zu Matrei speisten wir zu Mittag, wie hier gebräuchlich ist, sehr vollständig, reinlich, mit schönem Geschirr und silbernen Messern und Gabeln. Nach Tisch ging's noch einmal stark bergan und dann sehr steil hinab. Überall lagen die Alpen über ein starkes Drittel voller Schnee, man hatte schöne Übersichten, und der Weg folgte dem Rande starker Abhänge, in dessen Tiefen zwischen Tannen die grüne Sill brauste.

Um halb 3 Uhr sahen wir von oben herunter auf einer schönen großen Wiesen- und Ackerfläche die Stadt Innsbruck, rings von hohen Alpenbergen umgeben, liegen, die mit ihren verschiedenen Türmen, Kuppeln, Schlössern und Klöstern einen reichen und freundlichen Anblick gewährt, besonders da die Gebäude, sämtlich ganz neu abgefärbt, recht hell gegen die schwarzen Tannenwälder abstechen, die sich gegen die Alpen hinaufziehn. In der Nähe betrachtet ist die Architektur entsetzlich, auch wenn man nicht aus Italien käme.

Wir gingen gleich nach unserer Ankunft in die Franziskanerkirche, um das berühmte Grab Kaiser Maximilians zu sehn. Die Masse der bronzenen Statuen, 28 an der Zahl, die in geschlossener Reihe zwischen den Pfeilern der Kirche stehn, und der in ihrer Mitte errichtete Prachtsarkophag selbst machen eine imposante Wirkung beim Eintritt. Bei näherer Betrachtung ist freilich das mehrste entsetzlich grob und manieriert und trägt deutlich die Spuren der Fahnenschmiedsarbeit, die es in der Tat ist, denn 2 Waffenschmiede wurden von Herzog Ferdinand dafür beschäftigt. Einige schlankere, bessere Gestalten sind vom Jahr 152..., früher von einem anderen Künstler. – Die Marmorreliefs am Sarkophag sind von einem niederländischen Künstler, Colin, mit großer Sauberkeit und enormem Fleiß gearbeitet, und wenngleich der Stil nicht ganz zu loben ist, so sind diese hoch erhobenen Arbeiten doch mit vieler Grazie und Erfindung ausgeführt. – In einer Kapelle wird des Herzogs Ferdinand Grab von Colin und das einer Herzogin gezeigt, die aus einer Patrizierfamilie von Augsburg ist. Die Frau hieß Philippine Welserin; sie soll später von ihrem Gemahl vergiftet sein, wegen einer anderen Heirat, die er vorhatte. – In der Kirche ist Hofers Grab mit einem kleinen Kreuz auf dem liegenden Stein am Fußboden bezeichnet.

Ein Spaziergang am kaiserlichen Schloß und durch die Stadt zeigt uns die sehr schöne Lage derselben. Am Schloß auf der öffentlichen Promenade ist eine kleine bronzene Equesterstatue, galoppierend, auf einem Piedestal von ungeschickter Form aufgerichtet, welche halb aus Stein, halb aus Holz ist. Es macht sich dieser kleine springende Herr sehr komisch.

Den 21. November

Der Weg von Innsbruck geht neben dem Inn fort, bis man die große Felspartie, die Martinswand, rechts vorbeigefahren ist. In einer oben in der Alpe dieser Wand von der Natur gebildeten Höhle sieht man ein Kruzifix mit zwei Nebenfiguren, sehr klein, um den Ort zu bezeichnen, wo Kaiser Maximilian einst bei der Gemsenjagd sich verstiegen hatte und in Gefahr zu verhungern war, bis er durch einen Jägerburschen gerettet ward. (Die Sage sagt: von einem Engel.) Unten am Berg war das ganze Volk versammelt und betete. – Gleich nachher steigt der Weg den hohen Berg von Zirl hinan. Bei dem schönen Wetter stiegen wir aus und gingen zu Fuß. Die Aussicht ins Tal ist sehr schön und der Weg mannigfaltig, wie er allmählich aus dem Inntal über den Bergrücken weg in das Isartal führt. – Ich hielt länger zu Fuß aus als meine bequemen Gefährten und ging wohl

$1^1/_2$ Meile einsam fort. Dies war bei einer glücklichen Disposition meines Innern sehr angenehm, und ich schrieb im Gehn manchen Gedanken über Kunst auf ein Blättchen. – Zu Mittag waren wir in Mittenwald, zu Nacht in Vallersee. Wir aßen schöne Fische aus dessen See, den wir bei der Finsternis nicht gehörig übersehn konnten.

Den 22. November

Auch das frühe Ausfahren am Morgen ließ von der Lage dieses Sees sowohl als von der des dicht dabei liegenden Kochelsees nichts bemerken. Zwischen beiden Seen ist ein steiler Berg, beim Hinunterfahren stiegen wir aus. Es war wirklich gefährlich. Hiermit wollten sich die Alpengebirge zu guter Letzt noch einmal recht bemerklich machen, denn bald darauf kommt man in die bayrische Ebene, beim Kloster Benediktbeuren. – Mittags wurden wir in Wohlfahrtshausen zum letztenmal von unserem Vetturin auf italische Weise beköstigt. Um 7 Uhr kamen wir in München an und stiegen im »Goldenen Hirsch« ab, ich schreibe nach Berlin und an mehrere Personen hier in der Stadt, um den morgenden Tag vorteilhaft benutzen zu können.

Briefe an Susanne Schinkel

Köln, den 8. Juli 1824

Wir sind glücklich hier in Köln angekommen, meine liebste Susanne. Ich habe nun keinen größeren Wunsch, als von Euch Lieben bald etwas zu erfahren, ich bin im voraus glücklich in dem Gedanken, daß Ihr Euch in Stettin recht wohl und glücklich fühlt, daß dort alles wohl gefunden ist, daß Liesbethchen allen recht gefallen hat, daß Karl recht fleißig und schon ganz im neuen Gange seiner Studien beschäftigt ist und daß Marie und Susanne mit Dir ihre Beschäftigungen fortsetzen. Über alles dies schreibe mir ja gelegentlich recht vollständig. Grüße recht sehr Mutter, Karoline und Kuhberg, vielleicht reizt der Anblick unseres allerliebsten kleinen Liesbethchen, daß sich im dortigen Hause bald etwas Ähnliches auftut, das wäre das schönste Heilmittel für Karoline.

Damit Du von meinem Leben genaue Nachricht hast, schicke ich hierbei das Tagebuch der Reise in einzelnen, aber numerierten Blättern, so wie es mit Bleistift während der Fahrt nach und nach aufgesetzt worden ist. Wenn es irgend möglich, so fahre ich auf gleiche Weise fort, und Du hast von Zeit zu Zeit den Überblick alles dessen, was uns passiert. Ich küsse Dich und drücke Dich an mein Herz; tue für mich dasselbe den lieben Kindern. Sie können auch einmal an mich schreiben, damit ich etwas von ihnen sehe; auch Liesbethchens Worte und ihre Unterschrift muß ich einmal zu Papiere haben. Ob ich aus Köln noch mal oder erst aus Mainz oder Heidelberg schreibe, weiß ich Dir jetzt noch nicht zu sagen, da ich heute ganz früh noch niemand meiner Geschäftsmänner gesprochen habe und keine Disposition eher machen kann.

Lebe wohl, meine liebe, teure Susanne, und denke Deines Dich stets liebenden

Schinkel.

Hoffentlich hat Agnes Rauch die Nachricht von unserem Zusammentreffen auf der Wittenberger Straße gebracht.

Köln, den 12. Juli 1824

Meine geliebteste Susanne.

In Köln habe ich meine Geschäfte beendet, viel dabei zu tun gehabt, daneben noch mancherlei Schönes gesehn und allerlei anderes erfahren. Die Domarbeiten sind das Gefährlichste, was es gibt; ich selbst glaubte überall in Lebensgefahr zu sein, weil die Verwitterung so zugenommen hat, daß täglich Stücke der vielen frei stehenden Teile herabstürzen. Ich bedauere von Herzen den guten Bauinspektor Ahlert, der den Bau führt, weil er aus großer Gefahr niemals herauskommt, und man kann nur Gott bitten, daß kein großes Unglück dabei vorkommen möge. Der Großherzog von Weimar logierte hier bei dem Kommandanten, General vom Ende; er wünschte mich zu sehn; ich ward zur Tafel eingeladen und fand den Prof[essor] Sturm aus Weimar und andere, mußte nachher mit dem Großherzog in seiner Droschke noch mancherlei in der Stadt besehn, und er brachte mich ins Wirtshaus zurück. Einen Tag später besuchte uns Cornelius aus Düsseldorf, mit dem ich einen ganzen Tag zusammenblieb und, weil es Sonntag war, die Kirchen der Stadt hintereinander besah. Man wird dabei entsetzlich müde. De Groote habe ich noch nicht zu Hause gefunden, und da ich morgen früh, dienstags, mit der Schnellpost nach Mainz reise, um dort den 14. mittags unsern Kerll im »Österreichschen Kaiser« zu treffen, so steht es dahin, ob ich ihn sehn werde. An einem Abend ließ mich der Kommandant durch den Kapitän Schulz in die ungeheuren neuen preußischen Festungsbauten, welche ganz Köln umgeben, herumfahren. Nach dieser Promenade führte mich der Herr Kapitän in seine Wohnung, wo ich in seinem sehr schönen Garten seine Frau sehn sollte, die Tochter von Madame Westphal; die Mutter war auch wieder aus Berlin zurückgekommen, dies war mir sehr überraschend. Sie finden sich sehr glücklich am Rhein und wollen sämtlich nicht wieder nach Berlin zurück. In zwei Tagen habe ich nun Briefe von Dir; ich bin deshalb sehr glücklich.

Küsse unsere Kinder und die Mutter, Schwester und Kuhberg, gib Nachricht von diesem Brief Deinem Bruder und denke an Deinen Dich liebenden

Schinkel.

Heidelberg, den 16. Juli 1824

Meine teuerste Susanne,

unendliche Freude hat mir der Empfang Deines lieben Briefs mit den Einlagen gemacht; ich bin überglücklich, Dich wohl und fröhlich in Stettin zu wissen und zu sehn, wie [Du] stets in bedeutenden Fällen so liebenswürdig und vernünftig bist, wie man selten andere Deines Geschlechts findet. Kerll hat mir viel erzählen müssen und hat dies mit großer Liebe getan, überhaupt können wir uns höchst glücklich fühlen über die allgemeine Teilnahme, welche wir bei unseren Freunden und Bekannten finden.

Wie kannst Du glauben, liebste, beste Susanne, daß Deine Briefe mir jemals zu lang sein können, fahre fort, so weitläufig von Eurem Leben zu berichten, als es Deine Zeit irgend zuläßt; kann ich diese Güte jetzt nicht erwidern, so weißt Du wohl, woran es liegt. Wir sind wirklich bis jetzt nicht recht zu uns gekommen, dies siehst Du aus dem kleinen Tagebuche, welches immer mitgesendet wird; es ist auch nur so von der Zeit gestohlen hingeschrieben, indes nimmst Du es gewiß gern in seinem unvollständigen Zustande auf. Wir werden heute noch einmal auf dies schöne Schloß gehn, dann vormittag fort bis nach Heilbronn und sind morgen in Stuttgart.

Küsse die Kinder; ich habe sie alle um Dich sitzen sehn, wie Du mir Eure Reise nach Stettin beschrieben hast. Grüße herzlich Großmutter und Kuhbergs von Deinem Dich ewig liebenden

Schinkel.

Mailand, den 3. August 1824

Liebste Susanne,

von Wilhelm bekommst Du hierbei mein Tagebuch bis heute, es ist etwas stark ausgefallen, weil es Gegenden betrifft, die ich zum erstenmal sehe, desto besser übersiehst Du, wie es mir geht. Eine kleine Unpäßlichkeit in Lausanne, die ich mit Kamillentee in einem Tage heilte, ausgenommen, bin ich außerordentlich wohl. Die Hitze ist höchst wohltätig, wenn man sich dabei in acht nimmt, denn mit dem Eintritt in Italien fühlt man beständig eine sanfte Transpiration, die die Hitze zugleich weit erträglicher macht als bei uns.

Hier in Mailand angekommen, sehne ich mich nach Briefen von Dir, ich sende jetzt, am frühen Morgen schreibend, den Schluß des Tagebuchs und den Anfang dieses Briefs zu Marietti, um danach fragen zu lassen. Wenn ich an Euch Lieben denke, so fühle ich eine unendlich wohltätige Empfindung, die wie die Wärme eines Nestes meine Brust umhaucht, Du wirst es mir nachempfinden können. Gar zu gerne sähe ich Euch allen einmal wieder in die Augen und herzte von Elisabethchen an alle nach der Reihe. Es ist recht böse, daß Ihr nicht mitgenießen könnt. In meinem Tagebuche liesest Du von einem Hauptmann Obermann, den wir in den letzten Tagen unsrer Reise immer gesehen haben. Er reist mit eigenen Pferden, einem schlesischen Kutscher, mit Frau und 2 Kindern, und es geht ganz gut. Vielleicht kommen wir auch noch einmal zu so etwas. Unsre Reisegesellschaft steht immer noch sehr schön zusammen, und die verschiedenen Emotionen schieben sich gut ineinander.

Es ist eine schlimme Zumutung, aber es wäre vielleicht nicht übel, wenn eins oder beide liebe Mädchen, Marie und Susanne, mein Tagebuch (bis auf gewisse Stellen, die Du selbst nur eintragen kannst) auf einem gebrochenen Bogen abschrieben, damit sich die Sache erhält, weil der Bleistift doch mit der Zeit verlöschen möchte. – Noch warte ich auf den Lohnbedienten, der zu Marietti gesandt ist, um Deine Briefe zu holen, die andern sind schon in den Dom gegangen, wo ich sie zu treffen denke, und diese Zeit wende ich an, mit Dir und den Kindern allein recht herzlich zu sein und Euch alle an meine Brust zu drücken. Mir tut diese Pause der Einsamkeit in unserem schönen großen Wirtshauszimmer, auf diese Weise vollbracht, unendlich wohl.

Tausend, tausend Dank, Dein lieber Brief ist da und entzückt mich. Ich kann Dich nur an mein Herz drücken...

[Schluß fehlt].

Florenz, den 17. August 1824

Meine teuerste Susanne,

ich eile, Dir von hier aus die Fortsetzung meines Tagebuchs mitzuteilen, Dich und die Kinder tausendmal zu küssen und Dir zu sagen, wie oft ich Euch im Sinn habe; ich hoffe, alles geht wohl bei Euch, und ich sehne mich nach Briefen in Rom. Ich befinde mich vortrefflich, finde das Klima höchst angenehm, wenn man die gehörige Diät hält, die ich im Tagebuche angeführt. Ein sehr schöner guter Vetturin, der uns von Mailand hierher geführt, wird uns auch weiter nach Rom bringen.

Im Ganzen ist Italien, was das Reisen betrifft, viel zivilisierter geworden; man genießt viele Bequemlichkeit.

Grüße bestens alle die Hausgenossen und denke oft Deines Dich ewig liebenden

Schinkel.

Rom, den 28. August 1824

Meine liebste, teuerste Susanne,

in der Hauptstadt der Welt wieder angekommen, kannst Du denken, welche Empfindungen wieder in mir rege werden, aber unendlich mehr noch beglückte mich Dein herrlicher, liebevoller Brief vom 29. Juli mit allen den schönen Nachrichten. Ja, Du hast ganz recht, wenn Du meinst, daß durch den Gedanken an das Haus meiner Liebenden in der Heimat mir die Reise noch höhere Genüsse liefern müsse als früher. Es geht nichts über dies herrliche Gefühl, aber Dir allein danke ich dies Glück. Jeder Deiner Briefe zeugt mir von dem Schatze, den ich an Dir besitze, indem Du mit jedem Worte Heiterkeit in mein Herz bringst.

Ach, die unglückliche Karoline und ihr armer Mann. – Es jammert mich gar sehr, daß auch die äußerlichen Verhältnisse von Kuhbergs Lage nicht besser sich gestalten wollen, und doch hört man, daß es an andern Handelsorten schon besser zu gehn anfängt. Hoffentlich hast Du mein Tagebuch aus Mailand und mit einem zweiten Brief aus Florenz die Fortsetzung empfangen, und so erhältst Du hier aus Rom den folgenden Teil.

Das Clementinische Museum, welches wir heute, nach einem Besuch bei Valentini und bei H[errn] G[eheim]r[at] Bunsen, der unstreitig auf dem Kapitol, wo er das Panorama des alten und neuen Rom aus seinen Fenstern hat, die schönste Wohnung in der Welt besitzt, besahn, ist mir unendlicher und herrlicher vorgekommen als vorher, und wir alle waren eigentlich völlig trunken. Sahn wir in die Marmorsäle, mit dem Herrlichsten der Kunst angefüllt, hinein oder aus den Fenstern und Hallen hinaus in die weite Herrscherstadt der Welt und ihre unbeschreiblich schönen Umgebungen, so ging das Herz über. Leider muß ich heute abend um 5 Uhr bei Graf Ingenheim und morgen bei dem Prinzen Heinrich um dieselbe Zeit zu Mittag essen; das raubt viel vom schönen Abend. Könnte ich Dich doch einzig und allein in dem Vatikan auf einen Tag hier haben. Du mußt nun schon alles durch mich hindurch genießen, da Du nicht selbst hier sein kannst; denn mit Kindern und selbst für Dich fände sich auf der Reise doch manche unübersteigliche Schwierigkeit.

Aber ich fühle, daß ich diese Reise höchst nötig hatte; es wird vieles bei mir klar und lebendig; ich fühle aber auch, daß ich mit dieser Reise für mein Leben völlig beruhigt sein werde. Es sei denn, daß wir so reich würden, um in Muße des Vergnügens wegen noch einmal alle zusammen hierher kommen könnten[!]. Unsern vortrefflichen Vetturino behalten wir auch nach Neapel hin, wohin wir in etwa 4 Tagen zu gehn denken. Dann bin ich am äußersten Punkt meiner Reise, und Du erhältst davon bald Nachricht und kannst dann schon wieder an die Rückkunft denken.

Wäre es möglich, daß Karl so weit gebracht werden könnte, um in Berlin aufs Gymnasium zu kommen; das wäre herrlich, wenigstens wird die gute Aufsicht des jungen Mannes, dem Du ihn übergeben, sehr wohltätig wirken. Wegen der Entschädigungen Eures Aufenthalts in Kuhbergs Hause wirst Du wohl das Nötige einleiten.

Wir leben sehr gut und kommen doch (Waagen und ich) bis Neapel mit den mitgenommenen 600 Tln. aus. In Rom haben wir ein sehr schönes Wirtshaus bei Monsieur Damont gefunden.

Meine teure Susanne, küsse tausendmal die lieben Kinder und erzähle ihnen von mir; besonders daß Elisabeth mich nicht vergißt, da ihr Gedächtnis noch schwach ist. Wie lebhaft habe ich das liebe süße Gesichtchen in Deiner schönen Beschreibung vor mir gesehn und zu herzen geglaubt. Lebe wohl, Teuerste, und behalte lieb Deinen ewig treuen

Schinkel.

Neapel, den 8. September 1824

Meine teuerste Susanne.

Du wirst aus Rom meinen Brief mit dem Tagebuche empfangen haben, und ich schreibe heute nur flüchtig, um Wort zu halten, weil ich zugleich eine gewisse Ministerkorrespondenz habe und jeden Augenblick erwarte, von Olfers zur Besichtigung der großen Feierlichkeit der Sta. Madonna am Posilipo abgeholt zu werden, um den Militärpomp und den Hof aus den Fenstern des Grafen Flemming anzusehn. Mein Tagebuch sagt Dir das weitere; nur wisse, daß man, soviel man auch an Neapel denken mag und davon spricht, die Wirklichkeit doch immer wieder alles übertrifft, was die kühnste Phantasie davon bilden kann; immer glaubt man glücklich zu träumen. Könnte ich Dich doch nur einen Tag hier haben. Mit meiner und der Reisegefährten Gesundheit geht es herrlich. Leider kann ich von allem Schönen, was hier ist, nur das Theaterwesen nicht mit hineinrechnen. Trotz alles Tadels sind wir in Berlin um 100 Jahr voraus. Mein Tagebuch sagt etwas mehr davon.

Küsse tausendmal die lieben Kinder und grüße Kuhbergs und Mutter sowie alle Stettiner Freunde bestens. Nach einigen Tagen der Ruhe erhältst Du wieder Nachricht, und vollständigere, von mir. Ich küsse Dich herzlich, liebstes Weib,

Dein Schinkel.

Neapel, den 18. September 1824

Meine liebste Susanne,

am 8. September schrieb ich Dir und sendete einen Teil des Tagebuchs, ebenso wie ich hoffe, daß Du aus Mailand, Florenz und Rom drei Teile desselben schon wirst empfangen haben; allein ich übergab den Brief dem Grafen Flemming, um ihn mit seinen Depeschen wegzusenden, damit das Porto nicht so groß würde und ich der sichern Ankunft gewiß wäre, weil so häufig Briefe verlorengehn. Leider ist der österreichische Kurier, mit dem jene Depeschen weggehn sollten, mehrere Tage in seinem Abgange verhindert worden, und um Dir nicht die Nachrichten von mir länger zu entziehn, empfängst Du diesen Brief, der wahrscheinlich eher ankommen wird.

Ich melde Dir, daß wir auf der Rückreise sind, denn Paestum, $1^1/_2$ Tagereise jenseits Neapel, haben wir gesehn, wie Du aus dem Tagebuche weiter ersehn wirst, und von Neapel denke ich den 23. oder 24. September nach Rom abzugehn. Von Rom sollst Du gleich wieder Nachricht erhalten, und dann kannst Du schon sicher die Rückkunft berechnen.

Wir sind sehr wohl in diesem herrlichen Lande. Graf Flemming hat besondere Freundschaft für mich; ich esse oft dort, und wir machen viel Partien und Fahrten zusammen. Er führte mich auch bei dem englischen Gesandten Hamilton ein, wo ich einen Abend und einen Mittag verlebt habe; das Haus ist sehr angenehm und, obgleich die Konversation französisch geführt wird, sehr ungeniert. Pompeji haben wir gestern gesehn, wo Graf Ingenheim, der auch hier ist, uns mit einem großen Dejeuner regalierte. Fr[au] v. Olfers ist immer noch nicht niedergekommen, befindet sich aber sehr wohl. Trotzdem daß wir beinahe 3 Wochen auf den hiesigen Aufenthalt verwenden, ist doch jeder Tag so besetzt, daß uns keine Zeit übrigbleibt, denn in der Regel gehn wir früh zu Bette. Auf den Vesuv habe ich die übrigen allein steigen lassen; die Partie ist zu fatigant; dazu war kein sonderliches Wetter. Wir haben noch Sorrento und Pozzuoli zu sehn, dann sind wir mit Neapel fertig. Von diesem Meer und diesen heiteren Küsten Abschied zu nehmen würde mir sehr schwer werden, dächte ich nicht an Euch und daß Ihr durch mich davon noch manchen Genuß haben sollt. Mir wächst häufig die Sehnsucht so wie Dir, und sobald ich Rom hinter mir haben werde, soll es fast ohne Aufenthalt zurück zu Dir gehn. Diese Worte werden Dich hoffentlich bald genug treffen, um die Verzögerung meines Schreibens vom 8. gutzumachen.

Leb wohl, liebstes Weib, und küsse die Kinder herzlich, Karoline wünsche ich von Herzen Besserung und Kuhberg glückliche Aussicht. Mutter empfiehl mich sehr.

Dein Schinkel

Rom, den 3. Oktober 1824

Meine teuerste Susanne,

Deinen lieben Brief vom 8. September und Wilhelms vom 14. September habe ich bei meiner glücklichen Ankunft in Rom erhalten und die große Freude gehabt, zu sehn, daß es Euch wohl geht und daß alle meine Briefe und Tagebücher bis Florenz glücklich angekommen sind. Wahrscheinlich wird dies auch der Fall sein mit denen aus Rom und Neapel sowie mit diesem beiliegenden. Letzteres wird Dir näher anzeigen, daß und wie ich nun wieder in Rom eingetroffen und Dir also um beinahe 6 Tagereisen (von Paestum, dem weitesten Punkte meiner Reise, gerechnet) näher gekommen bin.

In dem unendlich reichen Rom werde ich nun wohl 3 Wochen bleiben, um gehörig alles einzunehmen, dann mit geringem Aufenthalt von 4 Tagen in Florenz, sechs Tagen in Venedig, einem Tag in Mantua, Verona, München so schnell als möglich nach Berlin in Deine Arme zurückkehren, wonach mir Deine lieben Briefe große Sehnsucht machen. Ich befinde mich sehr wohl, und alle Leute sagen es mir, daß ich ungleich wohler aussehe, als sie mich sonst gekannt haben, und so kann ich dem Himmel nicht genug danken, daß er mir auch in dieser Hinsicht so viel Glück gibt. Den 14. Nov[ember] bin ich gewiß in Venedig, wo ich, Deinem Versprechen gemäß, vielleicht noch einen Brief finde, der mir sagen wird, daß Du mich mit allen Kindern schon in Berlin erwartest.

Wie sehr schmerzt mich das Verhältnis Kuhbergs; ich denke doch, daß Du Kuhbergs ganzes Vertrauen hast, um ihm an die Hand gehn zu können in seinem Benehmen. Ich glaube, daß Strenge einzig und allein dort helfen muß und daß Karoline notwendig eine Zeitlang recht hart fühlen muß, daß sie nicht herrschen darf, sondern gehorchen und sich zusammennehmen muß. Kannst Du also Kuhberg nur zu der Gesinnung bringen, daß sein jetziges hartes Wesen ein bloßes Arzeneimittel sei, durch welches er seine Zwecke erreichen wird, und daß er dann wieder bessere und mildere Zeiten erleben wird, die sein Benehmen ändern können, so schadet seine Härte jetzt nichts, sondern wird wohltätig wirksam sein.

Unserer lieben Marie Geburtstag habe ich leider, meiner Vergeßlichkeit halber, nicht bedacht, aber sag ihr, daß ich ohnedies alle Tage Freude über sie empfinde. Küsse alle Kinder herzlich von mir. Karln hoffe ich als einen gelehrten und tüchtigen Menschen wiederzufinden; sag ihm, daß ich fest darauf rechne.

Grüße bestens alles, was sich meiner erinnert, und sei versichert, daß ewig in Liebe Deiner gedenkt

Dein
Schinkel.

Florenz, den 28. Oktober 1824

Liebste Susanne,

es ist etwas lange her, daß Du von mir einen Brief hattest; ich wünschte aber, aus Florenz schreiben zu können, damit dieser Brief wieder aus einem Dir ungleich näheren Orte als der vorige datiert wäre und Du mich dadurch auf der schleunigen Rückreise siehst. Mein Tagebuch sende ich Dir hierbei wiederum, und zwar geht es diesmal grade an Dich, weil ich fest versichert bin, daß Dich dieser Brief schon in Berlin treffen wird. Ich bleibe nur 3 Tage in Florenz und gehe also den 1. November hier ab, werde dann bis Venedig 7 Tage brauchen; dort, wo ich Briefe von Dir zu finden hoffe, bleibe ich 6 Tage, und dann geht es in 2 Tagen nach Verona, Mantua kostet dann mit Verona zusammen auch 3 Tage, von dort ist nirgend Aufenthalt als 1 Tag in München.

Du kannst hiernach rechnen, mich Ende November bei Dir zu haben, jedenfalls schreibe ich noch einmal, weil der Brief immer etwas schneller als meine Fuhrgelegenheit gehn wird und Du also noch näher den Tag meiner Ankunft ausrechnen kannst. Karl wird bei seiner Rückkehr nach Berlin wohl zuvörderst wieder in seine alte Schule gehn und starke Privatstunden nehmen müssen, bis ich zurückkomme und sehe, wie weit er vorgerückt ist und wie lange es noch dauern kann, ihn ins Gymnasium zu bringen. Grüße die lieben Kinder sämtlich von mir und sage ihnen, daß ich bei meiner Rückkehr keine größere Freude haben werde als zu erfahren, daß sie recht artig bei Dir gewesen sind.

Alle Leute, die mich früher gekannt, sagen mir, daß ich ein ungleich gesünderes Ansehn gewonnen habe, und ich fühle es sehr gut, wie groß in dieser Beziehung der Nutzen dieser Reise ist. Die Migräne habe ich nur ein einziges Mal in Pompeji bei sehr großer Hitze und vielen Fatiguen gehabt, sonst nie etwas davon wieder gefühlt. Du wirst nun bei meinem Anblick das beste Urteil darüber haben; ich freue mich unendlich auf unsere Winterabende. Nur für den Weihnachten bin ich bange, da das Geld fehlen wird, und von hier aus etwas anders als wirkliche Kunstsachen mitzubringen lohnt nicht der Mühe, da ich mich überzeugt habe, daß dies alles ebenso wohlfeil bei uns zu haben ist, weil die Unannehmlichkeiten, die der Reisende bei den vielen Visitationen hat, und die willkürlichen Abgaben, die dafür den niemals genug instruierten Reisenden abgefordert werden, den Vorteil der Kaufleute in Berlin, bei geregelter Spedition dieser Waren, weit übersteigt.

Für mich und für Dich habe ich denn im eigentlichsten Sinne etwas Wirkliches von Kunst mitgebracht, welches an sich selten, ja einzig ist und dazu die Erinnerungen der Reise auf immer zu halten imstande ist. Es sind die Studien, welche der jetzt in Rom anwesende talentvollste junge Landschafter Reinhold an Ort und Stelle von mehreren Punkten um Neapel und Rom in Ölfarben auf Papier und in sauberen Zeichnungen gemacht hat, 12 Farbenskizzen, von denen die mehrsten aber wirkliche kleine Bildchen machen, und 4 Bleistiftzeichnungen. Selten trennen sich die Künstler von solchen Studien, weil dazu immer eine Reise gehört und weil die Natureffekte nie so wiederkehren; dieser aber hat bei seiner Jugend die Sache nicht so streng überlegt.

Auch Catel malt für mich ein kleines Bildchen mit meiner Gestalt; es ist mein Fenster in Neapel mit der Aussicht aufs Meer und Capri. Dies soll Dein Weihnachtsgeschenk werden, leider wird [es] nur nicht zur rechten Zeit mehr ankommen können. Zum Weihnachtsfeste selbst wirst Du Dich also vorläufig mit meiner Person allein begnügen müssen. Aber ich wollte doch gern für die lieben Kinder etwas auftischen, was den Anschein des Mitbringens hätte, und da bitte ich Dich, liebste Susanne, etwas in der Zeit auszusinnen, was geeignet ist, ohne unsere Kasse zu sehr anzugreifen.

Lebe wohl, meine liebste Susanne; in wenigen Wochen bin ich in Deinen Armen.

Dein
Schinkel

München, den 22. November 1824

Liebste Susanne,

ich bin glücklich in München angekommen und sende Dir von hier aus mein letztes Tagebuch, worinnen sich auch einige zu beachtende Blättchen mit Skizzen finden.

Wir bleiben morgen hier und gehn übermorgen über Weimar, wo wir einen Tag ausruhen, weiter. Unser florentinischer Vetturin, mit dem wir von Mailand aus alle Reisen gemacht haben, wünscht sehr, uns bis Berlin zu bringen, und dies wäre uns wegen des herrlichen, sehr bequemen Wagens, der rings mit Glasfenstern zu verschließen ist, in der rauhen Jahreszeit sehr lieb; indes kann er erst morgen seine Bedingungen sagen und ist auch vielleicht zu langsam, welches in Deutschland nicht so wie in Italien, und besonders nicht im Winter, erträglich ist. Wir rechnen, daß, wenn wir mit ihm fahren, wir aufs wenigste 10 Tage bis Berlin brauchen (Weimar mit eingerechnet) und daß wir also freitags abends, den 3. Dezember, aufs frühste in Berlin ankommen; sehr möglich ist es aber auch, daß wir einen Tag länger bleiben. In jedem Fall wäre es gut, wenn Noack an diesen beiden Abenden im Hause wäre, um den Vetturin ins Gasthaus zu begleiten und andere Dienste zu leisten. Für den Fall, daß der Vetturin mit uns geht, lege ich Dir eine Zeitungsinsertion ein, die gleich in Zeitung und Intelligenzblatt gerückt werden müßte, welches Noack besorgen kann, vorher aber mit Gabains sprechen muß, weil mir ihr Laden geeignet scheint, um Auskunft über diese Retourgelegenheit einzuziehn, und sie dies auf Kerlls und meine Bitte wohl übernehmen werden. Ich schließe heut, indem ich Dir nicht genug sagen kann, wie sehr mir das Herz schon schlägt bei dem Gefühl, Dir bald ganz nahe zu sein.

Den 23. November

Mit unserem Vetturin haben wir unsere Reise abgeschlossen; er fährt uns, und wir werden also um die obengedachte Zeit in Berlin ankommen. Unser hiesiger Aufenthalt ist so troubliert, daß ich nichts weiter schreiben kann; ich erwarte jede Minute Besuch von Herrn Wiebeking pp. Rauch grüße herzlich für den schönen Brief, den ich empfangen habe und daraus das tegelsche Fest ersehn.

Eine Affiche für die Zeitungen liegt hier bei, die bald inseriert werden muß.

Lebe wohl, küsse die Kinder, bald hast Du mich ganz.

Dein
Schinkel

Weimar, den 29. November 1824

Liebste Susanne,

die entsetzlich schlechten, halb gefrorenen Chausseen in Bayern, die weit schrecklicheren Wege von Bamberg über den Thüringer Wald nach Weimar, welche bei Tage schon mit Gefahr, alles Wagenzeug zu zerbrechen und zu zerreißen, zu passieren sind, haben uns in unserem Reiseplan jetzt schon um einen ganzen Tag zurück gebracht; – daß wir also am Freitagabend nicht in

Berlin ankommen konnten, war natürlich; aber es ist noch sehr möglich, daß wir auch am Sonnabend noch nicht bei Dir sind; deshalb wünsche ich, daß dieser Brief Dir früh genug in die Hände komme und daß Du auch Gabains und Frau Kerll davon Nachricht gibst. Jedenfalls bitte ich Dich, die Anordnungen wegen Noack sowohl für Sonnabend- als Sonntagabend zu besorgen, und zwar so, daß er etwas spät wartet, denn bei der langen Fahrt von Wittenberg nach Berlin, nachdem unsere guten Vetturinpferde soviel Tage vorher gearbeitet haben, werden wir nicht recht gewiß vor 10 Uhr ankommen können. Gott sei Dank, wir sind bis hier glücklich durchgekommen und fahren nun auf sicheren und schönen Chausseen bis Berlin.

An Goethe habe ich heute abend noch geschrieben und schicke dies Billett morgen ganz früh hin, worin ich ihm von meiner Ankunft Nachricht gebe und bitte, mich ihm mit meinen lieben Reisegesellschaftern vorstellen zu dürfen.

Der sehr trivial gewordene Brandt ist von München über Neuchâtel nach Paris gegangen. Außer einigem Spaß, den er uns gemacht hat, hat er uns nichts genützt, wohl aber wir ihm.

Mein Tagebuch habe ich von München nicht weitergeführt; ich erzähle Dir mündlich die letzten Ereignisse und habe nun keine größeren Wünsche, als Euch alle wohl und vergnügt umarmen zu können.

Lebe wohl, liebste Susanne, küsse die Kinder in meinem Namen und denke, daß Du bald durch Deine Nähe glücklich machen wirst Deinen

Schinkel.

Anhang

Nachwort

»Er fühlte, daß es nunmehr Zeit sei, die lange gehabte Sehnsucht, Italien zu besuchen, mit Nutzen in Ausübung zu bringen, und wendete dazu sein Vermögen an.« Mit diesen nüchternen Worten seiner Selbstbiographie von 1825, für Brockhaus' Konversationslexikon bestimmt, charakterisiert der auf dem Zenit seines Lebens und Erfolges stehende berühmte Architekt selbst die große Bildungsreise seiner Jugendjahre. Und knapper noch teilt er ebendort mit: »Im Sommer 1824 unternahm er eine zweite Reise nach Italien, um besonders in Beziehung auf die geschichtliche Ordnung der Kunstschätze in dem von ihm für Berlin entworfenen neuen Museumsbau seine Ansichten zu befestigen.« Hinter diesen beiden Äußerungen verbirgt sich eine Welt von Erscheinungen, Sehnsucht und Erfüllung nicht nur eines Künstlerlebens, sondern eines ganzen Zeitalters.

Karl Friedrich Schinkel wurde am 13. März 1781 in der kleinen märkischen Landstadt Neuruppin als Sohn des Pfarrers Johann Cuno Christoph Schinkel geboren. Der große Brand der Heimatstadt von 1787, dessen Opfer auch Schinkels Vater wurde, und ihr anschließender rascher Wiederaufbau, der ihm die Aufgaben des Baumeisters früh und vielleicht bestimmend vor Augen führte, waren erste Jugendeindrücke von tiefer Bedeutung. Im Jahre 1794 ließ sich die Mutter mit ihren sechs Kindern in Berlin nieder, wo der Sohn das ehrwürdige Gymnasium zum Grauen Kloster besuchte. Bereits den Schüler beeinflußten Tradition – die Familie wohnte im Zentrum der Altstadt, an der Marienkirche – und Modernität der aufstrebenden Residenz, deren Gestalt Schinkel selbst in den folgenden Jahrzehnten entscheidend prägen sollte.

Ein frühes Zeichentalent entwickelte sich, bis ihm 1797 ein Eindruck von größter Bedeutung widerfuhr: die Begegnung mit dem Konkurrenzentwurf des fünfundzwanzigjährigen Friedrich Gilly zu einem Denkmal Friedrichs II. – kühner Plan eines unbedingten, neuen Klassizismus, monumental und utopisch. Programm und Persönlichkeit Gillys waren es, was »den tiefsten Eindruck auf ihn machte und ihn empfinden ließ, wohin er selber gehörte«, wie es Theodor Fontane, der andere große Sohn Neuruppins, 1864 in seiner liebenswürdigen Schinkel-Biographie im ersten Band der »Wanderungen durch die Mark Brandenburg« formulierte. Angesichts von Gillys genialem Entwurf eines Ruhmestempels, der von der französischen Revolutionsarchitektur inspiriert ist, entschied sich Schinkel für eine Laufbahn, die ihn im kommenden Jahrhundert zum bedeutendsten deutschen Architekten und zu einer der universellsten Künstlerpersönlichkeiten werden ließ. Der Weg zu diesem Ziel führte ideell und konkret über Italien.

Bestimmend für die folgenden Berliner Jahre des Eleven der Baukunst waren neben den engen persönlichen Bindungen an Friedrich Gilly und nach dessen frühem Tod im Jahre 1800 an den Vater, den Geheimen Oberbaurat David Gilly, der Besuch der neubegründeten Bauakademie und erste Aufträge, die unter anderem in der Vollendung hinterlassener Entwürfe des bewunderten Vorbildes bestanden. Gegenüber dem zunächst übermächtigen Einfluß Gillys, dessen architektonische Studien und Landschaftszeichnungen Schinkel kopierte, verselbständigte sich sein Gestaltungsvermögen allmählich. Es entstanden – neben Ideen zu Möbeln und Fayencen – Pläne zu Landhäusern, einem Museum, einer Kirche, einem Schloß. Ausgeführt wurden verschiedene Wirtschaftsgebäude und Wohnbauten – erste Zeugnisse einer später umfangreichen Bautätigkeit in Berlin und in der Mark. Darüber hinaus galt sein besonderes Interesse der zeitgenössischen Philosophie, besonders der Fichtes und Schellings, und ein außergewöhnliches Musikverständnis prägte sich aus.

Zur Vervollkommnung seines Wissens und seiner ästhetischen Bildung schien Schinkel früh das Erlebnis Italiens, alte und immer neue Sehnsucht deutscher Künstler, unerläßlich. Im Gegensatz zu den meisten jungen Angehörigen des aufstrebenden Bürgertums, denen eine solche Reise nur möglich war, wenn ihnen adlige oder königliche Gunst ein Stipendium gewährte, konnte sich der Zweiundzwanzigjährige das begehrte Ziel aus eigenen Mitteln – einem kleinen Vermögen, auch erstem Verdienst – erreichbar machen.

Es war ein allgemeines Bildungsbemühen, das im 18. Jahrhundert die Anzahl der seit der Renaissance üblichen Italienreisen anschwellen ließ und das, über die traditionellen Kavaliersreisen der jeweils jungen Adelsgeneration hinaus, sich auf neue und breitere, vornehmlich bürgerliche Kreise erstreckte. Befördert durch eine reicher werdende Reiseliteratur und durch Kupferstichfolgen, wurde schon vor Johann Joachim Winckelmanns 1764 erschienenem Hauptwerk »Geschichte der Kunst des Altertums« das Wissen um klassische Kunst und Kultur, besonders die der Antike, um Landschaft und Sehenswürdigkeiten des Südens verbreitet – eine Entwicklung, die, von England ausgehend, auch für Deutschland Folgen hatte. Neben dem entstehenden archäologisch-antiquarischen Interesse bildete sich im 18. Jahrhundert eine vorwiegend ästhetische Betrachtungsweise heraus, welche die meisten der zahlreichen Begegnungen deutscher Künstler mit Italien bestimmte.

Auch die Reise des jungen Schinkel ist Ausdruck eines um 1800 allgemeiner werdenden Verlangens nach einer idealen Welt der Harmonie von Natur und Kunst, die man in der Begegnung mit der Geschichte, Kultur und Gestalt des Landes jenseits der Alpen zu finden hoffte. Wie er selbst vom zunehmenden Strom der Reisenden umgeben ist, die zu Wagen und zu Fuß gen Süden pilgern, sind auch die erhaltenen Zeugnisse seiner Reise – Notizen und Handzeichnungen – eingebettet in eine Vielzahl zeitgenössischer künstlerischer Äußerungen über Italien.

Die Blütezeit deutscher Künstlerreisen in den Süden hatte 1786 mit Goethes berühmt gewordener Tour begonnen. Immer mehr Dichter, Maler und Bildhauer, so Johann Philipp Hackert, Johann Heinrich Wilhelm Tischbein oder Angelika Kauffmann, machten aus ihren Reisen langjährige Aufenthalte. Maler wie Joseph Anton Koch oder Johann Christian Reinhart, auch der dänische Bildhauer Bertel Thorvaldsen wurden zu römischen Bürgern, und eine ständige Künstlerkolonie aus dem Norden bildete sich in Rom, dem Zentrum aller Aufenthalte und Studien.

In der Menge der nach Italien ziehenden Künstler waren die Architekten bis dahin kaum vertreten gewesen. Gerade für sie aber erforderte der aufkommende Stil des Klassizismus mit seinem wachsenden Bedürfnis nach Vorlagen das Studium der klassischen Bauten und Ruinen an Ort und Stelle. So hatte Christian Traugott Weinlig, der Dresdener Baumeister, nach seinem Aufenthalt 1782–1787 »Briefe über Rom« veröffentlicht; der Karlsruher Friedrich Weinbrenner weilte 1791 bis 1797 in Rom, ebenso der Architekt Nikolaus Friedrich Thouret aus Stuttgart. 1792 unternahm Heinrich Gentz, Lehrer Schinkels an der Berliner Bauakademie, eine Reise durch Sizilien. Leo von Klenze, der Münchener Baumeister des Klassizismus, besuchte 1803/04, im gleichen Jahr wie Schinkel, zum erstenmal Italien – von Paris aus, das als glanzvolle Hauptstadt Napoleons eine kurze Zeit als Ziel von Künstlern und Architekten vor Italien rangierte.

Als der junge Schinkel am 1. Mai 1803 mit seinem Freund, dem gleichaltrigen Architekten Johann Gottfried Steinmeyer – der ebenfalls Briefe und ein Tagebuchfragment hinterlassen hat, die Schinkels Aufzeichnungen vielfach begleiten und in manchem ergänzen –, seine Reise antritt, ist er bemüht, einen möglichst umfassenden Blick auf die vielfältigen Erscheinungsbilder des ersehnten Landes zu richten.

Zunächst interessiert ihn die klassische Baukunst der Antike, mit der er durch seine Lehrer an der Bauakademie, in ästhetischen Vorlesungen Johann Georg Sulzers und Alois Hirts vertraut gemacht worden war. Das frühe Antikenstudium Schinkels, ein Hauptantrieb für seine wie für viele der Bildungs- und Künstlerreisen der Zeit, unterscheidet sich indes von Anfang an von dem anderer Architekten. Es ist nicht das antiquarische und archäologische Interesse, das etwa Weinbrenner, wie andere vor und nach ihm, zu exakten Studien antiker Bauten in Aufmaß und Details nach dem klassischen Land führte. Schinkel, der sich nicht als nachahmender Klassizist fühlt, richtet den Blick auf die Gesamtheit antiker Kultur, denkt in größeren Zusammenhängen. Für ihn sind die griechischen Monumente keine isolierten Studienobjekte, nicht Möglichkeiten archäologischer Entdeckungen, obwohl gerade sie um 1800 noch nicht wie die römische Baukunst zum bekannten und bewunderten Muster von Formen und Ideen geworden waren. Letztere meint Schinkel auch, wenn er aus Paris an David Gilly schreibt: »Die alte Baukunst bietet nichts Neues, weil man von Jugend auf damit bekannt ist.« Mehr bedeutet ihm: »Alles umher ist klassischer Boden«, wie er über Sizilien bemerkt.

Vielfältig wird durch Text und Zeichnung deutlich, wie sehr ihn das Gesamtphänomen antiker Kultur in den Bann gezogen hatte – mochte sie ihm in Gestalt der zahlreichen Denkmäler, die er sowohl als Zeugnisse geschichtlicher Vorgänge wie als Kunstwerke auffaßt, oder im einzigartigen Zusammenwirken von Tempel und Landschaft erschienen sein oder als vertrautes Bildungselement innewohnen, etwa durch die Lektüre Homers, an die er sich auf Sizilien immer wieder erinnert.

Ganz anders als zur längst vertrauten klassischen Antike war das Verhältnis der Zeitgenossen zur Baukunst und Kunst des Mittelalters, dem bis zum Ende des 18. Jahrhunderts kaum

Beachtung geschenkt worden war. Von Bedeutung für ein Umdenken, das vor allem zur Entdeckung der Gotik als ästhetischem und nationalem Phänomen führte, waren die 1795–1799 nach Zeichnungen Friedrich Gillys entstandenen Aquatintaradierungen von Ansichten der gotischen Bauten und Ruinen der Marienburg bei Danzig. Der Blick Schinkels wurde nicht zuletzt durch dieses allgemein beachtete Werk seines verehrten Lehrers in eine entscheidende Richtung gelenkt: seine erste Reise vermittelt ihm in Italien und auf dem Wege dorthin die einzigartige Anschauung gotischer Kathedralbaukunst in Prag, Wien, Mailand und – auf dem Rückwege – in Paris und Straßburg. Im Gegensatz zur Architektur der Antike, die seit dem 16. Jahrhundert durch theoretische Untersuchungen und darlegende Materialsammlungen dem mittel- und nordeuropäischen Bildungsbewußtsein bekannt geworden war, fehlten Darstellungen mittelalterlicher Baukunst. Schinkel war hier für eine Beschäftigung, die weniger im ästhetischen Interesse als im Suchen nach praktischen Anwendungsmöglichkeiten lag, ganz auf die eigene Erkenntnis angewiesen.

Während er den Baustil des Barock zumeist ablehnt und die Renaissancearchitektur nur zuweilen zu würdigen vermag, gilt der Gotik sogleich seine besondere Anteilnahme, und so werden denn auch die Dome in Prag und Wien mehrfach gezeichnet. Nach dem Verlassen Italiens wird ihm in Erinnerung an den Mailänder Dom das »höhere Muster« der Gotik bewußt, gewinnt er entscheidende Einsichten in Wesen, Struktur und Formen gotischer Architektur, in die Harmonie eines Stils, der ihn immer wieder beschäftigen wird. Daneben – sei es in Venedig, Florenz oder auf Sizilien – begegnet er ständig italienischer Kunst des Mittelalters, speziell mittelalterlicher Architektur. Nach dem Verständnis seiner Zeit verwendet er dafür oft den Ausdruck »sarazenisch«, eine ungenaue, vage Bezeichnung für verschiedene mittelalterliche Bauformen, seien sie byzantinisch, romanisch, normannisch oder auch gotisch, hinter denen man Anregungen durch die »Sarazenen« genannten Araber vermutete. Ein Plan Schinkels, nach der Reise ein Stichwerk mit einer Reihe von Bauten des Mittelalters herauszugeben, wie er dem Berliner Verleger Johann Friedrich Unger 1804 in einem Brief aus Neapel vorschlug, kam indes durch Ungers Tod nicht zur Ausführung.

Das am Ende des 18. Jahrhunderts in Kunst und Literatur allenthalben erwachende neue Naturgefühl und Landschaftsinteresse, das verschiedene Formen zeitigt und die deutsche Frühromantik zu prägen beginnt, offenbart sich auf der Reise in vielen Zeichnungen und Beschreibungen. Manche Ansichten folgen zunächst noch der Vedutentradition des 18. Jahrhunderts, werden jedoch allmählich in ihren Wirkungen verstärkt, in ihren Dimensionen verändert. Andere werden romantisch-phantastisch angereichert, wie das Panorama von Triest in blau-oranger Abendstimmung, eine der farblich eindrucksvollsten Landschaftsdarstellungen Schinkels. Ähnlich zeugen Beschreibungen auffälliger Lichteffekte in der Natur von jener Tendenz zu romantischer Überhöhung.

Die Landschafts- und Vedutenmaler des 18. Jahrhunderts hatten Sehenswürdigkeiten in reicher Zahl – von den Borromäischen Inseln oder Tivoli bis zum Golf von Neapel und Taormina – einem gebildeten Publikum bekannt gemacht, die in der Italienvorstellung von Klassizismus und Romantik eine bedeutende Rolle spielten. Tivoli, beliebtestes Ausflugsziel von Rom aus und einer der bevorzugtesten Anziehungspunkte ganz Italiens, bot in seiner Verschmelzung von landschaftlicher Schönheit und berühmten Bauten den Vorwurf für eine der am häufigsten dargestellten Ansichten, die ohne kompositorischen Kunstgriff Wasserfall und Sibyllen-Tempel, Natur und Kunst vereint darbieten konnte. Noch übertroffen wurde es vom Reiz der pittoresken Ausblicke am Golf von Neapel, den fast alle Fremden aufsuchten und gleichsam als immerwährende Höhe irdischer Schönheit empfanden.

Auch Schinkel erliegt dem immensen Motivvorrat, der bereits Generationen von Italienreisenden vor ihm überwältigend vor Augen stand und zu vielfacher Gestaltung animierte. Daß er durchaus als landschaftliche und touristische Attraktionen suchender und empfindender Maler reiste, wird aus den Zeugnissen der Reise immer wieder deutlich. Auf beiden Reisen sucht Schinkel viele dieser Ziele auf, beschreibt und zeichnet sie. Aber auch unbeachtete, gar unbekannte Landschaften nimmt er wahr und stellt sie dar, wie die öde, leere Campagna oder die einsame Bergwelt des Ätna, die er nicht nur ausführlich kommentiert, sondern auch in elf Zeichnungen festhält. Die fünf Stadien des Sonnenaufganges darunter sind Zeugnis für eine Landschafts- und Naturauffassung, die ihrer Zeit voraus ist.

Der angehende Architekt wird sich in hergebrachter Weise mit der zeitgenössischen Guidenliteratur auf die Reise vorbereitet haben. Solche stand ihm in Berlin zur Verfügung, doch bis auf wenige im Tagebuch erwähnte Titel ist im einzelnen nicht bekannt, worin seine Lektüre bestand. Mit seinem Begleiter folgte er der am häufigsten benutzten Route, die über Prag, Wien, Venedig, Padua und Florenz nach Rom führte, dem eigentlichen Ziel, häufig noch nach Neapel, während sich ein Besuch Siziliens – sei es aus fehlendem Interesse, aus Zeit- oder Geldmangel – nur selten anschloß. Diese jahrhundertealte Tour lief im wesentlichen entlang der Poststraßen, die die großen Kunstzentren erreichbar machten und es ermöglichten, längst fixierte touristische Höhepunkte einer gleichgebliebenen Italien-Vorliebe in das Reiseprogramm einzubeziehen.

Wenn der junge Schinkel auch den konventionell vorgeprägten äußeren Reiseverlauf wählt, trennt ihn doch Entscheidendes von den Ambitionen der übrigen Italienreisenden seiner Zeit. Er durchmißt und erlebt das klassische Land in einem dauernden, sich wechselseitig bereichernden Dualismus: Er denkt als Architekt, empfindet aber als Maler. Das verleiht seiner Italiensicht etwas Besonderes, Einzigartiges. Hinzu kommt, daß er sich nicht nur visuell, als bildender Künstler zu äußern vermag. Betrachtungen und Reflexionen werden niedergeschrieben; Briefe und Tagebuch spiegeln Grundlegendes seiner Eindrücke wider.

Schinkel kommt 1803 in ein Land, das politisch zerrissen und überdies Spielball zweier europäischer Großmächte ist – des nachrevolutionären expansiven Frankreich Napoleon Bonapartes und der geschwächten Habsburger Monarchie –, die um die Vorherrschaft in Italien ringen. Seit 1795 wird es beherrscht von kriegerischen Auseinandersetzungen: französischen Eroberungen sowie davon inspirierten nationalen Erhebungen gegen die Österreicher und die eigenen feudalen Herrscher. Napoleon hatte 1797, nach seinem Sieg über Österreich, in Oberitalien eine abhängige »Zisalpine Republik« gegründet, die er später, 1805, in ein Königreich Italien umwandeln wird. Venedig war (ebenfalls 1797) von österreichischen, Rom 1798 vorübergehend von französischen Truppen besetzt worden. Nicht selten herrschen Not und Armut, und zahlreiche Fremde verlassen das unsichere Land, vor allem Rom. Dennoch bildete sich gerade dort 1802 durch das Wirken Wilhelm von Humboldts ein Zentrum deutschen künstlerischen Lebens, dem Schinkel 1803 begegnete.

Um zu den ersehnten Zielen zu gelangen, mußte ein Land voller Gefahren durchmessen und eine Tour voller Mühsale bewältigt werden. Bedingt war dies gewöhnlich durch die zeitgemäße Art des Reisens, bei der man einem Vetturin ausgeliefert war, mit ihm einen Kontrakt über eine meist zweirädrige Chaise abschloß und sich obendrein dessen Sorge für Unterkunft und Verpflegung anheimgab. Bei gängigen Routen wurde allenfalls der Postwagen benutzt. Auf schlechten Straßen, in langen Tagesfahrten, die nicht selten morgens um drei Uhr begannen und in unbequemen Poststationen oder Alberghi endeten, verlief die anstrengende Reise. Gefahren verschiedenster Art: Naturgewalten, Seuchen, die Quarantäne erzwangen, auch das Räuberunwesen, bedrohten die Fremden. Schiffsreisen wurden infolge der häufig auftauchenden Seeräuber möglichst vermieden.

Aufs stärkste kontrastieren solche Verhältnisse mit dem, was als das erklärte Ziel aller Mühen betrachtet wird: mit der Schönheit der Landschaft, der einzigartigen Gestalt der Städte, hinter der für den Wissenden eine zweitausendjährige Geschichte transparent wird, und den unzähligen Kunstwerken, aber auch mit der pittoresken Vielfalt des Volkslebens. Alles dies setzt sich in den Briefen und Tagebuchnotizen Schinkels zu einem kaleidoskopartigen Italienbild zusammen, das der Entdeckung durch den Leser harrt.

Die Aufzeichnungen des Zweiundzwanzigjährigen überraschen durch ihren Reichtum und die Vielseitigkeit der Beobachtung. Sie enthalten sowohl detaillierte Berichterstattung über das Vordergründige, Alltägliche des Reiseverlaufs als auch durchschauende Urteile über Land, Volk und Kunst. »Der Andrang der Erscheinungen ist unendlich«, schrieb er aus Rom, und die in ihrer Form und ihrem Charakter unterschiedlichen Texte bringen das zum Ausdruck. Sie umfassen im wesentlichen Tagebuchfragmente und Itinerare, die – stichpunktartig – nur Orte und Sehenswürdigkeiten festhalten. Hinzu kommen Brouillons, Entwürfe zu Briefen, die selbst nicht mehr vorhanden sind – mit berichtender oder reflektierender Note; schließlich eine zusammenfassende Analyse des werdenden Architekten über die Baukunst in Italien in Gestalt eines Berichtes an David Gilly. Bei aller Schlichtheit und Genauigkeit entstehen Schilderungen voller Abwechslung und nicht ohne poetischen Reiz, wenn, über die Fakten hinaus, gehobene Stimmungselemente erscheinen. Dennoch bleibt ein fragmentarisches Bild, das verschiedene Höhepunkte der Reise, die Vesuvbesteigung etwa, ganz ausläßt, andere nur partiell beschreibt, so die Fahrt in die Abruzzen.

Von den meisten der zahllosen literarischen Äußerungen des späten 18. und frühen 19. Jahrhunderts über Italien – seien sie an Ort und Stelle oder aus der Erinnerung verfaßt, als wirkliche oder fiktive Briefe, Tagebücher oder romanhafte Memoiren – heben sich Schinkels Notate ab. Sie entstanden ohne literarischen Ehrgeiz und waren nicht zur Veröffentlichung bestimmt. Darin liegen ihre Besonderheiten, ihre Stärken und Schwächen. Unmittelbar, spontan Erlebtes wird, ohne Absicht auf Wirkung, häufig in einander gleichgeordneten, knappen und klaren, ohne Zäsuren fortlaufenden Aussagen formuliert – gewandt und farbig, bei emotionalen Passagen schwungvoll.

Die hochkultivierte Briefkunst der Zeit vermag der am Beginn seiner Entwicklung stehende Schinkel freilich nicht zu erreichen, doch ergänzen sich Brouillons und Tagebuch glücklich zu einem lebendigen Reisebild. Ungewollt, doch nicht unwissentlich lehnt sich der junge Künstler an eine der beliebtesten zeitgenössischen Mitteilungsformen an: den Brief und Tagebuch verquickenden Reisebericht als Erlebnisschilderung, wie er seit dem 18. Jahrhundert in unterschiedlicher Qualität – von Büchern berühmt gewordener Dichter, Maler oder Gelehrten, wie Goethe, Tischbein oder Seume, bis hin zur trivialen »Postkutschenliteratur« – verbreitet war.

Im Vordergrund von Schinkels frühen Äußerungen steht ein universales Kunstinteresse, das sich in einer lebendigen Beziehung zur Antike, aber auch in der häufigen und eingehenden Betrachtung von Kunstsammlungen beweist. Dazu gesellt sich der selbstverständliche und dominierende Blick des Architekten auf die Baukunst, deren ästhetische, konstruktive und historische Phänomene. Wichtig ist ihm dabei stets neben, nicht selten auch vor der stilistisch-formalen die funktionale Seite, die sich im Interesse am technischen Prinzip und seinen Details äußert. So befaßt sich der Teil seiner Aufzeichnungen, den er »Bruchstücke aus dem Journal eines Reisenden« nennt, mit der »Konstruktion der Wohngebäude Neapels«.

Zahllos sind die Betrachtungen und Urteile über Bauten und Bauensembles aus allen Jahrhunderten. Gerade das Empfinden für Zusammenhänge, eine der herausragenden Fähigkeiten, die das ganze Leben und Werk Schinkels durchzieht, läßt ihn immer wieder städtebauliche Gesamtbilder überschauend analysieren und in knappen Worten charakterisieren. In Jahrhunderten entstandene Stadtorganismen werden auf diese Weise sichtbar gemacht und die Beziehung zwischen Stadt und Landschaft einbegriffen, wie die Beschreibungen Prags, Venedigs, besonders Roms verdeutlichen.

Kennzeichnend für Schinkels Notizen sind auch Schilderungen von weiten Ausblicken auf eine Landschaft. Hierbei stellt der Aufstieg auf den Ätna und der Rundblick von dessen Gipfel einen Höhepunkt des sizilianischen Tagebuches dar, der von den Zeichnungen noch betont wird. Ein ausgeprägter Sinn für Struktur und Aufbau der Landschaft spricht aus verschiedenen Texten und korrespondiert mit den Zeichnungen. Immer wieder finden sich ausgedehnte und anschauliche Naturbeschreibungen, von Gebirgen, Farb- und Lichterlebnissen – vom Auge des Malers gleichsam diktiert. Hinzu kommt ein Interesse an geologischen und botanischen Bildungen, Zeugnis eines entwickelten Naturgefühls, das sich schon am Beginn der Reise, in Böhmen und den Alpenländern, offenbart. Vieles in dieser Hinsicht ist bemerkenswert: die Beschreibung von Capri in einem Brief an den Vormund Valentin Rose etwa oder das gesamte Sizilien-Tagebuch. Gern werden ausgefallene landschaftliche Attraktionen beschrieben, wie das Felsenschloß von Prediama oder die Höhle von Corgnale. Schinkel nennt bestimmte Szenerien »romantisch« und beruft sich dabei auf die ihm lebendigen Shakespeare-Gestalten Oberon und Macbeth. Stärker noch kommt die Beziehung zu Geschichte und Sage zum Ausdruck, wenn an den sizilianischen Stätten Ereignisse aus Homers »Odyssee« Erwähnung finden.

Ständig neue Eindrücke vermittelt dem Reisenden das gegenwärtige Leben. Er gibt treffliche Berichte über den berühmten römischen Karneval, lebendige Charakterisierungen von Menschen und Volksgruppen, wie sie etwa auf dem Corso in Rom und Neapel oder in den Häfen von Venedig und Triest zu beobachten waren. Bemerkungen wirtschaftlicher Art wiederum entstehen anläßlich eines Besuches im Quecksilber-Bergwerk von Idria im Krain. Schinkel nimmt die sozialen und ökonomischen Probleme einer Großstadt wie Neapel anhand der Untersuchungen ihrer Wohngebäude wahr – einer Stadt, in der mehr Menschen lebten als in Rom, jedoch »in dem Raum, der kaum so groß als der, auf dem Berlin gebaut«, wie es in einem Brief an Valentin Rose heißt. Manches erfährt der Leser auch über Art und Weise des Reisens sowie über Einzelheiten des täglichen Lebens. Kulturgeschichte der Zeit wird lebendig.

Zuweilen sind Schinkels Äußerungen dem zeitgenössischen Geschmack verhaftet. Nicht nur die Wahl der Reiseziele und Sehenswürdigkeiten, die manchmal schwärmerisch beschrieben werden, auch sein Hang zur eigenartigen Welt der italienischen Oper, deren Dramaturgie, Dekoration und Musik in Europa keinen Vergleich hatten, zeugt davon. Häufig erwähnt er den Besuch einzelner Aufführungen in den verschiedenen Städten, und möglichst werden die Theater auch eingehend besichtigt. Selbst bei der Darstellung erlebter abenteuerlicher Begebenheiten ist er ganz Kind der Zeit. Dennoch sind Berichte dieser Art rar. Wenn die jetzt von allen Veränderungen des ersten Herausgebers, Alfred von Wolzogen, befreiten Originaltexte auch das bisher bekannte Bild der Persönlichkeit Schinkels in Nuancen zu verändern vermögen, so gilt im allgemeinen durchaus, was Theodor Fontane über die Reisenotizen bemerkt hat: »... Aber immer etwas auf dem Kothurn, steigen seine Schilderungen nur selten ins Genrehafte hinab. Es widerstand seiner Natur, die kleinen Leiden des Daseins zu betonen...« Aufzeichnungen von Schinkels Reisegefährten Steinmeyer bekräftigen das. Ein Wagenunglück, dem kurz darauf ein zweites folgte – beide läßt Schinkel unerwähnt –, beginnt Steinmeyer folgendermaßen zu beschreiben: »Sakrierend und schimpfend wühlte ich mich aus den auf mir liegenden Kasten, Betten und Laken und erstieg auf Schinkels eben erwachendem Leichnam... das

Wagenfenster des in dem unsauberen Chausseekot des Heiligen Römischen Reiches tief eingedrückten, zu Kopf stehenden Wagens.« Schinkels Reaktion schildert er mit den Worten: »Ernsthaft, die Augenbrauen weit in die Höhe gezogen, blickte, vom Schlafe noch morgenschön, wie aus einem Schornstein, mit blanker Neugier, der durch den Umsturz des Wagens vom Schlaf erweckte Schinkel aus der Wagentür umher.«

Goethes »Italienische Reise« ist in ihrer Einheit von Wort und Bild eindrucksvollstes Zeugnis einer zweifachen Möglichkeit künstlerischer Äußerung in der Zeit von Klassizismus und Romantik. Schinkels Schriften können mit dem reifen Werk des Dichters nicht gemessen werden; seine italienischen Zeichnungen jedoch sind von größerer künstlerischer Bedeutung als die Tuschblätter und Skizzen des in Rom als »Maler Möller« auftretenden Goethe. Ein erster historisch wertender Blick erkennt die Nähe zur Landschafts- und Architekturvedute des 18. Jahrhunderts, wie sie zum Beispiel von Johann Philipp Hackert vertreten wurde. Schinkel fühlt sich vor allem auf der ersten Reise auch von seiner malerischen Begabung durchdrungen. Diese läßt ihn von Anfang an das rein Architektonische überschreiten und ermöglicht ihm den Zugang zur Vielfalt landschaftlicher Formen und atmosphärischer Nuancen. Selten ist es die bloße Natur, sondern fast immer die vom Menschen gestaltete Landschaft, die zur Darstellung reizt, und das in sie eingebettete Gebäude wird ihm zum beliebtesten Thema. Reine Architekturansichten sind rar unter den mehr als 400 Zeichnungen der ersten Reise. Bauaufnahmen, wie sie schon um 1800 – vor allem von englischen Architekten – an Tempeln und anderen antiken Ruinen vorgenommen worden waren, interessieren Schinkel nicht. Er stellt die sizilianischen Tempel in ihrer landschaftlichen Umgebung dar, zuweilen mit der Absicht bildmäßiger Komposition. Die Landschaft dominiert stets. Sie ist für Schinkel meist Kulturlandschaft, verändert durch Landbau, Straßen, Siedlungen, menschliche Spuren aller Art – seien sie im künstlerischen Abbild auch nur, scheinbar nebensächlich, als Staffagefiguren sichtbar.

Während der ersten Reise entstehen die Zeichnungen in unterschiedlicher Dichte. Die Fahrt durch Österreich und die Alpen bis zum Adriatischen Meer läßt Schinkel häufig zur Zeichenfeder greifen. Doch weder in Venedig noch auf dem Wege nach Rom entstehen nennenswerte Blätter. Krankheit in Venedig und die Eile, nach Rom zu gelangen, hindern daran. Die römischen Zeichnungen spiegeln Wesentliches vom Charakter der Stadt wider, von der Mannigfaltigkeit ihrer Bauten, von der bescheidenen Vigna, den antiken und christlichen Gebäuden bis hin zur Peterskirche. Auch das enge Verbundensein der Stadt mit der sie umgebenden Campagna wirkt in die Darstellungen hinein; Bauwerke und Landschaftselemente fließen zusammen, Überblicke werden hergestellt. Dabei entstammen nicht alle Zeichnungen dem unmittelbaren Eindruck der Reise selbst. Außer den in Rom zustande gekommenen Blättern, von denen die lavierten des Skizzenbuchs lebendiger und frischer als die bloßen Umriß-Federzeichnungen sind, komponiert Schinkel in Berlin in der Folge seiner Schaubilder für das Diorama auch Ansichten von Engelsburg, Petersdom und Kapitol.

Im Laufe der Reise verändern und steigern sich Aussage und Intensität der Zeichnungen. Sizilien ist für Schinkel nicht nur erlebnisreicher Höhepunkt seiner italienischen Monate; hier entfaltet sich auch seine zeichnerische Produktivität zur Blüte. In mehr als hundert Blättern sublimieren sich die Eindrücke der Insel zur Wirkung von Licht, Raum und Atmosphäre: beim Sonnenaufgang auf dem Ätna und dessen Gesamtanblick, bei den Ansichten vom Theater in Taormina, vom Hafen des Odysseus oder von Castro Giovanni.

Mit den besten seiner sizilianischen Federzeichnungen erobert Schinkel für sich neue Dimensionen einer idealen Landschaftsinterpretation. Die Unermeßlichkeit einer imposanten Natur wird ihm zum phänomenalen Erlebnis und bringt in den Hauptblättern bedeutende Zeugnisse der Zeichenkunst jener Zeit hervor.

Stilistisch stehen Schinkels italienische Landschaften zwischen den klassizistischen Veduten Johann Philipp Hackerts und den heroisch-romantischen Bildern Joseph Anton Kochs, auf den sie dann bei der Rückkehr Schinkels nach Rom ihre Wirkung auch nicht verfehlen. Viele der römischen Künstler, »welche mich gegen meinen Willen und meine Bestimmung mehr als Landschaftsmaler [denn] als Architekt beurteilen«, wie Schinkel an seinen zeitweiligen Reisebegleiter Carl Gotthard Graß schreibt, würdigen ihn; seine besten Arbeiten werden kopiert und gekauft.

Nur vereinzelt waren vor der italienischen Reise Landschaftszeichnungen entstanden. So zeigen die ersten Reisestudien, etwa von der Dresdener Umgebung oder von der Alpendurchquerung, beinahe noch anfängerhafte Unbeholfenheit. Hervorgekehrt wird das durch die Anwendung barocker Kompositionsformeln mit starken Licht-Schatten-Wirkungen, Raumillusion schaffenden Kulissen bei zugleich dekorativer Vereinfachung. Die stilistische Spannweite reicht von der Skizze bis zum sorgfältig komponierten und ausgeführten Blatt, das mit den Effekten bewährter Stilmittel der Landschaftsdarstellung – erfundenem Vordergrund, Staffagefiguren oder Himmelsbeleuchtungen – bereichert wird. Am Anfang sind es hauptsächlich Umrißzeichnungen, mit der Feder auf meist flüchtigen, in freier Natur angefertigten Bleistiftskizzen nachgezogen. In klarer, präziser Lineatur entstehen so die überschaubaren, durchsichtigen Zeichnungen von Berglandschaften mit Bauten, wie Burg Karlstein oder Schloß Lichtenstein. Oft vereinfachend und großzügig angelegt, demonstrieren sie den auf die geschlossene Form gerichteten Kunstsinn des jungen Architekten, dessen zeichnerische Geschicklichkeit im Verlauf der Reise rasch wächst. Das zeigt ein Vergleich der schlichten, unräumlichen ersten Ansichten mit dem malerisch empfundenen, zugleich tektonisch gebauten süditalienischen Landschaften, wie dem Bauerngehöft auf Capri. Um so verschiedenartige Baukonstruktionen und Formen, wie sie eine Stadtansicht von Amalfi gegenüber dem Dom von Palermo darstellt, prägnant zu charakterisieren, modifiziert Schinkel seinen Zeichenstil entsprechend. Sparsamste Linearität, schattenlos und unmalerisch, vermag daher einer kraftvollen Plastizität gegenüberzustehen, die mit nuancierten Schraffuren ebenfalls aus der reinen Linie erwächst; beides Ausdrucksmöglichkeiten des klassizistischen Künstlers.

Schinkels zeichnerisches Können entspringt der Tradition des 18. Jahrhunderts, tendiert aber im Verlauf seiner Entfaltung manchmal zu ungewöhnlicher Neuartigkeit. In den römischen Tuschblättern finden sich Bezüge zu den freiesten Zeichnungen jener deutschen romantischen Künstler, die in der Folgezeit nach Rom strömten, besonders seit – ab 1810 – die Begründer des Malerbundes der »Lukasbrüder«, Franz Pforr und Friedrich Overbeck, dort lebten. Vergleichbar sind Darstellungen der römischen und neapolitanischen Umgebung von Karl Philipp Fohr, Franz Horny oder Julius Schnorr von Carolsfeld. Zugleich klingt bei einigen auf der Hinreise entstandenen Gebirgsansichten eine Beziehung zur romantischen Naturauffassung Caspar David Friedrichs an, etwa in dem empfindungsvollen Deckfarbenbild vom Sonnenuntergang im böhmischen Mittelgebirge oder in der schlichten Umrißzeichnung vom Sonnenaufgang bei Cilli in der Steiermark.

Noch bevor Schinkel, nach fast zweijähriger Abwesenheit, im März 1805 wieder nach Berlin zurückgekehrt war, erwähnte er in einem Brief an David Gilly aus Paris, über Italien resümierend, den »Nutzen für die Folge meiner Arbeiten«. Von Anbeginn an wertete er den Italienaufenthalt nicht nur als Bildungserlebnis, sondern als mannigfache Quelle für Erkenntnisse, die angewendet werden konnten. Doch an eine Tätigkeit als Architekt, die für ihn die nächstliegende gewesen wäre, war vorerst nicht zu denken. Auf Preußen warfen die Napoleonischen Kriege schon ihre Schatten, und die Bautätigkeit war allerorts weitgehend zum Erliegen gekommen. Die Unterdrückung des Landes nach der Niederlage von Jena und Auerstedt im Jahre 1806 löste zwar geistige Erneuerung und Reformen aus, Staatswesen, Wirtschaft, Handel und individuelle Initiativen lagen jedoch danieder. In der allgemeinen wirtschaftlichen Stagnation gab es für den angehenden Architekten kein echtes Betätigungsfeld.

Durch diese Situation wurde eine Seite seines künstlerischen Vermögens wachgerufen, die zeitlebens in ihm lebendig blieb: die Begabung als Maler. In Italien hatte sie entscheidende Impulse empfangen, auch im Hinblick auf Motive, so daß Schinkel in einem Zyklus von Schaubildern, die er seit 1807 alljährlich für die Ausstellungen von Wilhelm Gropius ausführte, vorwiegend italienische Ansichten komponierte. Diese neuartigen und wirkungsvollen, später Dioramen genannten perspektivisch-optischen Gemälde und Prospekte, die – häufig unter Musikbegleitung – bei effektvoller künstlicher Beleuchtung dargeboten wurden, entsprachen dem Unterhaltungsbedürfnis der Zeit. Schinkels Schaubilder zeigten zumeist berühmte Bauten und Landschaftsszenerien, auch historische oder aktuelle Ereignisse. Rom von der Ponte Molle gesehen, die Peterskirche mit Engelsburg, das Kapitol, Neapel, Taormina, die Tempel von Agrigent und die Dome von Pisa und Mailand sind die wesentlichsten italienischen Themen. 1808 entstand das einzige Rundpanorama, das einen Blick über ganz Palermo darstellt. Der Erfolg der Schaubilder war außerordentlich. Bis 1815 folgten fast fünzig Ansichten von bedeutungsvollen historischen Stätten und Ereignissen, deren Motive von den »Sieben Weltwundern« bis zum »Brand von Moskau« reichten.

In diesen Jahren fertigte Schinkel auch erste Blätter in verschiedenen druckgraphischen Techniken an; die Lithographien darunter gehören zu den Berliner Inkunabeln ihrer Art. Die Vorwürfe bleiben meist italienisch, wie auch bei den Gemälden, die für private Auftraggeber ausgeführt wurden. In der Ungunst der Zeit versuchte der Künstler mit der direkten Verwertung, der Wiederholung einiger Reisezeichnungen als Radierung oder Lithographie, zum Beispiel Schloß Prediama, seine Einkünfte zu verbessern – unentbehrliche Voraussetzung für eine Familiengründung, nachdem er 1809 die Stettiner Kaufmannstochter Susanne Berger geheiratet hatte.

In engem Zusammenhang mit der romantischen Bewegung, zu der Schinkel im Berliner Kreis um Achim von Arnim und Clemens Brentano Zugang fand, steht seine Rezeption der Gotik, zu deren ideeller Neubelebung er 1810 mit dem Entwurf und den programmatischen Erläuterungen für ein Mausoleum der preußischen Königin Luise Entscheidendes beiträgt. Seitdem beherrscht der Dualismus von Klassizismus und Neugotik seine architektonischen Schöpfungen in Vorstellung und Ausführung, durchdringt sich wechselseitig – ein romantischer Klassizismus – und erreicht hier wie da Bedeutendes. In wenigen verwirklichten Bauten, hervorragend die Bauakademie, vor allem aber in seinen Ideen wird diese Gegensätzlichkeit aufgehoben in einer neuen, funktionsbetonten, zu seiner Zeit vorwiegend utopisch gebliebenen Stilsynthese.

Schinkels Schaffen in den Jahren bis 1815 stand zunächst, einhergehend mit der patriotischen Befreiungsbewegung und dem Streben nach nationalem Aufschwung, im Zeichen der als deutsch empfundenen Gotik. Es entstanden die Pläne zu einem Dom als Denkmal für die Befreiungskriege, Projekte, aus denen das gußeiserne Monument auf dem Kreuzberg in Berlin hervorging, und seit 1813 die mittelalterlichen Idealdome auf mehreren Gemälden, Schinkels eindrucksvoller Beitrag zur romantischen Malerei. Auf Empfehlung Wilhelm von Humboldts, dem er schon seit 1803 nahestand, als dieser als preußischer Ministerresident beim Päpstlichen Stuhl in Rom deutsche Künstler um sich versammelt hatte, wurde Schinkel 1810 zum Geheimen Oberbauassessor in der obersten preußischen Baubehörde ernannt und mit der Aufsicht über die Staats- und Hofbauten betraut. Seit 1811 war er Mitglied der Akademie der Künste. Wie viele bürgerliche Intellektuelle

Preußens fühlte auch er sich dem antinapoleonischen Widerstand verbunden und trat 1813 gemeinsam mit Arnim und dem Juristen Karl von Savigny dem Landsturm bei.

Als 1815 nach dem Wiener Kongreß die restaurativen Kräfte in Preußen wieder die Oberhand gewannen und nach Repräsentation verlangten, begann Schinkels eigentliche praktische Arbeit als Architekt. Umfangreiche Aufträge erwarten den zum Geheimen Oberbaurat Ernannten in den folgenden Jahren, deren Ausführung seinen Ruhm als bedeutendster Baumeister des deutschen Klassizismus begründete. Die Neue Wache (1816/17), das Schauspielhaus (1818–1821) und das Alte Museum (1824–1830), Stadtgestaltungspläne, Palaisbauten für König, Prinzen und Adel waren es hauptsächlich, mit welchen es Schinkel auf beeindruckende Weise gelang, »Berlin . . . in eine Stadt der Schönheit umzugestalten, jedenfalls aber unsrer Residenz im wesentlichen *den* Stempel aufzudrücken, den sie bis diese Stunde trägt«, wie es Fontane sah. Zu Schinkels universeller Tätigkeit gehörten außerdem die häufig mit Reisen verbundene Aufsicht über die Bauaufträge in den Provinzen, die »Erhaltung aller Denkmäler und Altertümer unseres Landes«, wie er selbst sagte, und die Entwürfe von fast fünfzig Bühnendekorationen zu Aufführungen der königlichen Theater, von denen die zu Mozarts »Zauberflöte« die schönsten sind.

Daß ihn zunehmende Belastung durch immer zahlreicher werdende Bauvorhaben vom eigentlichen »Artistischen« abzog, beklagte er selbst. Aber schon die Zeitgenossen bewunderten, daß Schinkel trotz immer größer werdender Gefährdung durch Routine nie von seinen anspruchsvollen Qualitätsvorstellungen abwich, die seine Entwürfe bis ins kleinste Detail auszeichnen. Er fand Zeit und Kraft, umfangreiche architektonische Utopien zu entwickeln, oder auch zur Komposition des großen Kulturpanoramas »Blick in Griechenlands Blüte« von 1825, das sein ästhetisches Idealprogramm als Baumeister symbolisch veranschaulicht.

Allmählich wandelt sich Schinkels hochgespannte Kunstanschauung. Die Idee einer zeitlosen Klassizität macht einem strukturbetonten, utilitaristischen Prinzip Platz, das der historischen Verkleidung der Architektur nicht mehr bedarf. Vorwärtsweisende Theorien, utopische Entwürfe und die wenigen ausgeführten Werke seines letzten Lebensjahrzehnts, unter ihnen vor allem die Bauakademie, lassen erkennen, daß für ihn »Zweckmäßigkeit das Grundprinzip alles Bauens« ist. Dies führt ihn hinaus über die Verlockung der Stilrezeption, die bloße Abwandlung historischer Baustile, seien sie griechisch, römisch, byzantinisch, romanisch, gotisch oder der Renaissance entlehnt.

Zu den Höhepunkten in Schinkels Leben zählten nach eigener Aussage die großen Reisen, zu denen neben der frühen ersten auch die zweite Italienreise von 1824 gehört. Sie fällt in die Hauptperiode seines Schaffens und reflektiert bereits die ganze Vielseitigkeit seiner Bemühungen und Anschauungen, wie sie sich in zehn Jahren rastloser Arbeit ausprägten. In grundlegendem Unterschied zur Jugendreise ist sie die offizielle Reise eines offiziellen Mannes. Obwohl ungleich konzentrierter und kürzer – fast zwei Jahren stehen nun fünf Monate gegenüber, oder den fünf Monaten in Rom 1803/04 sechs Wochen im Jahr 1824 –, wird sie dennoch zum wichtigen Bildungserlebnis.

Schinkel hatte gehofft, auf dieser Reise auch Erholung zu finden, doch war das Gegenteil der Fall: er eilte von Ort zu Ort, beladen mit Aufgaben und Verpflichtungen, die alle Bereiche seines praktischen Wirkens umfaßten, wozu außer dem »höheren« Bauwesen auch Straßen- und Wasserbau, Restaurierung und manches andere gehörten. Auch bei bloßen Besichtigungen fühlte sich Schinkel im Dienst, verfolgte bautechnische wie kunstgeschichtliche Fragen oder absolvierte Besuche bei wichtigen Persönlichkeiten. Im Vordergrund sollten jedoch zur Einrichtung des im selben Jahre begonnenen neuen Museumsbaus in Berlin nötig erscheinende Recherchen stehen, auch Studien für die Präsentation der dort zu zeigenden Kollektionen betrieben werden. Schinkel unternahm die Reise in Begleitung des Kunsthistorikers Gustav Friedrich Waagen, der mit der wissenschaftlichen Bearbeitung der königlichen Sammlungen betraut war. Außerdem begleiteten ihn der Medailleur Henri François Brandt und der Finanzrat August Kerll.

Waagen, der 1830 mit der Eröffnung des Museums am Lustgarten erster Direktor der Gemäldegalerie geworden war, veröffentlichte 1844 eine ausführliche Biographie Schinkels, in der auch die gemeinsame Reise anschaulich geschildert wird. Diesem Buch über »Karl Friedrich Schinkel als Mensch und als Künstler« war 1842 die Darstellung »Karl Friedrich Schinkel. Eine Charakteristik seiner künstlerischen Wirksamkeit« von Franz Kugler vorausgegangen. In seinem Vorwort dazu beschreibt Kugler, als Kunsthistoriker mit Wesen und Werk Schinkels gleichfalls eng vertraut, dessen Persönlichkeit folgendermaßen: »Wenigen Menschen war so wie ihm das Gepräge des Geistes aufgedrückt. Was in seiner Erscheinung anzog und auf wunderbare Weise fesselte, darf man nicht eben als ein Mitgift der Natur bezeichnen. Schinkel war kein schöner Mann, aber der Geist der Schönheit, der in ihm lebte, war so mächtig und trat so lebendig nach außen, daß man diesen Widerspruch der Form erst bemerkte, wenn man seine Erscheinung mit kalter Besonnenheit zergliederte. In seinen Bewegungen war ein Adel und ein Gleichmaß, in seinem Munde ein Lächeln, auf seiner Stirn eine Klarheit, in seinem Auge eine Tiefe und ein Feuer, daß man sich schon durch seine bloße Erscheinung zu ihm hingezogen fühlte. Größer aber noch war die Gewalt seines Wortes, wenn das, was ihn innerlich beschäftigte, unwillkürlich und unvorbereitet auf seine Lippen trat. Dann öffneten sich die Pforten der Schönheit. Die tausend und abertausend hemmenden Schranken, welche das Leben des Tages aufgestellt hat, verloren mehr und mehr an Kraft, bis sie zuletzt gänzlich zu verschwinden schienen. Die Bilder eines idealen Lebens, wie wir uns Griechenland in den Zeiten seiner schönsten Blüte so gern vorstellen, zogen klar und beseligend an uns vorüber, bis das Gespräch zum Schlusse dennoch auf die Anforderungen des Tages zurückkehren mußte und in wehmütigen Akkorden der Sehnsucht verklang.«

1824 besichtigten Schinkel und Waagen in kurzer Zeit die meisten Sammlungen und Galerien alter und neuer Kunst Italiens. Deshalb nimmt in den Aufzeichnungen neben antiker Kunst auch die Malerei des Trecento und Quattrocento, auch der Hochrenaissance und des Barock breiten Raum ein. Die Architektur tritt zurück, eine Abkehr von der Gotik wird deutlich, die Kunst nach der Renaissance wird nicht mehr in dem Maße abgelehnt wie 1804, als Schinkel das übliche Unverständnis geteilt hatte. Das archäologische Interesse in Rom, Neapel und Pompeji zeugt von der für seine ästhetischen Vorstellungen bedeutsamen Wahlverwandtschaft zur antiken Kultur, die im Jahr nach der Reise das Programmbild »Blick in Griechenlands Blüte« entstehen ließ.

Hatte Schinkel auf der frühen Reise in motivreichen und vielgestaltigen Bildern seine Eindrücke reproduziert, so entstanden 1824 ungleich weniger Zeichnungen. Gegenüber dem umfangreichen Text treten sie ganz in den Hintergrund. Die Berichterstattung der zweiten Fahrt, die Ausdruck der späteren Entwicklungsphase des Autors ist, erfolgt einheitlich. Der Dreiundvierzigjährige führt kontinuierlich ein ausführliches Tagebuch, das, von Station zu Station fortschreitend, sachlich, fast emotionslos, mit Distanz und in gleichmäßigem Fluß Einzelheiten des dichtgedrängten Reiseprogramms minutiös berichtet. Begleitet wird es nur von zwölf Briefen an seine Frau Susanne, mit denen jeweils Partien der Notizen heimgesandt wurden, sowie von einem Brief aus Neapel an den Bildhauer Christian Daniel Rauch, mit dem Schinkel befreundet und durch gemeinsame Arbeit verbunden war. Diese Briefe vermögen die täglichen Mitteilungen indes kaum zu ergänzen.

Der Reiseplan konnte nur absolviert werden, wenn das Land eilig, fast gehetzt durchmessen wurde, wobei selbst in den Städten wenig Muße blieb. So hat Schinkel zwar allabendlich ausführliche Notizen im Tagebuch festgehalten – neben Kunsteindrücken nicht selten sensible Äußerungen über landschaftliche Schönheiten –, doch zum Zeichnen war fast nie Zeit. Es entstanden achtzig überwiegend skizzenhafte, oft flüchtige Studien, dazu in drei Skizzenbüchern nochmals dreißig Blätter. Die wenigen ausgeführten Zeichnungen streben eine malerische, bildmäßige Wirkung an.

Eine dritte Italienreise, im Jahre 1830 zusammen mit der Familie nach Venedig und Verona unternommen, hinterließ keine Spuren in Zeichnung oder Wort, während von manchen anderen der kurz bemessenen Ferien-, Kur- oder Dienstreisen vereinzelte Briefe oder landschaftliche Erinnerungsbilder erhalten sind.

Von substantiellem Charakter war jene Reise, die Schinkel mit dem befreundeten Peter Christian Wilhelm Beuth, Direktor des Berliner Gewerbe-Institutes und Initiator der preußischen Industrialisierung, 1826 nach England und Paris unternahm. Lebendige Aufzeichnungen dokumentieren, daß sie für ihn vorwiegend zur großen Entdeckung des fortgeschrittenen englischen Bauwesens, speziell des Industrie- und Ingenieurbaus, wurde. Sie beeinflußte das Spätwerk auf vielfältige Weise. Seine zum größten Teil unverwirklicht gebliebenen Entwürfe werden danach von einem neuen, der Zeit vorauseilenden funktionellen Denken inspiriert, das in England beträchtliche Impulse erhalten hatte. Unter Verzicht auf jegliches historisch verbrämende Dekor wird der Bau, von der Funktion ausgehend, zweckvoll und strukturell geplant, wie es wohl am eindrucksvollsten der geniale Entwurf von 1827 für ein Kaufhaus Unter den Linden in Berlin bezeugt. Schinkel formulierte selbst: »Jede Hauptzeit hat ihren Stil hinterlassen in der Baukunst, warum wollen wir nicht versuchen, ob sich nicht auch für die unsrige ein Stil auffinden läßt? Warum sollen wir immer nur nach dem Stil einer anderen Zeit bauen? Ist das ein Verdienst, die Reinheit jedes Stils aufzufassen, so ist es noch ein größeres, einen reinen Stil im allgemeinen zu erdenken, der dem Besten, was in jedem andern geleistet ist, nicht widerspricht.«

1835 ist Schinkels vier Jahre zuvor begonnenes wichtigstes Spätwerk beendet: die Bauakademie am Kupfergraben. Man kann es gleichsam als symbolisch betrachten, daß der Architekt in diesem zukunftweisenden, an städtebaulich akzentuierter Stelle des alten Berlin errichteten Gebäude drei verschiedene Funktionen sinnvoll vereinigte: Es beherbergte die (seinerzeit Bauschule genannte) Bauakademie selbst, die erste Ausbildungsstätte künftiger Architekten, deren Direktor seit 1831 Beuth war; sodann die Oberbaudeputation, die seit 1830 von Schinkel geleitete oberste preußische Bauverwaltung, und schließlich dessen Dienstwohnung. Schinkel, der die Mission des Architekten darin sah, »Veredler aller menschlichen Verhältnisse« zu sein, hat in dieser seiner modernsten Schöpfung ein Bauwesen geleitet und gelehrt, durch welches das Gesicht seines Landes entscheidend mitgeprägt wurde. Seine Wirkung reichte nicht allein bis zu seinem zu frühen, tragischen Tod 1841, dem ein Jahr geistiger Umnachtung vorausgegangen war, sondern durch die Tätigkeit seiner zahlreichen Schüler noch Jahrzehnte darüber hinaus.

Schinkels Universalität umfaßte nicht nur alle Bereiche des Bauwesens, sondern weit mehr. Mit seinen »Vorbildern für Fabrikanten und Handwerker« nahm er, in Zusammenarbeit mit Beuth, Einfluß auf die Gestaltung industriell gefertigter Gebrauchsgegenstände und deren Qualität. Fazit seiner stets auch aufs Didaktische gerichteten Arbeit sollte nach seiner Vorstellung ein »Architektonisches Lehrbuch« werden, eine großangelegte Theorie der Baukunst, die über Vorarbeiten und umfangreiche Beispielsammlungen indes nicht hinausgelangte. Darin war auch der zeitfremde Plan einer imaginären »fürstlichen Residenz« enthalten – Konzession an den manischen Bauideen nachhängenden Kronprinzen, den späteren König Friedrich Wilhelm IV., der Schinkel zu enger Zusammenarbeit heranzog. Er war es auch, der in und um Potsdam ferne Träume von idealer Architektur in ideal empfundener Landschaft Gestalt werden lassen wollte, die indes nur fragmentarisch zur Ausführung kamen.

Zu dieser Idealarchitektur gehören auch die großen Schloßprojekte zu einer Zarenresidenz in Orianda auf der Krim und zum Umbau der Athener Akropolis – vielfache Möglichkeiten für den erfahrenen Architekten, die ganze Skala seiner gestalterischen Fähigkeiten aufzuwenden. Wie viele seiner Entwürfe blieben sie auf dem Papier – als zu späte, anachronistische Versuche einer Wiederaufnahme absolutistischer Herrschaftsarchitektur. Doch wenn Schinkel – wie mit dem Charlottenburger Pavillon für König Friedrich Wilhelm III. oder mit »Schloß« Charlottenhof, Gärtnervilla und Römischem Bad im Park von Sanssouci für den Kronprinzen – herrschaftliche Sommersitze zu bauen hatte, so gab er ihnen einen fast bürgerlichen Maßstab. Mit diesen Variationen italienischer Villen auf preußischem Boden erreichte er besondere malerische Wirkungen in einer Synthese von Landschaft und Bauwerk, Natur und Kunst. In ihnen spiegelt sich jene Kunstwelt Italiens voller Schönheit wider, für die Schinkel so empfänglich war und die sein Werk sichtbar und unsichtbar durchzieht – die aber dennoch nur die eine Sphäre, die zurückgewandte, seines universalen Geistes angerührt hat.

Der Vorwärtsschauende bedurfte nicht der vorprägenden klassischen Ästhetik, der Adaption von Vorbildern. In produktivem analytischem Denken war es ihm möglich, die Anzeichen des auch für Preußen trotz restaurativer intiliberaler Vormärz-Politik beginnenden Industriezeitalters und dessen neue architektonische Erfordernisse zu erkennen. Dazu bot ihm einzig die Reise nach dem industriell hochentwickelten England verwertbare Anregungen. Daß er sie nicht oder nur zum geringen Teil realisieren konnte, lag an der Rückständigkeit der Verhältnisse in seinem Lande. Der geniale Architekt stieß im biedermeierlichen Preußen an Grenzen. Gebundenheit an höfische und bourgeoise Auftraggeber sowie ökonomische Beschränkung engten sein Wirken ein. Gleichwohl hat Karl Friedrich Schinkel, wie wenige schöpferische Persönlichkeiten seiner Zeit, Aufgaben der Zukunft, die für ihn vornehmlich Bauaufgaben waren, nicht nur erkannt, sondern ihrer Verwirklichung die Wege gewiesen.

Gottfried Riemann

Zu dieser Ausgabe

Schon 1843, zwei Jahre nach dem Tode des Künstlers, hatte Schinkels wichtigster zeitgenössischer Biograph, Gustav Friedrich Waagen, auf die Bedeutung von dessen italienischen Reiseaufzeichnungen hingewiesen. Im Vorwort seiner Darstellung »Karl Friedrich Schinkel als Mensch und Künstler« heißt es: »Dem zukünftigen Biographen Schinkels ist in den Tagebüchern von seinen Reisen... für seine innere Entwicklung wie für seine Weise, über die meisten Gegenstände zu fühlen und zu denken, noch ein reiches Material aufbehalten.« Doch erst als 1861, nach dem Tode der Witwe, der schriftliche Nachlaß Schinkels in die Hände seines Schwiegersohnes Alfred von Wolzogen gelangte, konnten die umfänglichen Texte und Aufzeichnungen aus den verschiedenen Bereichen eines nahezu vierzigjährigen Wirkens zum erstenmal veröffentlicht werden.

Die von Wolzogen veranstaltete dreibändige Ausgabe von Schinkels Schriften – nicht zuletzt wegen des angeschlossenen Kataloges zum umfangreichen zeichnerischen Nachlaß bis heute Grundlage jeder Beschäftigung mit dem Künstler – erschien 1862/63 unter dem Titel »Aus Schinkels Nachlaß. Reisetagebücher, Briefe und Aphorismen. Mitgeteilt und mit einem Verzeichnis sämtlicher Werke Schinkels versehen von Alfred Freiherrn von Wolzogen« im Verlag der Königlichen Geheimen Ober-Hofbuchdruckerei R. Decker in Berlin. Sie enthielt Tagebuchteile, Itinerarien (stichworthafte Reiseverzeichnisse), Briefentwürfe (die sogenannten Briefbrouillons) und Briefe von beiden italienischen Reisen, Tagebuch und Briefe der englischen Reise von 1826, Auszüge aus der amtlichen Korrespondenz seit 1810 sowie eine Auswahl von Fragmenten und Aphorismen zu Kunst und Architektur (darunter zu einem geplanten architektonischen Lehrbuch).

Schon vor Wolzogens Edition hatte Theodor Fontane einen kleinen Teil von italienischen Aufzeichnungen Schinkels publiziert: Das in der ersten Buchausgabe seiner

»Wanderungen durch die Mark Brandenburg« (Berlin 1862) enthaltene ursprüngliche Schinkel-Kapitel (Kapitel 5 des Neuruppin-Zyklus; in den folgenden Auflagen, ab 1864, stark umgearbeitet) war schon 1860 in der »Neuen Preußischen (Kreuz-)Zeitung« (Beilage zu Nr. 61, »Märkische Bilder«) erschienen. Neben einer Kindheitsschilderung enthielt es »einen Schinkelschen Brief aus Sizilien« – in Wirklichkeit den Anfang des sizilianischen Reisetagebuches, von »Messina, den 14. Mai 1804« bis »Siracusa, 31. Mai 1804« –, dessen Wortlaut noch nicht aus dem Nachlaß stammte, sondern wohl einer in Neuruppin vorhandenen Abschrift folgte. Wolzogen hatte 1861 im Anschluß daran die Fortsetzung des Textes bis zum Ende der sizilianischen Reise in Nr. 46 der Zeitschrift »Europa« veröffentlicht.

Wolzogens Ausgabe – als Gesamtedition der Aufzeichnungen und Briefe Schinkels von den drei großen Kunstreisen (wozu er mit Recht auch die von 1826 nach Frankreich und England zählte) intendiert – war zwangsläufig ein fragmentarischer Charakter beschieden; denn von längeren Passagen der »Ersten Reise« fanden sich weder Tagebuch- noch Briefberichte.

Mußte er sich darin objektiver Gegebenheit fügen, so war das Verhältnis des Herausgebers zum Wortlaut der Schinkelschen Texte ein sehr subjektives, von persönlicher Auffassung geprägtes. Denn hinter der Bemerkung in seinem Vorwort zum ersten Band, es hätte »auch hin und wieder einer kleinen Retouche bedurft«, verbirgt sich ein ganzes Konvolut von gravierenden inhaltlichen und stilistischen Veränderungen, die Wolzogen gegenüber dem authentischen Text vornahm. Wo er es für richtig hielt, ergänzte er, hauptsächlich durch erklärende oder bewertende Zutaten – besonders dann, wenn er die betreffenden Orte, wie zum Teil in Oberitalien, selbst besucht hatte. Zugleich strich er von Schinkel negativ Beurteiltes, vermeintliche triviale Stellen, alltägliche Begebenheiten und Begegnungen, auch Passagen, die seinem Moralempfinden widersprachen. Besondere Mühe verwandte er darauf, Schinkels knappe, nicht selten durch Wortreihungen gekennzeichnete Diktion zu verschönen, sie durch Füllwörter und Umstellungen flüssiger zu machen. Ein anhand einer (willkürlich ausgewählten) Textprobe angestellter Vergleich zwischen dem Manuskript der »Ersten Reise« und der Fassung Wolzogens macht die Unterschiede deutlich.

Schinkel:

Padova ist eine große Stadt, die mit schönen Gebäuden, vorzüglich Kirchen, prangt, unter denen sich 2 Dome, die Kirche St. Antonio und St. Giustina, an Größe auszeichnen. In den Ecken sind einige schöne Kapellen von Marmor sarazenischen Stils mit reichen Basreliefs. Die zweite ist von Palladios Architektur. Das Innere hat zwar viel Großes, ist aber kalt und uninteressant. Die Details unausgeführt und schwer profiliert.

Wolzogen:

Padova ist eine weite, mit Palästen und Kirchen reich gezierte Stadt, der man durchaus mehr Bevölkerung wünschte. Zwei große Dome zeichnen sich vorzüglich aus: St. Antonio und Sta. Giustina; erster prangt mit einigen reichen Kapellen von Marmor sarazenischen Stils und lebensgroßen Reliefs und wird häufig von Pilgern besucht; der zweite, von Palladios Architektur, hat viel Großes.

An dieser Editionspraxis, die einem verbreiteten Usus des 19. Jahrhunderts folgt, wurde erstmals 1917 von Max Georg Zimmermann in dem Aufsatz »Schinkels Reisen nach Italien und die Entwicklung der künstlerischen Italiendarstellung« (»Mitteilungen des kunsthistorischen Institutes in Florenz«, Band 2, Heft 5 und 6) Kritik geübt. Zimmermann mißbilligt die eigenmächtigen Eingriffe und Entstellungen durch Wolzogen, die vielen nicht kenntlich gemachten, veränderten Zuschreibungen von Kunstwerken, die belehrenden Zutaten, die von Prüderie diktierten Auslassungen sowie die Streichungen familiärer und persönlicher Einzelheiten und hebt die Notwendigkeit einer vollständigen Neuausgabe und kritischen Bearbeitung der italienischen Reiseaufzeichnungen hervor. Doch dazu ist es bis heute nicht gekommen.

In seinem Band »Karl Friedrich Schinkel – Briefe, Tagebücher, Gedanken« (Berlin 1922) gab Hans Mackowsky auch einen Teil der Italienberichte neu heraus. Mit insgesamt 110 Seiten von beiden Reisen (Wolzogens Ausgabe umfaßte über 400 Seiten) stellte er eine knappe, doch um Authentizität bemühte Auswahl zusammen, die im allgemeinen auf die Urtexte zurückgeht. Wichtige Abschnitte der Reisebetrachtungen sowie eine Auswahl anderer Aufzeichnungen und Briefe wurden damit erstmals im Originaltext zugänglich. Überdies fügte Mackowsky, trotz des begrenzten Umfangs seiner Ausgabe, dieser den aufschlußreichen Brief Schinkels an Rauch aus Neapel vom 6. September 1824 neu hinzu.

Unter dem Titel »Deutschland in Schinkels Briefen und Zeichnungen« (Dresden 1937, 2. Auflage Essen 1956) edierte Carl von Lorck auf 69 Seiten authentische und komplette Folgen aus den Aufzeichnungen beider Reisen, soweit sie Deutschland und die österreichischen Länder betreffen. Er ergänzte sie um den bei Wolzogen und Mackowsky fehlenden Anfang des Reisetagebuches von 1803 (von Dresden bis Triest).

Die in dem schmalen Sammelband »Karl Friedrich Schinkel – Aus Tagebüchern und Briefen« (Berlin 1967), herausgegeben von Günter Meier, enthaltene Auswahl von 67 Seiten aus den Texten der beiden Reisen ist lediglich ein Nachdruck unkritisch übernommener Passagen aus Wolzogens, Mackowskys und Lorcks Ausgaben.

Die *vorliegende Edition* veröffentlicht zum ersten Mal alle erhaltenen italienischen Reiseaufzeichnungen Schinkels vollständig. Sie verfolgt damit die Absicht, den besonderen Quellenwert dieses bedeutenden und wichtigen Beitrages unter den Italiendarstellungen des 19. Jahrhunderts zu zeigen und das interessante Material nutzbar zu machen. Die Wiedergabe erfolgt nach den handschriftlichen Originalmanuskripten aus dem Nachlaß, die – Teil des einstmaligen Schinkel-Museums – in den Staatlichen Museen zu Berlin (Sammlung der Zeichnungen im Kupferstichkabinett) aufbewahrt werden. Lediglich Rechtschreibung und Zeichensetzung wurden zugunsten besserer Lesbarkeit dem heutigen Gebrauch angeglichen. Der Lautstand blieb erhalten, während die vorkommenden Namen und geographischen Bezeichnungen in der gegenwärtig gebräuchlichen Schreibweise dargeboten werden. Einige offensichtliche Schreibfehler wurden stillschweigend berichtigt.

Die Absicht, die nach dem Reiseverlauf angeordneten Aufzeichnungen möglichst übersichtlich zu erschließen und die – auch partielle – Lektüre zu erleichtern, möchte zwei Besonderheiten ihrer Gliederung rechtfertigen: Zum einen wurde das gesamte Textkonvolut in 77 – durch Überschriften bezeichnete – kapitelartige Abschnitte eingeteilt, die Abfolge und Stationen beider Reisen verdeutlichen; zum anderen sind in sehr langen, fortlaufenden Partien dann neue Absätze gebildet worden, wenn inhaltliche Zäsuren dies sinnvoll erscheinen ließen.

Alle Manuskripte sind – mit Ausnahme weniger Passagen, die direkte Wiederholungen darstellen oder sich inhaltlich sehr stark ähneln (wie es sich bei einigen Briefentwürfen zeigte) – vollständig dargeboten. Von der beabsichtigten Abfolge nach dem chronologischen und topographischen Reiseverlauf wurde nur in zwei Fällen abgewichen: Bei der »Ersten Reise« wurde der »Rückblick aus Wien«, der sowohl Dresdener wie böhmische und Wiener Eindrücke wiedergibt, zusammenhängend erst nach dem bis »Wien« reichenden Tagebuchtext eingefügt, bei der »Zweiten Reise« der »Brief an Christian Daniel Rauch« aus Neapel vom 6. September 1824 zwischen die Abschnitte »Erster Eindruck von Neapel und Umgebung« (6.–9. September) und »Ausflug nach Paestum und Amalfi« (10.–12. September) eingeschoben, da Schinkel in ihm nicht nur über Rom, sondern auch über Neapel ergänzende Einzelheiten mitteilt. Die zwölf »Briefe an Susanne Schinkel« werden in chronologischer Folge zusammenhängend am Schluß des Reisetagebuches gebracht, da ihr persönlich gehaltener Charakter sie miteinander verbindet.

Von den Überschriften der 31 Abschnitte, in die die »Erste Reise« unterteilt ist, entsprechen die folgenden zehn eigenen Titeln Schinkels: »Dresden«, »Reise von Dresden über Teplitz nach Prag«, »Prag«, »Reise von Prag nach Wien«, »Wien«, »Reise von Wien nach Triest«, »Reise auf den Terminillo und zum Wasserfall von Terni«, »Von Rom nach Neapel. Itinerarium«, »Bruchstücke aus dem Journal eines Reisenden über die Konstruktion der Wohngebäude Neapels«, »Nach Sizilien. Itinerarium«. Von Wolzogen oder Mackowsky wurden übernommen: »Triest«, »Venedig«, »Briefe aus Neapel«, »Durch das Innere Siziliens«. Die übrigen Titel stammen vom Herausgeber. Die Überschriften der in 46 Abschnitte unterteilten »Zweiten Reise« gehen in keinem Fall auf Schinkel, in fünf Fällen auf Wolzogen oder Mackowsky (»Längs der Riviera di Levante«, »Abschied von Neapel«, »Zurück nach Rom«, »Ferrara und Padua«, »Venedig«), in den übrigen Fällen auf den Herausgeber zurück.

Im folgenden werden die Manuskript-Konvolute und -Seiten des Schinkel-Nachlasses genannt (jeweils Ms. abgekürzt), die dem Text zugrunde liegen.

Erste Reise:

Abschnitte 1–5, Anfang von Abschnitt 7:
nach Ms. 14/1–8. Reisetagebuch.

Abschnitt 6:
nach Mackowsky, S. 30–35, da der Verbleib des Ms. (nach Mackowskys Angabe ehemals im Besitz der Erben von Professor Edmund Rose, Berlin) unbekannt ist. Einziger Teil der ersten Reise ohne Urtext.

Abschnitte 7–14:
nach Ms. 12/2–48. Reisetagebuch.

Abschnitt 15:
nach Ms. 11/1–12, 25. Brief-Brouillons, die im Besitz Schinkels verblieben (an verschiedene Adressaten; vgl. dazu jeweils die Anmerkungen).

Abschnitt 16:
nach Ms. 12/49–58. Reisetagebuch.

Abschnitt 17:
nach Ms. 12/59. Itinerarium.

Abschnitt 18:
nach Ms. 11/13–14, 21, 15. Brief-Brouillons (an Heinrich Graf von Reuß und Valentin Rose).

Abschnitt 19:
nach Ms. 12/60–72. Reise-Journal.

Abschnitt 20:
nach Ms. 13 b/1–10. Itinerarium.

Abschnitte 21–27:
nach Ms. 13 b/11–35 und 13 a/29–30. Reisetagebuch-Reinschrift.

Abschnitte 28–31:

nach Ms. 11/23–24.	Brief-Brouillon	(an Sophie und Charlotte Schinkel).
nach Ms. 11/24.	Brief-Brouillon	(an Valentin Rose).

nach Ms.	11/26 und 37.	Brief-Brouillon	(an einen unbekannten Empfänger in Berlin).
„	11/27–30.	„	(an Johann Georg Moser).
„	11/31–33.	„	(an Valentin Rose; aus Genua).
„	11/34.	„	(an Valentin Rose; aus Mailand).
„	11/19–20.	„	(an Johann Friedrich Unger).
„	11/35–36.	„	(an David Gilly).
„	11/45–47.	„	(an David Gilly).
„	11/22.	„	(an Christian Graf von Haugwitz).
„	11/22.	„	(an Christian Graf von Haugwitz).
„	11/38–40.	„	(an Valentin Rose; aus Paris).

Zweite Reise:
Abschnitte 1–21, 23–45:
nach dem Ms. des Reisetagebuches 1–290, das in Teilen, von Briefen begleitet, Susanne Schinkel übersandt worden war. Für die fehlenden Seiten 162–226 des Ms. (Kriegsverlust 1945) mußte Wolzogens Fassung unkorrigiert übernommen werden – bis auf die Eintragungen vom 4. 10. (erster Absatz), 5. 10., 7. 10. (erster Absatz), 11. 10., 17. 10. (zweiter Absatz), 19. 10. (zweiter Absatz), 23. 10. (erster Satz und letzter Absatz), die Mackowskys Auswahl (44 Seiten zwischen S. 105 und S. 156) folgen, die auf dem handschriftlichen Ms. fußte.
Abschnitt 22:
nach dem Originalbrief.
Abschnitt 46:
nach den Originalbriefen. (Der Brief vom 3. 8. aus Mailand war bisher unveröffentlicht.)

In den Anmerkungen wurde – über notwendig erscheinende Erklärungen zu Personen, Begriffen und Ereignissen hinausgehend – der Versuch kunsthistorischer Berichtigungen und Ergänzungen unternommen, wenn sich solche bei Ungenauigkeiten und Irrtümern als nötig erwiesen, die der Wissensstand Schinkels und die erst beginnenden kunstwissenschaftlichen Forschungen mit sich brachten.

Ein besonderes Element der vorliegenden Ausgabe bildet die beigegebene (durch drei Porträts von anderer Hand ergänzte) Auswahl von 155 Zeichnungen und Aquarellen Schinkels, die zum größten Teil auf den Reisen selbst entstanden sind, andernfalls in engem Zusammenhang mit deren Eindrücken stehen. In den genannten bisherigen Editionen war ihnen kaum Wert beigemessen worden: Wolzogen brachte zwei, Mackowsky elf, Lorck sechs, Meier siebzehn Zeichnungen von beiden Reisen. Auf eine vollständige Wiedergabe, die eine ideale Verbindung von Wort und Bild von der Hand desselben Künstlers schaffen würde, muß indes auch hier verzichtet werden – sind doch allein von den beiden Italienreisen mehr als 400 Zeichnungen und Skizzen Schinkels erhalten. Der überwiegende Teil der Auswahl, die die schönsten und charakteristischsten berücksichtigt – auch im Hinblick auf Schinkels Gesamtwerk –, war bisher unveröffentlicht.

Der herzliche Dank für Rudolf Mingau, der die Herausgabe mit besonderer Anteilnahme betreute und bei vielen Fragen, die die Texte, ihre Lesung und Fassung, sowie die Kommentare ergaben, wertvolle Hilfe leistete, sei nach seinem frühen und tragischen Tod ihm zum Gedächtnis ausgesprochen.

G. R.

Anmerkungen

9 *Rüstkammer* – Die Waffensammlung des sächsischen Hofes, damals im Stallgebäude der Residenz untergebracht, wurde später zum Historischen Museum.

Reitequipagen – Reitausrüstungen.

Bildergalerie – Sie war im 18. und 19. Jahrhundert ebenfalls im Stallgebäude untergebracht.

Raffaels Jungfrau mit dem Kinde – Die »Sixtinische Madonna« (1512/13).

Aus seiner ersten Zeit ein kleines Bild – Gemeint ist die »Anbetung der Könige« (um 1510) von Francesco Francia (1450–1518); sie wurde im 18. Jahrhundert Perugino oder Raffael zugeschrieben.

Porträt eines Kardinals – Gemeint ist das Bildnis des Sieur de Morette (1534/35) von Hans Holbein d.J. (1497 oder 1498–1543); es wurde 1736 als Gemälde Leonardos erworben, später durch den Kunstwissenschaftler Karl Friedrich von Rumohr als ein Bild Holbeins erkannt.

Correggios »Nacht« – »Die Heilige Nacht« (1522–1530).

Tizians Venus – »Die schlummernde Venus« von Giorgione (um 1477–1510), nach dessen Tod von Tizian vollendet.

göttlicher Körper eines Apollos – Wahrscheinlich »Der Genius des Ruhmes« (um 1590) von Annibale Carracci (1560–1609).

Guidos Magdalene – »Die büßende Magdalena« von Guido Renis Schüler Guido Canlassi, genannt Cagnacci (1601–1681); Kriegsverlust 1945.

Dürers Bilder – »Die sieben Schmerzen Mariä« (um 1498) und das Bildnis eines jungen Mannes (1521). Der sogenannte Dresdener Altar (um 1496) galt um 1800 noch nicht als Werk Dürers.

Holbeins Porträt – Das Doppelporträt des Sir Thomas Godsalve und seines Sohnes John (1528).

10 *die Jungfrau in einer Gruppe* – Gemeint ist die Kopie der »Madonna des Bürgermeisters Meyer« (1525/26), der sogenannten Darmstädter Madonna, von Hans

Holbein d. J. Die Kopie entstand um 1637 in Amsterdam und galt lange als das Original.

10 *Antikensalon* – Die Sammlung befand sich seit 1786 im Japanischen Palais.

Kolumbarium – Nische zur Aufbewahrung von Ascheurnen.

Gewandfiguren aus Herculanum – Die sogenannte große und kleine Herkulanerin, römische Kopien griechischer Gewandstatuen aus dem letzten Viertel des 4. Jahrhunderts v. u. Z.

Schöner Venuskörper – Gemeint ist der Torso einer Aphrodite, eine römische Kopie nach einem griechischen Werk aus dem zweiten Viertel des 3. Jahrhunderts v. u. Z.

Aren – ara: (lat.) Altar.

Große Elbbrücke – Die 1727–1731 von Matthes Daniel Pöppelmann (1662–1736) erbaute Augustusbrücke.

11 *Dom mit seiner schönen Kuppel* – Die 1726–1734 von George Baehr (1666–1738) erbaute Frauenkirche am Neumarkt.

katholische Kirche – Die katholische Hofkirche, 1739 bis 1755 von Gaetano Chiaveri (bis 1749), Sebastian Wetzel, Johann Christoph Knöffel und Julius Heinrich Schwarze nach Chiaveris Plänen errichtet.

Altarblätter von Mengs – Sowohl der Hauptaltar mit der »Himmelfahrt Christi« (1752) als auch die Seitenaltäre wurden von Anton Raphael Mengs (1728–1779) geschaffen.

Portal an der ersten lutherischen Kirche – Das Portal der ehemaligen Schloßkapelle (1555), einem Hauptwerk der Renaissance in Sachsen; es wurde 1737 an die protestantische Sophienkirche versetzt und befindet sich seit 1864 am Jüdenhof.

Corniche – (franz.) Karnies: architektonisches Zwischenglied an Gesims oder Pfeiler.

12 *originelles Schloß* – Das Palais im Großen Garten, 1678–1683 von Johann Georg Starke (um 1640–1695) erbaut; es ist von acht (nicht neun) Gartenpavillons umgeben.

kaiserliches Erbland – Böhmen. Das Habsburger Kaiserhaus war von 1526 bis 1918 Erbe der böhmischen Königswürde.

Kloster Mariaschein – Wallfahrtskirche südlich des Erzgebirges, 1702–1708 von Giulio und Octavio Broggio aus Leitmeritz erbaut.

13 *Gebirgskette* – Gemeint ist das böhmische Mittelgebirge.

Große Brücke – Die erst seit etwa 1870 so genannte Karlsbrücke, bis 1841 Prags einzige Brücke, von 1357 bis Anfang des 15. Jahrhunderts (zuerst unter Leitung von Peter Parler) errichtet. Entgegen Schinkels Angabe hat sie nur 16 Bogenstellungen.

14 *Heilige in kolossalem Maßstab* – Von den im Jahre 1803 vorhandenen 26 Brückenfiguren des 18. Jahrhunderts (später 30) war einzig die des St. Johannes von Nepomuk aus Bronze gegossen.

Dom auf der Burg – Der Prager Veitsdom (Hauptbauzeit 1344–1385) war der erste gotische Dom, den Schinkel überhaupt sah.

15 *sehr unvollendet* – Der Dombau wurde erst Mitte des 19. Jahrhunderts fortgesetzt und 1929 vollendet.

Gemälde von Mosaik – Das von böhmischen Künstlern entworfene, von venezianischen ausgeführte Mosaik mit der Darstellung des Jüngsten Gerichts (1370/71) über der Goldenen Pforte an der Südseite des Doms.

unvollendete Giebelwand – Sie wurde beim Weiterbau des Langhauses im 19. Jahrhundert entfernt.

Marktkirche – Die Teynkirche (14. Jahrhundert) am Altstädter Ring.

Seitennefen – nef: (franz.) Kirchenschiff.

Jesuitenkirche an der Brücke – Die Salvatorkirche (1578–1654), Teil des Clementinums, des ehemaligen Jesuitenkollegiums. Bei dem erwähnten Deckengemälde handelt es sich um die Darstellung der »Vier Erdteile« (1748).

Kirche an der Kleinen Seite – St. Niklas, Hauptbau des Prager Barock; 1704–1711 von Christoph Dientzenhofer begonnen, 1737–1755 von Kilian Ignaz Dientzenhofer und Anselmo Lurago beendet.

chargiert – Hier: überladen.

Barfüßerstift – Das 1600–1602 erbaute Kapuzinerkloster.

Tempelhaus – Die Casa Santa von Giovanni Batista Orsi (1626–1631), eine Nachbildung der besonders in Böhmen oft nachgeahmten Casa Santa von Loreto bei Ancona (nach einem Entwurf von Bramante, 1510); Mittelpunkt des sogenannten Prager Loreto, einer Wallfahrtsstätte mit Kirche Christi Geburt. Die Figuren und Dekorationen stammen aus dem Jahre 1664.

16 *Palast der Grafen Wallenstein* – Das Waldstein-Palais (1624–1630) von Andrea Spezza, Niccolò Sebregondi und Giovanni Pieroni, der erste große Palaisbau des Barock in Prag.

Freskogemälde – Auf dem von Baccio Bianco (1604 bis 1656) stammenden Gemälde in der Sala terrena (Gartensaal) des Waldstein-Palais ist der Trojanische Krieg dargestellt.

Ein neues Gebäude – Im dritten Viertel des 18. Jahrhunderts ließ die Kaiserin Maria Theresia durch Niccolò Pacassi die umfangreichen Trakte des Hradschin errichten, die die älteren Teile des Bauwerks überdeckten.

16 *kolossale Statuen* – Die Gigantengruppen (1768) von Ignaz Platzer (1717–1787).

Statue equestre – Das Reiterstandbild des Heiligen Georg (1373) von den Brüdern Georg und Martin von Klausenburg, im 16. Jahrhundert zum Teil verändert. (Das Original befindet sich jetzt in der Prager Nationalgalerie). Schinkel hielt die Figur für Libussa, die sagenhafte Gründerin Prags.

mehrere Paläste – Hauptsächlich das Schwarzenberg-Palais (1545–1563) und das Erzbischöfliche Palais (1562; um 1676 und 1765 verändert).

17 *Theater* – Das ehemalige Nostitzsche Ständetheater (1781–1783), jetzt Tyl-Theater.

Allee – Auf dem 1760 zugeschütteten Graben wurden Alleen errichtet. Hier handelt es sich um die spätere Straße »Am Graben«.

uralte gotische Kirche – Die Pfarrkirche St. Nikolaus aus dem 14. und 15. Jahrhundert.

kleinere Kapelle – Gemeint ist wahrscheinlich die romanische Katharinenrotunde.

18 *Siehe Zeichnung* – Schinkel zeichnete auf der Reise eine Ansicht des Innenraumes nach Westen (danach entstand später eine Lithographie; vgl. Abb. 12), außerdem eine Darstellung des Innenraumes nach Osten.

Unteren Jesuiten – Die untere Jesuitenkirche »Zu den Neun Engelchören« Am Hof, ein gotischer Bau, Anfang und Mitte des 17. Jahrhunderts im Barockstil umgebaut. Der Chor wurde 1798 durch Johann Aman im klassizistischen Stil umgestaltet.

alte Kirche – Der 1622–1633 entstandene Bau wurde später erweitert.

19 *Rose* – Valentin Rose (1762–1807), Assessor am Berliner Ober-Collegium Medicum und Inhaber der Apotheke Zum Weißen Schwan in der Spandauer Straße; Schinkels Vetter mütterlicherseits und seit dem Tode des Vaters (1787) sein Vormund.

die kleine Stadt mit dem Bade – In Tharandt wurde eine eisenhaltige Quelle zu Heilzwecken benutzt.

Ruinen des alten Schlosses – Die Burg von Tharandt, im 12. und 13. Jahrhundert angelegt, 1476 durch den Baumeister Arnold von Westfalen umgebaut, wurde seit dem späten 16. Jahrhundert als Steinbruch benutzt.

24 *kaiserliche Bildergalerie* – Sie befand sich in der Hofburg.

[Galerie] des Fürsten Liechtenstein – Im Palais Liechtenstein in der Roßau, das 1696–1707 von Domenico Martinelli erbaut worden war. Die Sammlung befindet sich seit 1942 in Vaduz.

Bibliothek – Die Hofbibliothek (1722–1735) von Johann Bernhard Fischer von Erlach (1656–1723) und Joseph Emanuel Fischer von Erlach (1693–1742).

24 *Müllerisches Kunstkabinett* – Bis 1804 unterhielt der Graf Deym als »Hofstatuarius Müller« ein gutbesuchtes Kunstkabinett in Wien.

Burgtheater – Das alte Hofburgtheater am Michaeler Platz (1756 erweitert). Ein zweites Burgtheater nennt Schinkel wahrscheinlich irrtümlich.

das des Schikaneder – Das 1801 von Johann Emanuel Schikaneder (1751–1812) gegründete (bis 1806 von ihm geleitete) Theater an der Wien.

»Richard Löwenherz« – Oper (1784) von André Ernest Modeste Grétry (1741–1813).

»Palmyra« – »Palmira, Regina di Persia« (1795; Palmyra, Königin von Persien), Oper von Antonio Salieri (1750–1825).

Schloß Schönbrunn – Kaiserliches Residenzschloß, 1695–1715 errichtet.

berühmter Zwinger – Die Menagerie im Schönbrunner Park aus dem 18. Jahrhundert.

Schloß Laxenburg – Unter Maria Theresia als kaiserliches Sommerschloß erbaut.

25 *herrliche Gartenanlagen* – Zwischen 1782 und 1798 wurde ein englischer Park neu angelegt.

Wallfahrtsort Heiligenkreuz – Die Zisterzienserabtei war keine Wallfahrtsstätte.

Steinmeyer – Gottfried Steinmeyer sen., der Vater von Schinkels Reisebegleiter (vgl. die zwölfte Anm. zu S. 87), Berliner Maurer- und Zimmermeister, dessen Haus in der Friedrichstraße Schinkel, Pläne Friedrich Gillys fortführend, als ersten Bauauftrag ausgeführt hatte.

meine Schwestern – Eleonore Sophie Elisabeth (1771 bis 1853), seit 1794 mit dem Prediger Wagner in Krenzlin bei Neuruppin verheiratet, und Charlotte Sophie Friederike (1785–1843), später Domina des Katharinen-Klosters in Stendal.

Semmering ... Chaussee – Die seit 1728 existierende Fahrstraße über den Semmering war bis zum Beginn des 19. Jahrhunderts die einzige Paßstraße der östlichen Alpen.

Coinowitz – Wahrscheinlich Gonobitz.

Popetsch – Wahrscheinlich Petsch.

27 *6 größere Höhlen* – Die bekanntesten der Höhlen des Karstgebietes waren schon Anfang des 19. Jahrhunderts die Adelsberger und St.-Canzianer Grotten.

28 *Merkur-Bergwerke* – Quecksilber-Bergwerke.

29 *Der große Kanal* – Der Canal Grande war die Hauptachse der seit 1750 angelegten Theresianischen Stadterweiterung von Triest.

30 *Kirche von St. Peter* – Die Kirche am Ende des Canal Grande war nicht St. Peter, sondern S. Antonio Nuovo (1767–1771); sie wurde später durch einen klassizistischen Neubau (1827–1849) ersetzt.

30 *alte sarazenische Kirche* – Die Kathedrale S. Giusto, eine auf römischen und frühchristlichen Bauresten errichtete byzantinische Basilika (12.–14. Jahrhundert).

31 *Nachdem es Attila zerstörte* – Im Jahre 452 war die im Römischen Reich bedeutende Großstadt Aquileja von dem Hunnenkönig Attila belagert und erobert worden.

schöne sarazenische Kirche – Der Dom Sta. Maria, eine romanische Basilika, im 11. Jahrhundert über altchristlichen Kultanlagen errichtet. Aquileja war nicht von den Sarazenen beeinflußt, sondern Sitz eines eigenen, auch von Kaiser und Papst unabhängigen Patriarchats.

die 50 korinthischen Säulen – Die Kirche weist nur 20 Säulen mit Schäften aus römischen Bauten auf.

32 *Felsenschloß Lueg oder Prediama* – Wahrscheinlich ist das zwischen Görz und Triest gelegene Prevacina gemeint.

34 *Familie Cobenzl* – Ein kärntnerisches Adelsgeschlecht (seit dem 13. Jahrhundert), aus dem mehrere österreichische Staatsmänner hervorgegangen waren.

Erasmus Lueger – Der krainische Adlige Erasmus Lueger (um 1420–1484) hatte von seinem Felsenschloß Lueg aus zahlreiche Raubzüge unternommen.

35 *Minister Graf Cobenzl* – Ludwig Graf von Cobenzl (1753–1809), 1801–1805 österreichischer Staatsvizekanzler und Minister der auswärtigen Angelegenheiten.

37 *Stufen* – Im Bergbau Ausdruck für Gesteins- oder Erzstücke.

38 *seitdem der Kaiser diese Länder besetzt hat* – Nach dem Frieden von Campo Formio zwischen Österreich und der Republik Frankreich (1797) waren Venetien und Dalmatien an Österreich gefallen.

39 *Kirche ... aus dem 5. Jahrhundert* – Gemeint ist der Dom, eine Säulenbasilika aus dem 6. Jahrhundert.

40 *unzählige Klippen* – Gemeint sind die Brionischen Inseln.

144 Bogen – Schinkel zählt die je 72 Bogenstellungen des ersten und zweiten Geschosses zusammen.

etwa 500 Fuß lang und... 450 breit – Schinkel gibt die Maße des neben der Arena von Verona bedeutendsten erhaltenen römischen Amphitheaters zu groß an; sie betragen tatsächlich 132 × 105 Meter (1 Fuß = in Preußen 0,314 Meter).

41 *schöner Dom* – Der Dom von Pirano stammt aus dem 17. Jahrhundert.

einige 50 Kirchen – Die Zahl ist viel zu hoch angegeben.

44 *Turm des St.-Markus-Platzes* – Der Campanile di San Marco, vorwiegend aus dem 14. Jahrhundert.

44 *St. Maria della Salute* – Als Dankeskirche nach dem Ende einer Pestepidemie 1631–1687 von Baldassare Longhena erbaut.

mehrenteils altitalienischen Stils – In der Mehrzahl stammen die Fassaden der venezianischen Paläste aus dem 13. bis 15. Jahrhundert.

45 *Not des verfallenen Staates* – Nach der Abdankung des letzten Dogen wurde die Republik 1797 aufgelöst, und Venedig fiel an Österreich. (Vgl. auch die Anm. zu S. 38.)

Gebäude, welche ihn umschließen – Die Alten und die Neuen Prokurazien, 1480–1517 von Pietro Lombardi und anderen bzw. seit 1584 von Vincenzo Scamozzi errichtet, sowie die Alte Bibliothek, 1537 bis 1554 von Jacopo Sansovino, 1582–1588 von Scamozzi erbaut.

3 Segelstangen – Gemeint sind die drei Flaggenmasten vor der Westseite der Markuskirche, die auf Bronzesockeln (1500–1505, von Alessandro Leopardi) errichtet sind.

2 Säulen am Wasser – Die Säulenmonumente aus Granit an der Piazzetta tragen den geflügelten Löwen (das Sinnbild Venedigs) und das Standbild des heiligen Theodor (des Schutzpatrons der Stadt).

46 *Treppe von Marmor* – Die sogenannte Scala dei Giganti (vgl. die siebente Anm. zu S. 242).

Bild ..., welches eine ganze Wand des größten Versammlungssaals einnimmt – Gemeint ist das »Paradies« (1590–1592) von Tintoretto (1518–1594) in der Sala del Maggior Consiglio, eines der größten Ölgemälde überhaupt.

Nonnenkloster St. Pietà – Sta. Maria della Pietà (1745–1760).

Das neue Theater – Gemeint ist das 1790–1792 erbaute Teatro La Fenice.

der ehemalige Palast der Dogen – Es handelt sich nicht um den eigentlichen Dogenpalast, sondern um den Wohnsitz des letzten Dogen Lodovico Manin, den Palazzo Doljna-Manin, nach dem Jacopo Sansovinos errichtet, innen frühklassizistisch ausgestattet.

47 *von Palladios Architektur* – Die Kirche S. Giustina, 1501 begonnen, wurde 1530–1580 von Andrea Moroni, Andrea della Valle und Vincenzo Scamozzi errichtet.

Kirche der Augustiner – Die Kirche S. Agostino wurde um 1820 zerstört.

eine Kapelle – Die um 1300 über den Resten einer römischen Arena errichtete Arena-Kapelle, die Hauskapelle zum Palast des Enrico Scrovegni, der im 19. Jahrhundert abgebrochen wurde.

Er lebte im 13. Jahrhundert – Giotto di Bondone (um 1266–1337) schuf die Fresken, sein bedeutendstes Werk, 1305–1307. Der Überlieferung nach war es der Maler Cimabue, der ihn, seine Schafe zeichnend, fand. Der Florentiner Taddeo Gaddi (um 1300–1366) war Giottos bedeutendster Schüler.

47 *großer Platz* – Der Prato della Valle, auf dem Boden eines römischen Theaters angelegt, mit 82 seit 1775 aufgestellten Standbildern von Lehrern und Schülern der Universität sowie von Männern, die sich um Padua verdient gemacht hatten.

Saal von ungeheurer Tiefe und Länge – Schinkel beschreibt ihn auch im Tagebuch von 1824 (vgl. S. 238).

Montefalese – Gemeint ist Monteselice.

kleines Gebirg – Die Euganeischen Berge.

Das erste liegt ganz in der Ebene – Das Schloß Cattaio aus dem späten 16. Jahrhundert.

48 *Fronton* – (franz.) Giebelfeld.

zisalpinische Kokarde – Im Jahre 1797 hatte Napoleon Bonaparte in Oberitalien die Zisalpinische Republik mit der Hauptstadt Mailand als Vasallenstaat Frankreichs gegründet, der seit 1802 Italienische Republik hieß und 1805 zum Königreich Italien erklärt wurde.

prächtiger Dom – Die 1390 begonnene größte Kirche Bolognas, S. Petronio.

Metallstatue des Herkules und des Papstes Sixtus – Im und am Palazzo Communale befinden sich der Herkules (1520) von Alfredo Lombardi und die Statue des Papstes Gregor XIII. (1580) von Alessandro Menganti.

Marius – Gaius Marius (156–86 v.u.Z.), römischer Feldherr.

49 *da ich ... mich auf meiner Rückreise länger dort aufzuhalten denke* – Vom zweiten Aufenthalt Schinkels in Florenz (1804) sind keine Aufzeichnungen erhalten.

Thronfolger von Etrurien – Im Frieden von Lunéville hatte Napoleon Bonaparte 1801 das Großherzogtum Toskana als Königreich Etrurien dem bourbonischen Erbprinzen Ludwig von Parma übergeben, der 1803 starb. Thronfolger wurde sein damals erst vierjähriger Sohn Karl II., dessen Mutter, Ludwigs Witwe Marie-Luise von Spanien, die Regentschaft führte, bis die Toskana 1808 dem Napoleonischen Kaiserreich einverleibt wurde.

neuer französischer Stil – Gemeint ist die als »Empire« bekannte prunkvolle Hofkunst Napoleons.

50 *Kanzel aus weißem Marmor* – Ein Hauptwerk (1266 bis 1268) von Niccolò (um 1225 bis um 1280) und Giovanni Pisano (um 1250 bis nach 1314).

See unweit Ronciglione – Der Lago di Vico.

vom letzten Kriege sehr verwüstet – 1797 hatten Napoleonische Truppen Oberitalien erobert und 1798 Rom besetzt.

51 *Szenen des Oberon und des Macbeths Dämonentänze* – Anspielung auf Shakespeares Dramen »Ein Sommernachtstraum« und »Macbeth«.

52 *An Heinrich Graf von Reuß-Schleiz-Köstritz* – Mit Heinrich XLIII. von Reuß-Köstritz (1752–1812) war Schinkel seit 1801 freundschaftlich verbunden. 1802 hatte er mehrere unausgeführt gebliebene Schloßbauten und Nebengebäude für Köstritz entworfen.

Häuslich habe ich mich ... niedergelassen – Schinkels römische Wohnung befand sich auf dem Monte Pincio an der Piazza Trinità dei Monti.

Erinnerung an das Versprechen – Gemeint ist die Beendigung von Schinkels begonnenen Entwürfen für die Residenz in Köstritz.

53 *Cassas* – Gemeint ist das von Louis François Cassas (1756–1827) mit Kupferstichen ausgestattete Reisewerk »Voyage pittoresque et historique de l'Istrie et de la Dalmatie« (Paris 1802; Malerische und historische Reise durch Istrien und Dalmatien) von Joseph Lavallée.

An einen unbekannten Empfänger in Berlin – Vermutlich an den Weinhändler Schumann, einen Jugendfreund Schinkels aus Neuruppin.

55 *Ansicht der schönen Ruinen des Friedenstempels* – Sie ist unter den erhaltenen Zeichnungen Schinkels nicht vorhanden.

Valentin Rose – Vgl. die erste Anm. zu S. 19.

56 *Gottfried Steinmeyer sen.* – Vgl. die dritte Anm. zu S. 25.

58 *An einen unbekannten Empfänger in Berlin* – Vermutlich auch an Schumann (vgl. die zweite Anm. zu S. 53).

59 *Kloster auf der Spitze* – Auf dem Monte Cavo, dem höchsten Berg des Albanergebirges, war 1777 auf der Stelle, wo einst der Tempel des Jupiter Latiaris stand, ein Passionistenkloster gegründet worden. (Passionisten: Katholische Kongregation, die sich die Betrachtung des Leidens Christi zur Aufgabe gemacht hatte.)

ein unendliches Labyrinth ... – Der bei Wolzogen (S. 61) und Mackowsky (S. 56) gegebene Schluß des Briefes ist in dem hier zugrunde liegenden Originalmanuskript (Briefbrouillon) nicht vorhanden.

Graß – Carl Gotthard Graß (1767–1814), Maler und Dichter, der von 1802 bis zu seinem Tode in Italien lebte und 1804 mit Schinkel Sizilien bereist hatte. Der Brief stammt, ebenso wie die Briefe im Abschnitt »Rückblicke auf Sizilien« (S. 106 ff.), von Schinkels zweitem römischem Aufenthalt. Aus Graß' Nachlaß erschien 1815: »Sizilische Reise oder Auszüge aus dem Tagebuch eines Landschaftsmalers« (Stuttgart und Tübingen).

59 *Unger* – Johann Friedrich Unger (1753–1804), Verleger und Typograph in Berlin, seit 1800 Professor für Holzschneidekunst an der Akademie der Künste. An ihn sandte Schinkel seinen Plan zu einem Werk über altitalienische Bauten (vgl. den Abschnitt »Briefe über italienische Architektur«, S. 115 ff. und die Anm. dazu).
Kiesewetter – Gottfried Karl Christian Kiesewetter (1766–1819), Mathematiker und Philosoph in Berlin; befand sich 1804 auf einer Reise durch Deutschland, die Schweiz, Frankreich und Italien.

60 *Quast* – Wolf Friedrich Ludwig von Quast (1769 bis 1812), Gutsbesitzer von Garz (bei Neuruppin) und Rittmeister; hielt sich 1804 in Rom auf und traf 1805 in Paris nochmals mit Schinkel zusammen.
Levezow – Konrad Levezow (1770–1835), Archäologe aus Berlin. Sein Aufenthalt in Rom war bisher nicht bekannt.
Moser – Johann Georg Moser, Architekt und Baurat in Berlin.
Koch – Joseph Anton Koch (1768–1839), österreichischer Maler, von 1795 bis zu seinem Tode in Rom; Haupt der Gruppe deutscher Künstler, die sich Anfang des 19. Jahrhunderts dort niedergelassen hatten.
Wallis – George Augustus Wallis (1770–1847), schottischer Maler, von 1794 bis 1806 in Rom, seit 1818 in Florenz ansässig.
Giuntotardi – Filippo Giuntotardi (1761–1831), römischer Landschaftsmaler und Radierer.

61 *Sant' Oreste* – Ort am Fuße des Monte Soracte.

65 *letzter Krieg* – Vgl. die dritte Anm. zu S. 50.

66 *Paluden* – Palus: (lat.) Sumpf. Gemeint sind die Pontinischen Sümpfe.
Theater von San Carlo – Von Antonio Medrano und Angelo Carasale 1737 erbaut, 1816 ausgebrannt und erneuert. Schinkel erwähnt es auch in seinem Brief an David Gilly (vgl. S. 122 ff.).
Eremit – Der Eremit auf dem Vesuv wurde von zahlreichen Italienreisenden um 1800 erwähnt. Er war bekannt durch seine Bewirtung mit dem berühmten Wein »Lacrimae Christi«.
Lucian Buonaparte – Lucien Bonaparte, Fürst von Canino und Musignano (1775–1840), der zweite Bruder Napoleons I.; einflußreicher Politiker, zeitweise mit Napoleon überworfen. Als Gesandter in Madrid hatte er 1801 ein Bündnis mit Spanien gegen Großbritannien und Portugal durchgesetzt.

67 *An Heinrich Graf von Reuß-Schleiz-Köstritz* – Aus dem Inhalt des Briefes ergibt sich, daß es sich um den Sohn des älteren Grafen (vgl. die erste Anm. zu S. 52), Heinrich XLIV. (1787–1856), handelt.

68 *Land, dessen Milde den starken Hannibal bezähmte* – Der karthagische Feldherr Hannibal hatte im zweiten Punischen Krieg, nach dem Sieg über die Römer in der Schlacht von Cannae (216 v. u. Z.), seine Truppen in Capua Winterquartier nehmen lassen, von wo sie sich, angeblich durch die Üppigkeit der Stadt verweichlicht, wieder zurückzogen.

69 *mißlich im Politischen* – Das spanisch-bourbonische Königshaus von Neapel und Sizilien hatte durch seine Teilnahme an den Koalitionskriegen gegen die Republik Frankreich (1793–1796 und 1798–1801) die Doppelmonarchie in eine schwierige politische Lage manövriert. Infolge der militärischen Niederlage von 1798 und der Besetzung Neapels durch französische Truppen zur Flucht nach Palermo gezwungen, konnte es nach der Rückkehr – Napoleonischen Neutralitätsbedingungen unterworfen, aber dennoch mit den Engländern konspirierend – das unteritalienische Festland nur mit Mühe behaupten, während Sizilien von der englischen Flotte kontrolliert wurde. (1805, kurze Zeit nach Schinkels Reise, entthronte Napoleon die Bourbonen, und 1806 setzte er seinen Bruder Joseph Bonaparte als König von Neapel ein.)

70 *An Valentin Rose* – Als Datierung des Originalbriefes geben Wolzogen und (diesem folgend) Mackowsky an: Neapel, den 3. 5. 1804.

71 *kaum so groß als der, auf dem Berlin gebaut* – Berlin hatte um 1800 zirka 150 000 Einwohner.
Lazzari – Gemeint sind die Lazzaroni, das damalige städtische Lumpenproletariat in Süditalien.

73 *Wirklichkeit* – Hier: Wirksamkeit.

74 *Parthenope* – Eine der Sirenen, die als Gründerin der im Altertum nach ihr benannten Stadt Neapel galt. Die Franzosen hatten 1799 in Neapel die »Parthenopäische Republik« proklamiert.

75 *opus reticulatum* – (lat.) Gitterwerk. Römische Mauertechnik, bei der das Mauerwerk mit einer netzförmigen Schicht von quadratischen Steinchen überzogen wurde.
der königliche Palast von Caserta – Das 1752 von Luigi Vanvitelli für König Karl III. von Neapel erbaute Schloß Caserta.
Peperino – (ital.) Pfefferstein; Tuffsteinart aus dem Albanergebirge.

76 *Lastrico* – (ital.) Steinpflaster.

78 *die letzten schrecklichen Ereignisse in Neapel* – Gemeint sind die Vesuvausbrüche von 1779, 1794 und 1804.

79 *Faro von Messina* – Der Leuchtturm an der nordöstlichen Spitze Siziliens.
Meerstrudel Charybdis ... Fels Scylla – Seit Homers »Odyssee« als der Schiffahrt Gefahr bringende Meeresungeheuer angesehen.

79 *vom Erdbeben völlig zertrümmert* – Gemeint ist das große Erdbeben von 1783, das fast ganz Messina zerstört hatte.

Festung im Meer – Die 1679 von den Spaniern angelegte Zitadelle.

80 *Torre di Filosofo* – Der Überlieferung nach die Reste vom Observatorium des griechischen Philosophen Empedokles (um 495–435 v.u.Z.), der im Krater des Ätna den Tod gefunden haben soll.

Prächtiges Benediktinerkloster – Das nach dem Erdbeben von 1693 begonnene, 1735 vollendete Kloster San Niccolò, mit der größten barocken Kirche Siziliens.

Bäder unter der Erde ... Theater und Odeon – Reste altrömischer Anlagen.

Commendatore von Rechberg – Wahrscheinlich Anton Graf von Rechberg (1776–1837), Offizier, später General in der bayerischen Armee.

Abate Ferrara – Francesco Ferrara, Autor des Werkes »Storia generale dell' Etna« (Catania 1793; Allgemeine Geschichte des Ätna).

Judica – Autor des Werkes »Le Antichità di Acre« (Messina 1819; Das klassische Zeitalter von Akka).

Gioeni – Giuseppe Gioeni (1747–1822), beschrieb 1787 die große Eruption des Ätna.

Baron von Stackelberg – Der Archäologe Otto Magnus Freiherr von Stackelberg (1787–1837), wohl auf seiner frühen Italienreise, die er als Student unternahm. (Später entdeckte Stackelberg in Griechenland u.a. die äginetischen Reliefs; vgl. dritte Anm. zu S. 214.)

Monte Gibello – Bezeichnung der Sizilianer für den Ätna.

81 *Minerventempel* – In den erhaltenen antiken, der Göttin Athene (röm. Minerva) geweihten Tempel war im 7. Jahrhundert die Domkirche S. Maria del Piliero oder delle Colonne hineingebaut worden.

Quell Arethusa – In der griechischen Sage wird die Nymphe Arethusa, verfolgt von dem Flußgott Alpheios, auf ihre Bitte von Artemis in eine Quelle verwandelt, die auf der Insel Ortygia, der Altstadt von Syrakus, entsprang.

Marchese Gargallo – Tommaso Gargallo (1760–1842), italienischer Schriftsteller, Autor des Werkes »Memorie patrie sul ristoro di Siracusa« (Neapel 1791; Vaterländische Erinnerungen über die Stärkung von Syrakus).

Kanonikus Logoteta – Giuseppe Logoteta, der die Altertümer von Syrakus beschrieben hatte.

altes Theater – Das griechische Theater von Syrakus aus dem 5. Jahrhundert v.u.Z., halbkreisförmig in den Felsen gehauen, war das größte der Antike.

Grotte über dem Theater – Ein Nymphäum (Nymphenheiligtum), in das eine Wasserleitung mündete.

81 *Ohr des Dionysius* – Eine Höhle mit schallverstärkendem Effekt, durch den der syrakusanische Tyrann Dionysius I. (406–367 v.u.Z.) angeblich die leisesten Gespräche seiner Gefangenen überwachen konnte.

Latomien – Die antiken Steinbrüche um Syrakus; auch Zwangsaufenthalt von Gefangenen.

Cavaliere Landolini – Saverio Ritter von Landolina (1743–1813), Historiograph, Altertumsforscher und Naturwissenschaftler in Syrakus; hatte sich besonders um die Altertümer der Stadt verdient gemacht.

Gradina – Auch Achradina: der nördliche Stadtteil des antiken Syrakus.

unter einer alten Kirche – San Giovanni alle Catacombe, mit Katakomben aus dem 4. bis 7. Jahrhundert, die ausgedehnter als die römischen und mit charakteristischen Rundsälen (Rotunden) ausgestattet waren.

Anapus. Papierpflanze – Die Papyruspflanze war im Altertum außerhalb Ägyptens nur an der sumpfigen Mündung des Anapos bei Syrakus angebaut worden.

Säulen des Jupitertempels auf der Höhe – Gemeint sind die Reste des in der Antike berühmten Olympeions, das Anfang des 6. Jahrhunderts v.u.Z. dem olympischen Zeus errichtet worden war.

Epipolae, Ruinen der ehemaligen Festung – Das antike Festungswerk Euryelos (um 400 v.u.Z.) am Rand des ehemaligen westlichen Stadtteils von Syrakus, Epipolae.

Venus Kallipygia – Die griechische Statue der sogenannten Venus Kallipygos (»mit dem schönen Hintern«; 3. Jahrhundert v.u.Z.), später im Nationalmuseum Neapel. Ihr war in Syrakus ein Tempel geweiht, der der Überlieferung nach seine Gründung zwei Schwestern verdankt.

Ort, wo Gorgias geboren ist – Der griechische Rhetor und Philosoph Gorgias (um 485 bis um 380 v.u.Z.) stammte aus Leontinoi (später Lentini), einer der ältesten griechischen Niederlassungen auf Sizilien.

82 *Piazza – Gemeint ist der Ort Piazza Armerina.*

Marienglas – Gips in kristallischer Form.

sarazenisches Kastell – Das Schloß der Familie Chiaramonte aus dem 14. Jahrhundert.

83 *den Tod des Hippolyt vorstellend* – Die Reliefs des römischen Sarkophages (2. Jahrhundert) stellen die Sage von Hippolytos und seiner Stiefmutter Phädra dar. Diese beschuldigt den jungen Jäger, als er ihre Liebe verschmäht, bei seinem Vater Theseus, ihr nachgestellt zu haben, und begeht Selbstmord. Der von Theseus verfluchte Hippolytos wird daraufhin von scheuenden Pferden zu Tode geschleift.

Madonna von Guido – Gemeint ist Guido Reni (1575 bis 1642), dem das Werk zugeschrieben wird.

83 *Tempel der Juno Lucina* – Lucina (die Leuchtende): Beiname der Juno als Geburtsgöttin. Schinkel meint den sogenannten Tempel D von Agrigent (um 450 v.u.Z.).
Tempel der Concordia – Der Tempel F (um 450 v.u.Z.), einer der am besten erhaltenen griechischen Tempel.
Tempel des Herkules – Der sogenannte Tempel A (um 500 v.u.Z.), der dem Herakles geweiht war.

84 *Tempel des olympischen Jupiters* – Das Olympeion, auch Zeus-Tempel (um 480 v.u.Z.), der größte dorische Tempel.
Palmen – palmus (lat.) bzw. palmo (ital.): Spanne; Längenmaß, das im alten Rom 7,4 cm, in Italien meist ca. 25 cm betrug. Die angegebene Zahl bezieht sich auf das Palmo architettonica von ca. 22 cm (16 Palmen = 3,52 m; der tatsächliche Säulendurchmesser beträgt 3,48 m).
Theron – Tyrann von Akragas (um 540/530–472 v.u.Z.).
Andere Überreste von Tempeln – Außer den genannten gab es im antiken Akragas den Ceres-und-Proserpina-Tempel (um 500 v.u.Z.) sowie den sogenannten Tempel des Kastor und Pollux (5. Jahrhundert v.u.Z.); ein Tempel der Venus oder Aphrodite bestand nicht.
Alter dorischer Tempel in der Stadt – Gemeint sind wohl die in der normannischen Kirche S. Maria dei Greci sichtbar gewesenen Reste eines Athene-Tempels.
Barbareskenflotte – Barbaresken: Alte Bezeichnung für die nordafrikanischen Berber, die als Seeräuber gefürchtet waren.
Monte Reale – Gemeint ist der Ort Realmonte.
Ruinen der alten Tempel – Die wichtigsten der sieben Tempel des griechischen Selinus waren der sogenannte Tempel C auf dem Burgberg (um 550 v.u.Z.) und der sogenannte Tempel E (480–460 v.u.Z.).
Insel Pantalaria – Gemeint ist wahrscheinlich die zwischen Marsala und Trapani an der sizilianischen Küste gelegene Insel San Pantaleo.
Grab des Anchises – Der sagenhafte Vater des Äneas, den er mit Aphrodite gezeugt hatte, wurde von dieser durch einen Blitzschlag gelähmt, da er ihren Namen preisgegeben hatte. Sein Sohn trug ihn aus dem brennenden Troja; er starb in Drepanum, dem späteren Trapani.
Felsblöcke ..., die der Zyklop dem Odysseus nachwarf – Die sieben Kyklopen-Inseln, der Sage nach dadurch entstanden, daß der geblendete Riese Polyphem dem Odysseus Felsen nachschleuderte, lagen in Wirklichkeit vor der Ostküste Siziliens, zwischen Taormina und Catania.

85 *Tempel von Segest* – Der unvollendet gebliebene dorische Tempel von Segesta wurde um 420 v.u.Z. begonnen.
sarazenische Architektur – Die Kathedrale von Monreale aus dem 12. Jahrhundert gilt als Hauptwerk der Kunst der Normannen auf Sizilien.

86 *Straße Toledo* – Die Hauptstraße Palermos, die während der Regierungszeit des spanischen Vizekönigs von Sizilien-Neapel, Don Pedro de Toledo (1532–1553), angelegt worden war. (Ebenso benannt war die Hauptstraße von Neapel, der Hauptstadt des »Königreichs beider Sizilien«.)
Rosalienfest – Das Fest der Auffindung der Reliquien der heiligen Rosalia, die als Einsiedlerin auf dem Monte Pellegrino lebte und als Patronin von Palermo gilt, wird am 15. Juni gefeiert.
eine neue Anlage am Meer – Die Villa Julia oder La Flora wurde 1777 angelegt.
Architekt du Fournier – Nicht zu ermitteln.
Naumachie – Im antiken Rom die Nachahmung einer Seeschlacht, die von Gladiatoren in einem eigens dafür angelegten Bassin oder in einer überfluteten Arena ausgetragen wurde.
sarazenischer Dom – Der Dom von Palermo wurde zur Zeit der Normannenherrschaft im 12. Jahrhundert begonnen und bis zum 14. Jahrhundert fortgesetzt. Kuppel und Innendekoration entstanden von 1781 bis 1801.
Gregorio – Rosario Gregorio (1753–1809), italienischer Historiker und Archäologe; war durch Forschungen über sizilianische Geschichte, besonders der islamischen Zeit, bekannt geworden.
Grabmäler der alten Könige – Vor allem die des Normannen Roger I. (1130–1154) und der Hohenstaufen Heinrich VI. (1194–1197) und Friedrich II. (1198 bis 1250).
Die Personen fand man wohl konserviert – Die Sarkophage waren 1781 geöffnet worden.

87 *Kirche eines Nonnenklosters* – Gemeint ist die Kirche La Martorana, die im 12. Jahrhundert als byzantinische Kuppelkirche erbaut worden war.
auf einem engen Platz ein schöner Brunnen – Die Piazza Pretoria mit einem 1530 von den Florentiner Bildhauern Camilliani und Naccherino geschaffenen Brunnen.
in rechten Winkeln durchschnitten – Gemeint ist die barocke Piazza Quattro Canti. Die Theater befinden sich nicht mehr dort.
Kapelle im königlichen Palast – Die unter König Roger II. erbaute Cappella Palatina (1132–1140), Hauptmonument der Verbindung von normannischen und islamischen Stilelementen.

87 *Palast Zisa* – Das normannische Lustschloß La Zisa, unter König Wilhelm I. (1156–1166) nach arabischen Vorbildern erbaut.

in Nischen ... konserviert – Grüfte mit mehr als 8000 mumifizierten Toten.

Meli – Giovanni Meli (1740–1815); er gilt als erster Dichter in sizilianischer Sprache.

Bagaria – Das östlich von Palermo gelegene Bagheria mit einer Anzahl von größeren Villenanlagen.

Villa Palagonia mit Ungeheuern – Die monströsen Plastiken im Park und im Innern der Villa sind in Goethes »Italienischer Reise« (Zweiter Teil; Palermo, 9. April 1787) ausführlich beschrieben.

im Garten liegt ein Gebäude – Die sogenannte Certosa mit Wachsfiguren in Kartäusertracht. Schinkel vergleicht sie mit der romanischen Abtei La Trappe in Frankreich, nach der der 1664 gegründete Trappistenorden (ein Zweig des Zisterzienserordens) benannt worden war.

Kloster San Martino – Die Benediktinerabtei war ein 1778 neu angelegter Bau.

Reisegefährte – Der gleichaltrige Architekt Gottfried Steinmeyer (um 1780 bis nach 1851) aus Berlin.

mit zweien Freunden aus Rom – Schinkels Begleiter auf der sizilianischen Reise waren der Maler und Schriftsteller Carl Gotthard Graß (vgl. die dritte Anm. zu S. 59), der sich seit 1802, sowie der Theologe und Schriftsteller Philipp Rehfues (1779–1843), der sich 1803/04 in Rom aufhielt und nach der Reise sein Werk »Neuester Zustand der Insel Sizilien« (Tübingen 1807) veröffentlichte. Außerdem publizierte er »Gemälde von Neapel und seinen Umgebungen« (Zürich 1808) und »Briefe aus Italien« (Zürich 1809).

88 *das sikulische Land* – Die Sikuler (griech. Sikelier) waren die frühen Einwohner Siziliens.

89 *letzte Verwüstung* – Vgl. die dritte Anm. zu S. 79.

90 *Hafen des Ulifß* – Bezeichnung für eine Bucht an der Südostspitze Siziliens (nicht für eine bei Taormina, wie Schinkel angibt).

Trümmer des alten Theaters von Taurominium – Das hellenistische, im 2. Jahrhundert von den Römern erneuerte halbkreisförmige Theater wurde im 9. Jahrhundert bei der Eroberung Siziliens durch die Sarazenen verwüstet.

92 *ein helles Feuer in der Grotte anzuzünden ...* – Die Reisegesellschaft am Feuer in der Höhle am Ätna hat Schinkels Begleiter Carl Gotthard Graß in seiner »Sizilischen Reise ...« (Tafel 6) dargestellt (vgl. die dritte Anm. zu S. 59).

93 *Verwüstung des vorigen Jahrhunderts* – Gemeint ist wohl das große Erdbeben von 1693. Im 18. Jahrhundert fand in Catania kein größeres statt.

94 *Gradina* – Vgl. die zehnte Anm. zu S. 81. Aus dem Abschnitt »Nach Sizilien. Itinerarium« (S. 78 ff.) hier wiederkehrende Namen und Begriffe sind nur dort erklärt.

103 *kämpfte Herkules mit den Giganten* – Der Gigantenkampf fand der Überlieferung nach nicht im Eryx-Gebirge, sondern auf den Phlegräischen Feldern statt, die entweder bei Cumae (nahe Neapel) oder auf der Halbinsel Pallene in Griechenland angenommen wurden.

105 *Laïs* – Griechische Hetäre, der Überlieferung nach 422 v.u.Z. in Hykkara (westlich von Palermo) geboren, später in Korinth; sie wurde von dem Maler Apelles ausgebildet.

Palermo und Monreale – Dieser Abschnitt ist nicht mehr in der Reinschrift des sizilianischen Tagebuches enthalten, sondern wurde dem sonst nicht verwendeten, weil gleichlautenden Brouillon dazu entnommen.

106 *An Sophie und Charlotte Schinkel* – Zu den Schwestern vgl. die vierte Anm. zu S. 25. Der Brief wurde in Rom, wahrscheinlich im Juli 1804, geschrieben.

aus meinen eingeschickten Tagebüchern – An wen die erhaltenen Tagebuchfragmente gesandt wurden und ob darüber hinaus noch andere existierten, bleibt fraglich.

108 *An einen unbekannten Empfänger in Berlin* – Der Brief stammt aus Paris.

Herr v. Quast – Vgl. die erste Anm. zu S. 60.

110 *Coquine* – (franz.) Schurkin, Spitzbübin.

111 *Birbante* – (ital.) Schurke.

cazzo – (ital.) männliches Glied.

ennuyieren – langweilen.

kleiner König – Karl II. von Bourbon; vgl. die zweite Anm. zu S. 49.

cordial – (franz.) herzlich.

112 *Mit Hackerts Empfehlungsbriefen* – Der deutsche Landschaftsmaler Jakob Philipp Hackert (1737–1807), von Goethe geschätzt und mit Aufträgen aus ganz Europa beschäftigt, lebte seit 1768 in Rom und Neapel, von 1799 bis zu seinem Tode in Florenz bzw. auf seiner Besitzung S. Piero di Careggio (bei Florenz).

Matuszewski – Daniel Thomas Matuszewski (um 1775 bis nach 1825), ein Jugendfreund E. T. A. Hoffmanns aus Königsberg; er hatte zur selben Zeit wie dieser an der dortigen Universität Jurisprudenz studiert und lebte dann als Porträtmaler in der Schweiz und in Italien.

schöne Fresko ... im Vorhof der Kirche dell' Annunziata – Die Fresken (1505–1514) von Andrea del Sarto (1486–1531) in der Kirche Santissima Annunziata (1444–1460) gehören zu den bedeutendsten Werken der Renaissance in Florenz.

112 *es scheint alles an demselben absichtlich zu sein* – Die Neigung des Schiefen Turms (1174 begonnen), die im 20. Jahrhundert mehr als vier Meter ausmacht, entstand beim Bau und wurde bei der Weiterführung (ab 1234) vom dritten und fünften Stockwerk aus auszugleichen versucht.

113 *equipieren* – ausstatten.

114 *Camposanto* – (ital.) Heiliges Feld; Friedhof mit Innenhof und zu diesem geöffneten Bogengang. Der Camposanto neben dem Dom von Pisa stammt aus dem späten 13. Jahrhundert.

Stufenleiter der ältesten Malerei des Mittelalters – Gemeint sind die bedeutenden Fresken des 14. und 15. Jahrhunderts, besonders die vom Meister vom Triumph des Todes (Mitte des 14. Jahrhunderts) und von Benozzo Gozzoli (1420–1497) geschaffenen.

115 *Johann Friedrich Unger* – Vgl. die vierte Anm. zu S. 59. Seinen Plan zur Herausgabe eines Werkes über alte italienische Architektur entwickelte Schinkel von Neapel oder Rom aus; durch Ungers Tod 1804 wurde er nicht verwirklicht. Die vorbereitenden Zeichnungen Schinkels fanden Verwendung in: »Verzierungen aus dem Altertum«, herausgegeben von Ernst Friedrich Bußler, 21 Hefte, Potsdam und Berlin 1806ff.

Zeiten der wiederauflebenden Künste – Gemeint ist die Renaissance.

117 *An David Gilly* – Der Brief ist Anfang Dezember 1804 in Paris geschrieben worden.

120 *Theater San Carlo* – Vgl. die zweite Anm. zu S. 66.

Contrepoids – (franz.) Gegengewichte.

121 *unser neues Berliner Theater* – Gemeint ist das 1800 bis 1802 von Carl Gotthard Langhans (1732–1808) auf dem Gendarmenmarkt errichtete Nationaltheater, das 1817 abbrannte. 1818–1821 entstand auf der gleichen Stelle Schinkels Schauspielhaus.

leider noch nicht vollendet – Der Ende des 14. Jahrhunderts begonnene, hauptsächlich bis ins 17. Jahrhundert fortgesetzte Bau des Mailänder Doms wurde erst im Laufe des 19. Jahrhunderts vollendet.

122 *Herr Moser* – Vgl. die dritte Anm. zu S. 60.

An David Gilly – Der Brief beantwortet das folgende Schreiben David Gillys vom 14. Dezember 1804 (Schinkel-Sammlung, Staatliche Museen Berlin): »Ich danke Ihnen, mein hochgeehrter Freund, recht sehr für das gütige Andenken, womit Sie mich durch Ihr Schreiben so hoch erfreut haben. – Sie haben aber Ort und Datum beizufügen vergessen. Von H[err]n Steinmeyer höre ich aber, daß Sie in Paris sind. Kommen Sie nur bald glücklich zu uns mit Ihrem Reisegefährten, den ich herzlich zu grüßen bitte. Sie haben in Ihrem Schreiben Ihres sel[igen] Freundes, meines guten Sohnes, gar nicht erwähnt, allein ich weiß durch H[err]n Moser, daß Sie sich seiner mit ihm in Rom zärtlich erinnert und gewünscht haben, daß ihm das irdische Glück auch hätte zuteil werden mögen, die Schönheiten zu sehen, deren Betrachtung Ihnen zuteil geworden ist und an welchen seine ganze Seele hing. Nun, Gott wird das am besten wissen, warum seine Augen so bald geschlossen und seine tätige Hand so bald ruhn mußte. – Sein Geist wird gewiß schon auf andre Art erfreut, und dieser Glaube allein ist ein Trost! Haben Sie herzlichen Dank für den schönen Inhalt Ihres Briefes. – Jetzt bin ich alleiniger Redakteur der Ihnen vielleicht bekannten ›Sammlung nützlicher Aufsätze, die Baukunst betreffend‹. Sie werden es mir gewiß erlauben, daß ich Ihren Brief in dem nächsten Stücke abdrucken lassen darf – und ich schmeichle mich, daß Sie nach Ihrer Zurückkunft mir hin und wieder zu diesem Behuf mit einem Bröcklein aus Ihrem Portefeuille erfreuen werden – besonders was Konstruktion, und zwar der lieben Bohlendächer, betrifft. Sie haben zu meiner Freude eines solche[n] Daches erwähnt, wie würde aber mein Vergnügen erhöht werden, wenn Sie mir die Spann- und Hangeisen durch eine Skizze deutlicher machen werden. In Paris habe ich von H[err]n Legrand manche gute Bemerkung über die Bohlendächer aufgeschnappt. Sowenig diese Reise nach Paris gegen die Ihrige bedeutet, so hat sie mich doch sehr glücklich gemacht, und ich habe es ganz empfunden, welcher hoher Lebensgenuß das wissenschaftliche Reisen ist. Erzeigen Sie mir doch die Freundschaft und erkundigen Sie sich in Paris – oder sehn Sie selbst, wie weit man mit dem Ourq-Kanal gekommen ist, wovon ich voriges Jahr ein[en] Teil sah. Das Dorf Sevran, wo der Kanal vorbeigeht, ist nur $1^1/_2$ Meile von Paris; daselbst wohnt der Direktor des Kanalbaus, der Ingenieur en chef, Herr Girard, ein äußerst gefälliger Mann; wenn Sie ihm Gruß und Dank von mir bringen, so wird er Sie [!] gern den Kanal zeigen und meine Frage beantworten, wie weit es mit der Sache ist und zu welcher Zeit dieses Werk beendigt werden dürfte. Wie weit ist es mit der Brücke bei dem Jardin des Plantes? und mit Reparatur des Panthéons? An die Halle aux Bleds wird wohl, in Absicht der Wiederherstellung der Kuppel, noch nicht gedacht? Bereiten Sie sich bei Ihrer Zurückkunft auf viele dergleiche Fragen; ich hoffe, Sie dadurch nicht lästig zu werden. – Nochmals meinen besten Dank und den aufrichtigen Wunsch, Sie bald gesund und glücklich in Ihr[em] Vaterland zurück zu sehn. Den guten Moser bedaure ich wegen der Gefahr in Rücksicht des gelben Fiebers.

Ihr treuer Freund Gilly«

122 *Ihr unvergeßlicher Sohn* – Friedrich Gilly (1772–1800), Schinkels architektonischer Lehrmeister.

123 *Journal der Baukunst* – Gemeint ist die »Sammlung nützlicher Aufsätze und Nachrichten, die Baukunst betreffend. Für angehende Baumeister und Freunde der Architektur«; 1.–5. Jg., herausgegeben von mehreren Mitgliedern des Königlich Preußischen Ober-Bau-Departements, 1797–1804; 6. Jg., herausgegeben von David Gilly, 1805/06.

124 *Rathaus in Padova, ... aus der Zeit des Philibert de l'Orme oder früher* – Schinkel meint speziell den schon in seinem Tagebuchfragment aus Padua (vgl. S. 47) und nochmals 1824 (vgl. S. 238) erwähnten großen Saal im Palazzo della Ragione, der ursprünglich aus dem 14. Jahrhundert stammt und nach seiner Zerstörung durch einen Brand in den Jahren 1420–1435 wiederhergestellt wurde. Der französische Architekt Philibert Delorme lebte von 1510/1515 bis 1570.

Ourcq-Kanal-Bau – Der die Flüsse Ourcq und Marne begleitende, der Handels- und Wasserversorgung von Paris dienende Kanal wurde 1802–1805 auf Anordnung Napoleons angelegt.

Brückenbau am Jardin des Plantes – Die 1804–1806 aus Eisen errichtete, später mehrfach erweiterte Pont d'Austerlitz.

Reparatur des Panthéons – Im Jahre 1791 war die 1764–1790 von Jacques Germain Soufflot (1713–1780) errichtete Kirche St. Geneviève von der Revolutionsregierung zum Ruhmestempel erklärt und in eine Begräbnisstätte verdienstvoller Franzosen umgewandelt worden. Bevor das Panthéon ab 1806 (bis 1830, dann erneut 1851–1885) wieder als Kirche diente, waren Umbauten nötig.

Halle aux Bleds – Die 1763–1767 auf dem späteren Areal der Bourse du Commerce errichtete Halle au Blé (Kornhalle) war 1782 mit einer Holzkuppel versehen worden, die 1802 abbrannte. Die eiserne Neukonstruktion wurde erst 1813 fertiggestellt.

Herr Levezow – Vgl. die zweite Anm. zu S. 60.

Haugwitz – Christian Heinrich Kurt Graf von Haugwitz (1752–1832), von 1792 bis 1804 preußischer Kabinettsminister und Leiter der auswärtigen Angelegenheiten (durch Hardenberg abgelöst); 1805/06 nochmals Außenminister.

125 *Zeitpunkt, der ein Fest herbeiführte* – Am 2. Dezember 1804 ließ sich Napoleon in der Kirche Notre Dame durch Papst Pius VII. zum Kaiser krönen.

ein gleiches ... aus früherer Geschichte – Gemeint ist wohl die Kaiserkrönung Karls des Großen in Rom im Jahre 800.

126 *Freuden des Palais-Royal* – Das 1629–1632 von Jacques Lemercier (um 1585–1654) für Kardinal Richelieu errichtete, später im Besitz des Herzogs Philippe von Orléans (1715–1723 Regent für den noch unmündigen König Ludwig XV.) befindliche, mehrfach erweiterte Palais – 1781–1786 von Philippe Egalité an Unternehmer vermietet – war ein Hauptgeschäfts- und -vergnügungszentrum von Paris.

126 *vortrefflichstes Museum* – Der seit 1793 in das »Musée de la République« umgewandelte Louvre (1803–1814 »Musée Napoléon«) beherbergte die immer zahlreicher werdenden Kunstsammlungen, die besonders durch die Bereicherungen während der napoleonischen Eroberungen in Europa einzigartige Bedeutung erhalten hatten.

Zug des Papstes – Pius' VII., der auf Anordnung Napoleons in Paris dessen Kaiserkrönung vornehmen mußte. Vgl. die erste Anm. zu S. 125.

131 *Den 29. Juni ...* – Schinkel unternahm die Reise gemeinsam mit dem Kunsthistoriker Gustav Friedrich Waagen (1794–1868), der 1823 nach Berlin berufen worden war, um mit Schinkel die Gründung des neuen Museums und die Bearbeitung der Sammlungen vorzubereiten (1830 wurde er Direktor der Gemäldegalerie); mit dem Geheimen Ober-Finanzrat und Mitarbeiter Beuths, August Kerll (gest. 1855), sowie mit dem Medailleur Henri-François Brandt (1789–1845) aus dem preußischen Neuchâtel, der seit 1818 für die Königliche Münze in Berlin tätig war.

Rauch – Vgl. die Anm. zu S. 168.

Luthers Monument – Im Jahre 1821 war auf dem Wittenberger Markt das Bronzestandbild Luthers von Johann Gottfried Schadow (1764–1850) aufgestellt worden, zu dem Schinkel den Sockel und den neogotischen Baldachin entworfen hatte.

132 *C'est la première fois ...* – (franz.) Das ist das erste Mal in meinem Leben, daß ich Braten von einem Ziegenbock gegessen habe.

das Innere der Marktkirche – Hallenraum der spätesten Gotik (1530–1554).

Trümmer der Moritzburg – Die Ruine der Ende des 15. Jahrhunderts errichteten, 1637 ausgebrannten Moritzburg sollte auf Wunsch des preußischen Kronprinzen (des späteren Königs Friedrich Wilhelm IV.) nach dem Plan Schinkels 1829 zur Universität ausgebaut werden. Das Vorhaben wurde nicht ausgeführt.

Moritzburgkirche – Gemeint ist der sogenannte Dom, der als einziger Kirchenbau der Stadt rundbogige Zwerchgiebel (1520–1525), wie Schinkel sie erwähnt, aufweist.

schöne Skulpturen – Die Plastiken des Conrad von Einbeck (frühes 15. Jahrhundert).

Seeburg ... Schloß – Die Burg von Seeburg war im 15./16. Jahrhundert zum Schloß umgebaut worden.

132 *Roßla* – (Schinkel schreibt irrtümlich Roßlau.) Beim Neubau des Roßlaer Schlosses (1827–1831) wurden Pläne Schinkels berücksichtigt.

Reise nach Stettin – Schinkel sandte das Tagebuch abschnittweise an seine Frau Susanne (1782–1861), die die meiste Zeit seiner Abwesenheit mit den vier Kindern Marie (geb. 1810), Susanne (geb. 1811), Karl Raphael (geb. 1813) und Elisabeth (geb. 1822) im Hause ihres Schwagers, des Kaufmanns Kuhberg in Stettin, zubrachte. Vgl. auch den Abschnitt »Briefe an Susanne Schinkel«, S. 262 ff.

133 *Eckartstein* – Gemeint ist die Frau des Barons Bernhard von Eckartstein, für dessen Steingutfabrik in Berlin Schinkel frühe Entwürfe gemacht hatte.

Ce fameux bouc! ... – (franz.) Dieser famose Ziegenbock! haben Sie gesehen, wie ich mich abgemüht habe, man durfte nicht überlegen, man mußte sich beeilen, damit er nicht wiederkäme, bah! es ist zu Ende, es ist gut!

134 *Der schöne Wilhelmsplatz* – Gemeint ist der städtebaulich in Beziehung zur barocken Anlage der Karlsaue stehende Friedrichplatz in Kassel.

Aussicht vom Oktogon hinab – Das den Höhepunkt des Parkes von Wilhelmshöhe bildende, nach dem Entwurf von Giovanni Francesco Guerniero gebaute phantastische Riesenschloß (1718 vollendet) wurde nach seinem Grundriß Oktogon (Achteck) genannt.

das Museum der Stadt – Das 1769–1796 von Simon Louis du Ry (1726–1799) erbaute Museum Fridericianum am Friedrichplatz.

aus Paris zurückgekommen – Nach der Abdankung Napoleons im Jahre 1815 wurden die in der Zeit des Königreiches Westfalen (1807–1813), dessen Hauptstadt Kassel war, nach Paris gebrachten Teile der Sammlungen zurückgeführt.

welche Bouillon so schön gegeben hat – Anspielung auf das Werk »Musée des Antiques, dessiné et gravé par P. Bouillon, peintre, avec des notices explicatives par J. B. de Saint-Victor« (Paris 1812–1817; Museum der Antiken, gezeichnet und gestochen von P. Bouillon, Maler, mit Erläuterungen von J. B. Saint-Victor).

ein neueres Schloß im Bau – Das 1821 begonnene Rote Palais.

ein angefangener Palast – Die sogenannte Chattenburg, die nach dem Brand des alten Schlosses 1820/21 auf dessen Stelle durch Heinrich Christoph Jussow begonnen wurde, doch 1821 unvollendet liegenblieb (1871 abgetragen).

seit der jetzigen Regierung – Seit 1821, als Wilhelm II. Kurfürst von Hessen-Kassel geworden war.

135 *Jahr 16* – Schinkel bezieht sich auf seine Reise nach Holland, Brabant und in das Rheinland (1816).

135 *Kanstein* – Im 18. und frühen 19. Jahrhundert erweitertes Schloß aus dem 15. Jahrhundert.

Stadtbergen – Anderer Name für Obermarsberg.

Heidentempel unter der Kirche – Wahrscheinlich ein Teil der Sachsenfeste Eresberg, auf deren Stelle Karl der Große eine Peterskirche begründet hatte.

Die Neustadt ist während der Zeit gebaut worden – Seit Arnsberg 1817 Verwaltungssitz eines preußischen Regierungsbezirkes geworden war, erfolgte die planmäßige Anlage eines neuen Stadtviertels.

eine mir bekannte hübsche Kirche – Die evangelische Kirche am Neumarkt wurde 1822–1824 unter Einfluß und Mitwirkung Schinkels erbaut.

136 *mit Fabrikarbeiten angefüllte Berggegenden* – Gemeint sind besonders die Kleineisen- und Textilmanufakturen an der Wupper.

gleich die Arbeiten anfangen – Nach seinen Gutachten von 1816 und 1823 zum Weiterbau des seit 1560 unvollendet gebliebenen Kölner Doms machte Schinkel 1824 neue Untersuchungen und Vorschläge zur durchgreifenden Restaurierung, die 1826 begann.

137 *Brief vom 12. aus Köln an Susanne* – Vgl. den Abschnitt »Briefe an Susanne Schinkel«, S. 262 ff.

Eytelwein – Johann Albert Eytelwein (1764–1848), seit 1810 Direktor der preußischen Oberbaudeputation, Vorgesetzter Schinkels, der 1830 sein Nachfolger wurde.

Groote – Eberhard de Groote (1789–1864), Jurist und Regierungsassessor in Köln; er war mit den aus Köln stammenden Brüdern Boisserée (vgl. die vierte Anm. zu S. 141) befreundet und hatte zwischen diesen und Schinkel bei den Verhandlungen (seit 1816) über den Ankauf ihrer Sammlung für das Berliner Museum vermittelt.

Konzert- und Karnevalsaal im alten Kaufhause – Der Festsaal des 1441–1452 als Tanzhaus errichteten Gürzenich, der seit Ende des 15. Jahrhunderts meist als städtisches Lagerhaus diente, war 1823/24 neu eingerichtet worden.

138 *Lieversberg* – Johann Jakob Lieversberg (1761–1834), Kölner Kaufmann und Kunstsammler.

Assisen – (Schwurgerichts-) Sitzungen. Das Neue Schloß (1779–1786) diente seit 1823 als Gerichtsgebäude.

Stürmer – Karl Stürmer (1803–1881), Maler; leitete seit 1842 die Ausführung von Schinkels Entwürfen für die Vorhalle des Alten Museums in Berlin.

Stilke – Hermann Anton Stilke (1803–1860), Maler; schuf zusammen mit Karl Stürmer zahlreiche Wandbilder, meist mit historischen Themen.

Wir kannten die herrliche Gegend ... – Anspielung auf die Rheinreise von 1816.

138 *die enormen Festungswerke* – Unter der neuen preußischen Regierung erfolgten 1815–1826 die Neubefestigung von Koblenz und der Wiederaufbau der 1801 geschleiften Festung Ehrenbreitstein.

139 *das abenteuerlichste Gebäude* – Der Dom St. Peter (Hauptbauzeit um 1150–1180) ist ein Musterbeispiel der späten Romanik in Deutschland.

Gegend, in welcher die »Nibelungen« spielen – Worms war Anfang des 5. Jahrhunderts Hauptstadt eines burgundischen Reiches unter König Gundikar (Gunther), das 436/37 von den Hunnen unter Attila (Etzel) besiegt wurde.

Herr Abech – Abegg, ein aus Elbing (Ostpreußen) stammender Kaufmann.

Martin Schön – Gemeint ist Martin Schongauer (um 1450–1491).

braver Vitellius – Anspielung auf den römischen Feldherrn Aulus Vitellius (15–69), der die Rheinlegionen befehligte und bei seinen Truppen so beliebt war, daß sie ihn im Jahre 69 zum Kaiser ausriefen.

141 *Das berühmte Weinsberg* – Anspielung auf die Sage von den »Weibern von Weinsberg«, die vor der Übergabe der Stadt an Kaiser Konrad III. (1140) ihr Kostbarstes auf dem Rücken mitnehmen durften und so ihre Männer retteten.

Hauptkirche – Die spätromanische Stadtkirche von Heilbronn entstand um 1200.

Ludwigsburg ... Schloß – Das barocke, nach Stuttgart zweite Residenzschloß der württembergischen Herzöge, 1704–1733 von Johann Friedrich Nette, Donato Frisoni u. a. erbaut.

schreibe ich an Sulpiz Boisserée – Die Brüder Sulpiz (1783–1854) und Melchior Boisserée (1786–1851), beide zunächst Kaufleute, dann ganz ihren Kunststudien gewidmet, waren 1819 mit ihrer berühmten Sammlung altdeutscher und niederländischer Gemälde von Heidelberg nach Stuttgart übergesiedelt. Dort hatte ihnen König Wilhelm I. von Württemberg den ausgedehnten sogenannten Offizierspavillon zur Verfügung gestellt. Schinkel hatte 1816/17 im Auftrag von Staatskanzler Hardenberg in Heidelberg ergebnislose Verhandlungen über den Erwerb der Sammlung durch den preußischen Staat geführt. 1827 wurde sie für 240000 Gulden vom bayrischen König Ludwig I. für die Münchener Pinakothek erworben.

die beiden Bilder des Malers Schick – »Noahs Dankopfer« (1804/05) und »Apoll unter den Hirten« (1806–1808), in der Stuttgarter Staatsgalerie befindliche Gemälde von Gottlieb Schick (1776–1812). Schinkel hatte den Stuttgarter Maler schon 1804 in Rom kennengelernt.

141 *»Tod der Maria« von Schorel* – Der Flügelaltar, ursprünglich in der Kölner Kirche Sta. Maria im Kapitol, stammt nicht von Jan van Scorel (1495–1562), sondern von Joos van Cleve d. Ä. (1511–1540 oder 1541).

der berühmte van Eyck – Gemeint ist der Dreikönigsaltar aus der Kölner Kirche St. Columba, ein Spätwerk von Rogier van der Weyden (1400–1464).

Hemling, »Reise der Drei Könige« – Hans Memling (um 1433–1494): »Die sieben Freuden Mariä« (um 1480) aus der Frauenkirche in Brügge.

Dirk van Haarlem – Der erst im 17. Jahrhundert lebende Dirk van Haarlem kann nicht gemeint sein. Es handelt sich offenbar um den auch Gerrit van Haarlem genannten Geertgen tot Sint Jans (um 1460 bis um 1490).

die kleineren Hemlings – Gemeint sind der rechte und der linke Flügel (den heiligen Christophorus und Johannes in der Wüste darstellend) des Flügelaltärchens von Dieric Bouts d. J. (um 1448–1491), der sogenannten »Perle von Brabant«. Das Mittelbild mit der Anbetung der Könige wird nicht erwähnt (Schinkel nennt »Die Mannasammlung«).

142 *Christuskopf ... in der Sollyschen Sammlung* – Gemeint ist »Christus mit der Dornenkrone« von Aelbrecht Bouts (um 1455–1540), 1821 mit der Sammlung Solly (vgl. die erste Anm. zu S. 234) für das künftige Berliner Museum erworben.

Eine kleine Madonna von Mabuse – »Maria mit dem Kind« von Jan Gossaert, genannt Mabuse (um 1470/1480 bis um 1533/1536).

fecit – (lat.) gemacht, angefertigt.

Bertram – Johann Baptist Bertram (1776–1841), Jurist; Freund und Mitarbeiter der Brüder Boisserée, zugleich Miteigentümer der Sammlung.

Schloß – Das Neue Schloß, zwischen 1746 und 1768 von Leopold Retti und Pierre Louis de la Guepière errichtet. Der letzte Ausbau (1805/06) stammt von dem Stuttgarter Hofbaumeister Nikolaus Friedrich von Thouret (1767–1845).

die Humboldtschen Porträts – Gemeint sind die in Rom von Gottlieb Schick gemalten Porträts der Töchter von Wilhelm und Caroline von Humboldt: Caroline von Humboldt mit Gitarre (1805) und Doppelbildnis von Adelheid und Gabriele von Humboldt (1809). Beide Bilder befanden sich ehemals im Schloß Tegel (woher Schinkel sie kannte); seit 1945 sind sie verschollen.

143 *Die Heiligen, von Lucas Leyden gemalt* – Gemeint sind wohl die verschiedene Heilige darstellenden vier Flügelbilder des zwischen 1515 und 1520 von Bartholomäus Bruyn d. Ä. (um 1493–1555) geschaffenen Kreuzigungsaltars (vermutlich aus der Kölner Kar-

täuser-Kirche), der Einflüsse von Joos van Cleve aufweist.

143 *Dürer* – In der Sammlung Boisserée befanden sich die Innenseiten der Flügel vom sogenannten Jabachschen Altar (um 1523).

Pierre Demarées – Nicht zu ermitteln.

lithographische Anstalt ... Strixner – Der Lithograph Johann Nepomuk Strixner (1782–1855) hatte 1821 begonnen, von den Bildern der Sammlung Boisserée lithographische Reproduktionen herzustellen. Insgesamt erschienen bis 1841 114 Blätter in 38 Lieferungen (»Die Sammlung alt-, nieder- und oberdeutscher Gemälde der Brüder Sulpiz und Melchior Boisserée und Johann Bertram, lithographiert von Johann Nepomuk Strixner, mit Nachrichten über die altdeutschen Maler von den Besitzern«, Stuttgart und München 1821–1841).

König von Bayern – Maximilian I. Joseph (1756–1825), König von Bayern seit 1806.

sogenanntes Neues Schloß – Schloß Niederbaden, erbaut im 16./17. Jahrhundert, 1689 zerstört, teilweise wiederhergestellt.

144 *das ältere Schloß ... Ruinen* – Schloß Hohenbaden, erbaut im 14./15. Jahrhundert, 1590 und 1689 zerstört.

Badesäle ... Theater ... Hallen – Baden-Baden, Sommerresidenz der Badischen Großherzöge, gewann seit 1800 auch als Badeort zunehmend an Bedeutung. Der badische Architekt Friedrich Weinbrenner (1766–1826) hatte u.a. 1811 ein erstes Theater, 1821–1824 das sogenannte Konversationshaus mit Theater und 1822–1824 die alte Trinkhalle erbaut.

145 *Baders schöne Stimme* – Karl Adam Bader (1789–1870), seit 1820 Kammersänger in Berlin, galt damals als bester Tenor Deutschlands.

»Entführung aus dem Serail« – Oper (1782) von Wolfgang Amadeus Mozart.

Hirts Ausspruch, daß dies alles Barbarei sei – Der Archäologe Alois Hirt (1759–1839), seit 1810 Professor an der neugegründeten Universität Berlin, beteiligt an den Museumsplänen König Friedrich Wilhelms III., vertrat einen strengen Klassizismus.

146 *Erwin von Steinbach* – Der Straßburger Werkmeister (gest. 1318) galt in der Romantik, hervorgerufen durch Goethes Aufsatz »Von deutscher Baukunst« (1773), als Erbauer des ganzen Münsters und zugleich als gotischer Baumeister par excellence. Er schuf indes (seit 1284) lediglich den unteren Teil der Westfassade. Der von Schinkel erstiegene (einzige) Nordturm wurde seit 1399 von Ulrich von Ensingen, seit 1419 von Johannes Hültz errichtet und 1439 vollendet.

146 *Schlick* – Benjamin Schlick (1796–1872), dänischer Architekt.

eine ältere Kirche im byzantinischen Stil – Die Thomaskirche mit romanischem Chor (1230–1250) und gotischem Langhaus (14./15. Jahrhundert).

Maréchal de Saxe – Moritz Graf von Sachsen (1696 bis 1750), Sohn Augusts des Starken und der Gräfin Aurora von Königsmarck, französischer General und Marschall, für den 1776 auf Wunsch König Ludwigs XV. von Jean Baptiste Pigalle (1714–1785) in der Straßburger Thomaskirche ein Marmorgrabmal errichtet wurde.

General Desaix – Louis Charles Antoine Desaix de Veygoux (1768–1800) hatte 1796, während der Revolutionskriege, mit der französischen Rheinarmee den Brückenkopf von Kehl verteidigt.

genievoll entworfen wie der von Straßburg – Das gotische Langhaus des Freiburger Münsters war nach dem Vorbild des Straßburger Münsters erbaut worden (ab 1250). Der Westturm wurde Mitte des 14. Jahrhunderts vollendet.

147 *Altar ... Gemälde* – Der Hochaltar mit der »Marienkrönung« (1512–1516), dem Hauptwerk von Hans Baldung (genannt Grien; 1484 oder 1485–1545), und der sogenannte Oberried-Altar mit der »Anbetung der Hirten und Könige« (1521) von Hans Holbein d. J. (1497 oder 1498–1543) in der Universitätskapelle.

meine Komposition des viertürmigen Doms – Schinkel bezieht sich auf sein 1813/14 entstandenes Gemälde »Gotischer Dom am Wasser« (Jetzt München, Bayrische Staatsgemäldesammlungen).

das Porträt von einer Mutter – Gemeint ist das Bild der Familie des Künstlers (1528/29), seiner Frau und ihren beiden Söhnen (Basel, Öffentliche Kunstsammlung).

Holbeins Porträt, mit Kreide gezeichnet – Das Selbstbildnis von 1523/24 (Basel, Öffentliche Kunstsammlung).

148 *ein Paar Porträts* – Die beiden Bildnisse von Bürgermeister Jakob Meyer und seiner Frau Dorothea (1516; Basel, Öffentliche Kunstsammlung).

die byzantinischen Teile daran – Gemeint sind die romanischen Teile des hauptsächlich gotischen Münsters, besonders die skulpturengeschmückte Galluspforte (Ende des 12. Jahrhunderts).

eine im neuitalienischen Geschmack ... ausgeführte Kirche – Die barocke St.-Ursus-Kathedrale (1762 bis 1773).

149 *Hauptkirche... Terrasse* – Das spätgotische Münster St. Vinzenz (1421 bis Ende des 16. Jahrhunderts) und die wegen ihrer Aussicht berühmte Münsterterrasse.

149 *Prachtteppiche, ... 1476 in der Schlacht bei Murten ... erbeutet* – Die sogenannte Burgunderbeute, besonders Waffen, Teppiche und ein reicher Schatz, war den Eidgenossen schon beim ersten Sieg über Karl den Kühnen bei Grandison am 2. März 1476 in die Hände gefallen (Die entscheidende Schlacht bei Murten fand drei Monate später statt.) Gemeint sind vor allem der Teppich mit der »Anbetung der Heiligen Drei Könige« (um 1445/1455), der Trajans-und-Herkinbald-Teppich (um 1450) sowie die Caesar-Teppiche (um 1465/1470), in Tournai unter Einfluß und zum Teil nach Vorlagen von Rogier van der Weyden entstandene Zeugnisse der burgundischen Hofkunst, die später im Berner Historischen Museum aufbewahrt wurden.

an einer Seite ein Fresko – Die Wandgemälde (1501) an den Seitenwänden des Westportals, die »Verkündigung« und den »Sündenfall« darstellend, stammen vom sogenannten Berner Meister mit der Nelke.

150 *Mereau* – Maximilian de Meuron (1785–1868), Schweizer Landschafts- und Architekturmaler; seit 1816 in Neuchâtel ansässig.

französisch-preußische Provinz – Die Könige von Preußen waren von 1707 bis 1806 und von 1814 bis 1856 zugleich Fürsten von Neuenburg, das jedoch nicht der Monarchie einverleibt war.

alte byzantinische Schloßkirche – Die neben dem Schloß gelegene Kollegiats-Stiftskirche Notre-Dame, eine Basilika mit romanischem Chor und frühgotischem Langhaus.

Rathaus der Stadt – Das 1784–1790 nach Plänen des französischen klassizistischen Architekten Pierre Adrien Paris (1745–1819) errichtete Stadthaus, eine Stiftung des Neuenburger Kaufmanns David de Purry (gest. 1786).

Freund Catel – Der Maler Franz Louis Catel (1778 bis 1856), den Schinkel seit der gemeinsamen Arbeit für die Abbildungen zu den von Ernst Friedrich Bußler herausgegebenen »Verzierungen aus dem Altertum« (vgl. die erste Anm. zu S. 115) kannte und der seit 1811 in Rom lebte. Im Verlauf der Reise von 1824 begegneten sich beide Künstler in Rom und Neapel, wo Catel das Porträt Schinkels (Abb. 116) schuf.

151 *Pays de Vaud* – (franz.) Kanton Waadt.

Pestalozzi ... Erziehungsanstalt – Das Erziehungsinstitut des Pädagogen Johann Heinrich Pestalozzi (1746–1827) befand sich von 1805 bis 1825 in Yverdon, im ehemaligen Schloß der Herzöge von Savoyen (13. Jahrhundert), das 1536 von den Bernern erobert worden war.

153 *Ruine ... Tourbillon* – Das ehemalige bischöfliche Schloß Tourbillon, 1294 begonnen, 1417 zerstört, 1492 und 1653 wiederhergestellt, war seit 1788 erneut eine Ruine.

153 *ein zweites zerstörtes Schloß, Valeria* – Die Gebäude des Domkapitels und der Katharinenkirche auf dem Valeria, im 12./13. Jahrhundert in ausgesprochenem Burgcharakter angelegt, waren seit 1800 ebenfalls Ruinen.

154 *eine alte Schloßkapelle* – Gemeint ist ebenfalls die Katharinenkirche, die mit Grisaillemalereien aus dem 13. und Fresken aus dem 15. Jahrhundert ausgestattet war.

zwei zusammenliegende Kirchen – Die gotische Kathedrale Notre-Dame (Ende des 15. Jahrhunderts) und die St.-Theodul-Kirche (1516 vollendet).

155 *Ehrenlegion-Kreuz* – Im Jahre 1802 von Napoleon Bonaparte gestifteter französischer Orden (für Militär- und Zivilpersonen). Das Wallis (franz. Valais) war 1802–1810 selbständige Republik unter französischer Kontrolle, 1810–1814 als Département du Simplon Teil des französischen Kaiserreichs.

ein prächtiger Wasserfall – Der Turtmannbach, der aus 26 Meter Höhe herabstürzt.

Jesuitenkloster – Die barocke Jesuitenkirche war 1673–1687, wahrscheinlich nach Plänen des Augsburger Architekten Matthias Koller, errichtet und 1777 im klassizistischen Stil erneuert worden.

die berühmte Straße über den Simplon – Sie war 1801–1807 auf Befehl Napoleons angelegt worden.

157 *Sobald man sich dem Gipfel nähert* – Der Straße am nächsten liegen das Breithorn (3368 m) und das Hübschhorn (3196 m).

Hauptmann Obermann – August von Obermann (1770 bis 1846), Gutsbesitzer aus Schlesien, während des Befreiungskrieges Offizier im Lützowschen Freikorps.

158 *Tal, worin die Straße fortläuft* – Die Schlucht von Gondo, einer der eindrucksvollsten Straßenpässe in den Alpen.

ein Strom, Toce genannt – Gemeint ist die Diveria (auf der Schweizer Seite Krummbach), die erst bei Domodossola in die Toce mündet.

Lissabonner Erdbeben – Im Jahre 1755 war Lissabon durch ein Erdbeben, dem Flutwellen und Feuersbrünste folgten, zerstört worden.

wunderbare, phantastische Anlage – Die Isola Bella, die bekannteste der drei Borromäischen Inseln, wurde von Graf Vitaliano Borromeo 1650–1671 zu einem Sommersitz mit (unvollendet gebliebenem) Schloß und großem Terrassenpark ausgestaltet.

159 *steiler Fels, mit einem Kloster gekrönt* – Auf dem Monte S. Quirico befindet sich nur eine Kapelle.

Statue des St. Borromeo – Das Kolossalstandbild des 1610 heiliggesprochenen Kardinal-Erzbischofs von

Mailand, Carlo Graf Borromeo (1538–1584), wurde 1624 entworfen und 1694 vollendet.

159 *sechstägiger Aufenthalt des Königs* – Friedrich Wilhelm III. hatte 1822 auf seiner Reise nach Neapel (vgl. die dritte Anm. zu S. 182) auch Mailand besucht.

Das Gebäude ist von außen ... vollendet – Die Domfassade war 1805–1809 vollendet worden. Schinkel hatte den Dom schon 1804 gesehen (vgl. S. 121 f.).

160 *Caspar* – Joseph Caspar (1799–1880), Schweizer Maler und Kupferstecher; lebte nach mehrjährigem Aufenthalt in Rom (1815–1820) von 1821 bis 1826 in Mailand, wo er in den Werkstätten von Longhi und Anderloni (vgl. die zweite Anm. zu S. 161) arbeitete. Caspar, 1821–1830 für die von Schinkel und Beuth herausgegebenen »Vorbilder für Fabrikanten und Handwerker« tätig (Stiche nach Schinkels Vorzeichnungen), fertigte 1824 auch einen Kupferstich nach der in Rom entstandenen Schinkel-Porträtzeichnung von Wilhelm Hensel an (vgl. Abb. 156 und die erste Anm. zu S. 225).

Palast Brera – Der 1651 als Jesuitenkonvikt begonnene, im 18. Jahrhundert vollendete Palazzo di Brera war seit 1776 Sitz der Kunstakademie; die berühmte Gemäldesammlung war 1809 begründet worden.

»*Sposalizio*« – (ital.) »Vermählung«; ein 1504 für die Kirche S. Francesco in Città di Castello geschaffenes frühes Gemälde Raffaels (1483–1520), das die Vermählung der Jungfrau Maria darstellt.

mein neues Museum – Gemeint ist der nach den 1823 von Schinkel ausgearbeiteten Plänen im Jahre 1824 begonnene Museumsneubau am Lustgarten in Berlin (das Alte Museum).

Geburtstag unsers Königs – Friedrich Wilhelm III. von Preußen war am 3. August 1770 geboren.

Ambrosianische Bibliothek – Die von Kardinal-Erzbischof Federigo Borromeo um 1620 in einem 1603 bis 1609 errichteten Gebäude begründete Bibliothek, Handschriftensammlung und Gemäldegalerie.

Karton Raffaels von der »Schule von Athen« – Vorarbeit zu dem berühmten Fresko (1509–1511) in der Stanza della Segnatura im Vatikan.

Codex des Leonardo – Gemeint ist der sogenannte Codex Atlanticus von Leonardo da Vinci (1452–1519) mit wissenschaftlichen und technischen Aufzeichnungen sowie Illustrationen.

Napoleonischer Circus ... an dem ungeheuer großen Exerzierplatz – Die 1806/07 von Luigi Canonica aus Teilen der Festungswerke und des Kastells errichtete Arena am Foro Bonaparte, einem wichtigen Teil der baulichen Veränderungen in der neuen Residenz, die Napoleon vornehmen ließ, nachdem er sich 1805 zum König von Italien gekrönt und seinen Stiefsohn Eugène Beauharnais in Mailand als Vizekönig eingesetzt hatte.

160 *Triumphbogen für die Simplon-Straße* – Der Arco della Pace, 1806 als Arco del Sempione zur Verherrlichung der Napoleonischen Siege von Luigi Cagnola in Zusammenhang mit dem Foro Bonaparte begonnen, erst 1838 als österreichischer »Friedensbogen« vollendet.

Cena – ultima Cena: (ital.) Abendmahl. Das berühmteste Werk Leonardos, 1494–1497 in Temperatechnik für das Dominikanerkloster S. Maria delle Grazie gemalt, war seit dem 16. Jahrhundert in zunehmendem Maße dem Zerfallsprozeß unterworfen.

Morghen in seinem Kupferstich – Der italienische Radierer und Kupferstecher Raffaello Morghen (1758 bis 1833) hatte zahlreiche Reproduktionsstiche, besonders nach italienischen Gemälden der Renaissance, ausgeführt.

161 *Lancier* – Lanzenreiter, Ulan.

Longhi und Anderloni – Die italienischen Kupferstecher Giuseppe Longhi (1766–1831), seit 1798 Leiter der Stecherschule an der Accademia di Brera, und Pietro Anderloni (1785–1849), Schüler und Nachfolger Longhis.

noch nicht ediertes Werk über Kupferstecherkunst – Longhis Werk »La theoria della calcographia« erschien 1830 in Mailand (in deutscher Ausgabe unter dem Titel »Die Kupferstecherei«, herausgegeben von C. Barth, 1837/38).

Konkursarbeiten – Wettbewerbsarbeiten (von Bewerbern um einen ausgesetzten Preis).

die Verewigung Canovas – Der italienische Bildhauer Antonio Canova (geb. 1757) war 1822 in Venedig gestorben.

Bravo, va benissimo – (ital.) Bravo, es geht ausgezeichnet.

im 4. Jahrhundert erbaut – Die Kirche Sant' Ambrogio, 386 gegründet, im 9. Jahrhundert erneuert, war im 12. Jahrhundert weitgehend umgebaut worden.

S. Celso – Gemeint ist die Kirche S. Maria presso S. Celso, ein seit 1493 errichteter Renaissancebau; der Vorhof entstand 1514–1526, die Fassade um 1570.

Vespasian – Titus Flavius Vespasianus (9–79), seit 69 römischer Kaiser.

Das berühmte Hospital – Das Ospedale Maggiore, 1457 als erstes Krankenhaus der Stadt von Herzog Francesco I. Sforza gegründet, ein Hauptbau der lombardischen Architektur des 15. Jahrhunderts, in dem Stilelemente der Renaissance und der Gotik gemischt sind. Die ersten Teile stammen von Antonio Filarete (um 1400 bis um 1469); vollendet wurde das Bauwerk erst Ende des 18. Jahrhunderts.

161 *St. Maurice* – Die 1503 begonnene Kirche S. Maurizio, mit Fresken (um 1525) von Bernardino Luini.

162 *Certosa ... Visconti* – Gian Galeazzo Visconti, von 1395 bis 1402 Herzog von Mailand, hatte 1396 das bekannteste Kloster des Kartäuserordens, die Certosa di Pavia, gegründet.

Gamodia – Enrico da Gamodia (auch Henrico Parlér da Gamodia), 1391/92 als Dombaumeister in Mailand nachweisbar, gilt als identisch mit Heinrich III. (d. J.) Parler, der hauptsächlich am Ulmer Münster arbeitete.

Fassade dieses Werks – Hauptwerk der oberitalienischen Frührenaissance; seit 1491 nach dem Entwurf von Giovanni Antonio Amadeo (1447–1522) begonnen, 1500–1507 von Benedetto Briosco fortgeführt.

feinste Skulpturarbeiten – Dargestellt sind u. a. römische Kaiserbildnisse, Szenen aus dem Alten und Neuen Testament sowie aus dem Leben des Gründers Gian Galeazzo Visconti.

nach der alten Art – Das Langhaus ist gotisch gewölbt.

Marmormonument des Stifters – Das Grabmal von Gian Galeazzo Visconti im rechten Querschiff, 1494 von Gian Christoforo Romano und Benedetto Briosco begonnen, 1562 von Galeazzo Alessi u. a. vollendet.

Das Kloster ist aufgehoben – Das 1782 unter dem habsburgischen Kaiser Joseph II. aufgehobene Kloster wurde nochmals 1843–1881 von den Kartäusern genutzt. (Mailand gehörte 1714–1796 und 1815–1859 zu Österreich.)

Türkische-Weizen-Felder – Maisfelder.

Gebäude, im rohsten Stil – Der Renaissancebau der Kathedrale von Pavia wurde 1487 begonnen.

163 *Ronco* – Schinkel nennt den Ort Aranco.

»*Croce di Malta*« – (ital.) »Kreuz von Malta« (nach dem Malteserkreuz, dem Abzeichen des Johanniter- bzw. Malteserordens).

Sorbetto – (ital.) Speiseeis.

ein Gebäude aus dem 7. bis 9. Jahrhundert – Die Kathedrale S. Lorenzo wurde 1118 als romanische Säulenbasilika geweiht, 1307–1312 gotisch erneuert; die Vierungskuppeln (1567) schuf Galeazzo Alessi (1512–1572).

164 *die Paläste Durazzo ...* – Hauptbeispiele des genuesischen Palastbaues des späten 16. und 17. Jahrhunderts.

Man glaubt Armidens Gärten zu sehn – Der Stoff um die schöne Zauberin Armida, eine Gestalt aus Torquato Tassos Epos »Das befreite Jerusalem« (1581), war (wie zuvor schon von Christoph Willibald Gluck) 1817 von Gioacchino Rossini zu einer Oper verwendet worden, zu deren Berliner Aufführung von 1819 Schinkel drei Bühnenentwürfe ausgeführt hatte.

165 *piemontesisch* – Das Fürstentum Piemont war bis zur Einigung Italiens (1861) Teil des Königreiches Sardinien, das im allgemeinen Sprachgebrauch des 19. Jahrhunderts Piemont genannt wurde.

166 *Andreas Doria nach seinen Siegen über ... François premier* – Der genuesische Admiral und Staatsmann Andrea Doria (1468–1560) befreite 1528, während des zweiten italienischen Krieges zwischen Kaiser Karl V. und König Franz I. von Frankreich, Genua mit Hilfe des Kaisers von der französischen Herrschaft.

Ruhesitz am Meer – Der Palazzo Doria a Fássolo oder Palazzo del Principe, 1522–1529 nach Plänen von Giovanni Augusto Montorsoli erbaut.

marmorner Neptun – Der Brunnen mit der Statue Andrea Dorias als Neptun, ein Werk der Brüder Carlone, entstand 1599–1601.

die Steinigung dieses Heiligen – »Die Steinigung des heiligen Stephanus« (1523) ist allein das Werk von Giulio Romano (1499–1546).

168 *Rauch und Tiecks langer Aufenthalt* – Die mit Schinkel befreundeten und zusammenarbeitenden Bildhauer Christian Friedrich Tieck (1776–1851) und Christian Daniel Rauch (1777–1851) hielten sich 1812 bis 1819 in den berühmten Marmorbrüchen von Carrara auf (Rauch mit Unterbrechungen in Rom und 1815/16 in Berlin).

169 *Granitsäulen* – Die 68 griechischen und römischen Säulen brachten die Pisaner von ihren Kriegszügen im 11. und 12. Jahrhundert mit, als die Stadt eine der bedeutendsten See- und Handelsstädte im Mittelmeerraum war.

Hadrian – Publius Aelius Hadrianus (76–138), römischer Kaiser seit 117.

worüber ich ... etwas bearbeiten werde – Hinweis auf Schinkels Plan zu einem architektonischen Lehrbuch, das in den folgenden Jahren begonnen wurde, jedoch unvollendet blieb.

Marmorkanzel von Andrea Pisano – Die Kanzel des Pisaner Doms wurde 1265–1268 von Niccolò Pisano (um 1225 bis um 1280), seinem Sohn Giovanni und anderen Mitarbeitern geschaffen.

Die bronzenen Türen – Von den alten Bronzetüren war nur noch eine, 1180 vom Meister Bonnanus aus Pisa geschaffene erhalten; die anderen sind 1596–1606 durch neue, nach Entwürfen von Giovanni da Bologna gefertigte ersetzt worden.

im Mittelalterstil gebaute Halle – Der Hallenhof wurde 1278–1283 von Giovanni di Simone erbaut.

Giotto, Simon, Memmi – Von Giotto, Simone Martini und Lippo Memmi stammen keine der Fresken im Camposanto von Pisa. Wahrscheinlich handelt es sich um die Wandgemälde des Meisters vom Triumph des Todes (um 1350).

169 *»Das Jüngste Gericht« von Orcagna* – »Das Weltgericht«, ebenfalls vom Meister vom Triumph des Todes.

In ... – Gemeint ist wohl die Kirche S. Francesco (um 1300), neben deren Kreuzgang sich ein Kapitelsaal mit Fresken (1392) von Niccolò di Pietri Gerini befindet.

Statuen zweier Mediceer – Das 1596 von Pietro Francavilla nach einem Entwurf von Giovanni da Bologna geschaffene Standbild Cosimos I. de' Medici (1519–1574, Großherzog von Toskana seit 1569) vor dem Palazzo Conventuale dei Cavalieri sowie das 1595 entstandene, ebenfalls aus der Schule des Giovanni da Bologna stammende Standbild Ferdinandos I. de' Medici (1549–1609, Großherzog seit 1587; Sohn Cosimos I.) vor der Kirche San Niccòla.

Carità – (ital.) Barmherzigkeit, Nächstenliebe.

die Badeanlagen bei Pisa – Die warmen Quellen der Bagni di S. Guiliano wurden seit dem Altertum genutzt (Aquae calidae Pisanorum).

Fassade ... – Sie wurde 1204 begonnen.

das schönste Bild von Fra Bartolommeo – Die gemeinte »Thronende Madonna mit dem heiligen Stephan und Johannes dem Täufer« (1509) von Fra Bartolommeo (1472 oder 1475–1517) befindet sich im Dom von Lucca.

Fries ... von Luca della Robbia – Die glasierten Tonreliefs (1514–1525) an der Vorhalle des Ospedale del Ceppo stammen von Giovanni della Robbia, Benedetto und Santi Buglioni.

170 *Kanzeln im Innern und Äußern von Donatello* – Von Donatello (um 1386–1466) und Michelozzo stammt die Kanzel (1434–1438) an der Fassade, von Mino da Fiesole und Antonio Rosselino die im Mittelschiff des Doms von Prato.

Freskos ... aus Giottos Schule in der Altarnische – Gemeint sind die Fresken (1392) von Agnolo Gaddi in der Cappella del Sacro Cingolo.

an Herrn Bunsen nach Rom – Vgl. die fünfte Anm. zu S. 178.

Marmor- und Bronzestatuen – Gemeint sind besonders Benvenuto Cellinis »Perseus mit dem Haupt der Medusa« (1553), Giovanni da Bolognas »Raub der Sabinerinnen« (1583) und dessen »Herkules, den Kentauren Nessus erschlagend« (1599).

herrliche Galerie – Die Gemälde- und Skulpturengalerie in den 1560–1576 von Giorgio Vasari errichteten Uffizien.

runder Mittelsaal – Die ehemalige Tribuna, auf achteckigem Grundriß von Bernardo Buontalenti erbaut und von Bernardo Poccetti dekoriert, enthielt die Hauptwerke der Sammlung.

170 *»Die Fornarina«* – »Die Bäckerstochter« (um 1518/19), das in mehreren Repliken vorhandene Porträt von Raffaels vermeintlicher Geliebten.

ein anderes von einer Frau – Vielleicht ist damit die von Schinkel sonst nicht erwähnte »Madonna mit dem Stieglitz« (um 1505) von Raffael gemeint.

»Johannes in der Wüste« – Das Bild gilt als Arbeit aus der Werkstatt Raffaels.

eine himmlische Venus von Tizian – Gemeint ist entweder die »Venus von Urbino« (um 1538) oder die »Venus mit Amor« (um 1545).

Madonna auf dem Thron von Andrea del Sarto – Gemeint ist die sogenannte Harpyien-Madonna (nach den Figuren am Sockel) von 1517.

Judith von Leonardo da Vinci – Gemeint ist wohl »Salome mit dem Haupte des Johannes« von Bernardino Luini.

ein Albrecht Dürer – In den Uffizien befinden sich mehrere Bilder Dürers: die »Anbetung der Könige« (1504), die Apostel Philippus und Jakobus (1516), eine Madonna (1526), ein Kalvarienberg (1504) sowie das Bildnis des Vaters (1490).

»Venus Medici« ... Apollin – Aufzählung von fünf der berühmtesten antiken Skulpturen in den Uffizien (die Gruppe der Kämpfer ist als »Ringergruppe«, der Faun als »Satyr mit der Fußklapper« bekannt).

Bilder von Giorgione ... Massys – Die genannten Porträts sind Teil der berühmten Sammlung von Künstlerbildnissen (auch Selbstbildnissen) in den Uffizien, die im 17. Jahrhundert von Kardinal Leopoldo de' Medici angelegt und dann ständig erweitert worden war.

Botticelli – Besonders dessen Hauptwerk »Die Geburt der Venus«, ebenso wie »La Primavera« (Der Frühling; Florenz, Akademie) um 1478 für die Mediceische Villa di Castello gemalt.

171 *Gräber großer Männer* – Das Grabmal Michelangelos (1475–1564) wurde 1570 nach einen Entwurf von Giorgio Vasari, das des Dichters Vittorio Graf Alfieri (1749–1803) 1810 nach einem Entwurf von Antonio Canova, das Galileo Galileis (1564–1642) 1737 von Viviani ausgeführt.

Bildwerke des Luca della Robbia – Außerdem von Donatello und Desiderio da Settignano.

Alleen ... angesehenes Gehölz – Gemeint sind die Cascine (nach cascina: Bauernhof), von den Medici geschaffene Anlagen im Nordwesten der Stadt.

Sakristei ... von besonders schöner Architektur – Sie wurde 1489–1496 von Giuliano da Sangallo und Cronaca (d. i. Simone Pollaiuolo) erbaut.

171 *Vorplatz so wüst und unfertig* – Nachdem zunächst der Kernbau des Palazzo Pitti aus dem 15. und 16. Jahrhundert im 17. und 18. Jahrhundert Erweiterungen erfahren hatte, wurde die Eingangshalle erst 1852 hinzugefügt.

2 Landschaften von Rubens – Gemeint sind »Die Heimkehr vom Felde« und »Odysseus und Nausikaa« (beide um 1635).

»Die vier Philosophen« von Rubens – Gemeint ist das »Selbstbildnis im Kreise von Humanisten« (1602), das Rubens selbst, seinen Bruder Philipp, beider Freund Johann Woverius und den Philologen Justus Lipsius (1547–1606) darstellt.

eine Heilige Familie von Raffael – Die sogenannte »Madonna dell' Impannata« (mit dem Tuchfenster; um 1514).

Evangelist von Fra Bartolommeo – »Der Evangelist Markus« (um 1515).

das große Bild Raffaels – Die von Giulio Romano u. a. ergänzte »Madonna del Baldacchino« (1507 begonnen).

eine andre stehende Madonna – Die »Madonna del Granduca« (um 1505).

Wohnung Cosimos des I. – Cosimo I. de' Medici (vgl. die zehnte Anm. zu S. 169) bewohnte den Palazzo Vecchio von 1540 bis 1550.

Türen von Ghiberti – Lorenzo Ghiberti (1378 oder 1381–1455) führte die bronzene Nordtür (1403–1424) und die Osttür (1425–1452) des Baptisteriums aus.

die alten Mosaiken der Decken – Die Kuppelmosaiken wurden um 1300 von Andrea Tofi ausgeführt.

mächtige Kuppel – Filippo Brunelleschi errichtete 1420–1436 die Domkuppel, sein berühmtestes Werk.

172 *Palast Poggio Imperiale* – Die Villa Poggio Imperiale, 1620 als Sommersitz für die Gemahlin Cosimos II. de' Medici erbaut, im Besitz der Großherzöge von Toskana.

unvergleichlichste Übersicht der Stadt – Schinkel hatte sie von der Villa Bellosguardo aus, die er am 1. November 1824 im Tagebuch nennt; dort erwähnt er auch »die Aussicht, die wir das erste Mal schon gehabt hatten« (vgl. S. 235).

In einer zweiten Kapelle der Strozzi ... – Die Fresken (um 1355) in der älteren Cappella degli Strozzi stammen von Nardo di Cione Orcagna (gest. 1365 oder 1366).

Seitenkapelle im Kreuzgewölbe – Die Cappella degli Spagnuoli, der ehemalige Kapitelsaal des Dominikanerklosters bei S. Maria Novella, mit Fresken (um 1365) von Andrea da Firenze.

Die kleinere – Die von Michelangelo 1520–1524 im Auftrage des Kardinals Giulio de' Medici (als Papst Clemens VII.) erbaute Neue Sakristei mit den Grabmälern für Giuliano (gest. 1516) und Lorenzo de' Medici (gest. 1519).

172 *Bruder Leos X.* – Giulio de' Medici war der Vetter Leos X.

Die große – Die nach dem Entwurf von Giovanni de' Medici 1604–1640 von Matteo Nigetti für die Großherzöge Cosimo I., II. und III. de' Medici errichtete Cappella dei Principi. Die Kuppelausmalung wurde erst 1836 vollendet.

Palast Riccardi – Der 1444–1452 erbaute Palazzo Medici-Riccardi.

Pater Patriae – (lat.) Vater des Vaterlands; ein Ehrentitel.

Garten Boboli – Hinter dem Palazzo Pitti angelegter, 1550 unter Cosimo I. de' Medici begonnener Park.

173 *Cena* – Vgl. die elfte Anm. zu S. 160.

berühmtes Bild von Hugo van der Goes – Die »Anbetung des Kindes«, Mittelteil des sogenannten Portinari-Altars (um 1476), des Hauptaltars der Kirche S. Egidio des Hospitals S. Maria Novella, der mit anderen Kunstwerken von dort in die Uffizien gelangte.

berühmtes Danziger Bild – Gemeint ist das »Jüngste Gericht« (um 1470) von Hans Memling aus der Danziger Marienkirche, das früher Hugo van der Goes zugeschrieben wurde.

Bildwerke in Nischen – Die Skulpturen an der 1284 bis 1291 errichteten, im 14. Jahrhundert erneuerten Kornbörse Or San Michele stammen vor allem von Donatello, Verrocchio, Nanni di Banco und Ghiberti.

174 *Sacchetti* – Francesco Sacchetti (um 1330 bis um 1400), italienischer Schriftsteller (vor allem Novellist); Kaufmann, Bankier und Politiker in Florenz.

Halle des Orcagna – Gemeint ist die Loggia dei Lanzi (1376–1382). Die städtischen Amtshandlungen dienende Halle wurde nicht von Andrea Orcagna erbaut.

Turm des Giotto – Gemeint ist der Campanile des Doms, der 1334 von Giotto begonnen wurde (1387 vollendet).

Marmormonumente von den Pisanis und von einem Sienesen – In dem ab 1277 errichteten gotischen Dom befindet sich kein Werk der Bildhauerfamilie Pisano. Vielleicht ist das Grabmal des Papstes Gregor X. (gest. 1276) von Margaritone gemeint. Bei dem »Sienesen« handelt es sich sicherlich um Agostino oder Agnolo da Siena, von denen das Grabmal des Bischofs Guido Tarlati von Arezzo (1330) stammt.

175 *See von Perugia* – Gemeint ist der Trasimenische See.

Dogana – (ital.) Zollstation.

Magione – Schinkel nennt den Ort Magioli.

Vetturin – Lohnkutscher.

175 *Kastell mit schönen hohen Mauern* – Die unter päpstlicher Herrschaft 1540–1543 von Antonio da Sangallo erbaute Zitadelle Rocca Paolina; sie wurde nach 1860 abgetragen.

Palazzo Pubblico – Gemeint ist der Palazzo del Municipio, das Rathaus, das von 1281 bis 1333 errichtet wurde.

evangelistische Tiere – Den Verfassern der vier Evangelien symbolisch zugeordnete geflügelte Tiere: der Engel (eigentlich »Tier« mit Menschenantlitz) für Matthäus, der Löwe für Markus, der Stier für Lukas und der Adler für Johannes.

Collegio del Cambio – Die alte Wechslerbörse, mit einem Freskenzyklus (um 1500) von Perugino.

Augustus' Zeit – Der römische Kaiser Gaius Iulius Caesar Octavianus Augustus regierte von 31 v. u. Z. bis 14 u. Z.

aus Peruginos erster Manier – Die 1502 und 1532 von Caccio d'Agnolo Baglioni geschaffenen Skulpturen im Chor sind angeblich nach Zeichnungen Peruginos entstanden.

176 *von Vignola gebaut* – Die über dem Bethaus und der Sterbekapelle des heiligen Franziskus errichtete Kirche entstand 1569–1640 nach Plänen von Galeazzo Alessi.

jetzt modernisiert – Nach der Auffindung des Sarkophages mit den Gebeinen des 1226 verstorbenen heiligen Franziskus wurde 1818 unter der Unter- und Oberkirche eine Krypta angelegt.

etwa aus der Zeit Antonins – Die Vorhalle des Minerva-Tempels stammt wahrscheinlich aus Augusteischer Zeit (vgl. die neunte Anm. zu S. 175; der römische Kaiser Antoninus Pius regierte von 138 bis 161); in den Tempel selbst war die Kirche S. Maria della Minerva hineingebaut worden.

Ponto S. ... – Gemeint ist Ponte S. Giovanni.

bei den Alten ... berühmt – Die Quelle des Clitumnus wurde besonders von Gaius Plinius Secundus d. Ä. (23–79) beschrieben.

zierlicher antiker Tempel – Der sogenannte Tempel des Clitumnus, als Kirche S. Salvatore genannt; im 4. Jahrhundert, schon mit christlicher Bestimmung, aus Resten von anderen Tempeln errichtet.

177 *alte Wasserleitung mit 100 Fuß hohen Spitzbogen* – Der auch als Brücke dienende Ponte delle Torri, vom Monte Luco nach Spoleto führend, wurde auf römischen Grundlagen wahrscheinlich im 7. Jahrhundert errichtet; die Spitzbogen stammen von einer im 14. Jahrhundert vorgenommenen Erneuerung.

St. Crocifisso – S. Salvatore, auch il Crocifisso genannt: frühchristlicher Umbau (4. Jahrhundert) eines römischen Tempels.

177 *Kloster S. Andreas* – Gemeint ist die Klosterkirche Sant' Agata mit eingebauten römischen Mauern.

viele hundert Fuß hinabstürzt – Die sogenannten Cascate delle Marmore haben drei Absätze und eine Gesamthöhe von 180 Metern.

Papigno – Schinkel nennt den Ort Papignano.

das erste Mal, da ich ihn sah – Während der Reise von 1804; vgl. S. 63 f.

unser König und die Prinzen – Friedrich Wilhelm III. war 1822 mit seinen Söhnen, den Prinzen Friedrich Wilhelm und Wilhelm, in Rom und Neapel gewesen. (Vgl. auch die dritte Anm. zu S. 182.)

Aufenthalt der Königin von England – Gemeint ist Karoline Amalie Elisabeth (1768–1821), die Gemahlin König Georgs IV., die, von diesem getrennt, 1814 bis 1820 außerhalb Englands lebte.

178 *Diligence* – (franz.) Postkutsche.

Cameriere – (ital.) Diener, Kellner.

120 gefangene Carbonaris – Die Carbonari, Mitglieder eines während der Napoleonischen Herrschaft in Süditalien entstandenen, sich seit 1807 rasch ausbreitenden patriotischen Geheimbundes, der für die Einheit, Unabhängigkeit und Freiheit Italiens eintrat, wurden nach den mißlungenen Revolutionen in Neapel (1820/21), Piemont (1821) und im Kirchenstaat (1831) brutal verfolgt.

Lasciapassare – (ital.) Passierschein.

Legationsrat Bunsen – Christian Karl Josias von Bunsen (1791–1860), Diplomat und Theologe; seit 1818 Gesandtschaftssekretär, seit 1824 (als Nachfolger Niebuhrs) preußischer Geschäftsträger beim Heiligen Stuhl in Rom. Seine Wohnung im Palazzo Caffarelli auf dem Kapitol war ein Treffpunkt deutscher (vorwiegend protestantischer) Künstler, der sogenannten »Capitoliner«. Besondere archäologische Interessen machten ihn 1829 zum Mitbegründer und ersten Generalsekretär des »Institutes für archäologische Korrespondenzen«, des späteren deutschen Archäologischen Instituts in Rom. 1830 bis 1843 veröffentlichte Bunsen (mit anderen) eine dreibändige »Beschreibung der Stadt Rom«.

die neue Architektur vom Architekten Valadier – Der Römer Giuseppe Valadier (1762–1839) hatte 1794 Pläne zur Neugestaltung der Piazza del Popolo vorgelegt, die, als sein Hauptwerk, zwischen 1813 und 1820 ausgeführt worden waren.

Hensel – Wilhelm Hensel (1794–1861), Maler und Zeichner, von 1823 bis 1828 in Rom (später nochmals); er zeichnete Schinkel am 19. Oktober 1824 und in den folgenden Tagen (vgl. S. 225 und Abb. 156).

Lengerich – Heinrich Immanuel Lengerich (1790 bis 1865), Maler, 1817–1821 und 1822–1825 in Rom.

178 *Grahl* – August Grahl (1791–1868), Miniaturmaler, von 1821 bis 1830 in Rom; er zeichnete Schinkel ebenfalls am 19./20. Oktober 1824 (vgl. S. 225 und die erste Anm. dazu).

Caffè Greco – (ital.) Griechisches Café (benannt nach seinem griechischen Begründer); Treffpunkt der deutschen Künstler in Rom.

Prinz Heinrich von Preußen – Der jüngste Bruder (1781–1846) des Königs Friedrich Wilhelm III.; er lebte von 1816 bis zu seinem Tode in Rom (1817–1820 in Neapel).

Valentini – Vincenzo Valentini (um 1760–1842), römischer Bankier und Kommerzienrat; preußischer Honorarkonsul (seit 1825 Generalkonsul) in Rom.

Clementinisches Museum – Gemeint ist das von Clemens XIV. (1769–1774 Papst) und seinem Nachfolger Pius VI. (1775–1799 Papst) begründete Museo Pio-Clementino, die Vatikanische Antikensammlung. 1817–1821 war es durch den Anbau des sogenannten Braccio Nuovo (Neuen Flügels) vergrößert worden.

179 *Graf Ingenheim* – Gustav Adolf Wilhelm Graf von Ingenheim (1789–1855), ein Sohn des preußischen Königs Friedrich Wilhelm II. und seiner zur Gräfin Ingenheim erhobenen Mätresse Julie von Voß; er war 1816–1818 und 1824–1833 in Rom, wo er sowohl für sich selbst als auch für das Berliner Museum Kunstschätze erwarb.

Teufelsmüller – Gemeint ist der Maler und Dichter Friedrich Müller (auch »Maler Müller« genannt; 1749–1825), der seit 1778 als Fremdenführer und Antiquar in Rom lebte.

Klöber – Friedrich August von Klöber (1793–1864), Maler, von 1821–1828 in Rom; zuvor war er bei der Ausmalung des Berliner Schauspielhauses (nach Schinkels Entwürfen) tätig.

Genelli – Buonaventura Genelli (1798–1868), deutscher Maler und Zeichner, von 1822 bis 1832 in Rom.

Wolff – Emil Wolff (1803–1879), Bildhauer, Neffe und Schüler Johann Gottfried Schadows, von 1822 bis zu seinem Tode in Rom. Er arbeitete in der Folgezeit mehrfach mit Schinkel zusammen.

Guido – Gemeint ist Guido Renis Hauptwerk, das Deckengemälde »Aurora vor dem Wagen des Sonnengottes« (1609).

Transfiguration ... Krönung Mariä – Die »Verklärung Christi« (seit 1517) und die »Krönung Mariä« (1503), zwei Hauptwerke Raffaels (später in der Vatikanischen Pinakothek).

Pantheon – Der am besten erhaltene römische Tempel; sein Innenraum diente Schinkel beim Entwurf des Berliner Museums (vgl. die vierte Anm. zu S. 160) als Vorbild für die Gestaltung der Rotunde, des zentralen Kuppelraumes.

179 *Raffaelisches Bild beim Prinzen Conti* – Gemeint ist die 1827 für das Berliner Museum erworbene »Madonna Colonna« (um 1508) von Raffael.

Fochettis – Fuochetti: (ital.) Feuerwerk.

abgebrannte Paulskirche vor dem Tor – Die berühmte frühchristliche Basilika S. Paolo fuori le mura war 1823 abgebrannt; die sich sofort anschließende Erneuerung dauerte bis 1854.

das Bild Sauls von Michelangelo – In der Cappella Paolina befindet sich von Michelangelo außer der »Bekehrung des Paulus« die »Kreuzigung des Petrus«; beide Fresken entstanden zwischen 1542 und 1550.

Prinz Piombino – Ludwig Maria Prinz Piombino (gest. 1841), damals Besitzer der (1885 abgerissenen) Villa Ludovisi.

Thorwaldsens Werkstätte – Das Atelier des dänischen Bildhauers Bertel Thorvaldsen (1770–1844), der von 1797 bis 1842 fast ständig in Rom lebte, befand sich an der Piazza Barberini, in den sogenannten Stalle Barberini.

vortreffliche Kunstwerke – Zu den genannten Werken Thorvaldsens vgl. die Anmerkungen zu S. 188.

Rudolf Schadows Grab – Johann Gottfried Schadows Sohn Rudolf (geb. 1786), seit 1811 in Rom, war dort 1822 gestorben und in der Kirche S. Andrea delle Fratte begraben worden. Emil Wolff, der auch Schadows unvollendete Gruppe »Achill und Penthesilea« ausführte (vgl. die elfte Anm. zu S. 188), hatte das Grabmal gestaltet.

Kochs Werkstatt – Wohnung und Werkstatt von Joseph Anton Koch (vgl. die vierte Anm. zu S. 60) befanden sich seit 1823 im Palazzo Galoppi.

Villa Massimi – Die am Lateran gelegene Villa des Marchese Carlo Massimo, der die Gartensäle des Gebäudes seit 1817 von einigen der in Rom lebenden deutschen Künstler, der sogenannten »Nazarener«, mit Wand- und Deckengemälden zu Werken Dantes, Ariosts und Tassos ausstatten ließ.

Maler Veit, Overbeck und Schnorr – Philipp Veit (1793–1877) lebte von 1815 bis 1830, Johann Friedrich Overbeck (1789–1869) von 1810 bis zu seinem Tode und Julius Schnorr von Carolsfeld (1794–1872) von 1818 bis 1827 in Rom. Alle drei gehörten zur Gruppe der »Nazarener«, deren Haupt Overbeck war.

Camuccini – Vincenzo Camuccini (1773–1844), italienischer Maler, seit 1806 Direktor der Accademia di San Luca, Haupt der italienischen Malerschule in Rom.

180 *Bianchi* – Pietro Bianchi (1787–1849), italienischer Architekt. Schinkel sucht ihn am 15. September 1824

in seiner Heimatstadt Neapel auf und besichtigt dort dessen Hauptbau, die Basilika di S. Francesco di Paola (vgl. die vierte Anm. zu S. 192).

180 *Palmaroli* – Pietro Palmaroli (1775–1828), italienischer Maler und Gemälderestaurator; er war 1823 auch nach Dresden berufen worden, wo seine Restaurierungsarbeiten Kritik erfuhren.

Galerie des Carracci – Gemeint sind die Deckenfresken (1597–1604) von Annibale Carracci (1560–1609) im Hauptsaal (Galleria) des Palazzo Farnese.

fast alles von anderer Hand – Die im Olymp spielenden zwölf Darstellungen aus der Geschichte der Psyche waren als Deckengemälde 1516–1518 nach Entwürfen Raffaels von seinen Schülern Giulio Romano und Francesco Penni ausgeführt worden.

von seinen Schülern – Die Deckenmalereien (1511 bis 1518) im zweiten Saal stammen von Baldassare Peruzzi und Sebastiano del Piombo.

Alba Longa – Frühgeschichtliche Hauptstadt des Latinischen Bundes; der Sage nach in der Königszeit von den Römern zerstört.

berühmter Emissario – Der den Abfluß des Albanersees regulierende künstliche Stollen, der bereits im 4. Jahrhundert v. u. Z. angelegt worden war.

Domitians Zeit ... Claudius' Zeit – Titus Flavius Domitianus war von 81 bis 96, Tiberius Claudius Caesar Augustus Germanicus von 41 bis 54 römischer Kaiser.

181 *Horatier und Kuriatier* – Der Sage nach sollten unter König Tullus Hostilius die Drillingsbrüder aus dem altrömischen Patriziergeschlecht der Horatier den Krieg um die Herrschaft über das benachbarte Alba Longa durch einen Kampf mit drei Kuriatiern entscheiden, die ebenfalls Drillingsbrüder waren. Als bereits zwei Horatier gefallen waren, gelang es dem dritten durch eine List, seine Feinde einzeln zu töten.

das alte Cora – Die jetzige Stadt Cori.

vinaigre de quatre voleurs – (franz.) Pestessig; Schutzmittel gegen Infektionskrankheiten.

aria cattiva – (ital.) ungesunde Luft; die Fieberluft in den Pontinischen Sümpfen.

182 *Sisterae* – Gemeint ist der Ort Sessa Aurunca.

östreichische Soldaten – Im Auftrag der reaktionären Heiligen Allianz der europäischen Großmächte befanden sich von 1821 bis 1827 österreichische Besatzungstruppen in Unteritalien, um Ferdinand I., den König beider Sizilien (Neapel und Sizilien), nach der bürgerlichen Revolution von 1820 bei der Wiederherstellung seiner Feudalmacht und bei der Unterdrückung revolutionärer Bestrebungen (besonders der Carbonari; vgl. die dritte Anm. zu S. 178) zu unterstützen.

182 *Haus ..., welches unser König bewohnte* – Bei seinem Aufenthalt in Neapel (1822) hatte Friedrich Wilhelm III. die (nicht mehr erhaltene) Villa Reale Chiatamonte bewohnt. 1824/25 beauftragte er Schinkel mit Entwurf und Bau eines königlichen Sommersitzes nach ihrem Vorbild, des Neuen Pavillons im Park von Charlottenburg.

183 *St.-Gennaro-Fest* – Am 19. September festlich begangener Gedenktag für den heiligen Gennaro (Januarius), den im Jahre 304 enthaupteten Schutzheiligen von Neapel.

San Carlo – Das 1816 ausgebrannte Opernhaus war nach dem Plan von 1737 wieder ausgebaut worden.

eine neue von Simon Mayr – Von den mehr als 70 Opern des deutsch-italienischen Komponisten Johannes Simon Mayr (1763–1845) könnte der 1824 entstandene »Demetrio« gemeint sein.

Hoguet – Michel François Hoguet (geb. 1763), französischer Solotänzer und Ballettarrangeur, seit 1817 in Berlin.

Lemmière – Französische Tänzerin (geb. um 1795), seit 1815 in Berlin.

neuangelegte prächtige Promenade – Die Via di Posilipo, deren Bau 1823 beendet worden war.

Olfers – Ignaz von Olfers (1793–1871), seit 1823 preußischer Gesandtschaftssekretär am Hofe König Ferdinands I. in Neapel; später (1839–1869) Generaldirektor der Königlichen Museen in Berlin.

Bartholdy – Jakob Salomon Bartholdy (1779–1825), der preußische Generalkonsul in Rom (vgl. die vierte Anm. zu S. 184).

Museum der Studien – Gemeint ist das Museo Borbonico, das spätere Museo Nazionale.

Balbi, Vater und Sohn – Angehörige der reichen herculanischen Familie Balbus, von denen bei den Ausgrabungen in Herculaneum Bildnisstatuen gefunden worden waren.

184 *Marc Aurels Pferd* – Schinkel bezieht sich auf das berühmte Reiterstandbild des römischen Kaisers Marcus Aurelius Antoninus (161–180) auf dem Kapitol in Rom.

viel restauriert – Die Restaurierung der 1540 in den Caracalla-Thermen in Rom aufgefundenen Gruppe des Farnesischen Stiers erfolgte unter der Leitung Michelangelos.

Ternite – Wilhelm Ternite (1786–1871), Maler, von 1823 bis 1826 in Rom bzw. Neapel, seit 1827 Galerie-Inspektor in Berlin.

ein besonderes Studium der Vasen – Die Sammlung Bartholdys, zu der außer den dominierenden griechischen Vasen auch Bronzen und Terrakotten gehörten, wurde 1828 für das Berliner Museum erworben.

185 *Das einsame ... Kloster* – Gemeint ist das 1585 gegründete, 1863 aufgehobene Kamaldulenserkloster. (Kamaldulenser: Im Jahre 1012 als Zweig des Benediktinerordens gegründete Eremitenkongregation, benannt nach Camaldoli, dem Hauptsitz der Einsiedlerbewegung in den Apenninen.)

Begasse – Karl Begas (genannt Begasse; 1794–1854), Maler, von 1822 bis 1824 in Rom, vor seiner Rückkehr nach Berlin in Neapel.

186 *Das berühmte Fest der Madonna Piedigrotta* – Volksfest in Neapel zur Erinnerung an den Sieg des bourbonischen Königs Karl III. über die Österreicher im Jahre 1744. Ziel des Festumzuges war die Kirche S. Maria di Piedigrotta.

Professor Gerhard – Eduard Gerhard (1795–1867), Berliner Archäologe, 1820–1826 und 1828–1832 in Rom und Neapel; seit 1835 Direktor der Vasensammlung, seit 1855 der (damals die Antike einschließenden) Skulpturensammlung des Berliner Museums.

Rothe – Richard Rothe (1799–1867), von 1824 bis 1828 Prediger bei der preußischen Gesandtschaft in Rom.

Das berühmte Porträt Leos X. – Das Bild, auf dem außer Papst Leo X. die Kardinäle Giulio de' Medici (der spätere Papst Clemens VII.) und Lodovico de' Rossi dargestellt sind, ist eine Kopie (1524) von Andrea del Sarto nach Raffaels Original (1517 bis 1519).

187 *Maler Heß* – Heinrich Maria von Heß (1798–1863), von 1821 bis 1826 in Rom bzw. Neapel.

Chiaramonti – Gemeint ist das Museo Chiaramonti der Vatikanischen Sammlungen, das durch Pius VII. (Conte Chiaramonti, 1800–1823 Papst) angelegt worden war.

188 *Clementinum* – Vgl. die dreizehnte Anm. zu S. 178.

Giottos Zeit – Vgl. die vierte Anm. zu S. 47.

sein Christus – Thorvaldsen (vgl. die vierzehnte Anm. zu S. 179) hatte 1821 das Modell zu einer fast drei Meter großen, ursprünglich für die Schloßkapelle von Christiansborg in Dänemark vorgesehenen Christusstatue angefertigt, die 1839 in der Kopenhagener Frauenkirche aufgestellt wurde.

Das Pferd von Poniatowski – Am Modell für das Reiterdenkmal des polnischen Generals und Napoleonischen Marschalls Józef Fürst Poniatowski (1763 bis 1813), einem Auftrag der Gesellschaft der Freunde der Wissenschaft und Literatur in Warschau, arbeitete Thorvaldsen von 1822 bis 1827.

Die 12 Apostel – Gleichzeitig mit der Christusstatue entstanden Entwürfe zu Statuen der Apostel, ebenfalls für die Kopenhagener Frauenkirche.

188 *das Tympanum der Kirche* – Gemeint ist das Giebelfeld der Kopenhagener Frauenkirche.

Der Kopernikus – Das Modell für ein Kopernikus-Denkmal, ebenfalls ein Auftrag der Warschauer Gesellschaft der Freunde der Wissenschaft und Literatur, war 1823 fertiggestellt.

die drei Grazien – Nach Entwürfen von 1817 führte Thorvaldsen seit 1819 die Gruppe in Marmor aus.

Schäfer – Gemeint ist die sitzende Figur eines Hirtenknaben, nach dem Modell von 1817, ab 1822 in Marmor ausgeführt.

Der Babylonische Zug – Gemeint ist der sogenannte Alexanderfries, eine den Einzug Alexanders des Großen in Babylon (331 v.u.Z.) darstellende Relieffolge, die Thorvaldsen 1812 als Modell für das Appartement Napoleons im römischen Quirinalspalast entworfen hatte. Zwei größere und eine kleinere Marmorfassung entstanden seit 1818 bzw. 1822.

die große Gruppe Schadows – Emil Wolff vollendete die von Rudolf Schadow hinterlassene, angefangene Kolossalgruppe »Achill und Penthesilea« (später im Säulensaal des Berliner Schlosses).

Marmor-Basrelief auf Schadows Grab – Vgl. die sechzehnte Anm. zu S. 179.

Die Schnorrschen Freskos – Die Wandgemälde Julius Schnorrs von Carolsfeld (1794–1872) mit Darstellungen zu Lodovico Ariostos Epos »L'Orlando furioso« (Der rasende Roland), für die schon 1818/19 Entwürfe entstanden waren, wurden seit 1822 ausgeführt und 1827 fertiggestellt. Außerdem schufen Friedrich Overbeck, Philipp Veit sowie (nach 1824) Joseph Anton Koch und Joseph Führich Wandgemälde für das Casino Massimo (vgl. die achtzehnte Anm. zu S. 179).

das Fest Sta. Madonna – Vgl. die erste Anm. zu S. 186.

191 *Cippus* – (lat.) Grabsäule.

Martino v. Mailand – Der Bildhauer Pietro di Martino da Milano (gest. 1473).

Karl v. Anjou – König von Neapel und Sizilien von 1265 bis 1282.

durch Niccolò Pisano – Das Castel Nuovo ist 1279 bis 1283, wahrscheinlich nach dem Entwurf von Pierre d'Angicourt, erbaut worden.

192 *Experiment mit einem Hunde* – Der Kohlensäuregehalt in der Grotte wurde lange Zeit anhand der Betäubung eines in sie hineingetriebenen Hundes demonstriert.

800 Schritte – Die Länge der (fälschlich nach einem Günstling des römischen Kaisers Tiberius benannten) Sejanus-Grotte beträgt ca. 900 Meter.

Ruinen der Lucullischen Gebäude – Gemeint sind die Baureste der Villa Pausilypon (die nicht dem römischen Feldherrn Lucullus, sondern einem Günstling des Kaisers Augustus, später diesem selbst gehörte) sowie eines Amphitheaters und eines Odeums.

192 *sein neuer Kirchenbau* – Die Kirche S. Francesco di Paolo (1817–1831), das Hauptwerk Pietro Bianchis, eine Nachahmung des römischen Pantheons.

die königlichen Zimmer – Im Palazzo Reale, einem Bau aus dem 17. Jahrhundert.

Tod der Virginia – Der römischen Sage nach wurde Virginia, die Tochter des Plebejers Virginius, von ihrem Vater erstochen, als der Decemvir (Mitglied des altrömischen Zehnmännerkollegiums) Appius Claudius ihr nachstellte.

ein Bild Peruginos – Gemeint ist wohl Raffaels (nur teilweise erhaltenes) frühestes Altarbild (1500/01), Gottvater und Maria darstellend (für die Kirche S. Francesco in Città di Castello geschaffen; später im Museo Nazionale).

193 *Werk von Mazois* – François Mazois, »Les Ruines de Pompei« (Paris 1812–1822; Die Ruinen von Pompeji). Vgl. die siebente Anm. zu S. 205.

194 *Tempel der Dioskuren* – Die Kirche S. Paolo Maggiore (1590) war in die Überreste eines Kastor-und-Pollux-Tempels hineingebaut worden.

S. Gennaro – Der dem heiligen Januarius, dem Schutzpatron von Neapel, geweihte Dom (13./14. Jahrhundert; im 15. Jahrhundert erneuert, später verändert).

alte Kapelle aus Konstantins Zeit – Die Basilika Santa Restituta, ein Überrest der ersten Kathedrale von Neapel, die in der Regierungszeit des römischen Kaisers Konstantin I. (306–337), der das Christentum staatlich anerkannt hatte, gebaut worden war.

Goldschmidt – Eduard Goldschmidt, ein Fabrikant aus Berlin.

197 *Tiber* – Gemeint ist Tiberius Claudius Nero (42 v. u. Z. bis 37 u. Z.), römischer Kaiser seit 14 u. Z.

Paviment – Steinpflaster, Estrich.

die große Gruppe des Stiers – Gemeint ist der Farnesische Stier (vgl. die zweite Anm. zu S. 184).

198 *Großpietsch* – Florian Großpietsch (auch Grospietsch; geb. 1789), Maler und Radierer, von 1820 bis 1825 in Rom, bis 1827 in Neapel.

Professor Bronn – Heinrich Georg Bronn (1800–1862), Zoologe und Paläontologe.

August – Augustus (vgl. die neunte Anm. zu S. 175).

199 *die Campi Elisei* – Gemeint sind nicht die »elysäischen Gefilde«, die (wenn überhaupt) am Atlantischen Ozean lokalisiert wurden, sondern die Phlegräischen Felder (zwischen Cumae und Neapel), der vermutete Schauplatz des mythischen Kampfes zwischen Göttern und Giganten.

200 *St. Gorio* – Gemeint ist der Ort S. Giorgio bei Portici.

Statuen Karls III. und des jetzigen Königs – Die Reiterfiguren zu den Denkmälern Karls III. (1735 bis 1759 König von Neapel) und Ferdinands I. (1816–1825 König »beider Sizilien«) vor der Kirche S. Francesco di Paolo in Neapel. Die erste wurde 1818 von Antonio Canova, die zweite 1829 von Antonio Celi geschaffen; die Pferde stammen jeweils von Canova.

Bild des van Eyck – Gemeint ist das unter niederländischem Einfluß entstandene Bild »Der heilige Hieronymus mit dem Löwen« (um 1450) des neapolitanischen Malers Colantonio (Museo Nazionale).

Antonello da Messina ... nach den Niederlanden – Die Hypothese von einer niederländischen Reise Antonellos (1430–1479), die auf den Kunsthistoriographen Giorgio Vasari (1511–1574) zurückgeht, ist nicht zu belegen. Die Beeinflussung erfolgte wohl durch die von niederländischen Anregungen bestimmte neapolitanische Malerschule (Antonello war Schüler von Colantonio).

Papa – Simone Papa (1430–1488), neapolitanischer Maler.

Schloß, dessen Stil aber nicht zu loben ist – Das Schloß von Caserta war seit 1752 von Luigi Vanvitelli in barockem Stil errichtet worden.

203 *Palast Borgia* – Gemeint ist der Palazzo Lancellotti, später Palazzo Ginetti genannt.

ein antikes Vorwerk – Die Roma Vecchia (Altes Rom) genannten Ruinen bildeten wahrscheinlich in der Zeit Marc Aurels (vgl. die erste Anm. zu S. 184) eine Villenanlage.

kolossaler Flußgott – Gemeint ist der sogenannte Marforio, der sich im antiken Rom in der Nähe des Carcer Mamertinus, des berüchtigten Staatsgefängnisses am Fuße des Kapitols, befand.

204 *Tempel des Romulus* – Der (wahrscheinlich zu Unrecht) nach dem Sohn des römischen Kaisers Maxentius (306–312) genannte Tempel war ein Anbau an den Tempel der Penaten auf dem Forum.

Hadrian – Vgl. die zweite Anm. zu S. 169.

Consalvi – Ercole Marchese Consalvi (1757–1824), bis zum Tode von Papst Pius VII. (1823) Kardinalstaatssekretär und Leiter des Kirchenstaates.

S. Paolo fuori le mura – Vgl. die elfte Anm. zu S. 179.

Veränderungen erlitten – Die Kirche S. Maria in Aracoeli, im wesentlichen ein Bau aus dem 13. Jahrhundert, wurde durch eine Reihe späterer Zutaten verändert.

die Säule – Die 33 Meter hohe Trajanssäule (eingeweiht 113), auf deren spiralartig umlaufendem Reliefband die Siege des römischen Kaisers (98–117) über die Daker verherrlicht sind. Von ihrer Plattform herab konnten die Ruinen des 1812–1814 ausgegrabenen Trajansforums besichtigt werden.

204 *Baron Reden* – Franz Ludwig Wilhelm Freiherr von Reden (1754–1821), von 1819 bis 1825 Gesandter des Königreiches Hannover in Rom. (Er bewohnte die Villa Malta.)

Graf Lepel – Adolf von Lepel, preußischer Oberst, von 1820 bis zu seinem Tode (1840) Adjutant des Prinzen Heinrich (vgl. die elfte Anm. zu S. 178) in Rom.

205 *Guardaroba* – (ital.) Aufseher.

herrliche Antiken – Die berühmte Sammlung des päpstlichen Diplomaten Kardinal Alessandro Albani (1692–1779) in der 1758 angelegten Villa war unter der Mitwirkung Johann Joachim Winckelmanns entstanden.

Villa des Raffael – Das auch als Villa Olgiati und Villa Nelli bekannt gewesene Gebäude befand sich im Park der Villa Borghese; es wurde 1849 zerstört. Die Fresken waren 1844 in die Villa Borghese übertragen worden.

Villa Ludovisi – Das 1622 errichtete Bauwerk wurde 1885 abgerissen.

Aurorafresken von Guercino – Das römische Hauptwerk Guercinos (Giovanni Francesco Barbieri, 1591 bis 1666), das Deckenfresko (1620) im Casino Ludovisi.

Kaiser Valentinian ... Siege – Valentinianus I. Flavius (321–375), (west-)römischer Kaiser seit 364, verteidigte die Reichsgrenzen erfolgreich gegen Alemannen, Quaden und Sarmaten.

alte und neufranzösische Kunstwerke – Die Kirche Santissima Trinità de' Monti, Ende des 16. Jahrhunderts im Auftrag König Karls VIII. von Frankreich erbaut, war seit 1816 durch den französischen Architekten François Mazois (1783–1826; 1808–1820 in Rom) wiederhergestellt worden. Die vier im folgenden genannten, damals in Rom weilenden französischen Künstler waren an den Restaurationsarbeiten beteiligt.

Thévenin – Charles Thévenin (1764–1838), 1816–1822 Direktor der Académie de France in Rom (Sitz in der Villa Medici).

Pallière – Louis Vincent Léon Pallière (1787–1820); hatte 1812 den Rompreis der Pariser Académie des beaux-arts erhalten, der zu einem Studienaufenthalt in Rom berechtigte.

Schnetz – Jean Victor Schnetz (1787–1870), 1817–1832 in Rom, erneut ab 1841 als Direktor der dortigen Académie de France).

Ingres – Jean Auguste Dominique Ingres (1780–1867), 1806–1820 in Rom, erneut 1834–1841 (als Direktor der Académie de France).

205 *Robert* – Léopold Robert (1794–1835), Schweizer Maler und Radierer, 1818–1832 in Rom.

Claude – Claude Lorrain (eigentlich Claude Gellée; 1600–1682), französischer Maler, in Rom tätig.

Bartolo und Baldo von Raffael – Das Gemälde stammt aus dem Jahre 1516. Dargestellt sind die venezianischen Humanisten Navagero und Beazzano.

Johanna von Aragonien von Leonardo da Vinci – Das Porträt (um 1507), von dem sich eine andere Fassung im Pariser Louvre befindet, ist ein Werk aus der Raffael-Schule (vermutlich von Giulio Romano). – Johanna (1479–1554) war nicht Königin von Aragonien, sondern von Kastilien (seit 1504).

Kopf Pirckheimers von Albrecht Dürer – Das Porträt (1505) des Nürnberger Schriftstellers und Gelehrten Willibald Pirckheimer (1470–1530) stammt nicht von der Hand seines Freundes Dürer, sondern wird dessen Schüler Hans Leonhard Schäufelein (um 1483 bis um 1540) zugeschrieben.

206 *Bildchen eingefugt* – Freskenteile von Schülern Raffaels (später im Casino Borghese).

Terminus – (lat.) Grenzstein, Markstein.

wo Tasso oft gesessen haben soll – Der kranke Dichter Torquato Tasso (1544–1595) verbrachte im Kloster S. Onofrio sein letztes Lebensjahr und verstarb hier.

Heilige Familie von Leonardo da Vinci – Gemeint ist das Gemälde »Die heilige Anna, Maria unterrichtend«, ein Werk aus der Schule Pinturicchios (1454 bis 1513).

Villa Pamfili – Die ausgedehnten Anlagen der Villa Doria-Pamfili wurden 1644–1652 nach Plänen von Giovanni Francesco Grimaldi und Alessandro Algardi ausgeführt.

207 *Villa Madama* – Nach Entwürfen Raffaels 1516–1527 von Giulio Romano für Giulio de' Medici (als Papst Clemens VII.) erbaut (nicht fertiggestellt).

Jahrsfest der Papstkrönung – Seit dem 5. Oktober 1823 war Leo XII. Papst.

Freskos von Domenichino – Darstellungen (1614) aus dem Leben der heiligen Cäcilia, die um 230 als Märtyrerin gestorben sein soll.

Funktion – Hier: Amtsverrichtung.

208 *Bilder Michelangelos* – Die Deckengemälde (1508 bis 1512), auf denen die Schöpfungsgeschichte, und die Altarwand (1534–1541), auf der das Jüngste Gericht dargestellt ist.

Nobili – (ital.) Adlige.

seine Abhandlung – Sie ist enthalten in der von Ernst Platner, Carl Bunsen, Eduard Gerhard, Wilhelm Röstell und Ludwig Urlichs besorgten »Beschreibung der Stadt Rom«, Stuttgart und Tübingen 1829–1842.

208 *Karls des Großen Zeit* – Karl I., der Große (742–814) war seit 768 König der Franken, seit 800 römischer Kaiser.
seine Galerie – Joseph Kardinal Fesch (1763–1839), seit 1802 Erzbischof von Lyon, seit 1814 in Rom, besaß eine berühmte Gemäldesammlung, die 1845 in Rom versteigert wurde.
»Bella Giardiniera« – (ital.) »Schöne Gärtnerin«.
Stier – Wilhelm Stier (1799–1856), Berliner Architekt, von 1822 bis 1827 in Rom; führte 1823/24 gemeinsam mit Jakob Ignaz Hittorf und Ludwig von Zanth Bauuntersuchungen an sizilianischen Tempeln durch. 1828 wurde er auf Empfehlung Schinkels Professor an der Berliner Bauakademie; 1841 hielt er die Grabrede für Schinkel.
Galerie im Palast Sciarra – Die im Palazzo Sciarra-Colonna (frühes 17. Jahrhundert) befindliche Galerie wurde später aufgelöst.
Catel – Vgl. die fünfte Anm. zu S. 150.
209 *wo er sich ein Haus bauen will* – Der Bau für Graf Ingenheim (vgl. die erste Anm. zu S. 179) ist nicht ausgeführt worden; auch Pläne sind nicht erhalten.
Villa von Papst Julius II. – Die Villa die Papa Giulio wurde für Julius III. (1550–1555 Papst) errichtet. (Erste Entwürfe von Vasari, Bau von Vignola und Ammanati, Ausstattung von Zuccari u. a.)
bald wird diese verlassene Stätte ihren Untergang finden – Der Bau ist 1888 als Museum für Altertümer aus der Provinz Rom, später als Etruskisches Museum eingerichtet worden.
Kapelle des Thomas von Aquino – Die Cappella Caraffa (1489) mit Darstellungen aus dem Leben des scholastischen Theologen und Philosophen Thomas von Aquino (1225–1274).
Duca – (ital.) Herzog.
Haus des Pilatus oder des Cola Rienzi ... Savelli – Eigentlich Haus des Crescentius (aus dem römischen Adelsgeschlecht der Crescentier, das Ende des 10. Jahrhunderts besonders mächtig war), ein wohl im 11. Jahrhundert aus antiken Trümmern errichteter Palastbau. Die Verbindung des Gebäudes mit dem Namen des Pontius Pilatus (26–36 römischer Statthalter in Judäa) bezieht sich auf die Passionsspiele, die seit dem 15. Jahrhundert hier abgehalten wurden; die Benennung nach dem römischen Staatsmann und Volkstribunen Cola di Rienzo (1313–1354) beruht auf einem Irrtum. Die Familie Savelli hatte im 14., 15. und 16. Jahrhundert einen in das nahe gelegene ehemalige Marcellus-Theater eingebauten festungsartigen Palast bewohnt.
Farnesische Gärten – Auf dem Palatin unter Paul III. Farnese (1534–1550 Papst) geschaffene Anlagen, mit deren Entstehung zugleich die ersten Ausgrabungen der römischen Kaiserpaläste stattfanden, deren spätere Ausdehnung wohl den genannten Verfall bedingte.
209 *Bäder der Livia* – Gemeint sind wohl unter einem der ehemaligen Kaiserpaläste ausgegrabene Räume. Das sogenannte Haus der Livia (Livia Drusilla, Gemahlin des Kaisers Augustus) wurde erst 1869 freigelegt.
Muratori – Lodovico Antonio Muratori (1672–1750), italienischer Geschichtsschreiber. Die erwähnte Textstelle findet sich wahrscheinlich in dem Werk »Antiquitates italicae medii aevi« (1738–1742, erweitert 1770–1780; Mittelalterliche Altertümer in Italien).
Exarchen von Konstantinopel – Byzantinische Statthalter mit ziviler und militärischer Kompetenz.
Narses, Belisar – Feldherrn des byzantinischen Kaisers Justinianus I. Belisar (505–565) kämpfte 535–540 in Italien gegen die Ostgoten, deren dortiges Reich Narses (um 478 bis um 573) eroberte (552–555).
Krieg mit Robert Guiscard – Der normannische Heerführer Robert Guiscard (um 1015–1085), Herzog von Apulien, eroberte seit 1046 Unteritalien und Sizilien und begründete die Normannenherrschaft in Süditalien (bis 1194). 1084 befreite er Papst Gregor VII. aus der von Kaiser Heinrich IV. belagerten Engelsburg; dabei wurde Rom geplündert.
210 *Caligula* – Gaius Caesar Augustus Germanicus, genannt Caligula (»Stiefelchen«; 12–41), römischer Kaiser seit 37.
Palast Caffarelli – Das im 16. Jahrhundert errichtete Gebäude, seit 1823 Sitz der preußischen Gesandtschaft, wurde um 1925 abgerissen; an seiner Stelle entstand das Museo Nuovo Romano, ein Erweiterungsbau des Konservatorenpalastes (Sitz der römischen Stadtbehörden; später Museum).
acht Säulen – Sie gehörten zum Saturntempel, während die drei Säulen, die Schinkel diesem zuweist, den Rest des Vespasiantempels bilden.
Tabularium – (lat.) Archiv.
Comitium – Platz, auf dem in der Antike Volksversammlungen und Gerichtssitzungen abgehalten wurden. Er grenzte nördlich an das Forum. (Schinkel gibt seine Lage zu weit östlich an.)
Giallo antico – (ital.) antikes Gelb; gelbliche Marmorart.
ein Engländer gekauft – Die im 16. Jahrhundert auf dem Palatin angelegte Villa Spada war im 19. Jahrhundert von Charles Mills gekauft und in neogotischem Stil umgebaut worden. (Das Gebäude ist nicht mehr erhalten.)
211 *Nero* – Nero Claudius Drusus Germanicus Caesar (37–68), römischer Kaiser seit 54.

211 *zu Bianchinis Zeit, vor 40 Jahren* – Die von Francesco Bianchini beschriebenen Ausgrabungen auf dem Palatin fanden schon 1718–1724 statt. Wahrscheinlich meint Schinkel die Ausgrabung, die Abbé Rancoureuil 1775 in der Nähe der Villa Spada vornehmen ließ.

Curia Hostilia – Versammlungsraum des römischen Senats (zur Zeit der Republik).

Dolabella – Publius Cornelius Dolabella (gest. 43 v. u. Z.), römischer Heerführer und Politiker.

Claudius – Vgl. die achte Anm. zu S. 180.

spanischer Friedensfürst – Gemeint ist der spanische Minister Manuel Godoy y Alvarez de Faria (1767 bis 1851), der für den Abschluß des Baseler Friedens mit Frankreich (1795) vom spanischen König den Titel »Friedensfürst« erhalten hatte. In der Villa Celimontana oder Mattei (1582) wurde später ein Geographisches Museum eingerichtet.

212 *eine enorm große Nische* – Ein an das Stadium oder Hippodrom im Südosten angebauter apsisartiger Raum, der nicht der Verehrung Apollos diente.

sogenannter Bacchustempel – Die Rundkirche S. Constanza war kein Tempel, sondern wurde, ebenso wie Sant' Agnese fuori le mura, von Kaiser Konstantin I. (vgl. die dritte Anm. zu S. 194) bereits als christliches Bauwerk gegründet.

Museum Clementinum – Die vatikanische Antikensammlung (vgl. die dreizehnte Anm. zu S. 178).

Schneckenauge – Gemeint ist der Mittelpunkt der spiral- oder schneckenförmig eingerollten Volute am ionischen Kapitell.

Sauros und Batrachos – Plinius d. Ä. erwähnt, daß die beiden (nicht nachweisbaren) Künstler, die als Bildhauer gelten, am Tempel des Jupiter Stator und der Juno Regina in Rom als ihr Zeichen das Bild eines Frosches (griech. sauros) und einer Eidechse (griech. batrachos) eingemeißelt hätten.

Fresken aus einer alten Kapelle – Gemeint sind die damals in der Stanza Capitolare (jetzt in der vatikanischen Gemäldegalerie) befindlichen Teile einer »Himmelfahrt Christi« (1478–1480) von Melozzo da Forli (1438–1494), die von der 1702 abgebrochenen Apsis der Kirche Santi Apostoli stammen.

Scirocco – (ital.) Schirokko; warmer Mittelmeerwind.

seine Freunde in Villa Medici – Die Villa Medici war seit 1803 Sitz der französischen Kunstakademie in Rom.

Rosso antico – (ital.) antikes Rot; rötliche Marmorart.

die von Masaccio schön gemalte Passionskapelle – Die zwischen 1428 und 1431 entstandenen Fresken in der Katharinenkapelle, auf denen Themen aus den Legenden um die heilige Katharina und den Kirchenvater Ambrosius gestaltet sind, werden sowohl Masaccio (1401–1428) als auch Masolino (1383–1447) zugeschrieben. (Die beiden Florentiner Maler wurden früher nicht selten verwechselt.)

212 *Ambonen* – ambo: (lat.) kanzelartiges Lesepult.

213 *Seitenkapelle ... Fresken* – Die Cappella S. Silvestro wurde 1246 errichtet, die Wandgemälde entstanden kurz darauf.

Prediger Rothe – Vgl. die dritte Anm. zu S. 186.

214 *Wagner* – Johann Martin von Wagner (1777–1858), Maler, Bildhauer und Archäologe, von 1804 (mit kurzen Unterbrechungen) bis zu seinem Tode in Rom.

Basreliefkompositionen zur Walhalla – Wagner arbeitete 1822–1837 an den Modellen zum Fries im Innern der von Leo von Klenze entworfenen, 1830 begonnenen, 1842 eingeweihten Walhalla über der Donau bei Regensburg, eines im Auftrag König Ludwigs I. von Bayern ausgeführten nationalen Ruhmestempels.

Die restaurierten Ägineten – Gemeint sind die Figurengruppen aus den Giebeln des Aphaiatempels auf der ägäischen Insel Ägina, Hauptwerke aus der Übergangsphase von der archaischen zur klassischen griechischen Plastik (um 500 bzw. um 480 v. u. Z.), die Themen aus der Sage vom Kampf um Troja darstellen. 1811 ausgegraben, wurden sie 1812/13 von Wagner für den bayrischen Kronprinzen (den späteren König Ludwig I.) erworben und 1817/18 in Rom durch Thorvaldsen und dessen Mitarbeiter ergänzt. (Die Ägineten befinden sich seit 1828 in der Münchener Glyptothek; die Ergänzungen wurden 1964 entfernt.)

Thorwaldsen in seiner Wohnung – Thorvaldsen wohnte in der sogenannten Casa Buti (vgl. die achte Anm. zu S. 226). Seine Sammlung, die Arbeiten von den meisten der damals in Rom lebenden deutschen Künstler enthält, befindet sich im Thorvaldsen-Museum in Kopenhagen.

Sachen von Carstens, die Koch kopiert und koloriert hatte – Joseph Anton Koch (vgl. die vierte Anm. zu S. 60) hatte 1823 im Auftrag des mit ihm befreundeten Thorvaldsen von einigen Zeichnungen Jakob Asmus Carstens' (1754–1798; seit 1792 in Rom) Kopien angefertigt (u. a. »Dante und Virgil mit Paolo und Francesca«, »Jasons Ankunft in Jolkos«; Thorvaldsen-Museum Kopenhagen). Schon zuvor (vor 1811) hatte Koch Zeichnungen aus dem Nachlaß von Carstens kopiert.

Dahl – Johann Christian Clausen Dahl (1788–1857), norwegischer Maler, 1820/21 in Rom.

Eckersberg – Christoffer Vilhelm Eckersberg (1783 bis 1853), dänischer Maler, von 1813 bis 1816 in Rom.

Porträt von Begasse von Thorwaldsen selbst – Der mit Thorvaldsen befreundete Maler Karl Begas (vgl. die

Anm. zu S. 185) hatte das Bildnis, das später in die Berliner Nationalgalerie gelangte, 1823 ausgeführt.

214 *Tenerani* – Pietro Tenerani (1789–1869), italienischer Bildhauer, seit 1813 in Rom; zunächst Schüler Canovas, dann Thorvaldsens, dessen langjähriger Mitarbeiter er blieb.

Hopfgarten und Jollage – Wilhelm Hopfgarten (1779 bis 1860) und Benjamin Ludwig Jollage (1781–1837), Bronzegießer aus Berlin, hatten 1805 in Rom eine Erzgießerei begründet.

Maler Dräger – Joseph Anton Dräger (1794–1833), von 1821 bis zu seinem Tode in Rom.

Mila – Paul Mila (geb. um 1798), Berliner Maler, von 1822 bis 1824 in Rom.

Palmaroli – Vgl. die zweite Anm. zu S. 180.

Schlesinger – Jakob Schlesinger (1792–1855), Maler, seit 1823 in Berlin mit der Restaurierung von Gemälden aus der Sammlung Solly (vgl. die erste Anm. zu S. 234) beschäftigt, die für die Gemäldegalerie erworben worden war, deren Restaurator er 1830 wurde.

Palast Barberini ... von Bernini – Der Palazzo Barberini, für Urban VIII. Barberini (1623–1644 Papst) gebaut, wurde 1627 von Carlo Maderna und Francesco Borromini begonnen, 1629–1638 von Giovanni Lorenzo Bernini (1598–1680) unter Mitarbeit von Maderna und Pietro da Cortona weitergeführt.

»Die Fornarina« von Raffael – Vgl. die siebente Anm. zu S. 170.

weibliches Porträt von Tizian – Gemeint ist das Bild »La Schiavona« (Die Sklavin) von einem Nachahmer Palma Vecchios.

Bild der Beatrice Cenci von Guido und das ihrer Mutter – Das früher als Porträt der Beatrice Cenci (einer 1599 hingerichteten, oft dargestellten Vatermörderin) angesehene Bild, das jedoch eine jugendliche Sibylle zeigt, stammt von Cagnacci (Guido Canlassi), das ihrer Mutter von Caravaggio, das ihrer Stiefmutter Lucrezia Petroni von Scipione Gaetano.

215 *Palast Braschi* – Der Palazzo Braschi wurde 1780 bis 1790 für die Familie des Papstes Pius VI. von Cosimo Morelli errichtet.

Monument des Papstes Pius VII. – Zur sitzenden Figur des 1823 verstorbenen Papstes führte Thorvaldsen 1824/25 erste Studien und Modelle aus. An der architektonischen Gestaltung – als Standort war die Cappella Clementina der Peterskirche vorgesehen – beteiligte sich außer Schinkel, von dem vier Vorzeichnungen existieren, auch der römische Architekt Giuseppe Valadier (vgl. die sechste Anm. zu S. 178). Aufgestellt wurde das Monument 1831.

mit Fresken ausgeschmückt – Von d'Arpino stammen nur die Fresken des Großen Saales (ab 1596) im Konservatorenpalast; die anderen Säle wurden von Jacopo Ripanda, Daniele da Volterra und Tommaso Laureti ausgemalt.

215 *etruskisches Bronzewerk* – Die sogenannte Kapitolinische Wölfin ist wahrscheinlich ein griechisches Werk aus dem 5. Jahrhundert v.u.Z. Der Überlieferung nach soll die Plastik 65 v.u.Z. von einem Blitzschlag getroffen worden sein. Die Figuren der Zwillinge Romulus und Remus wurden im 16. Jahrhundert hinzugefügt.

216 *Goldenes Haus des Nero* – Die umfangreiche Anlage von Kaiser Neros (vgl. die erste Anm. zu S. 211) Palast, der sogenannten Domus Aurea, wurde hauptsächlich von den Trajansthermen überdeckt.

Titus – Titus Flavius Vespasianus (39–81), römischer Kaiser seit 79.

Plafond nach Raffaels Angabe – Die Gewölbedekoration im Saal der Päpste (1513–1519), einem der Borgia-Säle, stammt von den Raffael-Schülern Giovanni da Udine und Perin del Vaga; die Wandmalereien von vier der sechs Säle, von Pinturicchio und seinen Schülern, entstanden 1492–1495.

»Aldobrandinische Hochzeit« – Ein 1606 auf dem Esquilin (einem der sieben römischen Hügel) gefundenes, nach dem ersten Besitzer, Kardinal Aldobrandini, benanntes Wandgemälde aus der frühen Kaiserzeit (1. Jahrhundert v.u.Z.), das besondere Bewunderung (z. B. von Goethe) genoß.

Stanzen des Raffael – stanza: (ital.) Zimmer. Im Auftrage Julius' II. (1503–1513 Papst) hatte Raffael 1509–1511 die Stanza della Segnatura und 1511–1514 die Stanza dell' Eliodoro ausgemalt; die Stanza dell' Incendio war 1514–1517 nach Raffaels Entwurf von seinen Schülern ausgestaltet worden.

217 *Tiburtinische Straße* – Tibur war der antike Name für Tivoli.

Monti Celli – monticello: (ital.) Hügel.

Solfatara – (ital.) Schwefelgrube. Gemeint ist die bekannte Schwefelquelle bei Aquae Albulae.

Monument des Plautius – Das Grabmal des altrömischen Adelsgeschlechts der Plautier (1. Jahrhundert u.Z.).

218 *seit früheren Zeiten* – Die Ausgrabungen der Hadriansvilla waren im 16. Jahrhundert begonnen worden.

das berühmte Canopeum – Das sogenannte Tal von Canopus, eine Nachbildung eines Teils (Kanal und Tempel) der gleichnamigen ägyptischen Stadt, deren Serapistempel Ziel von Wallfahrten gewesen war.

219 *Der Sibyllentempel und der runde herrliche Vestatempel* – Der kleinere Tempel über rechteckigem Grundriß gilt als Tempel des Tiburtus, der runde als Tempel der Sibylle oder der Vesta.

220 *Kaskatellen* – cascatella: (ital.) kleiner Wasserfall.

222 *sein Bellini mit Tizians Landschaft* – Gemeint ist Giovanni Bellinis (um 1430–1516) »Gastmahl der Götter« (1514), dessen Landschaftshintergrund von Tizian vollendet wurde. (Das Bild befindet sich jetzt in der National Gallery in Washington.)

Kaiser Trajan – Vgl. die sechste Anm. zu S. 204.

Vertumnus – Römischer Gott der wechselnden Jahreszeiten.

Geschichte des Midas – Gemeint ist die griechische Sage vom phrygischen König Midas, dem sich alles, was er berührte, in Gold verwandelte.

Professor Gerhard – Vgl. die zweite Anm. zu S. 186.

kleiner runder Tempel von Bramante – Gemeint ist der sogenannte Tempietto (1499–1502), das erste bedeutende römische Werk von Donato Bramante (1444–1514).

Acqua Paola von Fontana – Die Anlage (1612) stammt von Domenico Fontana (1543–1607) und Carlo Maderna (1556–1629).

223 *Plafonds ... von Giulio Romano* – Sie sind später in die Galerie Borghese versetzt worden.

Bigen – Bigae: (lat.) Zweigespann, zweirädriger Wagen.

Stier wollte ... sie herausgeben – Durch Stier (vgl. die siebente Anm. zu S. 208) ist eine Ausgabe nicht zustande gekommen, sondern durch Th. Piroli (»Peintures de la Villa Lante de Jules Romain«, Rom o. J.).

Anno santo – (ital.) Heiliges Jahr; in der katholischen Kirche erstmals 1300, seit 1475 alle 25 Jahre gefeiertes, mit Ablaß verbundenes »Jubeljahr«.

Vorsaal – Der sogenannte Konstantinssaal (Sala di Constantino), den hauptsächlich Giulio Romano, unterstützt von Francesco Penni und Raffaello dal Colle, ausgemalt hat.

Raffaelsche Tapeten – Gemeint sind die nach Raffaels Kartons (1515/16; London, Victoria and Albert Museum) in der Brüsseler Manufaktur von Pieter van Aelst gewirkten Bildteppiche (1516–1519) in der Galleria degli Arazzi (bei kirchlichen Festlichkeiten in der Sixtinischen Kapelle). Nur die Hauptdarstellungen gehen auf Raffael zurück; an den sie umgebenden Kompositionen sowie an der Fortsetzung der Folge waren mehrere seiner Schüler beteiligt.

sein Schüler Coxie – Der flämische Maler Michiel van Coxie (1499–1592), der sich längere Zeit in Rom aufhielt (ob schon vor Raffaels Tod, 1520, ist umstritten). Er war nicht Raffaels Schüler, übernahm aber dessen Stil. Coxie führte in Rom mehrere Wandgemälde aus, war aber nicht für die vatikanischen Prunkräume tätig.

223 *Arabesken an den großen Pilastern* – Sie werden Giovanni da Udine und dessen Mitarbeitern zugeschrieben.

mein Exemplar in Miniatur – Gemeint ist wahrscheinlich das Stichwerk »Le Loggie di Raffaele nel Vaticano« (Rom 1772–1777; Die Loggien von Raffael im Vatikan) von Giovanni Ottaviani und Giovanni Volpato.

prachtvoller Saal – Gemeint ist die 120 Meter lange Galerie der geographischen Karten mit Deckengemälden von Cesare Nebbis u.a. sowie 32 al fresco gemalten Landkarten Italiens (1580–1583).

die Diskobolen – Gemeint sind der Diskuswerfer des Myron, eine von mehreren römischen Kopien des griechischen Bronzeoriginals (Mitte des 5. Jahrhunderts v.u.Z.), und ein anderer Diskuswerfer (der zum Wurfe antritt), wohl nach Naukydes, einem Schüler des Polyklet (4. Jahrhundert v.u.Z.).

der Eidechsentöter – Gemeint ist der sogenannte »Sauroktonos«, die römische Kopie eines jugendlichen Apoll nach dem Bronzeoriginal des Praxiteles (4. Jahrhundert v.u.Z.; später in der Galleria delle Statue).

224 *Saal* – Gemeint ist die von Michelangelo Simonetti in der Form eines griechischen Kreuzes erbaute Sala a Croce Greca, einer der Säle des unter Papst Pius VII. angelegten Museo Pio-Clementino (vgl. die dreizehnte Anm. zu S. 178).

Constantia ... Helena – Die Tochter und die Mutter des römischen Kaisers Konstantin I. (vgl. die dritte Anm. zu S. 194).

Venus in Marmor – Gemeint ist die Aphrodite von Knidos, eine von mehreren römischen Kopien nach dem Marmororiginal des Praxiteles (Mitte des 4. Jahrhunderts v.u.Z.).

das Pantheon des Museums – Die Sala rotonda, von Michelangelo Simonetti nach dem Vorbild des römischen Pantheons erbauter Saal im Museo Pio-Clementino.

kolossale Juno – Gemeint ist die sogenannte Barberinische Hera.

lange Seitengalerie – Die Galleria delle Statue.

Polyxena, die von Neoptolemus geopfert wird – Neoptolemos oder Pyrrhos, Sohn des Achilles, erschlug nach der griechischen Sage im Kampf um Troja erst König Priamos und tötete später, am Grabe seines Vaters, Priamos' Tochter Polyxene.

Mimenten – Gemeint sind wohl Mimen (in der Bedeutung von Schauspielern, die Possen aufführten).

die Sammlung Bartholdys – Vgl. die achte Anm. zu S. 183 und die vierte Anm. zu S. 184.

Linkh – Jakob Linkh (auch Link; 1786–1841), Maler und Altertumsforscher, 1804/05, 1808–1810 und

1816–1825 in Rom; 1810 mit Otto Graf von Stackelberg in Griechenland.

224 *Megalopolis* – (griech.) Große Stadt; die 371 v.u.Z. von dem boiotischen Feldherrn und Staatsmann Epameinondas gegründete antike Hauptstadt der griechischen Landschaft Arkadien.

Reinhold – Heinrich Reinhold (1788–1825), Maler, von 1819 bis zu seinem Tode in Rom.

Diese Skizzen – Von den zwölf von Schinkel erworbenen Landschaftsstudien Reinholds, kleinen Ölbildern aus Olevano, der Campagna, Sorrent und Civitella, befinden sich zehn seit 1906 bzw. 1908 in der Hamburger Kunsthalle.

sein Schüler – Gemeint ist wohl der Bildhauer Rinaldo Rinaldi (1793–1873), Schüler und Nachfolger des 1822 verstorbenen Antonio Canova.

225 *Ersterer fing an, mich zu zeichnen* – Außer der Zeichnung Wilhelm Hensels (datiert: »Oktober 1824«; seit 1957 in der Nationalgalerie Berlin [West]; vgl. Abb. 156) existiert auch von August Grahl eine, vermutlich auf der gleichen Sitzung entstandene Porträtzeichnung Schinkels (bezeichnet: »Roma 1824«; seit 1938 in der Sammlung Winterstein, München).

welches Bild der Kupferstecher Caspar ... stechen will – Der nach Hensels Zeichnung von Joseph Caspar (vgl. die erste Anm. zu S. 160) ausgeführte Kupferstich (bezeichnet: »W. Hensel del., J. Caspar inc.«) wurde, entgegen Wolzogens Angabe, als Auflage gedruckt; Schinkels eigenhändige Korrekturen auf einem Probeabdruck (früher im Schinkel-Museum Berlin; Kriegsverlust) sind dabei nicht berücksichtigt worden.

»*Cenerentola*« – (ital.) »Aschenbrödel«; Oper (1817) von Gioacchino Rossini (1792–1868).

Schatzhaus des Atreus – Bezeichnung für das größte der bei Mykenä erhaltenen Königsgräber (Kuppelgräber).

Pateren – Opferschalen.

226 *seine verkäuflichen Kunstwerke* – Nach Wolzogens Angabe (1862) gelangten sie in den Besitz des Herzogs von Northumberland.

die drei ältesten römischen Tempel – Gemeint sind der Tempel der Juno Sospita, der Tempel der Spes (Göttin der Hoffnung) und der Tempel des Janus (alle 3. Jahrhundert v.u.Z.) am antiken Forum Holitorium (Gemüsemarkt).

Archiprete – (ital.) Erzpriester.

von 470 bis 530 erbaut – Die Kirche S. Stefano Rotondo entstand während der Amtszeit des Papstes Simplicius (468–483).

unter Leo X. im 15. Jahrhundert – Leo X. war von 1513 bis 1521 Papst.

226 *von Papst Paschalis I 827 ... erbaut* – Paschalis I. war von 817 bis 824 Papst.

Trattoria – (ital.) Wirtshaus.

Madame Buti – Anna Maria Buti (1766–1845), die Witwe des Architekten und Advokaten Camillo Buti, führte seit dessen Tod (1808) die »Casa Buti« in der Via Sistina, das bevorzugte Quartier vieler deutscher Künstler.

227 *Verstappen* – Martin Verstappen (1773–1853), belgischer Landschaftsmaler, von 1804 bis zu seinem Tode in Rom.

»*Sposalizio*« – (ital.) »Hochzeit« (Marias mit Joseph); eines der berühmtesten Gemälde Raffaels (um 1504; Mailand, Brera).

Kessels – Matthieu Kessels (1784–1836), belgischer Bildhauer, von 1817 bis zu seinem Tode in Rom.

Diskobolos – (griech.) Diskuswerfer.

Cond. – Gemeint ist wohl Condottiere: (ital.) Führer, Leiter (hier einer Werkstatt o. ä.).

Minister v. Altenstein – Karl Freiherr vom Stein zum Altenstein (1770–1840), leitete von 1817 bis 1838 das neugegründete preußische Ministerium der geistlichen, Unterrichts- und Medizinalangelegenheiten.

Catel, der mich in ein Bildchen hineinmalen wollte – Vgl. Abb. 116 (Frontispiz zur »Zweiten Reise« und die Bemerkung dazu im Verzeichnis der Abbildungen). Das Gemälde befindet sich seit 1918 im Besitz der Berliner Nationalgalerie (jetzt Berlin [West]).

Grabmal, womit Hadrian die ägyptischen Pyramiden prächtiger wiederholen wollte – Die Engelsburg hatte Kaiser Hadrian (vgl. die zweite Anm. zu S. 169) als Grabmal (Moles Hadriani) für sich und seine Nachfolger erbauen lassen, die dort bestattet wurden (als letzter Caracalla, Kaiser von 212 bis 217).

228 *im Anfang des 3. Jahrhunderts der Gründung Roms* – Die früher auf den sechsten der sieben legendären römischen Könige, Servius Tullius (578–534 v.u.Z.), zurückgeführte Servianische Mauer entstand erst nach dem Galliereinfall von 387 v.u.Z., im Laufe des 4. Jahrhunderts. (Die Gründung Roms erfolgte der Sage nach 753 v.u.Z.).

Rosso antico – Vgl. die neunte Anm. zu S. 212.

österreichische Soldaten, die aus Neapel zur Heimat kehrten – Vgl. die zweite Anm. zu S. 182.

229 *ein schönes Bild* – Gemeint ist das unter dem Einfluß Michelangelos entstandene Hauptwerk von Sebastiano del Piombo (um 1485–1547), die »Beweinung Christi« (1520–1525), in der Kirche S. Francesco (später im Museo Civico in Viterbo).

die alte Stadt Hetruria – Etrurien (lat. Etruria) galt nicht als Stadt-, sondern als Landschaftsbezeichnung.

229 *alte Stadt Volsinium* – Gemeint ist das römische Volsinii novi, während das alte etruskische Volsinii (Volsinii vetus) oder Velsuna an der Stelle von Orvieto lag.
im byzantinischen Stil gebaute Kirche – Die Kollegiatkirche La Pieve stammt aus dem 12. Jahrhundert.
durch eine Hostie vergiftet – Diese Todesursache beruht auf falscher Überlieferung. Heinrich VII., römisch-deutscher Kaiser seit 1308, starb 1313 in Buonconvento wahrscheinlich an einer Krankheit, mit der er sich in Pisa infiziert hatte.

230 *Taufkapelle unter der Kathedrale* – Gemeint ist das ehemalige Baptisterium, die Kirche S. Giovanni unter dem Chor des Doms (1317–1382). Als Baumeister der unvollendet gebliebenen Fassade wird Giacomo di Mino del Pellicciaio angenommen.
Taufbecken ... von den Pisani – Gemeint ist der 1427–1430 nach dem Entwurf von Jacopo della Quercia entstandene marmorne Taufbrunnen.
Duccio hat die ersten gemacht – Unter den verschiedenen Künstlern des 14. bis 16. Jahrhunderts, die am Fußboden arbeiteten, ist Duccio nicht vertreten.
Gruppe ..., welche hier gefunden wurde – Die antike Gruppe der drei Grazien war um 1460 beim Palazzo Colonna in Rom gefunden und von Pius II. (1458 bis 1464 Papst) der Dombibliothek in Siena geschenkt worden.
Kanzel von Niccolò Pisano – An ihrer Ausführung (1266–1268) waren außerdem sein Sohn Giovanni Pisano und seine Schüler Arnolfo di Cambio, Lapo und Donato beteiligt.

231 *Matteo da Siena* – Gemeint ist Matteo di Giovanni (um 1430 bis um 1495).
von Jacopo della Quercia gebaut – Der Palazzo Pubblico wurde bereits zwischen 1288 und 1309 errichtet. Quercia lebte erst von etwa 1374 bis 1438.
In einem Saale – In der Sala delle Pace; die Wandbilder (1337–1343), Hauptwerke von Ambrogio Lorenzetti, stellen die gute und die schlechte Regierungsform dar.
Sala del Gran Consiglio – Der Saal war schon 1753 (durch Antonio Galli da Bibbiena) zum Teatro dei Rinnovati umgebaut worden.
eisernes Gitter – Es entstand 1435–1445 nach dem Entwurf von Jacopo della Quercia (den Schinkel irrtümlicherweise für den Baumeister des gesamten Palazzo Pubblico hielt).
Brunnen – Die marmorne Fonte Gaia (Freudenbrunnen; 1409–1419) von Jacopo della Quercia; sie wurde 1858 abgebrochen und befindet sich seit 1904 im Museo Civico von Siena.
Accademia delle belle arti – (ital.) Akademie der schönen Künste.

231 *... wonach Mariotto Albertinelli seine »Heimsuchung Mariä« ... genommen hat* – Im Gegensatz zu dieser Angabe war Albertinelli (1474–1515) mit seiner »Heimsuchung« (ebenso mit seiner »Verkündigung«) seinerseits Vorbild für die entsprechenden Bilder Giacomo Pacchiarottis.
Lorenzo da Siena – Gemeint ist Ambrogio Lorenzetti (Ende des 13. Jahrhunderts bis um 1348).
das Hauptbild von Guido da Siena – Die »Madonna mit dem Kinde«, eines der wichtigsten Werke der frühen italienischen Malerei, wird seit etwa 1880 im Palazzo Pubblico aufbewahrt.
Eine Kapelle, von Sodoma – Die Kapelle der heiligen Katharina von Siena (1347–1380), der Schutzpatronin des Dominikanerordens, mit einer Freskenfolge (1525) zu deren Lebensgeschichte.
die berühmte Fontana Branda – Der schon 1081 genannte, 1281 mit einer gotischen Halle überbaute Brunnen Fontebranda. Die Erwähnung der Fontebranda in Dantes »Göttlicher Komödie« (»Inferno«, 30. Gesang, Vers 76 ff.):

Doch, säh ich hier die schnöde Seele Guidos,
Die Alessandros oder die des Bruders,
Um Fontebranda gäb ich nicht den Anblick. –

bezieht sich vermutlich auf eine ehemalige Quelle in Romena (östlich von Florenz).
»Die Kreuzabnahme«, Sodomas bestes Bild – Es gelangte später in die Pinocoteca der Accademia di belle arti zu Siena.
eine Maria auf dem Thron ..., von Pacchiarotti – Das Altarbild von Girolamo del Pacchia.

232 *die unvergleichlichen beiden Landschaften von Rubens* – Vgl. die sechste Anm. zu S. 171.
Bild von Giorgione – Gemeint ist »Das Konzert« (zweier Geistlicher), das früher Giorgione zugeschrieben wurde, wahrscheinlich jedoch dem Frühwerk Tizians angehört.
Gegenüber die »Heilige Familie« ... – Die »Madonna dell'Impannata« von Raffael (vgl. die achte Anm. zu S. 171). Entgegen Schinkels Beschreibung übernimmt die Mutter Maria von der heiligen Elisabeth das Kind, das sich zur heiligen Anna zurückwendet; der jugendliche Johannes der Täufer weist auf das Kind.
»Die vier Philosophen« von Rubens – Vgl. die siebente Anm. zu S. 171.
Die beiden Porträts Raffaels – Gemeint sind das um 1516 entstandene Porträt des Kardinals Bibbiena (nicht Bembo) und das Porträt des päpstlichen Sekretärs Fedra Inghirani.
die Wach so schön kopiert hat – Der Berliner Maler Karl Wilhelm Wach (1787–1843) hatte während

seines Aufenthalts in Rom 1817–1819 mehrere Werke Raffaels kopiert.

233 *Faun, der das Krupezion tritt* – Gemeint ist der »Satyr mit der Fußklapper« (vgl. die vierzehnte Anm. zu S. 170). Krupezion: (griech.) Fußklapper (zur Begleitung von Musikstücken).

Venus von Tizian – Gemeint ist wohl die sogenannte »Venus von Urbino« (um 1538).

»Salome mit dem Haupte Johannes'« – Vgl. die zwölfte Anm. zu S. 170.

ein Bild der Madonna pp. von Michelangelo – Gemeint ist das Rundbild der sogenannten »Madonna Doni« (um 1503/04), das einzige erhaltene Tafelgemälde Michelangelos.

die Masaccios – Die Fresken (1426/27) von Masaccio (1401 bis um 1428) in der Brancacci-Kapelle, auf denen die Geschichte der Apostel (vor allem die des Petrus) dargestellt ist.

»Die Kreuzfahrer in Ägypten« – Oper (1824) von Giacomo Meyerbeer (1791–1864).

Kastrat Velluti – Giovanni Battista Velluti (1777 bis 1861), einer der letzten international berühmten italienischen Kastratensänger.

Ballett, »Der Tod der Virginia« – Vgl. die sechste Anm. zu S. 192. Während der Stoff in Dramen und Opern mehrfach dargestellt wurde, läßt sich ein Ballett unter diesem Titel nicht nachweisen.

Remy – August Remy (1800–1872), Maler und Lithograph, von 1821 bis 1826 in Rom bzw. Florenz.

234 *wie in der Sollyschen Sammlung* – Die umfangreiche Gemäldesammlung des englischen Kaufmanns Edward Solly, die vorwiegend Werke des Quattrocento enthielt, war 1821, schon im Hinblick auf die Gründung der Berliner Gemäldegalerie, vom preußischen Staat erworben worden. Mit der ihr zugehörenden »Anbetung Mariä im Walde« ist wohl das Bild des Fra Filippo Lippi gemeint.

Kapelle del Scalzo – Im Kreuzgang des Chiostro dello Scalzo (Barfüßerklosters) befinden sich Fresken (um 1515–1525) von Andrea del Sarto und Franciabigio.

im Kreuzgangshof und im Innern die Kapellen – Gemeint sind die Cappella Baroncelli mit dem Hauptwerk (Fresken; 1332–1338) von Taddeo Gaddi und die Kapellen Pruzzi und Bardi mit Hauptwerken (nach 1317) von Giotto.

eine ganz alte wohlerhaltene Basilika – Der Bau entstand hauptsächlich im 11. und 12. Jahrhundert.

235 *das Leben des heiligen Bernhard darstellend* – Die Fresken von Aretino Spinello (um 1346–1410) in der Sakristei von S. Miniato al Monte stellen Szenen aus dem Leben des heiligen Benedikt von Nursia (um 480 bis um 550) dar, der den Benediktinerorden gründete.

235 *ein schönes Marmormonument* – Das Grabmal des Kardinals Jacopo von Portugal, 1461–1467 nach dem Entwurf von Antonio Rosselino (1427–1479) errichtet.

in Brunelleschis Geschmack – Die Fayencereliefs an der Decke stammen von Luca della Robbia (1399 oder 1400–1482).

Kapuzinerkloster ... auf der höchsten Spitze des Bergs – Auf dem Burgberg befindet sich das Kloster S. Francesco (15. Jahrhundert).

San Alessandro ist neu und hübsch erbaut – Die Kirche entstand durch Umbau einer älteren Kirche, die antike Säulen enthielt.

Bel Riguardo – Die Villa Bellosguardo, wo Schinkel schon am 18. August geweilt hatte (vgl. die zweite Anm. zu S. 172).

Schlösser der Mediceer – Gemeint ist hauptsächlich Cafaggiolo, der Lieblings-Aufenthaltsort von Cosimo dem Alten (1389–1464; seit 1434 Stadtherr von Florenz).

236 *Guido* – Gemeint ist Guido Reni (1575–1642).

Herr Senff kopierte für den König ... – Der Maler Adolf Senff (1785–1863), von 1816 bis 1848 in Rom, führte für Friedrich Wilhelm III. auch andere Kopien aus, so nach Raffael.

Innocenzo da Imola – Gemeint ist Innocenco Francucci (genannt da Imola; 1494–1549).

die Freskos einer Vorkapelle – Gemeint sind die Fresken (1504–1506) von Lorenzo Costa, Francesco Francia und ihren Schülern in dem neben der Kirche S. Giacomo Maggiore liegenden Oratorium S. Cecilia.

im Innern nach der römischen Peterskirche gebaut – Der romanische und gotische Dom S. Pietro Metropolitan war seit 1605 in barockem Stil erneuert worden.

Siehe Figur – Eine Grundrißskizze des Doms.

Bildsäule Papst Bonifacius' – Über dem Hauptportal des gotischen Palazzo Communale befindet sich die Bronzestatue (1580) von Gregor XIII. (1572–1585 Papst).

die ihn im Felde gefangennahmen – König Enzio (1224–1272), der seinen Vater Friedrich II. im Kampf gegen das Papsttum und die lombardischen Städte unterstützte, wurde 1249 in der Schlacht bei Fossalta von den Bolognesen gefangengenommen und bis zu seinem Tode in Bologna interniert.

Gebäude mit zierlicher Architektur – Der Palazzo di Re Enzio stammt aus dem frühen 13. Jahrhundert.

Marmorfassade im Stil der Pisanis – An der Fassade befinden sich hauptsächlich Skulpturen (1425–1438) von Jacopo della Quercia (um 1374–1438).

236 *Kapellen mit alten Wandgemälden* – Die Seitenkapellen enthalten vor allem Fresken (um 1410) von Girolamo da Treviso (Girolamo Pennacchi; 1497 bis 1544) und Jacopo di Paolo (nachweisbar zwischen 1390 und 1426).

237 *das berühmte Taufbecken* – Gemeint ist der um 1265 entstandene Sarkophag (Arca) des heiligen Dominikus (um 1170–1221), eines der Hauptwerke von Niccolò Pisano (um 1220–1278/84), das sich immer in der genannten Kirche befand.

schöne Backsteinkonstruktionen ... modernisiert – Die Kirche S. Domenico, zu Ehren des in Bologna verstorbenen heiligen Dominikus gegründet, entstand zwischen 1235 und der zweiten Hälfte des 14. Jahrhunderts. Die Erneuerung im Barockstil (1728–1731) erstreckte sich nur auf das Innere.

Sarkophage auf Säulen mit Baldachinen – Die gotischen Freigräber der Bologneser Rechtsgelehrten Rolandino Pesseggieri (gest. 1300) und Egidio Foscherari.

Marmormonument in der Bibliothek – Das Grabmal des 1533 in Ferrara verstorbenen Dichters Lodovico Ariosto, Ende des 16. Jahrhunderts von Giovanni Battista Aleotti (um 1546–1636) für die Kirche S. Benedetto ausgeführt, war 1801 in der Universitätsbibliothek aufgestellt worden.

Foliantenmanuskripte mit schönen Miniaturen – Die Illuminationen der ehemals in der Bibliothek (später im Museo Civico) aufbewahrten Bücher (15. Jahrhundert) werden Guinifortus de Vicomerchato und Schülern Cosimo Turas zugeschrieben.

lombardischer Stil – Die romanische Baukunst der Lombardei war im 12. und 13. Jahrhundert, in der Entstehungszeit des unteren und des oberen Teils der Fassade, richtungweisend für ganz Oberitalien.

Im Innern ist sie ganz modern – Das Innere der Kirche wurde 1712 in barockem Stil erneuert.

Der noch nicht vollendete Turm – Drei Geschosse des unvollendet gebliebenen Campanile entstanden 1451 bis 1493, ein viertes Ende des 16. Jahrhunderts.

unter der Regierung der Päpste – Ferrara war 1597, nach dem Aussterben des Herzoggeschlechts Este, als erledigtes Lehen an den Kirchenstaat gefallen.

Kirche S. Andrea – Eine Kirche dieses Namens existiert in Ferrara nicht; auch bleibt unklar, welchen anderen Bau Schinkel gemeint haben könnte.

Dosso Dossi, Lehrer des Garofalo – Die ferraresischen Maler Dosso Dossi (um 1479–1542) und Benvenuto da Garofalo (1481–1559) standen nicht in einem Lehrer-Schüler-Verhältnis.

238 *Delvilla* – Gemeint ist der für das Haus Este errichtete Palazzo del Diamanti (1492–1567).

238 *Certosa* – (ital.) Kartause; ein zwischen 1498 und 1553 errichtetes Kartäuserkloster, das 1796 aufgehoben worden war.

mit alten Mauern ... gekrönter Berg – Gemeint sind die Ruinen der Burg Rocca, die der staufische Kaiser Friedrich II. im 13. Jahrhundert erbauen ließ.

Schloß ... in schöner, einfacher altertümlicher Form – Das Schloß Cattaio war um 1573 für den venezianischen General Pio Enea Obizzi erbaut worden.

von Giotto und seinen Schülern ausgemalt – Die 1420 bei einem Brand zerstörten Fresken Giottos an der oberen Wandzone des Saals wurden von Giovanni und Niccolò Moretto nach der Urfassung wiederholt.

44 Schritt breit, 123 Schritt lang – Der große Saal im Palazzo della Ragione ist 79,5 Meter lang und 27 Meter breit.

an jeder der langen Seiten liegender Markt – Die Piazza delle Erbe und die Piazza delle Frutta, die Hauptmarktplätze von Padua.

Palast Papafava – Ein Bauwerk aus dem frühen 16. Jahrhundert. Seit 1819 hatte Giovanni Demin (1786–1859) darin mythologische Fresken ausgeführt.

239 *Bildhauer ...* – Gemeint ist Agostino Fasolato, der das Werk um 1750 ausgeführt hatte.

Platz ... Bildsäulen – Vgl. die fünfte Anm. zu S. 47.

schöne Seitenkapelle – Gemeint ist die Cappella di S. Felice, 1370–1377 von Altichiero Altichieri ausgemalt.

Riccio – Andrea Briosco, genannt il Riccio (1470 bis 1532).

eine prachtvolle Kapelle – Die Cappella dell Arca' del Santo, die Grabkapelle des heiligen Antonius von Padua (1195–1231), 1500–1521 von Giovanni Minello begonnen, 1532/33 von Giovanni Maria Falconetto beendet.

von den Bildhauern Matteo Allio da Milano und Girolamo Pironi – Die genannten Arbeiten wurden von Giovanni Minello und seinen Mitarbeitern ausgeführt.

Die großen Basreliefs der Wände – Als ausführende Künstler gelten: Antonio Minello, Giovanni Rubino, Silvio Cosini, Danese Cattaneo, Girolamo Campagna, Jacopo Sansovino, Tullio und Antonio Lombardi, Giovanni Maria Mosca, Paolo Stella.

Statue zu Pferd – Das Reiterdenkmal des venezianischen Kondottiere Erasmo de' Narni, genannt Gattamelata (um 1370–1443); es wurde 1447–1453 von Donatello ausgeführt.

Fresken von Tizian – Die zwischen 1511 und 1513 entstandene Freskenreihe in der Scuolo del Santo stammt von Tizian, seinem Bruder Francesco Vecellio, Girolamo del Santo, Filippo da Verona und Bartolomeo Montagna. Domenico Campagnola war nicht daran beteiligt.

239 *Fumiseno da Treviso* – Gemeint ist Lodovico Fiumicelli (16. Jahrhundert). In der Kirche befindet sich kein Werk von ihm.

Altarnische mit Giottoscher Malerei – Die Fresken des Presbyteriums (zweite Hälfte des 14. Jahrhunderts) wurden von Guariento, vielleicht unter Mitarbeit von Nicoletto Semitecolo, geschaffen.

Seitwärts liegt eine Kapelle – Die Cappella Ovetari, die seit 1448 von Antonio Vivarini, Giovanni d'Alemagna, Niccolò Pizzolo und Andrea Mantegna gemeinsam, von 1453 bis 1456 von Mantegna allein ausgemalt wurde. Das von Schinkel genannte Martyrium des heiligen Christophorus bildete nur eine der Szenen aus dem Leben der Heiligen Jakobus und Christophorus, die in diesem wohl bedeutendsten Freskenzyklus des Quattrocento (1944 kriegszerstört) dargestellt waren.

Sta. Maria dell' Arena – Vgl. S. 47 und die dritte Anm. dazu.

Der Dom ist ganz modern – Der Dom S. Maria Assunta entstand hauptsächlich von 1551 bis 1582; der weitere Ausbau (Fassade) erfolgte im 17. und 18. Jahrhundert.

240 *Ein Landhaus und Palast steht beim anderen* – Auf beiden Seiten des Flusses Brenta waren seit dem 16. Jahrhundert, dicht aneinandergereiht, zahlreiche Villen reicher Venezianer entstanden (erhaltenes Hauptbeispiel: die Villa Foscari, 1550–1560 von Palladio erbaut).

Palast des Vizekönigs – Gemeint ist die Villa Pisani, die ab 1735 nach Plänen von Francesco Maria Preti für den Dogen Aloise Pisani (1735–1741) erbaut worden war. (Das 1761/62 von Giovanni Battista Tiepolo geschaffene Deckenfresko in der Sala del Ballo ist ein Hauptwerk der venezianischen Rokokomalerei.) 1807 hatte Napoleon das Gebäude seinem Stiefsohn Eugène de Beauharnais geschenkt, der von 1805–1814 Vizekönig von Italien war.

mit ... Festungswerken ... von den Franzosen besetzt – Zwischen 1805 und 1814.

Generali – Pietro Generali (1783–1835), italienischer Kapellmeister und Komponist, dessen Opern damals mit Erfolg aufgeführt wurden.

das berühmte Bild Tizians – Das »Martyrium des heiligen Laurentius« (1556–1559) in der im späten 17. Jahrhundert erbauten, 1714–1729 barock ausgestatteten Kirche Gesuiti oder S. Maria Assunta. (Eine spätere Fassung des Bildes befindet sich im Escorial.)

240 *Verde antico* – (ital.) Antikes Grün; grüner Marmor, auch mit Kalkstein vermengter Serpentinstein.

Die kleinere Kirche ... – Die 1481–1489 von Pietro Lombardi (um 1435–1515) und seinen Mitarbeitern erbaute und ausgestattete Votivkirche S. Maria dei Miracoli gilt als schönste Saalkirche der italienischen Frührenaissance.

241 *eine alte Fassade* – Die Kirche Madonna dell' Orto zeigt spätgotische Architekturgliederungen des Trecento, verbunden mit Einzelformen der Frührenaissance.

ein »Jüngstes Gericht« und eine »Anbetung des Goldenen Kalbes« – Bedeutende Frühwerke (1546) von Tintoretto (1518–1594).

Palazzo d'Oro – Ca' d'Oro (Goldhaus), der schönste der gotischen Paläste Venedigs (1421–1440), trug seinen Namen der einst vergoldeten Marmorfassade wegen; er war nicht das Schatzhaus der Republik.

von Palladio – Der Palazzo Corner della Regina wurde 1724 von Domenico Rossi errichtet.

Königin von Cyprus – Gemeint ist die Venezianerin Caterina Cornaro (1454–1510), die nach dem Tode ihres Gatten, des Königs Jakob II., von 1473 bis 1489 (bis die Insel an Venedig fiel) Königin von Zypern war. Ihr Geburtshaus war der Vorläufer des von Schinkel erwähnten Palastes.

von Baldassare ... – Gemeint ist Baldassare Longhena (1598–1682), der 1676 mit dem Bau des Palazzo Pesaro begann, der nach seinem Tode fortgesetzt wurde.

Quartier der Türken – Gemeint ist der Fondaco dei Turchi (13. Jahrhundert), der vom Einfluß der byzantinischen Baukunst auf die Palastfassaden-Gestaltung in Venedig zeugt. Das ursprünglich als Stadtpalast errichtete Gebäude diente von 1621 bis 1838 als Kaufhof der Türken.

Palast Manfrini – Gemeint ist der Palazzo Contarini dagli Scrigni (15. und 17. Jahrhundert). Die Gemäldesammlung des venezianischen Adligen Girolamo Contarini befindet sich seit 1838 in der Accademia (vgl. die achte Anm. zu S. 244).

Wach hat eine kleine Kopie – Vgl. die sechste Anm. zu S. 232.

Eine nackte Frau in einer Landschaft – Gemeint ist das berühmte Bild »Das Gewitter« (um 1507) von Giorgione (um 1477–1510).

in überladenem Stil – Die Kirche wurde zwischen 1670 und 1705 (die Fassade 1683–1689) in spätbarockem Stil erbaut.

Palazzo Vendraquino – Gemeint ist der Palazzo Vendramin-Calergi, der von Mauro Codussi (auch Coducci; um 1440–1504) begonnen und nach dessen Tod wahrscheinlich von Tullio Lombardi (um 1455–1532) vollendet wurde.

241 *überladene Fassade* – Die prunkvolle Barockfassade stammt von 1668.

in Paris – Die vier antiken Bronzerosse, 1204 aus Byzanz nach Venedig gebracht und seitdem auf der Terrasse von S. Marco aufgestellt, waren (im Auftrag Napoleons beschlagnahmt) 1797–1815 in Paris.

242 *Altäre von Lombardo* – Sie stammen von Pietro Lombardi (um 1435–1515) und Mitarbeitern seiner Werkstatt.

Die 4 Säulen ... sollen aus Konstantinopel gekommen sein – Die Herkunft der aus dem 13. Jahrhundert stammenden Baldachinsäulen ist ungeklärt.

Säulen ..., welche den Löwen und den S. Markus tragen – Die Figuren auf den beiden im 12. Jahrhundert aus dem Orient nach Venedig gebrachten Säulen stellen den Markuslöwen und den heiligen *Theodor* dar. Schinkel hatte seine irrtümliche Angabe schon 1803 gemacht (vgl. S. 45 und die vierte Anm. dazu).

von Palladio entworfen – Die Kirche S. Giorgio Maggiore wurde 1566 von Andrea Palladio (1508 bis 1580) begonnen, nach seinem Tod vollendet und 1610 geweiht.

Der Kreuzgang bei der Kirche – Gemeint ist der jüngere der beiden Kreuzgänge, 1579–1614 nach dem Entwurf Palladios angelegt. Die Anordnung der Säulen »nach der Tiefe der Mauer« (also hintereinander) entspricht der Gliederung, die Sansovino (dem der Kreuzgang früher zugeschrieben wurde) an der Alten Bibliothek vorgenommen hatte.

Expalazzo del Duca – Der letzte Doge hatte 1797 im Zusammenhang mit der Auflösung der Republik Venedig abgedankt.

Herkulestreppe – Gemeint ist die seit 1483 von Antonio Rizzi ausgeführte Scala dei Giganti (Giganten-Treppe), auf der die Dogenkrönungen stattfanden. Die Statuen (von Jacopo Sansovino), die ihr den Namen gaben, stellen Mars und Neptun dar.

Consiglio dei Dieci – (ital.) Rat der Zehn; oberster venezianischer (Staats-)Gerichtshof für politische Angelegenheiten (gegründet 1310).

Gemälde an den Wänden und in der vergoldeten Decke – Die Deckengemälde in diesem Repräsentationssaal stammen von Giovan Battista Ponchino, Giovanni Battista Zelotti und Paolo Veronese, die Wandgemälde von L'Aliense (Antonio Vasilacchi), Marco Vecellio und Francesco Bassano.

Freskos von Tintoretto – Die Deckengemälde stammen aus der Werkstatt Tintorettos.

Die Wände ... gefüllt – Den Gemälden der genannten Künstler wurden im 18. Jahrhundert Werke von Giovanni Battista Tiepolo und Niccolò Bambini hinzugefügt.

242 *dei Pregadi* – Consiglio dei Pregadi: (ital.) Rat der Hinzugebetenen; vom Großen Rat Venedigs (vgl. die erste Anm. zu S. 243) gewähltes Gremium, das den jeweiligen Dogen beriet.

in der Decke – Die Deckengemälde stammen von Tintoretto und Mitarbeitern seiner Werkstatt, Marco Vecellio, Tommaso Dolabella, Andrea Vicentino (Andrea Michieli), L'Aliense (Antonio Vasilacchi), die Wandgemälde fast sämtlich von Palma il Giovane (ein Bild im Entwurf wohl von Tintoretto, in der Ausführung von unbekannter Hand; ein weiteres wird Jacopo Bellini zugeschrieben. Außerdem waren im 18. Jahrhundert zwei Grisaille-Gemälde von Giandomenico Tiepolo hinzugefügt worden).

Antichiesetta – Vorraum zur Hauskapelle des Dogenpalastes. Als einziges Werk befindet sich dort ein dreiteiliger Karton (für ein Mosaik an der Markuskirche) von Sebastiano Ricci (1659–1734).

243 *Gran Consiglio* – (ital.) Großer Rat; das 1172 entstandene Repräsentantenhaus der venezianischen Aristokratie, das den Dogen und die hohen Staatsbeamten wählte sowie in bestimmten Staatsangelegenheiten (u. a. bei Kriegserklärungen und Friedensschlüssen) das Entscheidungsrecht hatte.

deren Schüler ... malten die ... neue Decke – Nach dem Brand von 1577 wurde die erneuerte Decke der Sala del Maggior Consiglio von Tintoretto und Mitarbeitern seiner Werkstatt, Paolo Veronese, Palma il Giovane und Francesco Bassano d. J. (auch Francesco da Ponte il Giovane genannt) bemalt.

enorme Bilder von Tintoretto und andern – Außer Tintorettos »Paradies« (vgl. die zweite Anm. zu S. 46) befinden sich im genannten Saal Wandgemälde von Paolo Veronese, den »Erben des Veronese«, Mitarbeitern der Werkstatt Tintorettos, Leandro Bassano, Francesco Bassano, Paolo dei Franceschi, Domenico Tintoretto, Andrea Vicentino, Palma il Giovane, Federico Zuccari, Gerolamo Gambarato, Giulio del Moro, Carlo Saraceni und L'Aliense.

Die Antiken – Seit 1811 befanden sich die städtischen Antikensammlungen im Dogenpalast, später im Museo Archeologico in den Neuen Prokuratien.

Archont – Hoher Beamter im antiken Athen.

244 *Replike des Adoranten* – Gemeint ist der sogenannte »Betende Knabe«, die römische Kopie eines griechischen Bronzebildwerkes aus dem späten 4. Jahrhundert v. u. Z., in der Berliner Antikensammlung.

Venus Hortensis – (lat.) Venus (Aphrodite) in den Gärten; ein bestimmter Typus der in einem heiligen Garten sitzenden Liebes- und Schönheitsgöttin.

Geschichte von Kleobis und Biton – Nach der griechischen Sage hatten Kleobis und Biton, die Söhne der Herapriesterin Kydippe, anstelle der ausgebliebenen Ochsen den Wagen ihrer Mutter 45 Stadien weit zum Heratempel in Argos gezogen. Von der Mutter gebeten, den Jünglingen dafür das höchste Menschenglück zu bescheren, ließ die Göttin diese im Tempel einschlafen und nicht wieder erwachen.

244 *Skrutinien* – Skrutinium: Abstimmung.

General Morosini ... Eroberung des Peloponneses – Der venezianische Admiral Francesco Morosini (1618 bis 1694), seit 1688 auch Doge, hatte im Krieg gegen die Türken 1684 Athen erobert und 1685–1687 glänzende Erfolge bei Korinth, auf Negroponte und am Peloponnes errungen. 1693 war er nochmals siegreich im griechischen Archipel vorgedrungen.

Grimani – Einflußreiche venezianische Adelsfamilie. Die Hauptstiftungen für die Sammlung waren 1523 durch Domenico und 1593 durch Giovanni Grimani erfolgt.

Cicognara – Leopoldo Conte di Cicognara (1767–1834), seit 1808 erster Präsident der neugegründeten Accademia di belle arti in Venedig.

Akademie ... Galerie – Die aus einer 1750 begründeten Akademie der venezianischen Maler und Bildhauer hervorgegangene, 1807 durch ein Dekret Napoleons etablierte Hochschule war mit einer umfangreichen Sammlung von Gemälden und Plastiken verbunden, die in dem ehemaligen Kloster S. Maria della Carità untergebracht wurde.

Zandomeneghi – Luigi Zandomeneghi (1778–1850), Bildhauer, Schüler Canovas; seit 1819 Professor an der Akademie. Er hatte außer den Figuren am Grabmal Canovas (vgl. die fünfte Anm. zu S. 161 und die dreizehnte Anm. zu S. 245) u. a. auch die Grabmäler der Venezianer Tizian und Carlo Goldoni gestaltet.

Ein ganz großes Bild Tizians – Die »Himmelfahrt Mariä«, die sogenannte Assunta, 1516–1518 für das Presbyterium der Frarikirche gemalt, war seit 1817 in der Akademie aufbewahrt worden, bis sie 1921 wieder an die ursprüngliche Stelle gelangte.

Bonifazio – Gemeint ist Bonifazio Veronese, genannt de' Pitati (1487–1553).

Das Herz Canovas – Es wurde nach der Fertigstellung des Mausoleums für den 1822 verstorbenen Künstler in der Frarikirche (1827) dorthin überführt.

Fassade ... von Palladio – Das zum Komplex der Accademia gehörende ehemalige Konventsgebäude war durch Andrea Palladio umgestaltet worden (1560 begonnen). Nach einem Brand von 1630 ist nur eine der Hoffronten erhalten geblieben.

245 *Kirche dei Jesuati* – Gesuati oder S. Maria del Rosario, ein zwischen 1726 und 1736 nach Plänen Giorgio Massaris errichteter Neubau.

245 *ein großes Bild von Gentil Bellini* – »Prozession der Bruderschaft von S. Giovanni Evangelista auf dem Markusplatz« (1496). Das später in die Accademia gelangte Bild gehört zum Zyklus der »Reliquie vom Heiligen Kreuz« (1494–1501), den vor allem Gentile Bellini (um 1429–1507) und Vittore Carpaccio (um 1465–1526) für die Scuola Grande S. Giovanni Evangelista geschaffen haben.

eine kleinere Nebenkirche – Gemeint ist der Frührenaissancebau S. Mariae Visitazione.

Confraternità di San Rocco – (ital.) Bruderschaft des heiligen Rochus. Gemeint ist die Scuola Grande di S. Rocco (1515 bis um 1560), die von mehreren venezianischen Baumeistern errichtet wurde.

Bilder der venezianischen Meister – Die seit 1564 entstandenen großen Gemälde der Erdgeschoßhalle (Szenen aus dem Leben Marias), des Großen Saals (Decken: alttestamentarische Szenen, Wände: Szenen aus dem Leben Christi) und des Saals der Herberge (Passion Christi) sind sämtlich Werke Tintorettos.

reiche Holzschnitzarbeit – Die 24 Reliefs (mit Szenen aus dem Leben des heiligen Rochus) an der Holzverkleidung des Altarraumes im Großen Saal waren 1743 von Giovanni Marchiori geschaffen worden.

mehrere andere Kirchen – Neben der Scuola befindet sich nur die Kirche S. Rocco, im wesentlichen ein Bau aus dem 18. Jahrhundert.

innerlich und äußerlich gotisch – Die Frarikirche, die Klosterkirche der Franziskaner, ein Hauptbau der venezianischen Spätgotik, wurde von 1340 bis 1443 errichtet.

Holzbildwerke ... von Donatello – Von Donatello (um 1386–1466) befindet sich in der Frarikirche nur die Plastik Johannes des Täufers (um 1450).

Hier liegt Tizian begraben – Lediglich eine Annahme. Das an der Stelle seit 1794 projektierte Erinnerungsdenkmal für Tizian wurde 1838–1852 von den Canova-Schülern Luigi und Pietro Zandomeneghi ausgeführt.

»Qui giace ...« – (ital.) »Hier ruht der große Tizian Vecelli, der Nacheiferer von Zeus und Apelles.«

Monument ... für den Dogen Tron – Das Grabdenkmal für den Dogen Niccolò Tron (1479) stammt von Antonio Rizzo, während die Brüder Paolo (Architekt) und Antonio Bregno (Bildhauer; an der Ausstattung, nicht am Bau des Dogenpalastes beteiligt) das Grabdenkmal für den Dogen Francesco Foscari (um 1460) ausgeführt hatten.

Canovas Monument – Das nach Canovas eigenem Entwurf ausgeführte, mit Plastiken seiner Schüler Bartolomeo Ferrari, Rinaldo Rinaldi, Luigi und Pietro Zandomeneghi sowie Antonio Bosa versehene Grabdenkmal wurde 1827 fertiggestellt.

245 *Bildersammlung* – Die Gemäldesammlung aus dem Palazzo Barbarigo della Terrazza (1568/69), die bedeutende Werke Tizians enthielt, wurde 1850 an den russischen Zarenhof verkauft. (Sie befindet sich jetzt in der Leningrader Ermitage.)

Salvator mundi – (lat.) Welterlöser; Heiland.

die älteste Kirche Venedigs – Sie wurde nicht, wie Schinkel (venezianischer Überlieferung folgend) angibt, im Jahre 400, sondern im 7. oder 8. Jahrhundert gegründet. Der Bau entstammt vorwiegend dem 12. Jahrhundert.

im Stil der Lombardis – Die Figuren der Chorschranke (1488) von S. Stefano werden Pietro Lombardi und dessen Sohn Tullio zugeschrieben.

Kirche S. Vitale – Sie wurde um 1700 von Andrea Tirali errichtet.

246 *Kirche San Salvatore ... von Sansovino* – Jacopo Sansovino (1486–1570) war erst an der letzten Bauphase der hauptsächlich von Tullio Lombardi errichteten Kirche (1507–1534) beteiligt.

die berühmte Königin Catarina Cornaro – Vgl. die fünfte Anm. zu S. 241.

die berühmte Bianca Cappello – Bianca Cappello (um 1548–1587), die skandalumwitterte Geliebte und spätere Gemahlin des Florentiner Großherzogs Francesco de' Medici. Ihre dramatische Liebesgeschichte war durch mehrere literarische Darstellungen bekannt geworden.

eine Art Seitenkapelle – Gemeint ist die Cappella di S. Tarasio. Die Fresken (1442) stammen von dem Florentiner Maler Andrea del Castagno (um 1421 bis 1457).

eine andere Seitenkapelle – Gemeint ist die Cappella di S. Atanasio. Sie hatte nicht die von Schinkel genannte Bestimmung. Vermutlich liegt eine Verwechselung vor mit dem festlichen Osterbesuch, den die Signoria (das höchste Machtorgan Venedigs) mit dem Dogen an der Spitze alljährlich der Kirche S. Zaccaria abstattete.

247 *der berühmte Algarotti* – Francesco Algarotti (1712 bis 1764), italienischer Schriftsteller und Gelehrter; 1740 von Friedrich II. an den Berliner Hof berufen, später von August III. von Sachsen mit Bilderkäufen für die Dresdener Galerie beauftragt. Das erwähnte Grabmal Algarottis wird in Schinkels Bericht vom 15. August 1824 über seinen Besuch auf dem Camposanto in Pisa nicht genannt. Die Korrespondenz Friedrichs II. mit Algarotti umfaßte 25 Jahre.

Boiserie – (franz.) Wandtäfelung.

an dessen Plafond ein Tintoretto – Die Gemälde im Saal des Obergeschosses stammen von Jacopo Palma il Giovane (1544–1628).

248 *viele noch im Palaste* – Die von Schinkel aufgeführten Antiken und Gemälde im Palazzo Grimani (1540 bis nach 1560) sind dort nicht mehr vorhanden.

Lektisternium – Göttermahlzeit; altrömische Kulthandlung, wobei Götterbildnissen auf Kissen Opferspeisen vorgesetzt wurden.

Vitellius – Vgl. die fünfte Anm. zu S. 139.

Caracalla – Marcus Aurelius Severus Antoninus Augustus, genannt Caracalla (»Mantel«; 176–217), römischer Kaiser seit 211.

Uliß ..., wie er zum Lykomedes kommt ... – Nach der griechischen Sage hielt die Göttin Thetis ihren sterblichen Sohn Achilleus, um ihn vor dem Trojanischen Krieg zu bewahren, als Mädchen verkleidet unter den Töchtern des Königs Lykomedes versteckt. Dem Odysseus (Ulysses) gelang es, Waffen in die Nähe des Jünglings zu bringen und ihn dadurch zur Teilnahme am Kampf der Griechen gegen Troja zu veranlassen. – Auch dieses Fresco (1539/40) stammt von dem Raffael-Schüler Giovanni da Udine (1487–1564).

Dürers in Venedig gemaltes Bild – Gemeint ist das 1506 für die Bruderschaft deutscher Kaufleute in Venedig gemalte »Rosenkranzfest«, das, zunächst in deren Hauskirche S. Bartolomeo aufbewahrt, 1610 von Kaiser Rudolf II. erworben wurde und nach Prag gelangte. (Es befindet sich jetzt in der Prager Nationalgalerie.)

249 *Livia* – Vgl. die achte Anm. zu S. 209.

Reiterstatue eines Colleoni – Das Reiterdenkmal für den erfolgreichsten venezianischen Kondottiere Bartolomeo Colleoni (um 1400–1475), neben Donatellos Gattamelata-Monument in Padua (vgl. die achte Anm. zu S. 239) das bedeutendste Denkmal des Quattrocento. Es wurde 1481–1488 von dem Florentiner Bildhauer und Maler Andrea Verrocchio modelliert und bis 1496 von Alessandro Leopardi gegossen.

von Lombardo gebaut – Von Pietro Lombardo und seinen Söhnen wurden 1488–1490 (am Anfang der Bauzeit) das Unter- und das Pilastergeschoß errichtet; das Hauptgeschoß (nach 1490) wird Mauro Codussi zugeschrieben.

von Niccolò Pisano ausgeführt – SS. Giovanni e Paolo, die Klosterkirche der Dominikaner, ist nahezu vollständig im 14. und in der ersten Hälfte des 15. Jahrhunderts entstanden. Mit dem vor allem in Pisa tätigen Niccolò Pisano (um 1220–1278/84) wird sie nicht mehr in Verbindung gebracht.

Tizians Hauptbild ... herrliches Bild Giovanni Bellinis ... – Beide Gemälde wurden 1867 bei einem Brand vernichtet.

Monumente ... des Sansovino – Die Mocenigo-Grabmäler (1481 bzw. um 1500) sind Hauptwerke von Pietro und Tullio Lombardo; ein früheres (1423) stammt von Pietro Lamberti und Giovanni di Martino.

249 *Von Carpaccio... 6 Bilder* – In SS. Giovanni e Paolo befindet sich kein Werk, das Vittore Carpaccio (um 1465–1526) zugeschrieben wird.

große Marmormonumente – Die zahlreichen Grabdenkmäler (darunter 27 für venezianische Dogen) stammen vor allem aus dem 15. und 16. Jahrhundert.

großes Kirchenfenster – Die Entwürfe für das Bildfenster (um 1500) im rechten Querhausflügel stammen von Bartolommeo Vivarini, Cima da Conegliano und Gerolamo Mocetto.

»Die Anbetung der Könige« ... Porträtbüsten ... »Krönung Mariä« – Diese Kunstwerke sind nicht nachzuweisen.

Monument für den Dogen Vendramin – Das Grabmal für Andrea Vendramin (Doge von 1476 bis 1478), vor 1492 nach dem Entwurf Tullio Lombardos errichtet, befand sich bis 1810 in der Servikirche, seit 1817 in SS. Giovanni e Paolo.

Decke mit Tintorettoschen Bildern – Das große Deckengemälde von Tintoretto wurde 1867 bei einem Brand zerstört.

Meister des Meisters von Canova – Gemeint ist der Bildhauer Giuseppe Toretti (1682–1743), der Lehrer seines Neffen Giuseppe Toretti-Bernardi (um 1694 bis 1774), der wiederum in Venedig der erste Lehrer von Antonio Canova war.

Chiesa Greca – (ital.) Griechische Kirche. Gemeint ist S. Giorgio dei Greci, 1539–1561 erbaut.

entstandene Pest – Vgl. die zweite Anm. zu S. 44.

Köpfe von Tizian und 3 Bilder von Salviati – Die Gemälde von Giuseppe Salviati (um 1520 bis um 1575) stammen aus der zerstörten Inselkirche S. Spirito; die »Köpfe von Tizian« sind nicht nachzuweisen.

»Kain und Abel« ... – Die drei Deckengemälde aus Tizians mittlerer Schaffensperiode (1540–1542), der ebenfalls genannte heilige Markus (Altarbild), ein Frühwerk (1511/12), wie auch die meisten anderen in diesem Zusammenhang erwähnten Werke stammen aus der Kirche S. Spirito in Isola.

250 *Sollys Sammlung* – Vgl. die erste Anm. zu S. 234. Das Berliner Bild gilt als kleinere Wiederholung des genannten Gemäldes.

zwei Bilder von Luca Giordano – Die drei (!) Altarbilder (in drei Altarkapellen; 1667 ff.) von Luca Giordano (1632–1705) stellen nicht Szenen aus dem Leben Christi, sondern Geburt, Darbringung und Himmelfahrt der Maria dar.

Arsenal – Das 1104 gegründete, später mehrfach erweiterte Arsenale Grande diente dem Bau und der Unterhaltung der großen venezianischen Kriegsflotte.

250 *antike Löwen* – Alle vier Löwen, die 1692 aufgestellt wurden, gelten als aus Griechenland mitgeführte venezianische Kriegsbeute.

Admiral Mauroceius – Gemeint ist Francesco Morosini; vgl. die fünfte Anm. zu S. 244.

S. Francesco della Vigna – Entstand ab 1534 nach dem Entwurf Jacopo Sansovinos; die Fassade wurde 1568–1572 von Andrea Palladio davorgebaut.

Procuratia Nuova, jetzt kaiserlicher Palast – Die 1583 von Vincenzo Scamozzi begonnenen, um 1640 von Baldassare Longhena vollendeten Procuratie Nuove (Wohnsitz der Prokuratoren, der einflußreichen Verwaltungsbeamten der Kirche S. Marco) waren ab 1810 für Napoleon als Palazzo Imperiale in klassizistischem Stil eingerichtet worden. Zugleich wurde der sogenannte Ala Napoleonica (Napoleonische Flügel) angebaut. Die von Schinkel erwähnten Fresken im Stile pompejanischer Wandmalereien stammen von Carlo Bevilaqua und Giuseppe Borsato.

251 *Flügel, den Sansovino... gebaut hat* – Gemeint ist die 1537–1554 von Sansovino, 1582–1588 von Scamozzi erbaute Libreria Vecchia di S. Marco.

perspektivischer Plafond – Die Scheinarchitektur des Plafonds stammt von Christoforo und Stefano Rosa; nur das eingelassene Deckengemälde (zum Thema »Weisheit«) wurde von Tizian geschaffen.

Malereien von den Zeitgenossen des Paolo Veronese und ihm selbst – Die 21 runden Deckengemälde des Großen Saals wurden von Veronese und sechs weiteren venezianischen Malern geschaffen.

Brevier mit den schönsten Miniaturen – Gemeint ist das berühmte »Breviarium Grimani«, ein um 1500 (wohl von Jan Gossaert, genannt Mabuse, und seinen Mitarbeitern) mit 110 Miniaturen illustriertes Stundenbuch. Das aus der Grimani-Stiftung (vgl. die sechste Anm. zu S. 244) stammende Werk befindet sich seit 1593 im Besitz der Marcus-Bibliothek.

al Albergo Reale del Leon bianco – (ital.) vom Königlichen Gasthof Zum weißen Löwen.

Lui a fatto il surdo a posta – (ital.) Er hat absichtlich den Tauben gespielt. (Statt »surdo« muß es heißen: »sordo«.)

252 *Palazzo Pubblico* – Das im 15. Jahrhundert errichtete Gebäude, das die große »Sala dei Quattrocento« enthielt, wurde 1549–1617 nach Plänen Andrea Palladios zur sogenannten Basilica Palladiana umgebaut.

Munizipalität – Stadtobrigkeit.

253 *Bilder der alten vicentinischen Meister* – Später im Museo Civico von Vicenza. Der Maler Marcello Fogolino ist erst zwischen 1519 und 1548 nachweisbar.

einige Paläste vom Palladio – Die Hauptbauten des Künstlers in Vicenza sind: Palazzo Chiericati (Entwurf 1550), Palazzo Thiene (Entwurf 1551/52), Palazzo Valmarana (Entwurf 1566), Palazzo Barbaran da Porto (Entwurf 1570) und die sogenannte Loggia del Capitaniato (Entwurf 1571).

253 *seine eigenes kleines ... Haus* – Die sogenannte Casa del Palladio ist wahrscheinlich ein Bau Palladios, wurde jedoch nicht von ihm bewohnt.

Teatro Olimpico – Die 1580 begonnene Ausführung des amphitheatralischen Baues für die Olympische Akademie von Vicenza wurde nach Andrea Palladios Tod im gleichen Jahr von seinem Sohn fortgesetzt und 1583 beendet.

schöne Bilder von Bellini und Montagna – In der von 1260 bis nach 1270 (der Chor erst 1479–1504) errichteten Kirche S. Corona befinden sich von Giovanni Bellini (um 1430–1516) die »Taufe Christi« (um 1505) und von Bartolomeo Montagna (um 1450–1523) die »Maria Magdalena mit Heiligen« (um 1520).

Scamozzi, Calderari – Von Vincenzo Scamozzi (1552 bis 1616) stammen die Palazzi Trissino-Trento und Trissino-Baston; auch führte er die von Palladio entworfenen Palazzi Porto-Breganza und Bonin-Longare, mit eigenen Veränderungen versehen, aus. Von Ottone Calderari (1730–1803) sind in Vicenza die Palazzi Loschi und Cordellino (unter Anlehnung an den Stil Palladios) errichtet worden.

Triumphbogen des Palladio – Gemeint ist der 1595 nach Palladios früherem Entwurf errichtete Arco delle Scalette an der Porta Monte in Vicenza.

Palazzo Pubblico – Gemeint ist die 1476–1493 von einem unbekannten Architekten (vielleicht Fra Giovanni Giocondo) errichtete sogenannte Loggia del Consiglio neben dem Palazzo del Governo (Regierungspalast), eines der schönsten Bauwerke der oberitalienischen Frührenaissance. Die Gemälde im Obergeschoß wurden 1595 hinzugefügt.

Der Platz vor dem Palazzo Pubblico ist mit mehreren malerischen Gebäuden ... umgeben – Um die Piazza dei Signori gruppieren sich die durch Bögen verbundenen alten Regierungsbauten von Verona: der Palazzo del Comune (12./13. Jahrhundert), der Palazzo dei Tribunali (14. Jahrhundert; im 16. Jahrhundert verändert) und der Palazzo del Governo (im 14. Jahrhundert als Residenz der Scaliger erbaut).

Grabmäler der berühmten Scaliger – Das erste Grab der Scaliger (Scaligeri), die von 1259 bis 1387 die Stadtherrschaft von Verona innehatten, wurde 1277, das letzte 1376 angelegt. Am bedeutendsten sind die Grabmäler des Cangrande I. della Scala (1291–1329) von 1330, des Mastino II. della Scala (1308–1351) von 1350 und des Cansignorio della Scala (gest. 1375) von 1376.

253 *ein gotisches Gebäude* – Die Kathedrale S. Maria Matricolare ist ein romanischer Bau aus dem 12. Jahrhundert, der im 15. Jahrhundert durch den Einbau von Kreuzrippengewölben und Fenstern verändert worden war.

vortretende, übereinander stehende Bögen – Dem Portal, einem Werk des Meisters Nikolaus von 1139, ist ein zweigeschossiges Baldachingehäuse vorgesetzt.

254 *Altarnische aus Marmor* – Gemeint sind die 1534 nach dem Entwurf von Michele Sanmicheli (1484 bis 1559) errichteten Chorschranken.

ein großer Teil der Kirche von Sansovino – Die Angabe, Jacopo Sansovino sei am Bau der Kirche S. Giorgio Maggiore beteiligt gewesen, beruht auf einem Irrtum Schinkels. Wahrscheinlich handelt es sich um Michele Sanmicheli, der um 1550 die Kuppel plante, die 1604 vollendet wurde.

Museum des Marchese Maffei – Das 1744 entstandene, nach seinem Begründer Scipione Maffei (1675–1755) auch Museum Maffeianum genannte Museo Lapidario im Vorhof des Teatro Filarmonico, das erste Lapidarium (Sammlung von steinernen Funden) in Europa. Es enthielt griechische und römische Grabreliefs, Sarkophage und Architekturteile.

Palast der Guardia Grande – Das 1610–1614 errichtete Gebäude der Gran Guardia Vecchia (Alte Hauptwache; unvollendet geblieben und erst 1836–1853 fertiggestellt) stammt vermutlich von Domenico Curtoni, einem Schüler Michele Sanmichelis.

Dieser Michele ist für Verona ... – Alle Hauptbauten Michele Sanmichelis entstanden in Verona. (Nur einige Spätwerke wurden für Venedig geschaffen.)

Bruder des Hauptmann Obermann – Wilhelm Obermann (1786–1856) aus Berlin. Zu Hauptmann Obermann vgl. die zweite Anm. zu S. 157.

Kirche S. Andrea – Ein Hauptbau der oberitalienischen Frührenaissance, 1472–1494 nach dem Plan von Leone Battista Alberti (1404–1472) errichtet; das Querschiff entstand 1597–1600, die Kuppel 1752 bis 1782 (nach dem Entwurf von Filippo Juvara).

255 *Mantegnas Büste* – In S. Andrea befindet sich über dem Grab des seit 1463 als Hofmaler der Gonzaga, der Herzöge von Mantua, tätigen Andrea Mantegna (1431–1506) dessen Bronzebüste von Gian Marco Cavalli (vor 1454 bis nach 1506).

Palazzo Vecchio – Gemeint ist die Reggia (Königspalast) oder Corte Reale (Königlicher Hof). Das Bauwerk war als Schloß der mantuanischen Adelsfamilie Bonacolsi begonnen und von den Gonzaga mehrfach vergrößert worden.

Die kaiserlichen Zimmer – Mantua gehörte zwischen 1703 und 1866 zu Österreich. Außer den erwähnten

Interieurs aus dem 16. Jahrhundert enthielt die Reggia auch Einrichtungsstücke aus der Regierungszeit Maria Theresias und Josephs II. (zweite Hälfte des 18. Jahrhunderts).

255 *Tapeten nach Raffaels Kartons* – Eine Folge der nach Raffaels Entwürfen gefertigten Brüsseler Bildteppiche (vgl. die sechste Anm. zu S. 223); in Mantua ursprünglich in der Schloßkirche S. Barbara befindlich, unter Maria Theresia in die Reggia verbracht, seit dem Ende der habsburgischen Herrschaft über Mantua (1866) in Wien.

Verwüstung der prachtvollsten Säle – Im Mantuanischen Erbfolgekrieg (1628–1630) war die Stadt durch Kaiser Ferdinand II. erobert und zerstört worden.

Mantegnas Haus... Geschenksanzeige – Im Jahre 1476 hatte Herzog Lodovico Gonzaga Mantegna das Grundstück geschenkt, auf dem dieser sein (nur teilweise erhaltenes) Wohnhaus errichtete. Die nahe Kirche S. Sebastiano ist nicht nach Mantegnas, sondern nach Albertis Entwurf (1459) erbaut worden.

Palast del Te – Der Palazzo del Te war 1525–1535 als Lustschloß für den Marchese Federico II. Gonzaga nach Entwürfen Giulio Romanos errichtet worden. Die Wandgemälde und Stukkaturen führten (ebenfalls nach Giulio Romanos Entwurf) Francesco Primaticcio, Francesco Penni, Benedetto da Pescia, Rinaldo Mantovano u. a. aus.

Polyphem, der die Psyche und Acis sieht – Schinkel meint hier von den nicht zur Amor-und-Psyche-Geschichte gehörenden Gemälden des Psyche-Saales die Darstellung der griechischen Sage von Galatea und ihrem Geliebten Acis, der von dem eifersüchtigen Riesen Polyphem mit einem Felsblock erschlagen wird.

256 *ein kleines Appartement* – Gemeint ist das Casino della Grotta, das ebenso wie der Palazzo von Giulio Romano und seinen Mitarbeitern errichtet und ausgestaltet wurde.

Kirche ... mit unvollendeter Fassade – Die Dominikanerkirche S. Anastasia (14./15. Jahrhundert), ein Bau der oberitalienischen Backsteingotik, deren materialbetonte Putzlosigkeit (wie auch bei der nordeuropäischen Backsteingotik) Stilprinzip war.

mehrere schöne Monumente – Gemeint sind vor allem die Grabmonumente der venezianischen Kondottieri Cortesia Serego (1424–1429; wohl von dem Donatello-Schüler Nanni di Bartolo, genannt Giovanni Rosso) und Giano Fregoso (1565; von Danese Cattaneo).

Kapelle neben der Tribuna – In der Kapelle links vom Presbyterium befinden sich Fresken aus dem frühen 16. Jahrhundert, die Francesco dai Libri zugeschrieben werden.

256 *In der Tribuna alte Malereien* – Die Fresken im Presbyterium sind 1432 von einem unbekannten Meister ausgeführt worden.

In der Kapelle Pellegrini ... Stuckarbeiten – Gemeint sind die dort befindlichen 24 Terrakotta-Reliefs (1430–1435), die Michele da Firenze zugeschrieben werden.

vortrefflich gearbeitete Ornamente – Gemeint sind wohl die architektonischen Elemente in der Cappella del Crocefisso (Mitte des 15. Jahrhunderts) und am Altar an der Stirnwand des Querhauses (1488–1502).

257 *innen und außen in altertümlicher Form* – Die Kirche SS. Nazaro e Celso ist ein Bauwerk aus der zweiten Hälfte des 15. Jahrhunderts.

Bilder aus der alten lombardischen Schule – Es müssen die Fresken in der Cappella di S. Biagio (des heiligen Blasius) gemeint sein, Hauptbeispiele der Veroneser Malerei des frühen 16. Jahrhunderts (von Giovanni Maria Falconetto, Paolo Morando, Bartolomeo Montagna und Francesco Bonsignori).

Gebäude der Gefängnisse – Der Palazzo dei Tribunali.

Bogen Kaiser Gallienus' – Die Porta dei Borsari, ein um 80 errichtetes Stadttor, war 265 (während der Regierungszeit des römischen Kaisers Publius Licinius Egnatius Gallienus) erneuert worden.

weitgespannte Brücke – Die Etschbrücke ist Bestandteil der großen Befestigungsanlagen, die der Scaliger Cangrande II. (vgl. die zehnte Anm. zu S. 253) von 1354 bis 1375 errichten ließ.

von Pippin dem Kurzen ... erbaut – Schinkel bezieht sich auf eine alte irrtümliche Annahme, nach der sich neben der Kirche das apokryphe Grabmal des fränkischen Königs Pippin III., des Kleinen (714 bis 768; gestorben in Saint-Denis bei Paris) befinden sollte. Die heutige Kirche S. Zeno Maggiore entstand im 12. Jahrhundert (nach einem Vorgängerbau aus dem 5. Jahrhundert, der im 9. und 10. Jahrhundert erweitert worden war).

258 *Marmorportal ... die bronzenen Türen* – Die Portalanlage (1135–1138) und die Bronzetüren (um 1100 und um 1200) sind Hauptwerke der romanischen Plastik in Oberitalien.

kolossale Porphyrschale aus dem Altertum – Wahrscheinlich aus einer der Thermenanlagen, die in der römischen Zeit in Verona gebaut worden waren.

eine Menge alter Freskos – Die Wandmalereien in Chor und Apsis stammen aus dem 14. und 15. Jahrhundert. Der unbekannte Hauptmeister kommt aus dem Kreis Altichiero Altichieris.

das herrliche Bild Mantegnas ... lange in Paris – Gemeint ist das Triptychon der »Thronenden Madonna mit Heiligen« (1456–1459) von Andrea Mantegna.

Es war von 1797 bis 1815 dem Pariser Musée Napoléon einverleibt.

258 *viele wunderliche Säulchen ... mit Monstern geziert* – Die Krypta ist in neun Schiffe gegliedert. Die Kapitelle der Säulen tragen vor allem antikisierende und abstrakt geometrische Dekorationen.

ein sehr altes Skulpturwerk, gemalt – Die Figur des heiligen Zeno (362–372 Bischof von Verona) aus farbigem Marmor (um 1300).

Basrelief am Altar – Gemeint sein müssen die Reliefs am Sarkophag der Veroneser Bischöfe Lucillo, Lupicino und Crescenziano (frühes 12. Jahrhundert). Das von Schinkel zum Vergleich genannte große Felsrelief der Kreuzabnahme an den sogenannten Externsteinen (südlich von Detmold) entstand um 1130.

Kirche San Bernardino – Ein 1452–1475 errichteter Renaissancebau.

Maria in den Wolken und 6 Heilige – Altargemälde (1522) von Paolo Morando (genannt Cavazzola; 1486 bis 1522) in der Kapelle des heiligen Franz von Assisi (später im Museo di Castelvecchio).

mehrere Bilder – Sie gelangten, mit Ausnahme des »Christus am Kreuz« (1498) von Francesco Morone, später ins Museo di Castelvecchio.

Hinter dem Altar ist ein Bild – Das Bild des Hauptaltars, eine Nachahmung (1463) des Triptychons von Mantegna in S. Zeno.

Kapelle Pellegrini – Ein nach dem Plan von Michele Sanmicheli zwischen 1529 und 1557 errichteter Zentralbau.

Porta Stuppa – Das als Porta Palio bekannte Stadttor (1542–1557), ein Hauptzeugnis der Festungsbaukunst Sanmichelis.

Sarkophag von rotem Marmor – Für den Historiker Torello Saraina, den Stifter des daneben befindlichen Altars (1524), in den das Relief mit der »Beweinung Christi« (15. Jahrhundert) eingebaut wurde.

ein Bild von Caroto – »Anna Selbdritt mit Heiligen« (1528) in der Sakramentskapelle.

259 *Talwinkel ... mit senkrechten Felswänden* – Gemeint ist der Engpaß der Berner Klause (Chiusa di Verona).

eine sonderbar gebaute und gelegene Burg – Wahrscheinlich ist die Burg von Avio gemeint.

ein byzantinisches Gebäude – Der Dom von Trient wurde (als Neubau) 1212 begonnen und erst im 16. Jahrhundert vollendet.

Saal des ... berühmten geistlichen Konsiliums – Die Sitzungen des sogenannten Tridentiner Konzils (1545 bis 1547, 1551/52, 1562/63), das über Fragen des Dogmas und der Kirchenreform verhandelte, fanden vorwiegend in der Kirche S. Maria Maggiore (1520–1524) statt.

259 *Marmorchor für eine Orgel* – Die Sängerkanzel (1534) von Vincenzo Vincentino, der unter dem Namen Vincenzo Grandi bekannt geworden ist.

abenteuerliches altes Schloß – Die Ruine der Haderburg (13./14. Jahrhundert, im 16. Jahrhundert erweitert) in der sogenannten Salurner Klause.

Die Stadt ... hat schon viel Deutsches – Bei Salurn verlief seit dem 17. Jahrhundert die deutsch-italienische Sprachgrenze.

260 *Kirche in deutschem Stil* – Die gotische Propsteikirche Unserer Lieben Frau, eine der bedeutendsten Tiroler Kirchen, wurde, begonnen von einer lombardischen Werkstatt, ab 1345 von einer deutschen Bauhütte vollendet.

eine weite gräfliche Burg – Gemeint ist das Schloß Trostburg.

Ave-Maria-Zeit – Der Tagesschluß, den ein zum Gebet an die Jungfrau Maria aufforderndes Glockengeläut um 18 Uhr anzeigt.

261 *Franziskanerkirche* – Die Hofkirche (mit einer den Franziskanern übergebenen Klosterstiftung), 1553 bis 1563 im Auftrag von Kaiser Ferdinand I. als Gedächtnis- und Grabstätte für dessen Großvater, Maximilian I. (1459–1519, seit 1493 Kaiser), erbaut. Dieser hatte noch zu Lebzeiten die elf besten und bedeutendsten Statuen für sein eigenes, ursprünglich in Wiener Neustadt vorgesehenes Grabmal ausführen lassen (zumeist von Gilg Sesselschreiber; zwei Figuren nach Visierungen Dürers von Peter Vischer d. Ä.); die übrigen entstanden bis 1550 (zum Teil nach Modellen Hans Leinbergers). Die Ausführung des Grabmals in der Innsbrucker Hofkirche erfolgte von 1561 bis 1583.

2 Waffenschmiede – Gemeint sind die Innsbrucker Erzgießer Stephan Godl (gest. 1534) und Gregor Löffler (gest. 1565). Godl war seit 1508 mit der Ausführung der Figuren zum Maximilian-Grabmal, Löffler seit 1547 mit der Fortsetzung der Gießarbeiten beauftragt.

bessere Gestalten – Gemeint sind die vor dem Tod Maximilians I. (1519) entstandenen ersten elf Statuen, die sich von den später ausgeführten durch bessere Qualität abheben.

Marmorreliefs ... von ... Colin – Der niederländische Bildhauer Alexander Colin (1527 oder 1529–1612) führte nicht nur die Marmorreliefs (1564–1566) aus, sondern auch die Modelle für die Figur des knienden Kaisers (1582–1584) und die Darstellung der Kardinaltugenden (1564–1570).

des Herzogs Ferdinand Grab ... und das einer Herzogin – Die Grabmäler von Erzherzog Ferdinand (1529 bis 1595), dem Sohn Kaiser Ferdinands I., und seiner

Gemahlin Philippine Welser (1527–1580) befinden sich in der sogenannten Silbernen Kapelle.

261 *Hofers Grab* – Andreas Hofer, der 1810 in Mantua erschossene Führer des Tiroler Bauernaufstandes gegen die französisch-bayrische Herrschaft (1809), war 1823 in der Innsbrucker Hofkirche beigesetzt worden. (Seit 1834 ist dort ein Denkmal für ihn errichtet.)

kaiserliches Schloß – Gemeint ist die Hofburg, ein Um- und Neubau aus dem 18. Jahrhundert mit einem Kern aus dem 15./16. Jahrhundert.

bronzene Equesterstatue – Gemeint ist ein 1622–1630 von Caspar Gras errichtetes, von Bronzefiguren umgebenes Reiterstandbild für Erzherzog Leopold V., der 1609–1632 Graf von Tirol war. (Es wurde 1893 zur Anlage des Leopoldsbrunnens verwendet.)

262 *Vallersee* – Gemeint ist der Ort Walchensee.

Wohlfahrtshausen – Gemeint ist Wolfratshausen.

in Stettin – Vgl. die achte Anm. zu S. 132.

Mutter, Karoline und Kuhberg – Schinkels Schwiegermutter Susanne Berger, geborene Jeanson (1750 bis 1829), seine Schwägerin Karoline Kuhberg, geborene Berger (1786 bis nach 1862), und sein Schwager (vgl. die achte Anm. zu S. 132).

Großherzog von Weimar – Karl August von Sachsen-Weimar-Eisenach (1757–1828), seit 1815 Großherzog.

263 *Professor Sturm aus Weimar* – Karl Christoph Gottlieb Sturm (1781–1826), 1807–1819 Professor der Kameralwissenschaft und Landwirtschaft in Jena, bewirtschaftete zeitweise ein Gut in Tiefurt bei Weimar; seit 1819 lebte er in Bonn.

Cornelius aus Düsseldorf – Der Maler Peter Cornelius (1783–1867) war, gleichzeitig mit seiner Tätigkeit (seit 1819) für den bayrischen König Ludwig I. in München (Glyptothek und Ludwigskirche), von 1821 bis 1825 Direktor der Düsseldorfer Kunstakademie.

De Groote – Vgl. die dritte Anm. zu S. 137.

Dein Bruder – Wilhelm Berger (1790–1858), Architekt und Baurat; war an der Ausführung verschiedener Bauten Schinkels (z. B. des Schauspielhauses in Berlin und der Johanniskirche in Moabit) beteiligt.

264 *Geheimrat Bunsen* ... – Erläuterungen zu den im folgenden genannten Namen und Begriffen, die sich auf die Italienreise beziehen und schon im Tagebuchtext vorkommen, werden hier nicht wiederholt.

266 *fatigant* – (franz.) ermüdend, lästig.

267 *Fatigue* – (franz.) Strapaze.

268 *Noack* – Schinkels Diener in Berlin.

Intelligenzblatt – Amtliches (staatliches) Publikationsorgan, das (in Preußen bis 1850) das Monopol der Erstveröffentlichung von Anzeigen besaß.

268 *Gabain* – George Gabain (1763–1826), mit Schinkel befreundeter Inhaber einer Seidenhandlung in der Breiten Straße 23; Schinkel hatte für ihn Stoffentwürfe angefertigt.

troubliert – beunruhigt, gestört.

Wiebeking – Karl Friedrich von Wiebeking (1762 bis 1842), Ingenieur und Wasserbaumeister; war 1805 bis 1818 Leiter des bayrischen Wasser-, Brücken- und Straßenbaus.

das tegelsche Fest – Das von Schinkel seit 1820 für Wilhelm von Humboldt gänzlich umgebaute Schloß Tegel war am 31. Oktober 1824 eingeweiht worden. Christian Daniel Rauch hatte Humboldts Sammlung von Antiken und Abgüssen angeordnet.

Affiche – (franz.) Ankündigung.

269 *An Goethe ... dies Billett* – Schinkels Anmeldungsschreiben (vom 30. November 1824 datiert; Goethe- und Schiller-Archiv Weimar) lautet: »Gestern Abend spät hier, auf meiner Rückreise von Italien, angekommen, kann ich mir unmöglich die Freude versagen, Euere Exzellenz um die Erlaubnis zu bitten, mich Ihnen mit meinen Reisegefährten: Doktor Waagen und Geheimen Rat Kerll, vorstellen zu dürfen. Die wenigen Stunden, welche mir in Weimar zu bleiben leider nur heute noch vergönnt sind, indem die Beschleunigung meiner Rückkunft nach Berlin mehrere Male dringend gefordert wurde, würden durch die gütige Gewährung meiner Bitte zu den schönsten meiner Reise gehören. Die Bestimmung einer Euerer Exzellenz gelegenen Zeit werde ich erwarten, indem ich mit größter Hochachtung verharre.

Euerer Exzellenz ganz ergebenster Schinkel«

Schinkels Wunsch wurde erfüllt. Der Besuch, den er Goethe am gleichen Tage abstattete, war der dritte nach 1816, als er – unterwegs nach dem Rhein und nach Heidelberg – den Dichter besonders wegen der Sammlung Boisserée aufgesucht hatte, und 1820, als er zusammen mit den Bildhauern Rauch und Tieck in Jena und Weimar war. (1826, zu Beginn der Reise nach Paris und England, schloß sich ein vierter Aufenthalt in Weimar an.) – Am 3. Dezember 1824 schrieb Goethe an Karl Friedrich Zelter: »Mit den köstlichen märkischen Rübchen haben wir gestern die Berliner Freunde traktiert; sie hielten sich kaum einen Tag auf, ich habe aber doch gar manches, besonders durch Schinkel, vernommen, was mir einen hellen Blick über das neue Italien gewährt. Daß ein Mann wie dieser, der in der Kunst so hoch steht, in kurzer Zeit viel zu seinem Vorteil weghaschen könne, ist naturgemäß, und es wird ihm gewiß bei den nächstbedeutenden Unternehmungen sehr zustatten kommen.«

Verzeichnis der Abbildungen

Originaltitel Schinkels sind in Anführungszeichen gesetzt. Sie ergeben sich entweder aus der eigenhändigen Angabe auf dem entsprechenden Blatt oder aus einem handschriftlichen Verzeichnis, das er von 78 italienischen Zeichnungen angefertigt hatte (bei der entsprechenden Katalognummer gekennzeichnet mit: Titel nach »Verzeichnis«).

Die Maße sind in Millimetern angegeben. Die Höhe steht vor der Breite. Das Papier ist, wenn nicht anders erwähnt, weiß bzw. vergilbt.

Die Abkürzung SM in Verbindung mit der Inventarnummer einer Zeichnung bedeutet: Schinkel-Museum (das sind die jetzt in der Sammlung der Zeichnungen im Kupferstich-Kabinett der Staatlichen Museen zu Berlin aufbewahrten Bestände des ehemaligen Schinkel-Museums). Die Abkürzungen u., o., r., l. in Verbindung mit der Bezeichnung auf einem Blatt bedeuten: unten, oben, rechts, links.

Sämtliche Farbaufnahmen und 32 Schwarz-Weiß-Fotos wurden von Ulrich Frewel, Potsdam, angefertigt. Die übrigen Aufnahmen stammen von: Fotowerkstatt der Staatlichen Museen zu Berlin (1, 2, 4, 10, 11, 16, 20–23, 25, 27–29, 31, 33, 39, 42–46, 48, 53, 59–66, 69, 71, 72, 74, 76, 78, 79, 81, 85–87, 90, 92–96, 98, 101–103, 105–107, 109, 111, 112, 117, 118, 133–135, 143, 144, 147, 148, 155, 157, 158); Bildarchiv Preußischer Kulturbesitz, Berlin (West) (116); Fotoatelier Jörg P. Anders, Berlin (West) (156).

1 *Johann Carl Rösler: Schinkel 1803 in Rom*
Bez. l. o.: Rom
Bez. r. o.: 1803
Öl auf Leinwand. 490 × 490
Ehemals National-Galerie Berlin, Kriegsverlust 1945
Der Dresdener Porträtmaler Rösler (1775–1845), seit 1815 Professor an der dortigen Akademie, hielt sich von 1803 bis 1806 in Rom auf.

2 *Prunkharnisch in der Dresdener Rüstkammer*
Feder in Braun. 273 × 214 (Gesamtseite mit Text)
SM Tagebuchfragment »Dresden–Wien«, S. 1

3 *Dresden aus der Ferne*
Nicht bez.
Aquarell- und Deckfarben (letztere nur als Umrahmung des Rundbildes). 291 × 304 (Durchmesser des runden Ausschnittes: 185)
SM 1 b/17
Der Blick auf die Stadt und das Elbtal (von Südosten nach Nordwesten) verbindet die wirkliche Situation Dresdens mit den erfundenen bzw. veränderten Elementen der mittelalterlichen Burg im Vordergrund und der Bergzüge im Hintergrund. Wahrscheinlich entstand das Blatt erst nach der Reise von 1803, aus der Erinnerung oder bei einem der späteren Aufenthalte Schinkels in Dresden.

4 »*Im Plauer Grunde bei Dresden*«
Bez. l u.: Im Plauer Grunde bei Dresden.
... [unleserliches Wort] im Plauer Grund
Feder in Grau, Bleistift. 221 × 327
SM 13/31

5 *Blick auf das böhmische Gebirge*
Nicht bez.
Aquarell, Bleistift. 260 × 368
SM 2/3
Aussicht von der Ruine Geiersberg; im Tal (Mittelgrund rechts) die Wallfahrtskirche Mariaschein (laut Mitteilung von Karl-Ludwig Hoch, Dresden).

6 *Ansicht von Prag vom Laurenziberg*
Nicht bez.
Feder in Braun, weiß gehöht. 539 × 734
SM 1/11
Das Blatt, das im Mittelgrund die Prager Kleinseite und den Hradschin, im Hintergrund die Altstadt zeigt, entstand noch nicht auf der Reise, sondern in den folgenden Jahren in Berlin – im Rahmen von Schinkels Arbeiten zu den sogenannten perspektivisch-optischen Schaubildern, die dort seit 1808 im Diorama von Wilhelm Gropius vorgeführt wurden. (Vgl. auch die Abb. 49, 50, 52, 53, 68, 81, 87, 88, 99, 108, 109, 111, 114 und die Bemerkungen dazu.)

7 *Der Veitsdom in Prag*
Bez. u.: Prag
Feder in Grau, Bleistift. 411 × 373
SM 2/9
Das Blatt gewährt einen Blick auf die westliche Abschlußwand des Domchores. Rechts der südliche Domturm; im Vordergrund, auf dem Platz des noch nicht bestehenden Hauptschiffes, die St.-Adalbert-Kapelle. Die Skizze darunter zeigt die Kleinseite mit dem Kloster Strahow, den Hradschin mit Dom und Georgskloster, im Vordergrund die Karlsbrücke.

8 »*Ansicht auf die Kleine Seite von Prag*«
Bez. l. u.: Ansicht auf die Kleine Seite von Prag
Feder in Schwarzgrau, Bleistift. 174 × 304
SM 2/13
Dargestellt sind vorn die Thomaskirche, rechts St. Niklas, dahinter der Laurenziberg mit der Hungermauer, im Hintergrund links die Ruinen der Burg Vyschehrad.

9 »*Auf den Wällen von Prag auf der Kleinen Seite*«
Bez. r. u.: Auf den Wällen von Prag auf der Kleinen Seite, aufs alte Schloß und die Domkirche
Feder in Schwarzgrau, Bleistift. 179 × 308
SM 2/14
Blick von der Pulverbrücke über den Hirschgraben auf die nördliche Befestigung des Hradschin. Ganz links das Große Ballhaus, rechts die westliche Chor-Abschlußwand des nicht fortgesetzten Baues von St. Veit, dahinter die romanischen Türme des Georgsklosters.

10 »*Schloß Karlstein in Böhmen, Karl IV. Sitz*«
Bez. r. o.: Schloß Karlsstein in Böhmen, Karl IVten Sitz
Feder in Braun, Bleistift. 370 × 566
SM 2/19

11 »*Aussicht vom Garten des Belvedere auf Wien*«
Bez. u.: Aussicht vom Garten des Belvedere auf Wien
Feder in Braun, Bleistift, hellgraues Papier. 236 × 378
SM 2/21
Im Vordergrund erkennt man (von links) Karlskirche, Palais Schwarzenberg und Unteres Belvedere, im Hintergrund Stephansdom und Wienerwald.

12 *Innenansicht des Stephansdoms in Wien*
Bez. l. u.: Schinkel. inv: et fec.
Lithographie, graues Tonpapier. 253 × 158 (Bildgröße), 263 × 178 (Blattgröße). Bez. auf dem untergelegten Blatt (eigenhändig?): Versuch mit der Feder auf Stein
SM 1 b/39
Schinkel hat eine auf der Reise entstandene, unvollendete Federzeichnung (SM 2/22) später, wohl erst um

1818, zu dieser Lithographie verändert (Vorzeichnung hierzu, seitenverkehrt SM 18/36). Dabei wurde der Kirchenraum (mit Blick auf den Ostchor) hallenartig erweitert wiedergegeben, die barocke Ausstattung reduziert, die gotische verändert.

13 *Ruine der Burg Tharandt bei Dresden*
Nicht bez.
Feder in Grau, Bleistift. 261 × 264
SM 13/32

14 *Böhmische Gebirgskette in der Abenddämmerung*
Nicht bez.
Deckfarben. 215 × 353
SM 2/2
Die Ansicht zeigt in der Ferne die Berge Milleschauer und Kletschen (laut Mitteilung von Karl-Ludwig Hoch, Dresden).

15 *»Böhmisches Gebirg«*
Bez. auf der Rückseite: Böhmisches Gebirg
Feder in Grau, Bleistift. 262 × 369
SM 2/7
Dargestellt ist der Ausblick vom Dorfe Borislau nach Norden; im Mittelgrund der Teplitzer Schloßberg (laut Mitteilung von Karl-Ludwig Hoch, Dresden).

16 *Ansicht des Hradschin und der Kleinseite von Prag*
Bez. u.: Prag
Feder in Braun, Bleistift. 191 × 313
SM 2/12

17 *Im Chor des Veitsdoms*
Bez. l. u.: Prag
Feder in Grau, Bleistift. 336 × 180
SM 2/10

18 *»Altgotische Kapelle zu Schöngrabern in Österreich auf dem Wege von Prag nach Wien«*
Bez. u.: Altgotische Kapelle zu Schöngrabern in Österreich auf dem Wege von Prag nach Wien
Feder und Pinsel in Grau, laviert, Bleistift.
364 × 245
SM 2/20
Der spätromanische Bau aus dem frühen 13. Jahrhundert wird von Schinkel mit geringen rekonstruierten Veränderungen wiedergegeben.

19 *Ansicht von Wien, im Vordergrund die »Spinnerin am Kreuz«*
Nicht bez.
Aquarell und Deckfarben, Bleistift. 231 × 173
SM 2/26
Die aufgelöste spätgotische Architektur und die barocken Figuren der Wegsäule werden von Schinkel vereinfacht dargestellt. Das Blatt entstand nach einer Federvorzeichnung (SM 2/25).

20 *Franzensburg und chinesischer Pavillon im Park von Laxenburg*
Bez. r. o.: Aus Laxenburg bei Wien
Ritterburg
Bez. l. o.: Brückenverband. Der Stiel a, welcher durch die Träger der Brücke geht, trägt zugleich das Geländer.
Bez. r. u.: Angelhaus
Feder in Grau, Bleistift. 193 × 128
SM 2/34
Die »Franzensburg« wurde 1798–1801 unter Kaiser Franz II. errichtet; das chinoisierende Angelhaus gehört zu den vielen Gartenbauten des am Ende des 18. Jahrhunderts angelegten englischen Landschaftsparks.

21 *»Bergschloß Liechtenstein«*
Bez. l. u.: Bergschloß Li[e]chtenstein
Feder in Schwarz, Bleistift. 236 × 281
SM 2/32

22 *»Bei Schottwien auf der Grenze von Österreich und Steiermark«*
Bez. u.: Bei Schottwien auf der Grenze von Österreich und Steiermark, den 23. Juni 1803 im Regen gezeichnet
Feder in Braun, Bleistift. 243 × 371
SM 3/2

23 *»Aussicht bei einem Dorfe vor Graz auf die Schneegebirge von Steiermark«*
Bez. u.: Aussicht bei einem Dorfe vor Graz auf die Schneegebirge von Steiermark
Feder in Braun, Bleistift. 225 × 359
SM 3/4

24 *»Aussicht bei Cilli auf den Leubel und die Gebirge von Kärnten«*
Bez. u.: Aussicht bei Cilli auf den Leubel und die Gebirge von Kärnten
Feder in Braun, Bleistift. 228 × 370
SM 3/9

25 *»In einem Dorfe vor Graz«*
Bez. r. u.: In einem Dorfe vor Graz

Feder in Braun, Bleistift. 237 × 368
SM 3/3

26 »*Aussicht von den Vorgebirgen des Adriatischen Meers auf Triest und seinen Hafen*«
Nicht bez. (Der Titel stammt von der Vorzeichnung.)
Feder in Schwarz, Aquarell und Deckfarben. 344 × 463
SM 1 b/26
Das Blatt entstand nach einer Federvorzeichnung (SM 3/36).

27 »*Aussicht von der Zitadelle in Triest auf den Hafen und das Adriatische Meer*«
Bez. u.: Aussicht von der Zitadelle in Triest auf den Hafen und das Adriatische Meer
Feder in Braun, Bleistift. 226 × 356
SM 3/27

28 »*Die Kirche von Aquileja*«
Bez. u.: Die Kirche von Aquileja
Feder in Braun, Bleistift. 228 × 371
SM 3/55

29 »*Inneres der Kirche von Aquileja*«
Bez. u.: Inneres der Kirche von Aquileja
Feder in Braun, Bleistift. 361 × 231
SM 3/56

30 »*Das Schloß Prediama oder Lueg, zwölf Stunden von Triest*« *(aus der Ferne)*
Bez. u.: Das Schloß Prediama oder Lueg, 12 Stunden von Triest
Feder in Braun. 235 × 282
SM 3/21

31 *In der Höhle von Prediama*
Bez. u.: Prediama. Lueg
Bleistift. 371 × 249
SM 3/24

32 »*Das Schloß Prediama oder Lueg, zwölf Stunden von Triest*«
Bez. u.: Das Schloß Prediama oder Lueg, 12 Stunden von Triest
Bez. r. u.: Schinkel
Feder in Braun, Bleistift. 420 × 273
SM 1 b/20
Nach dieser Zeichnung entstand 1816 eine von Friedrich Klinsmann vervielfältigte Lithographie, die geringe Unterschiede zeigt (seitenverkehrt; Kreidevorzeichnung dazu SM 3/23).

33 *Das Tal von Idria*
Bez. l. u.: Idria
Bleistift. 230 × 378
SM 3/19

34 »*Die große Höhle bei Corgnale, drei Stunden von Triest*«
Bez. l. u.: Die große Höhle bei Corniale, 3 Stunden von Triest, Juli 03
Feder und Pinsel in Braun, laviert. 330 × 242
SM 1 b/21

35 »*Das Schloß Duino am Golfo von Triest*«
Bez. u.: Das Schloß Duino am Golfo von Triest
Bez. l. u.: Duino
Feder in Braun, Bleistift. 234 × 376
SM 3/35

36 *Felsküste bei Pirano*
Bez. l. u.: Pirano in Istria
Feder und Pinsel in Grau, laviert, Bleistift. 215 × 343
SM 3/37

37 *Die Bucht von Pola*
Nicht bez.
Feder und Pinsel in Grau, laviert. 238 × 373
SM 3/43

38 »*Veduta dell' Amphiteatro e della Città di Pola*«
Bez. u. (auf dem untergelegten Karton): Veduta dell' Amphiteatro e della Città di Pola
Feder und Pinsel in Grau, laviert, Bleistift. 280 × 463
SM 3/52

39 »*Porta Aurea in Pola*«
Bez. u.: Porta Aurea in Pola
Feder und Pinsel in Braun, Bleistift. 340 × 238
SM 3/47

40 »*Chiesa vecchia sarazenica in Pola*«
Bez. u. (auf dem untergelegten Karton): Chiesa vecchia sarazenica in Pola
Feder und Pinsel in Grau, laviert. 283 × 238
SM 3/44
Dazu Bleistiftvorzeichnung (SM 3/45)

41 »*Il Duomo di Pirano in Istria*«
Bez. r. o.: Pirano
Bez. u. (auf dem untergelegten Karton): Il Duomo di Pirano in Istria
Feder in Grau, Aquarell- und Deckfarben, Bleistift. 219 × 368
SM 3/40

42 *Segelschiffe und Bootsleute im Hafen*
Nicht bez.
Feder in Schwarz, Bleistift. 230 × 367
SM 3/33

43 *Die Piazzetta in Venedig*
Nicht bez.
Bleistift, hellgraues Papier. 172 × 215
SM Skizzenbuch D, S. 13
Die Skizze entstand erst nach der Reise, wahrscheinlich im Zusammenhang mit dem (nicht erhaltenen) Entwurf zu einer Darstellung des Markusplatzes als perspektivisch-optisches Gemälde im Jahre 1809.

44 *Zwei Tagebuchseiten: Auf dem Wege nach Florenz*
Feder. 190 × 140 (jede Seite)
SM Manuskript 12, S. 42 und 43

45 *Ansicht von Radicofani*
Bez. u.: Radicofani
Feder in Schwarz, Bleistift. 96 × 143
SM Skizzenbuch B, S. 63

46 *Platz mit Brunnen in Viterbo*
Bez. u.: Viterbo
Feder in Schwarz, Bleistift. 144 × 100
SM Skizzenbuch B, S. 57

47 »*Aus der wüsten Campagna romana*«
Bez. r. u.: Tiber bei Rom, wüste Campagna, in der Ferne Monte Soracte
(Titel nach »Verzeichnis«)
Feder in Graubraun, Bleistift, hellgraues Papier. 238 × 369
SM 4/76

48 »*Porträt aus dem Fenster meiner Wohnung in Rom, San Pietro in der Ferne*«
Bez. u.: Veduta di Roma da mia Locanda in Monte Pinso presso la chiesa di St. Trinita dell Monte
1. Villa Pamphili
2. Fontana presso St. Pietro dell Monte
3.–13. (jeweils Ziffern ohne weitere Angaben)
14. Castello St. Angelo
15. St. Pietro
16. Il Vaticano
17. St. Carlo al Corso
18.–19. Mausoleo Augusto
20. Piazza di Spagna
(Die Zahlen stehen auch bei den entsprechenden Bauten.)
(Titel nach »Verzeichnis«)
Feder in Braun. 295 × 488
SM 4/56

49 *Gruppe von Spielern, im Hintergrund Sta. Trinità de Monti und die Spanische Treppe*
Nicht bez.
Feder und Pinsel in Grau, laviert und aquarelliert, Bleistift, graublaues Papier. 336 × 379
SM 4/49
Wie auch andere römische Ansichten (vgl. Abb. 50, 52, 53) ist das Blatt die Vorarbeit zu einem der nach der Reise entstandenen perspektivisch-optischen Schaubilder (vgl. die Bemerkung zu Abb. 6). Zur Gruppe der Spieler existiert eine vorbereitende Zeichnung (SM 4/50).

50 »*Ansicht des Kapitols vom Campo Vaccino aus*«
Nicht bez.
(Titel nach »Verzeichnis«)
Deckfarben. 309 × 472
SM 1 b/25
Die Ansicht zeigt auf dem Campo Vaccino genannten Forum Romanum links drei Säulen des Kastor-und-Pollux-Tempels, rechts den Triumphbogen des Septimius Severus. Im Hintergrund die Rückseite des Senatorenpalastes auf dem Kapitol und die Kirche Sta. Maria in Aracoeli. – Das Blatt entstand, nach einer quadrierten Vorzeichnung (SM 4/67), im Zusammenhang mit anderen römischen Ansichten der perspektivisch-optischen Schaubilder nach der Reise (vgl. Abb. 49, 52, 53).

51 »*Meierei im Pinienhain der Villa Borghese bei Rom*«
Nicht bez.
(Titel nach »Verzeichnis«)
Pinsel in Grau und Braun, laviert, Deckfarben, weiß gehöht. 152 × 200
SM 4/51
Dargestellt ist die sogenannte Casa Cenci im Park der Villa Borghese, ein seit dem 18. Jahrhundert oft wiedergegebenes Gärtnerhäuschen an der Mura del Tarto. – Die Komposition entstand nach einer Skizze (SM Skizzenbuch A, S. 15, bez.: Nella Villa Borghese). In der von David Gilly herausgegebenen »Sammlung nützlicher Aufsätze und Nachrichten, die Baukunst betreffend« (Berlin 1797–1805) fand die Darstellung als Titelvignette zum Jahrgang 1805 Verwendung.

52 »*Die Engelsbrücke, Engelsburg und Peterskirche in Rom*«
Bez. l. u.: Engelsbrücke Rom

(Titel nach »Verzeichnis«)
Feder in Schwarz, Bleistift. 485 × 559
SM 4/57
Das Blatt ist die Vorzeichnung zu einem der nach der Reise gemalten perspektivisch-optischen Schaubilder. Es entstand in Kenntnis, vielleicht unter Verwendung der »Veduta del Ponte e Castello Sant' Angelo« (1754; Blatt 52 der Kupferstichfolge »Le Vedute di Roma«) von Giovanni Battista Piranesi, von dessen Betrachterstandort es nur geringfügig abweicht.

53 *»Das Kapitol in Rom«*
Bez. u.: Kapitol
(Titel nach »Verzeichnis«)
Feder in Schwarz, Bleistift. 483 × 543
SM 4/58
Freitreppe, Piazza del Campidoglio mit den antiken Gruppen der Dioskuren und dem Reiterdenkmal Marc Aurels sowie die den Platz umgebenden Bauten des Kapitolinischen Museums, des Senatoren- und Konservatorenpalastes gehen auf Pläne Michelangelos zurück. – Ebenso wie Abb. 52 entstand die Ansicht für ein perspektivisch-optisches Schaubild und in enger Anlehnung an Piranesis »Veduta del Romana Campidoglio con Scalinata che và alla Chiesa d'Araceli« (1775; Blatt 75 der Folge »Le Vedute di Roman«).

54 *»Ansicht des Quirinalpalasts und eines Teils von Rom, aus dem Fenster der Wohnung eines Freundes gezeichnet«*
Nicht bez.
(Titel nach »Verzeichnis«)
Feder in Schwarz und Grau, laviert und aquarelliert, weiß gehöht, graublaues Papier. 331 × 526
SM 54/5

55 *Römische Karnevalsfiguren*
Nicht bez.
Feder in Schwarz, Deckfarben, Bleistift. 288 × 201
SM 4/47

56 *Campagnalandschaft mit Monte Cavo und den Albanerbergen*
Bez. u.: Monte Cavo
Feder in Schwarz, aquarelliert. 138 × 201
SM Skizzenbuch A, S. 48

57 *Blick auf den Nemisee*
Nicht bez.
Schwarze Kreide, Bleistift, weiß gehöht, graues Papier. 331 × 507
SM 4/78

58 *Der Wasserfall von Terni*
Nicht bez.
Feder in Schwarz, Bleistift. 478 × 458
SM 4/28

59 *»Ponte d'Augusto vicino a Narni«*
Bez. l. u.: Ponte d'Augusto vicino a Narni
Feder in Grau, schwarze Kreide, weiß gehöht, graues Papier. 455 × 694
SM 4/29

60 *Brücke vor dem Stadttor von Rieti*
Bez. r. u.: Fuori della Porta di Rieti altromente Reate
Feder in Braun, Bleistift. 306 × 480
SM 4/24

61 *»Ansicht von Luniano am Fuß des Terminillo«*
Bez. u.: Paese Luniano Terminillo
(Titel nach »Verzeichnis«)
Feder in Braun, Bleistift. 297 × 242
SM 4/19

62 *»Alte Kirche, im frühen Mittelalterstil gebaut, zu Civita Ducale in den Apenninen«*
Bez. r. u.: Chiesa saracenica in Civita Ducale vicino all'Abruzzo
(Titel nach »Verzeichnis«)
Feder und Pinsel in Braun, laviert, Bleistift, blaugraues Papier. 332 × 558
SM 4/21
Dargestellt ist die Kirche Sta. Maria del Popolo in Cittaducale.

63 *»Donna della Montagna di Terminillo«*
Bez. u.: Donna della Montagna di Terminillo
Feder in Braun, Bleistift. 271 × 167
SM 4/16

64 *»Kloster bei Rieti«*
Bez. u.: Convento dei Franciscani in St. Antonio del Monte vicino a Rieti
(Titel nach »Verzeichnis«)
Feder in Braun, Bleistift. 294 × 479
SM 4/25

65 *Villa am Meer*
Nicht bez.
Feder in Grau, Bleistift. 271 × 190
SM 4/74

66 *Aussicht vom Aschenkegel des Vesuv auf den Golf von Neapel in der Morgendämmerung*
Nicht bez.
Öl auf Leinwand. 335 × 647
Ehemals SM, Kriegsverlust 1945
Das Gemälde entstand um 1810, etwa gleichzeitig mit dem perspektivisch-optischen Schaubild »Ausbruch des Vesuvs bei Neapel« von 1809 (zu dem sich kein Entwurf erhalten hat).

67 *Küstenlandschaft am Golf von Neapel*
Nicht bez.
Deckfarben. 163 × 240
SM 1 b/28

68 »*Ansicht von Neapel, Castel San Elmo auf der Höhe*«
Bez. r. u.: Neapel
(Titel nach »Verzeichnis«)
Feder in Schwarz, Bleistift. 481 × 537
SM 5/2
Die Ansicht, nach der Rückkehr von der Reise entstanden, ist der Entwurf zu einem perspektivisch-optischen Schaubild (vgl. die Bemerkung zu S. 6).

69 »*Stadt Amalfi am Golf von Salerno*«
Bez. u.: Città di Amalfi al Golfo di Salerno
(Titel nach »Verzeichnis«)
Feder in Braun. 333 × 207
SM 1 b/33

70 »*Castello dell' Uovo bei Neapel*«
Bez. u. (von links): Capri isola. Insel Capri mit Meer.
Neapel. Castello dell' Uovo
(Titel nach »Verzeichnis«)
Feder in Schwarz, aquarelliert, Bleistift, graues Papier. 223 × 319
SM 1 b/29

71 *Die Felsküste von Capri*
Bez. l. u.: Capri
Bez. darunter: Veduta della Grotta di Bituna
Isola di Capri
Feder in Braun, Bleistift. 140 × 427
SM 5/22

72 *Auf Capri*
Nicht bez.
Feder in Braun, Bleistift. 210 × 367
SM 1 b/22
Nach der Zeichnung entstand eine Lithographie (auf dem Druck SM 1 b/36 – wohl nicht eigenhändig – bez.: »Versuch mit der Feder auf Stein«).

73 »*Bauernhaus auf Anacapri*«
Bez. r. seitlich: Anacapri
(Titel nach »Verzeichnis«)
Feder und Pinsel in Braun, laviert, Bleistift. 262 × 376
SM 5/31

74 »*Meerenge bei Messina. Scylla und Charybdis*«
Bez. u. (von links): Costa di Calabria. Stretto di Messina.
Montagne di Messina
(Titel nach »Verzeichnis«)
Feder in Grau, Bleistift. 209 × 550
SM 6 b/3

75 »*Stadt Taormina auf der hohen Meeresküste*«
Bez. r. u.: Taormina
(Titel nach »Verzeichnis«)
Feder in Schwarz, Bleistift. 207 × 706
SM 6 a/12

76 »*Campo della Neve sul Monte Gibello*«
Bez. u.: Campo della Neve sul Monte Gibello
Feder in Braun, Bleistift. 114 × 170
SM 6 b/29
Insgesamt entstanden während des Aufstiegs Schinkels und seiner Begleiter zum Gipfel des Ätna am 18. Mai 1804 sieben Zeichnungen des Künstlers (vgl. auch Abb. 90). Für die Folge der perspektivisch-optischen Schaubilder hatte er 1808/09 zwei Ansichten des Ätna entworfen: eine mit Catania, die andere mit einer Kapelle zu Füßen (vgl. Abb. 88).

77 »*Landhaus bei Syrakus*«
Bez. Rückseite: Landhaus bei Syrakus
Feder und Pinsel in Grau, laviert. 378 × 490
SM 1 b/14
Nach Schinkels Kommentar im Itinerarium (»Nach Sizilien«) vom 30. Mai 1804 (vgl. S. 81) ist »die Anlage eines Engländers an dem Abhang des Bergs für eine Villa« gemeint. Außer auf der vorliegenden Ansicht ist das Gebäude (samt Umgebung) auch im Grundriß, ergänzt durch dekorative Details, dargestellt (SM 1 b/15). Beide Blätter entstanden nach vorbereitenden Skizzen (SM 6/48, 49, 50).

78 *Reisende auf dem Weg zwischen Syrakus und Lentini*
Bez. u.: Tra Siragusa e Lentini a la vista di Angusta
nel mare
Feder in Braun, Bleistift. 210 × 365
SM 6 b/36

79 »*Hauptansicht der Tempel von Agrigent*«
Bez. u. (von links): Tempio di Hercule. Agragus fl. Tempio di Concordia. Tempio di Diana. Girgenti
(Titel nach »Verzeichnis«)
Feder in Schwarz, Bleistift. 205 × 553
SM 6 b/52
Der Concordia-Tempel ist einzeln von Schinkel noch dreimal dargestellt worden (vgl. Abb. 99 und die Bemerkung dazu).

80 *Sizilianische Küste bei Alcamo*
Bez. u.: bei Alcamo
Feder und Pinsel in Grau, laviert, Bleistift, hellgraues Papier. 113 × 454
SM 6 b/64

81 »*Panorama von Palermo*«
Bez. u.: Panorama von Palermo
Bez. mit Zahlenangaben bei Bauten und Landschaftsteilen
Kupferstich, ergänzt mit Feder und Pinsel in Grau, weiß gehöht. Durchmesser 290
Bez. auf dem Untersatzblatt (von anderer Hand): auf Kupfer radiert von Schinkel
SM 1 b/38
Während seiner Arbeiten zu Panorama und Diorama hatte Schinkel 1808 in wochenlanger Tätigkeit ein Panorama-Rundbild von Palermo in Öl gemalt. In der Größe von 15 × 90 Fuß (4,5 m Höhe, 27 m Breite im Umlauf) hatte er es zunächst in eigener Regie in einem von dem Baumeister Steinmeyer sen., dem Vater seines Reisegefährten, errichteten einfachen Holzrundbau an der Hedwigskirche in Berlin ausgestellt. Die weitere Ausstellung (ebenso wie auch die der folgenden Schaubilder, die jedoch keine Rundpanoramen mehr waren; vgl. die Bemerkung zu Abb. 6) erfolgte durch Wilhelm Gropius. (Eine quadrierte Vorzeichnung zu Palermo von 0,5 × 3 m Größe befand sich im SM; Kriegsverlust 1945.) – Ob die vorliegende kleine, flächenhafte Darstellung – deren Vordergrund der südlich der Stadt gelegene Dom von Monreale bildet – gleichzeitig oder erst später entstand, muß offen bleiben. Die starken perspektivischen Veränderungen sind durch die Flächenprojektion bedingt, in der auch die gedachte Besucherplattform in der Mitte des Rundbaus als schwarze Scheibe in der Darstellung erscheint.

82 »*Altmaurischer Palast des Prinzen Butera auf der Bagaria bei Palermo*«
Bez. r. u.: Villa del Principe di Budera nella Bagaria
(Titel nach »Verzeichnis«)
Feder und Pinsel in Braun, laviert, Bleistift. 318 × 491
SM 6 b/75

83 »*Die Küste von Kalabrien mit dem Felsen von Scylla*«
Bez. u.: Scylla. Charybdis. Pharo di Messina
(Titel nach »Verzeichnis«)
Feder in Braun, Bleistift, graublaues Papier. 298 × 489
SM 6 b/10

84 *Schiff im Sturm an der kalabrischen Küste*
Bez. l. o.: Scylla u. Charybdis
Feder und Pinsel in Braun, laviert, hellgelbe Deckfarbe, Bleistift, hellbraunes Papier. 230 × 589
SM 6 b/11

85 »*Ansicht von Messina und der gegenüberliegenden Küste von Kalabrien*«
Nicht bez.
(Titel nach »Verzeichnis«)
Feder in Schwarz. 457 × 852
Ehemals SM, Kriegsverlust 1945

86 »*Hafen des Ulysses bei Taormina*«
Bez. u.: il Porto d'Ulisse. Taormina
(Titel nach »Verzeichnis«)
Feder in Braun, Bleistift. 269 × 426
SM 6 b/19

87 »*Aussicht vom antiken Theater in Taormina über die Küste von Calabria und den Monte Gibello oder Ätna*«
Bez. o.: Aussicht vom antiken Theater in Taormina über die Küste von Calabria und den Monte Gibello oder Ätna
Feder in Braun, Bleistift. 264 × 803
SM 6 a/13
Außer dieser, während der Reise in Rom gezeichneten Fassung der berühmten Ansicht (zu der eine Vorzeichnung, SM 6 a/14, existiert) entstand zunächst 1807 ein Ölbild, vom gleichen Betrachterstandort aus, lediglich mit Vordergrund- und Figurenstaffage bereichert (ehemals SM, Kriegsverlust 1945). 1809 entwarf Schinkel für die Folge der perspektivisch-optischen Gemälde das Schaubild »Das Theater zu Taormina« (dazu eine Vorzeichnung, SM 6 a/15), von etwas verändertem Standpunkt aus. Eine nochmalige Wiederholung der besonders von den klassischen und romantischen deutschen Malern geschätzten und oft dargestellten Landschaftsszenerie durch Schinkel erfolgte, wiederum mit leichten Veränderungen versehen, 1826 – als Geschenkblatt für die Pariser

Architekten Percier und Fontaine (Potsdam, Staatliche Schlösser und Gärten).

88 »*Eine kleine Kapelle, aus Lava erbaut, bei Giarre auf dem Ätna*«
Bez. r. u.: Piccola Cap[p]ella vicino a Giarre sul Monte Gibello
(Titel nach »Verzeichnis«)
Feder und Pinsel in Braun, laviert, Bleistift. 245 × 534
SM 6 b/24
Die gleiche Darstellung war auch als perspektivisch-optisches Schaubild entstanden (quadrierte Vorzeichnung dazu SM 22 e/100); ebenso eine Ansicht des Ätna mit der Stadt Catania (quadrierte Vorzeichnung dazu SM 22 e/83).

89 »*In der Waldregion des Ätna gezeichnet*«
Bez. r. u.: Auf dem Ätna
(Titel nach »Verzeichnis«)
Feder in Schwarz, weiß gehöht, Bleistift, braunes Papier. 282 × 444
SM 6 b/27

90 »*Aussicht vom Gipfel des Ätna mit dem Aufgang der Sonne am fernen Horizont des Meers*«
Bez. u.: Auf dem Gipfel des Monte Gibello oder Ätna
(Titel nach »Verzeichnis«)
Feder in Schwarz, Bleistift. 490 × 324
SM 6 b/30
Der Betrachterstandpunkt für den Fernblick nach Osten ist noch nicht der Gipfel des Ätna, sondern der sogenannte Torre del Filosofo, die Ruinen des vermeintlichen Observatoriums des Empedokles. In der mittleren Gestalt (mit dem weit wehenden Mantel) im Vordergrund hat sich Schinkel selbst dargestellt.

91 *An der sizilianischen Küste zwischen Taormina und Catania*
Bez. u.: Tra Taormina e Catania
Feder in Braun, Bleistift, hellblaues Papier. 273 × 493
SM 6 b/21

92 »*Ansicht des in Felsen gehauenen Theaters von Syracusa, im Hintergrunde die Stadt am Meer*«
Bez. u.: Il gran Teatro di Siragusa
(Titel nach »Verzeichnis«)
Feder und Pinsel in Grau, laviert, Bleistift. 238 × 811
SM 6 a/37
Außerdem nahm Schinkel den Grundriß des im Halbkreis angelegten Amphitheaters auf (SM 6 a/16).

93 »*Eingang zum Ohr des Dionysius bei Syracusa*«
Bez. r. u.: Ohr des Dionysius bei Syrakus
(Titel nach »Verzeichnis«)
Feder in Schwarz, Bleistift. 253 × 425
SM 6 b/47

94 »*Latomien, alte Steinbrüche bei Syracusa*«
Bez. r. u.: latomia di Syracus[a]
(Titel nach »Verzeichnis«)
Feder in Schwarz, Bleistift. 113 × 226
SM 6 b/41

95 »*Ruinen der Festung Epipole bei Syracusa*«
Bez. r. u.: Epipole bei Syrakus
(Titel nach »Verzeichnis«)
Feder in Schwarz, Bleistift. 114 × 454
SM 6 b/39

96 *Ansicht einer ländlichen Wohnung in Sizilien*
Nicht bez.
Feder in Schwarz, Bleistift. 162 × 234 (Darstellungsgröße), 292 × 328 (Blattgröße)
SM 6 b/78

97 »*Festung Castro Giovanni im Mittelpunkte von Sizilien*«
Bez. r. u.: Castro Giovanni l'Ombelico della Sicilia
(Titel nach »Verzeichnis«)
Feder in Schwarz, weiß gehöht, braunes Papier. 204 × 497
SM 6 b/76

98 *Castro Giovanni mit dem Ätna*
Bez. r. u.: Castro Giovanne
Bez. l. o.: Ätna
Feder in Schwarz, Bleistift, hellgraues Papier. 216 × 647
SM 6 a/77
Dazu Bleistiftvorzeichnung (SM Skizzenbuch B, S. 2–3)

99 »*Tempel der Concordia zu Agrigent, im Hintergrunde das Meer*«
Bez. u.: Tempio della Concordia a Girgenti
Bez. r. seitlich: Meer
(Titel nach »Verzeichnis«)
Pinsel in Grau, aquarelliert. 245 × 393
SM 6 b/56
Außer auf der Gesamtwiedergabe aller Tempel Agrigents (vgl. Abb. 79) ist der Concordia-Tempel nochmals als Entwurf für ein perspektivisch-optisches Schaubild – in gleicher Ansicht wie die vorliegende, doch mit verändertem Hintergrund und veränderter

Staffage (SM 6 a/55) – sowie auf einer Reisezeichnung – in anderer Ansicht (SM 6 a/54) – dargestellt worden.

100 »*Klostergebäude in der Gegend von Mazara in Sizilien*«
Bez. r. u.: Convento presso di Mazara
(Titel nach »Verzeichnis«)
Feder in Schwarz, Pinsel in Braun, laviert, weiß gehöht, Bleistift, gelbes Papier. 195 × 268
SM 6 b/58

101 »*Ansicht von Trapani in Sizilien, im Hintergrunde der Mons Eryx*«
Bez. u.: Trapani mit dem Eryxgebirge
Auf diesem Berg kämpfte Odysseus mit den Giganten
(Titel nach »Verzeichnis«)
Feder in Schwarz, Bleistift. 286 × 922
SM 6 a/62

102 *Der Tempel von Segesta*
Nicht bez.
Feder in Braun, Bleistift. 113 × 453
SM 6 b/63

103 »*Ansicht des Tals von Partinico in Sizilien*«
Bez. l. u.: Vista della Montagne sulla Pianura di Partinico, dieci milia di Palermo
Bez. l. o.: Tal, worin Lais geboren ward
(Titel nach »Verzeichnis«)
Feder in Braun, weiß gehöht. 356 × 534
SM 1 b/24

104 »*Ansicht der Kathedralkirche von Palermo*«
Bez. r. u.: la Cat[t]edrale di Palermo
(Titel nach »Verzeichnis«)
Feder in Braun, Bleistift, hellblaues Papier. 547 × 335
SM 6 b/67
Schinkel gibt die Baugruppe nicht völlig getreu wieder (im Barock waren Zutaten erfolgt), sondern verändert Campanile und rechten Palazzo im Sinne einer Rekonstruktion des ursprünglichen mittelalterlichen Zustandes.

105 »*Ansicht von Palermo aus einem Kapuzinerkloster*«
Nicht bez.
(Titel nach »Verzeichnis«)
Feder in Schwarz und Braun. 370 × 1050
Ehemals SM, Kriegsverlust 1945

106 »*Aussicht vom Altan meiner Wohnung in Palermo. Der kleine Stadthafen, in der Ferne Monte Pellegrino*«
Bez. r. o.: In Palermo
Bez. l. u.: Palermo
(Titel nach »Verzeichnis«)
Feder und Pinsel in Braun, laviert, weiß gehöht, Bleistift, gelbes Papier. 159 × 245
SM 6 b/68

107 »*Aussicht vom Palaste des Prinzen Valguarnera auf einen Teil der Bagaria bei Palermo und den Golf von Cefalu*«
Nicht bez.
(Titel nach »Verzeichnis«)
Feder in Schwarz und Braun. Größe unbekannt
Ehemals SM, Kriegsverlust 1945

108 *Blick auf Rom, im Vordergrund Ponte Molle*
Bez. l. u.: Ponte Molle
Feder und Pinsel in Grau, laviert, Bleistift. 215 × 292
SM Skizzenbuch C, S. 2
Eine Ansicht Roms mit Ponte Molle entstand 1809 als perspektivisch-optisches Schaubild (Entwurf dazu nicht erhalten). Ponte Molle, die Tiberbrücke mit der Ein- und Ausfahrt nach und von Rom im Norden, hatte besonders für die Deutschen Symbolcharakter.

109 »*Die Kathedralkirche, der Schiefe Turm, das Camposanto und das Battisterium in Pisa*«
Bez. l. u.: Pisa
Bez. an den Rändern mit Zahlenangaben
(Titel nach »Verzeichnis«)
Feder in Schwarz, Bleistift. 480 × 546
SM 4/13
Ebenso wie die berühmten Sehenswürdigkeiten von Rom, Neapel, Sizilien und Mailand (vgl. die Abb. 49, 50, 52, 53, 68, 81, 87, 88, 99, 108, 111, 114) waren auch die Bauten um den Camposanto von Pisa Gegenstand eines perspektivisch-optischen Schaubildes Schinkels, das 1809 ausgestellt wurde. Dazu existiert dieser Entwurf mit Quadratnetz sowie eine vorbereitende Skizze (SM 18/6). Wie auch in anderen Fällen erfuhren die Bauten bei der Darstellung Veränderungen: u. a. ist das Querhaus des Doms breiter gegeben, die Kuppel des Baptisteriums ist der des Doms angeglichen, die vordere Terrasse zur Steigerung der räumlichen Wirkung hinzugefügt.

110 *Blick auf die Peterskirche in Rom*
Bez. l. u.: San Pietro ed il Vaticano
Feder und Pinsel in Grau, laviert, Bleistift. 217 × 294
SM Skizzenbuch C, S. 28

111 *»Innere Ansicht des Querschiffs des Doms von Milano«*
Bez. l. u.: Il Duomo di Milano
(Titel nach »Verzeichnis«)
Feder in Schwarz, Bleistift. 481 × 300
SM 4/7
Zu dieser Ansicht, dem Blick durch das Querhaus des Doms gegen Norden, existiert eine Bleistiftvorzeichnung (SM 4/8). Die wirkungsvollere Innenansicht: durch das Langhaus zum Chor hin, wurde 1809 als perspektivisch-optisches Schaubild dargestellt (quadrierte Entwurfszeichnung SM 4/10), ebenso wie auch die Außenansicht des Mailänder Doms (vgl. Abb. 114). Die vorliegende Zeichnung entstand wahrscheinlich im Zusammenhang mit diesen beiden Arbeiten.

112 *Die Kirche S. Lorenzo fuori della mura in Rom*
Bez. r. u.: St. Lorenzo fuori della mura
Feder in Braun, Bleistift. 115 × 225
SM 4/62

113 *Ruinen auf dem Palatin*
Bez. l. u.: Palatinus Collis
Feder und Pinsel in Grau, laviert, Bleistift. 217 × 287
SM Skizzenbuch C, S. 30

114 *»Äußeres des Doms von Milano«*
Nicht bez.
Titel nach (»Verzeichnis«)
Feder und Pinsel in Grau und Schwarz, laviert, Bleistift, graues Papier. 457 × 655
SM 23 a/12
Die Ansicht entstand 1809 als Entwurf für ein perspektivisch-optisches Schaubild. Schinkel stellt das – besonders an der Fassade – noch nicht vollendete Bauwerk als fertig dar und folgt in seiner Wiedergabe einem Kupferstich aus dem Jahre 1728 von Jean Reycend, dessen barocke Vervollständigungen er jedoch gotisierend verändert. Wohl gleichzeitig entstand eine Ansicht der rekonstruierten Westfassade mit gegenüber dem vorliegenden Blatt veränderten gotischen Dekorationsformen (SM 23 a/11).

115 *Idealkomposition des Mailänder Doms auf der Höhe von Triest*
Nicht bez.
Feder in Schwarz und Grau, Bleistift. 336 × 572
SM 23 c/83
Schinkel gibt in seinem handschriftlichen »Verzeichnis« alle Titel dafür an: »Entwurf einer Theaterdekoration, eine Kathedralkirche auf der Höhe über einer großen, am Meer gelegenen Stadt«; ein Hinweis auf die wirkliche Verwendung des Blattes als Bühnenbild läßt sich jedoch nicht erbringen. – Das Thema des gotischen Doms auf einer Anhöhe über einer Stadt und über dem Wasser wird von Schinkel um 1813/15 in mehreren Gemälden, kompositionell verändert, dargestellt (»Gotischer Dom am Wasser«, 1813; »Gotische Kirche auf einem Felsen am Meer«, 1815; »Mittelalterliche Stadt an einem Fluß«, 1815; alle National-Galerie Berlin [West]).

116 *Franz Louis Catel: Schinkel 1824 in Neapel*
Nicht bez.
Öl auf Leinwand. 625 × 485
National-Galerie Berlin (West)
Das Bild des hauptsächlich als Landschaftsmaler tätigen Catel (1778–1856) zeigt Schinkel in seiner Neapeler Wohnung, die er während seines Aufenthaltes im September 1824 bezogen hatte, mit der Aussicht auf den Golf und die Insel Capri. Es entstand erst nach Schinkels Abreise ab Oktober des gleichen Jahres in Rom (vgl. S. 227) und war von ihm als Weihnachtsgeschenk für seine Frau vorgesehen (vgl. S. 268), gelangte jedoch wohl nicht mehr rechtzeitig an. Die links im Bild sichtbaren antiken Kunstwerke: eine panathenäische Amphora und eine bronzene Griffphiale (Opferschale), stammen aus der im Tagebuch mehrfach erwähnten Sammlung des preußischen Generalkonsuls in Rom, Bartholdy (vgl. die achte Anm. zu S. 183 und die vierte Anm. zu S. 184), die 1828 in die Berliner Antiken-Sammlung kam.

117 *Die Ruine der Moritzburg in Halle*
Bez. r. o.: Moritzburg bei Halle
Feder in Braun, Bleistift. 223 × 380
SM 13/20
Die Zeichnung entstand schon vor dem Besuch von 1824 in Halle, wahrscheinlich 1816, als Schinkel auf der Reise über Weimar ins Rheinland und nach Heidelberg dort Station gemacht hatte. Sein Plan zum Ausbau der Ruine zur Universität (vgl. die dritte Anm. zu S. 132) kann schon bei diesem ersten Aufenthalt angeregt worden sein.

118 *Kutsche in dichtem Wald*
Nicht bez.
Radierung. 107 × 190
SM 1 b/37
Als »Versuch mit ätzender Tinte auf Kupfer« vermutlich zwischen 1818 und 1820 entstanden. Es existiert eine (quadrierte) Bleistiftvorzeichnung (seitenverkehrt; SM 15 b/59) des auch später (z. B. 1857 zum Schinkel-Fest des Architekten- und Ingenieur-Vereins Berlin) noch mehrfach hergestellten Druckes.

(Andere zeitgenössische Titel des Druckes: »Dicker Wald«, »Waldweg mit einer Kutsche«, »Durchsicht in einem Walde«.)

119 *»Köln am Rhein, von dem Turm der St.-Kuniberts-Kirche gesehn«*
Bez. u.: Köln am Rhein, von dem Turm der St.-Kuniberts-Kirche gesehn
Bez. r. u.: Dem Herrn Sulpiz Boisserée zugeeignet von Schinkel. 1817
Bez. l. u.: Auf dem Titelblatt des Domwerks anzubringen.
Feder und Pinsel in Grau und Braun, laviert, Bleistift. 246 × 528
SM 9/24
Das Blatt entstand 1817 als Vorzeichnung zur Titelvignette für Heft 1 der von Sulpiz Boisserée herausgegebenen »Geschichte und Beschreibung des Domes von Köln« (Domwerk), Stuttgart 1823–1832, durch die die Vollendung und Restaurierung des berühmten Bauwerks, die 1826 begann (vgl. die zweite Anm. zu S. 136), in die Wege geleitet werden sollte. Als Einzelstich erschien es schon 1820 (von Christian Haldenwang und Ludwig Schnell in Karlsruhe ausgeführt). – Schinkel war 1816 bei seinem Besuch von Boisserée und dessen Sammlung in Heidelberg von diesem um die Ansicht gebeten worden. Zwei Vorzeichnungen (SM 9/21 und 9/22 – diese mit einer Balustrade im Vordergrund) waren 1816 in Köln entstanden.

120 *»Köln am Rhein« (Ausschnitt)*

121 *Das Heidelberger Schloß*
Nicht bez.
Feder in Schwarz und Grau, Bleistift. 394 × 1038
SM 9/2
Das Blatt entstand, ebenso wie das folgende, auf der Rheinreise von 1816, die in Heidelberg vor allem der Gemäldesammlung der Brüder Boisserée galt (vgl. die vierte Anm. zu S. 141).

122 *Heidelberg mit Neckarbrücke und Schloß*
Nicht bez.
Feder in Schwarz und Grau, Bleistift. 400 × 785
SM 9/1
1816 entstanden. Vgl. die Bemerkung zu Abb. 121.

123 *»Martigny im Valois«*
Bez. u. (auf dem Untersatzblatt): Martigny im Valois
Pinsel in Grau, laviert, Bleistift. 209 × 166
SM 10/3

124 *»Sion im Valois«*
Bez. u. (auf dem Untersatzblatt): Sion im Valois
Feder in Schwarz, Pinsel in Grau, laviert, Bleistift. 247 × 164
SM 10/4
Dargestellt ist die Burg Valeria mit der Kirche Notre-Dame-de-Valère (vgl. die zweite Anm. zu S. 153).

125 *»Sion im Valois« (Ausschnitt)*

126 *Brig im Valois*
Bez. u.: Brig
Pinsel in Grau, laviert, Bleistift. 210 × 165
SM 10/5

127 *Brig im Valois (Ausschnitt)*

128 *Ansicht von Genua*
Nicht bez.
Feder in Braun. 165 × 1175
SM 10/7
Schinkel hatte schon 1804 Genua in einer Feder-Umrißzeichnung dargestellt, Hafeneinfahrt und Leuchtturm außerdem in einem ausgeführten Bleistiftblatt (SM 4/12 und 4/11). Der Entwurf zu einem perspektivisch-optischen Schaubild, wohl von 1809, zeigt Hafen und Stadt von einem anderen Standpunkt aus gesehen (SM 22 e/66). Ebenfalls 1809 hatte Schinkel die Küste von Genua als Hintergrund für die große Komposition einer gotischen Klosterruine mit Baumgruppen verwendet (Tapetenbild für den Hofzimmermeister Glatz in Berlin, Größe 2,40 × 6,20 m, jetzt National-Galerie Berlin (West); quadrierte Entwurfszeichnung dazu: SM 15 b/102). Die vorliegende, aus mehreren Teilen zusammengefügte panoramaartige Gesamtansicht zeigt Schinkels Interesse an der schaubildartigen Wirkung bestimmter Ansichten noch in einer Zeit, als er mit Arbeiten zu Panorama und Diorama nicht mehr beschäftigt war. (Vgl. auch die Ansichten von Florenz, Abb. 132, und Neapel, Abb. 136, 137.)

129 *Ansicht von Genua (Ausschnitt)*

130 *Ansicht von Genua (Ausschnitt)*

131 *Ansicht von Genua (Ausschnitt)*

132 *Ansicht von Florenz (Ausschnitt)*
Bez. r. u.: Firenza
Feder in Braun. 106 × 654 (Gesamtblatt)
SM 10/14

133 *Blick auf den Arno und die Kirche S. Miniato al Monte in Florenz*
Bez. r. u.: St. Miniato in Monte. Firenza
Feder in Schwarz, Bleistift. 133 × 203
SM 10/18

134 *»Bei Florenz, mit dem Gebirg von Carrara in der Ferne«*
Bez. u.: Bei Florenz, mit dem Gebirge von Car[r]ara in der Ferne
Feder in Grau und Schwarz. 131 × 203
SM 10/17

135 *Die Bergstadt Itri*
Bez. r. o.: Itri
Bleistift. 123 × 165
SM Skizzenbuch K, S. 15

136 *Ansicht von Neapel, im Hintergrund der Vesuv (Ausschnitt)*
Nicht bez.
Bleistift. 238 × 1500 (Gesamtblatt: Panorama des Golfes von Neapel; vgl. auch Abb. 137)
SM 10/38

137 *Ansicht von Neapel (Ausschnitt)*
Nicht bez.
Bleistift. 238 × 1500 (Gesamtblatt: Panorama des Golfes von Neapel; vgl. auch Abb. 136)
SM 10/38

138 *Küste bei Sorrent*
Nicht bez.
Bleistift, aquarelliert. 204 × 325
SM 10/46

139 *»Am Kastell vom Monte Solaro auf Capri«*
Bez. u.: Am Kastell vom Monte Solaro auf Capri
Bez. o. (von links): Resina. Somma. Vesuvio. Torre di Hercule. Sorento. Cap Minerva. Monte Sant Angelo. Site d'Amalfi. Isole di Serene. Site di Salerno. Site di Pesto
Bez. u. (von links): Einsiedler. Capri. Castello. Villa Tibers. Castello. la posta
Auf der Rückseite Skizzen von zwei Kastellbauten
Feder in Braun, Pinsel, braun und hellblau laviert. 241 × 659
SM 10/49

140 *Ländliches Gebäude*
Nicht bez.
Pinsel in Grau, laviert, Bleistift. 166 × 245
SM Skizzenbuch K, S. 19 (Doppelseite)

141 *Ländliches Gebäude (Ausschnitt)*

142 *»Villa Beuthiana auf der südwestlichen Küste der Insel Ischia«*
Bez. u.: Villa Beuthiana auf der südwestlichen Küste der Insel Ischia
Aquarell, Bleistift, auf Pappe. 745 × 548
SM 54/8
Das 1839 für Schinkels Freund Peter Christian Wilhelm Beuth (1781–1853, Direktor des preußischen Gewerbeinstitutes und der Bauakademie) aquarellierte Werk geht auf dessen Wunschvorstellung zurück, im Alter auf Ischia zu leben. Schinkel hatte schon in den Jahren zuvor in allegorischen Kompositionen (als Geburtstags- oder Weihnachtsgeschenke) darauf Bezug genommen. Beuth, der diese Blätter 1844 dem im gleichen Jahre begründeten Schinkel-Museum übergab, bemerkte über Schinkels Architekturphantasie: »Meine künftige Villa auf Ischia. Das Leiden, das meinen Freund im folgenden Jahre [1840] auf ein langes Totenlager warf, hatte die Sicherheit seiner Bewegungen und seiner Hand schon so gestört, daß dieses Geschenk mich ebenso überraschte als mit Hoffnung belebte. Es liefert den Beweis, was der Geist noch über den Körper selbst zu einer Zeit vermag, wo schon dieser einen mächtigen Einfluß auf ersteren übt ...«

143 *Kopie nach Raffaels »Grablegung«*
Bez. l. u. (dem Original entsprechend): RAPHAEL. URBIN. MDVII
Pinsel in Grau und Braun, laviert, Weiß- und Goldhöhung, graublauer Karton. 394 × 394
SM D/11
Genaue Kopie (bis auf wenige Weglassungen im Hintergrund) nach dem Gemälde »Die Grablegung« (1507) in der Galleria Borghese in Rom, das als Raffaels erste große Komposition bewegter Figuren gilt. Die Kopie Schinkels war schon 1803/04, während des ersten römischen Aufenthaltes, ausgeführt worden. (Raffael wird damals von Schinkel sonst nicht erwähnt.) Nach der Angabe Wolzogens war das Blatt 1808 oder 1809 ein Geschenk Schinkels für seine spätere Frau Susanne. Während er Graphik (von Dürer und Cranach) mehrfach kopierte, ist dies das einzige Beispiel einer Gemäldekopie Schinkels. Im Sinne einer den Umriß betonenden klassizistischen Auffassung hat die reiche Farbigkeit der Komposition Raffaels eine Reduktion auf die kühle Harmonie von Braun-Grau-Weiß erfahren.

144 *Blick auf Rom vom Kloster S. Onofrio*
Bez. auf dem Untersatzblatt: dal convento d'Onofrio
Feder in Braun, Bleistift. 114 × 339
SM 10/20

145 *Altrömische Gräberstraße*
Nicht bez.
Auf der Rückseite Landschaftsskizze
Aquarell, Bleistift. 224 × 420
SM 1 a/30
Dekorationsentwurf zur Oper »Die Vestalin« von Gasparo Spontini, eines der ersten Bühnenbilder Schinkels (wohl schon 1811 entworfen). Römische Erinnerungen der ersten Reise und Phantasie rufen eine Wirkung hervor, die der der zuvor und gleichzeitig entstandenen Dioramen und perspektivisch-optischen Schaubildern ähnelt.

146 »*Innere Ansicht der Peterskirche in Rom*«
Bez. l. u.: Peterskirche in Rom
(Titel nach »Verzeichnis«)
Feder in Grau, Bleistift. 484 × 546
SM 4/59
Vorzeichnung (mit Quadratnetz) zu einem der perspektivisch-optischen Schaubilder der Jahre 1808/09 (ebenso wie Abb. 52, 53, 68, 88, 109, 111).

147 *Entwurf zu einem Grabmal für Papst Pius VII. in der Peterskirche*
Nicht bez.
Auf der Rückseite veränderter Entwurf zum gleichen Grabmal
Bleistift. 164 × 106
SM 10/55
Die Sitzfigur des 1823 verstorbenen Papstes wurde bis 1831 von Bertel Thorvaldsen ausgeführt. Für die architektonische Anordnung in der Cappella Clementina der Peterskirche fertigte Schinkel im Oktober 1824 in Rom auf Thorvaldsens Bitte hin Entwürfe an (vgl. die zweite Anm. zu S. 215). Außer der vorliegenden Zeichnung existieren drei weitere Skizzen (SM 10/55 Rückseite, 10/54, 10/56).

148 *Blick auf Rom vom Monte Testaccio*
Bez. auf dem Untersatzblatt: del Monte Testa[c]cio in Rom
Feder in Braun, Bleistift. 108 × 310
SM 10/19
Im Vordergrund sind die Cestius-Pyramide und die Porta Ostiense zu sehen.

149 *Ansicht von Tivoli*
Bez. u.: Tivoli Ponte di Lupo
Feder und Pinsel in Grau und Braun, laviert, hellgraues Papier. 271 × 398
SM 10/31

150 »*Tivoli. Wasserfall in der Stadt, am Tempel*«
Bez. r. u.: Tivoli. Wasserfall in der Stadt, am Tempel
Feder und Pinsel in Grau, laviert, Bleistift, hellgraues Papier. 265 × 196
SM 10/32

151 *Blick auf Tivoli*
Nicht bez.
Feder in Braun, weiß gehöht, mit gelblichem Firnis übergangen. 373 × 572
SM 1 a/12
Nach dieser schon 1804 entstandenen Zeichnung erschien im Verlag von L. W. Wittich in Berlin eine Radierung (Angabe von Wolzogen; Exemplar nicht nachzuweisen).

152 *Park der Villa d'Este*
Nicht bez.
Bleistift. 165 × 245
SM Skizzenbuch L, S. 3

153 »*Ansicht von Tivoli*«
Bez. l. u.: Tivoli
(Titel nach »Verzeichnis«)
Bleistift, hellgraues Papier. 218 × 321
SM 4/34
Das Blatt entstand schon 1804.

154 »*Zypressenhain in der Villa d'Este in Tivoli*«
Bez. u.: Cipressi nella Villa d'Este in Tivoli Villa d'Este
(Titel nach »Verzeichnis«)
Bleistift, hellgraues Papier. 328 × 216
SM 4/40
Das Blatt entstand schon 1804.

155 *Drei Römer*
Nicht bez.
Feder in Grau, Bleistift. 256 × 190 (Gesamtblatt)
SM 4/48
Das Blatt entstand schon 1804.

156 *Wilhelm Hensel: Schinkel 1824 in Rom*
Bez. r.: 1824 WH. (Monogramm) Roma. Oktober

Bleistift. 132 × 98
National-Galerie Berlin (West), Hensel-Album II/32
Nach der vorliegenden Zeichnung, die der Berliner Porträtzeichner Wilhelm Hensel (1794–1861) im Oktober 1824 in Rom ausführte, fertigte Joseph Caspar einen Kupferstich an (vgl. die erste Anm. zu S. 160 und die zweite Anm. zu S. 225).

157 *Die Kirche S. Maria della Salute in Venedig*
Bez. u.: S. Maria della Salute. Venezia
Feder in Braun. 98 × 77 (Hälfte eines Doppelblattes)
SM Tagebuch 1824, nach S. 257

158 *Ansicht aus Verona*
Bez. r. o.: Verona
Feder in Braun. 115 × 193
SM Tagebuch 1824, nach S. 290
Dargestellt sind die Kirchen S. Pietro Martire und S. Anastasia mit dem Grabmal des Conte Guglielmo da Castelbarco.

Personenverzeichnis

Ortsverzeichnis

Inhalt

Erste Reise 1803–1805

Zweite Reise 1824

Anhang

105,-